제2판

건설·부동산 공법론

정영철

박영사

제2판 서언(序言)

초판본을 출간한 지 2년이 지났다. 그리 길지 않은 시간이지만 너무나도 많은 부분에서 법령의 개정이 이루어졌다. 법령개정에 맞추어 제2판을 내놓는다.

건축·건설과 부동산 분야는 전문적이고 기술적인 성격이 강한데다 규제의 폭과 강도 역시 강력하기 때문에 현실정합적인 법령의 개정은 아무래도 필연적일 수밖에 없다. 제2판이 초판에 비하여 분량이 상대적으로 많이 늘어난 이유이다.

현재 시행 중인 법령을 기준으로 집필하였지만 시행 예정인 법령을 미리 이번 판에 담은 것도 잦은 법령개정에 선제적으로 대비하려는 의도가 있다. 그래서 건축법은 2024년 6월 27일부터 시행된 법률 제20424호, 건축법 시행령과 시행규칙은 2024년 12월 19일부터 시행된 대통령령 제34580호와 국토교통부령 제1416호, 국토계획법은 2024년 8월 7일부터 시행된 법률 제20234호, 국토계획법 시행령과 시행규칙은 2025년 1월 3일과 2024년 11월 30일부터 시행된 대통령령 제35152호와 국토교통부령 제1338호, 도시개발법은 2023년 10월 19일부터 시행된 법률 제19561호, 도시개발법 시행령과 시행규칙은 2024년 9월 15일과 2022년 1월 21일부터 시행된 대통령령 제34881호와 국토교통부령 제1099호, 도시정비법은 2025년 12월 4일부터 시행 예정인 법률 제20549호, 도시정비법 시행령과 시행규칙은 2025년 3월 18일과 2024년 6월 27일부터 시행된 대통령령 제35083호와 국토교통부령 제1348호, 주택법은 2024년 7월 17일부터 시행된 법률 제20048호, 주택법 시행령과 시행규칙은 2025년 1월 21일과 2025년 2월 3일부터 시행된 대통령령 제35221호와 국토교통부령 제1373호를 기준으로 내용을 서술하였다. 출간 시점에서는 시행되지 않고 있는 법령도 있지만 향후 개정판 출간까지의 시차를 감안하면 그래도 최대한 법현실에 부합할 것이다.

법령개정과 아울러 최근의 판례 역시 개정을 하게 된 동인(動因)이다. 2025년 1월 1일 대법원 판례공보와 2024년 말까지의 헌법재판소 결정을 반영하였다.

적지 않은 오탈자와 비문(非文)에 가까운 문장도 대폭 수정하였다. 전공서적은 전문학술서의 성격을 지니므로 추상적이고 만연체적 문장이 주를 이루게 되는데, 독자들의 가독성을 높이기 위해서는 이를 탈피할 필요가 있었다. 그럼에도 아직은 부족한 부분이 많은데, 독자 여러분의 혜량을 구한다.

더불어 초판본에서 미처 담지 못하였거나 미흡한 내용을 제2판에서 가급적 많이 보강하였다. 건축법의 건축물의 종류, 일조권과 조망권, 건축협정, 결합건축, 국토계획법의 공간재구조화계획, 성장관리계획, 도시혁신구역 · 복합용도구역, 도시 · 군계획시설입체복합구역, 토지수용과 손실보상, 공공기여, 도시개발법의 토지소유자 동의자 수 산정방법, 공사감리, 환지계획의 기준, 도시개발사업의 비용부담, 손실보상과 공공시설의 무상귀속, 도시정비법의 주민대표회의 · 토지등소유자 전체회의, 사업시행계획의 통합심의, 주택법의 간선시설의 설치, 사전방문, 공업화주택 등이 새롭게 추가되거나 수정되었다.

이 책에서 서술한 5개 법률의 체계부조화는 여전히 현재진행형이다. 거시적 시각에서 재정비 수준의 개정작업이 필요하다고 본다. 모더니즘에 기반한 우리의 법제가 포스트 모더니즘 시대에 얼마나 부응할지는 여전히 의문이기 때문이다. 전문가적인 그리고 미래지향적인 지속가능한 통찰과 혜안이 필요하다.

박영사의 최동인 대리님은 원고 독촉의 악역을 자처하며, 기획부터 영업까지 궂은 일을 도맡아 해 주었다. 한두희 과장님은 절차탁마(切磋琢磨)의 정신으로 편집과 교정을 해 주셨다.

휘강상회(輝綱觴會)의 제자들 역시 실무적 시각에서 비판적인 견해를 전달해 주었다. 모두 고맙고 감사한 분들이다.

하늘에 계신 부모님과 아내와 딸은 이 책의 든든한 버팀목[支柱]이다.

2025년 2월

상로재(觴爐齋)에서

저자 拜

自序

인생이란 때로는 자의(自意)로 움직이지 않는 법이다. 타의(他意)로 등이 떠밀려 나가듯이 움직이는 것도 그리 오래되지 않는 삶을 살면서 터득한 나만의 비결이라면 비결이다.

인생에서 전성기란 자기가 원하는 것을 하는 때가 아니라, 남이 원하는 것을 해주는 때라는 항간의 얘기는 지금의 나에게 적용되는 것일지도 모른다. 놀기 좋아하고 사람 만나서 서로의 손을 부여잡고 살아온 그리고 살아가는 얘기를 들으면서 주루(酒樓)에 앉아 소반(小盤) 위의 술잔을 기울이는 데 여념이 없는 나에게 그래도 등 떠밀면서 나갈 방향을 제시하는 나의 아내, 소연은 그래서 항상 고마운 반려자인 이유가 여기에 있다.

채권자의 빚 독촉에 시달려본 사람은 글 독촉 또한 만만치 않음을 실감한다. 꽤 오래전부터 전공서적을 출간해 달라는 요청을 여러 언턱거리를 대면서 뿌리친 데는 나름의 이유가 있어서였다. 기르다 만 암탉의 배를 가르고 꺼낸 달걀처럼 아직 숙성되지 않은 생각을 드러내는 것만큼 지식인이 금기시해야 하는 것도 없다는 생각이다. 구양수의 삼다(三多)에서 결국 많이 생각하는 다상량(多商量)이 으뜸인 이유도 여기서 비롯된다.

그러나 어쩌랴. 호기롭게, 아주 공명심에 편승해서 연구년을 계기로 덜컥 출간을 약속했으니, '계약은 지켜져야 한다'는 오래된 법언이 아주 무겁게 나에게 다가왔다. 더 이상 물러날 곳도 기댈 곳도 없는 진퇴양난의 처지에서, 그것도 약간의 압박감을 함께 느끼면서 이 책을 세상에 내놓는다. 결국 이 책은 내가 직업으로서의 학문의 길에 접어든 이후, 고민해 온 결과물임을 부인할 수 없다.

애초에 이 책의 기획의도는 국가자격시험의 시험과목인 부동산공법에 대비한 교과서를 집필하는 것이었다. 부동산공법을 구성하는 개개의 법률이 행정법각론의 영역에서는 상당히 난해한 데다, 내용도 방대하기 때문에 단순한 암기만으로 부동산공법을 이해할 수 없다는 나 자신의 경험과 확신이 있었다.

인생은 내 뜻대로 안 된다고 했던가. 애초의 집필의도와 다르게 꽤나 전문적인 서적으로 둔갑한 느낌이다. 학부와 대학원에서 관련 과목을 강의하면서 축적된 강의내용을 바탕으로, 그리고 건설과 건축에 대한 나름의 고민과 성찰을 토대로 건설·부동산공법에 대한 일관된 철학을 담고자 노력했다. 전체적인 체계와 윤곽을 기초로 건설·부동산공법에 대한 나름의 해석론을 견지하다 보니 비판적인 시각이 많은 것도 사실이다.

그렇지만 이러한 해석론과 철학을 견지하기 위해서는 우선 핵심적 가치를 바로 세워서[正立], 그에 부합하게 이론을 확립하여[定立], 여러 가치가 서로 균형있게 서는[鼎立] 일이 현시점에서 필요하다. 그리하여 이 책은 오롯이 나의 생각과 의지의 결과물이다.

아직은 설익고 완결되지 못한 내용이 많다. 때로는 잘못된 부분도 있을 것이다. 차근차근 채우고 고쳐 나가는 수밖에 없을 것이다.

이 책이 나오기까지 지도교수인 김성수 교수님은 여러 쟁점에 대해 영감 있는 조언을 해 주셨고, 멀리 독일 Jena 대학교의 브레너 교수님(Prof. Dr. Michael Brenner)도 아낌없는 격려와 지원을 해 주셨다.

박영사의 이영조 부장님은 채권자의 글 독촉과 편달을 세련되게 해 주셨고, 최동인 대리님은 실무적인 도움을 많이 주셨다. 편집부의 사윤지 님은 아주 꼼꼼한 일솜씨로 책의 품격을 높여 주셨다.

휘강상회(輝綱觴會)의 제자들 역시 실무적 시각과 현장의 상황을 전달해 주었다. 모두 고맙고 감사한 분들이다.

이 책의 상재(上梓)를 못 보고 하늘에 계신 부모님께 머리 숙여 감사드린다. 아내 소연과 딸 세린은 이 책의 든든한 버팀목이다.

2023년 2월

상로재(觴爐齋)에서

정영철 拜

차례

제3장 국토의 계획 및 이용에 관한 법률

제4장 도시개발법

제5장 도시 및 주거환경정비법

제6장 주택법

법령약어표

가.

가축분뇨의 관리 및 이용에 관한 법률	가축분뇨법
감염병의 예방 및 관리에 관한 법률	감염병예방법
감정평가 및 감정평가사에 관한 법률	감정평가법
개발이익 환수에 관한 법률	개발이익환수법
개발제한구역의 지정 및 관리에 관한 특별조치법	개발제한구역법
건축물의 분양에 관한 법률	건축물분양법
건축서비스산업 진흥법	건축서비스법
경제자유구역의 지정 및 운영에 관한 특별법	경제자유구역법
과학기술분야 정부출연연구기관 등의 설립·운영 및 육성에 관한 법률	과기출연기관법
공간정보의 구축 및 관리 등에 관한 법률	공간정보관리법
공공기관의 운영에 관한 법률	공공기관운영법
공공기관의 정보공개에 관한 법률	정보공개법
공동주택 분양가격의 산정 등에 관한 규칙	공동주택분양가규칙
공유수면 관리 및 매립에 관한 법률	공유수면법
공유재산 및 물품 관리법	공유재산법
공익법인의 설립·운영에 관한 법률	공익법인법
교육환경 보호에 관한 법률	교육환경법
군사기지 및 군사시설 보호법	군사기지법
국가균형발전 특별법	국가균형발전법
국가를 당사자로 하는 계약에 관한 법률	국가계약법
국방·군사시설 사업에 관한 법률	국방시설사업법
국토의 계획 및 이용에 관한 법률	국토계획법
금융실명거래 및 비밀보장에 관한 법률	금융실명법
급경사지 재해예방에 관한 법률	급경사지법

나.

노후계획도시 정비 및 지원에 관한 특별법	노후계획도시정비법
녹색건축물 조성 지원법	녹색건축법
농수산물 유통 및 가격안정에 관한 법률	농수산물유통법
농업·농촌 및 식품산업 기본법	농업식품기본법

다.

다중이용업소의 안전관리에 관한 특별법	다중이용업소법
대도시권 광역교통 관리에 관한 특별법	광역교통법
도시공원 및 녹지 등에 관한 법률	공원녹지법
도시교통정비 촉진법	도시교통정비법
도시재정비 촉진을 위한 특별법	도시재정비법
도시재생 활성화 및 지원에 관한 특별법	도시재생법
도시 및 주거환경정비법	도시정비법
도청이전을 위한 도시건설 및 지원에 관한 특별법	도청이전법
독도 등 도서지역의 생태계보전에 관한 특별법	도서생태계법
독점규제 및 공정거래에 관한 법률	공정거래법

마.

매장유산 보호 및 조사에 관한 법률	매장유산법
문화유산의 보존 및 활용에 관한 법률	문화유산법
물류시설의 개발 및 운영에 관한 법률	물류시설법
민간임대주택에 관한 특별법	민간임대주택법

바.

부동산 가격공시에 관한 법률	부동산공시법
부동산개발업의 관리 및 육성에 관한 법률	부동산개발업법
부동산 거래신고 등에 관한 법률	부동산거래신고법
빈집 및 소규모주택 정비에 관한 특례법	소규모주택정비법

사.

산림자원의 조성 및 관리에 관한 법률	산림자원법
산업입지 및 개발에 관한 법률	산업입지법
산업집적활성화 및 공장설립에 관한 법률	산업집적법
상가건물 임대차보호법	상가임대차법
소방시설 설치 및 관리에 관한 법률	소방시설법
스마트도시 조성 및 산업진흥 등에 관한 법률	스마트도시법
승강기 안전관리법	승강기법
시설물의 안전 및 유지관리에 관한 특별법	시설물안전법
신에너지 및 재생에너지 개발 · 이용 · 보급 촉진법	신재생에너지법
신용정보의 이용 및 보호에 관한 법률	신용정보법
신행정수도 후속대책을 위한 연기 · 공주지역 행정중심복합도시 건설을 위한 특별법	행복도시법
실내공기질 관리법	실내공기질법

아.

아시아문화중심도시 조성에 관한 특별법	아시아문화도시법
야생생물 보호 및 관리에 관한 법률	야생생물법
약관의 규제에 관한 법률	약관법
역세권의 개발 및 이용에 관한 법률	역세권법
우체국예금 · 보험에 관한 법률	우체국예금보험법
위험물안전관리법	위험물관리법

자.

자본시장과 금융투자업에 관한 법률	자본시장법
자연유산의 보존 및 활용에 관한 법률	자연유산법
장사 등에 관한 법률	장사법
장애인 · 노인 · 임산부 등의 편의증진보장에 관한 법률	장애인등편의법
재건축초과이익 환수에 관한 법률	재건축이익환수법
재난 및 안전관리기본법	재난안전법

전자문서 및 전자거래 기본법	전자문서법
전자조달의 이용 및 촉진에 관한 법률	전자조달법
전통사찰의 보존 및 지원에 관한 법률	전통사찰법
전통시장 및 상점가 육성을 위한 특별법	전통시장법
정보통신망 이용촉진 및 정보보호 등에 관한 법률	정보통신망법
제주특별자치도 설치 및 국제자유도시 조성을 위한 특별법	제주특별법
주택임대차보호법	주택임대차법
지방자치단체를 당사자로 하는 계약에 관한 법률	지방계약법
지방자치분권 및 지역균형발전에 관한 특별법	지방분권균형발전법
지방행정제재·부과금의 징수 등에 관한 법률	지방행정제재부과금법
지역 개발 및 지원에 관한 법률	지역개발지원법
집단에너지사업법	집단에너지법
집합건물의 소유 및 관리에 관한 법률	집합건물법

차.

채무자 회생 및 파산에 관한 법률	채무자회생법
체육시설의 설치·이용에 관한 법률	체육시설법
총포·도검·화약류 등의 안전관리에 관한 법률	총포화약법

파.

토지이용규제 기본법	토지이용규제법
표시·광고의 공정화에 관한 법률	표시광고법

하.

학교용지 확보 등에 관한 특례법	학교용지법
한강수계 상수원수질개선 및 주민지원 등에 관한 법률	한강수계법
화재예방, 소방시설 설치·유지 및 안전관리에 관한 법률	소방시설법
환경친화적자동차의 개발 및 보급 촉진에 관한 법률	친환경자동차법
해양생태계의 보전 및 관리에 관한 법률	해양생태계법
혁신도시 조성 및 발전에 관한 특별법	혁신도시법

제 1 장

건설·부동산공법의 이해

제 1 장 건설·부동산공법의 이해

제 1 절 | 건설·부동산공법의 의의

제1항 건축과 건설의 의의

일반적으로 건설은 건축보다 좀더 넓은 개념으로 이해된다. 건축이 건축법에서 정의하듯이 하나의 건축물을 완성하는 신축 등의 일련의 과정과 관련된 미시적 개념이라면 건설은 이보다는 전체 도시와 연계성 및 주변환경과의 여러 요소들을 고려한 가운데 하나의 건축물뿐만 아니라 사회의 하부구조인 도로·교량 등의 시설물, 그리고 경관까지도 조성하는 일체의 행위로 볼 수 있다.

그렇기 때문에 하나의 건축물에 관한 건축법은 존재하지만 건설법은 실정법상의 개념이 아닌 강학상의 개념이다. 물론 건설산업기본법이라는 실정법이 존재하기는 하지만, 이는 어디까지나 개별분야에 대한 전문법적인 성격을 지닌 것에 불과하고 건설 전반에 대한 일반법이라고 보기는 어렵다.

건설산업기본법 또한 건설에 대한 구체적인 개념정의는 하지 않고, 토목공사·건축공사·산업설비공사·조경공사·환경시설공사 등 건설공사의 유형을 열거함으로써 간접적으로 건설에 대한 개념을 윤곽적으로 파악하고 있다(건설산업기본법 제2조 제4호).

이러한 양자간의 개념정의에도 불구하고 건설과 건축은 상호밀접한 관계를 유지하면서 전체로서 하나의 건설법체계를 구성한다. 흔히 독일의 건설법전(Baugesetzbuch; BGB)을 건축법전으로 통칭하는 이유도 여기에 있다고 할 것이다.

제2항 건설·부동산공법의 의의

건축과 건설이 불가분의 연관성을 가지는 만큼이나 건설법 또한 부동산과 깊은 관련을 가진다. 건설법은 건축법을 포함한 공법질서로서 개별 건축물 단위를 포함하여 도시의 기반시설인 도로 등의 구조물의 설치 등 도시의 물리적 공간질서의 형성에 관한 공법체계를 의미하고, 이러한 물리적 공간형성의 토대는 바로 토지, 즉 부동산이기 때문이다.

민법 제99조 제1항은 토지 및 그 정착물을 부동산으로 개념정의하고 있다. 우리 법제는 부동산의 종류를 토지와 그 정착물인 건축물로 대별하고 있고, 이러한 토지에 물리적인 구조물을 설치하거나 건축물을 축조하여 완성하는 행위가 바로 건축 또는 건설이며, 이러한 건축과 건설에 대한 공법적 규제와 개입이 건설법의 핵심요소라 할 것이다.

그렇기 때문에 건설·부동산공법이란 부동산을 기반으로 도시의 물리적 공간질서의 구축에 대한 공법적 법체계라고 정의할 수 있다.

제 2 절 | 건설·부동산공법의 체계

제1항 건설·부동산공법의 구성

건설·부동산공법은 아직 학문적으로나 실정법적으로나 그 개념과 범위가 정립되어 있지는 않다. 특히, 부동산공법은 학문적인 개념이 아니라 실무상 여러 국가자격시험의 과목을 통칭하는 의미로 사용된 이후 점차 굳어진 형태이다.

일반적으로 건설행정법 또는 건축행정법이라는 용어가 보다 익숙한 학문적 용어법이다. 그러나 여기에는 건축질서법과 건축계획법, 그리고 각종 토지이용에 관한 규제법 등이 포함되어 있어 통일적이고 포괄적인 개념을 창안하기란 사실 어렵다.

그렇기 때문에 본서에서는 건설·부동산공법을 기존의 건축행정법 또는 건설행정법을 통칭하는 의미로 사용한다. 그러나 국가 자격시험과목인 부동산공법에 농지법이 포함되지만 본서에서는 일반적인 건축행정법의 구성에 따라 농지법은 제외한다.

이러한 시각에서 건설·부동산공법은 크게 건축경찰법과 건축계획법으로 대별되고, 건축경찰법과 건축계획법에 따라 구체적인 건축물과 공간형성에 관한 법으로 구분한다. 건축경찰법에 해당되는 것이 건축법이고, 국토계획법은 전형적인 건축계획법이다. 국토계획법에 따라 구체적인 공간형성을 담당하는 도시개발법, 도시 및 주거환경정비법이며, 건축법의 구체적인 형태인 주택법은 동시에 부동산법적 요소도 가진다.

제2항 건설·부동산공법의 통합

우리 법제는 건축경찰법에 해당하는 건축법과 건축계획법인 국토계획법이 분리된 형태를 채택하여 운용되고 있다. 양자를 분리하는 경우 각각의 전문적이고 특화된 분야가 형성되어 발전할 수 있다는 장점이 있는 반면 양법간의 체계부정합성으로 인한 충돌과 모순이 발생할 수도 있다.

이와 달리 독일의 건축법전은 건축질서법과 건축계획법이 통합된 형태로 운용되면서 발전되다 보니 도시의 물리적 공간형성이라는 건설법 본연의 모습에 근접한 모양을 띤다.

건설·부동산공법은 건축, 도시계획, 토목, 경관의 4가지로 구성된 총체적이고 복합적인 성격의 법체계라는 점에서 보면 분리형 모델을 취한 우리 법제보다는 독일의 그것이 보다 진화된 형태로 판단된다. 건축법 제11조에 따른 건축허가가 동시에 국토계획법상의 개발행위허가의 성격을 지니는 것도 건축이 단순히 하나의 건축물을 축조하는 것이 아니라 전체 도시와 지역의 연계성 속에서 적절한 건축물을 축조하여야 한다는 도시계획적 관점과 주변경관과의 조화도 아울러 고려하여야 되기 때문인 이유이다.

다만, 분리형의 현행법제에서 계획법적 요소와 질서법적 요소는 엄연히 구별되어야 하며, 각각의 개별법이 존재하므로 그 법률에 부합하는 요소가 장착되어야 할 것이다.

제 2 장

건축법

제 2 장 건축법

제 1 절 | 건축법 서설

제1항 건축법의 의의

Ⅰ. 건축경찰법으로서의 건축법

건축법은 건축계획법인 국토계획법과 더불어 건축질서법의 대표적인 법률이다. 건축질서법은 행정법학의 전통적인 질서행정의 하나로 질서행정은 고권적인 행정작용을 통하여 공공의 안녕과 질서유지를 내용으로 하는 행정활동으로 전형적인 예는 경찰권의 행사이지만 감염병예방, 환경침해에 대한 예방 등도 포함된다.

또한, 건축질서법은 건축경찰법으로 지칭되기도 하며, 경찰행정은 국가의 공권력행사를 제한하기 위한 차원에서 발전된 것으로 공공의 안녕과 질서유지를 목표로 한다.

그러므로 건축질서법 또는 건축경찰법은 건축물의 안전과 건축질서유지를 위하여 건축물의 건축행위를 규제함으로써 건축물로부터 발생하는 위험을 방지하는 것을 목표로 하는 법체계를 의미한다.

이러한 건축경찰법에는 건축행위에 대한 직접적인 규율을 내용으로 하는 건축법, 건축물의 구조기준 등에 관한 규칙, 건축물의 설비기준 등에 관한 규칙, 시설물안전법 등이 있고, 건설산업이나 건설환경의 건전성 및 건축문화의 발전을 위한 건축사법, 건축기본법, 건설산업기본법, 건설산업진흥법 등도 넓은 의미의 건축경찰법에 포함된다.[1)]

건축경찰법은 건축물의 건축행위에 대한 위험방지요건을 설정하는 규제법이 중심을 이루고, 여기에 가장 대표적인 건축법이다. 건축법 제1조도 "이 법은 건축물의 대

1) 김남철, 행정법강론, 박영사, 제8판, 2022, 1425쪽.

지 · 구조 · 설비 기준 및 용도 등을 정하여 건축물의 안전 · 기능 · 환경 및 미관을 향상시킴으로써 공공복리의 증진에 이바지하는 것을 목적으로 한다"라고 규정하여 건축법의 질서법 또는 경찰법의 성격을 드러내고 있다.

II. 건축법의 구성

건축법은 건축물로부터 발생하는 위험을 방지하기 위하여 토지이용권의 일종인 건축의 자유를 제한하는 성격의 법률이다. 그렇기 때문에 건축법은 그 목적을 위하여 모든 건축물에 대하여 건축을 금지하는 형식을 취한 다음, 위험하지 않은 건축물만 개별적으로 허가하는 구조를 채택하고 있다. 이에 따라 건축법은 총칙적 조항에 이어 건축허가요건에 관한 조항과 건축허가절차 등 건축절차에 관한 조항으로 구성된다. 아울러 건축법은 건축법위반의 결과물인 불법건축물에 대한 통제조항인 행정형벌, 철거명령, 이행강제금 등의 조항들도 구비하고 있다.

이러한 건축법의 구성에서 건축경찰법 또는 건축질서법로서의 건축법은 건축물의 건축과 이에 대한 규제로 크게 대별된다고 할 것이다. 위험방지의 목표에 충실하게 건축법은 입법목적과 구조가 정향되어 있다는 것이다.

제2항 건축법의 연혁

건축법은 건축물로부터 발생하는 위험방지(Gefahrenabwehr)를 일차적인 입법목적으로 하고 있다. 건축법이 개별적인 건축물 자체가 갖춰야 할 허가요건만을 통제하는 방식을 채택하는 것도 이러한 이유 때문이다. 역사적으로도 건축의 자유를 처음 규정한 1794년의 프로이센일반란트법(Prußisches Allgemeines Landrecht)도 고전적인 위험방지의 경찰법적 성격에 국한되었다.[2)]

그러나 우리나라의 건축법은 이와 다른 역사적 궤적과 성격을 나타내는데, 이는 일제 식민지배로 인한 영향에 기인한 바가 크다고 할 것이다. 1919년 일본은 도시계획법과 시가지건축물법을 제정하였는데, 이것이 양국의 근대적 건축법의 최초 기원이라 할 수 있다. 우리 건축법의 원형이 된 시가지건축물법은 도시계획사업을 실현하기 위한

2) Michael Brenner, Öffentliches Baurecht, C.F.Müller, 5.Aufl., 2020, Rn. 20.

보조적 수단으로서 기능하였다. 이 시가지건축물법은 제2차세계대전 종전 후 일본에서 건축기준법으로 명칭변경되면서 전부개정되었지만 1962년 우리의 건축법은 시가지건축물법과 건축기준법의 영향을 크게 받으며 입법되었다. 여전히 건축법에 건축계획법제적 요소가 잔존하고 있는 것도 이러한 입법사적 배경에 연유한다.

제3항 국토계획법과의 비교

건축법의 입법사적 배경에서 보듯이 현행 건축법은 건축경찰법적 요소와 더불어 건축계획법제적 요소를 다분히 가지고 있다. 독일의 건축법전이 양자를 아우르는 통합형의 모델을 취하고 있는 것과 달리 우리는 건축질서법과 건축계획법이 분리된 분리형 모델을 채택하고 있다.

그러나 우리의 법제는 분리형 모델임에도 불구하고 양자의 성격이나 방향이 명확하게 구분되지 않는다. 건축물이라는 위험을 어떻게 통제할 것인가에 대하여 거시적 관점에서는 도시계획으로써 토지의 합리적 이용이라는 도시 전체의 관점을 건축물에 반영하는 국토계획법적 시각이 투영되어야 할 것이지만, 미시적 측면에서는 개별 건축물 자체에 대한 건축경찰법적 통제가 이루어져야 할 것이다.

결국 입법사적으로나 입법기술적으로나 입법의 성격과 내용 측면에서 건축질서법과 건축계획법이 통합된 단일법률이 좀더 바람직한 방향으로 판단되지만 현시점에서는 건축계획법인 국토계획법과 건축경찰법인 건축법의 성격과 역할이 명확하게 구별되는 것이 우선적인 작업이라 할 것이다.

제2절 | 건축물의 건축

제1항 건축물

Ⅰ. 건축물의 의의

1. 전통적 건축물의 개념

1) 건축법상 건축물의 개념요소

건축법상 건축물이란 토지에 정착하는 공작물 중 지붕과 기둥 또는 벽이 있는 것과 이에 딸린 시설물, 지하나 고가(高架)의 공작물에 설치하는 사무소·공연장·점포·차고·창고, 그 밖에 대통령령으로 정하는 것을 말한다(법 제2조 제1항 제2호). 이러한 건축법상 건축물의 개념요소는 첫째, 공작물이어야 하고, 둘째, 그것이 토지에 정착하고 있어야 하며, 셋째, 동시에 공작물은 지붕과 기둥 또는 벽이 있어야 한다는 것이다.

공작물은 인공력이 가미된 일정한 형태의 물체를 의미하므로 자연력에 의하여 형성된 동굴은 공작물에 해당하지 않는다. 토지정착성의 요소는 건축물과 가설건축물을 구분하는 중요한 징표에 해당하는데, 여기서 '토지에 정착한다'는 의미는 대지의 범위가 확정되어 건축된 시설물 등이 사실상 이동이 불가능하거나 이동이 가능하더라도 이동의 실익이 없어 상당 기간 현저한 이동이 추정되지 않는 경우까지도 포함하는 개념요소이다.[3] 이러한 의미에서 공터에 설치된 벽과 지붕이 철재로 된 콘테이너 하우스라도 이를 토지에 정착하면 건축물과 같은 형태가 되어 실제 1년 동안 밧데리 수리상의 사무실 및 창고로 사용되었으며, 이를 보통 사람의 힘만으로는 이동할 수 없고 이를 이동시키기 위하여는 상당한 동력을 가진 장비에 의하여서만 가능하다면 콘테이너 하우스는 건축법 제2조 제1항 제2호가 규정하는 건축물에 해당한다.[4]

'지붕과 기둥 또는 벽'은 건축물의 중요한 형태적 개념요소로 지붕은 필수적 요소이나 기둥이나 벽은 비필수적 요소이다.[5] 건축물이 등장한 근본적인 이유는 외부로부

---

3) 대법원 1991. 6. 11. 선고 91도945 판결; 국토교통부 건축정책관, 건축행정 길라잡이, 2013. 12., 21쪽.

4) 대법원 1991. 6. 11. 선고 91도945 판결.

5) 대법원 1986. 11. 11. 선고 86누173 판결(건물이라고 함은 최소한의 기둥과 지붕 그리고 주벽이 이루어지면 이를 법률상 건물이라 할 것이다); 대법원 1996. 6. 14. 선고 94다53006 판결; 대법원 2001. 1. 16. 선고 2000다51872 판결 등 참조.

터의 위험을 막기 위해서이기 때문에 지붕이 반드시 필요하며, 이러한 지붕을 설치하기 위해서는 구조적으로 기둥이나 벽이 필요하였던 것이다. 이러한 개념요소로부터 전통적인 건축물의 개념을 정의하면, 지붕과 기둥 또는 벽이 있는 것으로서 토지에 정착하는 공작물이 바로 건축물이다.

판례 건축법위반(대법원 1991. 6. 11. 선고 91도945 판결)

건축법 제2조 제2항 소정의 "토지에 정착하는 공작물"이란 반드시 토지에 고정되어 이동이 불가능한 공작물만을 가리키는 것은 아니고, 물리적으로는 이동이 가능하게 토지에 붙어 있어도 그 붙어 있는 상태가 보통의 방법으로는 토지와 분리하여 이를 이동하는 것이 용이하지 아니하고, 그 본래의 용도가 일정한 장소에 상당기간 정착되어 있어야 하고 또 그렇게 보여지는 상태로 붙어 있는 경우를 포함한다.

2) 해석론상 건축물의 개념요소

건축법상의 건축물의 개념요소인 공작물, 토지정착성, 지붕과 기둥 또는 벽의 세 가지 요소만으로는 건축물의 개념을 확정하기에는 한계가 존재한다. 이러한 문제를 해결하기 위하여 해석론적으로 필요한 개념요소가 있는데, 그것이 바로 사람이 머무를 수 있는 거주성과 독립성이다.

상시적으로 사람이 머물 수 있는 공간이어야 한다는 거주성 요건은 건축물과 공작물을 구분하는 기준으로 작용한다. 지하에 있는 바닥면적 40㎡의 지하대피호는 전통적인 건축법상의 건축물개념에 의하면 건축물에 해당한다. 그러나 사람이 상시로 거주할 수 있는 공간에 해당하지 않기 때문에 지하대피호는 건축법상 공작물로 분류된다(영 제118조 제1항 제6호).

건축물은 그 자체로 독립적인 기능을 수행하여야 한다. 건축물의 독립성은 건축물이 다른 구조물로부터 분리되어 본래의 목적을 위한 기능을 수행한다는 의미이다. 건축법에 규정된 건축물의 용도에서 독립성 요건을 유추해 볼 수 있는데, 건축물의 용도는 한 동의 건축물의 부분인 각 실을 기준으로 하지 않고 건축물 한 동 전체를 기준으로 구분한다. 예컨대, 교육연구시설인 대학교의 건물에는 교육연구시설인 강의실도 있고, 문화 및 집회시설인 공연장, 운동시설인 체육관도 있다. 그러나 이러한 시설은 모두 교육연구시설의 부속시설 또는 부속용도로 파악하는데, 이것은 건축물이 다른 구조물과 분리하여 본래의 목적을 수행하는 독립성을 갖추어야 한다는 것을 의미한다.

건축주의 사정으로 건축공사가 중단되었던 미완성의 건축물을 인도받아 나머지 공사를 마치고 완공한 경우, 그 건축물이 공사가 중단된 시점에서 이미 사회통념상 독립한 건축물이라고 볼 수 있는 형태와 구조를 갖추고 있었다면 건축물의 요건을 갖춘 것이라고 보아야 한다는 판례[6)]도 건축물의 개념요소로서 독립성을 전제하고 있다고 보인다.[7)]

2. 건축물개념의 확장

사회환경의 변화와 건축기술의 발달로 전통적인 건축물개념이 포섭할 수 없는 건축물이 현대에 들어서 속속 등장하자 건축법은 이들을 관리하기 위하여 좀더 확장된 건축물의 개념을 규정하게 된다. 건축법은 지붕과 기둥 또는 벽이 있는 것으로서 토지에 정착하는 공작물에 부속된 시설물, 지하나 고가(高架)의 공작물에 설치하는 사무소·공연장·점포·차고·창고 등을 건축물의 개념에 포함시키고 있다. 예를 들어, 건축물에 딸린 담이나 주차장, 지하차도의 상가점포나 지하철 역무실, 지붕이 없는 야구경기장 등이 여기에 해당한다.

확장된 건축물개념에서 유의하여야 할 것은 공작물에 딸린 시설물이 건축물로 인정되기 위해서는 건축물에 딸린 시설물로 축조되어야 한다는 점이다. 그러므로 부속구조물이나 대지를 조성하기 위한 옹벽이 건축물과 무관하게 미리 축조되거나 건축물이 건축된 이후 별도로 축조되는 경우에는 건축물에 해당하지 않는다.[8)]

3. 적용제외 건축물

전통적인 건축물개념이나 확장된 건축물개념에 해당하더라도 건축법은 일정한 건축물에 대해서는 그 적용을 배제하고 있다. 이는 건축법에서 규율하기보다는 개별법에서 별도로 규율하는 것이 바람직하다는 입법적 고려가 작용한 결과라고 할 수 있다.

여기에 해당하는 건축물로 ① 「문화유산법」에 따른 지정문화유산이나 임시지정문화유산[9)] 또는 「자연유산법」에 따라 지정된 천연기념물등이나 임시지정천연기념물, 임

6) 대법원 2002. 4. 26. 선고 2000다16350 판결; 대법원 2005. 7. 15. 선고 2005다19415 판결.

7) 물론 이 판례는 민사법적 관점에서 건물의 개념을 상정하고 있어 건축법상의 그것과는 약간의 거리감이 존재한다.

8) 대법원 2014. 7. 24. 선고 2013도13062 판결.

시지정명승, 임시지정시·도자연유산, 임시자연유산자료, ② 철도나 궤도의 선로 부지(敷地)에 있는 운전보안시설·철도 선로의 위나 아래를 가로지르는 보행시설·플랫폼·해당 철도 또는 궤도사업용 급수(給水)·급탄(給炭) 및 급유(給油) 시설, ③ 고속도로 통행료 징수시설, ④ 컨테이너를 이용한 간이창고(「산업집적법」 제2조 제1호에 따른 공장의 용도로만 사용되는 건축물의 대지에 설치하는 것으로서 이동이 쉬운 것만 해당된다), ⑤ 「하천법」에 따른 하천구역 내의 수문조작실이 있다(법 제3조 제1항).

4. 건축물의 종류

건축법상 건축물의 종류는 불특정다수의 이용 여부에 따라 다중이용 건축물과 준다중이용 건축물, 구조와 형식 등에 따라 특수구조 건축물과 부유식 건축물로 구분된다.

1) 다중이용 건축물

"다중이용 건축물"이란 다음 각 목의 어느 하나에 해당하는 건축물을 말한다(영 제2조 제17호).

가. 다음의 어느 하나에 해당하는 용도로 쓰는 바닥면적의 합계가 5천㎡ 이상인 건축물
 1) 문화 및 집회시설(동물원 및 식물원은 제외한다)
 2) 종교시설
 3) 판매시설
 4) 운수시설 중 여객용 시설
 5) 의료시설 중 종합병원
 6) 숙박시설 중 관광숙박시설

나. 16층 이상인 건축물

---

9) 대법원 1995. 1. 20. 선고 94도1381 판결(전통사찰 그 자체뿐만 아니라 그 경내지 내의 모든 시설물에 대하여 일반 건축물의 건축기준을 정하고 있는 건축법으로 규율할 것이 아니라 전통사찰보존법에 의하여 규율하려는 취지에서 비롯된 것임이 분명하므로, 사찰이 전통사찰보존법에 의하여 전통사찰로 등록을 마친 경우에는 같은 법 제6조의 규정에 따라 사찰의 경내지 안에 있는 사찰의 구성요소를 이루는 모든 건조물의 건축행위에 대하여 문화체육부장관의 허가를 얻어야 하는 것이지, 그 사찰 등록시에 작성 비치한 재산목록에 기재된 개개의 건조물에 한하여 전통사찰보존법이 적용되고 그 나머지 건조물에 관하여는 건축법의 소정 절차에 따라 관할 관청의 허가를 얻어야 한다고 해석할 수는 없는 일이다).

2) 준다중이용 건축물

"준다중이용 건축물"이란 다중이용 건축물 외의 건축물로서 다음 각 목의 어느 하나에 해당하는 용도로 쓰는 바닥면적의 합계가 1천㎡ 이상인 건축물을 말한다(영 제2조 제17의2호).

가. 문화 및 집회시설(동물원 및 식물원은 제외한다)

나. 종교시설

다. 판매시설

라. 운수시설 중 여객용 시설

마. 의료시설 중 종합병원

바. 교육연구시설

사. 노유자시설

아. 운동시설

자. 숙박시설 중 관광숙박시설

차. 위락시설

카. 관광 휴게시설

타. 장례시설

3) 특수구조 건축물

(1) 개념

"특수구조 건축물"이란 건축물의 구조, 재료, 형식, 공법 등이 특수한 다음 각 목의 어느 하나에 해당하는 건축물을 말한다(법 제6조의2, 영 제2조 제18호).

가. 한쪽 끝은 고정되고 다른 끝은 지지(支持)되지 아니한 구조로 된 보·차양 등이 외벽(외벽이 없는 경우에는 외곽 기둥을 말한다)의 중심선으로부터 3m 이상 돌출된 건축물

나. 기둥과 기둥 사이의 거리(기둥의 중심선 사이의 거리를 말하며, 기둥이 없는 경우에는 내력벽과 내력벽의 중심선 사이의 거리를 말한다)가 20m 이상인 건축물

다. 무량판 구조(보가 없이 바닥판·기둥으로 구성된 구조를 말한다)를 가진 건축물로서 무량판 구조인 어느 하나의 층에 수직으로 배치된 주요구조부의 전체 단면적에서 보가 없이 배치된 기둥의 전체 단면적이 차지하는 비율이 4분의 1 이상인 건축물

라. 특수한 설계·시공·공법 등이 필요한 건축물로서 국토교통부장관이 정하여 고시하는 구조로 된 건축물

(2) 적용 특례

특수구조 건축물은 제4조(건축위원회), 제4조의2(건축위원회의 건축 심의 등)부터 제4조의8(사무국)까지, 제5조(적용의 완화)부터 제9조(다른 법령의 배제)까지, 제11조(건축허가), 제14조(건축신고), 제19조(용도변경), 제21조(착공신고 등)부터 제25조(건축물의 공사감리)까지, 제40조(대지의 안전 등), 제41조(토지 굴착 부분에 대한 조치 등), 제48조(구조내력 등), 제48조의2(건축물 내진등급의 설정), 제49조(건축물의 피난시설 및 용도제한 등), 제50조(건축물의 내화구조와 방화벽), 제50조의2(고층건축물의 피난 및 안전관리), 제51조(방화지구 안의 건축물), 제52조(건축물의 마감재료 등), 제52조의2(실내건축), 제52조의4(건축자재의 품질관리 등), 제53조(지하층), 제62조(건축설비기준 등)부터 제64조(승강기)까지, 제65조의2(지능형건축물의 인증), 제67조(관계전문기술자), 제68조(기술적 기준) 및 제84조(면적·높이 및 층수의 산정)를 적용할 때 대통령령으로 정하는 바에 따라 강화 또는 변경하여 적용할 수 있다(법 제6조의2).

(3) 구조 안전의 확인에 관한 특례

특수구조 건축물을 건축하거나 대수선하려는 건축주(제32조 제3항에 따라 구조 안전의 확인 방법이 달리 적용되는 건축주는 제외한다)는 착공신고를 하기 전에 국토교통부령으로 정하는 바에 따라 허가권자에게 해당 건축물의 구조 안전에 관하여 지방건축위원회의 심의를 신청하여야 한다. 이 경우 건축주는 설계자로부터 미리 법 제48조 제2항에 따른 구조 안전 확인을 받아야 한다(영 제6조의3 제2항).

건축물의 구조 안전에 관한 지방건축위원회의 심의 신청을 받은 허가권자는 심의 신청 접수일부터 15일 이내에 건축구조 분야 전문위원회에 심의 안건을 상정하고, 심의 결과를 심의를 신청한 자에게 통보하여야 한다(영 제6조의3 제3항).

심의 결과에 이의가 있는 자는 심의 결과를 통보받은 날부터 1개월 이내에 허가권자에게 재심의를 신청할 수 있고(영 제6조의3 제4항), 심의 결과 또는 재심의 결과를 통보받은 건축주는 착공신고를 할 때 그 결과를 반영하여야 한다(영 제6조의3 제5항).

4) 부유식 건축물

(1) 개념

"부유식 건축물"이란 「공유수면법」 제8조에 따른 바다 · 하천 · 호소(湖沼) · 구거(溝渠) 등의 공유수면 위에 고정된 인공대지(제2조 제1항 제1호의 "대지"로 본다)를 설치하고 그 위에 설치한 건축물을 말한다(법 제6조의3 제1항).

(2) 적용 특례

부유식 건축물은 제40조(대지의 안전 등)부터 제44조(대지와 도로의 관계)까지, 제46조(건축선의 지정) 및 제47조(건축선에 따른 건축제한)를 적용할 때 대통령령으로 정하는 바에 따라 달리 적용할 수 있고(법 제6조의3 제1항), 건축조례에서 지역별 특성 등을 고려하여 그 기준을 달리 정한 경우에는 그 기준에 따른다(영 제6조의4 제2항).

부유식 건축물의 설계, 시공 및 유지관리 등에 대하여 건축법을 적용하기 어려운 경우에는 대통령령으로 정하는 바에 따라 변경하여 적용할 수 있다(법 제6조의3 제2항).

II. 가설건축물

1. 가설건축물의 개념에 대한 논란

건축법은 건축물에 대한 정의규정을 마련하고 있으나 가설건축물에 대한 개념정의는 구비하지 않고 있다. 문자적인 의미로 가설은 임시로 설치한다는 의미이므로 토지에 정착하지 않고 임시로 설치된 건축물을 뜻한다고 할 수 있다. 또한, 임시로 설치된다는 의미에서 그것의 존치기간이 정해져 있다는 의미도 동시에 가진다.

이 점에 착안해 전자를 가설건축물로, 후자를 기한부건축물로 구분하는 견해가 있다.[10] 이 견해에 의하면 기한부건축물도 건축물과 같이 토지정착성을 가지는 것으로 그 실질은 가설건축물이 아닌 존치기간이 정해진 특수한 건축물로 이해된다.

그러나 토지정착성이 이동의 실익이 없어 상당 기간 이동이 되지 않는 반영구성의 의미를 가진다는 점에서 3년 이내의 존치기간이 정해진 기한부건축물도 토지정착성을 결여한 가설건축물로 보아야 할 것이고, 다만 그것이 토지정착성을 가지지만 존치기간이 정해지므로 이를 일반건축물로 유사하게 허가대상으로 한다기보다는 입법적으로 그것이 도시 · 군계획시설 및 도시 · 군계획시설예정지에서 건축되기 때문에 허가대상으로

10) 김종보, 건설법의 이해, 피데스, 제6판, 2018, 36-37쪽.

한다고 보아야 할 것이다.

그러므로 가설건축물을 건축법의 입법취지에 맞게 허가대상 가설건축물과 신고대상 가설건축물로 구분하는 것이 오히려 건축법의 규정과 실무에도 부합한다고 본다. 가설건축물은 토지에 정착하지 않은 임시로 설치된 것으로서 존치기간이 정해진 건축물로 허가대상 가설건축물과 신고대상 가설건축물로 나뉜다. 건축법은 전자에 대해서는 건축, 후자에 대해서는 축조라는 용어를 사용하여 이를 구분한다.

2. 가설건축물의 종류

가설건축물은 건축법상 '건축물'이 아니므로 건축허가나 건축신고 없이 설치할 수 있는 것이 원칙이지만 일정한 가설건축물에 대하여는 건축물에 준하여 위험을 통제하여야 할 필요가 있으므로 이를 허가대상과 신고대상으로 규율하고 있다.[11] 따라서 건축법상 허가대상과 신고대상으로 분류되지 않은 가설건축물은 아무런 제한 없이 축조할 수 있다.

1) 허가대상 가설건축물

특별자치시장 · 특별자치도지사 또는 시장 · 군수 · 구청장의 허가대상인 가설건축물은 도시 · 군계획시설 및 도시 · 군계획시설예정지에서의 3층 이하의 가설건축물로「국토계획법」제64조의 도시 · 군계획시설 부지에서의 개발행위에 적합한 경우라야 한다(법 제20조 제1항 및 제2항). 이러한 허가대상인 가설건축물의 구체적 요건은 시행령에서 정하고 있는데, 첫째, 철근콘크리트조 또는 철골철근콘크리트조가 아닐 것, 둘째, 존치기간은 3년 이내일 것(도시 · 군계획사업이 시행될 때까지 그 기간을 연장할 수 있다), 셋째, 전기 · 수도 · 가스 등 새로운 간선 공급설비의 설치를 필요로 하지 아니할 것, 넷째, 공동주택 · 판매시설 · 운수시설 등으로서 분양을 목적으로 건축하는 건축물이 아닐 것 등이다(영 제15조 제1항).

2) 신고대상 가설건축물

신고대상 가설건축물은 신고 후 관리절차가 없어 주거용으로 무단사용하거나 내부구조변경 · 건축관계자 변경이 발생하여도 관할 행정청이 이를 인지하지 못하는 경우가

11) 대법원 2018. 1. 25. 선고 2015두35116 판결.

많아 소유권분쟁·화재안전 취약 등의 문제가 지속적으로 발생하였다. 이러한 신고대상 가설건축물도 존치기간을 원칙적으로 3년 이내로 한정함으로써 3년마다 그 사용현황을 파악할 수 있어 관리의 실효성을 높일 수 있게 되었다.

구체적으로 ① 재해가 발생한 구역 또는 그 인접구역 등에서 일시사용을 위하여 건축하는 것, ② 도시미관이나 교통소통에 지장이 없다고 인정하는 가설흥행장, 가설전람회장, 농·수·축산물 직거래용 가설점포, 그 밖에 이와 비슷한 것, ③ 공사에 필요한 규모의 공사용 가설건축물 및 공작물, ④ 전시를 위한 견본주택이나 그 밖에 이와 비슷한 것, ⑤ 도로변 등의 미관정비를 위하여 지정·공고하는 구역에서 축조하는 물건 등의 판매목적의 가설점포로서 안전·방화 및 위생에 지장이 없는 것, ⑥ 조립식 구조로 된 경비용으로 쓰는 가설건축물로서 연면적이 10㎡ 이하인 것, ⑦ 조립식 경량구조로 된 외벽이 없는 임시 자동차차고, ⑧ 컨테이너 또는 이와 비슷한 것으로 된 가설건축물로서 임시사무실·임시창고 또는 임시숙소로 사용되는 것(건축물의 옥상에 축조하는 것은 제외한다), ⑨ 도시지역 중 주거지역·상업지역 또는 공업지역에 설치하는 농업·어업용 비닐하우스[12]로서 연면적이 100㎡ 이상인 것, ⑩ 연면적이 100㎡ 이상인 간이축사용, 가축분뇨처리용, 가축운동용, 가축의 비가림용 비닐하우스 또는 천막구조 건축물, ⑪ 농업·어업용 고정식 온실 및 간이작업장, 가축양육실, ⑫ 물품저장용, 간이포장용, 간이수선작업용 등으로 쓰기 위하여 공장 또는 창고시설에 설치하거나 인접 대지에 설치하는 천막, 그 밖에 이와 비슷한 것, ⑬ 유원지, 종합휴양업 사업지역 등에서 한시적인 관광·문화행사 등을 목적으로 천막 또는 경량구조로 설치하는 것, ⑭ 야외전시시설 및 촬영시설, ⑮ 야외흡연실 용도로 쓰는 가설건축물로서 연면적이 50㎡ 이하인 것 등의 가설건축물을 축조하려는 자는 대통령령으로 정하는 존치 기간, 설치 기준 및 절차에 따라 특별자치시장·특별자치도지사 또는 시장·군수·구청장에게 신고한 후 착공하여야 한다(법 제20조 제3항, 영 제15조 제5항).

신고대상 가설건축물의 존치기간은 3년 이내로 하며, 존치기간의 연장이 필요한 경우에는 횟수별 3년의 범위에서 가설건축물별로 건축조례로 정하는 횟수만큼 존치기간을 연장할 수 있다. 다만, 공사용 가설건축물 및 공작물의 경우에는 해당 공사의 완료일까지의 기간으로 한다(영 제15조 제7항).

신고대상 가설건축물과 관련하여 한 가지 문제는 신고대상 가설건축물을 도시·군

---

12) 대법원 2007. 9. 6. 선고 2007도4197 판결(비닐하우스는 그 구조상 건축법의 규제대상인 건축물에 해당하지 않는 경우에도 개발제한구역의 지정 및 관리에 관한 특별조치법 제11조 제1항 본문이 원칙적으로 개발제한구역 내에 그 설치를 할 수 없도록 정한 공작물에는 당연히 해당한다).

계획시설 및 도시 · 군계획시설예정지에 축조하는 경우에 이는 허가대상인지 아니면 신고대상인지가 법문상 불명확하다는 점이다. 해석론으로 가설건축물은 원칙적으로 신고나 허가 없이 축조할 수 있을 뿐 아니라 도시 · 군계획시설부지에서 일시사용을 위한 한시적으로 축조되는 가설건축물을 부인할 근거가 없으므로 신고로써 축조 가능하다고 보아야 할 것이다.[13)]

3. 가설건축물의 관리

특별자치시장 · 특별자치도지사 또는 시장 · 군수 · 구청장은 가설건축물의 건축을 허가하거나 축조신고를 받은 경우 국토교통부령으로 정하는 바에 따라 가설건축물대장에 이를 기재하여 관리하여야 하고(법 제20조 제6항), 가설건축물의 건축허가 신청 또는 축조신고를 받은 때에는 다른 법령에 따른 제한 규정에 대하여 확인이 필요한 경우 관계 행정기관의 장과 미리 협의하여야 하고, 협의 요청을 받은 관계 행정기관의 장은 요청을 받은 날부터 15일 이내에 의견을 제출하여야 한다. 이 경우 관계 행정기관의 장이 협의 요청을 받은 날부터 15일 이내에 의견을 제출하지 아니하면 협의가 이루어진 것으로 본다(법 제20조 제7항).

4. 가설건축물의 건축법규정의 일부 적용배제

가설건축물은 건축법상 건축물이 아니므로 건축법규정의 일부가 적용되지 않는다. 우선 공통적으로 건축물대장에 관한 제38조가 적용되지 않기 때문에 특별자치시장 · 특별자치도지사 또는 시장 · 군수 · 구청장은 가설건축물의 건축을 허가하거나 축조신고를 받은 경우 국토교통부령으로 정하는 바에 따라 가설건축물대장에 이를 기재하여 관리하여야 한다(법 제20조 제6항).

제25조(건축물의 공사감리), 40조(대지의 안전 등), 제41조(토지 굴착부분에 대한 조치 등), 제42조(대지의 조경), 제44조(대지와 도로의 관계), 제45조(도로의 지정 · 폐지 또는 변경), 제46조(건축선의 지정), 제47조(건축선에 따른 건축제한)와 제48조 이하의 건축물의 구조 및 재료 등에 관한 규정의 일부도 적용이 배제된다(법 제20조 제5항).

이 외에도 허가대상 가설건축물의 경우 시장의 공지 또는 도로에 설치하는 차양시

---

13) 국토교통부 건축기획과, 신고대상 가설건축물 운용기준 알림 지침, 2009. 7.

설에 대하여는 제46조(건축선의 지정) 및 제55조(건축물의 건폐율)가 적용되지 않으며(영 제15조 제3항), 그 가설건축물을 도시·군계획 예정 도로에 건축하는 경우에는 제45조(도로의 지정·폐지 또는 변경), 제46조(건축선의 지정), 제47조(건축선에 따른 건축제한)가 적용이 배제된다(영 제15조 제4항).

Ⅲ. 공작물

1. 공작물 축조의 자유의 원칙

건축법은 건축물로부터의 위험방지를 일차적 목표로 하는 건축경찰법 내지 건축질서법의 성격을 가지므로 건축물의 건축이 아닌 공작물에 대해서는 원칙적으로 건축법은 개입하지 않는다. 그러므로 건축법상 건축허가를 받아야 하는 것은 건축물에 한정하고, 건축물에 해당하지 않는 공작물은 건축허가의 대상이 되지 않는다.

그러나 공작물도 일정한 경우에는 위험을 야기할 수 있어 이에 대한 통제가 필요하기 때문에 건축법은 이러한 공작물에 대하여 신고대상 가설건축물과 동일하게 신고대상으로 규율하고 있다.

건축법은 건축물과 가설건축물, 그리고 공작물을 포함하는 넓은 의미의 공작물을 상정한 후, 건축물과 가설건축물에 대해서는 별도의 규정이 있으므로 이를 제외한 좁은 의미의 공작물만을 신고대상으로 규율하는 방식을 취하고 있다. 그러므로 이러한 신고대상이 아닌 공작물은 원칙적으로 자유롭게 축조할 수 있는 것이다.

2. 신고대상 공작물

대지를 조성하기 위한 옹벽, 굴뚝, 광고탑, 고가수조(高架水槽), 지하 대피호 등의 공작물을 축조하려는 자는 대통령령으로 정하는 바에 따라 특별자치시장·특별자치도지사 또는 시장·군수·구청장에게 신고하여야 한다(법 제83조 제1항). 다만, 여기서 공작물은 건축물과 분리하여 축조하는 경우에만 신고대상이 되며, 건축물에 딸린 시설물로 공작물이 축조되는 경우에는 건축허가대상이 된다는 점을 유의하여야 한다(영 제118조 제1항).[14]

---

14) 대법원 2014. 7. 24. 선고 2013도13062 판결.

이에 따라 신고대상인 공작물은 ① 높이 6m를 넘는 굴뚝, ② 높이 4m를 넘는 장식탑, 기념탑, 첨탑, 광고탑, 광고판, 그 밖에 이와 비슷한 것, ③ 높이 8m를 넘는 고가수조나 그 밖에 이와 비슷한 것, ④ 높이 2m를 넘는 옹벽 또는 담장, ⑤ 바닥면적 30㎡를 넘는 지하대피호, ⑥ 높이 6m를 넘는 골프연습장 등의 운동시설을 위한 철탑, 주거지역·상업지역에 설치하는 통신용 철탑, 그 밖에 이와 비슷한 것, ⑦ 높이 8m(위험을 방지하기 위한 난간의 높이는 제외한다) 이하의 기계식 주차장 및 철골 조립식 주차장(바닥면이 조립식이 아닌 것을 포함한다)으로서 외벽이 없는 것, ⑧ 건축조례로 정하는 제조시설, 저장시설(시멘트사일로를 포함한다), 유희시설, 그 밖에 이와 비슷한 것, ⑨ 건축물의 구조에 심대한 영향을 줄 수 있는 중량물로서 건축조례로 정하는 것, ⑩ 높이 5m를 넘는 「신재생에너지법」 제2조 제2호 가목에 따른 태양에너지를 이용하는 발전설비와 그 밖에 이와 비슷한 것을 말한다(영 제118조 제1항).

신고대상 공작물은 건축물의 허가요건규정 중 일부 규정이 준용된다. 따라서 신고대상 공작물은 제14조(건축신고), 제21조 제5항(착공신고 및 시공자의 자격제한), 제29조(공용건축물에 대한 특례), 제40조 제4항(옹벽 등의 설치의무), 제41조(토지굴착 부분에 대한 조치), 제47조(건축선에 따른 건축제한), 제48조(구조내력), 제55조(건축물의 건폐율), 제58조(대지 안의 공지), 제60조(건축물의 높이 제한), 제61조(일조확보를 위한 건축물의 높이 제한), 제79조(위반 건축물에 대한 조치), 제84조(면적·높이 및 층수의 산정) 등의 규정에 따라 축조된다(법 제83조 제3항).

특별자치시장·특별자치도지사 또는 시장·군수·구청장이 공작물 축조신고를 받았으면 국토교통부령으로 정하는 바에 따라 공작물 관리대장에 그 내용을 작성하고 관리하여야 한다(영 제118조 제5항).

제2항 건축행위

Ⅰ. 건축행위의 의의

1. 건축행위의 개념

건축법은 건축행위의 개념을 직접적으로 정의하지 않고 그 대신 건축행위의 종류를 열거하여 건축의 개념을 정의하고 있다. 따라서 건축이란 건축물을 신축·증축·개축·

재축하거나 건축물을 이전하는 것을 말한다(법 제2조 제8호). 또한, 건축법은 건축행위와는 별도로 대수선과 리모델링에 대해서도 규정하고 있다.

그리하여 건축법은 건축물의 건축·대수선·용도변경, 건축설비의 설치 또는 공작물의 축조를 건축물의 건축등으로 규정하여 넓은 의미의 건축행위를 예정하는 듯한 인상을 주고 있다(법 제2조 제12호).

1) 건축행위를 좁게 보는 견해

건축법은 건축물을 건축하거나 대수선·용도변경하는 것을 건축등으로 보기 때문에 건축행위의 개념은 일차적으로 건축물을 전제로 해석을 통하여 확정되어야 한다는 논리로 연결된다. 건축물이 토지에 정착하는 공작물이라는 개념에서 토지에 정착시키는 행위에서부터 건축행위가 시작된다고 보는 견해가 여기에 해당된다. 판례가 콘테이너 하우스를 제조 또는 제작하는 것 그 자체는 건축행위라고 할 수 없으나 이것을 토지에 정착하는 행위는 건축에 해당한다[15]고 판시한 것도 이러한 해석론을 반영한다고 할 것이다.

판례는 건축물의 개념을 전제로 건축행위의 개념을 파악하고 있는데, 이는 건축행위의 개념을 형사법적 시각에서 접근하기 때문이다. 행정형벌의 대상인 불법건축행위의 미수와 기수를 구분하기 위해서는 건축행위의 개념을 좁게 해석하여야 할 필요성이 있기 때문이다. 판례가 일관되게 토지정착 단계 이전의 건축 준비행위를 신축공사의 착수로 보지 않는 것도 바로 이러한 이유 때문이다.[16]

판례 건축허가취소처분취소(대법원 1994. 12. 2. 선고 94누7058 판결)

건축허가를 받은 후 토지상의 창고와 부속건물을 철거하고 분진을 방지하기 위한 가설울타리공사를 하다가 공사를 중지하였고, 건물의 신축을 위한 굴착공사에는 착수하지 아니하였다면, 건축법 제8조 제8항 등 관계명령의 규정내용에 비추어 볼 때 건물의 신축공사에 착수하였다고 볼 수 없다.

---

15) 대법원 1991. 6. 11. 선고 91도945 판결.

16) 대법원 2017. 7. 11. 선고 2012두22973 판결.

판례 **건축허가취소처분취소(대법원 2017. 7. 11. 선고 2012두22973 판결)**

건물의 신축 공사에 착수하였다고 보려면 특별한 사정이 없는 한 신축하려는 건물 부지의 굴착이나 건물의 축조와 같은 공사를 개시하여야 하므로, 기존 건물이나 시설 등의 철거, 벌목이나 수목 식재, 신축 건물의 부지 조성, 울타리 가설이나 진입로 개설 등 건물 신축을 위한 준비행위에 해당하는 작업이나 공사를 개시한 것만으로는 공사 착수가 있었다고 할 수 없다.

2) 건축행위를 넓게 보는 견해

건축물의 개념을 전제로 건축행위 개념을 정의하는 것은 일면적 타당성을 가진다고 보인다. 그러나 건축법은 건축경찰법으로서 위험방지의 목적을 달성하여야 하는 질서행정법의 대표적인 규제법에 해당되므로 건축행위를 좀더 넓게 설정하여 건축법의 통제범위에 이를 포괄하여야 건축경찰법의 성격에 부합한다고 본다.

다시 말해, 직접적인 불법건축행위로 인한 통제는 행정형벌로 대응하고, 이보다 넓은 건축행위로 인한 위험발생의 가능성은 건축법의 다른 통제수단, 즉 건축허가나 건축신고, 사용승인 등으로 통제하는 것이 보다 적절해 보인다.

이러한 견지에서 건축법상 건축행위란 독립된 건축물을 건축하기 위하여 직접적으로 필요한 전과정의 모든 행위로 정의할 수 있을 것이다.[17] 건축법이 건축행위로 신축, 개축, 재축을 구분하는 데서 보듯이 기존 건물의 철거 후 건축행위가 이루어지므로 이 또한 위험발생의 가능성이 있기 때문에 기존 건물의 철거를 단순히 건축의 준비행위로 이해하고, 토지정착 단계부터 건축행위를 파악하는 것은 건축법의 입법목적과 성격을 몰각한 접근법으로 판단된다.

2. 건축행위 개념구분의 실익

건축행위의 종류로 규정된 신축·증축·개축·재축 등의 행위는 건축허가의 대상이라는 점에서는 이를 구분할 실익은 별로 없다. 건축경찰법적 견지에서 위험의 창출은 그렇게 차이가 나지 않기 때문이다. 오히려 건축법령의 행위제한 등을 준용하는 개발

---

17) 동일한 취지로 김종보, 앞의 책, 42쪽.

제한구역법이나 주차장법, 그리고 국토계획법의 적용에서 각 행위의 구별이 중요한 의미를 가진다.

Ⅱ. 건축행위의 종류

1. 신축

신축이란 건축물이 없는 대지 또는 기존 건축물이 해체되거나 멸실된 대지에 새로 건축물을 축조하는 것 또는 부속건축물만 있는 대지에 새로 주된 건축물을 축조하는 것을 말하는데, 신축에는 개축(改築) 또는 재축(再築)하는 것은 제외된다(영 제2조 제1호).

따라서 등기부나 건축물관리대장상 대부분 각각 독립된 건물로 등재되었고 사회통념상 전체가 1개의 건축물에 해당한다고 보기 어려운 기존 건축물 18동을 철거하고 그보다 층수가 많고 높이가 높은 교회건물을 축조하는 행위는 증축이나 개축에 해당하지 아니하고 신축에 해당한다.[18)]

2. 증축

증축이란 기존 건축물이 있는 대지에서 건축물의 건축면적, 연면적, 층수 또는 높이를 늘리는 것을 말한다(영 제2조 제2호).

건축법상 위반 건축물이 있는 대지 안에 새로운 건축행위를 하는 경우에는 동일 대지 안의 위반사항을 해소한 후 건축행위를 하는 것이 타당하다. 따라서 건축법을 위반한 기존 건축물이 있는 대지상의 증축허가는 허용되지 않는다.[19)]

3. 개축

개축이란 기존 건축물의 전부 또는 일부를 해체하고 그 대지에 종전과 같은 규모의 범위에서 건축물을 다시 축조하는 것을 말한다(영 제2조 제3호).

건축물의 일부를 해체하고 다시 축조하는 것도 개축의 개념에 포함되는데, 이러한

---

18) 대법원 2000. 6. 23. 선고 98두3112 판결.

19) 대법원 1994. 4. 26. 선고 93누11326 판결(위법건축물에 대하여는 다른 법령에 의한 허가까지 금지하고 있음에 비추어 보면 증축허가 등 건축법 자체에 의한 허가도 당연히 허용될 수 없다).

개축의 개념에 한옥의 경우에는 지붕틀의 범위에서 서까래는 제외되며, 내력벽·기둥·보·지붕틀 중 셋 이상이 포함되는 경우를 의미한다.

4. 재축

재축이란 건축물이 천재지변이나 그 밖의 재해로 멸실된 경우, 그 대지에 연면적 합계는 종전 규모 이하로 하며, 동수, 층수 및 높이는 모두 종전 규모 이하로 하거나 동수, 층수 또는 높이의 어느 하나가 종전 규모를 초과하는 경우에는 해당 동수, 층수 및 높이가 건축법, 건축법 시행령 또는 건축조례(법령등)에 모두 적합하게 하여 다시 축조하는 것을 말한다(영 제2조 제4호).

5. 이전

이전이란 건축물의 주요구조부를 해체하지 아니하고 같은 대지의 다른 위치로 옮기는 것을 말한다(영 제2조 제5호).

Ⅲ. 대수선

1. 의의

건축법은 건축행위에는 포함되지 않지만 건축행위와 유사한 대수선의 개념을 정의하고 있는데, 대수선이란 건축물의 주요구조부나 외부형태를 수선·변경하거나 증설하는 것을 말한다(법 제2조 제9호). 여기서 주요구조부란 내력벽(耐力壁), 기둥, 바닥, 보, 지붕틀 및 주계단(主階段)을 말하는 것으로 사이 기둥, 최하층 바닥, 작은 보, 차양, 옥외 계단, 그 밖에 이와 유사한 것으로 건축물의 구조상 중요하지 아니한 부분은 제외된다(법 제2조 제7호).

건축법은 건축물의 건축행위에 초점을 두므로 건축이 완료된 이후의 유지관리행위는 전적으로 건축주의 사적 영역에 맡겨져 있다. 완공 이후의 법령에 저촉되지 않는 수선행위가 자유롭게 행해질 수 있는 것도 이러한 이유 때문이다.

그런데 경미한 수선행위가 아닌 대대적인 수선행위는 건축행위와 별개로 새로운 위험을 창출할 수 있으므로 대수선 행위를 건축행위에 준해 건축법은 통제대상으로 규율하고 있는 것이다(법 제11조). 그리하여 건축법은 허가대상인 대수선과 그렇지 않은 수선행위를 구분하는 기준으로 건축물의 기둥, 보, 내력벽, 주계단 등의 구조나 외부형태에 대한 수선·변경 또는 증설을 제시하면서 그 구체적인 범위는 대통령령에 위임하고 있다(법 제2조 제9호).

2. 대수선의 범위

1) 대수선 범위의 확장

2005년 이전 건축법에서는 대수선의 범위를 주요구조부로 한정하고 있었으나, 2005년 개정 건축법에서 이를 한정하지 않고 건축물의 기둥, 보, 내력벽, 주계단 등의 구조나 외부형태를 수선·변경 또는 증설하는 것으로 규정하여 그 범위를 확장하였다.

이는 주요구조부가 아닌 경계벽 등을 설치하여 주택을 분리하는 중요한 행위가 대수선에 해당하지 않아 안전 등 관리상의 문제를 해소하고, 대수선을 하면서 기둥이나 계단을 추가하는 경우에 구조의 일부를 증설하는 것도 대수선에 포함되는지 여부가 불명확하였는데, 이러한 난점을 해결하기 위한 것이었다.

2) 건축법 시행령상 대수선의 범위

시행령에서 제시하는 대수선의 구체적인 범위는 증축·개축 또는 재축에 해당하지 아니하는 것으로서 ① 내력벽을 증설 또는 해체[20]하거나 그 벽면적을 30㎡ 이상 수선 또는 변경하는 것, ② 기둥을 증설 또는 해체하거나 세 개 이상 수선 또는 변경하는 것, ③ 보를 증설 또는 해체하거나 세 개 이상 수선 또는 변경하는 것, ④ 지붕틀(한옥의 경우에는 지붕틀의 범위에서 서까래는 제외한다)을 증설 또는 해체하거나 세 개 이상 수선 또는 변경하는 것, ⑤ 방화벽 또는 방화구획을 위한 바닥 또는 벽을 증설 또는 해체하거나 수선 또는 변경하는 것, ⑥ 주계단·피난계단 또는 특별피난계단을 증설 또는 해체하거나 수선 또는 변경하는 것, ⑦ 다가구주택의 가구 간 경계벽 또는 다세대주택의 세대 간 경계벽을 증설 또는 해체하거나 수선 또는 변경하는 것, ⑧ 건축물의 외벽에 사용하는 마감재료(법 제52조 제2항에 따른 마감재료)를 증설 또는 해체하거나 벽면적

20) 대법원 2016. 12. 15. 선고 2015도10671 판결(건축법 시행령에서 말하는 내력벽의 '해체'에는 내력벽을 완전히 없애는 경우는 물론이고 그에 이르지 않더라도 위험상황이 변동될 가능성이 있는 정도로 내력벽의 일부만을 제거하는 경우도 포함된다).

30㎡ 이상 수선 또는 변경하는 것을 말한다(영 제3조의2).

시행령에 규정된 대수선의 범위는 결국 건축법에 규정된 대수선의 개념을 구체화시킨 것이므로 경계벽을 수선 또는 변경하는 행위가 건축허가의 대상이 되는 대수선에 해당하기 위해서는 경계벽이 대수선의 대상인 건축물의 주요구조부인 내력벽에 해당하여야 한다. 내력벽이란 일반적으로 건축물의 하중을 견디거나 전달하기 위한 벽체로서 공동주택 내부에 설치된 벽체가 내력벽에 해당하는지는 건물 전체의 구조와 외부 형태, 벽체의 구조와 설계·시공상의 취급, 벽체에 미치는 하중의 방향과 크기 등을 종합적으로 고려하여 판단되어야 하고, 해당 벽체를 제거하였을 때 건축물의 구조안전에 구체적 위험이 초래되지 않는다는 사정만으로 그 벽체가 내력벽에 해당하지 않는다고 섣불리 단정할 수 없다.[21] 따라서 경계벽이 가구 내지 세대 내부의 칸막이벽이 아닌 가구 내지 세대를 구분하는 경계벽이라 하더라도 그것이 주요구조부인 내력벽에 해당하지 않는 이상, 그 경계벽을 수선하는 것은 대수선에 해당하지 않는다.[22]

Ⅳ. 리모델링

1. 개념

대수선과 구분하여야 하는 개념으로 리모델링이 있다. 리모델링은 2005년 개정 건축법에서 주택법의 리모델링 규정을 참고하여 추가되었고, 이에 대한 특례조항도 마련되었다.

리모델링이란 건축물의 노후화를 억제하거나 기능 향상 등을 위하여 대수선하거나 건축물의 일부를 증축 또는 개축하는 행위를 말한다(법 제2조 제10호). 이러한 리모델링의 개념에는 대수선과 증축 또는 개축행위가 포함되므로 리모델링도 건축법상의 허가 대상이다.

2. 리모델링에 대비한 특례

현재 대부분의 공동주택은 벽식구조[23]로 건축되어 다양한 공간으로 변화시킬 수

21) 대법원 2024. 3. 12. 선고 2021두58998 판결.
22) 대법원 2011. 3. 10. 선고 2010두23316 판결.
23) 주로 내력벽으로 하중을 지탱하는 구조로서 내력벽의 철거나 이동이 어려워 공간의 가변사용이 제약

있는 가변성이 없고, 배관을 벽체에 매립함으로써 보수가 어렵다는 단점을 가진다. 공동주택을 가변성이 많은 라멘조구조[24]로 건축하는 경우, 인센티브를 부여하여 주택의 장수명화를 통한 주거환경 개선과 자원낭비를 방지하고 리모델링을 활성화하는 차원에서 리모델링 특례가 마련된 것이다.

리모델링이 쉬운 구조의 공동주택의 건축을 촉진하기 위하여 공동주택을 ① 각 세대는 인접한 세대와 수직 또는 수평 방향으로 통합하거나 분할할 수 있거나, ② 구조체에서 건축설비, 내부 마감재료 및 외부 마감재료를 분리할 수 있거나 또는 ③ 개별 세대 안에서 구획된 실(室)의 크기, 개수 또는 위치 등을 변경할 수 있는 구조로 하여 건축허가를 신청하면 제56조(건축물의 용적률), 제60조(건축물의 높이 제한) 및 제61조(일조 확보를 위한 건축물의 높이 제한)에 따른 기준을 100분의 120의 비율로 완화하여 적용할 수 있다(법 제8조, 영 제6조의5 제2항). 다만, 건축조례에서 지역별 특성 등을 고려하여 그 비율을 강화한 경우에는 건축조례로 정하는 기준에 따른다(영 제6조의5 제2항 단서).

제3항 건축물의 대지

Ⅰ. 1필지 1대지의 원칙

건축법상 건축물이 건축되는 대지는 「공간정보관리법」에 따라 각 필지(筆地)로 나눈 토지를 말한다(법 제2조 제1항 제1호).

지번은 필지에 부여하여 지적공부에 등록한 번호를 말하는데(공간정보관리법 제2조 제22호), 필지란 하나의 지번을 붙여 구획되는 토지의 등록단위를 말한다(공간정보관리법 제2조 제21호). 따라서 지번부여지역의 토지로서 소유자와 용도가 같고 지반이 연속된 토지는 1필지로 할 수 있다(공간정보관리법 시행령 제5조 제1항).

건축법은 1필지에 건축물이 건축되는 1대지의 원칙을 채택하고 있는데, 이는 1필지로 구성된 대지에 건축물을 건축하게 함으로써 민사법상의 토지 소유권과 균형을 유지하기 위해서이다. 건축법이 건축허가를 받으려는 자에게 해당 대지의 소유권을 확보하도록 하는 것도 이러한 노력의 일환이다(법 제11조 제11항).

그러나 건축법상의 대지는 공간정보관리법 또는 민사법의 필지와 분리되어 다른 형

되는 구조.

24) 주로 보와 기둥을 이용하여 건축하는 것으로 기둥 사이에 가변벽체를 자유롭게 사용할 수 있는 구조.

태를 띠기도 하며, 그로 인하여 공간정보관리법상 필지와 차이가 나는 대지에 건축허가가 발급되기도 한다. 또한, 건축법상의 대지와 공간정보관리법상의 지목인 '대'는 구별되는 개념으로 양자는 전혀 별개의 개념이다. 그럼에도 건축법상 대지는 민사법과의 접점으로 기능하면서도 건축허가요건으로서 도로와의 관계, 건폐율과 용적률의 산정에서 중요한 역할을 담당한다.

II. 1필지 1대지 원칙의 예외

1필지 1대지의 원칙에 따라 건축물이 건축되어야 하지만, 필지와 대지가 항상 일치하지는 않는다. 일정한 경우에는 둘 이상의 필지를 하나의 대지로 하거나 하나 이상의 필지의 일부를 하나의 대지로 할 수 있다(법 제2조 제1항 제1호 단서).

1. 둘 이상의 필지를 하나의 대지로 할 수 있는 토지

하나의 건축물을 두 필지 이상에 걸쳐 건축하는 경우에는 그 건축물이 건축되는 각 필지의 토지를 합한 토지를 하나의 대지로 할 수 있다(영 제3조 제1항 제1호).

「공간정보관리법」 제80조 제3항에 따라 합병이 불가능한 경우로서 ① 각 필지의 지번부여지역(地番附與地域)이 서로 다른 경우이거나, ② 각 필지의 도면의 축척이 다른 경우, 또는 ③ 서로 인접하고 있는 필지로서 각 필지의 지반이 연속되지 아니한 경우에 해당하는 경우에는 그 합병이 불가능한 필지의 토지를 합한 토지를 하나의 대지로 할 수 있되, 토지의 소유자가 서로 다르거나 소유권 외의 권리관계가 서로 다른 경우는 제외한다(영 제3조 제1항 제2호). 이와 관련하여 대지와 대지 사이에 도로 등이 있는 경우는 공간정보관리법에 의하면 각 필지의 지반이 연속되지 않아 두 대지의 합병이 불가능하나, 건축법에서는 대지와 대지 사이의 도로는 도로점용허가를 받아 두 대지를 하나의 대지로 하여 건축이 가능하다고 해석된다.[25)]

「국토계획법」 제2조 제7호에 따른 도시·군계획시설에 해당하는 건축물을 건축하는 경우와 「주택법」 제15조에 따른 사업계획승인을 받아 주택과 그 부대시설 및 복리시설을 건축하는 경우에는 각각 그 도시·군계획시설이 설치되는 일단(一團)의 토지와 주택단지를 하나의 대지로 할 수 있다(영 제3조 제1항 제3호 및 제4호). 따라서 도시·군

25) 국토교통부 건축정책관, 앞의 책, 17쪽.

계획시설이 설치되는 일단의 토지는 하나의 대지로 보므로 건축허가의 대상이 된 도시·군계획시설이 설치될 일단의 토지 중 아직 소유권이나 사용권을 취득하지 못한 토지가 있다고 하더라도 이를 포함하여 건폐율을 산정하여야 할 것이다.[26)]

도로의 지표 아래에 건축하는 건축물의 경우에는 특별시장·광역시장·특별자치시장·특별자치도지사·시장·군수 또는 자치구의 구청장이 그 건축물이 건축되는 토지로 정하는 토지를 하나의 대지로 할 수 있으며, 건축법에 따른 사용승인을 신청할 때 둘 이상의 필지를 하나의 필지로 합칠 것을 조건으로 건축허가를 하는 경우에는 그 필지가 합쳐지는 토지를 하나의 대지로 할 수 있되, 토지의 소유자가 서로 다른 경우는 제외한다(영 제3조 제1항 제5호 및 제6호).

2. 하나 이상의 필지의 일부를 하나의 대지로 할 수 있는 토지

하나 이상의 필지의 일부에 대하여 도시·군계획시설이 결정·고시된 경우에는 그 결정·고시된 부분의 토지를, 건축법에 따른 사용승인을 신청할 때 필지를 나눌 것을 조건으로 건축허가를 하는 경우에는 그 필지가 나누어지는 토지를 각각 하나의 대지로 할 수 있다(영 제3조 제2항 제1호 및 제5호).

또한, 하나 이상의 필지의 일부에 대하여 「농지법」 제34조에 따른 농지전용허가와 「산지관리법」 제14조에 따른 산지전용허가, 그리고 「국토계획법」 제56조에 따른 개발행위허가를 받은 경우에는 그 허가받은 부분의 토지를 하나의 대지로 할 수 있다(영 제3조 제2항 제2호, 제3호, 제4호),

---

26) 대법원 2001. 2. 9. 선고 98다52988 판결.

제 3 절 | 건축의 절차

제1항 건축에 관한 사전결정제도

Ⅰ. 입법배경 및 취지

종전에는 건축법상 건축물의 건축시 허가 가능여부를 미리 알지 못하여 토지 등을 매입하는 등 건축허가 신청에 필요한 모든 준비를 갖추어 허가 신청을 하였다가 건축물 입지의 부적법성을 이유로 건축이 불허되어 막대한 피해가 종종 발생하였다. 이에 건축허가 신청 전에 건축계획서 등에 의하여 그 입지의 적법성 여부에 대한 사전결정을 받을 수 있게 함으로써 경제적·시간적 부담을 덜어 주기 위하여 2005년 건축법 개정에서 건축에 관한 사전결정제도가 도입되었다.

건축주가 원하는 경우 건축허가 신청 전 건축물을 해당 대지에 건축하는 것이 가능한지 여부를 확인할 수 있는 건축허가 사전결정을 신청할 수 있고, 사전결정의 통지를 받으면 개발행위허가·농지전용허가·하천점용허가 등이 의제되며, 경우에 따라 건축위원회 심의도 신청할 수 있도록 한 것이다.

Ⅱ. 사전결정의 법적 성격

건축허가는 강학상 허가의 성격을 가지므로 원칙적으로 기속행위에 해당한다. 이러한 건축허가의 허용여부를 사전에 결정하여 통지하는 사전결정 역시 기속행위에 해당한다고 볼 것이다.

그러므로 사전결정은 그 허용여부 판단의 기준은 건축허가의 기준과 가급적 일치되어야 할 것이므로 사전결정을 함에 있어서도 처분 당시의 건축법 기타 관계 법령상의 제한만이 판단의 기준이 된다. 사전결정 신청에 대한 결정권자는 건축하고자 하는 건축물을 해당 대지에 건축하는 것이 처분 당시의 건축법, 국토계획법 등의 관계 법령에서 정하는 제한에 배치되지 아니하는 이상 당연히 건축이 허용된다는 사전결정을 하여야 하고 위 관계 법령에서 정하는 제한 사유 이외의 사유를 들어 건축을 불허가하는 결정을 할 수는 없다.[27)]

Ⅲ. 건축에 관한 입지 및 규모의 사전결정

건축허가대상 건축물을 건축하려는 자는 건축허가를 신청하기 전에 허가권자에게 그 건축물의 건축에 관하여 ① 해당 대지에 건축하는 것이 건축법이나 관계 법령에서 허용되는지 여부, ② 건축법 또는 관계 법령에 따른 건축기준 및 건축제한, 그 완화에 관한 사항 등을 고려하여 해당 대지에 건축 가능한 건축물의 규모, ③ 건축허가를 받기 위하여 신청자가 고려하여야 할 사항에 대한 사전결정을 신청할 수 있다(법 제10조 제1항). 또한, 사전결정신청자는 건축위원회 심의와 「도시교통정비법」에 따른 교통영향평가서의 검토를 동시에 신청할 수 있다(법 제10조 제2항).

허가권자는 사전결정이 신청된 건축물의 대지면적이 「환경영향평가법」 제43조에 따른 소규모 환경영향평가 대상사업인 경우 환경부장관이나 지방환경관서의 장과 소규모 환경영향평가에 관한 협의를 하여야 하고(법 제10조 제3항), 신청을 받으면 입지, 건축물의 규모, 용도 등을 사전결정한 후 사전결정 신청자에게 알려야 한다(법 제10조 제4항).

Ⅳ. 사전결정 통지의 효과

사전결정 통지를 받은 경우에는 「국토계획법」 제56조에 따른 개발행위허가, 「산지관리법」 제14조와 제15조에 따른 산지전용허가와 산지전용신고, 「농지법」 제34조, 제35조 및 제43조에 따른 농지전용허가 · 신고 및 협의, 「하천법」 제33조에 따른 하천점용허가 등이 의제된다(법 제10조 제6항).

허가권자는 국토계획법 등에 따라 의제되는 내용이 포함된 사전결정을 하려면 미리 관계 행정기관의 장과 협의하여야 하며, 협의를 요청받은 관계 행정기관의 장은 요청받은 날부터 15일 이내에 의견을 제출하여야 한다(법 제10조 제7항). 관계 행정기관의 장이 요청받은 날부터 15일 이내에 의견을 제출하지 아니하면 협의가 이루어진 것으로 본다(법 제10조 제8항).

사전결정신청자는 사전결정을 통지받은 날부터 2년 이내에 건축허가를 신청하여야 하며, 이 기간에 건축허가를 신청하지 아니하면 사전결정의 효력이 상실된다(법 제10조 제9항).

27) 대법원 1996. 3. 12. 선고 95누658 판결.

제2항 건축허가

Ⅰ. 의의

건축물은 원칙적으로 그 자체로 위험을 발생시킬 수 있는 가능성이 많으므로 건축법은 이를 통제하기 위하여 모든 건축물을 원칙적으로 건축허가대상으로 분류하고 있다. 따라서 건축법 제14조의 건축신고는 원래는 건축허가대상이나 절차의 간소화를 위하여 신고대상으로 한 것에 불과하다.

건축물을 건축하거나 대수선하려는 자는 특별자치시장·특별자치도지사 또는 시장·군수·구청장의 허가를 받아야 하고, 공장·창고를 제외한 건축물로 21층 이상이거나 연면적의 합계가 10만㎡ 이상인 건축물을 특별시나 광역시에 건축하려면 특별시장이나 광역시장의 허가를 받아야 한다(법 제11조 제1항, 영 제8조 제1항). 이와 별도로 주택법상의 사업계획승인 대상인 공동주택이나 주상복합건축물은 주택법에 따라 사업계획승인을 받아야 한다(주택법 제15조).

이러한 건축허가로 인하여 건축법은 위험방지의 목적을 실현함으로써 위험한 건축물의 출현을 예방할 수 있다. 그러므로 건축허가요건을 충족한 건축물은 위험발생의 가능성이 현저히 줄어들었다고 볼 수 있기 때문에 건축주의 자유로운 영역으로 넘겨줘야 한다.

Ⅱ. 법적 성격

1. 경찰허가로서의 건축허가

건축법은 기본적으로 건축경찰법의 성격을 가지므로 건축허가 역시 경찰허가의 일종으로 볼 수 있다. 일반적으로 강학상 허가는 공익상 특정행위를 일반적·상대적으로 금지하고 특정한 경우에 공익목적상 문제가 없다고 판단하여 금지대상행위를 해제하여 이를 적법하게 하도록 하는 행정행위이다. 허가는 부작위하명인 금지와 그 해제를 통하여 자연적 자유를 회복시켜 주는 명령적 행정행위이며, 허가를 받는 자에게 어떤 새로운 권리나 능력을 부여하는 형성적 행정행위가 아니다. 그러므로 허가는 해제를 전제로 하는 공공복리를 위한 예방적 금지라는 성격을 지니므로 허가유보부 예방적 금지(präventives Verbot mit Erlaubnisvorbehalt)의 유형에 속한다.

공공복리를 위하여 모든 사람의 운전을 금지시킨 다음 운전면허시험에 합격한 사람에게만 운전면허를 주는 것이 바로 전형적인 경찰허가의 모습이다. 건축허가 역시 위험방지라는 공익목적달성을 위하여 건축을 예방적 차원에서 금지시킨 다음 건축허가요건을 충족시킨 사람에게만 건축허가를 발급하므로 경찰허가에 해당한다.

그러나 운전면허가 사람의 주관적 사정 또는 개인적 능력이나 특성에 기인하는 대인적 허가의 성질을 가지므로 양도나 이전이 불가능하다. 이에 반하여 건축허가는 물건의 사물적 특성이나 상태를 대상으로 하는 대물적 허가로 양도나 이전이 가능하다.[28)]

판례 건축관계자변경신고서반려처분취소(대법원 2015. 10. 29. 선고 2013두11475 판결)

건축허가는 대물적 성질을 갖는 것으로서 허가대상 건축물에 대한 권리변동에 수반하여 자유로이 양도할 수 있고, 그에 따라 건축허가의 효과는 허가대상 건축물에 대한 권리변동에 수반하여 이전된다.

2. 기속행위로서의 건축허가

행정행위의 근거법규가 법률상 일정한 요건이 충족되었을 때 행정청에게 일정한 행위를 할지 여부에 대한 여지 또는 행위의 여지가 있을 때 다양한 수단 중에서 하나를 선택할 가능성을 부여하는 것을 재량행위라 하고, 행정청이 법규에 정해진 대로 기계적으로 법을 집행하여야 하는 것을 기속행위라 한다.

건축법 제31조 제1항에서 국토교통부장관은 건축법에 따른 건축행정 관련 업무를 전산처리하기 위하여 종합적인 계획을 수립·시행할 수 있다는 규정은 재량행위로 해석되고 제28조 제2항에서 허가권자는 건축물의 공사와 관련하여 건축관계자간 분쟁상담 등의 필요한 조치를 하여야 한다는 규정은 기속행위로 볼 것이다.

그런데 이러한 재량행위와 기속행위의 구별이 법문상 명확하게 구별되는 경우도 있지만 건축허가처럼 행정청에 대한 행위의무를 부과하지 않고 행정객체인 건축허가 신청자에 대하여 허가를 받아야 한다는 의무형식으로 규정하는 경우에는 해석으로 그 법적 성격을 규명한다.

이에 대하여 학설과 판례는 건축허가는 건축법이 정한 요건을 충족하는 한 언제나

28) 대법원 2010. 5. 13. 선고 2010두2296 판결.

건축허가를 받을 수 있다는 의미로 해석하여 건축허가의 기속행위적 성격을 긍정하고 있다.[29] 구체적으로 개발제한구역 내에 있는 건축물의 증개축허가 신청이 있고 그 건축물의 현황이 건축물대장·건축물관리대장의 각 기재와 다른 경우, 관할관청으로서는 공부상의 각 기재가 공부 상호 간 또는 현황과 일치하지 않는다는 이유만으로 건축허가신청서를 반려할 수는 없으며,[30] 건축허가 신청이 시장이 수립하고 있는 도시·주거환경정비 기본계획에 배치될 가능성이 높다고 하여 바로 건축허가 신청을 반려할 중대한 공익상의 필요가 있다고 보기 어렵다.[31] 지방자체단체 조례에 의하여 준농림지역 내의 건축제한지역이라는 구체적인 취지의 지정·고시가 행하여지지 아니하였다 하더라도 조례에서 정하는 기준에 맞는 지역에 해당하는 경우에는 숙박시설의 건축을 제한할 수 있다고 할 것이고, 조례에서 정한 요건에 저촉되지 아니하는 경우에 비로소 건축허가를 할 수 있는 것으로 보아야 할 것이다.[32]

건축허가가 기속행위라는 의미는 한편으로는 건축과 관련된 비리를 근절하고 국민에게 투명한 건축행정의 예측가능성을 보장함으로써 국민의 기본권을 보장한다는 순기능적 측면이 있는 반면에, 다른 한편으로는 사회발전과 더불어 건축기술의 발달로 건축법이 미처 예상하지 못한 위험상황의 발생에 대하여 건축허가요건이 마련되어 있지 못하면 사회적으로 용인되기 어려운 건축물의 건축을 방지할 수 없다는 역기능 또한 존재한다는 것을 뜻한다.[33]

건축허가가 기속행위이므로 건축허가를 신청하는 사람은 먼저 건축계획심의절차를 거친 후 다른 요건을 갖추어 건축허가를 신청할 수도 있으므로 심의대상이 아닌 사유를 들어 건축계획심의신청을 반려하는 것도 건축허가의 기속행위적 성격에 반하기 때문에 허용되지 않고, 그래서 건축계획심의신청에 대한 반려처분은 항고소송의 대상이 되는 행정처분에 해당된다.[34]

그러나 건축허가가 기속행위이더라도 관계 법령에서 정한 제한사유를 위배하면 건축허가를 거부할 수 있다. 지구단위계획구역 안에서의 건축이 그 지구단위계획에 적합

29) 대법원 1992. 12. 11. 선고 92누3038 판결; 대법원 1994. 4. 26. 선고 93누11326 판결; 대법원 2006. 11. 9. 선고 2006두1227 판결; 대법원 2009. 9. 24. 선고 2009두8946 판결; 대법원 2018. 6. 28. 선고 2015두47737 판결 등.

30) 대법원 1992. 12. 11. 선고 92누3038 판결

31) 대법원 2009. 9. 24. 선고 2009두8946 판결.

32) 대법원 1999. 8. 19. 선고 98두1857 전원합의체 판결.

33) 김종보, 앞의 책, 112쪽.

34) 대법원 2007. 10. 11. 선고 2007두1316 판결.

하지 아니한 경우[35]나 건폐율에 관한 규정에 위반한 경우[36]에는 건축허가가 거부되거나 취소될 수 있다.

판례 **건축허가거부처분취소(대법원 2009. 9. 24. 선고 2009두8946 판결)**

건축허가권자는 건축허가 신청이 건축법 등 관계 법규에서 정하는 어떠한 제한에 배치되지 않는 이상 당연히 같은 법조에서 정하는 건축허가를 하여야 하고, 중대한 공익상의 필요가 없는데도 관계 법령에서 정하는 제한사유 이외의 사유를 들어 요건을 갖춘 자에 대한 허가를 거부할 수는 없다.

3. 재량행위로 해석되는 건축허가

1) 건축법 제11조 제4항의 건축허가

건축법 제11조 제1항이 건축물을 건축하려는 자는 특별자치시장·특별자치도지사 또는 시장·군수·구청장의 허가를 받아야 하고, 21층 이상의 건축물을 특별시나 광역시에 건축하려면 특별시장이나 광역시장의 허가를 받아야 한다고 규정하고 있음에도 여기의 건축허가는 기속행위로 해석하는 것이 통설과 판례의 입장이다.

그런데 제11조 제4항은 제1항과 다른 방식으로 건축허가를 규정하고 있다. 건축허가권자는 주거환경이나 교육환경 등 주변환경이나 침수 등의 방재를 고려할 때 부적합한 경우에는 건축위원회의 심의를 거쳐 건축허가를 하지 아니할 수 있다(법 제11조 제4항).

이에 관하여 제11조 제4항 제1호와 제2호에 규정된 건축물에 대한 건축이 주변환경이나 위험방지 차원에서 부적합하다고 인정되는 경우라면 건축허가를 하지 말아야 하는 것이지, 그럼에도 건축허가 여부를 재량으로 결정할 수 있다는 것은 비논리적이라는 논거로 법문의 표현에도 불구하고 이를 기속행위로 이해하는 견해가 있다.[37] 이 견해는 주변환경이나 침수 등의 위험방지 차원에서 부적합한 경우에는 아예 기계적으로 건축허가를 발급하지 말아야 한다는 기속행위로 해석하는 것이 보다 더 논리적인 해석이라는 것이다. 이 견해는 요건부분의 '부적합하다고 인정되는 경우'를 재량이 아닌 법인식작용의 판단여지로 보고, 제1항의 건축허가와 궤를 같이하는 논리의 연장선

---

35) 대법원 2006. 11. 9. 선고 2006두1227 판결.

36) 대법원 1995. 2. 28. 선고 94누12180 판결.

37) 김남철, 앞의 책, 1427-1428쪽.

상에서 기속행위로 해석하고 있다고 보인다.

그러나 법문상 명백하게 '하지 아니할 수 있다'라고 규정되어 있는 이상 이를 기속행위로 해석하기는 어렵고, 건축허가권자가 주변환경이나 침수 등의 위험방지 측면에서 판단한 결과 부적합하면 불허가하거나 그럼에도 건축이 적합하면 이를 허가할 수 있기 때문에 재량행위로 해석하는 것이 타당한 해석이다. 아울러 제11조 제4항이 국토계획법적 성격을 갖는 조문이라는 관점에서 제4항의 건축허가는 국토계획법상의 개발행위허가의 성격을 포함하며, 따라서 건축허용성의 판단에는 도시계획적 관점을 고려하여야 하는 재량행위로 보아야 한다. 물론 입법론으로는 주변환경이나 위험방지 관점에서 부적합한 경우 기속행위로서의 건축불허가가 적절할 수 있으나, 현행법의 해석으로는 이는 무리라고 판단된다.

판례도 유사한 취지로 휴양 콘도미니엄업은 「교육환경법」 제9조 제27호에 따른 교육환경보호구역에서의 금지행위 및 시설로 규정한 '공중위생관리법 제2조 제1항 제2호에 따른 숙박업'에 해당하여 교육환경 보호에 관한 법률에 위반된다는 이유로 행정청이 한 건축불허가처분은 정당하다고 보았다. 이러한 건축불허가처분의 사유는 건축법 제11조 제4항 제1호에서 규정한 요건과 유사한 것으로 보이며, 판례는 이를 재량행위로 해석하는 듯하다.[38]

2) 인허가의제가 수반되는 건축허가

건축법에서 관련 인허가의제 제도를 둔 취지는 인허가의제 사항과 관련하여 건축행정청으로 그 창구를 단일화하고 절차를 간소화하며 비용과 시간을 절감함으로써 국민의 권익을 보호하려는 것이지, 인허가의제 사항 관련 법률에 따른 각각의 인허가 요건에 관한 일체의 심사를 배제하려는 것이 아니다.[39] 그러므로 의제되는 각각의 인허가의 성격상 재량행위로 해석될 여지가 크므로 이 경우의 건축허가는 재량행위로 해석된다.

예를 들어, 국토계획법상 개발행위허가나 실시계획인가,[40] 도로법상 도로점용허가,[41] 하천법상 하천점용허가[42]는 그 법적 성질이 설권행위로서의 특허이기 때문에 재

38) 대법원 2020. 4. 29. 선고 2019두52805 판결.

39) 대법원 2011. 1. 20. 선고 2010두14954 판결; 대법원 2020. 7. 23. 선고 2019두31839 판결.

40) 대법원 2018. 7. 24. 선고 2016두48416 판결.

41) 대법원 2019. 1. 17. 선고 2016두56721, 56738 판결(구 도로법(2015. 1. 28. 법률 제13086호로 개정되기 전의 것) 제61조 제1항에 의한 도로점용허가는 일반사용과 별도로 도로의 특정 부분에 대하여 특별사용권을 설정하는 설권행위이다).

42) 대법원 2015. 1. 29. 선고 2012두27404 판결(하천의 점용허가권은 특허에 의한 공물사용권의 일종으

량행위에 해당하므로 이렇게 인허가가 의제되는 건축허가는 비록 건축법 제11조 제1항의 건축허가가 기속행위라 하더라도 인허가의제 건축허가는 재량행위의 성격을 띨 수밖에 없다.[43)]

3) 국토계획법상 개발행위허가를 포함하는 건축허가

건축물의 건축은 건축법상 건축허가의 대상이기도 하지만(법 제11조 제1항), 동시에 국토계획법 제56조 제1항 제1호의 개발행위허가의 대상이기도 하다. 건축법상 건축허가와 국토계획법상 개발행위허가는 각각 제도의 입법목적·허가기준·허가효과가 다르므로 건축주가 건축물을 건축하기 위해서는 두 허가를 모두 받아야 한다.

국토계획법 제57조 제1항 단서에 의하면, 건축주는 건축행정청에 건축법상 건축허가를 신청하면서 국토계획법상 개발행위(건축물의 건축) 허가심사에도 필요한 자료를 첨부하여 제출하여야 하고, 건축행정청이 개발행위허가권자와 사전 협의절차를 거쳐 건축법상 건축허가를 발급할 때 국토계획법상 개발행위허가(건축물의 건축)가 의제되도록 하는 방식으로 건축법상 건축허가절차에서 건축주의 건축계획이 국토계획법상 개발행위 허가기준을 충족하였는지가 함께 심사되어야 한다.[44)]

따라서 건축주가 건축물을 건축하기 위해서는 건축법상 건축허가와 국토계획법상 개발행위(건축물의 건축) 허가를 각각 별도로 신청하여야 하는 것이 아니라 건축법상 건축허가절차에서 관련 인허가의제 제도를 통하여 두 허가의 발급 여부가 동시에 심사·결정되도록 하여야 한다.[45)] 그러므로 국토계획법상 개발행위를 수반하는 건축허가는 재량행위에 해당한다고 할 것이다. 동일한 취지에서 판례는 국토계획법에 따른 토지의 형질변경행위 및 농지법에 따른 농지의 전용행위를 수반하는 건축허가 역시 재량행위에 해당한다고 보고 있다.[46)]

로서 하천의 관리주체에 대하여 일정한 특별사용을 청구할 수 있는 채권에 지나지 아니하고 대세적 효력이 있는 물권이라 할 수 없다).

43) 동일한 취지로 김종보, 앞의 책, 113쪽.

44) 대법원 2020. 7. 23. 선고 2019두31839 판결.

45) 대법원 2021. 8. 19. 선고 2020두55701 판결.

46) 대법원 2016. 10. 27. 선고 2015두41579 판결.

Ⅲ. 건축허가의 절차

1. 건축허가의 신청

건축물의 허가를 받으려는 자는 허가 신청서에 국토교통부령으로 정하는 설계도서와 법 제11조 제5항 각 호에 따른 허가 등을 받거나 신고(인허가의제를 수반하는 건축허가)를 하기 위하여 관계 법령에서 제출하도록 의무화하고 있는 신청서 및 구비서류를 첨부하여 허가권자에게 제출하여야 한다. 다만, 국토교통부장관이 관계 행정기관의 장과 협의하여 국토교통부령으로 정하는 신청서 및 구비서류는 착공신고 전까지 제출할 수 있다(법 제11조 제3항).

다중이용 건축물 및 특수구조 건축물 등 건축위원회의 심의대상인 건축물을 건축하거나 대수선하려는 자는 시·도지사 또는 시장·군수·구청장에게 건축위원회의 심의를 신청하여야 하고(법 제4조의2 제1항), 이 경우 건축위원회의 심의를 받은 자가 심의결과를 통지 받은 날부터 2년 이내에 건축허가를 신청하지 아니하면 건축위원회 심의의 효력이 상실된다(법 제11조 제10항).

2. 건축복합민원 일괄협의회의의 개최

허가권자는 건축허가를 하려면 해당 용도·규모 또는 형태의 건축물을 건축하려는 대지에 건축하는 것이 「국토계획법」 제54조, 제56조부터 제62조까지 및 제76조부터 제82조까지의 규정과 그 밖에 「군사기지법」 제13조, 「자연공원법」 제23조, 「수도권정비계획법」 제7조부터 제9조, 「택지개발촉진법」 제6조 등 관계 법령의 규정에 맞는지를 확인하고, 제10조 제6항 각 호와 같은 조 제7항 또는 제11조 제5항 각 호와 같은 조 제6항의 사항을 처리하기 위하여 대통령령으로 정하는 바에 따라 건축복합민원 일괄협의회를 개최하여야 한다(법 제12조 제1항, 영 제10조 제1항).

확인이 요구되는 법령의 관계 행정기관의 장과 제10조 제7항 및 제11조 제6항에 따른 관계 행정기관의 장은 소속 공무원을 건축복합민원 일괄협의회에 참석하게 하여야 한다(법 제12조 제2항).

허가권자는 건축복합민원 일괄협의회의 회의를 건축허가에 대한 사전결정 신청일 또는 건축허가 신청일부터 10일 이내에 개최하여야 한다(영 제10조 제2항). 이 경우 허가권자는 협의회의 회의를 개최하기 3일 전까지 회의 개최 사실을 관계 행정기관 및 관계 부서에 통보하여야 한다(영 제10조 제3항). 사전결정 또는 건축허가를 하는 관계 행정기관 및 관계 부서는 그 협의회의 회의를 개최한 날부터 5일 이내에 동의 또는 부동의 의견을 허가권자에게 제출하여야 한다(영 제10조 제5항).

3. 건축물 안전영향평가

초고층 건축물 또는 연면적(하나의 대지에 둘 이상의 건축물을 건축하는 경우에는 각각의 건축물의 연면적을 말한다)이 10만㎡ 이상이고 16층 이상인 건축물을 건축하려는 자는 건축허가를 신청하기 전에 ① 건축계획서 및 기본설계도서 등 국토교통부령으로 정하는 도서, ② 인접 대지에 설치된 상수도·하수도 등 국토교통부장관이 정하여 고시하는 지하시설물의 현황도 등의 자료를 첨부하여 허가권자에게 건축물 안전영향평가를 의뢰하여야 한다(영 제10조의3 제2항). 허가권자는 초고층 건축물 또는 연면적이 10만㎡ 이상이고 16층 이상인 건축물에 대하여 건축허가를 하기 전에 건축물의 구조, 지반 및 풍환경(風環境) 등이 건축물의 구조안전과 인접 대지의 안전에 미치는 영향 등을 평가하는 건축물 안전영향평가를 안전영향평가기관에 의뢰하여 실시하여야 한다(법 제13조의2 제1항, 영 제10조의3 제1항).

허가권자로부터 안전영향평가를 의뢰받은 기관(안전영향평가기관)은 ① 해당 건축물에 적용된 설계 기준 및 하중의 적정성, ② 해당 건축물의 하중저항시스템의 해석 및 설계의 적정성, ③ 지반조사 방법 및 지내력(地耐力) 산정결과의 적정성, ④ 굴착공사에 따른 지하수위 변화 및 지반 안전성에 관한 사항 등의 항목을 검토하여야 한다(영 제10조의3 제3항).

안전영향평가기관은 안전영향평가를 의뢰받은 날부터 30일 이내에 안전영향평가 결과를 허가권자에게 제출하여야 한다. 다만, 부득이한 경우에는 20일의 범위에서 그 기간을 한 차례만 연장할 수 있다(영 제10조의3 제4항). 안전영향평가 결과는 건축위원회의 심의를 거쳐 확정한다. 이 경우 건축위원회의 심의를 받아야 하는 건축물은 건축위원회 심의에 안전영향평가 결과를 포함하여 심의할 수 있다(법 제13조의2 제3항). 허가권자는 안전영향평가 결과를 제출받은 경우에는 지체 없이 안전영향평가를 의뢰한 자에게 그 내용을 통보하여야 한다(영 제10조의3 제6항).

안전영향평가 대상 건축물의 건축주는 건축허가 신청 시 제출하여야 하는 도서에 안전영향평가 결과를 반영하여야 하며, 건축물의 계획상 반영이 곤란하다고 판단되는 경우에는 그 근거 자료를 첨부하여 허가권자에게 건축위원회의 재심의를 요청할 수 있다(법 제13조의2 제4항). 허가권자는 심의 결과 및 안전영향평가 내용을 국토교통부령으로 정하는 방법에 따라 즉시 공개하여야 한다(법 제13조의2 제6항).

안전영향평가를 실시하여야 하는 건축물이 다른 법률에 따라 구조안전과 인접 대지의 안전에 미치는 영향 등을 평가 받은 경우에는 안전영향평가의 해당 항목을 평가 받은 것으로 본다(법 제13조의2 제7항).

4. 건축허가

건축물을 건축하거나 대수선하려는 자는 특별자치시장·특별자치도지사 또는 시장·군수·구청장의 허가를 받아야 한다. 다만, 층수가 21층 이상이거나 연면적의 합계가 10만㎡ 이상인 건축물(공장·창고·지방건축위원회의 심의를 거친 건축물은 제외한다)을 특별시나 광역시에 건축하려면 특별시장이나 광역시장의 허가를 받아야 한다(법 제11조 제1항, 영 제8조 제1항).

건축허가는 대물적 성질을 갖는 것이어서 행정청은 허가를 할 때에 건축주 등 인적 요소에 관하여는 형식적 심사만 하며,[47] 수허가자에게 어떤 새로운 권리나 능력을 부여하는 것이 아니므로 건축허가서는 허가된 건물에 관한 실체적 권리의 득실변경의 공시방법이 아니며 추정력도 없으므로 건축허가서에 건축주로 기재된 자가 건물의 소유권을 취득하는 것은 아니다.[48]

5. 21층 이상의 대규모 건축물 등에 대한 허가

공장·창고 등을 제외한 건축물로 21층 이상이거나 연면적의 합계가 10만㎡ 이상인 건축물을 특별시나 광역시에 건축하는 경우에는 특별시장이나 광역시장의 허가를 받아야 하지만 특별시나 광역시가 아닌 지역에 이러한 건축물은 건축하면 건축허가권자는 원칙적으로 시장·군수가 된다.

그런데 특별시나 광역시가 아닌 지역에 건축하는 경우 규모가 작은 건축물과 21층 이상의 건축물에 대한 건축허가권자가 차이가 없으므로 건축법은 절차적 측면에서 약간의 차이를 두고 있다. 특별시장이나 광역시장의 허가에 준하여 관할 도지사의 승인

47) 대법원 2010. 5. 13. 선고 2010두2296 판결; 대법원 2017. 3. 15. 선고 2014두41190 판결 등.
48) 대법원 2002. 4. 26. 선고 2000다16350 판결; 대법원 2006. 7. 6. 선고 2005다61010 판결 등.

을 받도록 하고 있는 것이다.

시장·군수는 ① 공장·창고·지방건축위원회의 심의를 거친 건축물을 제외한 건축물로 21층 이상이거나 연면적의 합계가 10만㎡ 이상인 건축물(도시환경, 광역교통 등을 고려하여 해당 도의 조례로 정하는 건축물은 제외한다), ② 자연환경이나 수질을 보호하기 위하여 도지사가 지정·공고한 구역에 건축하는 3층 이상 또는 연면적의 합계가 1천㎡ 이상인 건축물로서 공동주택·제2종 근린생활시설 중 일반음식점·일반업무시설·숙박시설·위락시설에 해당하는 건축물 또는 ③ 주거환경이나 교육환경 등 주변환경을 보호하기 위하여 필요하다고 인정하여 도지사가 지정·공고한 구역에 건축하는 위락시설 및 숙박시설에 해당하는 건축물의 건축을 허가하려면 미리 건축계획서와 국토교통부령으로 정하는 건축물의 용도, 규모 및 형태가 표시된 기본설계도서를 첨부하여 도지사의 승인을 받아야 한다(법 제11조 제2항, 영 제8조 제3항).

6. 건축불허가의 처분

허가권자는 ① 위락시설이나 숙박시설에 해당하는 건축물의 건축을 허가하는 경우 해당 대지에 건축하려는 건축물의 용도·규모 또는 형태가 주거환경이나 교육환경 등 주변환경을 고려할 때 부적합하다고 인정되는 경우, ② 「국토계획법」 제37조 제1항 제4호에 따른 방재지구 및 「자연재해대책법」 제12조 제1항에 따른 자연재해위험개선지구(같은 법 시행령 제8조 제1항 제1호에 따른 상습가뭄재해지구는 제외한다), 또는 ③ 방재지구 및 자연재해위험개선지구에 준하는 지역으로서 허가권자가 상습적으로 침수되거나 침수가 우려된다고 인정하여 지정·고시하는 지역 등 상습적으로 침수되거나 침수가 우려되는 지역에 건축하려는 건축물에 대하여 지하층 등 일부 공간에 거실을 설치하는 것이 부적합하다고 인정되는 경우에는 건축법이나 다른 법률에도 불구하고 건축위원회의 심의를 거쳐 건축허가를 하지 아니할 수 있다(법 제11조 제4항, 영 제9조의2).

건축허가권자의 건축불허가처분은 재량행위의 성격을 가지는데다 불허가사유도 건축법상의 사유뿐만 아니라 관련 법률의 제한사유도 포함된다. 건축허가권자가 건축불허가처분을 하면서 그 처분사유로 건축불허가 사유뿐만 아니라 형질변경불허가 사유나 농지전용불허가 사유, 소방법에 따른 소방서장의 건축부동의 사유를 들고 있다고 하여 그 건축불허가처분 외에 별개로 형질변경불허가처분이나 농지전용불허가처분, 건축부동의처분이 존재하는 것이 아니므로 그 건축불허가처분을 받은 사람은 그 건축불허가처분에 관한 쟁송에서 건축법상의 건축불허가 사유뿐만 아니라 국토계획법상의 형질변경불허가 사유나 농지법상의 농지전용불허가 사유, 소방서장의 부동의 사유에 관해서도 다툴 수 있다.[49]

Ⅳ. 건축허가의 제한과 취소

1. 건축허가 등의 제한

1) 의의

건축허가나 착공의 제한은 행복추구권·재산권 등 국민의 기본권을 제한하는 것이지만 공익상 필요에 의하여 제한하므로 헌법상 기본권제한이 정당화된다고 볼 수 있다. 통상 개발사업 초기에 구역지정 이전이나 동시에 사업의 수익성감소 방지와 원활한 사업진행을 위하여 건축허가제한 제도가 활용된다. 주택재개발사업을 앞두고 있으나 사업후보지로 선정되지 않음으로써 신축 개발이 활성화되면 재개발사업의 요건인 노후·불량건축물의 밀집을 충족하지 못하도록 건축허가제한이 이루어지는 것이다. 결국 건축허가제한 제도는 주택재개발사업 후보지 미선정구역 내 무분별한 건축행위로 인한 자원낭비 방지 및 향후 원활한 정비사업의 추진 등을 위하여 건축법 제18조에 따라 건축허가 및 착공을 제한하게 된다.

2) 절차

국토교통부장관은 국토관리를 위하여 특히 필요하다고 인정하거나 주무부장관이 국방, 「국가유산기본법」 제3조에 따른 국가유산의 보존, 환경보전 또는 국민경제를 위하여 특히 필요하다고 인정하여 요청하면 허가권자의 건축허가나 허가를 받은 건축물의 착공을 제한할 수 있다(법 제18조 제1항).

특별시장·광역시장·도지사는 지역계획이나 도시·군계획에 특히 필요하다고 인정하면 시장·군수·구청장의 건축허가나 허가를 받은 건축물의 착공을 제한할 수 있다(법 제18조 제2항). 여기서 지역계획이나 도시·군계획에 특히 필요하다고 인정되는 경우란 국토계획법 등에 따라 지역단위의 토지이용을 규정하는 법률에 의하여 계획 수립중에 있는 지역에 대하여 계획이 확정될 때까지 일시적으로 건축을 제한할 필요가 있

49) 대법원 2001. 1. 16. 선고 99두10988 판결; 대법원 2004. 10. 15. 선고 2003두6573 판결.

는 경우를 말한다.

특별시장 · 광역시장 · 도지사는 시장 · 군수 · 구청장의 건축허가나 건축물의 착공을 제한한 경우 즉시 국토교통부장관에게 보고하여야 하며, 보고를 받은 국토교통부장관은 제한 내용이 지나치다고 인정하면 해제를 명할 수 있다(법 제18조 제6항).

국토교통부장관이나 시 · 도지사는 건축허가나 건축허가를 받은 건축물의 착공을 제한하려는 경우에는 「토지이용규제법」 제8조에 따라 주민의견을 청취한 후 건축위원회의 심의를 거쳐야 하고(법 제18조 제3항), 건축허가나 건축물의 착공을 제한하는 경우 제한기간은 2년 이내로 한다. 다만, 1회에 한하여 1년 이내의 범위에서 제한기간을 연장할 수 있다(법 제18조 제4항).

국토교통부장관이나 특별시장 · 광역시장 · 도지사는 건축허가나 건축물의 착공을 제한하는 경우 제한 목적 · 기간, 대상 건축물의 용도와 대상 구역의 위치 · 면적 · 경계 등을 상세하게 정하여 허가권자에게 통보하여야 하며, 통보를 받은 허가권자는 지체 없이 이를 공고하여야 한다(법 제18조 제5항).

2. 건축허가의 취소

1) 의의

허가권자는 건축허가를 받은 자가 허가를 받은 날부터 2년 이내에 공사에 착수하였으나 공사의 완료가 불가능하다고 인정되는 경우, 또는 착공신고 전에 경매 또는 공매 등으로 건축주가 대지의 소유권을 상실한 때부터 6개월이 지난 이후 공사의 착수가 불가능하다고 판단되는 경우에 해당하면 허가를 취소하여야 한다. 다만, 허가를 받은 날부터 2년(「산업집적법」 제13조에 따라 공장의 신설 · 증설 또는 업종변경의 승인을 받은 공장은 3년) 이내에 공사에 착수하지 아니한 경우에도 원칙적으로 허가를 취소하여야 하나, 정당한 사유가 있다고 인정되면 1년의 범위에서 공사의 착수기간을 연장할 수 있다(법 제11조 제7항).

2) 건축허가취소 규정의 운용

건축허가의 취소에 관한 규정은 건축허가를 받은 자가 착수기간이 지난 후 공사에 착수하는 것 자체를 금지하고 있지 않다. 이러한 법 규정에는 건축허가의 행정목적이 신속하게 달성될 것을 추구하면서도 건축허가를 받은 자의 이익을 함께 보호하려는 취지가 포함되어 있는 것이다.

그러므로 건축허가를 받은 자가 건축허가가 취소되기 전에 공사에 착수하였다면 허가권자는 그 착수기간이 지났다고 하더라도 건축허가를 취소하여야 할 특별한 공익상 필요가 인정되지 않는 한 건축허가를 취소할 수 없다. 이는 건축허가를 받은 자가 건축허가가 취소되기 전에 공사에 착수하려 하였으나 허가권자의 위법한 공사중단명령으로 공사에 착수하지 못한 경우에도 마찬가지이다.[50)]

그리고 인허가의제와 관련하여 건축허가로 인허가가 의제된 법률의 허가 등의 사항 중 어느 하나라도 취소되는 경우라면 그 행정행위에 중대하고 명백한 하자가 발생된 것으로 보아 건축허가에 대한 취소처분이 가능한 것으로 해석된다. 예를 들어, 건축허가로 농지법상의 농지전용허가를 의제되었으나 사후에 하자로 인하여 농지전용허가가 취소된 경우, 이는 건축허가에 중대명백한 하자가 발생한 것으로 볼 수 있어 건축허가 역시 취소할 수 있다는 것이다. 다만, 여기서 그 하자가 치유가능하면 당해 행정행위는 유효한 것으로 보아야 할 것이므로 건축허가의 취소 또한 제한되어야 할 것이다.[51)] 이러한 맥락에서 건축허가가 된 대지 중 일부에 대하여 아직 도시계획사업시행자가 소유권 내지 사용권을 취득하지 못하고 있었다는 사정만으로 건축허가를 취소할 정도의 하자라고 할 수는 없다.[52)]

Ⅴ. 대지의 소유권확보를 위한 매도청구

1. 건축부지의 소유권확보

건축물의 건축은 건축주가 그 부지를 적법하게 확보한 경우에만 허용될 수 있다. 따라서 건축허가를 받으려는 자는 해당 대지의 소유권을 확보하여야 한다. 다만, ① 건축주가 대지의 소유권을 확보하지 못하였으나 그 대지를 사용할 수 있는 권원을 확보한 경우(분양을 목적으로 하는 공동주택은 제외한다), ② 건축주가 건축허가를 받아 주택과 주택 외의 시설을 동일 건축물로 건축하기 위하여 「주택법」 제21조를 준용한 대지 소유 등의 권리관계를 증명한 경우(단독주택은 30호, 공동주택은 30세대 이상으로 건설·공급하는 경우에 한정한다), ③ 건축하려는 대지에 포함된 국유지 또는 공유지에 대하여 허가

50) 대법원 2017. 7. 11. 선고 2012두22973 판결.

51) 국토교통부, 앞의 책, 192쪽.

52) 대법원 2001. 2. 9. 선고 98다52988 판결.

권자가 해당 토지의 관리청이 해당 토지를 건축주에게 매각하거나 양여할 것을 확인한 경우, ④ 건축주가 집합건물의 공용부분을 변경하기 위하여 「집합건물법」 제15조 제1항에 따른 결의가 있었음을 증명한 경우, 또는 ⑤ 건축주가 집합건물을 재건축하기 위하여 「집합건물법」 제47조에 따른 결의가 있었음을 증명한 경우에는 그러하지 아니하다(법 제11조 제11항).

또한, ① 급수·배수·오수 설비 등의 설비 또는 지붕·벽 등의 노후화나 손상으로 그 기능 유지가 곤란할 것으로 우려되는 경우, ② 건축물의 노후화로 내구성에 영향을 주는 기능적 결함이나 구조적 결함이 있는 경우, ③ 건축물이 훼손되거나 일부가 멸실되어 붕괴 등 그 밖의 안전사고가 우려되는 경우, 또는 ④ 천재지변이나 그 밖의 재해로 붕괴되어 다시 신축하거나 재축하려는 경우의 사유로 건축물을 신축·개축·재축 및 리모델링을 하기 위하여 건축물 및 해당 대지의 공유자 수의 100분의 80 이상의 동의를 얻고 동의한 공유자의 지분 합계가 전체 지분의 100분의 80 이상인 경우에는 대지의 소유권을 확보하지 않아도 된다(법 제11조 제11항 제2호, 영 제9조의2 제1항).

여기에서 '부지확보'란 건축주가 건축물을 건축할 토지의 소유권이나 그 밖의 사용권원을 확보하여야 한다는 점 외에도 해당 토지가 건축물의 건축에 적합한 상태로 적법하게 형질변경이 되어 있는 등 관계 법령상 건축물의 건축이 허용되는 법적 성질을 지니고 있어야 한다는 점을 포함한다. 어떤 토지를 그 지목과 달리 이용하기 위해서는 해당 토지의 용도를 적법하게 변경하여야 하므로 국토계획법 제56조 제1항에 따른 개발행위(토지형질변경) 허가를 받아야 한다.[53] 예를 들어 지목이 '답'인 토지에서 축사를 건축하기 위해서는 건축법상 건축허가 외에도 해당 토지의 용도를 건축물의 건축이 가능하게끔 적법하게 변경하기 위한 절차로서 국토계획법상 개발행위(토지형질변경) 허가를 받아야 하는 것이다. 따라서 수평면에 건축할 것으로 예정된 건물을 경사가 있는 토지 위에 건축하고자 건축신고를 하면서 그 경사 있는 토지를 수평으로 만들기 위한 절토나 성토에 대한 토지형질변경허가를 받지 못한 경우에는 건축법에서 정한 '부지확보' 요건을 완비하지 못한 것이 된다.[54]

---

53) 대법원 2020. 7. 23. 선고 2019두31839 판결.

54) 대법원 2023. 9. 21. 선고 2022두31143 판결.

2. 매도청구

1) 공유지분의 매도청구

건축주가 건축물의 노후화 또는 구조안전 문제 등의 사유로 건축물을 신축·개축·재축 및 리모델링을 하기 위하여 건축물 및 해당 대지의 공유자 수의 100분의 80 이상의 동의를 얻고 동의한 공유자의 지분 합계가 전체 지분의 100분의 80 이상인 경우, 건축허가를 받은 건축주는 해당 건축물 또는 대지의 공유자 중 동의하지 아니한 공유자에게 그 공유지분을 시가(市價)로 매도할 것을 청구할 수 있다. 이 경우 매도청구를 하기 전에 매도청구 대상이 되는 공유자와 3개월 이상 협의를 하여야 한다(법 제17조의2 제1항).

매도청구에 관하여는 「집합건물법」 제48조(구분소유권 등의 매도청구 등)를 준용한다. 이 경우 구분소유권 및 대지사용권은 매도청구의 대상이 되는 대지 또는 건축물의 공유지분으로 본다(법 제17조의2 제2항).

2) 미확인 소유자에 대한 조치

건축허가를 받은 건축주는 해당 건축물 또는 대지의 공유자가 거주하는 곳을 확인하기가 현저히 곤란한 경우에는 전국적으로 배포되는 둘 이상의 일간신문에 두 차례 이상 공고하고, 공고한 날부터 30일 이상이 지났을 때에는 매도청구 대상이 되는 건축물 또는 대지로 본다(법 제17조의3 제1항).

건축주는 매도청구 대상 공유지분의 감정평가액에 해당하는 금액을 법원에 공탁(供託)하고 착공할 수 있고(법 제17조의3 제2항), 이 경우 공유지분의 감정평가액은 허가권자가 추천하는 「감정평가법」에 따른 감정평가법인등 2인 이상이 평가한 금액을 산술평균하여 산정한다(법 제17조의3 제3항).

Ⅵ. 건축허가의 효과

1. 건축허가의 인허가의제

건축허가를 받으면 다음 각 호의 허가 등을 받거나 신고를 한 것으로 보며, 공장건축물의 경우에는 「산업집적법」 제13조의2와 제14조에 따라 관련 법률의 인·허가등이나 허가등을 받은 것으로 본다(법 제11조 제5항).

1. 제20조 제3항에 따른 공사용 가설건축물의 축조신고
2. 제83조에 따른 공작물의 축조신고
3. 「국토계획법」 제56조에 따른 개발행위허가
4. 「국토계획법」 제86조 제5항에 따른 시행자의 지정과 같은 법 제88조 제2항에 따른 실시계획의 인가
5. 「산지관리법」 제14조와 제15조에 따른 산지전용허가와 산지전용신고, 같은 법 제15조의2에 따른 산지일시사용허가·신고. 다만, 보전산지인 경우에는 도시지역만 해당된다.
6. 「사도법」 제4조에 따른 사도(私道)개설허가
7. 「농지법」 제34조, 제35조 및 제43조에 따른 농지전용허가·신고 및 협의
8. 「도로법」 제36조에 따른 도로관리청이 아닌 자에 대한 도로공사 시행의 허가, 같은 법 제52조 제1항에 따른 도로와 다른 시설의 연결 허가
9. 「도로법」 제61조에 따른 도로의 점용 허가
10. 「하천법」 제33조에 따른 하천점용 등의 허가
11. 「하수도법」 제27조에 따른 배수설비(配水設備)의 설치신고
12. 「하수도법」 제34조 제2항에 따른 개인하수처리시설의 설치신고
13. 「수도법」 제38조에 따라 수도사업자가 지방자치단체인 경우 그 지방자치단체가 정한 조례에 따른 상수도 공급신청
14. 「전기안전관리법」 제8조에 따른 자가용전기설비 공사계획의 인가 또는 신고
15. 「물환경보전법」 제33조에 따른 수질오염물질 배출시설 설치의 허가나 신고
16. 「대기환경보전법」 제23조에 따른 대기오염물질 배출시설설치의 허가나 신고
17. 「소음·진동관리법」 제8조에 따른 소음·진동 배출시설 설치의 허가나 신고
18. 「가축분뇨법」 제11조에 따른 배출시설 설치허가나 신고
19. 「자연공원법」 제23조에 따른 행위허가
20. 「공원녹지법」 제24조에 따른 도시공원의 점용허가
21. 「토양환경보전법」 제12조에 따른 특정토양오염관리대상시설의 신고
22. 「수산자원관리법」 제52조 제2항에 따른 행위의 허가
23. 「초지법」 제23조에 따른 초지전용의 허가 및 신고

2. 관계 행정기관의 장과의 협의

허가권자는 인허가의제의 대상이 되는 사항이 다른 행정기관의 권한에 속하면 그 행정기관의 장과 미리 협의하여야 하며, 협의 요청을 받은 관계 행정기관의 장은 요청을 받은 날부터 15일 이내에 의견을 제출하여야 한다. 이 경우 관계 행정기관의 장은 인허가의제에 대한 처리기준이 아닌 사유를 이유로 협의를 거부할 수 없고, 협의 요청을 받은 날부터 15일 이내에 의견을 제출하지 아니하면 협의가 이루어진 것으로 본다(법 제11조 제6항).

여기서 주의하여야 할 것은 모든 인허가의제 사항에 관하여 관계 행정기관의 장과 일괄하여 사전협의를 거칠 필요는 없으며, 주된 인허가 후 인허가의제 사항에 관하여 관계 행정기관의 장과 협의를 거치면 그때 해당 인허가가 의제된다는 점이다.[55)]

3. 인허가의제의 취지와 적용범위

건축법에서 관련 인허가 의제 제도를 둔 취지는 인허가 의제사항과 관련하여 건축행정청으로 그 창구를 단일화하고 절차를 간소화하며 비용과 시간을 절감함으로써 국민의 권익을 보호하려는 것이지, 인허가 의제사항 관련 법률에 따른 각각의 인허가 요건에 관한 일체의 심사를 배제하려는 것이 아니다.[56)]

판례 건축허가취소처분취소(대법원 2020. 7. 23. 선고 2019두31839 판결)

어떤 개발사업의 시행과 관련하여 여러 개별 법령에서 각각 고유한 목적과 취지를 가지고 요건과 효과를 달리하는 인허가 제도를 각각 규정하고 있다면, 그 개발사업을 시행하기 위해서는 개별 법령에 따른 여러 인허가 절차를 각각 거치는 것이 원칙이다. 다만 어떤 인허가의 근거 법령에서 절차간소화를 위하여 관련 인허가를 의제 처리할 수 있는 근거 규정을 둔 경우에는 사업시행자가 인허가를 신청하면서 하나의 절차 내에서 관련 인허가를 의제 처리해줄 것을 신청할 수 있다. 관련 인허가 의제 제도는 사업시행자의 이익을 위하여 만들어진 것이므로 사업시행자가 반드시 관련 인허가 의제 처리를 신청할 의무가 있는 것은 아니다.

---

55) 대법원 2012. 2. 9. 선고 2009두16305 판결.

56) 대법원 2011. 1. 20. 선고 2010두14954 전원합의체 판결; 대법원 2018. 7. 12. 선고 2017두48734 판결.

그러므로 건축주가 건축물을 건축하기 위해서는 건축법상 건축허가와 국토계획법상 개발행위(건축물의 건축) 허가를 각각 별도로 신청하여야 하는 것이 아니라 건축법상 건축허가절차에서 관련 인허가 의제 제도를 통해 두 허가의 발급 여부가 동시에 심사·결정되도록 하여야 하고,[57] 도시계획시설인 주차장에 대한 건축허가 신청을 받은 행정청으로서는 건축법상 허가요건뿐 아니라 국토계획법령이 정한 도시계획시설사업에 관한 실시계획인가요건도 충족하는 경우에 한하여 이를 허가하여야 한다.[58]

아울러 건축법 자체에서 새로이 설치한 공공시설의 귀속에 관한 국토계획법 제65조를 준용한다는 규정을 두고 있지 않으므로 건축법 제11조 제5항에 따른 건축허가를 받아 새로이 공공시설을 설치한 경우, 그 공공시설의 귀속에 관하여는 국토계획법 제65조 제2항은 적용되지 않는다.[59]

Ⅶ. 기존 건축물에 대한 특례

1. 기존 건축물의 특례

현대 사회에서 건축기술과 사회환경의 급격한 변화는 건축법의 잦은 개정을 초래하게 되고, 구법에 의하여 건축허가를 받은 건축물과 대지가 신법에서는 허용되지 않는 형태가 될 수 있다. 이러한 상황을 대비하기 위하여 건축법은 기존 건축물에 대한 특례를 마련하고 있다.

허가권자는 법령의 제정·개정이나 도시·군관리계획의 결정·변경 또는 행정구역의 변경이 있는 경우, 도시·군계획시설의 설치, 도시개발사업의 시행 또는 「도로법」에 따른 도로의 설치가 있는 경우 등의 사유로 대지나 건축물이 건축법에 맞지 아니하게 된 경우에는 대통령령으로 정하는 범위에서 해당 지방자치단체의 조례로 정하는 바에 따라 건축을 허가할 수 있다(법 제6조, 영 제6조의2 제1항).

2. 허가권자의 건축허가

허가권자는 기존 건축물 및 대지가 법령의 제정·개정이나 도시·군관리계획의 결

---

57) 대법원 2020. 7. 23. 선고 2019두31839 판결.
58) 대법원 2015. 7. 9. 선고 2015두39590 판결.
59) 대법원 2004. 7. 22. 선고 2004다19715 판결.

정 · 변경 또는 행정구역의 변경이 있는 경우, 도시 · 군계획시설의 설치, 도시개발사업의 시행 또는 「도로법」에 따른 도로의 설치가 있는 경우 등의 사유로 법령등에 부적합하더라도 ① 기존 건축물을 재축하는 경우, ② 증축하거나 개축하려는 부분이 법령등에 적합한 경우, ③ 기존 건축물의 대지가 도시 · 군계획시설의 설치 또는 「도로법」에 따른 도로의 설치로 법 제57조에 따라 해당 지방자치단체가 정하는 면적에 미달되는 경우로서 그 기존 건축물을 연면적 합계의 범위에서 증축하거나 개축하는 경우, ④ 기존 건축물이 도시 · 군계획시설 또는 「도로법」에 따른 도로의 설치로 법 제55조 또는 법 제56조에 부적합하게 된 경우로서 화장실 · 계단 · 승강기의 설치 등 그 건축물의 기능을 유지하기 위하여 그 기존 건축물의 연면적 합계의 범위에서 증축하는 경우, ⑤ 기존 한옥을 개축하는 경우, 또는 ⑥ 건축물 대지의 전부 또는 일부가 「자연재해대책법」 제12조에 따른 자연재해위험개선지구에 포함되고 법 제22조에 따른 사용승인 후 20년이 지난 기존 건축물을 재해로 인한 피해 예방을 위하여 연면적의 합계 범위에서 개축하는 경우에는 건축을 허가할 수 있다(영 제6조의2 제2항).

제3항 건축신고

Ⅰ. 의의

건축물의 건축은 원칙적으로 허가대상이 되나, 소규모 건축물이나 경미한 건축행위, 주요구조부의 해체가 없는 대수선 등은 건축신고로써 건축허가를 대신할 수 있다. 그 이유는 위험발생의 가능성이 건축허가대상인 건축물과 건축행위보다 낮아 통제의 필요성이 그다지 높지 않다는 정책적 고려와 규범적 판단 때문이다.

건축법 제14조는 이에 대하여 규정하고 있으며, 이로써 건축허가대상이라도 건축신고만으로 건축허가를 갈음하게 된다. 그러므로 건축신고 역시 건축허가의 인허가의제 조항이 준용되어 관련 법률에 따른 인허가가 의제된다.

II. 건축신고의 법적 성격

1. 문제상황

2017년 이전 건축법 제14조는 허가대상 건축물의 건축신고에 대하여 규정하면서도 신고의 수리 여부에 대해서는 아무런 언급을 하지 않고 있었다. 학설과 판례 또한 이러한 건축신고는 수리가 필요없는 신고, 즉 자체완결적 신고로 해석하고 있었다.[60]

건축신고를 자기완결적 신고로 해석하는 이상, 건축신고만으로 건축주는 그 의무를 이행한 것이고, 행정청이 신고의 수리를 거부하더라도 이를 취소소송으로 다툴 수 없다는 것이 기존의 대체적인 견해이었다.

그런데 2010년 2011년에 대법원은 기존의 입장을 폐기하고 건축신고의 처분성을 인정하기에 이르렀고, 이를 반영한 건축법이 2017년에 개정되면서 건축신고를 수리를 요하는 신고로 규정하였다.

2. 건축신고의 처분성에 대한 기존의 견해

1) 자기완결적 신고로서의 건축신고

허가란 법령에 의한 일반적인 상대적 금지를 특정한 경우에 해제하여 적법하게 일정한 사실행위나 법률행위를 할 수 있게 해주는 행위를 말하고, 신고란 사인이 행정청에 대하여 일정한 사항을 통지함으로써 공법적 효과가 발생하는 사인의 공법행위를 말한다. 사인의 행위에 대한 행정청의 사전감독 방법으로 허가제와 신고제 중 어느 것을 택할 것인지 여부, 신고제를 택하더라도 수리를 요하는 것으로 볼 것인지 여부는 각국 사정에 따른 입법정책의 문제이다.

이러한 신고는 행정청의 수리 여부에 따라 수리를 요하지 않는 신고와 수리를 요하는 신고로 구분된다. 수리를 요하지 않는 신고, 즉 자기완결적 신고란 행정청에 대하여 일정한 사항을 통지하고 도달함으로써 효과가 발생하는 신고를 말하고, 행위요건적 신고 또는 수리를 요하는 신고는 행정청에 대하여 일정한 사항을 통지하고 행정청이 이를 수리함으로써 법적 효과가 발생하는 신고를 의미한다.

2010년 이전 학설과 판례는 건축신고는 수리를 요하지 않는 신고로 해석하고 있었다. 대법원은 "구 건축법(1996. 12. 30. 법률 제5230호로 개정되기 전의 것) 제9조 제1항에

60) 대법원 1999. 4. 27. 선고 97누6780 판결.

의하여 신고를 함으로써 건축허가를 받은 것으로 간주되는 경우에는 건축을 하고자 하는 자가 적법한 요건을 갖춘 신고만 하면 행정청의 수리행위 등 별다른 조치를 기다릴 필요 없이 건축을 할 수 있다"라고 판시함으로써 건축신고는 수리를 요하지 않는 신고로서의 성격을 분명히 하였다.[61]

2) 건축신고 수리와 반려의 처분성

건축신고가 자기완결적 신고로서 처분성이 인정되지 않기 때문에 논리적으로 그것을 수리한 행위나 반려한 행위 모두 처분성이 부인되었다. 건축법상 신고사항에 관하여는 건축을 하고자 하는 자가 적법한 요건을 갖춘 신고만 하면 건축을 할 수 있고, 행정청의 수리처분 등 별단의 조처를 기다릴 필요가 없다. 그리하여 행정청이 신고를 수리하는 행위든 반려하는 행위든 간에 그 행위는 건축주는 물론이고 제3자인 인근 토지 소유자나 주민들의 구체적인 권리 의무에 직접 변동을 초래하는 행정처분이라 할 수 없다는 것이다.[62]

3. 건축신고에 대한 대법원판례의 변화

대법원은 2010년과 2011년에 그동안의 견해를 변경하면서 일반적인 건축신고와 인허가의제 건축신고의 법적 성격에 대한 새로운 입장을 표명하였다.

1) 일반적인 건축신고

대법원은 일반적인 건축신고에 대하여 그 법적 성격을 규명하지 않은 채 건축신고의 반려행위 또는 수리거부행위가 항고소송의 대상이 되는 처분에 해당한다고 판시하였다. 이 판결에서 대법원은 건축신고의 법적 성질을 명시적으로 언급하지 않고, 건축신고가 반려될 경우 당해 건축물의 건축을 개시하면 시정명령, 이행강제금, 벌금의 대상이 되거나 당해 건축물을 사용하여 행할 행위의 허가가 거부될 우려가 있어 불안정한 지위에 놓이게 되므로 이러한 법적 불이익을 제거하기 위해서는 항고소송을 인정하여야 한다는 논리를 전개하였다.[63]

그런데 이 판결에서 건축신고의 법적 성격이 명시적으로 제시되지 않아 그 성질을 둘

---

61) 대법원 1999. 10. 22. 선고 98두18435 판결.

62) 대법원 1995. 3. 14. 선고 94누9962 판결; 대법원 1999. 10. 22. 선고 98두18435 판결.

63) 대법원 2010. 11. 18. 선고 2008두167 전원합의체 판결.

러싸고 견해의 대립이 있었다. 여전히 수리를 요하지 않는 신고로 보는 견해와 반려행위의 처분성을 인정하기 때문에 수리를 요하는 신고로 보아야 한다는 견해가 그것이었다.

그러나 이러한 학설의 대립도 2017년 건축법 개정으로 일단락되었고, 현재는 건축법 제14조 제3항이 건축신고를 수리를 요하는 신고로 규정하여 그 성질을 명확히 하고 있다.

판례 건축신고불허처분취소(대법원 2010. 11. 18. 선고 2008두167 전원합의체 판결)

건축신고 반려행위가 이루어진 단계에서 당사자로 하여금 반려행위의 적법성을 다투어 그 법적 불안을 해소한 다음 건축행위에 나아가도록 함으로써 장차 있을지도 모르는 위험에서 미리 벗어날 수 있도록 길을 열어 주고, 위법한 건축물의 양산과 그 철거를 둘러싼 분쟁을 조기에 근본적으로 해결할 수 있게 하는 것이 법치행정의 원리에 부합한다. 그러므로 건축신고 반려행위는 항고소송의 대상이 된다고 보는 것이 옳다.

2) 인허가의제 건축신고

인허가의제를 수반하는 건축신고에 관해서 대법원은 다수의견과 소수의견으로 나뉘어 치열한 법리 다툼을 벌였다.

다수의견이 건축법과 인허가의제사항 관련 법률은 각기 고유한 목적이 있고, 건축신고와 인·허가의제사항도 각각 별개의 제도적 취지가 있기 때문에 인허가의제사항 관련 법률에 따른 각각의 인허가 요건에 관한 일체의 심사를 배제하려는 것으로 보기는 어렵다는 논거로 인허가의제를 수반하는 건축신고는 수리를 요하는 신고로 파악한 반면에 소수의견은 건축신고와 건축허가를 따로 규정하고 있는 건축법의 입법태도와 제도적 의미를 이유로 인허가의제 건축신고도 자기완결적 신고로 보아야 한다는 입장을 견지하였다.[64]

판례 건축(신축)신고불가취소(대법원 2011. 1. 20. 선고 2010두14954 전원합의체 판결)

인·허가의제 효과를 수반하는 건축신고는 일반적인 건축신고와는 달리, 특별한 사정이 없는 한 행정청이 그 실체적 요건에 관한 심사를 한 후 수리하여야 하는 이른바 '수리를 요하는 신고'로 보는 것이 옳다.

64) 대법원 2011. 1. 20. 선고 2010두14954 전원합의체 판결.

3) 수리를 요하는 건축신고와 수리거부행위

행정기본법 제34조는 "법령등으로 정하는 바에 따라 행정청에 일정한 사항을 통지하여야 하는 신고로서 법률에 신고의 수리가 필요하다고 명시되어 있는 경우(행정기관의 내부 업무 처리 절차로서 수리를 규정한 경우는 제외한다)에는 행정청이 수리하여야 효력이 발생한다"라고 규정하여 수리를 요하는 신고의 효력을 명확히 하고 있다.

이에 따라 건축법은 신고수리 여부를 신고인에 통지하여야 한다고 규정함으로써 입법적으로 신고의 법적 성격을 분명히 하여 논란의 종지부를 찍었다(법 제14조 제3항).

그렇기 때문에 일반적인 건축신고와 인허가의제 건축신고 모두 수리를 요하는 신고이며, 이를 반려하거나 거부하는 행위는 항고소송의 대상이 되는 행정처분의 성격을 가진다. 또한, 건축법이 '신고수리 여부'로 규정하고 있어 신고의 수리행위는 재량행위로 해석되고, 인허가의제 건축신고 역시 행정청이 그 실체적 요건에 관한 심사를 한 후 수리하여야 하므로 신고의 수리행위도 재량행위로 이해된다고 할 것이다.

이러한 시각에서 건축허가권자는 건축신고가 건축법, 국토계획법 등 관계 법령에서 정하는 명시적인 제한에 배치되지 않는 경우에도 건축을 허용하지 않아야 할 중대한 공익상 필요가 있는 경우에는 건축신고의 수리를 거부할 수 있으며,[65] 국토계획법이 정한 일정한 용도지역 안에서 토지의 형질변경행위를 수반하는 건축신고의 수리는 건축법에 따른 인허가의제로 인하여 건축법상 건축신고와 국토계획법상 개발행위허가의 성질을 아울러 갖게 되므로 국토계획법상의 개발행위허가를 받은 것으로 의제되는 건축신고가 국토계획법령이 정하는 개발행위허가기준을 갖추지 못한 경우 행정청으로서는 이를 이유로 그 수리를 거부할 수 있는 것이다.[66]

이에 반하여, 근거 법률에서 단순히 허가제와 신고제를 구분하면서 행정청에 대한 신고를 규정한 경우에는 그 법적 성질에 관계없이 법령에서 정한 요건 이외의 사유를 들어 신고의 수리를 거부할 수는 없다.[67]

---

65) 대법원 2019. 10. 31. 선고 2017두74320 판결.

66) 대법원 2017. 10. 26. 선고 2017두50188 판결; 대법원 2019. 7. 4. 선고 2018두49079 판결.

67) 대법원 2018. 10. 25. 선고 2018두44302 판결.

4. 가설건축물의 축조신고 및 존치기간 연장신고

1) 축조신고

가설건축물은 기술한 바와 같이 허가대상 가설건축물과 신고대상 가설건축물로 구분된다. 건축법 시행령 제15조 제5항에 열거된 가설건축물을 축조하려는 자는 대통령령으로 정하는 존치 기간, 설치 기준 및 절차에 따라 특별자치시장·특별자치도지사 또는 시장·군수·구청장에게 신고한 후 착공하여야 한다(법 제20조 제3항, 영 제15조 제5항).

이러한 가설건축물 축조신고는 제14조의 건축신고에 관한 규정을 준용하므로 특별자치시장·특별자치도지사 또는 시장·군수·구청장은 가설건축물 축조신고를 받은 날부터 5일 이내에 신고수리 여부 또는 민원 처리 관련 법령에 따른 처리기간의 연장 여부를 신고인에게 통지하여야 한다. 다만, 건축법 또는 다른 법령에 따라 심의, 동의, 협의, 확인 등이 필요한 경우에는 20일 이내에 통지하여야 하고(법 제20조, 제4항, 제14조 제3항), 이 경우에는 신고를 받은 날부터 5일 이내에 신고인에게 그 내용을 통지하여야 한다(법 제20조 제4항, 제14조 제4항).

건축법의 규정에서 보듯이 가설건축물 축조신고도 일반적인 건축신고와 같이 명문으로 수리를 요하는 신고로 규정되어 있다. 또한, 건축법은 가설건축물이 축조되는 지역과 용도에 따라 허가제와 신고제를 구분하면서 가설건축물 신고와 관련해서는 국토계획법에 따른 개발행위허가 등 인허가 의제 내지 협의에 관한 규정을 전혀 두고 있지 않기 때문에 행정청은 특별한 사정이 없는 한 개발행위허가 기준에 부합하지 않는다는 점을 이유로 가설건축물 축조신고의 수리를 거부할 수는 없다는 점에서 원칙적으로 기속행위로 해석된다.[68)]

2) 존치기간 연장신고

존치기간과 관련하여 허가대상 가설건축물의 존치기간은 도시·군계획사업이 시행될 때까지 그 기간을 연장할 수 있고(영 제15조 제1항 제2호 단서), 신고대상 가설건축물의 존치기간은 3년 이내로 하며, 존치기간의 연장이 필요한 경우에는 횟수별 3년의 범위에서 가설건축물별로 건축조례로 정하는 횟수만큼 존치기간을 연장할 수 있다. 다만, 공사용 가설건축물 및 공작물의 경우에는 해당 공사의 완료일까지의 기간으로 한다(영 제15조 제7항).

특별자치시장·특별자치도지사 또는 시장·군수·구청장은 가설건축물의 존치기간

---

68) 대법원 2019. 1. 10. 선고 2017두75606 판결.

만료일 30일 전까지 해당 가설건축물의 건축주에게 존치기간 만료일, 존치기간 연장 가능 여부와 존치기간이 연장될 수 있다는 사실을 알려야 한다(영 제15조의2 제1항). 이에 따라 존치기간을 연장하려는 가설건축물의 건축주는 특별자치시장 · 특별자치도지사 또는 시장 · 군수 · 구청장에게 허가 대상 가설건축물은 존치기간 만료일 14일 전까지 허가를 신청하거나 신고 대상 가설건축물은 존치기간 만료일 7일 전까지 신고하여야 한다(영 제15조의2 제2항).

이에 따라 가설건축물 존치기간을 연장하려는 건축주 등이 법령에 규정되어 있는 제반서류와 요건을 갖추어 행정청에 연장신고를 한 때에는 행정청은 원칙적으로 이를 수리하여 신고필증을 교부하여야 하고, 법령에서 정한 요건 이외의 사유를 들어 수리를 거부할 수는 없다. 따라서 행정청으로서는 법령에서 요구하고 있지도 않은 '대지사용승낙서' 등의 서류가 제출되지 아니하였거나 대지소유권자의 사용승낙이 없다는 등의 사유를 들어 가설건축물 존치기간 연장신고의 수리를 거부해서는 안 된다.[69]

5. 착공신고

1) 법적 성격

착공신고의 법적 성격과 관련하여 2017년 이전 건축법에서 착공신고는 수리를 요하지 않는 자기완결적 신고로 해석되었으나, 2011년 대법원은 건축신고의 반려행위와 궤를 같이하여 착공신고의 반려행위 역시 항고소송의 대상이 되는 처분으로 해석하였다.[70] 그 후 건축법은 착공신고 역시 건축신고와 마찬가지로 수리를 요하는 신고로 규정하고 있다.

2) 절차

건축허가를 받거나 건축신고를 한 건축물과 도시 · 군계획시설 및 도시 · 군계획시설 예정지에서의 가설건축물 건축허가를 받거나 축조신고를 한 가설건축물의 공사를 착수하려는 건축주는 국토교통부령으로 정하는 바에 따라 허가권자에게 공사계획을 신고하여야 하고(법 제21조 제1항), 이 경우 해당 공사감리자(제25조 제1항에 따른 공사감리자를 지정한 경우만 해당된다)와 공사시공자는 신고서에 함께 서명하여야 한다(법 제21조 제2항).

69) 대법원 2018. 1. 25. 선고 2015두35116 판결.
70) 대법원 2011. 6. 10. 선고 2010두7321 판결.

허가권자는 공사계획 신고를 받은 날부터 3일 이내에 신고수리 여부 또는 민원 처리 관련 법령에 따른 처리기간의 연장 여부를 신고인에게 통지하여야 하고(법 제21조 제3항), 이와 달리 허가권자가 3일 이내에 신고수리 여부 또는 민원 처리 관련 법령에 따른 처리기간의 연장 여부를 신고인에게 통지하지 아니하면 그 기간이 끝난 날의 다음 날에 신고를 수리한 것으로 본다(법 제21조 제4항).

3) 건설공사 시공자의 제한

건축주는「건설산업기본법」제41조를 위반하여 건축물의 공사를 하거나 하게 할 수 없다(법 제21조 제5항). 특히, 다중이용 시설물 중 일정한 건축물은 건축물 자체의 위험관리와 방지 차원에서 건설산업기본법 또는 다른 법률에 따라 등록 등을 하고 건설업을 하는 자인 건설사업자만이 공사시공자가 되어야 한다(건설산업기본법 제2조 제7호).

따라서 연면적이 200㎡를 초과하는 건축물이나 연면적이 200㎡ 이하인 건축물로서「건축법」에 따른 공동주택,「건축법」에 따른 단독주택 중 다중주택, 다가구주택, 공관 등, 주거용 외의 건축물로서 많은 사람이 이용하는 건축물 중 학교·어린이집·유치원·학원·숙박시설·병원 등의 건축에 관한 건설공사는 건설사업자가 하여야 한다(건설산업기본법 제41조 제1항, 같은 법 시행령 제36조 제2항).

또한, 많은 사람이 이용하는 시설물로서 ①「체육시설법 시행령」에 따른 골프장(9홀 이상에 한정한다), 스키장 및 자동차경주장, ②「공원녹지법」에 따른 도시공원 또는 도시공원에 설치되는 공원시설로서「공연법」제9조에 따라 등록하여야 하는 공연장·봉안시설(면적이 10만㎡ 이상인 경우에 한정한다)·묘지(면적이 10만㎡ 이상인 경우에 한정한다), ③「자연공원법」에 따른 자연공원에 설치되는 공원시설 중 산지 또는 해안에 설치되는 사방시설(산지 또는 해안모래언덕의 면적이 1만㎡ 이상인 경우에 한정한다)·길이가 1㎞ 이상인 호안시설, ④「관광진흥법」에 따른 종합유원시설업에 이용되는 유기시설 중 미로 등의 새로운 시설물을 설치하는 건설공사는 건설사업자가 하여야 한다(건설산업기본법 제41조 제2항, 같은 법 시행령 제38조).

Ⅲ. 건축신고의 대상

허가대상 건축물이라 하더라도 일정한 건축물은 미리 특별자치시장·특별자치도지사 또는 시장·군수·구청장에게 신고를 하면 건축허가를 받은 것으로 본다(법 제14조 제1항).

첫째, 바닥면적의 합계가 85㎡ 이내의 증축·개축 또는 재축의 건축물로 3층 이상 건축물인 경우에는 증축·개축 또는 재축하려는 부분의 바닥면적의 합계가 건축물 연면적의 10분의 1 이내인 경우로 한정한다(법 제14조 제1항 제1호).

둘째, 「국토계획법」에 따른 관리지역, 농림지역 또는 자연환경보전지역에서 연면적이 200㎡ 미만이고 3층 미만인 건축물의 건축으로 지구단위계획구역이나 「국토계획법」 제37조에 따라 지정된 방재지구·「급경사지법」 제6조에 따라 지정된 붕괴위험지역에서의 건축은 제외한다(법 제14조 제1항 제2호, 영 제11조 제1항).

셋째, 연면적이 200㎡ 미만이고 3층 미만인 건축물의 대수선도 건축신고로 건축허가를 갈음한다(법 제14조 제1항 제3호).

넷째, 주요구조부의 해체가 없는 대수선도 건축신고 대상인데, 구체적으로 내력벽의 면적을 30㎡ 이상 수선하는 것, 기둥을 세 개 이상 수선하는 것, 보를 세 개 이상 수선하는 것, 지붕틀을 세 개 이상 수선하는 것, 방화벽 또는 방화구획을 위한 바닥 또는 벽을 수선하는 것, 주계단·피난계단 또는 특별피난계단을 수선하는 것이 여기에 포함된다(법 제14조 제1항 제4호, 영 제11조 제2항).

다섯째, 소규모 건축물로서 ① 연면적의 합계가 100㎡ 이하인 건축물, ② 건축물의 높이를 3m 이하의 범위에서 증축하는 건축물, ③ 표준설계도서에 따라 건축하는 건축물로서 그 용도 및 규모가 주위환경이나 미관에 지장이 없다고 인정하여 건축조례로 정하는 건축물, ④ 「국토계획법」에 따른 공업지역, 지구단위계획구역 및 「산업입지법」에 따른 산업단지에서 건축하는 2층 이하인 건축물로서 연면적 합계 500㎡ 이하인 공장, ⑤ 농업이나 수산업을 경영하기 위하여 읍·면지역(특별자치시장·특별자치도지사·시장·군수가 지역계획 또는 도시·군계획에 지장이 있다고 지정·공고한 구역은 제외한다)에서 건축하는 연면적 200㎡ 이하의 창고 및 연면적 400㎡ 이하의 축사, 작물재배사(作物栽培舍), 종묘배양시설, 화초 및 분재 등의 온실의 건축은 신고대상이다(법 제14조 제1항 제5호, 영 제11조 제3항).

Ⅳ. 건축신고의 절차와 효과

1. 신고절차

특별자치시장·특별자치도지사 또는 시장·군수·구청장은 건축신고를 받은 날부터

5일 이내에 신고수리 여부 또는 민원 처리 관련 법령에 따른 처리기간의 연장 여부를 신고인에게 통지하여야 한다. 다만, 건축법 또는 다른 법령에 따라 심의, 동의, 협의, 확인 등이 필요한 경우에는 20일 이내에 신고수리 여부 또는 민원 처리 관련 법령에 따른 처리기간의 연장 여부를 통지하여야 하나(법 제14조 제3항), 건축신고가 건축법 또는 다른 법령에 따라 심의, 동의, 협의, 확인 등이 필요한 경우에 해당하는 경우에는 신고를 받은 날부터 5일 이내에는 그 내용을 신고인에게 통지하여야 한다(법 제14조 제4항).

2. 신고의 효과

1) 인허가의제의 효과

건축신고 역시 건축허가와 마찬가지로 건축신고를 하면 인허가의제에 관한 규정이 준용된다. 그러므로 허가대상인 건축물에 대하여 건축신고를 하면 건축허가와 동일하게 다음 각 호의 관련 법률에 따라 관련 인허가가 의제된다(법 제14조 제2항, 제11조 제5항).

1. 제20조 제3항에 따른 공사용 가설건축물의 축조신고
2. 제83조에 따른 공작물의 축조신고
3. 「국토계획법」 제56조에 따른 개발행위허가[71]
4. 「국토계획법」 제86조 제5항에 따른 시행자의 지정과 같은 법 제88조 제2항에 따른 실시계획의 인가
5. 「산지관리법」 제14조와 제15조에 따른 산지전용허가와 산지전용신고, 같은 법 제15조의2에 따른 산지일시사용허가·신고. 다만, 보전산지인 경우에는 도시지역만 해당된다.
6. 「사도법」 제4조에 따른 사도(私道)개설허가
7. 「농지법」 제34조, 제35조 및 제43조에 따른 농지전용허가·신고 및 협의
8. 「도로법」 제36조에 따른 도로관리청이 아닌 자에 대한 도로공사 시행의 허가, 같은 법 제52조 제1항에 따른 도로와 다른 시설의 연결 허가
9. 「도로법」 제61조에 따른 도로의 점용 허가
10. 「하천법」 제33조에 따른 하천점용 등의 허가

---

71) 대법원 2023. 9. 21. 선고 2022두31143 판결(건축신고 수리처분이 이루어지는 경우 국토의 계획 및 이용에 관한 법률 제56조에 따른 개발행위(토지형질변경)의 허가가 있는 것으로 본다. 이처럼 어떤 개발사업의 시행과 관련하여 여러 개별 법령에서 각각 고유한 목적과 취지를 가지고 그 요건과 효과를 달리하는 인허가 제도를 각각 규정하고 있다면, 그 개발사업을 시행하기 위해서는 개별 법령에 따른 여러 인허가 절차를 각각 거치는 것이 원칙이다).

11. 「하수도법」 제27조에 따른 배수설비(配水設備)의 설치신고
12. 「하수도법」 제34조 제2항에 따른 개인하수처리시설의 설치신고
13. 「수도법」 제38조에 따라 수도사업자가 지방자치단체인 경우 그 지방자치단체가 정한 조례에 따른 상수도 공급신청
14. 「전기안전관리법」 제8조에 따른 자가용전기설비 공사계획의 인가 또는 신고
15. 「물환경보전법」 제33조에 따른 수질오염물질 배출시설 설치의 허가나 신고
16. 「대기환경보전법」 제23조에 따른 대기오염물질 배출시설설치의 허가나 신고
17. 「소음 · 진동관리법」 제8조에 따른 소음 · 진동 배출시설 설치의 허가나 신고
18. 「가축분뇨법」 제11조에 따른 배출시설 설치허가나 신고
19. 「자연공원법」 제23조에 따른 행위허가
20. 「공원녹지법」 제24조에 따른 도시공원의 점용허가
21. 「토양환경보전법」 제12조에 따른 특정토양오염관리대상시설의 신고
22. 「수산자원관리법」 제52조 제2항에 따른 행위의 허가
23. 「초지법」 제23조에 따른 초지전용의 허가 및 신고

건축신고의 수리권자는 인허가의제에 해당하는 사항이 다른 행정기관의 권한에 속하면 그 행정기관의 장과 미리 협의하여야 하며, 협의 요청을 받은 관계 행정기관의 장은 요청을 받은 날부터 15일 이내에 의견을 제출하여야 한다. 이 경우 관계 행정기관의 장은 건축법 제11조 제8항에 따른 처리기준이 아닌 사유를 이유로 협의를 거부할 수 없고, 협의 요청을 받은 날부터 15일 이내에 의견을 제출하지 아니하면 협의가 이루어진 것으로 본다(법 제14조 제2항, 제11조 제6항).

2) 공사 미착수시의 신고효력

건축신고를 한 자가 신고일부터 1년 이내에 공사에 착수하지 아니하면 그 신고의 효력은 없어진다. 다만, 건축주의 요청에 따라 허가권자가 정당한 사유가 있다고 인정하면 1년의 범위에서 착수기한을 연장할 수 있다(법 제14조 제5항).

제4항 건축 허가사항 및 신고사항의 변경

Ⅰ. 개관

건축허가나 건축신고 후 그 허가나 신고한 사항을 변경하는 경우 건축법은 그 대상에 따라 허가나 신고사항으로 규정하면서도 경미한 사항은 아예 허가나 신고조차도 필요하지 않은 사항으로 규정하고 있다.

그런데 건축법은 이러한 허가와 신고사항의 변경이 건축물의 물리적 형태의 변경을 수반하는 설계변경과 건축관계자의 변경으로 구성된다는 점을 구별하지 않고 하나의 조항에서 다루고 있다.

건축법은 위험방지를 일차적 목표로 하는 경찰법적 성격을 가지는 법률이므로 건축물의 위험과 직결되는 설계변경과 건축관계자의 변경은 엄밀한 의미에서 구분하는 것이 보다 적절한 입법태도로 보인다.

Ⅱ. 설계변경

1. 의의

건축물은 건축허가를 받거나 건축신고를 한 사항대로 시공하여 건축되어야 하고, 건축주나 공사시공자가 설계도서와 다른 형태나 용도의 건축물을 임의로 건축하는 것은 건축법의 입법취지상 금지된다. 최초 허가나 신고 건축물이 마음대로 변경되어 건축된다면 건축허가와 건축신고로써 확보하려고 하는 건축물의 위험방지와 안전을 제대로 보장할 수 없기 때문이다.

그러나 최초의 건축허가와 건축신고만을 고집한다면 건축물의 시공과정에서 예측하지 못해 발생하는 설계변경의 필요성을 무시한 채 건축 자체의 경직성과 비효율성으로 인하여 더 큰 문제점이 초래될 수도 있다. 건축법은 상충하는 이익을 적절하게 균형을 맞추는 차원에서 건축물의 안전을 해치지 않는 범위내에서 기존의 허가나 신고사항의 변경을 의미하는 설계변경을 인정하고 있다.

2. 설계변경에 대한 허가와 신고

건축주가 건축허가를 받았거나 건축신고한 사항을 변경하려면 변경하기 전에 대통령령으로 정하는 바에 따라 허가권자의 허가를 받거나 특별자치시장·특별자치도지사 또는 시장·군수·구청장에게 신고하여야 한다. 다만, 신축·증축·개축·재축·이전·대수선 또는 용도변경에 해당하지 아니하는 변경은 허가나 신고가 필요하지 않다(법 제16조 제1항, 영 제12조 제2항).

여기서 바닥면적의 합계가 85㎡를 초과하는 부분에 대한 신축·증축·개축에 해당하는 변경인 경우에는 허가를 받아야 한다. 그러나 바닥면적의 합계가 85㎡ 이하인 부분에 대한 신축·증축·개축과 건축신고로써 허가를 갈음하는 건축물에 대하여는 변경 후 건축물의 연면적을 각각 신고로써 허가를 갈음할 수 있는 규모에서 변경하는 경우에는 신고사항이다(영 제12조 제1항 제1호 및 제2호).

3. 사용승인 시 일괄신고

건축법은 설계변경사항 중에서 그 내용이 경미한 사항에 대해서는 변경할 때마다 일일이 허가나 신고할 필요없이 공사완료 후 사용승인을 신청할 때 일괄신고하게 함으로써 건축주나 공사시공자 등의 편의를 도모하고 있다.

허가나 신고사항 중 ① 건축물의 동수나 층수를 변경하지 아니하면서 변경되는 부분의 바닥면적의 합계가 50㎡ 이하인 경우로서 변경되는 부분의 높이가 1m 이하이거나 전체 높이의 10분의 1 이하이고, 허가를 받거나 신고를 하고 건축 중인 부분의 위치 변경범위가 1m 이내이며, 건축신고를 하면 건축허가를 받은 것으로 보는 규모에서 건축허가를 받아야 하는 규모로의 변경이 아닌 경우, ② 건축물의 동수나 층수를 변경하지 아니하면서 변경되는 부분이 연면적 합계의 10분의 1 이하인 경우(연면적이 5천㎡ 이상인 건축물은 각 층의 바닥면적이 50㎡ 이하의 범위에서 변경되는 경우만 해당한다), ③ 대수선에 해당하는 경우, ④ 건축물의 층수를 변경하지 아니하면서 변경되는 부분의 높이가 1m 이하이거나 전체 높이의 10분의 1 이하인 경우, 그리고 ⑤ 허가를 받거나 신고를 하고 건축 중인 부분의 위치가 1m 이내에서 변경되는 경우에는 사용승인을 신청할 때 허가권자에게 일괄하여 신고할 수 있다(법 제16조 제2항, 영 제12조 제3항).

4. 변경허가와 변경신고의 인허가의제

설계변경의 허가와 신고에 관해서는 제11조 제5항 및 제6항이 준용되므로 그러한 변경허가의 경우에도 관련 법률에 따른 인허가의제의 효과가 발생한다(법 제16조 제3항 및 제4항).

아울러 변경신고의 경우에는 제14조 제3항 및 제4항이 준용된다(법 제16조 제4항). 따라서 특별자치시장·특별자치도지사 또는 시장·군수·구청장은 변경신고를 받은 날부터 5일 이내에 신고수리 여부 또는 민원 처리 관련 법령에 따른 처리기간의 연장 여부를 신고인에게 통지하여야 한다. 다만, 건축법 또는 다른 법령에 따라 심의, 동의, 협의, 확인 등이 필요한 경우에는 20일 이내에 신고수리 여부 또는 민원 처리 관련 법령에 따른 처리기간의 연장 여부를 통지하여야 하나(법 제14조 제3항), 변경신고가 건축법 또는 다른 법령에 따라 심의, 동의, 협의, 확인 등이 필요한 경우에 해당하는 경우에는 신고를 받은 날부터 5일 이내에는 그 내용을 신고인에게 통지하여야 한다(법 제14조 제4항). 이러한 규정형식으로 인하여 변경신고 역시 수리를 요하는 신고로 해석된다.

Ⅲ. 건축관계자 변경신고

1. 개관

건축물의 위험방지와 직접적으로 관련이 있는 내용은 건축법이 직접 규율하지만 그 외 건축에 관한 사항은 사적 자치의 원리에 따라 당사자 간의 계약으로 정하게 된다. 건축법도 이 점을 분명히 하고 있는데, 건축주·설계자·공사시공자 또는 공사감리자 등 건축관계자는 건축물이 설계도서에 따라 건축법과 건축법에 따른 명령이나 처분, 그 밖의 관계 법령에 맞게 건축되도록 업무를 성실히 수행하여야 하지만 건축관계자 간의 책임에 관한 내용과 그 범위는 건축법에서 규정한 것 외에는 건축주와 설계자, 건축주와 공사시공자, 건축주와 공사감리자 간의 계약으로 정한다(법 제15조 제1항 및 제2항).

그렇지만 건축관계자 간의 계약에 의하더라도 건축허가 발급 후 건축관계자가 변경되는 경우 향후 책임소재를 분명히 하고 변경된 내용을 행정청이 인지하고 있어야 한다. 이를 위해서 건축법은 설계변경과 마찬가지로 건축관계자 변경의 경우에도 규율하고 있으나, 건축물의 위험방지 측면에서 설계변경처럼 건축관계자 변경이 중대하지 않으므로 신고사항으로 규정하고 있다.

2. 건축관계자 변경신고의 절차

건축관계자는 건축주·설계자·공사시공자 또는 공사감리자를 의미하며, 이러한 건축관계자를 변경하는 경우에는 특별자치시장·특별자치도지사 또는 시장·군수·구청장에게 신고하여야 한다(법 제16조 제1항, 영 제12조 제1항 제3호).

건축주가 사망이나 양도 등으로 인하여 변경된 경우, 즉 건축 또는 대수선에 관한 허가를 받거나 신고를 한 건축주가 사망하거나 허가·신고 대상 건축물을 양도한 경우 또는 허가를 받거나 신고를 한 법인이 다른 법인과 합병을 한 경우에는 그 양수인·상속인 또는 합병 후 존속하거나 합병에 의하여 설립되는 법인은 그 사실이 발생한 날부터 7일 이내에 건축관계자변경신고서에 변경 전 건축주의 명의변경동의서 또는 권리관계의 변경사실을 증명할 수 있는 서류를 첨부하여 허가권자에게 제출하여야 한다(규칙 제11조 제1항).

이 경우 건축 중인 건물을 양도한 자가 건축주명의변경에 동의하지 아니한 경우에 양수인으로서는 의사표시에 갈음하는 판결을 받을 필요가 있으며, 허가 등에 관한 건축주 명의가 수인으로 되어 있을 경우에 공동건축주 명의변경에 대하여는 변경 전 건축주 전원에게서 동의를 얻어야 한다.[72]

건축주 전원의 동의가 원칙임에도 불구하고 법령이나 약정 등의 근거가 없는 한 공동건축주 일부가 다른 사람에게 해당 건축물의 공유지분을 양도하기로 하였더라도 나머지 공동건축주가 당연히 건축주명의변경에 동의할 의무를 부담하는 것은 아니다.[73]

명의변경에 관한 동의의 표시는 변경 전 건축주 전원이 참여한 단일한 절차나 서면에 의하여 표시될 필요는 없고 변경 전 건축주별로 동의의 의사를 표시하는 방식도 허용된다.[74]

건축주가 변경된 경우와 달리 건축주가 설계자, 공사시공자 또는 공사감리자를 변경한 때에는 그 변경한 날부터 7일 이내에 건축관계자변경신고서를 허가권자에게 제출하여야 한다(규칙 제11조 제2항). 이러한 건축관계자변경신고서를 받은 때에는 허가권자는 그 기재내용을 확인한 후 건축관계자변경신고필증을 신고인에게 교부하여야 한다(규칙 제11조 제3항).

---

72) 대법원 1989. 5. 9. 선고 88다카6754 판결; 대법원 2009. 3. 12. 선고 2006다28454 판결 등.
73) 대법원 2022. 8. 31. 선고 2019다282050 판결.
74) 대법원 2015. 9. 10. 선고 2012다23863 판결.

3. 건축관계자 변경신고의 효과

건축법 제16조 제4항에 따라 건축관계자 변경신고도 건축신고의 인허가의제 조항을 준용한다고 규정하고 있으나, 건축관계자 변경신고는 대물적 성격의 설계변경의 허가나 신고와는 달리 건축물 자체에 관한 신고가 아닌 인적 사항의 변경이므로 해석상 인허가의제 규정이 준용되지 않는다고 보아야 한다. 또한, 건축물에 대한 사용승인 시 일괄신고 규정도 적용되지 않는다.

4. 건축관계자 변경신고의 관련 문제

1) 수리를 요하는 신고로서의 건축관계자 변경신고

건축관계자 변경신고는 일차적으로 행정청에 대한 정보제공의 의미를 가지므로 사무집행의 편의를 도모하는 규정으로서의 성격을 가진다. 이에 덧붙여 판례는 허가대상 건축물의 양수인에게 건축주의 명의변경을 신고할 수 있는 공법상의 권리를 인정한 것으로 파악한다.[75] 그리하여 신고자의 공권에 대응하여 행정청의 신고수리의 의무가 도출됨으로써 행정청에 적법하게 건축주의 명의변경을 신고한 때에는 행정청은 그 신고를 수리해야지 실체적인 이유를 내세워 신고의 수리를 거부할 수는 없고,[76] 건축주명의변경신고에 대한 수리거부행위는 취소소송의 대상이 되는 행정처분이 된다는 것이다.[77] 건축법도 건축신고에 관한 규정을 일부 준용하여 이를 수리를 요하는 신고로 규정하고 있다(법 제16조 제4항).

건축관계자 변경신고 시 제출하는 '권리관계의 변경사실을 증명할 수 있는 서류'란 건축할 대지가 아니라 허가대상 건축물에 관한 권리관계의 변경사실을 증명할 수 있는 서류를 의미하므로 토지와 그 토지에 건축 중인 건축물에 대한 경매절차상의 확정된 매각허가결정서 및 그에 따른 매각대금 완납서류 등은 이에 해당한다.[78] 그러므로 허가권자는 양수인에 대하여 이러한 제출서류에 포함되지 않는 '건축할 대지의 소유 또는 사용에 관한 권리를 증명하는 서류'의 제출을 요구하면서 신고수리를 거부해서도 안 되며,[79] 건축주들의 위임장에 관한 유효 여부를 문제삼아 건축주 전원의 건축관계

75) 대법원 2014. 10. 15. 선고 2014두37658 판결; 대법원 2015. 10. 29. 선고 2013두11475 판결.
76) 대법원 1993. 10. 12. 선고 93누883 판결; 대법원 2014. 10. 15. 선고 2014두37658 판결.
77) 대법원 1992. 3. 31. 선고 91누4911 판결.
78) 대법원 2010. 5. 13. 선고 2010두2296 판결.
79) 대법원 2015. 10. 29. 선고 2013두11475 판결.

자변경신고 동의서를 제출하도록 요구한 후 그 불이행을 사유로 각 건축관계자변경신고수리를 취소한 것은 위법하다고 할 것이다.[80]

2) 건축주명의변경 이행청구의 소의 이익

건축공사가 완료되고 소유권보존등기까지 마쳐진 건물의 경우에는 이미 허가된 내용에 따른 건축이 더 이상 있을 수 없어 건축주명의변경이 필요없을 뿐 아니라 건축허가서 역시 허가된 건물에 관한 실체적 권리의 득실변경의 공시방법이 아니며 추정력도 없어 건축주명의를 변경한다고 하더라도 그 건물의 실체적 권리관계에 아무런 영향을 미치는 것이 아니므로 이러한 건물에 관해서는 건축주명의의 변경을 청구할 소의 이익이 없다는 것이 대법원의 일관된 태도이다.[81]

그러나 건축허가에 관한 건축주명의의 변경은 미완성의 건물에 대하여 건축공사를 계속하거나 건축공사를 완료한 후 부동산등기법 등에 따른 소유권보존등기를 하는 데에 필요한 것이므로 건축 중인 건물을 양수한 자가 양도인을 상대로 건축주명의변경절차의 이행을 구하는 소에서의 양수인의 소익이 있다고 할 것이다.[82] 아울러 건축공사 자체는 독립한 건물로 볼 수 있을 만큼 완성되었으나 그 적법한 사용에 이르기까지 필요한 건축법상의 모든 절차를 마치지 않은 채 소유권보존등기가 이루어진 경우에는 그 건물의 원시취득자는 자신 명의로 건축법상 남아 있는 각종 절차를 이행함으로써 건축법상 허가된 내용에 따른 건축을 완료할 수 있을 것이므로 건축주명의변경 절차의 이행을 구하는 소에서 그 건물의 원시취득자의 소의 이익을 부정할 수 없다.[83]

제5항 건축물의 설계 및 시공

Ⅰ. 건축물의 설계

건축허가를 받아야 하거나 건축신고를 하여야 하는 건축물 또는 「주택법」 제66조 제1항 또는 제2항에 따른 리모델링을 하는 건축물의 건축등을 위한 설계는 건축사가 아니면 할 수 없다. 다만, ① 바닥면적의 합계가 85㎡ 미만인 증축·개축 또는 재축,

80) 대법원 2005. 12. 22. 선고 2005두10552 판결.

81) 대법원 1989. 5. 9. 선고 88다카6754 판결; 대법원 2006. 7. 6. 선고 2005다61010 판결 등.

82) 대법원 2006. 7. 6. 선고 2005다61010 판결; 대법원 2007. 12. 27. 선고 2006다60229 판결.

83) 대법원 2009. 2. 12. 선고 2008다72844 판결.

② 연면적이 200㎡ 미만이고 층수가 3층 미만인 건축물의 대수선, ③ 그 밖에 건축물의 특수성과 용도 등을 고려하여 읍·면지역(시장 또는 군수가 지역계획 또는 도시·군계획에 지장이 있다고 인정하여 지정·공고한 구역은 제외한다)에서 건축하는 건축물 중 연면적이 200㎡ 이하인 창고 및 「농지법」에 따른 농막과 연면적 400㎡ 이하인 축사·작물재배사·종묘배양시설·화초 및 분재 등의 온실과 건축법 시행령 제15조 제5항에 따른 신고대상 가설건축물로서 건축조례로 정하는 가설건축물에 해당하는 경우에는 그러하지 아니하다(법 제23조 제1항, 영 제18조).

설계자는 건축물이 건축법과 건축법에 따른 명령이나 처분, 그 밖의 관계 법령에 맞고 안전·기능 및 미관에 지장이 없도록 설계하여야 하며, 국토교통부장관이 정하여 고시하는 설계도서 작성기준에 따라 설계도서를 작성하여야 한다. 다만, 해당 건축물의 공법(工法) 등이 특수한 경우로서 국토교통부령으로 정하는 바에 따라 건축위원회의 심의를 거친 경우와 국토교통부장관이 국토교통부령으로 정하는 바에 따라 작성하거나 인정하는 표준설계도서나 특수한 공법을 적용한 설계도서에 따라 건축물을 건축하는 경우에는 그러하지 아니하다(법 제23조 제2항 단서 및 제4항).

II. 건축의 시공

1. 공사시공자의 설계도서 비치의무

건축의 시공이란 직접 또는 도급에 의하여 설계에 따라 건설공사를 완성하기 위하여 시행되는 일체의 행위를 의미한다.[84]

공사시공자는 건축관계자 간의 책임에 관한 내용과 그 범위에 관하여 정한 계약대로 성실하게 공사를 수행하여야 하며, 건축법과 건축법에 따른 명령이나 처분, 그 밖의 관계 법령에 맞게 건축물을 건축하여 건축주에게 인도하여야 한다(법 제24조 제1항). 또한, 공사시공자는 건축물(건축허가나 용도변경허가대상인 것만 해당된다)의 공사현장에 설계도서를 갖추어 두어야 한다(법 제24조 제2항).

84) 대법원 2017. 12. 5. 선고 2017도11564 판결.

2. 공사시공자의 설계자에 대한 설계변경 요청

공사시공자는 설계도서가 건축법과 건축법에 따른 명령이나 처분, 그 밖의 관계 법령에 맞지 아니하거나 공사의 여건상 불합리하다고 인정되면 건축주와 공사감리자의 동의를 받아 서면으로 설계자에게 설계를 변경하도록 요청할 수 있다. 이 경우 설계자는 정당한 사유가 없으면 요청에 따라야 한다(법 제24조 제3항).

3. 상세시공도면의 작성과 건축허가표지판의 설치

공사시공자가 공사를 하는 데에 필요하다고 인정하거나 연면적의 합계가 5천㎡ 이상인 건축공사의 공사감리자가 필요하다고 인정하여 공사시공자에게 상세시공도면을 작성하도록 요청하는 경우(법 제25조 제5항, 영 제19조 제4항), 공사시공자는 상세시공도면을 작성하여 공사감리자의 확인을 받아야 하며, 이에 따라 공사를 하여야 한다(법 제24조 제4항).

공사시공자는 건축허가나 용도변경허가가 필요한 건축물의 건축공사를 착수한 경우에는 해당 건축공사의 현장에 건축물의 규모·용도·설계자·시공자 및 감리자 등을 표시한 건축허가표지판을 주민이 보기 쉽도록 해당건축공사 현장의 주요 출입구에 설치하여야 한다(법 제24조 제5항, 규칙 제18조).

4. 현장관리인의 지정

「건설산업기본법」 제41조 제1항 각 호의 건축물, 즉 연면적이 200㎡를 초과하는 건축물이나 연면적이 200㎡ 이하인 건축물로서 「건축법」에 따른 공동주택, 「건축법」에 따른 단독주택 중 다중주택, 다가구주택, 공관 등, 주거용 외의 건축물로서 많은 사람이 이용하는 건축물 중 학교·병원 등에 해당하지 아니하는 건축물의 건축주는 공사현장의 공정 및 안전을 관리하기 위하여 같은 법 제2조 제15호에 따른 건설기술인 1명을 현장관리인으로 지정하여야 한다. 이 경우 현장관리인은 국토교통부령으로 정하는 바에 따라 공정 및 안전 관리 업무를 수행하여야 하며, 건축주의 승낙을 받지 아니하고는 정당한 사유 없이 그 공사 현장을 이탈하여서는 아니 된다(법 제24조 제6항).

5. 사진 및 동영상의 촬영·보관

다중이용 건축물, 특수구조 건축물, 필로티형식 건축물 중 3층 이상인 건축물의 건축물의 공사시공자는 건축주, 공사감리자 및 허가권자가 설계도서에 따라 적정하게 공사되었는지를 확인할 수 있도록 공사의 공정이 대통령령으로 정하는 진도에 다다른 때마다 사진 및 동영상을 촬영하고 보관하여야 한다(법 제24조 제7항, 영 제18조의2 제1항).

제6항 건축물의 공사감리

Ⅰ. 공사감리의 의의

1. 공사감리와 공사감리자의 개념

건축법상 감리에 대한 개념정의는 없고, 그 대신 공사감리자에 대한 정의만이 있을 뿐이다. 이러한 공사감리자에 대한 개념정의에서 공사감리란 건축물, 건축설비 또는 공작물이 설계도서의 내용대로 시공되는지를 확인하고, 품질관리·공사관리·안전관리 등에 대하여 지도·감독하는 행위를 말하며, 이러한 공사감리를 자기의 책임(보조자의 도움을 받는 경우를 포함한다)으로 건축법으로 정하는 바에 따라 수행하는 자를 공사감리자라 한다(법 제2조 제15호).

2. 공사감리에 대한 현행법제의 태도

공사감리는 건축물의 공사 중에 설계자의 설계의도를 구현하고 부실시공에서 오는 위험방지를 목적으로 도입된 것으로 건축물의 시공에서 안전성을 보장하는 아주 중요한 제도로 기능한다. 1990년 이후 우리나라에서 삼풍백화점 등 대형 건축물과 성수대교 등 구조물의 붕괴사고로 인하여 건축감리의 실효성 강화가 논의되기 시작하였고, 최근 광주광역시 학동의 철거현장과 화정동의 아파트 건설공사현장 붕괴사고는 건축공사감리에 대한 중요성을 다시 한번 일깨워주었다.

그런데 현행 공사감리제도는 여러 개별법에 산재해 있어 통일적인 규율이 미흡하여 건축물 전반에 대한 공사감리의 체계성과 실효성을 저하시키는 부작용을 초래하고 있다고 판단된다.

우선 감리에 대한 직접적인 정의규정은 건축법에는 존재하지 않고, 건설기술진흥법 제5조에서 개념을 정의하고 있다. 감리란 건설공사가 관계 법령이나 기준, 설계도서 또는 그 밖의 관계 서류 등에 따라 적정하게 시행될 수 있도록 관리하거나 시공관리·품질관리·안전관리 등에 대한 기술지도를 하는 건설사업관리 업무를 말한다. 이러한 개념정의에서 알 수 있듯이, 건축법이나 주택법에서는 감리라는 용어를 사용하고 있지만 건설산업기본법에서는 감리 대신 건설사업관리라는 용어를 더 선호한다. 동법에 의하면 건설사업관리란 건설공사에 관한 기획, 타당성 조사, 분석, 설계, 조달, 계약, 시공관리, 감리, 평가 또는 사후관리 등에 관한 관리를 수행하는 것을 말한다(건설산업기본법 제2조 제8호).

이 지점에서 유의하여야 할 점은 건설기술진흥법과 건설산업기본법상의 건설사업관리가 감리를 포괄하는 넓은 개념이라는 것이다. 그래서 감리에 대한 현행법제는 건설기술진흥법 제39에 따른 도로·댐·철도·지하철 등의 건설공사에 대한 건설사업관리를 주축으로, 주택법에 따른 주택건설사업계획승인의 대상인 주택에 대한 감리와 그 밖의 건축물에 대한 건축법상의 감리로 구분된다. 건축법도 「주택법」 제15조에 따른 사업계획승인 대상과 「건설기술진흥법」 제39조 제2항에 따라 건설사업관리를 하게 하는 건축물의 공사감리는 해당 법령으로 정하는 바에 따른다고 규정하여 개별법에 따른 감리를 인정하고 있다(법 제25조 제10항).

건설기술진흥법상의 건설사업관리는 대규모 국가공사계약 위주의 감리제도로 이해되고, 주택법상의 주택에 대한 감리는 그 대상이 아파트에 초점을 맞추기 때문에 건축물 전반에 대한 감리로 적절하지 못하며, 건축법상의 감리는 그 대상이 일반적인 건축물로 국한되므로 건축물 전체에 대한 감리로서 그 기능적 역할이 떨어진다고 할 수 있다. 이러한 현실을 타개하기 위해서는 건축물 감리에 관한 일반법을 제정하는 것이 보다 적절한 대안으로 생각된다.[85)]

3. 공사감리계약의 법적 성격

1) 위임계약으로서의 공사감리계약

건축관계자 간의 책임에 관한 내용과 그 범위는 건축법에서 규정한 것 외에는 건축주와 설계자, 건축주와 공사시공자, 건축주와 공사감리자 간의 계약으로 정한다(법 제

85) 동일한 취지로 김종보, 앞의 책, 143-144쪽.

15조 제2항). 이에 따라 건축감리도 계약에 의하여 거의 대부분의 사항이 규율된다.

건축법에 따른 공사감리계약의 법적 성격이 논의되고 있는데, 감리자는 건축물을 설계도서대로 하자 없이 건축하는 데에 책임을 부담한다고 해석하는 것이 건축물의 안전성 또는 사회안전의 확보 차원에서도 타당하다는 도급계약설이 주장되나, 감리계약이 도급계약의 본질인 '일의 완성'과는 부응하지 못한다는 약점으로 인하여 그다지 설득력이 없다고 할 것이다.

감리계약은 일의 완성보다는 사업주체와 감리자간의 신뢰관계에 기반한 계약관계에 더 관심을 두므로 주택 등 건설공사감리계약의 성격은 그 감리대상이 된 공사의 완성여부, 진척정도와는 독립된 별도의 용역을 제공하는 것을 본질적 내용으로 하는 위임계약의 성격을 갖고 있다고 볼 수 있다.[86]

2) 감리자의 의무

책임감리업무를 수행하는 감리자는 시공 전에 설계도서에 기술적인 문제가 있는지를 검토하여 문제가 있다고 판단되는 경우 또는 임의로 설계도서의 내용을 변경하여 시공한 하자를 발견한 경우에는 발주청에 이를 보고하고 설계자와 협의함으로써 이러한 기술적인 문제가 있는 설계나 임의의 변경시공으로 인하여 발주청이 손해를 입지 않도록 하여야 할 주의의무 내지 채무를 부담한다.[87] 이러한 의무에 위반하여 제3자에게 손해를 입혔다면 공사감리자는 손해배상책임을 부담한다.[88]

3) 감리계약과 공사도급계약에 따른 채무불이행책임의 관계

동일한 공사에서 공사감리자의 감리계약에 따른 채무불이행으로 인한 손해배상채무와 공사시공자의 도급계약에 따른 채무불이행으로 인한 손해배상채무는 서로 별개의 원인으로 발생한 독립된 채무이나 동일한 경제적 목적을 가진 채무이므로 서로 중첩되는 부분에 관하여는 일방의 채무가 변제 등으로 소멸하면 타방의 채무도 소멸하는 부진정연대채무의 관계에 있다.[89] 이러한 법리는 설계용역계약상의 채무불이행으로 인한 손해배상채무와 공사도급계약상의 채무불이행으로 인한 손해배상채무에도 적용된다.[90]

---

86) 대법원 2000. 8. 22. 선고 2000다19342 판결; 대법원 2001. 5. 29. 선고 2000다40001 판결; 대법원 2006. 11. 23. 선고 2004다3925 판결.

87) 대법원 2015. 2. 26. 선고 2012다89320 판결; 대법원 2017. 12. 28. 선고 2014다229023 판결.

88) 대법원 2001. 9. 7. 선고 99다70365 판결.

89) 대법원 2017. 12. 28. 선고 2014다229023 판결.

90) 대법원 2015. 2. 26. 선고 2012다89320 판결.

II. 공사감리의 종류

1. 의무적 공사감리

1) 건축주의 공사감리자 지정

건축주는 대통령령으로 정하는 용도·규모 및 구조의 건축물을 건축하는 경우 건축사나 대통령령으로 정하는 자를 공사감리자(공사시공자 본인 및 「공정거래법」 제2조에 따른 계열회사는 제외한다)로 지정하여 공사감리를 하게 하여야 한다(법 제25조 제1항).

첫째, 건축허가를 받아야 하는 건축물을 건축하거나 리모델링 활성화 구역 안의 건축물 또는 사용승인을 받은 후 15년 이상이 되어 리모델링이 필요한 건축물 등을 리모델링하는 경우에는 건축주가 건축사를 공사감리자로 지정하여야 한다(영 제19조 제1항 제1호). 둘째, 다중이용 건축물을 건축하는 경우에는 「건설기술진흥법」에 따른 건설엔지니어링사업자(공사시공자 본인이거나 「공정거래법」 제2조 제12호에 따른 계열회사인 건설엔지니어링사업자는 제외한다) 또는 건축사(「건설기술진흥법 시행령」 제60조에 따라 건설사업관리기술인을 배치하는 경우만 해당한다)를 공사감리자로 지정하여야 한다(영 제19조 제1항 제2호).

2) 허가권자의 공사감리자 지정

「건설산업기본법」 제41조 제1항에 따른 ① 연면적이 200㎡를 초과하는 건축물이나 ② 연면적이 200㎡ 이하인 건축물로서 「건축법」에 따른 공동주택과 「건축법」에 따른 단독주택 중 다중주택·다가구주택·공관 등, 그리고 주거용 외의 건축물인 학교·병원 등에 해당하지 아니하는 소규모 건축물로서 건축주가 직접 시공하는 건축물 및 주택으로 사용하는 건축물 중 단독주택 등에 해당하지 않는 아파트·연립주택·다세대주택·다중주택·다가구주택의 경우에는 대통령령으로 정하는 바에 따라 허가권자가 해당 건축물의 설계에 참여하지 아니한 자 중에서 공사감리자를 지정하여야 한다(법 제25조 제2항, 영 제19조의2 제1항).

2. 임의적 공사감리

①「건설기술진흥법」 제14조에 따른 신기술 중 건축물의 주요구조부 및 주요구조부에 사용하는 마감재료에 적용하는 신기술을 보유한 자가 그 신기술을 적용하여 설계한 건축물, ②「건축서비스법」 제13조 제4항에 따른 역량 있는 건축사로서 대통령령으

로 정하는 건축사가 설계한 건축물, ③ 설계공모를 통하여 설계한 건축물의 건축주가 국토교통부령으로 정하는 바에 따라 허가권자에게 신청하는 경우에는 해당 건축물을 설계한 자를 공사감리자로 지정할 수 있다(법 제25조 제2항 단서, 영 제19조의2 제6항).

3. 상주감리

공사감리자는 수시로 또는 필요할 때 공사현장에서 감리업무를 수행하여야 하며, 일정한 경우에는 공사기간 동안 상주감리를 하여야 한다.

① 바닥면적의 합계가 5천㎡ 이상인 건축공사(축사, 작물재배사의 건축공사는 제외한다), ② 연속된 5개 층(지하층을 포함한다) 이상으로서 바닥면적의 합계가 3천㎡ 이상인 건축공사, ③ 아파트 건축공사, ④ 준다중이용 건축물 건축공사를 감리하는 경우에는 「건축사법」 제2조 제2호에 따른 건축 분야의 건축사보 한 명 이상을 전체 공사기간 동안, 토목·전기 또는 기계 분야의 건축사보 한 명 이상을 각 분야별 해당 공사기간 동안 각각 공사현장에서 감리업무를 수행하게 하여야 한다. 이 경우 건축사보는 해당 분야의 건축공사의 설계·시공·시험·검사·공사감독 또는 감리업무 등에 2년 이상 종사한 경력이 있는 사람이어야 한다(영 제19조 제5항).

4. 비공사감리

건축법 제14조에 따른 건축신고의 대상 건축물은 공사감리자를 지정하지 않아도 된다(영 제19조 제1항 제1호 가목).

바닥면적의 합계가 85㎡ 이내의 증축·개축 또는 재축의 건축물로 3층 이상 건축물, 「국토계획법」에 따른 관리지역·농림지역 또는 자연환경보전지역에서 연면적이 200㎡ 미만이고 3층 미만인 건축물, 연면적이 200㎡ 미만이고 3층 미만인 건축물의 대수선, 주요구조부의 해체가 없는 대수선 등이 여기에 해당된다.

Ⅲ. 공사감리자의 감리업무

공사감리자가 수행하여야 하는 감리업무는 ① 공사시공자가 설계도서에 따라 적합하게 시공하는지 여부의 확인, ② 공사시공자가 사용하는 건축자재가 관계 법령에 따른 기준에 적합한 건축자재인지 여부의 확인, ③ 그 밖에 공사감리에 관한 사항으로서 국토교통부령으로 정하는 사항이다(영 제19조 제9항).

공사감리에 관한 사항으로 국토교통부령으로 정하는 사항에는 ① 건축물 및 대지가 건축법 및 관계 법령에 적합하도록 공사시공자 및 건축주에 대한 지도, ② 시공계획 및 공사관리의 적정여부의 확인, ③ 건축공사의 하도급과 관련하여 수급인·하수급인이 「건설산업기본법」 제16조에 따른 시공자격을 갖춘 건설사업자에게 건축공사를 하도급 했는지에 대한 확인과 수급인·하수급인이 「건설산업기본법」 제40조 제1항에 따라 공사현장에 건설기술인을 배치하였는지에 대한 확인, ④ 공사현장에서의 안전관리의 지도, ⑤ 공정표의 검토, ⑥ 상세시공도면의 검토·확인, ⑦ 구조물의 위치와 규격의 적정여부의 검토·확인, ⑧ 품질시험의 실시여부 및 시험성과의 검토·확인, ⑨ 설계변경의 적정여부의 검토·확인, ⑩ 기타 공사감리계약으로 정하는 사항이 포함된다(규칙 제19조의2 제1항)

Ⅳ. 공사감리자의 의무

1. 공사시공자에 대한 시정요청

공사감리자는 공사감리를 할 때 건축법과 건축법에 따른 명령이나 처분, 그 밖의 관계 법령에 위반된 사항을 발견하거나 공사시공자가 설계도서대로 공사를 하지 아니하면 이를 건축주에게 알린 후 공사시공자에게 시정하거나 재시공하도록 요청하여야 하며, 공사시공자가 시정이나 재시공 요청에 따르지 아니하면 서면으로 그 건축공사를 중지하도록 요청할 수 있다. 이 경우 공사중지를 요청받은 공사시공자는 정당한 사유가 없으면 즉시 공사를 중지하여야 한다(법 제25조 제3항). 공사감리자가 건축공사기간 중 발견한 위법사항에 관하여 시정·재시공 또는 공사중지의 요청을 하였음에도 불구하고 공사시공자가 이에 따르지 아니하는 경우에는 시정등을 요청할 때에 명시한 기간이 만료되는 날부터 7일 이내에 위법건축공사보고서를 허가권자에게 제출하여야 한다(법 제25조 제4항, 규칙 제19조 제1항).

2. 공사시공자에 대한 상세시공도면 작성요청

연면적의 합계가 5천㎡ 이상인 건축공사의 공사감리자는 필요하다고 인정하면 공사시공자에게 상세시공도면을 작성하도록 요청할 수 있다(법 제25조 제5항, 영 제19조 제4항).

3. 감리보고서의 작성 및 제출

공사감리자는 국토교통부령으로 정하는 바에 따라 감리일지를 기록·유지하여야 하고, 공사의 공정(工程)이 일정한 진도에 다다른 경우에는 감리중간보고서를 작성하여 건축주에게 제출하여야 한다. 공정의 진도는 건축물의 구조에 따라 구분되는데, 첫째, 해당 건축물의 구조가 철근콘크리트조·철골철근콘크리트조·조적조 또는 보강콘크리트블럭조인 경우에는 기초공사 시 철근배치를 완료 또는 지붕슬래브배근을 완료하거나 지상 5개 층마다 상부 슬래브배근을 완료한 단계, 둘째, 해당 건축물의 구조가 철골조인 경우에는 기초공사 시 철근배치를 완료 또는 지붕철골 조립을 완료하거나 지상 3개 층마다 또는 높이 20m마다 주요구조부의 조립을 완료한 단계, 셋째, 해당 건축물의 구조가 이외의 구조인 경우에는 기초공사에서 거푸집 또는 주춧돌의 설치를 완료한 단계이다(법 제25조 제6항, 영 제19조 제3항).

공사를 완료한 경우에는 감리완료보고서를 국토교통부령으로 정하는 바에 따라 각각 작성하여 건축주에게 제출하여야 한다. 이 경우 건축주는 감리중간보고서는 제출받은 때, 감리완료보고서는 건축물의 사용승인을 신청할 때 허가권자에게 제출하여야 한다(법 제25조 제6항). 따라서 특별한 사정이 없는 한 공사감리자의 감리업무는 감리대상공사가 완료된 후 감리완료보고서를 작성함으로써 더 이상 당해 건축물에 대한 감리를 필요로 하지 않게 되어야 완료된다.[91]

감리중간보고서와 감리완료보고서의 '법령에의 적합 여부' 또는 '감리의견'란에는 본래적인 공사감리업무 수행의 결과로서의 공사감리자의 의견이나 판단을 기재하면 되는 것이고, 공사감리자가 당해 공사를 감리함에 있어서 발견한 일체의 건축법 기타 관계 법령 위반행위의 유무에 관한 공사감리자의 판단과 의견까지 기재하여야 하는 것은 아니다.[92]

---

91) 대법원 1992. 11. 24. 선고 91누12172 판결; 대법원 2006. 11. 23. 선고 2004다3925 판결.
92) 대법원 2000. 11. 24. 선고 2000도1365 판결.

제7항 건축물의 사용승인

Ⅰ. 사용승인의 의의

1. 개념

건축물의 공사완료 후 건축허가 또는 건축신고 당시의 설계도서대로 시공된 것인지 등을 확인하여 통제하는 장치가 필요한데, 건축법은 사용승인으로 이를 규율하고 있다. 사용승인은 구 건축법상에서는 준공검사로 지칭되었으나, 1995년 이후 개정된 건축법은 사용승인이라는 용어를 사용하고 있다.

준공검사처분이 건축물의 공사완료라는 과거지향적 측면에 초점을 맞춘 것이라면 사용승인처분은 건축물의 사용적합성을 장래에 맞춰 승인하겠다는 행정청의 의도가 엿보이는 용어라고 할 수 있다. 그리하여 사용승인처분은 내용적으로 건축물의 준공을 검사한다는 측면과 그것을 전제로 한 건축물의 사용을 허락한다는 의미를 중첩적으로 포함한다.[93]

그러므로 사용승인이란 건축허가를 받아 지은 건물이 건축허가 사항대로 건축행정목적에 적합한가 여부를 확인하고 사용승인서를 교부하여 줌으로써 허가받은 자로 하여금 그 건물을 사용·수익할 수 있게 하는 법률효과를 발생시키는 처분으로 정의될 수 있다.[94]

2. 법적 성격

구 건축법상의 준공검사처분 역시 사용승인처분과 동일하게 건축허가를 받아 건축한 건물이 건축허가 사항대로 건축행정목적에 적합한가의 여부를 확인하고, 준공검사필증을 교부하여 줌으로써 허가받은 자로 하여금 건축한 건물을 사용·수익할 수 있게 하는 법률효과를 발생시키는 것으로 정의함으로써 준공검사처분은 준법률행위적 행정행위의 하나인 확인행위로 볼 것이다.[95] 확인행위는 법률관계나 사실관계의 존부 또는 진위 여부에 대한 공적 판단과 선언이므로 일정한 요건이 존재하는 경우에 특정한 법

93) 김종보, 앞의 책, 151쪽.

94) 대법원 2007. 7. 27. 선고 2005도1722 판결.

95) 대법원 1992. 4. 10. 선고 91누5358 판결; 대법원 1993. 11. 9. 선고 93누13988 판결; 대법원 1996. 11. 29. 선고 96누9768 판결; 대법원 1999. 3. 23. 선고 98다30285 판결.

률관계의 존부나 진위 여부를 가려야 하므로 성질상 기속행위에 해당한다.

따라서 행정청의 준공검사의무가 법령상 일의적으로 결정되어 있으므로 허가관청은 특단의 사정이 없는 한 건축허가내용대로 완공된 건축물의 준공을 거부할 수 없다.[96] 그러나 건축허가 자체가 건축관계 법령에 위반되는 하자가 있는 경우에는 비록 건축허가내용대로 완공된 건축물이라 하더라도 위법한 건축물이 되는 것으로서 그 하자의 정도에 따라 건축허가를 취소할 수 있음은 물론 그 준공도 거부할 수 있고,[97] 용도변경 신고내용대로 용도변경을 하였다고 하더라도 그 신고내용에 건축 관련 법규를 위반하는 내용이 포함되어 있었다면 그 신고를 수리한 행정관청은 사용승인을 거부할 수 있다.[98] 이러한 근거에서 사용승인처분 또한 준공검사처분과 마찬가지로 확인행위로 기속행위로 해석된다.

3. 건축허가와의 관계

사용승인은 건축허가에서 부여된 건축물의 발생과 이로 인한 건축물의 사용·수익의 권능을 완공 시점에 확인하는 처분에 불과하기 때문에 원칙적으로 사용승인은 건축허가와는 별개의 독립된 처분이지만 동시에 건축허가에 종속되는 부수적 처분으로 볼 수 있다. 이러한 건축허가에 대한 사용승인의 독립적이면서 부수적인 처분으로서의 양면적 성격은 사용승인에 대한 취소소송에서 잘 드러난다.

사용승인처분이 취소되더라도 사용승인 이전의 상태로 돌아가게 되므로 위법건축물에 대한 시정은 별개의 문제로 이것은 건축허가와는 독립된 별개의 처분이라는 점을 의미하고, 건축허가에 부수되는 성격으로 인하여 건축허가를 받게 되면 그 허가를 기초로 한 일정한 법률관계 및 사실관계가 형성되어 건축허가를 함부로 취소할 수 없는 것처럼 건축허가의 하자를 이유로 사용승인 역시 함부로 취소될 수 없는 것이다.

그러므로 사용승인처분의 취소가 있더라도 그로 인하여 건축주는 그 건물을 적법하게 사용할 수 없게 되어 사용승인 이전의 상태로 돌아가게 되는 것에 그칠 뿐이고, 사용승인이 새로운 권리를 부여하는 것이 아니기 때문에 건물의 이격거리 위반, 무단구조변경 등 건축법을 위반하여 건축과정에서 인접주택 소유자에게 피해를 입혔다 하더라도 인접주택의 소유자로서는 그 건물에 대한 사용승인처분의 취소를 구할 법률상 이

96) 대법원 1999. 3. 23. 선고 98다30285 판결.
97) 대법원 1992. 4. 10. 선고 91누5358 판결.
98) 대법원 2006. 1. 26. 선고 2005두12565 판결.

익이 있다고 볼 수 없다.[99)]

또한, 건축주가 건축허가 내용대로 완공하였으나 건축허가 자체에 하자가 있어서 위법한 건축물이라는 이유로 허가관청이 사용승인을 거부하려면 건축허가의 취소에 있어서와 같은 조리상의 제약이 따르고, 만약 당해 건축허가를 취소할 수 없는 특별한 사정이 있는 경우라면 그 사용승인도 거부할 수 없다[100)]

II. 사용승인의 절차

건축주가 건축허가, 도시·군계획시설 및 도시·군계획시설예정지에서의 가설건축물 건축허가를 받았거나 건축신고를 한 건축물의 건축공사를 완료한 후 그 건축물을 사용하려면 공사감리자가 작성한 감리완료보고서와 국토교통부령으로 정하는 공사완료도서를 첨부하여 허가권자에게 사용승인을 신청하여야 한다(법 제22조 제1항). 건축법상 건축주의 사용승인신청은 의무형식으로 규정되어 있어 그 의무이행을 행정소송이 아닌 민사소송으로 청구할 수 있다.[101)]

허가권자는 사용승인신청을 받은 경우 그 신청서를 받은 날부터 7일 이내에 사용승인을 신청한 건축물이 건축법에 따라 허가 또는 신고한 설계도서대로 시공되었는지의 여부와 감리완료보고서·공사완료도서 등의 서류 및 도서가 적합하게 작성되었는지의 여부에 대하여 사용승인을 위한 현장검사를 실시하여야 하며, 검사에 합격된 건축물에 대하여는 사용승인서를 신청인에게 내주어야 한다. 다만, 해당 지방자치단체의 조례로 정하는 건축물은 사용승인을 위한 검사를 실시하지 아니하고 사용승인서를 내줄 수 있다(법 제22조 제2항, 규칙 제16조 제3항).

허가권자는 사용승인을 하는 경우 제4항 각 호의 사용승인·준공검사 또는 등록신청의 의제사항이 포함되어 있으면 관계 행정기관의 장과 미리 협의하여야 한다(법 제22조 제5항).

특별시장 또는 광역시장이 사용승인을 한 경우 지체 없이 그 사실을 군수 또는 구청장에게 알려서 건축물대장에 적게 하여야 하고, 이 경우 건축물대장에는 설계자, 「건

99) 대법원 1993. 11. 9. 선고 93누13988 판결; 대법원 1996. 11. 29. 선고 96누9768 판결; 대법원 2007. 4. 26. 선고 2006두18409 판결 등.

100) 대법원 1992. 4. 10. 선고 91누5358 판결; 대법원 1996. 9. 10. 선고 96누1399 판결; 대법원 2009. 3. 12. 선고 2008두18052 판결.

101) 대법원 2008. 9. 11. 선고 2007다54825 판결.

설산업기본법」 제9조에 따라 종합공사를 시공하는 업종을 등록한 자로서 발주자로부터 건설공사를 도급받은 건설사업자 또는 「전기공사업법」·「소방시설공사업법」·「정보통신공사업법」에 따라 공사를 수행하는 시공자, 공사감리자를 적어야 한다(법 제22조 제6항, 영 제17조 제5항).

Ⅲ. 사용승인의 효과

1. 건축물의 사용

건축법상 사용승인이 실무에서 중요한 것은 건축물의 매매를 위한 등기 때문이다. 사용승인이 발급된 후에 비로소 건축물대장에 등재되고 이로써 부동산등기법 제65조에 따른 보존등기가 가능해진다. 따라서 건축주는 사용승인을 받은 후가 아니면 건축물을 사용하거나 사용하게 할 수 없으며, 이에 위반하는 경우에는 2년 이하의 징역 또는 1억원 이하의 벌금에 처해진다(법 제110조 제2호). 경우에 따라서는 사용승인을 받지 않고 건축물을 사용하면 이에 대하여 사용금지 등의 시정명령이 내려지고 이를 이행하지 않으면 이행강제금이 부과된다(법 제79조 및 제80조, 영 제115조의2 제1항).[102)]

이와 관련하여 다른 법률에 따른 협의요청을 하지 않은 채 담당 공무원이 건축신고를 수리한 후 관계 행정기관의 장의 공사중지요청으로 건축물의 신축이 중지되어 철거하여야 하는 사건에서 그 공무원의 과실은 인정되나, 이 건축물은 원심 변론종결 시점까지 사용승인을 받지 못한 관계로 건축법에 따라 건축물을 사용해는 안 되는 의무가 부과되어 있어 이로써 건축주 등에게 건축물의 철거 내지 이를 전제로 하는 손해의 결과가 현실적·확정적으로 발생하였다고 단정하기 어렵다는 것이다.[103)] 사용승인을 받지 못하면 건축법상 사용금지의무가 부과되는데, 이는 건축법에 따른 적법한 의무부과이므로 이를 손해발생으로 볼 수 없다는 취지로 보인다.

그렇지만 허가권자가 사용승인신청서를 받은 날부터 7일 이내에 사용승인서를 교부하지 아니한 경우 또는 사용승인서를 교부받기 전에 공사가 완료된 부분이 국토교통부령으로 정하는 기준에 적합한 경우로서 2년 이내의 기간을 정하여 임시로 사용의 승인을 한 경우에는 사용승인을 받지 않고도 건축물을 사용하거나 사용하게 할 수 있다(법 제22조 제3항, 영 제17조 제4항, 규칙 제17조 제3항).

---

102) 대법원 2010. 10. 14. 선고 2010두13340 판결.
103) 대법원 2020. 10. 15. 선고 2017다278446 판결.

2. 사용승인·준공검사·등록신청의 의제

건축허가의 인허가의제와 유사하게 사용승인의 경우에도 개별법에 따른 사용승인·준공검사·등록신청이 의제된다. 건축주가 사용승인을 받은 경우에는 다음 각 호에 따른 사용승인·준공검사 또는 등록신청 등을 받거나 한 것으로 보며, 공장건축물의 경우에는 「산업집적법」 제14조의2에 따라 관련 법률의 검사 등을 받은 것으로 본다(법 제22조 제4항).

1. 「하수도법」 제27조에 따른 배수설비의 준공검사 및 같은 법 제37조에 따른 개인하수처리시설의 준공검사
2. 「공간정보관리법」 제64조에 따른 지적공부의 변동사항 등록신청
3. 「승강기법」 제28조에 따른 승강기 설치검사
4. 「에너지이용합리화법」 제39조에 따른 보일러 설치검사
5. 「전기안전관리법」 제9조에 따른 전기설비의 사용전검사
6. 「정보통신공사업법」 제36조에 따른 정보통신공사의 사용전검사

6의2. 「기계설비법」 제15조에 따른 기계설비의 사용전검사

7. 「도로법」 제62조 제2항에 따른 도로점용 공사의 준공확인
8. 「국토계획법」 제62조에 따른 개발행위의 준공검사
9. 「국토계획법」 제98조에 따른 도시·군계획시설사업의 준공검사
10. 「물환경보전법」 제37조에 따른 수질오염물질 배출시설의 가동개시의 신고
11. 「대기환경보전법」 제30조에 따른 대기오염물질 배출시설의 가동개시의 신고

Ⅳ. 임시사용승인

건축주가 사용승인서를 교부받기 전에 공사가 완료된 부분이 국토교통부령으로 정하는 기준에 적합한 경우에는 임시사용승인을 받을 수 있다.

건축주는 사용승인서를 받기 전에 공사가 완료된 부분에 대한 임시사용의 승인을 받으려는 경우에는 국토교통부령으로 정하는 바에 따라 임시사용승인신청서를 허가권자에게 제출하여야 한다(영 제17조 제2항). 허가권자는 임시사용승인신청서를 접수한 경우에는 공사가 완료된 부분이 건폐율, 용적률, 설비, 피난·방화 등 국토교통부령으로 정하는 기준에 적합한 경우에만 당해신청서를 받은 날부터 7일 이내에 임시사용을 승

인할 수 있으며, 식수 등 조경에 필요한 조치를 하기에 부적합한 시기에 건축공사가 완료된 건축물은 허가권자가 지정하는 시기까지 식수 등 조경에 필요한 조치를 할 것을 조건으로 임시사용을 승인할 수 있다(영 제17조 제3항, 규칙 제17조 제3항).

임시사용승인의 기간은 2년 이내로 한다. 다만, 허가권자는 대형 건축물 또는 암반공사 등으로 인하여 공사기간이 긴 건축물에 대하여는 그 기간을 연장할 수 있다(영 제17조 제4항).

제8항 건축물대장

Ⅰ. 의의

1. 건축물대장의 개념

건축물대장은 적법하게 건축된 건축물에 대하여 사용승인 후 작성·발급하는 공부로서 건축물의 소재지, 구조, 용도, 층수, 연면적, 대지면적, 허가일시, 사용승인일, 등재일 등 건축물 및 그 대지의 일반사항과 소유자 주소, 성명 등 소유권에 관한 사항 및 건축물의 이용상태 등을 기재하여 확인하거나 건축정책의 자료로 활용하기 위하여 작성하는 공적 기록을 말한다. 건축법 제38조에 근거하여 건축물의 소유·이용 및 유지·관리 상태를 확인하거나 건축정책의 기초 자료로 활용하기 위하여 작성되는 공부가 바로 건축물대장이다.

2. 건축물대장의 작성·관리 목적

등기부의 작성목적은 건축물 또는 토지 소유권과 그 물권 등을 공시함으로써 사적거래의 기초로 삼기 위하여 작성하는 것인데 반하여, 건축물대장은 건축법과 국토계획법적 관점을 반영하여 행정법적 측면에서 건축물을 관리하기 위하여 작성하는 것이다. 이러한 작성목적상의 차이로 인하여 원칙적으로 건축물대장의 건축물과 등기부에 등재되는 건축물의 개념은 같은 것이어야 하지만 그 목적이 상이하므로 구체적인 경우에는 달라질 수 있는 것이다.

작성목적의 차이는 관리목적의 차이로 이어진다. 건축물대장이 건축물의 소유권보다는 건축물 자체가 지녀야 할 공법상의 요건을 확보하기 위한 것이라면 등기부는 민사상 부동산 소유문제를 증명하기 위한 수단이고 소유권의 귀속여부를 판단하기 위한 자료의 성격을 지닌다.

II. 건축물대장 등재행위의 법적 성질

1. 행정사무편의와 사실증명 자료로서의 건축물대장

건축물대장에 일정한 사항을 등재하거나 등재된 사항을 변경하는 행위는 행정사무집행의 편의와 사실증명의 자료로 삼기 위한 것일 뿐이어서 그 등재나 변경등재 행위로 인하여 그 건축물에 대한 실체상의 권리관계에 어떤 변동을 가져오는 것이 아니므로 소관청이 등재사항에 대한 변경신청을 거부하였다고 하여 이를 항고소송의 대상이 되는 행정처분에 해당한다고 할 수 없다는 것이 대법원의 일관된 입장이다.[104] 그렇기 때문에 헌법재판소도 건축물대장에 대한 등재행위 등은 일반적으로 청구인의 권리나 법적 지위에 영향을 미치는 바가 없어서 기본권을 침해할 가능성이 없고, 건축물대장의 말소행위의 경우에도 원칙적으로 건축물 소유자의 권리관계에 영향을 미친다고 보기 어렵기 때문에 특별한 사정이 없는 이상, 청구인의 기본권이 새로이 제한되는 형성적 효력이 발생한다고 볼 수는 없다는 입장이었다.[105] 동일한 맥락에서 건축물대장상 "위법건축물" 표시의 말소신청 반려행위 역시 청구인의 권리나 법적 지위에 영향을 미치지 않아 기본권을 침해할 가능성이 없다는 것이다.[106]

무허가건물관리대장도 행정관청이 무허가건물 정비에 관한 행정상 사무처리의 편의와 사실증명의 자료로 삼기 위하여 작성·비치하는 대장으로서 무허가건물을 무허가건물관리대장에 등재하거나 등재된 내용을 변경·삭제하는 행위로 인하여 당해 무허가건물에 대한 실체상의 권리관계에 변동을 가져오는 것이 아니므로 관할관청이 무허가건물의 무허가건물관리대장 등재요건에 관한 오류를 바로잡으면서 당해 무허가건물을 무허가건물관리대장에서 삭제하는 행위는 다른 특별한 사정이 없는 한 항고소송의 대상이 되는 행정처분이 아니다.[107]

---

104) 대법원 1998. 2. 24. 선고 96누5612 판결.
105) 헌법재판소 2004. 1. 29. 선고 2002헌마235 결정.
106) 헌법재판소 2000. 8. 31. 선고 99헌마602 결정.
107) 대법원 2009. 3. 12. 선고 2008두11525 판결.

2. 건축행정의 기초자료로서의 건축물대장

최근 대법원은 기존의 입장과는 다른 시각에서 건축물대장이 국민의 권리의무관계에 직접적인 영향을 미치는 건축행정의 자료이기 때문에 건축물대장에의 등재행위나 말소행위를 행정처분으로 보는 견해를 피력하였다.[108]

판례 건축물관리대장말소처분취소(대법원 2010. 5. 27. 선고 2008두22655 판결)

건축물대장은 건축물에 대한 공법상의 규제, 지방세의 과세대상, 손실보상가액의 산정 등 건축행정의 기초자료로서 공법상의 법률관계에 영향을 미칠 뿐만 아니라, 건축물에 관한 소유권보존등기 또는 소유권이전등기를 신청하려면 이를 등기소에 제출하여야 하는 점 등을 종합해 보면, 건축물대장은 건축물의 소유권을 제대로 행사하기 위한 전제요건으로서 건축물 소유자의 실체적 권리관계에 밀접하게 관련되어 있으므로, 이러한 건축물대장을 직권말소한 행위는 국민의 권리관계에 영향을 미치는 것으로서 항고소송의 대상이 되는 행정처분에 해당한다.

이와 동일한 취지에서 건축물대장의 용도변경신청에 대한 거부행위도 국민의 법률관계에 직접적인 영향을 미친다는 시각에서 그 행정처분성을 인정하고 있다. 건축물의 용도는 토지의 지목에 대응하는 것으로서 건물의 이용에 대한 공법상의 규제, 건축법상의 시정명령, 지방세 등의 과세대상, 손실보상가액의 산정 등 공법상 법률관계에 영향을 미치고, 건물소유자는 용도를 토대로 건물의 사용·수익·처분에 일정한 영향을 받게 된다. 따라서 건축물대장의 용도는 건축물의 소유권을 제대로 행사하기 위한 전제요건으로서 건축물 소유자의 실체적 권리관계에 밀접하게 관련되어 있으므로 건축물대장 소관청의 용도변경신청 거부행위는 국민의 권리관계에 영향을 미치는 것으로서 항고소송의 대상이 되는 행정처분에 해당한다는 것이다.[109]

판례의 기본적인 입장은 건축물대장의 등재행위가 국민의 권리의무관계에 직접적인 변동을 초래하는가의 여부에 따라 그 행정처분성을 판단하고 있다고 보인다. 단순한 행정사무편의와 사실증명의 자료로서의 건축물대장의 등재행위는 그 처분성을 부정하나, 그렇지 않은 경우에는 처분성을 적극적으로 인정하고 있는 것이다.

---

108) 대법원 2010. 5. 27. 선고 2008두22655 판결.
109) 대법원 2009. 1. 30. 선고 2007두7277 판결.

Ⅲ. 건축물대장 등재의 사유

특별자치시장·특별자치도지사 또는 시장·군수·구청장은 건축물의 소유·이용 및 유지·관리 상태를 확인하거나 건축정책의 기초 자료로 활용하기 위하여 ① 사용승인서를 내준 경우, ② 제11조에 따른 건축허가대상 건축물과 제14조에 따른 건축신고대상 건축물 외의 건축물의 공사를 끝낸 후 기재를 요청한 경우, ③「집합건물법」제56조 및 제57조에 따른 건축물대장의 신규등록 및 변경등록의 신청이 있는 경우, ④ 건축법 시행일 전에 법령등에 적합하게 건축되고 유지·관리된 건축물의 소유자가 그 건축물의 건축물관리대장이나 그 밖에 이와 비슷한 공부(公簿)를 건축법에 따른 건축물대장에 옮겨 적을 것을 신청한 경우, ⑤ 그 밖에 기재내용의 변경 등이 필요한 경우로서 국토교통부령으로 정하는 경우에 해당하면 건축물대장에 건축물과 그 대지의 현황 및 국토교통부령으로 정하는 건축물의 구조내력(構造耐力)에 관한 정보를 적어서 보관하고 이를 지속적으로 정비하여야 한다(법 제38조 제1항, 영 제25조).

특별자치시장·특별자치도지사 또는 시장·군수·구청장은 건축물대장의 작성·보관 및 정비를 위하여 필요한 자료나 정보의 제공을 중앙행정기관의 장 또는 지방자치단체의 장에게 요청할 수 있다. 이 경우 자료나 정보의 제공을 요청받은 기관의 장은 특별한 사유가 없으면 그 요청에 따라야 한다(법 제38조 제2항).

Ⅳ. 건축물대장의 기재 내용 변경에 따른 등기촉탁

특별자치시장·특별자치도지사 또는 시장·군수·구청장은 다음 각 호의 어느 하나에 해당하는 사유로 건축물대장의 기재 내용이 변경되는 경우(제2호의 경우 신규 등록은 제외한다) 관할 등기소에 그 등기를 촉탁하여야 한다. 이 경우 제1호와 제4호의 등기촉탁은 지방자치단체가 자기를 위하여 하는 등기로 본다(법 제39조 제1항).

1. 지번이나 행정구역의 명칭이 변경된 경우
2. 제22조에 따른 사용승인을 받은 건축물로서 사용승인 내용 중 건축물의 면적·구조·용도 및 층수가 변경된 경우
3. 「건축물관리법」 제30조에 따라 건축물을 해체한 경우
4. 「건축물관리법」 제34조에 따른 건축물의 멸실 후 멸실신고를 한 경우

제9항 건축물의 용도변경

Ⅰ. 의의

1. 건축물의 용도의 개념과 기능

건축물의 용도는 글자 그대로 건축물의 쓰임새, 즉 건축물이 어떤 목적으로 사용되는가 하는 것으로 건축물의 정체를 확인하는 중요한 요소이다. 건축물의 용도는 토지의 지목에 대응하는 것으로서 건물의 이용에 대한 공법상의 규제, 건축법상의 시정명령, 지방세 등의 과세대상, 손실보상가액의 산정 등 공법상 법률관계에 영향을 미치게 되기 때문이다.[110)]

건축물의 용도는 형식상의 쓰임새를 기준으로 볼 것이 아니라 실질적으로 어떤 쓰임새로 사용되는지를 기준으로 파악하여야 한다. 따라서 주택에 해당하는지 여부는 건물공부상의 용도구분에 관계없이 실제 용도가 사실상 주거에 공하는 건물인가에 의하여 판단하여야 하는 것이다.[111)]

건축법상 건축물의 용도는 건축물의 안전·기능 및 미관의 향상이라는 건축법의 입법목적을 달성하기 위하여 건축물의 종류를 유사한 구조·이용목적 및 형태별로 묶어 분류한 것을 말한다(법 제2조 제3호).[112)]

이에 반하여, 토지의 용도는 그 토지의 사실상의 이용현황을 의미하는 것이 아니라 국토계획법에 의하여 일정한 지역의 토지 전체에 대하여 이용가능성을 규제하는 '용도지역', '용도지구', '용도구역'에서의 '용도', 즉 '법적으로 허용된 이용가능성으로서의 용도'를 의미한다. 그러므로 그 토지의 실제 현황이 어느 시점에 공부상의 지목과 달라지게 되었다는 사정은 용도변경의 허용 여부에 영향을 미치지 않는다.[113)]

2. 건축물의 용도의 종류와 세부용도

건축물의 용도는 단독주택, 공동주택, 제1·2종 근린생활시설, 문화 및 집회시설, 판매시설, 운동시설, 위락시설, 숙박시설 등 다음과 같이 29가지로 구분되며, 각 용도

110) 대법원 2009. 1. 30. 선고 2007두7277 판결; 대법원 2010. 5. 27. 선고 2008두22655 판결.
111) 대법원 2005. 4. 28. 선고 2004두14960 판결.
112) 대법원 2005. 2. 18. 선고 2004도7807 판결.
113) 대법원 2009. 12. 10. 선고 2008두10232 판결.

에 속하는 건축물의 세부용도는 대통령령으로 정한다(법 제2조 제2항, 영 제3조의5).

1. 단독주택
2. 공동주택
3. 제1종 근린생활시설
4. 제2종 근린생활시설
5. 문화 및 집회시설
6. 종교시설
7. 판매시설
8. 운수시설
9. 의료시설
10. 교육연구시설
11. 노유자(老幼者: 노인 및 어린이)시설
12. 수련시설
13. 운동시설
14. 업무시설
15. 숙박시설
16. 위락(慰樂)시설
17. 공장
18. 창고시설
19. 위험물 저장 및 처리 시설
20. 자동차 관련 시설
21. 동물 및 식물 관련 시설
22. 자원순환 관련 시설
23. 교정(矯正) 및 군사 시설
24. 방송통신시설
25. 발전시설
26. 묘지 관련 시설
27. 관광 휴게시설
28. 장례시설
29. 야영장 시설

II. 건축물의 용도변경

1. 의의

용도변경이란 건축허가와 사용승인을 받은 건축물의 건축물대장에 기재된 기존 용도를 폐기하고 새로운 용도의 건축물로 변경하는 행위를 말한다.

건축물의 용도변경은 변경하려는 용도의 건축기준에 적합하여야 하므로 해당 용도의 건축물이 요구하는 건축기준 및 건축물의 안전에 관한 사항, 즉, 하중의 증가·구조·방화 및 내화설비·피난 등의 사항을 건축허가와 건축신고의 변경에 준하여 통제하여야 할 필요성이 있다(법 제19조 제1항). 따라서 용도변경은 기존 건축물의 중요한 요소를 변경시키기 때문에 건축법은 이를 허가사항으로 하거나 신고사항으로 하여 규율하고 있는 것이다.

이러한 용도변경행위는 건축법 시행령에 규정된 용도에서 타용도로 변경하는 행위뿐만 아니라 타용도로 사용하는 행위도 포함되므로 적법한 용도변경절차를 마치지 않은 건축물은 원상회복되거나 적법한 용도변경절차를 마치기 전까지는 그 위법상태가 계속되고, 그 위법상태의 법적 성격은 특별한 사정이 없는 한 그 법적 성격 여하가 문제되는 시점 당시에 시행되는 건축법령에 의하여 판단되어야 한다.[114)]

아울러 용도변경에는 반드시 유형적인 변경을 수반하여야 하는 것은 아니지만,[115)] 유형적인 변경을 수반하는 용도변경의 경우에는 유형적인 변경행위에 나아간 때에 비로소 처벌될 수 있다.[116)]

2. 법적 성질

건축물의 용도변경은 건축행위의 관념에 포섭되지 않지만 사실상 새로운 용도의 건축물을 생성하는 기능을 하기 때문에 건축허가와 거의 동일한 성격을 가진다고 할 것이다. 건축물의 용도변경신고의 수리를 건축허가와 마찬가지로 기속행위로 해석하는 이유가 여기에 있다.

건축물의 용도변경신고가 변경하고자 하는 용도의 건축기준에 적합한 이상 행정청

---

114) 대법원 2010. 8. 19. 선고 2010두8072 판결; 대법원 2017. 5. 31. 선고 2017두30764 판결.

115) 대법원 1995. 4. 7. 선고 93도1575 판결; 대법원 2005. 9. 29. 선고 2005도4592 판결; 대법원 2009. 2. 12. 선고 2008도9476 판결 등.

116) 대법원 2002. 12. 24. 선고 2002도5396 판결.

으로서는 관계 법령이 정하지 않은 다른 사유를 내세워 그 용도변경신고의 수리를 거부할 수 없으며, 그러므로 '제2종 근린생활시설'인 상가건물의 해당 전유부분을 '교육연구 및 복지시설'로 변경하는 내용의 용도변경신고를 상가건물의 다른 부분까지 용도변경신고가 되어야 한다는 사유로 반려한 처분은 법률적 근거 없이 용도변경을 제약한 것으로서 위법하다.[117)]

용도변경의 기속행위성으로 인하여 근거 법률에 의하여 특정용도로 허가를 받은 건축물이 법적 근거 없이 타용도로 변경하는 것 또한 허용되지 않는다. 주택법에 의한 대지조성사업계획승인시 단독주택지로 용도가 지정된 건축물에 관하여 다른 법률에 특별한 규정이 없는 한 그 정해진 용도 외의 용도로 변경하는 것은 허용되지 않는 것이다.[118)]

그러나 개발제한구역 내에서의 건축물 용도변경에 대한 허가는 그 법적 성질이 예외적 승인이므로 재량행위로서의 성격을 가진다는 점을 유의하여야 한다.[119)]

3. 건축물의 용도별 시설군과 세부용도

건축물의 용도별 시설군은 모두 9가지의 시설군으로 다음 각 호와 같고 각 시설군에 속하는 건축물의 세부용도는 [표 1]에서 보는 바와 같다(법 제19조 제4항, 영 제14조 제5항).

1. 자동차 관련 시설군
2. 산업 등의 시설군
3. 전기통신시설군
4. 문화 및 집회시설군
5. 영업시설군
6. 교육 및 복지시설군
7. 근린생활시설군
8. 주거업무시설군
9. 그 밖의 시설군

117) 대법원 2007. 6. 11. 선고 2005두17201 판결.
118) 대법원 2002. 3. 29. 선고 2000두1393 판결.
119) 대법원 2001. 2. 9. 선고 98두17593 판결.

표 1 건축물의 시설군별 세부용도

1. 자동차 관련 시설군 자동차 관련 시설	2. 산업 등 시설군 가. 운수시설 나. 창고시설 다. 공장 라. 위험물저장 및 처리시설 마. 자원순환 관련 시설 바. 묘지 관련 시설 사. 장례시설
3. 전기통신시설군 가. 방송통신시설 나. 발전시설	4. 문화집회시설군 가. 문화 및 집회시설 나. 종교시설 다. 위락시설 라. 관광휴게시설
5. 영업시설군 가. 판매시설 나. 운동시설 다. 숙박시설 라. 제2종 근린생활시설 중 다중생활시설	6. 교육 및 복지시설군 가. 의료시설 나. 교육연구시설 다. 노유자시설(老幼者施設) 라. 수련시설 마. 야영장 시설
7. 근린생활시설군 가. 제1종 근린생활시설 나. 제2종 근린생활시설(다중생활시설은 제외한다)	
8. 주거업무시설군 가. 단독주택 나. 공동주택 다. 업무시설 라. 교정시설 마. 국방·군사시설	9. 그 밖의 시설군 가. 동물 및 식물 관련 시설

4. 용도변경의 절차

건축물은 그 용도별로 9가지 시설군으로 분류되고(법 제19조 제4항), 사용승인을 받은 건축물의 용도를 변경하려는 자는 그 변경하려는 내용에 따라 아래와 같이 특별자치시장·특별자치도지사 또는 시장·군수·구청장의 허가를 받거나 신고를 하여야 한다.

첫째, 시설군 분류조항의 하위군에 속하는 건축물의 용도를 상위군(제4항 각 호의 번호가 용도변경하려는 건축물이 속하는 시설군보다 작은 시설군을 말한다)에 해당하는 용도로 변경하는 경우에는 관할 행정청의 허가를 받아야 한다(법 제19조 제2항 제1호).

둘째, 시설군 분류조항의 상위군에 속하는 건축물의 용도를 하위군(제4항 각 호의 번호가 용도변경하려는 건축물이 속하는 시설군보다 큰 시설군을 말한다)에 해당하는 용도로 변경하는 경우에는 관할 행정청에 신고하여야 한다(법 제19조 제2항 제2호).

셋째, 시설군 분류조항 중 같은 시설군 안에서 용도를 변경하려는 때에는 관할 행정청에 건축물대장 기재내용의 변경을 신청하여야 한다(법 제19조 제3항 본문). 그러므로 건축물에 관한 어떤 용도변경이 건축물대장 기재사항 변경신청의 대상이더라도 그에 관한 건축물대장 기재사항 변경신청이 실제로 이루어지지 아니한 이상 그 용도의 변경이 적법하다고 할 수 없다.[120)]

넷째, 시설군 분류조항 중 같은 시설군이면서 동시에 건축법 시행령 [별표 1]의 같은 호에 속하는 건축물 상호 간과 「국토계획법」이나 그 밖의 관계 법령에서 정하는 용도제한에 적합한 범위에서 제1종 근린생활시설과 제2종 근린생활시설 상호 간에는 아무런 절차를 거치지 않고도 임의로 용도변경을 할 수 있다(법 제19조 제3항 단서, 영 제14조 제4항 제1호 및 제2호).

5. 용도변경시 사용승인과 건축물의 설계

허가나 신고 대상인 용도변경의 경우에 그 용도변경하려는 부분의 바닥면적의 합계가 100㎡ 이상인 경우의 사용승인에 관하여는 제22조(건축물의 사용승인)를 준용한다. 다만, 용도변경하려는 부분의 바닥면적의 합계가 500㎡ 미만으로서 대수선에 해당되는 공사를 수반하지 아니하는 경우에는 그러하지 아니하다(법 제19조 제5항).

용도변경하려는 부분의 바닥면적의 합계가 100㎡ 미만인 경우와 그 바닥면적의 합계가 500㎡ 미만으로서 대수선에 해당되는 공사를 수반하지 아니하는 경우에는 사용승인 절차가 면제되므로 허가권자는 건축물대장 작성을 위하여 반드시 용도변경 여부를 확인하여야 한다.

허가대상인 용도변경의 경우에 그 용도변경하려는 부분의 바닥면적의 합계가 500㎡ 이상인 용도변경의 설계에 관하여는 제23조(건축물의 설계)를 준용한다(법 제19조 제6

120) 대법원 2010. 8. 19. 선고 2010두8072 판결.

항). 다만, 1층인 축사를 공장으로 용도변경하는 경우로서 증축·개축 또는 대수선이 수반되지 아니하고 구조 안전이나 피난 등에 지장이 없는 경우는 제외한다(영 제14조 제7항).

6. 법령에 부적합한 기존 건축물의 용도변경

기존의 건축물 또는 대지가 법령의 제정·개정이나 도시·군관리계획의 결정·변경 또는 행정구역의 변경 또는 도시·군계획시설의 설치, 도시개발사업의 시행 또는 「도로법」에 따른 도로의 설치 등의 사유로 법령 등에 부적합하게 된 경우에는 건축조례로 정하는 바에 따라 용도변경을 할 수 있다(영 제14조 제6항).

7. 용도변경과 국토계획법상 지구단위계획

허가를 받거나 신고하여야 하는 건축물의 용도변경에 관하여는 건축법의 제규정들과 「녹색건축법」 제15조 및 「국토계획법」 제54조를 준용한다(법 제19조 제7항).

그래서 건축법 제19조 제7항에 따라 국토계획법 제54조가 준용되는 용도변경 즉, 건축법 제19조 제2항에 따라 관할 행정청의 허가를 받거나 신고하여야 하는 용도변경의 경우에는 국토계획법 제54조를 위반한 행위가 곧 건축법 제19조 제7항을 위반한 행위가 되므로 이에 대하여 건축법 제79조, 제80조에 근거하여 시정명령과 그 불이행에 따른 이행강제금 부과처분을 할 수 있다.

그러나 국토계획법 제54조가 준용되지 않는 용도변경 즉, 건축법 제19조 제3항에 따라 건축물대장 기재 내용의 변경을 신청하여야 하는 경우나 임의로 용도변경을 할 수 있는 경우에는 국토계획법 제54조를 위반한 행위가 건축법 제19조 제7항을 위반한 행위가 된다고 볼 수는 없으므로 '국토계획법상 지구단위계획에 맞지 아니한 용도변경'이라는 이유만으로 건축법 제79조, 제80조에 근거한 시정명령과 그 불이행에 따른 이행강제금 부과처분을 할 수는 없다.[121)]

121) 대법원 2017. 8. 23. 선고 2017두42453 판결.

Ⅲ. 건축물의 복수용도의 인정

건축주는 건축물의 용도를 복수로 하여 제11조에 따른 건축허가, 제14조에 따른 건축신고 및 제19조에 따른 용도변경 허가·신고 또는 건축물대장 기재내용의 변경 신청을 할 수 있다(법 제19조의2 제1항).

허가권자는 신청한 복수의 용도가 건축법 및 관계 법령에서 정한 건축기준과 입지기준 등에 모두 적합한 경우에 한정하여 국토교통부령으로 정하는 바에 따라 복수용도를 허용할 수 있다(법 제19조의2 제2항).

복수용도는 같은 시설군 내에서 허용할 수 있으나(규칙 제12조의3 제1항), 허가권자는 지방건축위원회의 심의를 거쳐 다른 시설군의 용도간의 복수용도를 허용할 수 있다(규칙 제12조의3 제2항).

제10항 공용건축물의 특례

Ⅰ. 공용건축물의 건축

1. 허가권자와의 협의

국가나 지방자치단체는 건축물을 건축·대수선·용도변경하거나 가설건축물을 건축하거나 공작물을 축조하려는 경우에는 대통령령으로 정하는 바에 따라 미리 건축물의 소재지를 관할하는 허가권자와 협의하여야 한다(법 제29조 제1항).

2. 허가·신고의 의제

국가나 지방자치단체가 건축물의 소재지를 관할하는 허가권자와 협의한 경우에는 건축물을 건축·대수선·용도변경하거나 가설건축물을 건축하거나 공작물을 축조에 따른 허가를 받았거나 신고한 것으로 본다(법 제29조 제2항).

3. 허가권자에 대한 통보

협의한 건축물에는 건축물의 사용승인에 관한 규정을 적용하지 아니한다. 다만, 건축물의 공사가 끝난 경우에는 지체 없이 허가권자에게 통보하여야 한다(법 제29조 제3항).

4. 주민편의시설의 설치

국가나 지방자치단체가 소유한 대지의 지상 또는 지하 여유공간에 구분지상권을 설정하여 제1종 근린생활시설 · 제2종 근린생활시설(총포판매소, 장의사, 다중생활시설, 제조업소, 단란주점, 안마시술소 및 노래연습장은 제외한다) · 문화 및 집회시설(공연장 및 전시장으로 한정한다) · 의료시설 등의 주민편의시설을 설치하고자 하는 경우 허가권자는 구분지상권자를 건축주로 보고 구분지상권이 설정된 부분을 건축법에 따른 대지로 보아 건축허가를 할 수 있다. 이 경우 구분지상권 설정의 대상 및 범위, 기간 등은 「국유재산법」 및 「공유재산법」에 적합하여야 한다(법 제29조 제4항).

Ⅱ. 건축협의의 문제

1. 건축협의의 법적 성격

지방자치단체 등이 건축물을 건축하려는 경우 등에는 미리 건축물의 소재지를 관할하는 허가권자인 지방자치단체의 장과 건축협의를 하지 않으면 지방자치단체라 하더라도 건축물을 건축할 수 없으며, 협의한 경우에는 허가나 신고로 의제된다는 점에서 건축협의의 실질은 지방자치단체 등에 대한 건축허가나 건축신고로 볼 것이다.[122)]

2. 건축불협의에 대한 권리구제

지방자치단체의 장이 다른 지방자치단체를 상대로 한 건축협의 취소에 관하여 다툼이 있는 경우에 법적 분쟁을 실효적으로 해결할 구제수단을 찾기도 어렵다. 따라서 건축협의 취소는 상대방이 다른 지방자치단체 등 행정주체라 하더라도 '행정청이 행하는 구체적 사실에 관한 법집행으로서의 공권력 행사'로서 처분에 해당한다고 볼 수 있고,

122) 대법원 2014. 2. 27. 선고 2012두22980 판결.

지방자치단체인 원고가 이를 다툴 실효적 해결수단이 없는 이상, 해당 지방자치단체는 건축물 소재지 관할 허가권자인 지방자치단체의 장을 상대로 항고소송을 통하여 건축협의 취소의 취소를 구할 수 있다.[123)]

123) 대법원 2014. 3. 13. 선고 2013두15934 판결; 대법원 2018. 8. 1. 선고 2014두35379 판결.

제 4 절 | 건축물의 대지와 도로

제1항 대지

Ⅰ. 대지의 안전

1. 대지의 도로면에 대한 위치

대지는 인접한 도로면보다 낮아서는 아니 된다. 다만, 대지의 배수에 지장이 없거나 건축물의 용도상 방습(防濕)의 필요가 없는 경우에는 인접한 도로면보다 낮아도 된다(법 제40조 제1항).

2. 습지 등에서의 조치

습한 토지, 물이 나올 우려가 많은 토지, 쓰레기, 그 밖에 이와 유사한 것으로 매립된 토지에 건축물을 건축하는 경우에는 성토(盛土), 지반 개량 등 필요한 조치를 하여야 한다(법 제40조 제2항).

3. 배수시설의 설치

대지에는 빗물과 오수를 배출하거나 처리하기 위하여 필요한 하수관, 하수구, 저수탱크, 그 밖에 이와 유사한 시설을 하여야 한다(법 제40조 제3항).

4. 옹벽의 설치

손궤(損潰: 무너져 내림)의 우려가 있는 토지에 대지를 조성하려면 국토교통부령으로 정하는 바에 따라 옹벽을 설치하거나 그 밖에 필요한 조치를 하여야 한다(법 제40조 제4항). 다만, 건축사 또는 「기술사법」에 따라 등록한 건축구조기술사에 의하여 해당 토지의 구조안전이 확인된 경우는 그러하지 아니하다(규칙 제25조 단서).

II. 토지굴착 부분에 대한 조치

공사시공자는 대지를 조성하거나 건축공사를 하기 위하여 토지를 굴착·절토(切土)·매립(埋立) 또는 성토 등을 하는 경우 그 변경 부분에는 국토교통부령으로 정하는 바에 따라 공사 중 비탈면 붕괴, 토사 유출 등 위험 발생의 방지, 환경 보존, 그 밖에 필요한 조치를 한 후 해당 공사현장에 그 사실을 게시하여야 하고(법 제41조 제1항), 이를 위반한 자에게 허가권자는 의무이행에 필요한 조치를 명할 수 있다(법 제41조 제2항).

III. 대지의 조경

1. 대지의 조경 원칙

면적이 200㎡ 이상인 대지에 건축을 하는 건축주는 용도지역 및 건축물의 규모에 따라 해당 지방자치단체의 조례로 정하는 기준에 따라 대지에 조경이나 그 밖에 필요한 조치를 하여야 한다(법 제42조 제1항).

2. 대지의 조경 원칙의 예외

① 녹지지역에 건축하는 건축물, ② 면적 5천㎡ 미만인 대지에 건축하는 공장, ③ 연면적의 합계가 1천500㎡ 미만인 공장, ④「산업집적법」제2조 제14호에 따른 산업단지의 공장, ⑤ 대지에 염분이 함유되어 있는 경우 또는 건축물 용도의 특성상 조경 등의 조치를 하기가 곤란하거나 조경 등의 조치를 하는 것이 불합리한 경우로서 건축조례로 정하는 건축물, ⑥ 축사, ⑦ 도시·군계획시설 및 도시·군계획시설예정지에서의 가설건축물, ⑧ 연면적의 합계가 1천500㎡ 미만인 물류시설(주거지역 또는 상업지역에 건축하는 것은 제외한다)로서「물류정책기본법」제2조 제4호에 따른 물류시설, ⑨「국토계획법」에 따라 지정된 자연환경보전지역·농림지역 또는 관리지역(지구단위계획구역으로 지정된 지역은 제외한다)의 건축물 등에 대하여는 조경 등의 조치를 하지 아니할 수 있다(법 제42조 제1항 단서, 영 제27조 제1항, 규칙 제26조의2).

3. 옥상조경

국토교통부장관은 식재(植栽) 기준, 조경 시설물의 종류 및 설치방법, 옥상조경의 방법 등 조경에 필요한 사항을 정하여 고시할 수 있다(법 제42조 제2항). 이렇게 국토교통부장관이 고시하는 기준에 따라 건축물의 옥상에 조경이나 그 밖에 필요한 조치를 하는 경우에는 옥상부분 조경면적의 3분의 2에 해당하는 면적을 대지의 조경면적으로 산정할 수 있다. 이 경우 조경면적으로 산정하는 면적은 대지의 조경면적의 100분의 50을 초과할 수 없다(영 제27조 제3항).

제2항 공개공지

Ⅰ. 공개공지의 확보

일반주거지역·준주거지역, 상업지역, 준공업지역 그리고 특별자치시장·특별자치도지사 또는 시장·군수·구청장이 도시화의 가능성이 크거나 노후 산업단지의 정비가 필요하다고 인정하여 지정·공고하는 지역의 환경을 쾌적하게 조성하기 위하여 ① 문화 및 집회시설, 종교시설, 판매시설(「농수산물유통법」에 따른 농수산물유통시설은 제외한다), 운수시설(여객용 시설만 해당한다), 업무시설 및 숙박시설로서 해당 용도로 쓰는 바닥면적의 합계가 5천㎡ 이상인 건축물, ② 그 밖에 다중이 이용하는 시설로서 건축조례로 정하는 건축물은 일반이 사용할 수 있도록 대통령령으로 정하는 기준에 따라 소규모 휴식시설 등의 공개공지(空地: 공터) 또는 공개공간(공개공지등)을 설치하여야 한다(법 제43조 제1항, 영 제27조의2 제1항).

Ⅱ. 공개공지등의 설치기준

1. 공개공지등의 면적

공개공지등의 면적은 대지면적의 100분의 10 이하의 범위에서 건축조례로 정한다. 이 경우 조경면적과 「매장유산법」 제14조 제1항 제1호에 따른 매장유산의 현지보존 조치 면적을 공개공지등의 면적으로 할 수 있다(영 제27조의2 제2항).

2. 설치시설

공개공지등을 설치할 때에는 모든 사람들이 환경친화적으로 편리하게 이용할 수 있도록 긴 의자 또는 조경시설 등 건축조례로 정하는 시설을 설치하여야 한다(영 제27조의2 제3항).

Ⅲ. 건축기준의 완화적용

① 문화 및 집회시설, 종교시설, 판매시설(「농수산물유통법」에 따른 농수산물유통시설은 제외한다), 운수시설(여객용 시설만 해당한다), 업무시설 및 숙박시설로서 해당 용도로 쓰는 바닥면적의 합계가 5천㎡ 이상인 건축물, ② 그 밖에 다중이 이용하는 시설로서 건축조례로 정하는 건축물에 공개공지등을 설치하는 경우에는 건축물의 용적률은 해당 지역에 적용하는 용적률의 1.2배 이하, 건축물의 높이 제한은 해당 건축물에 적용하는 높이기준의 1.2배 이하의 범위에서 대지면적에 대한 공개공지등 면적 비율에 따라 법 제56조(건축물의 용적률) 및 제60조(건축물의 높이 제한)를 완화하여 적용한다. 다만, 건축조례로 정한 기준이 완화 비율보다 큰 경우에는 해당 건축조례로 정하는 바에 따른다(법 제43조 제2항, 영 제27조의2 제4항).

Ⅳ. 공개공지등의 이용 및 제한행위

1. 공개공지등의 이용

공개공지등에는 연간 60일 이내의 기간 동안 건축조례로 정하는 바에 따라 주민들을 위한 문화행사를 열거나 판촉활동을 할 수 있다(영 제27조의2 제6항 본문).

2. 공개공지등에서의 제한행위

누구든지 공개공지등에 물건을 쌓아놓거나 출입을 차단하는 시설을 설치하는 등 공개공지등의 활용을 저해하는 행위 또는 울타리를 설치하는 등 공중이 해당 공개공지등을 이용하는데 지장을 주는 행위를 해서는 아니 된다(법 제43조 제4항, 영 제27조의2 제6항 단서).

구체적으로 공개공지등의 일정 공간을 점유하여 영업을 하는 행위, 공개공지등의 이용에 방해가 되는 행위로서 공개공지등에 제3항에 따른 시설 외의 시설물을 설치하는 행위와 공개공지등에 물건을 쌓아 놓는 행위, 울타리나 담장 등의 시설을 설치하거나 출입구를 폐쇄하는 등 공개공지등의 출입을 차단하는 행위, 공개공지등과 그에 설치된 편의시설을 훼손하는 행위, 그 밖에 이와 유사한 행위로서 건축조례로 정하는 행위는 공개공지등에서 제한된다(법 제43조 제5항, 영 제27조의2 제7항).

제3항 도로

Ⅰ. 의의

1. 개념

건축법상 도로란 보행과 자동차 통행이 가능한 너비 4m 이상의 도로로서 「국토계획법」, 「도로법」, 「사도법」, 그 밖의 관계 법령에 따라 신설 또는 변경에 관한 고시가 된 도로 또는 건축허가 또는 신고 시에 특별시장 · 광역시장 · 특별자치시장 · 도지사 · 특별자치도지사(시 · 도지사) 또는 시장 · 군수 · 구청장이 위치를 지정하여 공고한 도로나 그 예정도로를 말한다(법 제2조 제1항 제11호).[124]

2. 도로의 구조와 너비

건축법상 도로의 너비는 원칙적으로 4m 이상이어야 하나, 지형적으로 자동차 통행이 불가능한 경우와 막다른 도로의 경우에는 시행령에서 따로 정한다(영 제3조의3).

첫째, 특별자치시장 · 특별자치도지사 또는 시장 · 군수 · 구청장이 지형적 조건으로 인하여 차량 통행을 위한 도로의 설치가 곤란하다고 인정하여 그 위치를 지정 · 공고하는 구간의 너비 3m 이상(길이가 10m 미만인 막다른 도로인 경우에는 너비 2m 이상)인 도로이어야 한다.

둘째, 여기에 해당하지 아니하는 막다른 도로로서 그 도로의 너비가 그 길이에 따라 각각 [표 2]에 정하는 기준 이상인 도로이어야 한다.

---

124) 대법원 1999. 7. 27. 선고 99도697 판결.

표 2 막다른 도로의 길이와 너비

막다른 도로의 길이	도로의 너비
10m 미만	2m
10m 이상 35m 미만	3m
35m 이상	6m(도시지역이 아닌 읍·면지역은 4m)

II. 도로의 지정·폐지 또는 변경

1. 도로의 지정

허가권자는 도로의 위치를 지정·공고하려면 국토교통부령으로 정하는 바에 따라 그 도로에 대한 이해관계인의 동의를 받아야 한다. 다만, 허가권자가 이해관계인이 해외에 거주하는 등의 사유로 이해관계인의 동의를 받기가 곤란하다고 인정하는 경우 또는 주민이 오랫동안 통행로로 이용하고 있는 사실상의 통로로서 해당 지방자치단체의 조례로 정하는 것인 경우에 해당하면 이해관계인의 동의를 받지 아니하고 건축위원회의 심의를 거쳐 도로를 지정할 수 있다(법 제45조 제1항).

도로의 지정에 이해관계인의 동의가 필요한 점에 비추어 행정청이 건축허가를 발급할 때마다 도로의 폭이 4m가 되도록 행정지도를 해왔다는 점만으로는 여기서의 도로의 지정이 있었던 것으로 볼 수 없고,[125] 어느 토지의 일부가 오래전부터 사실상의 도로로 사용되어 왔고 인근주민들이 그 위에 시멘트포장까지 하였더라도 이러한 사유만으로 위 토지부분이 건축법상의 도로로 되었다고 할 수 없다.[126]

2. 도로의 폐지·변경

허가권자는 지정한 도로를 폐지하거나 변경하려면 그 도로에 대한 이해관계인의 동의를 받아야 한다. 그 도로에 편입된 토지의 소유자, 건축주 등이 허가권자에게 지정된 도로의 폐지나 변경을 신청하는 경우에도 또한 같다(법 제45조 제2항).

---

125) 대법원 1987. 7. 7. 선고 87누240 판결.
126) 대법원 1990. 2. 27. 선고 89누7016 판결.

3. 도로관리대장의 관리

허가권자는 도로를 지정하거나 변경하면 국토교통부령으로 정하는 바에 따라 도로관리대장에 이를 적어서 관리하여야 한다(법 제45조 제3항).

Ⅲ. 대지와 도로의 관계

1. 접도요건의 원칙

건축물의 대지는 2m 이상이 도로(자동차만의 통행에 사용되는 도로는 제외한다)에 접하여야 한다(법 제44조 제1항).

건축법이 건축물 대지의 접도의무를 규정한 취지는 건축물의 이용자로 하여금 교통상·피난상·방화상·위생상 안전한 상태를 유지·보존케 하기 위하여 건축물의 대지와 도로와의 관계를 특별히 규제하여 도로에 접하지 않는 토지에는 건축물을 건축하는 행위를 허용하지 않으려는 데에 있다고 할 것이다.[127] 이러한 접도요건의 취지에서 볼 때 여기서의 도로는 건축법 제2조 제1항 제15호에서 규정하는 도로에 해당하는 것으로서 실제 도로로서의 효용을 다할 수 있는 정도의 구조형태를 갖춘 것만을 의미한다.[128]

또한, 대지와 도로에 관한 건축법의 규정을 당사자가 임의로 배제할 수 없다고 보아야 한다. 그러므로 건축법상 도로 위에 출입문을 설치하는 행위는 비록 도로의 소유자에 의한 것이고 건축물의 이용자들이 각자 열쇠를 소지하고 공동으로 관리한다 하더라도 사법상 권리행사가 제한되는 것으로서 허용되지 않는다.[129]

그렇더라도 이러한 접도요건에 관한 건축법이 사법상의 거래행위에 대한 제한사유로 기능하지는 않는다. 대지를 분할하여 매도한 경우에 그 매도한 대지 중의 일부가 접도요건을 충족하지 못하더라도 매도인이 건축법에 규정된 폭의 도로를 확보하여 매수인에게 무상으로 제공할 의무가 있는 것은 아니다.[130]

---

127) 대법원 2003. 12. 26. 선고 2003두6382 판결.
128) 대법원 1992. 9. 14. 선고 91누8319 판결.
129) 대법원 1993. 3. 12. 선고 92다33978 판결.
130) 대법원 2003. 3. 11. 선고 2002다35928 판결.

2. 접도요건의 강화

연면적의 합계가 2천㎡(공장인 경우에는 3천㎡) 이상인 건축물(축사, 작물 재배사, 그 밖에 이와 비슷한 건축물로서 건축조례로 정하는 규모의 건축물은 제외한다)의 대지는 너비 6m 이상의 도로에 4m 이상 접하여야 한다(영 제28조 제2항).

3. 접도요건의 예외

접도요건을 충족할 만한 다른 사유가 존재하면 대지가 2m 이상이 도로에 접하지 않아도 된다. ① 해당 건축물의 출입에 지장이 없다고 인정되는 경우,[131] ② 건축물의 주변에 광장, 공원, 유원지, 그 밖에 관계 법령에 따라 건축이 금지되고 공중의 통행에 지장이 없는 공지로서 허가권자가 인정한 것, ③ 「농지법」 제2조 제1호 나목에 따른 농막을 건축하는 경우가 여기에 해당한다(법 제44조 제1항 단서, 영 제28조 제1항).

제4항 건축선

Ⅰ. 의의

건축선이란 도로와 접한 부분에 건축물을 건축할 수 있는 선으로 건축법에서는 이를 대지와 도로의 경계선으로 정의하고 있으며, 인접대지경계선과 함께 대지의 범위를 결정하는 한계선의 기능을 한다. 건축선을 지정하는 목적은 시가지의 건축물 위치를 정비함으로써 도시의 미관 및 환경을 정비하는 데에 있다.

건축선은 대지와 도로의 경계선으로 정의되므로 여기서의 도로는 사실상의 도로가 아닌 건축법 제2조 제1항 제11호에 따른 도로만을 의미한다.[132]

---

131) 대법원 1999. 6. 25. 선고 98두18299 판결; 대법원 2003. 12. 26. 선고 2003두6382 판결('당해 건축물의 출입에 지장이 없다고 인정되는 경우'에 해당하는지 여부는 접도요건의 취지에 비추어 건축허가대상 건축물의 종류와 규모, 대지가 접하고 있는 시설물의 종류 등 구체적인 사정을 고려하여 개별적으로 판단하여야 할 것이다) 등.

132) 대법원 1987. 7. 7. 선고 87누240 판결.

II. 건축선의 지정

1. 원칙

도로와 접한 부분에 건축물을 건축할 수 있는 선(건축선)은 대지와 도로의 경계선으로 한다(법 제46조 제1항).

2. 예외

1) 소요너비에 미달되는 도로

4m의 소요너비에 못 미치는 너비의 도로인 경우에는 그 중심선으로부터 그 소요너비의 2분의 1의 수평거리만큼 물러난 선을 건축선으로 하되, 그 도로의 반대쪽에 경사지, 하천, 철도, 선로부지, 그 밖에 이와 유사한 것이 있는 경우에는 그 경사지 등이 있는 쪽의 도로경계선에서 소요 너비에 해당하는 수평거리의 선을 건축선으로 한다(법 제46조 제1항 단서).

2) 도로모퉁이에서의 건축선

너비 8m 미만인 도로의 모퉁이에 위치한 대지의 도로모퉁이 부분의 건축선은 그 대지에 접한 도로경계선의 교차점으로부터 도로경계선에 따라 [표 3]에 따른 거리를 각각 후퇴한 두 점을 연결한 선으로 한다(영 제31조 제1항).

표 3 도로모퉁이에서의 건축선

도로의 교차각	해당 도로의 너비		교차되는 도로의 너비
	6m 이상 8m 미만	4m 이상 6m 미만	
90° 미만	4m	3m	6m 이상 8m 미만
	3m	2m	4m 이상 6m 미만
90° 이상 120° 미만	3m	2m	6m 이상 8m 미만
	2m	2m	4m 이상 6m 미만

3) 도시지역에서의 건축선

특별자치시장·특별자치도지사 또는 시장·군수·구청장은 시가지 안에서 건축물의 위치나 환경을 정비하기 위하여 필요하다고 인정하면 「국토계획법」 제36조 제1항 제1호에 따른 도시지역에는 4m 이하의 범위에서 건축선을 따로 지정할 수 있다(법 제46조 제2항, 영 제31조 제2항).

3. 지정절차

특별자치시장·특별자치도지사 또는 시장·군수·구청장은 건축선을 지정하려면 미리 그 내용을 해당 지방자치단체의 공보(公報), 일간신문 또는 인터넷 홈페이지 등에 30일 이상 공고하여야 하며, 공고한 내용에 대하여 의견이 있는 자는 공고기간에 특별자치시장·특별자치도지사 또는 시장·군수·구청장에게 의견을 제출할 수 있다(영 제31조 제3항).

특별자치시장·특별자치도지사 또는 시장·군수·구청장은 건축선을 지정하면 지체 없이 이를 고시하여야 한다(법 제46조 제3항).

Ⅲ. 건축선에 따른 건축제한

건축물과 담장은 건축선의 수직면(垂直面)을 넘어서는 아니 된다. 다만, 지표(地表) 아래 부분은 그러하지 아니하다(법 제47조 제1항).

도로면으로부터 높이 4.5m 이하에 있는 출입구, 창문, 그 밖에 이와 유사한 구조물은 열고 닫을 때 건축선의 수직면을 넘지 아니하는 구조로 하여야 한다(법 제47조 제2항).

제 5 절 | 건축물의 구조 및 재료

제1항 건축물 구조안전의 확인

Ⅰ. 구조내력

1. 구조안전의 확인

건축물은 고정하중, 적재하중(積載荷重), 적설하중(積雪荷重), 풍압(風壓), 지진, 그 밖의 진동 및 충격 등에 대하여 안전한 구조를 가져야 하며(법 제48조 제1항), 건축물을 건축하거나 대수선하는 경우에는 해당 건축물의 설계자는 국토교통부령으로 정하는 구조기준 등에 따라 그 구조의 안전을 확인하여야 한다(법 제48조 제2항, 영 제32조 제1항).

지방자치단체의 장은 구조안전 확인 대상 건축물에 대하여 허가 등을 하는 경우 내진(耐震)성능 확보 여부를 확인하여야 한다(법 제48조 제3항).

2. 구조안전의 확인서류 제출

구조안전을 확인한 건축물 중 다음 각 호의 어느 하나에 해당하는 건축물의 건축주는 해당 건축물의 설계자로부터 구조안전의 확인서류를 받아 착공신고를 하는 때에 그 확인서류를 허가권자에게 제출하여야 한다. 다만, 표준설계도서에 따라 건축하는 건축물은 제외한다(영 제32조 제2항).

1. 층수가 2층(주요구조부인 기둥과 보를 설치하는 건축물로서 그 기둥과 보가 목재인 목구조 건축물의 경우에는 3층) 이상인 건축물
2. 연면적이 200㎡(목구조 건축물의 경우에는 500㎡) 이상인 건축물(창고, 축사, 작물 재배사는 제외한다)
3. 높이가 13m 이상인 건축물
4. 처마높이가 9m 이상인 건축물
5. 기둥과 기둥 사이의 거리가 10m 이상인 건축물
6. 건축물의 용도 및 규모를 고려한 중요도가 높은 건축물로서 국토교통부령으로 정하는 건축물

7. 국가적 문화유산으로 보존할 가치가 있는 건축물로서 국토교통부령으로 정하는 것
8. 한쪽 끝은 고정되고 다른 끝은 지지(支持)되지 아니한 구조로 된 보·차양 등이 외벽(외벽이 없는 경우에는 외곽 기둥을 말한다)의 중심선으로부터 3m 이상 돌출된 건축물 및 특수한 설계·시공·공법 등이 필요한 건축물로서 국토교통부장관이 정하여 고시하는 구조로 된 건축물
9. 「건축법 시행령」 별표 1 제1호의 단독주택 및 같은 표 제2호의 공동주택

법령의 제정·개정이나 그 밖의 사유로 대지나 건축물이 건축법에 맞지 아니하게 된 경우에 기존 건축물을 건축 또는 대수선하려는 건축주는 건축법에 따라 적용의 완화를 요청할 때 구조안전의 확인서류를 허가권자에게 제출하여야 한다(영 제32조 제3항).

II. 내진등급 및 내진능력의 공개

1. 건축물 내진등급의 설정

국토교통부장관은 지진으로부터 건축물의 구조 안전을 확보하기 위하여 건축물의 용도, 규모 및 설계구조의 중요도에 따라 내진등급(耐震等級)을 설정하여야 한다(법 제48조의2 제1항).

2. 건축물 내진능력의 공개

① 층수가 2층(주요구조부인 기둥과 보를 설치하는 건축물로서 그 기둥과 보가 목재인 목구조 건축물의 경우에는 3층) 이상인 건축물, ② 연면적이 200㎡(목구조 건축물의 경우에는 500㎡) 이상인 건축물, ③ 높이가 13m 이상인 건축물, ④ 처마높이가 9m 이상인 건축물, ⑤ 기둥과 기둥 사이의 거리가 10m 이상인 건축물 등에 해당하는 건축물을 건축하고자 하는 자는 사용승인을 받는 즉시 건축물이 지진발생 시에 견딜 수 있는 능력(내진능력)을 공개하여야 한다. 다만, 창고, 축사, 작물 재배사 및 표준설계도서에 따라 건축하는 건축물로서 건축법에 따른 구조안전 확인대상 건축물이 아니거나 내진능력 산정이 곤란한 건축물로서 소규모건축구조기준을 적용한 건축물은 공개하지 아니한다(법 제48조의3 제1항, 영 제32조의2 제1항).

Ⅲ. 부속구조물의 설치 및 관리

부속구조물이란 건축물의 안전·기능·환경 등을 향상시키기 위하여 건축물에 추가적으로 설치하는 급기(給氣) 및 배기(排氣)를 위한 건축 구조물의 개구부(開口部)인 환기구를 말한다(법 제2조 제1항 제21호, 영 제2호 제19호).

이러한 부속구조물 역시 건축물의 구조안전과 마찬가지로 안전성이 확보되어야 하므로 건축법은 이에 대하여 규율하고 있다. 건축관계자, 소유자 및 관리자는 건축물의 부속구조물을 설계·시공 및 유지·관리 등을 고려하여 국토교통부령으로 정하는 기준에 따라 설치·관리하여야 한다(법 제48조의4).

제2항 건축물의 피난시설 및 용도제한

Ⅰ. 건축물의 피난시설에 대한 건축법의 규율태도

1. 개관

건축법은 풍수해·지진·해일·화재 등 각종 재해로부터의 위험방지를 주된 목표로 입법된 법률이므로 이에 대한 방지대책으로 각종 피난시설에 대한 설치근거와 기준을 마련하고 있다. 아울러 위험방지의 일차적 목표와 덧붙여 현대사회에서 필연적으로 발생하는 각종 소음과 유해 환경으로부터 개인의 주거생활의 안정과 사생활보호에도 대비를 하고 있다.

2. 피난시설의 총칙적 규정

대통령령으로 정하는 용도 및 규모의 건축물과 그 대지에는 국토교통부령으로 정하는 바에 따라 복도, 계단, 출입구, 그 밖의 피난시설과 저수조(貯水槽), 대지 안의 피난과 소화에 필요한 통로를 설치하여야 한다(법 제49조 제1항).

대통령령으로 정하는 용도 및 규모의 건축물의 안전·위생 및 방화(防火) 등을 위하여 필요한 용도 및 구조의 제한, 방화구획(防火區劃), 화장실의 구조, 계단·출입구, 거실의 반자 높이, 거실의 채광·환기, 배연설비와 바닥의 방습 등에 관하여 필요한 사항은 국토교통부령으로 정한다. 다만, 대규모 창고시설 등 대통령령으로 정하는 용도 및 규모의 건축물에 대해서는 방화구획 등 화재 안전에 필요한 사항을 국토교통부령으로 별도로 정할 수 있다(법 제49조 제2항).

대통령령으로 정하는 건축물은 국토교통부령으로 정하는 기준에 따라 소방관이 진입할 수 있는 창을 설치하고, 외부에서 주야간에 식별할 수 있는 표시를 하여야 한다(법 제49조 제3항).

대통령령으로 정하는 용도 및 규모의 건축물에 대하여 가구·세대 등 간 소음 방지를 위하여 국토교통부령으로 정하는 바에 따라 경계벽 및 바닥을 설치하여야 한다(법 제49조 제4항).

「자연재해대책법」 제12조 제1항에 따른 자연재해위험개선지구 중 침수위험지구에 국가·지방자치단체 또는 「공공기관운영법」 제4조 제1항에 따른 공공기관이 건축하는 건축물은 침수 방지 및 방수를 위하여 첫째, 건축물의 1층 전체를 필로티(건축물을 사용하기 위한 경비실, 계단실, 승강기실, 그 밖에 이와 비슷한 것을 포함한다) 구조로 하며, 둘째, 국토교통부령으로 정하는 침수 방지시설을 설치하여야 한다(법 제49조 제5항).

II. 직통계단의 설치

1. 직통계단까지의 보행거리

건축물의 피난층(직접 지상으로 통하는 출입구가 있는 층 및 피난안전구역을 말한다) 외의 층에서는 피난층 또는 지상으로 통하는 직통계단(경사로를 포함한다)을 거실의 각 부분으로부터 계단(거실로부터 가장 가까운 거리에 있는 1개소의 계단을 말한다)에 이르는 보행거리가 30m 이하가 되도록 설치하여야 한다. 다만, 건축물(지하층에 설치하는 것으로서 바닥면적의 합계가 300㎡ 이상인 공연장·집회장·관람장 및 전시장은 제외한다)의 주요구조부가 내화구조 또는 불연재료로 된 건축물은 그 보행거리가 50m(층수가 16층 이상인 공동주택의 경우 16층 이상인 층에 대해서는 40m) 이하가 되도록 설치할 수 있으며, 자동화 생산시설에 스프링클러 등 자동식 소화설비를 설치한 공장으로서 국토교통부령으로 정하는 공장인 경우에는 그 보행거리가 75m(무인화 공장인 경우에는 100m) 이하가 되도록 설치할 수 있다(영 제34조 제1항).

2. 2개소 이상의 직통계단 설치

피난층 외의 층이 ① 제2종 근린생활시설 중 공연장·종교집회장, 문화 및 집회시설(전시장 및 동·식물원은 제외한다), 종교시설, 위락시설 중 주점영업 또는 장례시설의 용도로 쓰는 층으로서 그 층에서 해당 용도로 쓰는 바닥면적의 합계가 200㎡(제2종 근린생활시설 중 공연장·종교집회장은 각각 300㎡) 이상인 것, ② 공동주택(층당 4세대 이하인 것은 제외한다) 또는 업무시설 중 오피스텔의 용도로 쓰는 층으로서 그 층의 해당 용도로 쓰는 거실의 바닥면적의 합계가 300㎡ 이상인 것, ③ 지하층으로서 그 층 거실의 바닥면적의 합계가 200㎡ 이상인 것 등에 해당하는 건축물에는 국토교통부령으로 정하는 기준에 따라 피난층 또는 지상으로 통하는 직통계단을 2개소 이상 설치하여야 한다(영 제34조 제2항).

Ⅲ. 피난안전구역의 설치

1. 고층건축물

고층건축물이란 층수가 30층 이상이거나 높이가 120m 이상인 건축물을 말한다(법 제2조 제1항 제19호). 이러한 고층건축물에는 대통령령으로 정하는 바에 따라 피난안전구역을 설치하거나 대피공간을 확보한 계단을 설치하여야 한다(법 제50조의2 제1항).

고층건축물에 설치된 피난안전구역·피난시설 또는 대피공간에는 국토교통부령으로 정하는 바에 따라 화재 등의 경우에 피난용도로 사용되는 것임을 표시하여야 한다(법 제50조의2 제2항).

고층건축물의 화재예방 및 피해경감을 위하여 국토교통부령으로 정하는 바에 따라 제48조(구조내력 등), 제48조의2(건축물 내진등급의 설정), 제48조의3(건축물의 내진능력 공개), 제48조의4(부속구조물의 설치 및 관리), 제49조(건축물의 피난시설 및 용도제한 등), 제49조의2(피난시설 등의 유지·관리에 대한 기술지원), 제50조(건축물의 내화구조와 방화벽)의 기준을 강화하여 적용할 수 있다(법 제50조의2 제3항).

2. 초고층 건축물

초고층 건축물이란 층수가 50층 이상이거나 높이가 200m 이상인 건축물을 말한다(영

제2조 제15호). 초고층 건축물에는 피난층 또는 지상으로 통하는 직통계단과 직접 연결되는 피난안전구역(건축물의 피난·안전을 위하여 건축물 중간층에 설치하는 대피공간을 말한다)을 지상층으로부터 최대 30개 층마다 1개소 이상 설치하여야 한다(영 제34조 제3항).

3. 준초고층 건축물

고층건축물 중 초고층 건축물이 아닌 준초고층 건축물에는 피난층 또는 지상으로 통하는 직통계단과 직접 연결되는 피난안전구역을 해당 건축물 전체 층수의 2분의 1에 해당하는 층으로부터 상하 5개층 이내에 1개소 이상 설치하여야 한다. 다만, 국토교통부령으로 정하는 기준에 따라 피난층 또는 지상으로 통하는 직통계단을 설치하는 경우에는 그러하지 아니하다(영 제34조 제4항).

Ⅳ. 피난계단의 설치

1. 피난계단 또는 특별피난계단의 설치

5층 이상 또는 지하 2층 이하인 층에 설치하는 직통계단은 국토교통부령으로 정하는 기준에 따라 피난계단 또는 특별피난계단으로 설치하여야 한다(영 제35조 제1항). 그 건축물이 판매시설의 용도로 쓰는 층으로부터의 직통계단은 그 중 1개소 이상을 특별피난계단으로 설치하여야 한다(영 제35조 제3항). 다만, 건축물의 주요구조부가 내화구조 또는 불연재료로 되어 있는 경우로서 5층 이상인 층의 바닥면적의 합계가 200㎡ 이하인 경우 또는 5층 이상인 층의 바닥면적 200㎡ 이내마다 방화구획이 되어 있는 경우에는 그러하지 아니하다(영 제35조 제1항 단서).

건축물의 5층 이상인 층으로서 문화 및 집회시설 중 전시장 또는 동·식물원, 판매시설, 운수시설(여객용 시설만 해당한다), 운동시설, 위락시설, 관광휴게시설(다중이 이용하는 시설만 해당한다) 또는 수련시설 중 생활권 수련시설의 용도로 쓰는 층에는 직통계단 외에 그 층의 해당 용도로 쓰는 바닥면적의 합계가 2천㎡를 넘는 경우에는 그 넘는 2천㎡ 이내마다 1개소의 피난계단 또는 특별피난계단(4층 이하의 층에는 쓰지 아니하는 피난계단 또는 특별피난계단만 해당한다)을 설치하여야 한다(영 제35조 제5항).

2. 특별피난계단의 설치

건축물(갓복도식 공동주택은 제외한다)의 11층(공동주택의 경우에는 16층) 이상인 층(바닥면적이 400㎡ 미만인 층은 제외한다) 또는 지하 3층 이하인 층(바닥면적이 400㎡ 미만인 층은 제외한다)으로부터 피난층 또는 지상으로 통하는 직통계단은 특별피난계단으로 설치하여야 한다(영 제35조 제2항).

Ⅴ. 옥외피난계단의 추가 설치

건축물의 3층 이상인 층(피난층은 제외한다)으로서 ① 제2종 근린생활시설 중 공연장(해당 용도로 쓰는 바닥면적의 합계가 300㎡ 이상인 경우만 해당한다), 문화 및 집회시설 중 공연장이나 위락시설 중 주점영업의 용도로 쓰는 층으로서 그 층 거실의 바닥면적의 합계가 300㎡ 이상이거나 ② 문화 및 집회시설 중 집회장의 용도로 쓰는 층으로서 그 층 거실의 바닥면적의 합계가 1천㎡ 이상인 층에는 직통계단 외에 그 층으로부터 지상으로 통하는 옥외피난계단을 따로 설치하여야 한다(영 제36조).

Ⅵ. 지하층과 피난층 사이의 개방공간 설치

바닥면적의 합계가 3천㎡ 이상인 공연장 · 집회장 · 관람장 또는 전시장을 지하층에 설치하는 경우에는 각 실에 있는 자가 지하층 각 층에서 건축물 밖으로 피난하여 옥외계단 또는 경사로 등을 이용하여 피난층으로 대피할 수 있도록 천장이 개방된 외부공간을 설치하여야 한다(영 제37조).

Ⅶ. 관람실 등으로부터의 출구 설치

다음 각 호의 어느 하나에 해당하는 건축물에는 국토교통부령으로 정하는 기준에 따라 관람실 또는 집회실로부터의 출구를 설치하여야 한다(영 제38조).

1. 제2종 근린생활시설 중 공연장 · 종교집회장(해당 용도로 쓰는 바닥면적의 합계가 각각 300㎡ 이상인 경우만 해당한다)

2. 문화 및 집회시설(전시장 및 동·식물원은 제외한다)
3. 종교시설
4. 위락시설
5. 장례시설

Ⅷ. 건축물 바깥쪽으로의 출구 설치

다음 각 호의 어느 하나에 해당하는 건축물에는 국토교통부령으로 정하는 기준에 따라 그 건축물로부터 바깥쪽으로 나가는 출구를 설치하여야 한다(영 제39조 제1항).

1. 제2종 근린생활시설 중 공연장·종교집회장·인터넷컴퓨터게임시설제공업소(해당 용도로 쓰는 바닥면적의 합계가 각각 300㎡ 이상인 경우만 해당한다)
2. 문화 및 집회시설(전시장 및 동·식물원은 제외한다)
3. 종교시설
4. 판매시설
5. 업무시설 중 국가 또는 지방자치단체의 청사
6. 위락시설
7. 연면적이 5천㎡ 이상인 창고시설
8. 교육연구시설 중 학교
9. 장례시설
10. 승강기를 설치하여야 하는 건축물

건축물의 출입구에 설치하는 회전문은 국토교통부령으로 정하는 기준에 적합하여야 한다(영 제39조 제2항).

Ⅸ. 옥상광장 등의 설치

1. 난간의 설치

옥상광장 또는 2층 이상인 층에 있는 노대(露臺)등(노대나 그 밖에 이와 비슷한 것을 말한다)의 주위에는 높이 1.2m 이상의 난간을 설치하여야 한다. 다만, 그 노대등에 출입할 수 없는 구조인 경우에는 그러하지 아니하다(영 제40조 제1항).

2. 피난용도의 광장 설치

5층 이상인 층이 제2종 근린생활시설 중 공연장·종교집회장·인터넷컴퓨터게임시설제공업소(해당 용도로 쓰는 바닥면적의 합계가 각각 300㎡ 이상인 경우만 해당한다), 문화 및 집회시설(전시장 및 동·식물원은 제외한다), 종교시설, 판매시설, 위락시설 중 주점영업 또는 장례시설의 용도로 쓰는 경우에는 피난용도로 쓸 수 있는 광장을 옥상에 설치하여야 한다(영 제40조 제2항).

3. 비상문자동개폐장치의 설치

피난용도로 쓸 수 있는 광장을 옥상에 설치하여야 하는 건축물 또는 피난용도로 쓸 수 있는 광장을 옥상에 설치하는 다중이용 건축물이나 연면적 1천㎡ 이상인 공동주택에 해당하는 건축물은 옥상으로 통하는 출입문에 「소방시설법」에 따른 성능인증 및 제품검사를 받은 비상문자동개폐장치(화재 등 비상시에 소방시스템과 연동되어 잠김 상태가 자동으로 풀리는 장치를 말한다)를 설치하여야 한다(영 제40조 제3항).

4. 헬리포트 또는 대피공간의 설치

층수가 11층 이상인 건축물로서 11층 이상인 층의 바닥면적의 합계가 1만㎡ 이상인 건축물의 옥상에는 일정한 공간을 확보하여야 한다. 여기서 건축물의 지붕을 평지붕으로 하는 경우에는 헬리포트를 설치하거나 헬리콥터를 통하여 인명 등을 구조할 수 있는 공간을, 건축물의 지붕을 경사지붕으로 하는 경우에는 경사지붕 아래에 설치하는 대피공간을 그 건축물의 옥상에 확보하여야 하는 것이다(영 제40조 제4항).

X. 지하층

건축물에 설치하는 지하층의 구조 및 설비는 국토교통부령으로 정하는 기준에 맞게 하여야 한다(법 제53조 제1항).

단독주택 또는 공동주택(지하층에 거실을 부속용도로 설치하는 건축물은 제외한다)의 지하층에는 거실을 설치할 수 없다. 다만, 다음 각 호의 사항을 고려하여 해당 지방자치단체의 조례로 정하는 경우에는 그러하지 아니하다(법 제53조 제2항, 영 제63조의6).

1. 침수위험 정도를 비롯한 지역적 특성
2. 피난 및 대피 가능성
3. 그 밖에 주거의 안전과 관련된 사항

제3항 건축물의 방화구획

Ⅰ. 방화구획의 설치

주요구조부가 내화구조 또는 불연재료로 된 건축물로서 연면적이 1천㎡를 넘는 것은 국토교통부령으로 정하는 기준에 따라 내화구조로 된 바닥 및 벽, 방화문 또는 자동방화셔터로 구획하여야 하는데, 이를 방화구획이라 한다(영 제46조 제1항).

Ⅱ. 공동주택 발코니에서의 대피공간 설치

1. 원칙

공동주택 중 아파트로서 4층 이상인 층의 각 세대가 2개 이상의 직통계단을 사용할 수 없는 경우에는 발코니에 인접 세대와 공동으로 또는 각 세대별로 다음 각 호의 요건을 모두 갖춘 대피공간을 하나 이상 설치하여야 한다. 이 경우 인접 세대와 공동으로 설치하는 대피공간은 인접 세대를 통하여 2개 이상의 직통계단을 쓸 수 있는 위치에 우선 설치되어야 한다(영 제46조 제4항).

1. 대피공간은 바깥의 공기와 접할 것
2. 대피공간은 실내의 다른 부분과 방화구획으로 구획될 것
3. 대피공간의 바닥면적은 인접 세대와 공동으로 설치하는 경우에는 3㎡ 이상, 각 세대별로 설치하는 경우에는 2㎡ 이상일 것
4. 국토교통부장관이 정하는 기준에 적합할 것

2. 예외

아파트의 4층 이상인 층에서 발코니에 ① 발코니와 인접 세대와의 경계벽이 파괴하기 쉬운 경량구조 등인 경우, ② 발코니의 경계벽에 피난구를 설치한 경우, ③ 발코니의 바닥에 국토교통부령으로 정하는 하향식 피난구를 설치한 경우 등에는 대피공간을 설치하지 않을 수 있다(영 제46조 제5항).

Ⅲ. 요양병원 등에서의 대피공간 등의 설치

요양병원, 정신병원, 「노인복지법」에 따른 노인요양시설, 장애인 거주시설 및 장애인 의료재활시설의 피난층 외의 층에는 ① 각 층마다 별도로 방화구획된 대피공간, ② 거실에 접하여 설치된 노대등, ③ 계단을 이용하지 않고 건물 외부의 지상으로 통하는 경사로 또는 인접 건축물로 피난할 수 있도록 설치하는 연결복도 또는 연결통로 중 어느 하나에 해당하는 시설을 설치하여야 한다(영 제46조 제6항).

Ⅳ. 대규모 건축물의 방화벽

연면적 1천㎡ 이상인 건축물은 방화벽으로 구획하되, 각 구획된 바닥면적의 합계는 1천㎡ 미만이어야 한다. 다만, 주요구조부가 내화구조이거나 불연재료인 건축물과 내부설비의 구조상 방화벽으로 구획할 수 없는 창고시설의 경우에는 그러하지 아니하다(영 제57조 제1항).

연면적 1천㎡ 이상인 목조 건축물의 구조는 국토교통부령으로 정하는 바에 따라 방화구조로 하거나 불연재료로 하여야 한다(영 제57조 제3항).

Ⅴ. 방화지구 안의 건축물

「국토계획법」 제37조 제1항 제3호에 따른 방화지구 안에서는 건축물의 주요구조부와 지붕·외벽을 내화구조로 하여야 한다. 다만, 연면적 30㎡ 미만인 단층 부속건축물로서 외벽 및 처마면이 내화구조 또는 불연재료로 된 건축물과 도매시장의 용도로 쓰는 건축물로서 그 주요구조부가 불연재료로 된 건축물은 그 주요구조부 및 외벽을 내화구조로 하지 않아도 된다(법 제51조 제1항, 영 제58조).

방화지구 안의 공작물로서 간판, 광고탑, 그 밖에 대통령령으로 정하는 공작물 중 건축물의 지붕 위에 설치하는 공작물이나 높이 3m 이상의 공작물은 주요부를 불연(不燃)재료로 하여야 한다(법 제51조 제2항).

방화지구 안의 지붕·방화문 및 인접 대지 경계선에 접하는 외벽은 국토교통부령으로 정하는 구조 및 재료로 하여야 한다(법 제51조 제3항).

제4항 건축물의 내화구조

Ⅰ. 내화구조

제2종 근린생활시설 중 공연장·종교집회장(해당 용도로 쓰는 바닥면적의 합계가 각각 300㎡ 이상인 경우만 해당한다)의 용도로 쓰는 건축물로서 관람실 또는 집회실의 바닥면적의 합계가 200㎡(옥외관람석의 경우에는 1천㎡) 이상인 건축물, 문화 및 집회시설 중 전시장 또는 동·식물원의 용도로 쓰는 건축물로서 그 용도로 쓰는 바닥면적의 합계가 500㎡ 이상인 건축물 등은 국토교통부령으로 정하는 기준에 따라 주요구조부와 지붕을 내화(耐火)구조로 하여야 한다(법 제50조 제1항, 영 제56조 제1항).

다만, 막구조의 건축물은 주요구조부에만 내화구조로 할 수 있으며(영 제56조 제2항), 연면적이 50㎡ 이하인 단층의 부속건축물로서 외벽 및 처마 밑면을 방화구조로 한 것과 무대의 바닥은 내화구조로 하지 않아도 된다(영 제56조 제1항 단서).

Ⅱ. 마감재료

1. 방화에 지장이 없는 내부 마감재료

다음 각 호의 어느 하나에 해당하는 건축물의 벽, 반자, 지붕(반자가 없는 경우에 한정한다) 등 내부의 마감재료[제52조의4 제1항의 복합자재의 경우 심재(心材)를 포함한다]는 방화에 지장이 없는 재료로 하되, 「실내공기질법」 제5조 및 제6조에 따른 실내공기질 유지기준 및 권고기준을 고려하고 관계 중앙행정기관의 장과 협의하여 국토교통부령으로 정하는 기준에 따른 것이어야 한다. 다만, 제8호를 제외한 건축물의 주요구조부가 내화구조 또는 불연재료로 되어 있고 그 거실의 바닥면적(스프링클러나 그 밖에 이와 비슷한 자동식 소화설비를 설치한 바닥면적을 뺀 면적으로 한다) 200㎡ 이내마다 방화구획이 되어 있는 건축물은 제외한다(법 제52조 제1항, 영 제61조 제1항).

1. 단독주택 중 다중주택 · 다가구주택

1의2. 공동주택

1의3. 제1종 근린생활시설 중 의원, 치과의원, 한의원, 조산원

2. 제2종 근린생활시설 중 공연장 · 종교집회장 · 인터넷컴퓨터게임시설제공업소 · 학원 · 독서실 · 당구장 · 다중생활시설의 용도로 쓰는 건축물

3. 발전시설, 방송통신시설(방송국 · 촬영소의 용도로 쓰는 건축물로 한정한다)

4. 공장, 창고시설, 위험물 저장 및 처리 시설(자가난방과 자가발전 등의 용도로 쓰는 시설을 포함한다), 자동차 관련 시설의 용도로 쓰는 건축물

5. 5층 이상인 층 거실의 바닥면적의 합계가 500㎡ 이상인 건축물

6. 문화 및 집회시설, 종교시설, 판매시설, 운수시설, 의료시설, 교육연구시설 중 학교 · 학원, 노유자시설, 수련시설, 업무시설 중 오피스텔, 숙박시설, 위락시설, 장례시설

7. 삭제 <2021. 8. 10.>

8. 「다중이용업소법 시행령」 제2조에 따른 다중이용업의 용도로 쓰는 건축물

2. 방화에 지장이 없는 외벽 마감재료

다음 각 호의 건축물의 외벽에 사용하는 마감재료(두 가지 이상의 재료로 제작된 자재의 경우 각 재료를 포함한다)는 방화에 지장이 없는 재료로 하여야 한다. 이 경우 마감재료의 기준은 국토교통부령으로 정한다(법 제52조 제2항, 영 제61조 제2항).

1. 상업지역(근린상업지역은 제외한다)의 건축물로서 다음 각 목의 어느 하나에 해당하는 것

   가. 제1종 근린생활시설, 제2종 근린생활시설, 문화 및 집회시설, 종교시설, 판매시설, 운동시설 및 위락시설의 용도로 쓰는 건축물로서 그 용도로 쓰는 바닥면적의 합계가 2천㎡ 이상인 건축물

   나. 공장(국토교통부령으로 정하는 화재 위험이 적은 공장은 제외한다)의 용도로 쓰는

건축물로부터 6m 이내에 위치한 건축물
2. 의료시설, 교육연구시설, 노유자시설 및 수련시설의 용도로 쓰는 건축물
3. 3층 이상 또는 높이 9m 이상인 건축물
4. 1층의 전부 또는 일부를 필로티 구조로 설치하여 주차장으로 쓰는 건축물
5. 공장, 창고시설, 위험물 저장 및 처리 시설(자가난방과 자가발전 등의 용도로 쓰는 시설을 포함한다), 자동차 관련 시설의 용도로 쓰는 건축물

3. 욕실 등의 바닥 마감재료

욕실, 화장실, 목욕장 등의 바닥 마감재료는 미끄럼을 방지할 수 있도록 국토교통부령으로 정하는 기준에 적합하여야 한다(법 제52조 제3항).

4. 창호의 기준

법 제52조 제2항에 따른 건축물 외벽에 설치되는 창호(窓戶)는 방화에 지장이 없도록 인접 대지와의 이격거리를 고려하여 방화성능 등이 국토교통부령으로 정하는 기준에 적합하여야 한다(법 제52조 제4항).

Ⅲ. 실내건축

다음 각 호의 어느 하나에 해당하는 건축물의 실내건축은 방화에 지장이 없고 사용자의 안전에 문제가 없는 구조 및 재료로 시공하여야 한다(법 제52조의2 제1항, 영 제61조의2).

1. 다중이용 건축물
2. 「건축물분양법」 제3조에 따른 건축물
3. 「건축법 시행령」 별표 1 제3호 나목 및 같은 표 제4호 아목에 따른 건축물(칸막이로 거실의 일부를 가로로 구획하거나 가로 및 세로로 구획하는 경우만 해당한다)

실내건축의 구조·시공방법 등에 관한 기준은 국토교통부령으로 정하며(법 제52조의2 제2항), 특별자치시장·특별자치도지사 또는 시장·군수·구청장은 실내건축이 적정

하게 설치 및 시공되었는지를 검사하여야 한다. 이 경우 검사하는 대상 건축물과 주기(週期)는 건축조례로 정한다(법 제52조의2 제3항).

제5항 건축물의 범죄예방

Ⅰ. 범죄예방기준의 고시

국토교통부장관은 범죄를 예방하고 안전한 생활환경을 조성하기 위하여 건축물, 건축설비 및 대지에 관한 범죄예방 기준을 정하여 고시할 수 있다(법 제53조의2 제1항)

Ⅱ. 범죄예방기준에 따른 건축물

다음 각 호의 어느 하나에 해당하는 건축물은 범죄예방기준에 따라 건축하여야 한다(법 제53조의2 제2항, 영 제63조의6).

1. 다가구주택, 아파트, 연립주택 및 다세대주택
2. 제1종 근린생활시설 중 일용품을 판매하는 소매점
3. 제2종 근린생활시설 중 다중생활시설
4. 문화 및 집회시설(동·식물원은 제외한다)
5. 교육연구시설(연구소 및 도서관은 제외한다)
6. 노유자시설
7. 수련시설
8. 업무시설 중 오피스텔
9. 숙박시설 중 다중생활시설

제 6 절 | 지역 및 지구의 건축물

제1항 대지가 지역·지구 또는 구역에 걸치는 경우의 조치

Ⅰ. 원칙

대지가 건축법이나 다른 법률에 따른 지역 · 지구(녹지지역과 방화지구는 제외한다) 또는 구역에 걸치는 경우에는 대통령령으로 정하는 바에 따라 그 건축물과 대지의 전부에 대하여 대지의 과반(過半)이 속하는 지역 · 지구 또는 구역 안의 건축물 및 대지 등에 관한 건축법의 규정을 적용한다(법 제54조 제1항).

건축법 제54조의 대지가 지역 · 지구 또는 구역에 걸치는 경우에 관한 조치 규정은 높이 제한 · 일조권 등 건축법의 규정을 적용하기 위한 것이라면, 국토계획법 제84조는 둘 이상의 용도지역 · 용도지구 · 용도구역에 걸치는 대지에 대한 적용기준으로서 용도지역별 건축물의 용도제한 · 건폐율 · 용적률 등을 적용하기 위한 조항이므로 양자는 그 성격이 다르다고 할 것이다.[133)]

Ⅱ. 특례

1. 방화지구와 다른 구역에 걸치는 건축물

하나의 건축물이 방화지구와 그 밖의 구역에 걸치는 경우에는 그 전부에 대하여 방화지구 안의 건축물에 관한 건축법의 규정을 적용한다. 다만, 건축물의 방화지구에 속한 부분과 그 밖의 구역에 속한 부분의 경계가 방화벽으로 구획되는 경우 그 밖의 구역에 있는 부분에 대하여는 그러하지 아니하다(법 제54조 제2항).

2. 녹지지역과 다른 지역 등에 걸치는 대지

대지가 녹지지역과 그 밖의 지역 · 지구 또는 구역에 걸치는 경우에는 각 지역 · 지구 또는 구역 안의 건축물과 대지에 관한 건축법의 규정을 적용한다. 다만, 녹지지역

---

133) 대법원 2018. 6. 28. 선고 2015두47737 판결 참조.

안의 건축물이 방화지구에 걸치는 경우에는 그 전부에 대하여 방화지구 안의 건축물에 관한 건축법의 규정을 적용한다(법 제54조 제3항).

건축법 제54조 본문의 취지는 대지가 녹지지역과 다른 지역 등에 걸치는 경우에는 각 지역 등의 건축물과 대지에 대해서 각각의 건축법이 적용된다는 것이다.

그런데 둘 이상의 용도지역 · 용도지구 · 용도구역에 걸치는 대지에 대한 적용기준과 관련하여 국토계획법 제84조 제3항 본문은 "하나의 대지가 녹지지역과 그 밖의 용도지역 · 용도지구 또는 용도구역에 걸쳐 있는 경우(규모가 가장 작은 부분이 녹지지역으로서 해당 녹지지역이 제1항에 따라 대통령령으로 정하는 규모 이하인 경우는 제외한다)에는 제1항에도 불구하고 각각의 용도지역 · 용도지구 또는 용도구역의 건축물 및 토지에 관한 규정을 적용한다"라고 규정하고 있다.

이 규정의 취지는 하나의 대지가 녹지지역과 그 밖의 용도지역 등에 걸쳐 있는 경우 그 대지 중 용도지역 등에 있는 부분의 규모 및 용도지역별 면적과 관계없이 녹지지역에 대해서만 녹지지역에 관한 행위제한 규정을 적용하도록 함으로써 녹지지역의 훼손을 최소화하기 위한 것이다. 다시 말해, 하나의 대지가 녹지지역과 그 밖의 용도지역 등에 걸쳐 있는 경우 용도지역 등 경계선을 기준으로 녹지지역에 대하여는 녹지지역에 관한 행위 제한 규정이 적용되고, 다른 용도지역 등에 대하여는 해당 용도지역 등에 관한 행위제한 규정이 적용된다는 의미로 해석하는 것이 타당하다. 그렇기 때문에 건축법 제54조 제3항 본문에 따라 대지가 녹지지역과 그 밖의 지역 등에 걸치는 경우에는 각 지역 등 안의 건축물과 대지에 관해서는 건축법의 규정을 적용한다고 규정하고 있으나, 용도지역별 건축물의 용도제한에 대하여는 건축법이 아니라 국토계획법이 규율하고 있으므로, 대지가 녹지지역과 그 밖의 용도지역 등에 걸치는 경우 용도지역별 건축물의 용도제한에 관하여는 건축법 제54조 제3항 본문이 적용되지 않는다는 점을 유의하여야 한다.[134]

3. 조례로 따로 정하는 경우

해당 대지의 규모와 그 대지가 속한 용도지역 · 지구 또는 구역의 성격 등 그 대지에 관한 주변여건상 필요하다고 인정하여 해당 지방자치단체의 조례로 적용방법을 따로 정하는 경우에는 그에 따른다(법 제54조 제4항).

---

134) 대법원 2014. 11. 27. 선고 2013두16111 판결.

제2항 건축물의 건폐율과 용적률

Ⅰ. 입법취지

건축관계법령상 건폐율과 용적률에 관한 규정을 둔 것은 해당 토지와 인근토지의 이용관계를 조절하고, 토지의 용도 및 규모나 도로사정 등을 고려하여 토지의 적정한 이용을 확보하기 위한 것이므로 건폐율과 용적률의 충족 여부는 건축설계 및 허가 신청에서 가장 기본적이고 핵심적인 사항이라고 할 수 있다.[135)]

Ⅱ. 건폐율

건폐율이란 대지면적에 대한 건축면적(대지에 건축물이 둘 이상 있는 경우에는 이들 건축면적의 합계로 한다)의 비율을 말하고, 건폐율의 최대한도는 「국토계획법」 제77조에 따른 건폐율의 기준에 따른다. 다만, 건축법에서 기준을 완화하거나 강화하여 적용하도록 규정한 경우에는 그에 따른다(법 제55조).

이러한 건폐율에 관한 건축법령의 규정은 당해 토지와 인근 토지의 이용관계를 조절하며, 토지의 규모나 도로사정 등을 고려하여 토지의 적정한 이용을 확보하고,[136)] 일조 등 주거환경과 피난 등 방재계획 등의 조정을 위한 것이므로 그 성격상 국토계획법에서 규정하는 것이 보다 바람직한 입법이다. 건축법은 위험방지를 주된 목표로 설정하지만 국토계획법은 토지의 합리적 이용에 관심을 두기 때문이다.

Ⅲ. 용적률

용적률은 도시공간의 개발밀도, 입체화, 효율적 토지이용 조정을 위한 것으로 건축법적 요소라기보다는 국토계획법적 시각이 투영된 제도라고 보아야 할 것이며, 그래서 건폐율과 함께 국토계획법에 규정하는 것이 보다 적절하다.

용적률이란 대지면적에 대한 연면적(대지에 건축물이 둘 이상 있는 경우에는 이들 연면적의 합계로 한다)의 비율을 말하고, 여기서 연면적이란 하나의 건축물 각 층의 바닥면

---

135) 대법원 1995. 2. 28. 선고 94누12180 판결; 대법원 2014. 11. 27. 선고 2013두16111 판결.

136) 대법원 2001. 2. 9. 선고 98다52988 판결.

적의 합계를 말한다. 용적률의 최대한도는 「국토계획법」 제78조에 따른 용적률의 기준에 따른다. 다만, 건축법에서 기준을 완화하거나 강화하여 적용하도록 규정한 경우에는 그에 따른다(법 제56조).

그런데 용적률을 산정할 때에는 지하층의 면적, 해당 건축물의 부속용도로만 사용되는 지상층의 주차용으로 쓰는 면적, 초고층 건축물과 준초고층 건축물에 설치하는 피난안전구역의 면적, 건축물의 경사지붕 아래에 설치하는 대피공간의 면적은 제외한다(영 제119조 제1항 제4호).

제3항 대지의 분할제한

건축물이 있는 대지는 주거지역은 60㎡, 상업지역은 150㎡, 공업지역은 150㎡, 녹지지역은 200㎡ 그리고 기타 지역은 60㎡ 이상의 범위에서 해당 지방자치단체의 조례로 정하는 면적에 못 미치게 분할할 수 없다(법 제57조, 영 제80조).

건축물이 있는 대지는 제44조(대지와 도로의 관계), 제55조(건축물의 건폐율), 제56조(건축물의 용적률), 제58조(대지 안의 공지), 제60조(건축물의 높이 제한) 및 제61조(일조 등의 확보를 위한 건축물의 높이 제한)에 따른 기준에 못 미치게 분할할 수 없다(법 제57조 제2항).

그럼에도 불구하고 건축협정이 인가된 경우 그 건축협정의 대상이 되는 대지는 분할할 수 있다(법 제57조 제3항).

대지의 분할제한과 관련하여 공간정보관리법에 따른 토지분할에서는 지적측량수행자가 토지소유자 등 이해관계인으로부터 의뢰를 받아 지적측량을 한 후 지적소관청으로부터 측량성과에 대한 검사를 받아야 하고, 이 검사과정에서 지적소관청은 건축법 등 관계 법령상의 분할제한 규정에의 저촉 여부 등을 심사하여야 한다. 이 경우 지적소관청은 토지분할신청 또는 지적측량성과도 검사신청이 건축법령에서 규정하는 분할제한 사유에 해당하는지를 심사하여야 하고, 건축법령상 분할제한 규정에 저촉되는 경우에는 그 토지분할신청 또는 지적측량성과도 검사신청을 반려하여야 한다. 이와 같은 법리는 토지분할신청 또는 지적측량성과도 검사신청이 확정판결에 기초한 것이라고 하더라도 마찬가지이다.[137)]

137) 대법원 2024. 3. 12. 선고 2023두50349 판결.

제4항 대지 안의 공지

Ⅰ. 입법취지

이 규정은 2005년 개정 건축법에서 다시 도입된 것으로 기본적으로 대지 안의 통풍 · 개방감을 확보하고 화재발생 시에 인접대지 및 건축물로의 연소확산 방지와 지진 등 재난발생 시에 피난통로를 확보하게 해 준다는 데에 그 의의가 있다.

무엇보다도 불특정다수인이 모이는 집회시설, 판매 및 종교시설 등 대형건축물과 위험물제조 · 공해배출 공장 등을 건축선 및 인접대지경계선으로부터 일정 거리를 띄우게 함으로써 도로의 소통을 원활히 하고, 공해 및 재해로부터 벗어나게 하여 국민의 생명 · 신체 보호 및 쾌적한 도시 · 주거환경 조성에 입법취지가 있다.

Ⅱ. 구체적 기준

건축물을 건축하는 경우에는 「국토계획법」에 따른 용도지역 · 용도지구, 건축물의 용도 및 규모 등에 따라 건축선 및 인접 대지경계선으로부터 6m 이내의 범위에서 대통령령으로 정하는 바에 따라 해당 지방자치단체의 조례로 정하는 거리 이상을 띄워야 한다(법 제58조). 구체적으로 건축선 및 인접 대지경계선(대지와 대지 사이에 공원, 철도, 하천, 광장, 공공공지, 녹지, 그 밖에 건축이 허용되지 아니하는 공지가 있는 경우에는 그 반대편의 경계선을 말한다)으로부터 건축물의 각 부분까지 띄어야 하는 거리의 기준은 [표 4]와 [표 5]와 같다(영 제80조의2).

1. 건축선으로부터 건축물까지 띄어야 하는 거리

표 4 대지의 공지 기준(건축선)

대상 건축물	건축조례에서 정하는 건축기준
가. 해당 용도로 쓰는 바닥면적의 합계가 500㎡ 이상인 공장(전용공업지역, 일반공업지역 또는 「산업입지법」에 따른 산업단지에 건축하는 공장은 제외한다)으로서 건축조례로 정하는 건축물	• 준공업지역: 1.5m 이상 6m 이하 • 준공업지역 외의 지역: 3m 이상 6m 이하

나. 해당 용도로 쓰는 바닥면적의 합계가 500㎡ 이상인 창고(전용공업지역, 일반공업지역 또는 「산업입지법」에 따른 산업단지에 건축하는 창고는 제외한다)로서 건축조례로 정하는 건축물	• 준공업지역: 1.5m 이상 6m 이하 • 준공업지역 외의 지역: 3m 이상 6m 이하
다. 해당 용도로 쓰는 바닥면적의 합계가 1,000㎡ 이상인 판매시설, 숙박시설(일반숙박시설은 제외한다), 문화 및 집회시설(전시장 및 동·식물원은 제외한다) 및 종교시설	• 3m 이상 6m 이하
라. 다중이 이용하는 건축물로서 건축조례로 정하는 건축물	• 3m 이상 6m 이하
마. 공동주택	• 아파트: 2m 이상 6m 이하 • 연립주택: 2m 이상 5m 이하 • 다세대주택: 1m 이상 4m 이하
바. 그 밖에 건축조례로 정하는 건축물	• 1m 이상 6m 이하(한옥의 경우에는 처마선 2m 이하, 외벽선 1m 이상 2m 이하)

2. 인접 대지경계선으로부터 건축물까지 띄어야 하는 거리

표 5 대지의 공지 기준(인접 대지경계선)

대상 건축물	건축조례에서 정하는 건축기준
가. 전용주거지역에 건축하는 건축물(공동주택은 제외한다)	• 1m 이상 6m 이하(한옥의 경우에는 처마선 2m 이하, 외벽선 1m 이상 2m 이하)
나. 해당 용도로 쓰는 바닥면적의 합계가 500㎡ 이상인 공장(전용공업지역, 일반공업지역 또는 「산업입지법」에 따른 산업단지에 건축하는 공장은 제외한다)으로서 건축조례로 정하는 건축물	• 준공업지역: 1m 이상 6m 이하 • 준공업지역 외의 지역: 1.5m 이상 6m 이하
다. 상업지역이 아닌 지역에 건축하는 건축물로서 해당 용도로 쓰는 바닥면적의 합계가 1,000㎡ 이상인 판매시설, 숙박시설(일반숙박시설은 제외한다), 문화 및 집회시설(전시장 및 동·식물원은 제외한다) 및 종교시설	• 1.5m 이상 6m 이하

라. 다중이 이용하는 건축물(상업지역에 건축하는 건축물로서 스프링클러나 그 밖에 이와 비슷한 자동식 소화설비를 설치한 건축물은 제외한다)로서 건축조례로 정하는 건축물	• 1.5m 이상 6m 이하
마. 공동주택(상업지역에 건축하는 공동주택으로서 스프링클러나 그 밖에 이와 비슷한 자동식 소화설비를 설치한 공동주택은 제외한다)	• 아파트: 2m 이상 6m 이하 • 연립주택: 1.5m 이상 5m 이하 • 다세대주택: 0.5m 이상 4m 이하
바. 그 밖에 건축조례로 정하는 건축물	• 0.5m 이상 6m 이하(한옥의 경우에는 처마선 2m 이하, 외벽선 1m 이상 2m 이하)

제5항 맞벽 건축과 연결복도

Ⅰ. 상업지역·주거지역·건축협정구역에서의 맞벽 건축

상업지역(다중이용 건축물 및 공동주택은 스프링클러나 그 밖에 이와 비슷한 자동식 소화설비를 설치한 경우로 한정한다), 주거지역(건축물 및 토지의 소유자 간 맞벽 건축을 합의한 경우에 한정한다), 허가권자가 도시미관 또는 한옥 보전·진흥을 위하여 건축조례로 정하는 구역, 건축협정구역에서 도시미관 등을 위하여 둘 이상의 건축물 벽을 맞벽(대지경계선으로부터 50㎝ 이내인 경우를 말한다)으로 하여 건축하는 경우에는 제58조(대지 안의 공지), 제61조(일조 등의 확보를 위한 건축물의 높이 제한) 및 「민법」 제242조(경계선부근의 건축)[138]를 적용하지 아니한다(법 제59조 제1항, 영 제81조 제1항). 이 경우 맞벽은 주요구조부가 내화구조이며, 마감재료는 불연재료이어야 한다(영 제81조 제3항).

'맞벽으로 하여 건축하는 경우'라 함은 서로 마주 보는 건축물의 벽이 존재하는 경우뿐만 아니라 상업지역에서 어느 일방 토지소유자가 나대지인 인접토지와의 경계선으로부터 50cm의 이격거리를 두지 않고 건축물을 건축하는 경우도 포함된다. 이렇게 맞벽으로 건축을 하게 되면 상린관계로 인하여 상업지역에서는 민법 제242조가 적용되지 않게 되는 것이다.[139]

---

138) 제242조(경계선부근의 건축) ① 건물을 축조함에는 특별한 관습이 없으면 경계로부터 반미터 이상의 거리를 두어야 한다.
② 인접지소유자는 전항의 규정에 위반한 자에 대하여 건물의 변경이나 철거를 청구할 수 있다. 그러나 건축에 착수한 후 1년을 경과하거나 건물이 완성된 후에는 손해배상만을 청구할 수 있다.

II. 연결복도 및 연결통로의 설치

다음 각 호의 기준에 따라 인근 건축물과 이어지는 연결복도나 연결통로를 설치하는 경우에는 제58조(대지 안의 공지), 제61조(일조 등의 확보를 위한 건축물의 높이 제한) 및 「민법」 제242조(경계선부근의 건축)를 적용하지 아니한다(법 제59조 제1항, 영 제81조 제5항).

1. 주요구조부가 내화구조일 것
2. 마감재료가 불연재료일 것
3. 밀폐된 구조인 경우 벽면적의 10분의 1 이상에 해당하는 면적의 창문을 설치할 것. 다만, 지하층으로서 환기설비를 설치하는 경우에는 그러하지 아니하다.
4. 너비 및 높이가 각각 5m 이하일 것. 다만, 허가권자가 건축물의 용도나 규모 등을 고려할 때 원활한 통행을 위하여 필요하다고 인정하면 지방건축위원회의 심의를 거쳐 그 기준을 완화하여 적용할 수 있다.
5. 건축물과 복도 또는 통로의 연결부분에 자동방화셔터 또는 방화문을 설치할 것
6. 연결복도가 설치된 대지 면적의 합계가 「국토계획법 시행령」 제55조에 따른 개발행위의 최대 규모 이하일 것. 다만, 지구단위계획구역에서는 그러하지 아니하다.

제6항 건축물의 높이 제한

I. 가로구역별 건축물의 높이 제한

1. 가로구역별 건축물 높이의 지정·공고

허가권자는 가로구역[(街路區域): 도로로 둘러싸인 일단(一團)의 지역을 말한다]을 단위로 하여 건축물의 높이를 지정·공고할 수 있다(법 제60조 제1항 본문). 가로구역별로 건축물의 높이를 지정·공고할 때에는 도시·군관리계획 등의 토지이용계획, 해당 가로구역이 접하는 도로의 너비, 해당 가로구역의 상·하수도 등 간선시설의 수용능력, 도시미관 및 경관계획, 해당 도시의 장래 발전계획을 고려하여야 하고(영 제82조 제1항), 지방건축위원회의 심의를 거쳐야 한다(영 제82조 제2항).

139) 대법원 2001. 10. 23. 선고 2001다45195 판결.

2. 가로구역의 높이 완화

특별자치시장·특별자치도지사 또는 시장·군수·구청장은 가로구역의 높이를 완화하여 적용할 필요가 있다고 판단되는 대지에 대하여는 건축위원회의 심의를 거쳐 높이를 완화하여 적용할 수 있다(법 제60조 제1항 단서). 이 경우 가로구역의 높이를 완화하여 적용하는 경우에 대한 구체적인 완화기준은 도시·군관리계획 등의 토지이용계획, 해당 가로구역이 접하는 도로의 너비, 해당 가로구역의 상·하수도 등 간선시설의 수용능력, 도시미관 및 경관계획, 해당 도시의 장래 발전계획을 고려하여 건축조례로 정한다(영 제82조 제4항).

3. 가로구역별 건축물 높이에 대한 조례

특별시장이나 광역시장은 도시의 관리를 위하여 필요하면 가로구역별 건축물의 높이를 특별시나 광역시의 조례로 정할 수 있다(법 제60조 제2항),

또한, 허가권자는 일조(日照)·통풍 등 주변환경 및 도시미관에 미치는 영향이 크지 않다고 인정하는 경우에는 건축위원회의 심의를 거쳐 건축법 및 다른 법률에 따른 가로구역의 높이 완화에 관한 규정을 중첩하여 적용할 수 있고(법 제60조 제3항), 같은 가로구역이라도 건축물의 용도 및 형태에 따라 건축물의 높이를 다르게 정할 수 있다(영 제82조 제3항).

II. 일조 등의 확보를 위한 건축물의 높이 제한

1. 일조권의 의의

1) 환경권으로서의 일조권

헌법 제35조는 제1항에서 "모든 국민은 건강하고 쾌적한 환경에서 생활할 권리를 가지며, 국가와 국민은 환경보전을 위하여 노력하여야 한다"라고 규정한 후, 제2항에서 "환경권의 내용과 행사에 관하여는 법률로 정한다"라고 규정하여 환경권을 명시적으로 인정하고 있다. 그리고 제3항에서 "국가는 주택개발정책등을 통하여 모든 국민이 쾌적한 주거생활을 할 수 있도록 노력하여야 한다"라고 하여 주택정책 등을 통한 쾌적한 주거생활의 보장을 천명하고 있다.

환경권의 내용에 쾌적한 주거생활을 할 권리가 포함되기 때문에 이른바 '햇볕을 쬘 권리'인 일조권 또한 당연히 환경권의 내용에 포함된다고 할 것이고, 건축법의 일조확보를 위한 높이 제한 규정은 환경권의 내용과 행사에 관한 법률에 해당한다.

그런데 건축법은 일조확보를 위한 높이 제한에서 일조권의 보장을 권리의 형식으로 규정하지 않고 건축물의 건축허가요건으로 규정하여 일조권의 의미를 퇴색시키고 있는데, 이는 일조권의 권리보장이 결국 건축주의 의무로 연결된다는 측면에서 이해될 수 있다.[140] 건축허가요건과 관련된 건축주의 의무로 일조확보를 위한 높이 제한을 규정하더라도 당연히 일조권이 보장된다고 보아야 할 것이다.

그러나 대법원은 일조권을 환경권의 내용으로 이해하기보다는 토지이용관계를 조절하는 사법상의 상린관계에서 도출되는 사법상의 권리로 파악하여 수인한도론으로 일조권 관련 분쟁을 해결하는 경향을 보이고 있는데,[141] 대법원이 "환경권에 관한 헌법 제35조의 규정이 개개의 국민에게 직접으로 구체적인 사법상의 권리를 부여한 것이라고 보기는 어렵고, 사법상의 권리로서의 환경권이 인정되려면 그에 관한 명문의 법률규정이 있거나 관계법령의 규정취지 및 조리에 비추어 권리의 주체, 대상, 내용, 행사방법 등이 구체적으로 정립될 수 있어야 한다"라고 판시하여[142] 헌법 제35조의 환경권을 구체적 권리로 파악하지 않고 추상적 권리로 이해하는 입장이 그것이다.

판례 손해배상(대법원 2004. 9. 13. 선고 2003다64602 판결)

건축법 등 관계 법령에 일조방해에 관한 직접적인 단속법규가 있다면 그 법규에 적합한지 여부가 사법상 위법성을 판단함에 있어서 중요한 판단자료가 될 것이지만, 이러한 공법적 규제에 의하여 확보하고자 하는 일조는 원래 사법상 보호되는 일조권을 공법적인 면에서도 가능한 한 보장하려는 것으로서 특별한 사정이 없는 한 일조권 보호를 위한 최소한도의 기준으로 봄이 상당하고, 구체적인 경우에 있어서는 어떠한 건물 신축이 건축 당시의 공법적 규제에 형식적으로 적합하다고 하더라도 현실적인 일조방해의 정도가 현저하게 커 사회통념상 수인한도를 넘은 경우에는 위법행위로 평가될 수 있다.

---

140) 동일한 취지로 김종보, 앞의 책, 95쪽.

141) 대법원 2002. 12. 10. 선고 2000다72213 판결; 대법원 2004. 10. 28. 선고 2002다63565 판결 등.

142) 대법원 1995. 9. 15. 선고 95다23378 판결.

판례 **공사금지가처분(대법원 1997. 7. 22. 선고 96다56153 판결)**

환경권은 명문의 법률규정이나 관계 법령의 규정 취지 및 조리에 비추어 권리의 주체, 대상, 내용, 행사 방법 등이 구체적으로 정립될 수 있어야만 인정되는 것이므로, 사법상의 권리로서의 환경권을 인정하는 명문의 규정이 없는데도 환경권에 기하여 직접 방해배제청구권을 인정할 수 없다.

따라서 어느 토지나 건물의 소유자가 종전부터 향유하고 있던 경관이나 조망, 조용하고 쾌적한 종교적 환경 등이 그에게 하나의 생활이익으로서의 가치를 가지고 있다고 객관적으로 인정된다면 법적인 보호의 대상이 될 수 있는 것이라 할 것이므로 인접 대지에 건물을 신축함으로써 그와 같은 생활이익이 침해되고 그 침해가 사회통념상 일반적으로 수인할 정도를 넘어선다고 인정되는 경우에는 토지 등의 소유자는 소유권에 기하여 방해의 제거나 예방을 위하여 필요한 청구를 할 수 있다는 것이다.[143)]

이는 헌법상 기본권과 건축질서법으로서의 건축법에 대한 이해의 부족에서 비롯된 것으로 판단된다. 오늘날 환경권의 구체적 권리성을 인정할 수 있으며, 일조확보를 위한 건축주의 의무에서 사익보호성이 있는 공법상의 일조권이 도출될 수 있기 때문이다.

2) 일조권의 상대성

일조권은 적극적 의미에서 햇볕을 쬘 권리이지만 소극적으로는 타인의 건축물로 인하여 햇볕을 차단당하지 않을 권리를 의미한다. 건축법의 규정형식으로는 소극적 의미의 일조권이 더 밀접하게 연결된다. 이러한 규정형식으로 말미암아 건축법의 일조권 규정은 토지의 이용관계에 좌우되는 상대적인 성격의 권리로 해석된다.

그리하여 대법원은 일조방해로 인한 손해배상청구 사건에서 상린관계에서 도출된 수인한도론으로 일조방해에 대한 손해배상책임 여부를 판단하고 있다. 건물 신축으로 인하여 그 이웃 토지상의 거주자가 직사광선이 차단되는 불이익을 받은 경우에 그 신축행위가 정당한 권리행사로서의 범위를 벗어나 사법상 위법한 가해행위로 평가되기 위해서는 그 일조방해의 정도가 사회통념상 일반적으로 인용하는 수인한도를 넘어야 한다.[144)]

일조방해행위가 수인한도를 넘었는지 여부는 원칙적으로 피해의 정도, 피해이익의

143) 대법원 1997. 7. 22. 선고 96다56153 판결; 대법원 1999. 7. 27. 선고 98다47528 판결.
144) 대법원 2002. 12. 10. 선고 2000다72213 판결; 대법원 2004. 10. 28. 선고 2002다63565 판결 등.

성질 및 그에 대한 사회적 평가, 지역성, 토지이용의 선후관계, 가해 방지 및 피해 회피의 가능성, 공법적 규제의 위반 여부 등 모든 사정을 종합적으로 고려하여 판단하여야 하고, 건축 후에 신설된 일조권에 관한 새로운 공법적 규제 역시 위법성의 평가에서 중요한 자료가 될 수 있다.145)

3) 일조권 침해로 인한 손해배상

(1) 일조권의 주체로서의 토지의 소유자 등

일조권 침해에 있어 객관적인 생활이익으로서 일조이익을 향유하는 '토지의 소유자 등'은 토지소유자, 건물소유자, 지상권자, 전세권자 또는 임차인 등의 거주자를 말하는 것으로서 당해 토지·건물을 일시적으로 이용하는 것에 불과한 초등학교 학생들은 이러한 일조이익을 향유하는 주체가 될 수 없다.146)

(2) 가해행위로서의 일조방해

토지의 소유자 등이 종전부터 향유하던 일조이익이 객관적인 생활이익으로서 가치가 있다고 인정되면 법적인 보호의 대상이 될 수 있는데, 그 인근에서 건물이나 구조물 등이 신축됨으로 인하여 햇빛이 차단되어 생기는 그늘, 즉 일영(日影)이 증가함으로써 해당 토지에서 종래 향유하던 일조량이 감소하는 일조방해가 발생한 경우, 그 일조방해의 정도, 피해이익의 법적 성질, 가해 건물의 용도, 지역성, 토지이용의 선후관계, 가해 방지 및 피해 회피의 가능성, 공법적 규제의 위반 여부, 교섭 경과 등 모든 사정을 종합적으로 고려하여 사회통념상 일반적으로 해당 토지소유자의 수인한도를 넘게 되면 그 건축행위는 정당한 권리행사의 범위를 벗어나 사법상 위법한 가해행위로 평가된다.147)

태양직사광으로 인한 일조방해의 기준은 원칙적으로 태양반사광으로 인한 생활방해에도 적용된다고 할 것이다. 건물의 신축으로 인하여 그 이웃 건물의 거주자에게 직사광선이 차단될 때 발생하는 일조방해와 태양반사광 침해로 인한 생활방해의 각 정도가 참을 한도를 넘는지 여부를 판단할 때 여러 사정들을 종합적으로 고려하여야 한다는 점에서 서로 다르지 않다.

그러나 양자는 고려하여야 할 여러 사정들 중 특히 '피해의 성질과 내용'의 점에서 서로 큰 차이가 있다. 태양직사광으로 인한 생활방해는 어떠한 책임도 발생시키지 않

145) 대법원 2002. 12. 10. 선고 2000다72213 판결; 대법원 2004. 9. 13. 선고 2003다64602 판결 등.

146) 대법원 2008. 12. 24. 선고 2008다41499 판결.

147) 대법원 2008. 4. 17. 선고 2006다35865 전원합의체 판결; 대법원 2011. 2. 24. 선고 2010다13107 판결; 대법원 2011. 4. 28. 선고 2009다98652 판결.

는 '자연에 의한' 생활방해인 반면, 태양반사광으로 인한 생활방해는 태양광이 '인위적으로 축조된' 건물 외벽에 의한 반사 효과와 결합하여 발생시키는 것이고, 태양반사광 침해는 반사되는 강한 태양빛이 직접 눈에 들어와 시각장애를 일으키는 점에서 침해행위의 태양이 일조방해의 경우보다 더 적극적인 침습의 형태이므로 태양반사광으로 인한 생활방해의 참을 한도를 판단하는 때에는 일조방해의 판단 기준과는 다른 기준을 적용할 필요가 있다.

태양반사광 침해는 반사되는 강한 태양빛이 직접 눈에 들어와 시각장애를 일으키는 점에서 그 침해행위의 태양이 일조방해의 경우보다 더 적극적인 침습의 형태를 띠므로 거주자가 입게 되는 피해의 성질과 내용이 일조방해의 그것과 동일하다고 볼 수 없다. 태양반사광 침해가 거주자의 주거 내에서 연중 상당 시간 지속적으로 발생할 경우에는 안정과 휴식을 취하여야 할 공간인 주거로서의 본질적인 기능이 훼손될 수 있고, 이 경우 태양반사광의 주거 내 유입시간이 일조가 감소되는 시간과 동일한 정도에 이르러야만 참을 한도를 넘는다고 보는 것은 그 피해의 성질과 내용이 다르다는 점을 간과한 것이므로 타당하지 않다. 그러므로 태양반사광으로 인한 생활방해의 참을 한도를 판단하는 때에는 일조방해의 판단 기준과는 다른 기준을 적용할 필요가 있고, 이때 빛반사 밝기가 빛반사 시각장애를 초래하는 정도를 얼마나 초과하는지 여부 및 그 지속 시간은 중요한 고려 요소가 되는 것이다.148)

또한, 피해건물이 다른 기존 건물에 의하여 일조방해를 받고 있는 상황에서 가해건물이 신축됨으로써 피해건물에 수인한도를 넘는 일조방해의 피해가 발생한 경우, 당초 기존 건물로 인하여 생긴 일조방해에 대하여는 피해건물의 소유자 등이 수인할 의무가 있었던 이상, 신축 가해건물로 생긴 일조방해 중 기존 건물로 인하여 당초 발생하였던 일조방해의 범위 내에서는 불법행위책임을 물을 수 없다. 다만, 일조방해의 정도가 심화되어 피해건물에 수인한도를 넘는 일조방해의 피해가 발생하고 그로 인하여 피해건물의 재산적 가치가 하락된 경우 신축건물 소유자는 피해건물 소유자에 대하여 불법행위로 인한 재산상 손해배상책임을 부담한다.149)

(3) 손해배상의 범위

일조방해로 인하여 인근 공작물 등 토지상에 정착한 물건을 더 이상 본래의 용법대로 사용할 수 없게 되었다면 공작물 등 소유자로서는 공작물 등 이전이 불가능하거나

148) 대법원 2021. 6. 3. 선고 2016다33202, 33219 판결.
149) 대법원 2010. 6. 24. 선고 2008다23729 판결.

이전으로 인하여 공작물 등을 종래 용법대로 사용할 수 없게 되거나 공작물 등 이전비용이 공작물 등의 교환가치를 넘는다는 등 특별한 사정이 없는 한, 이전비용 상당액을 통상의 손해로서 청구할 수 있고, 이전 과정에서 불가피하게 발생한 손해 역시 통상의 손해로서 청구할 수 있으며, 위와 같은 특별한 사정이 있는 경우에는 공작물 등의 교환가치 상당액을 통상의 손해로서 청구할 수 있다.[150)]

(4) 손해배상청구권의 소멸시효

일반적으로 위법한 건축행위에 의하여 건물 등이 준공되거나 외부골조공사가 완료되면 그 건축행위에 따른 일영의 증가는 더 이상 발생하지 않게 되고 해당 토지의 소유자는 그 시점에 이러한 일조방해행위로 인하여 현재 또는 장래에 발생 가능한 재산상 손해나 정신적 손해 등을 예견할 수 있다고 할 것이므로 이러한 손해배상청구권에 관한 민법 제766조 제1항 소정의 소멸시효는 원칙적으로 그 때부터 진행한다. 다만, 위와 같은 일조방해로 인하여 건물 등의 소유자 내지 실질적 처분권자가 피해자에 대하여 건물 등의 전부 또는 일부에 대한 철거의무를 부담하는 경우가 있다면, 이러한 철거의무를 계속적으로 이행하지 않는 부작위는 새로운 불법행위가 되고 그 손해는 날마다 새로운 불법행위에 기하여 발생하는 것이므로 피해자가 그 각 손해를 안 때로부터 각별로 소멸시효가 진행한다.[151)]

4) 조망권의 문제

(1) 법적 보호이익으로서의 조망이익

조망이익 또한 사회통념상 독자의 이익으로 승인되어야 할 정도로 중요성을 갖는다고 인정되는 경우에 비로소 법적인 보호대상이 된다

어느 토지나 건물의 소유자가 종전부터 향유하고 있던 경관이나 조망이 그에게 하나의 생활이익으로서의 가치를 가지고 있다고 객관적으로 인정된다면 법적인 보호의 대상이 될 수 있다. 이와 같은 조망이익은 원칙적으로 특정의 장소가 그 장소로부터 외부를 조망함에 있어 특별한 가치를 가지고 있고, 그와 같은 조망이익의 향유를 하나의 중요한 목적으로 하여 그 장소에 건물이 건축된 경우와 같이 당해 건물의 소유자나 점유자가 그 건물로부터 향유하는 조망이익이 사회통념상 독자의 이익으로 승인되어야 할 정도로 중요성을 갖는다고 인정되는 경우에 비로소 법적인 보호의 대상이 되는 것

---

150) 대법원 2011. 4. 28. 선고 2009다98652 판결.

151) 대법원 2008. 4. 17. 선고 2006다35865 전원합의체 판결.

이고, 그와 같은 정도에 이르지 못하는 조망이익의 경우에는 특별한 사정이 없는 한 법적인 보호의 대상이 될 수 없다.[152)]

(2) 수인한도론에 따른 가해행위 판단

조망이익이 법적인 보호의 대상이 되는 경우에 이를 침해하는 행위가 사법상 위법한 가해행위로 평가되기 위해서는 조망이익의 침해 정도가 사회통념상 일반적으로 인용하는 수인한도를 넘어야 하고, 그 수인한도를 넘었는지 여부는 조망의 대상이 되는 경관의 내용과 피해건물이 입지하고 있는 지역에 있어서 건조물의 전체적 상황 등의 사정을 포함한 넓은 의미에서의 지역성, 피해건물의 위치 및 구조와 조망상황, 특히 조망과의 관계에서의 건물의 건축·사용목적 등 피해건물의 상황, 주관적 성격이 강한 것인지 여부와 식당 등의 영업과 같이 경제적 이익과 밀접하게 결부되어 있는지 여부 등 당해 조망이익의 내용, 가해건물의 위치 및 구조와 조망방해의 상황 및 건축·사용목적 등 가해건물의 상황, 가해건물 건축의 경위, 조망방해를 회피할 수 있는 가능성의 유무, 조망방해에 관하여 가해자측이 해의(害意)를 가졌는지의 유무, 조망이익이 피해이익으로서 보호가 필요한 정도 등 모든 사정을 종합적으로 고려하여 판단하여야 한다.[153)]

(3) 손해배상액의 산정

일조방해, 사생활 침해, 조망 침해 등과 같은 생활이익에 대한 침해가 사회통념상의 수인한도를 초과하여 위법한지를 판단하고 그에 따른 재산상 손해를 산정함에 있어서는 생활이익을 구성하는 요소들을 종합적으로 참작하여 수인한도를 판단하여야만 형평을 기할 수 있는 특별한 사정이 없다면, 원칙적으로 개별적인 생활이익별로 침해의 정도를 고려하여 수인한도 초과 여부를 판단한 후 수인한도를 초과하는 생활이익들에 기초하여 손해배상액을 산정하여야 하며, 수인한도를 초과하지 아니하는 생활이익에 대한 침해를 다른 생활이익 침해로 인한 수인한도 초과 여부 판단이나 손해배상액 산정에 있어서 직접적인 근거 사유로 삼을 수는 없다.[154)]

---

152) 대법원 2004. 9. 13. 선고 2003다64602 판결; 대법원 2007. 6. 28. 선고 2004다54282 판결; 대법원 2007. 9. 7. 선고 2005다72485 판결; 대법원 2010. 6. 24. 선고 2008다23729 판결.

153) 대법원 2004. 9. 13. 선고 2003다64602 판결.

154) 대법원 2007. 6. 28. 선고 2004다54282 판결.

2. 전용·일반주거지역에서의 높이 제한

1) 원칙

전용주거지역과 일반주거지역 안에서 건축하는 건축물의 높이는 일조 등의 확보를 위하여 건축물의 각 부분을 정북방향(正北方向)의 인접 대지경계선으로부터 ① 높이 10m 이하인 부분은 인접 대지경계선으로부터 1.5m 이상, ② 높이 10m를 초과하는 부분은 인접 대지경계선으로부터 해당 건축물 각 부분 높이의 2분의 1 이상의 범위에서 건축조례로 정하는 거리 이상을 띄어 건축하여야 한다(법 제61조 제1항, 영 제86조 제1항).

2) 적용제외 대상

다음 각 호의 어느 하나에 해당하는 경우에는 전용주거지역과 일반주거지역 안에서 일조 등의 확보를 위한 건축물의 높이 제한 규정이 적용되지 않는다(영 제86조 제2항).

1. 다음 각 목의 어느 하나에 해당하는 구역 안의 대지 상호 간에 건축하는 건축물로서 해당 대지가 너비 20m 이상의 도로(자동차·보행자·자전거 전용도로를 포함하며, 도로에 공공공지, 녹지, 광장, 그 밖에 건축미관에 지장이 없는 도시·군계획시설이 접한 경우 해당 시설을 포함한다)에 접한 경우
   가. 「국토계획법」에 따른 지구단위계획구역과 경관지구
   나. 「경관법」에 따른 중점경관관리구역
   다. 건축법에 따른 특별가로구역
   라. 도시미관 향상을 위하여 허가권자가 지정·공고하는 구역
2. 건축협정구역 안에서 대지 상호 간에 건축하는 건축물(법 제77조의4 제1항에 따른 건축협정에 일정 거리 이상을 띄어 건축하는 내용이 포함된 경우만 해당한다)의 경우
3. 건축물의 정북방향의 인접대지가 전용주거지역이나 일반주거지역이 아닌 용도지역에 해당하는 경우

또한, 2층 이하로서 높이가 8m 이하인 건축물에는 해당 지방자치단체의 조례로 정하는 바에 따라 전용주거지역과 일반주거지역에서의 일조 등으로 인한 높이 제한 규정, 공동주택 일조권의 높이 제한 규정, 정남방향으로부터의 일조권 규정을 적용하지 아니할 수 있다(법 제61조 제4항).

3. 공동주택 일조권의 높이 제한

1) 적용범위

인접 대지경계선 등의 방향으로 채광을 위한 창문 등을 두거나 하나의 대지에 두 동(棟) 이상을 건축하는 공동주택(일반상업지역과 중심상업지역에 건축하는 것은 제외한다)은 채광(採光) 등의 확보를 위하여 대통령령으로 정하는 높이 이하로 하여야 한다(법 제61조 제2항).

다만, 채광을 위한 창문 등이 있는 벽면에서 직각 방향으로 인접 대지경계선까지의 수평거리가 1m 이상으로서 건축조례로 정하는 거리 이상인 다세대주택은 전용주거지역과 일반주거지역에서의 일조 등으로 인한 높이 제한 규정을 적용하지 않는다(영 제86조 제3항 단서).

2) 일조 등의 확보를 위한 기준

건축물(기숙사는 제외한다)의 각 부분의 높이는 그 부분으로부터 채광을 위한 창문 등이 있는 벽면에서 직각 방향으로 인접 대지경계선까지의 수평거리의 2배(근린상업지역 또는 준주거지역의 건축물은 4배) 이하로 하여야 한다(영 제86조 제3항 제1호).

같은 대지에서 두 동 이상의 건축물이 서로 마주보고 있는 경우 건축물 각 부분 사이의 거리는 개별적 상황에 따라 정해질 수 있으나, 그 대지의 모든 세대가 동지(冬至)를 기준으로 9시에서 15시 사이에 2시간 이상을 계속하여 일조(日照)를 확보할 수 있는 거리 이상으로도 할 수 있다(영 제86조 제3항 제2호).

주택단지에 두 동 이상의 건축물이 건축법에 따른 도로를 사이에 두고 서로 마주보고 있는 경우에는 해당 도로의 중심선을 인접 대지경계선으로 보아 전용주거지역과 일반주거지역에서의 일조 등으로 인한 높이 제한 규정을 적용한다(영 제86조 제3항 제3호).

4. 정남방향으로부터의 일조권 규정

다음 각 호의 어느 하나에 해당하면 건축물의 높이를 정남(正南)방향의 인접 대지경계선으로부터의 거리에 따라 전용주거지역과 일반주거지역에서의 건축물의 높이의 범위에서 특별자치시장·특별자치도지사 또는 시장·군수·구청장이 정하여 고시하는 높이 이하로 할 수 있다(법 제61조 제3항, 영 제86조 제4항).

1. 「택지개발촉진법」 제3조에 따른 택지개발지구인 경우
2. 「주택법」 제15조에 따른 대지조성사업지구인 경우
3. 「지역개발지원법」 제11조에 따른 지역개발사업구역인 경우
4. 「산업입지법」 제6조, 제7조, 제7조의2 및 제8조에 따른 국가산업단지, 일반산업단지, 도시첨단산업단지 및 농공단지인 경우
5. 「도시개발법」 제2조 제1항 제1호에 따른 도시개발구역인 경우
6. 「도시정비법」 제8조에 따른 정비구역인 경우
7. 정북방향으로 도로, 공원, 하천 등 건축이 금지된 공지에 접하는 대지인 경우
8. 정북방향으로 접하고 있는 대지의 소유자와 합의한 경우나 그 밖에 대통령령으로 정하는 경우

5. 대지 사이에 공원 등이 위치한 경우의 일조권 규정

건축물을 건축하려는 대지와 다른 대지 사이에 공원, 도로, 철도, 하천, 광장, 공공공지, 녹지, 유수지, 자동차 전용도로, 유원지 또는 건축물이 없는 너비(대지경계선에서 가장 가까운 거리를 말한다) 2m 이하인 대지나 면적이 제80조 각 호에 따른 분할제한 기준 이하인 대지, 건축이 허용되지 않는 공지가 있는 경우에는 그 반대편의 대지경계선(공동주택은 인접 대지경계선과 그 반대편 대지경계선의 중심선)을 인접 대지경계선으로 한다(영 제86조 제6항).

전용주거지역과 일반주거지역에서의 일조 등으로 인한 높이 제한 규정, 공동주택 일조권의 높이 제한 규정, 정남방향으로부터의 일조권 규정을 적용할 때 공동주택을 건축하려는 하나의 대지 사이에 공원, 도로, 철도 또는 면적이 제80조 각 호에 따른 분할제한 기준 이하인 대지, 건축이 허용되지 않는 공지 등이 있는 경우에는 지방건축위원회의 심의를 거쳐 그 공원, 도로, 철도 등을 기준으로 마주하고 있는 해당 대지의 경계선의 중심선을 인접 대지경계선으로 할 수 있다(영 제86조 제7항).

제 7 절 | 건축설비

제1항 건축설비기준

Ⅰ. 건축설비기준과 건축설비설치의 원칙

건축설비의 설치 및 구조에 관한 기준과 설계 및 공사감리에 관하여 필요한 사항은 대통령령으로 정한다(법 제62조).

건축설비는 건축물의 안전·방화, 위생, 에너지 및 정보통신의 합리적 이용에 지장이 없도록 설치하여야 하고, 배관피트 및 닥트의 단면적과 수선구의 크기를 해당 설비의 수선에 지장이 없도록 하는 등 설비의 유지·관리가 쉽게 설치하여야 한다(영 제87조 제1항).

건축물에 설치하는 급수·배수·냉방·난방·환기·피뢰 등 건축설비의 설치에 관한 기술적 기준은 국토교통부령으로 정하되, 에너지 이용 합리화와 관련한 건축설비의 기술적 기준에 관하여는 산업통상자원부장관과 협의하여 정한다(영 제87조 제2항).

Ⅱ. 개별 건축설비

1. 장애인 관련 시설

건축물에 설치하여야 하는 장애인 관련 시설 및 설비는「장애인등편의법」제14조에 따라 작성하여 보급하는 편의시설 상세표준도에 따른다(영 제87조 제3항).

2. 방송수신 설비

건축물에는 방송수신에 지장이 없도록 공동시청 안테나, 유선방송 수신시설, 위성방송 수신설비, 에프엠(FM)라디오방송 수신설비 또는 방송 공동수신설비를 설치할 수 있다. 다만, 공동주택과 바닥면적의 합계가 5천㎡ 이상으로서 업무시설이나 숙박시설의 용도로 쓰는 건축물에는 방송 공동수신설비를 설치하여야 한다(영 제87조 제4항).

3. 전기설비 설치를 위한 공간

연면적이 500㎡ 이상인 건축물의 대지에는 국토교통부령으로 정하는 바에 따라 「전기사업법」 제2조 제2호에 따른 전기사업자가 전기를 배전(配電)하는 데 필요한 전기설비를 설치할 수 있는 공간을 확보하여야 한다(영 제87조 제6항).

4. 부식방지를 위한 조례

해풍이나 염분 등으로 인하여 건축물의 재료 및 기계설비 등에 조기 부식과 같은 피해 발생이 우려되는 지역에서는 해당 지방자치단체는 이를 방지하기 위하여 해풍이나 염분 등에 대한 내구성 설계기준 및 허용기준, 그 밖에 해풍이나 염분 등에 따른 피해를 막기 위하여 필요한 사항을 조례로 정할 수 있다(영 제87조 제7항).

제2항 승강기

Ⅰ. 승용승강기의 설치

건축주는 6층 이상으로서 연면적이 2천㎡ 이상인 건축물을 건축하려면 승강기를 설치하여야 한다. 이 경우 승강기의 규모 및 구조는 국토교통부령으로 정한다(법 제64조 제1항).

그러나 층수가 6층인 건축물로서 각 층 거실의 바닥면적 300㎡ 이내마다 1개소 이상의 직통계단을 설치한 건축물에는 승강기를 설치하지 않아도 된다(영 제89조).

Ⅱ. 비상용승강기의 추가 설치

높이 31m를 초과하는 건축물에는 대통령령으로 정하는 바에 따라 승용승강기뿐만 아니라 다음 각 호의 기준에 따른 대수 이상의 비상용승강기(비상용승강기의 승강장 및 승강로를 포함한다)를 추가로 설치하여야 한다. 다만, 승강기를 비상용승강기의 구조로 하는 건축물의 경우에는 그러하지 아니하다(법 제64조 제2항, 영 제90조 제1항).

1. 높이 31m를 넘는 각 층의 바닥면적 중 최대 바닥면적이 1천500㎡ 이하인 건축물: 1대 이상
2. 높이 31m를 넘는 각 층의 바닥면적 중 최대 바닥면적이 1천500㎡를 넘는 건축물: 1대에 1천500㎡를 넘는 3천㎡ 이내마다 1대씩 더한 대수 이상

2대 이상의 비상용승강기를 설치하는 경우에는 화재가 났을 때 소화에 지장이 없도록 일정한 간격을 두고 설치하여야 한다(영 제90조 제2항).

Ⅲ. 피난용승강기 설치

고층건축물에는 건축물에 설치하는 승용승강기 중 1대 이상을 피난용승강기로 설치하여야 한다(법 제64조 제3항).

피난용승강기(피난용승강기의 승강장 및 승강로를 포함한다)는 다음 각 호의 기준에 맞게 설치하여야 한다(영 제91조).

1. 승강장의 바닥면적은 승강기 1대당 6㎡ 이상으로 할 것
2. 각 층으로부터 피난층까지 이르는 승강로를 단일구조로 연결하여 설치할 것
3. 예비전원으로 작동하는 조명설비를 설치할 것
4. 승강장의 출입구 부근의 잘 보이는 곳에 해당 승강기가 피난용승강기임을 알리는 표지를 설치할 것
5. 그 밖에 화재예방 및 피해경감을 위하여 국토교통부령으로 정하는 구조 및 설비 등의 기준에 맞을 것

제 8 절 특별건축구역 등

제1항 특별건축구역

Ⅰ. 특별건축구역의 지정

1. 대상지역

1) 국토교통부장관의 지정

국토교통부장관은 도시나 지역의 일부가 특별건축구역으로 특례 적용이 필요하다고 인정하는 경우에는 국가가 국제행사 등을 개최하는 도시 또는 지역의 사업구역 또는 관계법령에 따른 국가정책사업으로서 다음 각 호의 사업구역을 특별건축구역으로 지정할 수 있다(법 제69조 제1항, 영 제105조 제1항).

1. 「행복도시법」에 따른 행정중심복합도시의 사업구역
2. 「혁신도시법」에 따른 혁신도시의 사업구역
3. 「경제자유구역법」 제4조에 따라 지정된 경제자유구역
4. 「택지개발촉진법」에 따른 택지개발사업구역
5. 「공공주택특별법」 제2조 제2호에 따른 공공주택지구
6. 「도시개발법」에 따른 도시개발구역
7. 「아시아문화도시법」에 따른 국립아시아문화전당 건설사업구역
8. 「국토계획법」 제51조에 따른 지구단위계획구역 중 현상설계 등에 따른 창의적 개발을 위한 특별계획구역

2) 시·도지사의 지정

시·도지사는 도시나 지역의 일부가 특별건축구역으로 특례 적용이 필요하다고 인정하는 경우에는 ① 지방자치단체가 국제행사 등을 개최하는 도시 또는 지역의 사업구역, ② 관계법령에 따른 도시개발·도시재정비 및 건축문화 진흥사업으로서 건축물 또는 공간환경을 조성하기 위하여 정하는 다음 각 호의 사업구역, ③ 건축문화 진흥을 위하여 국토교통부령으로 정하는 건축물 또는 공간환경을 조성하는 지역, ④ 그 밖에 도시경관의 창출, 건설기술 수준향상 및 건축 관련 제도개선을 도모하기 위하여 특별건

축구역으로 지정할 필요가 있다고 시·도지사가 인정하는 도시 또는 지역 등을 특별건축구역으로 지정할 수 있다(법 제69조 제1항, 영 제105조 제2항 및 제3항).

1. 「경제자유구역법」 제4조에 따라 지정된 경제자유구역
2. 「택지개발촉진법」에 따른 택지개발사업구역
3. 「도시정비법」에 따른 정비구역
4. 「도시개발법」에 따른 도시개발구역
5. 「도시재정비법」에 따른 재정비촉진구역
6. 「제주특별법」에 따른 국제자유도시의 사업구역
7. 「국토계획법」 제51조에 따른 지구단위계획구역 중 현상설계 등에 따른 창의적 개발을 위한 특별계획구역
8. 「관광진흥법」 제52조 및 제70조에 따른 관광지, 관광단지 또는 관광특구
9. 「지역문화진흥법」 제18조에 따른 문화지구

2. 지정제외 지역

「개발제한구역법」에 따른 개발제한구역, 「자연공원법」에 따른 자연공원, 「도로법」에 따른 접도구역, 「산지관리법」에 따른 보전산지에 대하여는 특별건축구역으로 지정할 수 없다(법 제69조 제2항).

다만, 국토교통부장관 또는 시·도지사는 특별건축구역으로 지정하고자 하는 지역이 「군사기지법」에 따른 군사기지 및 군사시설 보호구역에 해당하는 경우에는 국방부장관과 사전에 협의하여야 한다(법 제69조 제3항).

II. 특별건축구역의 건축물

특별건축구역에서 건축기준 등의 특례사항을 적용하여 건축할 수 있는 건축물은 다음 각 호의 어느 하나에 해당되어야 한다(법 제70조, 영 제106조 제1항).

1. 국가 또는 지방자치단체가 건축하는 건축물
2. 「공공기관운영법」 제4조에 따른 공공기관 중 한국토지주택공사·한국수자원공사·한국도로공사·한국농어촌공사 등이 건축하는 건축물
3. 그 밖에 대통령령으로 정하는 용도·규모의 건축물로서 도시경관의 창출, 건설기

술 수준향상 및 건축 관련 제도개선을 위하여 특례 적용이 필요하다고 허가권자가 인정하는 건축물

Ⅲ. 특별건축구역의 지정절차

1. 직권지정

국토교통부장관 또는 시·도지사는 필요한 경우 직권으로 특별건축구역을 지정할 수 있다. 이 경우 특별건축구역 지정신청에 필요한 자료에 따라 특별건축구역 지정의 필요성, 타당성 및 공공성 등과 피난·방재 등의 사항을 검토하고 각각 중앙건축위원회 또는 시·도지사가 두는 건축위원회의 심의를 거쳐야 한다(법 제71조 제6항).

2. 지정의 신청

중앙행정기관의 장, 특별건축구역의 지정대상인 사업구역을 관할하는 시·도지사 또는 시장·군수·구청장(지정신청기관)은 특별건축구역의 지정이 필요한 경우에는 다음 각 호의 자료를 갖추어 중앙행정기관의 장 또는 시·도지사는 국토교통부장관에게, 시장·군수·구청장은 특별시장·광역시장·도지사에게 각각 특별건축구역의 지정을 신청할 수 있다(법 제71조 제1항).

1. 특별건축구역의 위치·범위 및 면적 등에 관한 사항
2. 특별건축구역의 지정목적 및 필요성
3. 특별건축구역 내 건축물의 규모 및 용도 등에 관한 사항
4. 특별건축구역의 도시·군관리계획에 관한 사항. 이 경우 도시·군관리계획의 세부내용은 대통령령으로 정한다.
5. 건축물의 설계, 공사감리 및 건축시공 등의 발주방법 등에 관한 사항
6. 제74조에 따라 특별건축구역 전부 또는 일부를 대상으로 통합하여 적용하는 미술작품, 부설주차장, 공원 등의 시설에 대한 운영관리 계획서. 이 경우 운영관리 계획서의 작성방법, 서식, 내용 등에 관한 사항은 국토교통부령으로 정한다.
7. 그 밖에 특별건축구역의 지정에 필요한 대통령령으로 정하는 사항

3. 지정의 제안

지정신청기관 외의 자는 특별건축구역 지정신청에 필요한 자료를 갖추어 특별건축구역의 지정대상인 사업구역을 관할하는 시·도지사에게 특별건축구역의 지정을 제안할 수 있다(법 제71조 제2항).

특별건축구역 지정을 제안하려는 자는 시·도지사에게 제안하기 전에 대상 토지면적(국유지·공유지의 면적은 제외한다)의 3분의 2 이상에 해당하는 토지소유자와 국유지 또는 공유지의 재산관리청(국유지 또는 공유지가 포함되어 있는 경우로 한정한다)의 서면동의를 받아야 한다(영 제107조의2 제3항).

4. 건축위원회의 심의

국토교통부장관 또는 특별시장·광역시장·도지사는 지정신청이 접수된 경우에는 특별건축구역 지정의 필요성, 타당성 및 공공성 등과 피난·방재 등의 사항을 검토하고, 지정 여부를 결정하기 위하여 지정신청을 받은 날부터 30일 이내에 국토교통부장관이 지정신청을 받은 경우에는 국토교통부장관이 두는 건축위원회(중앙건축위원회), 특별시장·광역시장·도지사가 지정신청을 받은 경우에는 각각 특별시장·광역시장·도지사가 두는 건축위원회의 심의를 거쳐야 한다(법 제71조 제4항).

국토교통부장관 또는 특별시장·광역시장·도지사는 각각 중앙건축위원회 또는 특별시장·광역시장·도지사가 두는 건축위원회의 심의 결과를 고려하여 필요한 경우 특별건축구역의 범위, 도시·군관리계획 등에 관한 사항을 조정할 수 있다(법 제71조 제5항).

5. 지정내용의 고시와 후속조치

국토교통부장관 또는 시·도지사는 특별건축구역을 지정하거나 변경·해제하는 경우에는 대통령령으로 정하는 바에 따라 주요 내용을 관보(시·도지사는 공보)에 고시하고, 국토교통부장관 또는 특별시장·광역시장·도지사는 지정신청기관에 관계 서류의 사본을 송부하여야 한다(법 제71조 제7항).

관계 서류의 사본을 받은 지정신청기관은 관계 서류에 도시·군관리계획의 결정사항이 포함되어 있는 경우에는 「국토계획법」 제32조에 따라 지형도면의 승인신청 등 필요한 조치를 취하여야 한다(법 제71조 제8항).

6. 변경지정

지정신청기관은 특별건축구역 지정 이후 변경이 있는 경우 변경지정을 받아야 한다(법 제71조 제9항). 특별건축구역의 지정신청기관이 ① 특별건축구역의 범위가 10분의 1(특별건축구역의 면적이 10만㎡ 미만인 경우에는 20분의 1) 이상 증가하거나 감소하는 경우, ② 특별건축구역의 도시·군관리계획에 관한 사항이 변경되는 경우, ③ 건축물의 설계, 공사감리 및 건축시공 등 발주방법이 변경되는 경우, ④ 특별건축구역의 지정목적 및 필요성이 변경되는 경우 등에 해당하여 특별건축구역의 변경지정을 받으려는 경우에는 특별건축구역의 지정을 신청할 때 제출한 자료 중 변경된 내용에 따라 수정한 자료를 갖추어 국토교통부장관 또는 특별시장·광역시장·도지사에게 변경지정 신청을 하여야 한다. 이 경우 건축위원회의 심의를 거쳐야 한다(영 제107조 제4항, 규칙 제38조의3 제3항 및 제4항).

7. 지정의 해제

국토교통부장관 또는 시·도지사는 다음 각 호의 어느 하나에 해당하는 경우에는 특별건축구역의 전부 또는 일부에 대하여 지정을 해제할 수 있다. 이 경우 국토교통부장관 또는 특별시장·광역시장·도지사는 지정신청기관의 의견을 청취하여야 한다(법 제71조 제10항).

1. 지정신청기관의 요청이 있는 경우
2. 거짓이나 그 밖의 부정한 방법으로 지정을 받은 경우
3. 특별건축구역 지정일부터 5년 이내에 특별건축구역 지정목적에 부합하는 건축물의 착공이 이루어지지 아니하는 경우
4. 특별건축구역 지정요건 등을 위반하였으나 시정이 불가능한 경우

8. 지정의 효과

특별건축구역을 지정하거나 변경한 경우에는「국토계획법」제30조에 따른 도시·군관리계획의 결정(용도지역·지구·구역의 지정 및 변경은 제외한다)이 있는 것으로 본다(법 제71조 제11항).

Ⅳ. 특별건축구역 내 건축물의 심의

1. 특례적용을 위한 건축허가의 신청

1) 특례적용계획서를 첨부한 건축허가 신청

특별건축구역에서 제73조에 따라 건축기준 등의 특례사항을 적용하여 건축허가를 신청하고자 하는 자(허가 신청자)는 다음 각 호의 사항이 포함된 특례적용계획서를 첨부하여 해당 허가권자에게 건축허가를 신청하여야 한다. 이 경우 특례적용계획서의 작성방법 및 제출서류 등은 국토교통부령으로 정한다(법 제72조 제1항).

1. 제5조에 따라 기준을 완화하여 적용할 것을 요청하는 사항
2. 제71조에 따른 특별건축구역의 지정요건에 관한 사항
3. 제73조 제1항의 적용배제 특례를 적용한 사유 및 예상효과 등
4. 제73조 제2항의 완화적용 특례의 동등 이상의 성능에 대한 증빙내용
5. 건축물의 공사 및 유지·관리 등에 관한 계획

2) 적용특례 사항

특별건축구역에 건축하는 건축물에 대하여는 제42조(대지의 조경), 제55조(건축물의 건폐율), 제56조(건축물의 용적률), 제58조(대지 안의 공지), 제60조(건축물의 높이 제한), 제61조(일조 등의 확보를 위한 건축물의 높이 제한)와 「주택법」 제35조 중 대통령령으로 정하는 규정을 적용하지 않을 수 있다(법 제73조 제1항).

특별건축구역에 건축하는 건축물이 제49조(건축물의 피난시설 및 용도제한 등), 제50조(건축물의 내화구조와 방화벽), 제50조의2(고층건축물의 피난 및 안전관리), 제51조(방화지구 안의 건축물)부터 제53조(지하층)까지, 제62조(건축설비기준 등) 및 제64조(승강기)와 「녹색건축법」 제15조에 해당할 때에는 해당 규정에서 요구하는 기준 또는 성능 등을 다른 방법으로 대신할 수 있는 것으로 지방건축위원회가 인정하는 경우에만 해당 규정의 전부 또는 일부를 완화하여 적용할 수 있다(법 제73조 제2항).

2. 지방건축위원회의 심의

특례적용을 위한 건축허가는 해당 건축물이 특별건축구역의 지정목적에 적합한지의 여부와 특례적용계획서 등 해당 사항에 대하여 시·도지사 및 시장·군수·구청장 소속의 지방건축위원회의 심의를 거쳐야 한다(법 제72조 제2항).

3. 교통영향평가서의 심의

허가 신청자는 특례적용을 위한 건축허가 시 「도시교통정비법」 제16조에 따른 교통영향평가서의 검토를 동시에 진행하고자 하는 경우에는 같은 법 제16조에 따른 교통영향평가서에 관한 서류를 첨부하여 허가권자에게 심의를 신청할 수 있고(법 제72조 제3항), 교통영향평가서에 대하여 지방건축위원회에서 통합심의한 경우에는 「도시교통정비법」 제17조에 따른 교통영향평가서의 심의를 한 것으로 본다(법 제72조 제4항).

4. 변경심의

지방건축위원회에서 심의된 내용에 대하여 건축허가 사항의 변경허가를 받아야 하는 경우 또는 건축물 외부의 디자인, 형태 또는 색채를 변경하는 경우 등의 변경사항이 발생한 경우에는 지방건축위원회의 변경심의를 받아야 한다(법 제72조 제5항, 영 제108조 제1항).

5. 특별건축구역 내 건축물에 대한 모니터링

국토교통부장관 또는 특별시장 · 광역시장 · 도지사는 건축제도의 개선 및 건설기술의 향상을 위하여 허가권자의 의견을 들어 특별건축구역 내에서 건축기준 등의 적용 특례사항을 적용하여 건축허가를 받은 건축물에 대하여 모니터링(특례를 적용한 건축물에 대하여 해당 건축물의 건축시공, 공사감리, 유지 · 관리 등의 과정을 검토하고 실제로 건축물에 구현된 기능 · 미관 · 환경 등을 분석하여 평가하는 것을 말한다)을 실시할 수 있다(법 제72조 제6항).

Ⅴ. 통합적용계획의 수립 및 시행

1. 통합적용 대상 법률

특별건축구역에서는 다음 각 호의 관계 법령의 규정에 대하여는 개별 건축물마다 적용하지 아니하고 특별건축구역 전부 또는 일부를 대상으로 통합하여 적용할 수 있다(법 제74조 제1항).

1. 「문화예술진흥법」 제9조에 따른 건축물에 대한 미술작품의 설치
2. 「주차장법」 제19조에 따른 부설주차장의 설치
3. 「공원녹지법」에 따른 공원의 설치

2. 통합적용계획의 수립절차

지정신청기관은 관계 법령의 규정을 통합하여 적용하려는 경우에는 특별건축구역 전부 또는 일부에 대하여 미술작품, 부설주차장, 공원 등에 대한 수요를 개별법으로 정한 기준 이상으로 산정하여 파악하고 이용자의 편의성, 쾌적성 및 안전 등을 고려한 통합적용계획을 수립하여야 한다(법 제74조 제2항).

지정신청기관이 통합적용계획을 수립하는 때에는 해당 구역을 관할하는 허가권자와 협의하여야 하며, 협의요청을 받은 허가권자는 요청받은 날부터 20일 이내에 지정신청기관에게 의견을 제출하여야 한다(법 제74조 제3항).

지정신청기관은 도시 · 군관리계획의 변경을 수반하는 통합적용계획이 수립된 때에는 관련 서류를 「국토계획법」 제30조에 따른 도시 · 군관리계획 결정권자에게 송부하여야 하며, 이 경우 해당 도시 · 군관리계획 결정권자는 특별한 사유가 없으면 도시 · 군관리계획의 변경에 필요한 조치를 취하여야 한다(법 제74조 제4항).

Ⅵ. 건축주 등과 허가권자 등의 의무

1. 건축주 등의 의무

특별건축구역에서 건축기준 등의 적용 특례사항을 적용하여 건축허가를 받은 건축물의 공사감리자, 시공자, 건축주, 소유자 및 관리자는 시공 중이거나 건축물의 사용승인 이후에도 당초 허가를 받은 건축물의 형태, 재료, 색채 등이 원형을 유지하도록 필요한 조치를 하여야 한다(법 제75조 제1항).

2. 허가권자 등의 의무

허가권자는 특별건축구역의 건축물에 대하여 설계자의 창의성 · 심미성 등의 발휘와 제도개선 · 기술발전 등이 유도될 수 있도록 노력하여야 한다(법 제76조 제1항).

허가권자는 직접 실시한 모니터링 결과를 국토교통부장관 또는 특별시장·광역시장·도지사에게 제출하여야 하며, 국토교통부장관 또는 특별시장·광역시장·도지사는 특별건축구역 건축물의 검사 및 직접 실시한 모니터링 결과 등을 분석하여 필요한 경우 건축법 또는 관계 법령의 제도개선을 위하여 노력하여야 한다(법 제76조 제2항).

Ⅶ. 특별건축구역 건축물의 검사

국토교통부장관 및 허가권자는 특별건축구역의 건축물에 대하여 그 건축물에 관련되는 물건을 검사할 수 있으며, 필요한 경우 시정명령 등 필요한 조치를 할 수 있다(법 제77조 제1항).

국토교통부장관 및 허가권자는 특별건축구역 내에서 모니터링을 실시하는 건축물에 대하여 직접 모니터링을 하거나 분야별 전문가 또는 전문기관에 용역을 의뢰할 수 있다. 이 경우 해당 건축물의 건축주, 소유자 또는 관리자는 특별한 사유가 없으면 모니터링에 필요한 사항에 대하여 협조하여야 한다(법 제77조 제2항).

제2항 특별가로구역

Ⅰ. 특별가로구역의 지정

1. 지정대상 구역

국토교통부장관 및 허가권자는 도로에 인접한 건축물의 건축을 통한 조화로운 도시경관의 창출을 위하여 건축법 및 관계 법령에 따라 일부 규정을 적용하지 아니하거나 완화하여 적용할 수 있도록 경관지구나 지구단위계획구역 중 미관유지를 위하여 필요하다고 인정하는 구역에서 다음 각 호의 어느 하나에 해당하는 도로에 접한 대지의 일정 구역을 특별가로구역으로 지정할 수 있다(법 제77조의2 제1항, 영 제110조의2 제1항).

1. 건축선을 후퇴한 대지에 접한 도로로서 허가권자(허가권자가 구청장인 경우에는 특별시장이나 광역시장을 말한다)가 건축조례로 정하는 도로
2. 허가권자가 리모델링 활성화가 필요하다고 인정하여 지정·공고한 지역 안의 도로
3. 보행자전용도로로서 도시미관 개선을 위하여 허가권자가 건축조례로 정하는 도로

4. 「지역문화진흥법」 제18조에 따른 문화지구 안의 도로
5. 그 밖에 조화로운 도시경관 창출을 위하여 필요하다고 인정하여 국토교통부장관이 고시하거나 허가권자가 건축조례로 정하는 도로

2. 심의에 필요한 자료

국토교통부장관 및 허가권자는 특별가로구역을 지정하려는 경우에는 다음 각 호의 자료를 갖추어 국토교통부장관 또는 허가권자가 두는 건축위원회의 심의를 거쳐야 한다(법 제77조의2 제2항, 영 제110조의2 제2항).

1. 특별가로구역의 위치 · 범위 및 면적 등에 관한 사항
2. 특별가로구역의 지정목적 및 필요성
3. 특별가로구역 내 건축물의 규모 및 용도 등에 관한 사항
4. 그 밖에 특별가로구역의 지정에 필요한 사항으로서 다음 각 목의 사항
   가. 특별가로구역에서 건축법 또는 관계 법령의 규정을 적용하지 아니하거나 완화하여 적용하는 경우에 해당 규정과 완화 등의 범위에 관한 사항
   나. 건축물의 지붕 및 외벽의 형태나 색채 등에 관한 사항
   다. 건축물의 배치, 대지의 출입구 및 조경의 위치에 관한 사항
   라. 건축선 후퇴 공간 및 공개공지등의 관리에 관한 사항
   마. 그 밖에 특별가로구역의 지정에 필요하다고 인정하여 국토교통부장관이 고시하거나 허가권자가 건축조례로 정하는 사항

3. 특별가로구역 지정의 공고

국토교통부장관 및 허가권자는 특별가로구역을 지정하거나 변경 또는 해제하는 경우에는 이를 관보(허가권자의 경우에는 공보)에 공고하여야 하고(규칙 제38조의6 제1항), 관보 또는 공보에 공고한 날부터 30일 이상 일반이 열람할 수 있도록 하여야 한다. 이 경우 국토교통부장관, 특별시장 또는 광역시장은 관계 서류를 특별자치시장 · 특별자치도 또는 시장 · 군수 · 구청장에게 송부하여 일반이 열람할 수 있도록 하여야 한다(규칙 제38조의6 제2항).

Ⅱ. 특별가로구역의 관리 및 건축물의 건축기준 적용 특례

1. 특별가로구역의 관리

국토교통부장관 및 허가권자는 특별가로구역을 효율적으로 관리하기 위하여 특별가로구역의 지정 내용을 특별가로구역 관리대장에 작성하여 관리하여야 한다(법 제77조의3 제1항, 규칙 제38조의7 제1항).

2. 적용배제 규정

특별가로구역 안의 건축물에 대하여 국토교통부장관 또는 허가권자가 배치기준을 따로 정하는 경우에는 제46조 및 「민법」 제242조(경계선 부근의 건축)를 적용하지 아니한다(법 제77조의3 제3항).

제3항 건축협정

Ⅰ. 건축협정의 체결절차

1. 건축협정의 체결

1) 건축협정의 대상지역 및 준수사항

토지 또는 건축물의 소유자(공유자를 포함한다), 토지 또는 건축물의 지상권자, 그 밖에 해당 토지 또는 건축물에 이해관계가 있는 자로서 건축조례로 정하는 자 중 그 토지 또는 건축물 소유자의 동의를 받은 자(소유자등)는 전원의 합의로 다음 각 호의 어느 하나에 해당하는 지역 또는 구역에서 건축물의 건축·대수선 또는 리모델링에 관한 협정(건축협정)을 체결할 수 있다(법 제77조의4 제1항, 영 제110조의3 제1항).

1. 「국토계획법」 제51조에 따라 지정된 지구단위계획구역
2. 「도시정비법」 제2조 제2호 가목에 따른 주거환경개선사업을 시행하기 위하여 같은 법 제8조에 따라 지정·고시된 정비구역
3. 「도시재정비법」 제2조 제6호에 따른 존치지역
4. 「도시재생법」 제2조 제1항 제5호에 따른 도시재생활성화지역

5. 그 밖에 시·도지사 및 시장·군수·구청장(건축협정인가권자)이 도시 및 주거환경 개선이 필요하다고 인정하여 해당 지방자치단체의 조례로 정하는 구역

제1항 각 호의 지역 또는 구역에서 둘 이상의 토지를 소유한 자가 1인인 경우에도 그 토지소유자는 해당 토지의 구역을 건축협정 대상 지역으로 하는 건축협정을 정할 수 있다. 이 경우 그 토지소유자 1인을 건축협정 체결자로 본다(법 제77조의4 제2항).

소유자등은 건축협정을 체결(제2항에 따라 토지소유자 1인이 건축협정을 정하는 경우를 포함한다)하는 경우에는 ① 건축법 및 관계 법령을 위반하지 아니할 것, ②「국토계획법」 제30조에 따른 도시·군관리계획 및 건축법 제77조의11 제1항에 따른 건축물의 건축·대수선 또는 리모델링에 관한 계획을 위반하지 아니할 것의 사항을 준수하여야 한다(법 제77조의4 제3항).

2) 건축협정의 내용

건축협정은 ① 건축물의 건축·대수선 또는 리모델링에 관한 사항, ② 건축물의 위치·용도·형태 및 부대시설에 관하여 대통령령으로 정하는 사항을 포함하여야 한다(법 제77조의4 제4항). "대통령령으로 정하는 사항"이란 다음 각 호의 사항을 말한다(영 제110조의3 제2항)

1. 건축선
2. 건축물 및 건축설비의 위치
3. 건축물의 용도, 높이 및 층수
4. 건축물의 지붕 및 외벽의 형태
5. 건폐율 및 용적률
6. 담장, 대문, 조경, 주차장 등 부대시설의 위치 및 형태
7. 차양시설, 차면시설 등 건축물에 부착하는 시설물의 형태
8. 법 제59조 제1항 제1호에 따른 맞벽 건축의 구조 및 형태
9. 그 밖에 건축물의 위치, 용도, 형태 또는 부대시설에 관하여 건축조례로 정하는 사항

3) 건축협정서의 내용

소유자등이 건축협정을 체결하는 경우에는 건축협정서를 작성하여야 하며, 건축협정서에는 다음 각 호의 사항이 명시되어야 한다(법 제77조의4 제5항).

1. 건축협정의 명칭
2. 건축협정 대상 지역의 위치 및 범위
3. 건축협정의 목적
4. 건축협정의 내용
5. 제1항 및 제2항에 따라 건축협정을 체결하는 자(협정체결자)의 성명, 주소 및 생년월일(법인, 법인 아닌 사단이나 재단 및 외국인의 경우에는 「부동산등기법」 제49조에 따라 부여된 등록번호를 말한다)
6. 제77조의5 제1항에 따른 건축협정운영회가 구성되어 있는 경우에는 그 명칭, 대표자 성명, 주소 및 생년월일
7. 건축협정의 유효기간
8. 건축협정 위반 시 제재에 관한 사항
9. 그 밖에 건축협정에 필요한 사항으로서 해당 지방자치단체의 조례로 정하는 사항

2. 건축협정운영회의 설립

협정체결자는 건축협정서 작성 및 건축협정 관리 등을 위하여 필요한 경우 협정체결자 간의 자율적 기구로서 운영회(건축협정운영회)를 설립할 수 있다(법 제77조의5 제1항). 건축협정운영회를 설립하려면 협정체결자 과반수의 동의를 받아 건축협정운영회의 대표자를 선임하고, 국토교통부령으로 정하는 바에 따라 건축협정인가권자에게 신고하여야 한다. 다만, 제77조의6에 따른 건축협정 인가 신청 시 건축협정운영회에 관한 사항을 포함한 경우에는 그러하지 아니하다(법 제77조의5 제2항).

3. 건축협정의 인가

협정체결자 또는 건축협정운영회의 대표자는 건축협정서를 작성하여 국토교통부령으로 정하는 바에 따라 해당 건축협정인가권자의 인가를 받아야 한다. 이 경우 인가신청을 받은 건축협정인가권자는 인가를 하기 전에 건축협정인가권자가 두는 건축위원회의 심의를 거쳐야 한다(법 제77조의6 제1항).

건축협정 체결 대상 토지가 둘 이상의 특별자치시 또는 시·군·구에 걸치는 경우 건축협정 체결 대상 토지면적의 과반(過半)이 속하는 건축협정인가권자에게 인가를 신

청할 수 있다. 이 경우 인가 신청을 받은 건축협정인가권자는 건축협정을 인가하기 전에 다른 특별자치시장 또는 시장·군수·구청장과 협의하여야 한다(법 제77조의6 제2항).
건축협정인가권자는 건축협정을 인가하였을 때에는 국토교통부령으로 정하는 바에 따라 그 내용을 공고하여야 한다(법 제77조의6 제3항).

4. 건축협정의 변경 및 관리

협정체결자 또는 건축협정운영회의 대표자는 건축협정의 인가받은 사항을 변경하려면 국토교통부령으로 정하는 바에 따라 변경인가를 받아야 한다. 다만, 대통령령으로 정하는 경미한 사항을 변경하는 경우에는 그러하지 아니하다(법 제77조의7 제1항).

건축협정인가권자는 건축협정을 인가하거나 변경인가하였을 때에는 국토교통부령으로 정하는 바에 따라 건축협정 관리대장을 작성하여 관리하여야 한다(법 제77조의8).

5. 건축협정의 폐지

협정체결자 또는 건축협정운영회의 대표자는 건축협정을 폐지하려는 경우에는 협정체결자 과반수의 동의를 받아 국토교통부령으로 정하는 바에 따라 건축협정인가권자의 인가를 받아야 한다. 다만, 제77조의13에 따른 특례를 적용하여 착공신고를 한 경우에는 착공신고를 한 날부터 20년이 지난 후에 건축협정의 폐지 인가를 신청할 수 있다(법 제77조의9 제1항, 영 제110조의4 제1항).

건축협정인가권자는 건축협정을 폐지하였을 때에는 국토교통부령으로 정하는 바에 따라 그 내용을 공고하여야 한다(법 제77조의9 제2항, 법 제77조의6 제3항).

6. 건축협정의 효력

건축협정이 체결된 지역 또는 구역(건축협정구역)에서 건축물의 건축·대수선 또는 리모델링을 하거나 그 밖에 대통령령으로 정하는 행위를 하려는 소유자등은 인가·변경인가된 건축협정에 따라야 한다(법 제77조의10 제1항).

건축협정이 공고된 후 건축협정구역에 있는 토지나 건축물 등에 관한 권리를 협정체결자인 소유자등으로부터 이전받거나 설정받은 자는 협정체결자로서의 지위를 승계한다. 다만, 건축협정에서 달리 정한 경우에는 그에 따른다(법 제77조의10 제2항).

7. 건축협정에 관한 계획 및 경관협정과의 관계

1) 건축협정에 관한 계획수립과 지원

건축협정인가권자는 소유자등이 건축협정을 효율적으로 체결할 수 있도록 건축협정구역에서 건축물의 건축·대수선 또는 리모델링에 관한 계획을 수립할 수 있고(법 제77조의11 제1항), 대통령령으로 정하는 바에 따라 도로 개설 및 정비 등 건축협정구역 안의 주거환경개선을 위한 사업비용의 일부를 지원할 수 있다(법 제77조의11 제2항).

2) 경관협정과의 관계

소유자등은 건축협정을 체결할 때 「경관법」 제19조에 따른 경관협정을 함께 체결하려는 경우에는 「경관법」 제19조 제3항·제4항 및 제20조에 관한 사항을 반영하여 건축협정인가권자에게 인가를 신청할 수 있다(법 제77조의12 제1항). 인가 신청을 받은 건축협정인가권자는 건축협정에 대한 인가를 하기 전에 건축위원회의 심의를 하는 때에 「경관법」 제29조 제3항에 따라 경관위원회와 공동으로 하는 심의를 거쳐야 한다(법 제77조의12 제2항).

경관위원회와 공동으로 하는 심의를 거쳐 건축협정을 인가받은 경우에는 「경관법」 제21조에 따른 경관협정의 인가를 받은 것으로 본다(법 제77조의12 제3항).

Ⅱ. 건축협정에 따른 특례

1. 맞벽 건축의 허가

건축협정을 체결하여 둘 이상의 건축물 벽을 맞벽으로 하여 건축하려는 경우 맞벽으로 건축하려는 자는 공동으로 건축허가를 신청할 수 있다(법 제77조의13 제1항). 이 경우에 제17조, 제21조, 제22조 및 제25조에 관하여는 개별 건축물마다 적용하지 아니하고 허가를 신청한 건축물 전부 또는 일부를 대상으로 통합하여 적용할 수 있다(법 제77조의13 제2항).

2. 관계 법령의 적용

건축협정의 인가를 받은 건축협정구역에서 연접한 대지에 대하여는 다음 각 호의 관계 법령의 규정을 개별 건축물마다 적용하지 아니하고 건축협정구역의 전부 또는 일부를 대상으로 통합하여 적용할 수 있다(법 제77조의13 제3항).

1. 제42조에 따른 대지의 조경
2. 제44조에 따른 대지와 도로와의 관계
3. 삭제 <2016. 1. 19.>
4. 제53조에 따른 지하층의 설치
5. 제55조에 따른 건폐율
6. 「주차장법」 제19조에 따른 부설주차장의 설치
7. 삭제 <2016. 1. 19.>
8. 「하수도법」 제34조에 따른 개인하수처리시설의 설치

관계 법령의 규정을 적용하려는 경우에는 건축협정구역 전부 또는 일부에 대하여 조경 및 부설주차장에 대한 기준을 건축법 및 「주차장법」에서 정한 기준 이상으로 산정하여 적용하여야 한다(법 제77조의13 제4항).

건축협정을 체결하여 둘 이상 건축물의 경계벽을 전체 또는 일부를 공유하여 건축하는 경우에는 제1항부터 제4항까지의 특례를 적용하며, 해당 대지를 하나의 대지로 보아 건축법의 기준을 개별 건축물마다 적용하지 아니하고 허가를 신청한 건축물의 전부 또는 일부를 대상으로 통합하여 적용할 수 있다(법 제77조의13 제5항).

건축협정구역에 건축하는 건축물에 대하여는 제42조, 제55조, 제56조, 제58조, 제60조 및 제61조와 「주택법」 제35조를 대통령령으로 정하는 바에 따라 완화하여 적용할 수 있다. 다만, 제56조를 완화하여 적용하는 경우에는 제4조에 따른 건축위원회의 심의와 「국토계획법」 제113조에 따른 지방도시계획위원회의 심의를 통합하여 거쳐야 한다(법 제77조의13 제6항).

Ⅲ. 건축협정 집중구역 지정

건축협정인가권자는 건축협정의 효율적인 체결을 통한 도시의 기능 및 미관의 증진을 위하여 건축협정의 대상지역의 전체 또는 일부를 건축협정 집중구역으로 지정할 수 있다(법 제77조의14 제1항).

건축협정인가권자는 건축협정 집중구역을 지정하는 경우에는 미리 다음 각 호의 사항에

대하여 건축협정인가권자가 두는 건축위원회의 심의를 거쳐야 한다(법 제77조의14 제2항).

1. 건축협정 집중구역의 위치, 범위 및 면적 등에 관한 사항
2. 건축협정 집중구역의 지정목적 및 필요성
3. 건축협정 집중구역에서 제77조의4 제4항 각 호의 사항 중 건축협정인가권자가 도시의 기능 및 미관 증진을 위하여 세부적으로 규정하는 사항
4. 건축협정 집중구역에서 제77조의13에 따른 건축협정의 특례 적용에 관하여 세부적으로 규정하는 사항

건축협정인가권자는 건축협정 집중구역의 지정 또는 변경·해제하였을 때에는 국토교통부령으로 정하는 바에 따라 그 내용을 공고하여야 한다(법 제77조의14 제3항, 법 제77조의6 제3항).

건축협정 집중구역 내의 건축협정이 제2항 각 호에 관한 심의내용에 부합하는 경우에는 건축위원회의 심의를 생략할 수 있다(법 제77조의14 제4항).

제4항 결합건축

Ⅰ. 결합건축 대상지

다음 각 호의 어느 하나에 해당하는 지역에서 대지간의 최단거리가 100m 이내의 범위에서 대통령령으로 정하는 범위에 있는 2개의 대지의 건축주가 서로 합의한 경우 2개의 대지를 대상으로 결합건축을 할 수 있다(법 제77조의15 제1항).

1. 「국토계획법」 제36조에 따라 지정된 상업지역
2. 「역세권법」 제4조에 따라 지정된 역세권개발구역
3. 「도시정비법」 제2조에 따른 정비구역 중 주거환경개선사업의 시행을 위한 구역
4. 그 밖에 도시 및 주거환경 개선과 효율적인 토지이용이 필요하다고 대통령령으로 정하는 지역

다음 각 호의 어느 하나에 해당하는 경우에는 제1항 각 호의 어느 하나에 해당하는 지역에서 대통령령으로 정하는 범위에 있는 3개 이상 대지의 건축주 등이 서로 합의한 경우 3개 이상의 대지를 대상으로 결합건축을 할 수 있다(법 제77조의15 제2항).

1. 국가 · 지방자치단체 또는 「공공기관운영법」 제4조 제1항에 따른 공공기관이 소유 또는 관리하는 건축물과 결합건축하는 경우
2. 「소규모주택정비법」 제2조 제1항 제1호에 따른 빈집 또는 「건축물관리법」 제42조에 따른 빈 건축물을 철거하여 그 대지에 공원, 광장 등 대통령령으로 정하는 시설을 설치하는 경우
3. 그 밖에 대통령령으로 정하는 건축물과 결합건축하는 경우

제1항 및 제2항에도 불구하고 도시경관의 형성, 기반시설 부족 등의 사유로 해당 지방자치단체의 조례로 정하는 지역 안에서는 결합건축을 할 수 없다(법 제77조의15 제3항).

II. 결합건축의 절차

결합건축을 하고자 하는 건축주는 건축허가를 신청하는 때에는 다음 각 호의 사항을 명시한 결합건축협정서를 첨부하여야 하며 국토교통부령으로 정하는 도서를 제출하여야 한다(법 제77조의16 제1항).

1. 결합건축 대상 대지의 위치 및 용도지역
2. 결합건축협정서를 체결하는 자(결합건축협정체결자)의 성명, 주소 및 생년월일(법인, 법인 아닌 사단이나 재단 및 외국인의 경우에는 「부동산등기법」 제49조에 따라 부여된 등록번호를 말한다)
3. 「국토계획법」 제78조에 따라 조례로 정한 용적률과 결합건축으로 조정되어 적용되는 대지별 용적률
4. 결합건축 대상 대지별 건축계획서

허가권자는 「국토계획법」 제2조 제11호에 따른 도시 · 군계획사업에 편입된 대지가 있는 경우에는 결합건축을 포함한 건축허가를 아니할 수 있다(법 제77조의16 제2항).

허가권자는 건축허가를 하기 전에 건축위원회의 심의를 거쳐야 한다. 다만, 결합건축으로 조정되어 적용되는 대지별 용적률이 「국토계획법」 제78조에 따라 해당 대지에 적용되는 도시계획조례의 용적률의 100분의 20을 초과하는 경우에는 대통령령으로 정하는 바에 따라 건축위원회 심의와 도시계획위원회 심의를 공동으로 하여 거쳐야 한다(법 제77조의16 제3항).

Ⅲ. 결합건축의 관리

허가권자는 결합건축을 포함하여 건축허가를 한 경우 국토교통부령으로 정하는 바에 따라 그 내용을 공고하고, 결합건축 관리대장을 작성하여 관리하여야 한다(법 제77조의17 제1항). 허가권자는 결합건축과 관련된 건축물의 사용승인신청이 있는 경우 해당 결합건축협정서상의 다른 대지에서 착공신고 또는 대통령령으로 정하는 조치가 이행되었는지를 확인한 후 사용승인을 하여야 한다(법 제77조의17 제2항). 허가권자는 결합건축을 허용한 경우 건축물대장에 국토교통부령으로 정하는 바에 따라 결합건축에 관한 내용을 명시하여야 한다(법 제77조의17 제3항).

결합건축협정서에 따른 협정체결 유지기간은 최소 30년으로 한다. 다만, 결합건축협정서의 용적률 기준을 종전대로 환원하여 신축·개축·재축하는 경우에는 그러하지 아니한다(법 제77조의17 제4항).

결합건축협정서를 폐지하려는 경우에는 결합건축협정체결자 전원이 동의하여 허가권자에게 신고하여야 하며, 허가권자는 용적률을 이전받은 건축물이 멸실된 것을 확인한 후 결합건축의 폐지를 수리하여야 한다. 이 경우 결합건축 폐지에 관하여는 제1항 및 제3항을 준용한다(법 제77조의17 제5항).

제9절 | 보칙

제1항 감독

Ⅰ. 감독청의 감독권 행사

국토교통부장관은 시·도지사 또는 시장·군수·구청장이 한 명령이나 처분이 건축법이나 건축법에 따른 명령이나 처분 또는 조례에 위반되거나 부당하다고 인정하면 그 명령 또는 처분의 취소·변경, 그 밖에 필요한 조치를 명할 수 있고(법 제78조 제1항), 특별시장·광역시장·도지사도 시장·군수·구청장이 한 명령이나 처분이 건축법 또는 건축법에 따른 명령이나 처분 또는 조례에 위반되거나 부당하다고 인정하면 동일한 조치를 명할 수 있다(법 제78조 제2항).

이러한 상급행정청의 하급행정청에 대한 감독권 행사로서 처분의 취소명령권은 건축법에 법적 근거가 있으므로 아무런 문제가 없다. 그러나 법적 근거가 없는 경우에도 상급청이 감독권의 행사로서 하급청의 처분에 대한 취소권을 행사할 수 있는지가 문제되나, 이러한 경우에도 감독청의 감독권에는 명령권과 징계권만 포함되며, 처분청의 처분을 취소할 권한은 포함되지 않는다고 보아야 할 것이다.[155]

대법원도 명시적인 법령상의 근거가 있는 경우에는 감독청의 취소권 행사에는 광범위한 재량이 허용되어 감독청이 처분청에 대한 취소권을 행사할 수 있지만 이해관계 있는 제3자나 이미 형성된 법률관계가 존재하는 경우에는 상대적으로 엄격한 재량통제의 필요성이 인정되므로 이러한 범위에서는 감독청의 취소권 행사도 제한된다고 보고 있다.[156]

Ⅱ. 시정결과의 보고

시·도지사 또는 시장·군수·구청장이 필요한 조치명령을 받으면 그 시정결과를 국토교통부장관에게 지체 없이 보고하여야 하며, 시장·군수·구청장이 필요한 조치명령을 받으면 그 시정결과를 특별시장·광역시장·도지사에게 지체 없이 보고하여야 한다(법 제78조 제3항).

155) 동일한 취지로 김성수, 일반행정법, 홍문사, 제9판, 2021, 324-325쪽.
156) 대법원 2017. 9. 21. 선고 2016두55629 판결.

Ⅲ. 지도·점검 계획의 수립 및 시행

국토교통부장관 및 시·도지사는 건축허가의 적법한 운영, 위법 건축물의 관리 실태 등 건축행정의 건실한 운영을 지도·점검하기 위하여 연 1회 이상 다음 각 호의 내용이 포함된 지도·점검 계획을 수립·시행하여야 한다(법 제78조 제4항, 규칙 제39조).

1. 건축허가 등 건축민원 처리실태
2. 건축통계의 작성에 관한 사항
3. 건축부조리 근절대책
4. 위반 건축물의 정비계획 및 실적
5. 기타 건축행정과 관련하여 필요한 사항

Ⅳ. 위법·부당한 건축위원회의 심의에 대한 조치

1. 건축위원회의 심의방법·결과에 대한 조사

국토교통부장관 및 시·도지사는 건축위원회의 심의방법 또는 결과가 건축법 또는 건축법에 따른 명령이나 처분 또는 조례에 위반되거나 부당하다고 인정하면 그 심의방법 또는 결과의 취소·변경, 그 밖에 필요한 조치를 할 수 있다(법 제78조 제5항).

이에 따라 국토교통부장관은 지방건축위원회 심의방법 또는 결과에 대한 조사가 필요하다고 인정하면 시·도지사 또는 시장·군수·구청장에게, 시·도지사는 시장·군수·구청장이 설치하는 지방건축위원회의 심의방법 또는 결과에 대한 조사가 필요하다고 인정하면 시장·군수·구청장에게 관련 서류를 요구하거나 직접 방문하여 조사를 할 수 있다(영 제112조 제1항 및 제2항).

이 경우 국토교통부장관 및 시·도지사는 조사과정에서 필요하면 건축위원회 심의의 신청인 및 건축관계자 등의 의견을 들을 수 있다(영 제112조 제3항).

2. 위법·부당한 건축위원회의 심의에 대한 시정명령

국토교통부장관 및 시·도지사는 건축위원회의 심의방법 또는 결과에 대한 조사 및 의견청취 후 건축위원회의 심의방법 또는 결과가 건축법 또는 건축법에 따른 명령이나 처분 또는 조례(건축법규등)에 위반되거나 부당하다고 인정하면 다음 각 호의 구분에 따라 시·도지사 또는 시장·군수·구청장에게 시정명령을 할 수 있다(영 제113조 제1항).

1. 심의대상이 아닌 건축물을 심의하거나 심의내용이 건축법규등에 위반된 경우: 심의결과 취소
2. 건축법규등의 위반은 아니나 심의현황 및 건축여건을 고려하여 특별히 과도한 기준을 적용하거나 이행이 어려운 조건을 제시한 것으로 인정되는 경우: 심의결과 조정 또는 재심의
3. 심의절차에 문제가 있다고 인정되는 경우: 재심의
4. 건축관계자에게 심의개최 통지를 하지 아니하고 심의를 하거나 건축법규등에서 정한 범위를 넘어 과도한 도서의 제출을 요구한 것으로 인정되는 경우: 심의절차 및 기준의 개선 권고

3. 시정명령의 수용 및 이의신청

시정명령을 받은 시·도지사 또는 시장·군수·구청장은 특별한 사유가 없으면 이에 따라야 한다. 이 경우 재심의 명령을 받은 경우에는 해당 명령을 받은 날부터 15일 이내에 건축위원회의 심의를 하여야 한다(영 제113조 제2항).

시·도지사 또는 시장·군수·구청장은 시정명령에 이의가 있는 경우에는 해당 심의에 참여한 위원으로 구성된 지방건축위원회의 심의를 거쳐 국토교통부장관 또는 시·도지사에게 이의신청을 할 수 있다(영 제113조 제3항).

이의신청을 받은 국토교통부장관 및 시·도지사는 건축위원회의 심의방법 또는 결과에 대한 조사를 다시 실시한 후 그 결과를 시·도지사 또는 시장·군수·구청장에게 통지하여야 한다(영 제114조 제4항).

제2항 위반 건축물에 대한 조치

Ⅰ. 불법건축

1. 불법건축의 의의

불법건축이란 건축관련 법령에 위반하여 건축물을 건축하는 행위를 의미한다. 건축

법이 가장 대표적인 건축관련 법령이며, 그 외에도 국토계획법, 도시개발법, 도시정비법, 주택법 등도 여기에 해당된다. 이러한 건축관련 법령들에 저촉되어 건축된 건축물은 불법건축물로 통제와 규제의 대상이 된다.

그런데 이러한 불법건축에는 건축허가를 받지 않고 건축관련법령을 위반하여 건축물을 건축하는 형식적 불법(formelle Illegalität)과 건축허가를 받아 건축을 하지만 실제로는 건축허가요건을 충족하지 못하여 건축관련법령을 위반하는 결과로 이어지는 실질적 불법(materielle Illegalität)으로 구분된다.[157]

건축허가를 받지 않고 건축을 하는 형식적 불법이 불법건축의 전형적인 예이지만, 이러한 행위를 방치하게 되면 사후적으로 법령에서 정한 건축허가요건에 반하는 건축물의 출현을 방지할 수 없다. 이런 의미에서 실질적 불법의 개념을 원용하여 사후적인 통제를 통하여 불법건축물의 출현을 방지하고, 건축물로부터의 위험방지를 실현하는 것이 건축법의 주된 기능이라 할 것이다.

2. 형식적 불법과 실질적 불법

건축법이 형식적 불법과 실질적 불법을 명시적으로 인정하고 있다고는 보이지 않지만, 암묵적으로 이를 전제로 입법되었다고 보인다.

건축법 제79조의 시정명령의 구성요건에 의하면, 건축법에 위반되는 건축물에 대하여 건축허가를 받지 않은 형식적 불법에 대해서는 공사중지나 건축물의 해체·사용금지 등을 명할 수 있고, 건축허가를 받았으나 건축허가요건을 위반한 실질적 불법에는 건축허가 등을 취소할 수 있다. 이러한 규정형식에서 비추어 볼 때, 건축법은 형식적 불법과 실질적 불법을 전제로 입법되었다고 추측된다.

대법원도 종래 철거의무에 대한 대집행계고처분의 요건으로 '철거의무의 불이행을 방치함이 심히 공익을 해하는 것으로 인정되는 경우'를 제시한 바 있고,[158] 최근에는 시정명령을 대지나 건축물이 건축관련 법령 또는 건축허가조건을 위반한 상태를 해소하기 위한 조치를 명하는 처분[159]으로 판시하여 실질적 불법의 개념을 상정한 것으로 판단된다.

---

157) Hoppe/Bönker/Grotefels, Öffentliches Bausrecht, C.H.Beck, 5. Aufl., 2024, §16, Rn. 85.

158) 대법원 1987. 3. 10. 선고 86누860 판결; 대법원 1995. 12. 26. 선고 95누14114 판결; 대법원 2000. 6. 23. 선고 98두3112 판결 등.

159) 대법원 2022. 10. 14. 선고 2021두45008 판결.

판례 **시정명령처분취소(대법원 2022. 10. 14. 선고 2021두45008 판결)**

건축법상 위법상태의 해소를 목적으로 하는 시정명령 제도의 본질상, 시정명령의 이행을 기대할 수 없는 자, 즉 대지 또는 건축물의 위법상태를 시정할 수 있는 법률상 또는 사실상의 지위에 있지 않은 자는 시정명령의 상대방이 될 수 없다고 보는 것이 타당하다. 시정명령의 이행을 기대할 수 없는 자에 대한 시정명령은 위법상태의 시정이라는 행정목적 달성을 위한 적절한 수단이 될 수 없고, 상대방에게 불가능한 일을 명령하는 결과밖에 되지 않기 때문이다.

II. 시정명령

허가권자는 건축법 또는 건축법에 따른 명령이나 처분에 위반되는 대지나 건축물에 대하여 건축법에 따른 허가 또는 승인을 취소하거나 그 건축물의 건축주·공사시공자·현장관리인·소유자·관리자 또는 점유자(건축주등)에게 공사의 중지를 명하거나 상당한 기간을 정하여 그 건축물의 해체·개축·증축·수선·용도변경·사용금지·사용제한, 그 밖에 필요한 조치를 명할 수 있다(법 제79조 제1항).

이러한 시정명령은 대지나 건축물이 건축관련 법령 또는 건축허가조건을 위반한 상태를 해소하기 위한 조치를 명하는 처분으로 건축관련 법령 등을 위반한 객관적 사실이 있으면 할 수 있고, 원칙적으로 시정명령의 상대방에게 고의·과실을 요하지 아니하며 대지 또는 건축물의 위법상태를 직접 초래하거나 또는 그에 관여한 바 없다고 하더라도 부과할 수 있다.[160]

그러나 행정청이 위법 건축물에 대한 시정명령을 하고 나서 위반자가 이를 이행하지 아니하여 전기·전화의 공급자에게 그 위법 건축물에 대한 전기·전화공급을 하지 말아 줄 것을 요청한 행위는 권고적 성격의 행위에 불과한 것으로서 전기·전화공급자나 특정인의 법률상 지위에 직접적인 변동을 가져오는 것은 아니므로 이를 항고소송의 대상이 되는 행정처분이라고 볼 수 없다.[161]

허가권자가 시정명령을 하는 경우 국토교통부령으로 정하는 바에 따라 건축물대장에 위반내용을 적어야 한다(법 제79조 제4항).

---

160) 대법원 2022. 10. 14. 선고 2021두45008 판결.
161) 대법원 1996. 3. 22. 선고 96누433 판결.

Ⅲ. 관허사업의 제한

건축법 제79조는 관허사업의 제한을 규정하고 있는데, 이것은 행정법상의 의무이행을 간접적으로 강제하기 위하여 당해 의무위반과 직접 관련이 없는 인허가 등을 제한하는 것을 말한다.

허가권자는 허가나 승인이 취소된 건축물 또는 시정명령을 받고 이행하지 아니한 건축물에 대하여는 다른 법령에 따른 영업이나 그 밖의 행위를 허가·면허·인가·등록·지정 등을 하지 아니하도록 요청할 수 있고(법 제79조 제2항), 요청을 받은 자는 특별한 이유가 없으면 요청에 따라야 한다(법 제79조 제3항).

다만, 허가권자가 기간을 정하여 그 사용 또는 영업, 그 밖의 행위를 허용한 주택과 바닥면적의 합계가 400㎡ 미만인 축사와 바닥면적의 합계가 400㎡ 미만인 농업용·임업용·축산업용 및 수산업용 창고에 대하여는 그러하지 아니하다(법 제79조 제2항 단서, 영 제114조).

Ⅳ. 실태조사

허가권자는 건축법 또는 건축법에 따른 명령이나 처분에 위반되는 대지나 건축물에 대한 실태를 파악하기 위하여 조사를 할 수 있다(법 제79조 제5항). 따라서 허가권자는 실태조사를 매년 정기적으로 하며, 위반행위의 예방 또는 확인을 위하여 수시로 실태조사를 할 수 있고(영 제115조 제1항), 이 조사는 서면 또는 현장조사의 방법으로 실시할 수 있다(영 제115조 제3항).

허가권자는 실태조사를 하려는 경우에는 조사 목적·기간·대상 및 방법 등이 포함된 실태조사 계획을 수립하여야 하고(영 제115조 제2항), 조사를 한 경우 시정조치를 하기 위하여 정비계획을 수립·시행하여야 하며, 그 결과를 시·도지사(특별자치시장 및 특별자치도지사는 제외한다)에게 보고하여야 한다(영 제115조 제4항).

Ⅴ. 위반 건축물 관리대장의 작성

허가권자는 위반 건축물의 체계적인 사후 관리와 정비를 위하여 국토교통부령으로 정하는 바에 따라 위반 건축물 관리대장을 작성·관리하여야 한다. 이 경우 전자적 처리가 불가능한 특별한 사유가 없으면 전자정보처리 시스템을 이용하여 작성·관리하여야 한다(영 제115조 제5항).

제3항 이행강제금

Ⅰ. 의의

1. 개념

이행강제금은 시정명령의 불이행이라는 과거의 위반행위에 대한 제재가 아니라, 의무자에게 시정명령을 받은 의무의 이행을 명하고 그 이행기간 안에 의무를 이행하지 않으면 이행강제금이 부과된다는 사실을 고지함으로써 의무자에게 심리적 압박을 주어 의무의 이행을 간접적으로 강제하는 행정상의 간접강제수단에 해당한다.[162)]

2. 입법취지 및 제도의 합헌성

1) 입법취지

이행강제금을 부과하는 목적은 위법건축물의 방치를 막고자 행정청이 시정조치를 명하였음에도 건축주 등이 이를 이행하지 아니한 경우에 행정명령의 실효성을 확보하기 위하여 시정명령 이행시까지 지속적으로 부과함으로써 건축물의 안전과 기능, 미관을 향상시켜 공공복리의 증진을 도모하기 위한 것이다.

현행 건축법 제80조의 이행강제금과는 달리 1991년 5월 13일 개정 전의 구 건축법 제56조의2 제1항은 시정명령 불이행에 대하여 과태료를 부과하였으나, 이러한 행정질서벌로서의 과태료는 과거의 행정법상 의무위반사실에 대한 제재수단의 의미가 강한 것이므로 이를 반복·부과할 수 없는 반면 위법건축물에 대한 1회의 시정명령과 그 불응에 대한 과태료부과 후 위법건축물을 그대로 방치하게 되어 그 실효성에 대한 논란이 있었다. 이에 대한 반성적 고려에서 건축법 제80조 제1항은 위법건축물의 시정을 위하여 시정명령 이행확보수단으로서 이행강제금 제도를 채택하고 그 이행강제금을 1년에 2회까지 부과할 수 있도록 입법적으로 개선한 것이다.[163)]

---

162) 대법원 2018. 1. 25. 선고 2015두35116 판결.

2) 행정상 의무이행확보수단

이행강제금은 과거의 위반행위에 대한 형벌이 아니라 장래의 의무이행의 확보를 위한 강제수단이어서 헌법 제13조 제1항이 금지하는 이중처벌금지의 원칙이 적용될 여지가 없다.[164]

이러한 이행강제금의 본질상 시정명령을 받은 의무자가 이행강제금이 부과되기 전에 그 의무를 이행한 경우에는 비록 시정명령에서 정한 기간을 지나서 이행한 경우라도 이행강제금을 부과할 수 없다. 나아가 시정명령을 받은 의무자가 그 시정명령의 취지에 부합하는 의무를 이행하기 위한 정당한 방법으로 행정청에 신청 또는 신고를 하였으나 행정청이 위법하게 이를 거부 또는 반려함으로써 결국 그 처분이 취소되기에 이르렀다면, 특별한 사정이 없는 한 그 시정명령의 불이행을 이유로 이행강제금을 부과할 수는 없다고 보는 것이 이행강제금 제도의 취지에 부합한다.[165]

판례 건축법 제80조 제1항 등 위헌소원
(헌법재판소 2011. 10. 25. 선고 2009헌바140 결정)

개별사건에 있어서 위반내용, 위반자의 시정의지 등을 감안하여 허가권자는 행정대집행과 이행강제금을 선택적으로 활용할 수 있고, 행정대집행과 이행강제금 부과가 동시에 이루어지는 것이 아니라 허가권자의 합리적인 재량에 의해 선택하여 활용하는 이상 이를 중첩적인 제재에 해당한다고 볼 수 없으며, (중략) 건축법 제108조, 제110조에 의한 형사처벌의 대상이 되는 행위와 이 사건 법률조항에 따라 이행강제금이 부과되는 행위는 기초적 사실관계가 동일한 행위가 아니라 할 것이므로 이런 점에서도 이 사건 법률조항이 헌법 제13조 제1항의 이중처벌금지의 원칙에 위반되지 아니한다.

더욱이 행정상 간접강제수단인 이행강제금 규정이 민법이나 형사소송법, 국세기본법 등과 달리 소멸시효·제척기간 규정을 두지 않았다 하여도 민법 등의 입법목적과 건축법의 그것이 다르며, 민법이나 형사소송법, 국세기본법 등의 채권이나 공소제기권, 국세부과권 등 법률들이 규율하고 있는 권한의 법적 성격도 상이하다는 점에서 재산권을 과도하게 제한한다고 볼 수 없다.[166]

---

163) 헌법재판소 2004. 2. 26. 선고 2002헌바26 결정.
164) 헌법재판소 1994. 6. 30. 선고 92헌바38 결정; 헌법재판소 2011. 10. 25. 선고 2009헌바140 결정.
165) 대법원 2018. 1. 25. 선고 2015두35116 판결.
166) 헌법재판소 2023. 8. 31. 선고 2020헌바501 결정.

3. 법적 성격

1) 행정상 간접강제수단

행정상 강제집행제도로서 대집행, 행정상 강제징수, 집행벌, 직접강제 등이 인정되고 있으며, 행정상 간접강제수단의 일종인 이행강제금은 집행벌에 해당하는 것으로 본다. 이러한 이행강제금은 일정한 기한까지 의무를 이행하지 않을 때에는 일정한 금전적 부담을 과할 뜻을 미리 계고함으로써 의무자에게 심리적 압박을 주어 장래에 그 의무를 이행하게 하려는 행정상 간접적인 강제집행수단에 해당한다.[167]

이행강제금을 행정상 강제집행의 일반적 수단으로 채택하면서 비대체적 작위의무, 수인의무, 부작위의무뿐만 아니라 대체적 작위의무를 이행강제금 부과대상으로 하고 있는 입법례(독일 행정집행법 제11조)를 찾아볼 수 있듯이, 종래 부작위의무나 비대체적 작위의무만이 이행강제금의 대상이 된다고 보아온 것은 이행강제금제도의 본질에서 오는 제약은 아니며, 이행강제금은 대체적 작위의무의 위반에 대하여도 부과될 수 있다.[168]

2) 행정처분성

2005년 11월 8일 개정 전까지의 건축법은 농지법[169]과 마찬가지로 이행강제금 부과처분의 당부는 최종적으로 비송사건절차법에 의하여 판단되어야 하여 이행강제금 부과처분을 행정소송의 대상이 행정처분으로 보지 않았다.[170]

그러나 현행 건축법 제80조에서는 이러한 규정이 삭제되었기 때문에 이행강제금 부과처분은 항고소송의 대상이 되는 행정처분에 해당한다. 건축법상 이행강제금의 부과는 급부하명으로서 행정처분에 해당하기 때문이다.[171]

아울러 이행강제금의 부과 및 징수절차는 「국고금관리법 시행규칙」을 준용하므로(규칙 제40조의2) 이행강제금 부과처분을 받은 자가 이행강제금을 기한 내에 납부하지 아니한 때에는 국고금관리법 시행규칙 제32조에 따라 그 납부를 독촉할 수 있으며, 납부독촉에도 불구하고 이행강제금을 납부하지 않으면 체납절차에 의하여 이행강제금을

---

167) 대법원 2016. 7. 14. 선고 2015두46598 판결.

168) 헌법재판소 2004. 2. 26. 선고 2002헌바26 결정.

169) 대법원 2019. 4. 11. 선고 2018두42955 판결(농지법 제62조 제1항에 따른 이행강제금 부과처분에 불복하는 경우에는 비송사건절차법에 따른 재판절차가 적용되어야 하고, 행정소송법상 항고소송의 대상은 될 수 없다. 농지법 제62조 제6항, 제7항이 위와 같이 이행강제금 부과처분에 대한 불복절차를 분명하게 규정하고 있으므로, 이와 다른 불복절차를 허용할 수는 없다).

170) 대법원 2000. 9. 22. 선고 2000두5722 판결.

171) 김남철, 앞의 책, 514쪽.

징수할 수 있고, 이때 이행강제금 납부의 최초 독촉은 징수처분으로서 항고소송의 대상이 되는 행정처분이 될 수 있다.[172)]

II. 이행강제금의 부과

1. 위반내용에 따른 부과금액

허가권자는 시정명령을 받은 후 시정기간 내에 시정명령을 이행하지 아니한 건축주 등에 대하여는 그 시정명령의 이행에 필요한 상당한 이행기한을 정하여 그 기한까지 시정명령을 이행하지 아니하면 다음 각 호의 이행강제금을 부과한다. 다만, 연면적(공동주택의 경우에는 세대 면적을 기준으로 한다)이 60㎡ 이하인 주거용 건축물과 제2호 중 주거용 건축물로서 ① 사용승인을 받지 아니하고 건축물을 사용한 경우, ② 대지의 조경에 관한 사항을 위반한 경우, ③ 건축물의 높이 제한을 위반한 경우, ④ 일조 등의 확보를 위한 건축물의 높이 제한을 위반한 경우 등에는 다음 각 호의 어느 하나에 해당하는 금액의 2분의 1의 범위에서 해당 지방자치단체의 조례로 정하는 금액을 부과한다(법 제80조 제1항, 영 제115조의2 제1항, 제115조의3 제1항).

1. 건축물이 제55조와 제56조에 따른 건폐율이나 용적률을 초과하여 건축된 경우 또는 허가를 받지 아니하거나 신고를 하지 아니하고 건축된 경우에는 「지방세법」에 따라 해당 건축물에 적용되는 1㎡의 시가표준액의 100분의 50에 해당하는 금액에 위반면적을 곱한 금액 이하의 범위에서 위반내용에 따라 ① 건폐율을 초과하여 건축한 경우에는 100분의 80, ② 용적률을 초과하여 건축한 경우에는 100분의 90, ③ 허가를 받지 아니하고 건축한 경우에는 100분의 100, ④ 신고를 하지 아니하고 건축한 경우에는 100분의 70을 곱한 금액. 다만, 건축조례로 위반내용에 따른 비율을 낮추어 정할 수 있되, 낮추는 경우에도 그 비율은 100분의 60 이상이어야 한다.
2. 건축물이 제1호 외의 위반 건축물에 해당하는 경우에는 「지방세법」에 따라 그 건축물에 적용되는 시가표준액에 해당하는 금액의 100분의 10의 범위에서 위반내용에 따라 [표 6]에서 정하는 금액

---

172) 대법원 2009. 12. 24. 선고 2009두14507 판결.

표 6 이행강제금의 산정기준

위반 건축물	해당 법조문	이행강제금의 금액
1. 허가를 받지 않거나 신고를 하지 않고 제3조의2 제8호에 따른 증설 또는 해체로 대수선을 한 건축물[173)]	법 제11조, 법 제14조	시가표준액의 100분의 10에 해당하는 금액
1의2. 허가를 받지 아니하거나 신고를 하지 아니하고 용도변경을 한 건축물	법 제19조	허가를 받지 아니하거나 신고를 하지 아니하고 용도변경을 한 부분의 시가표준액의 100분의 10에 해당하는 금액
2. 사용승인을 받지 아니하고 사용 중인 건축물	법 제22조	시가표준액의 100분의 2에 해당하는 금액
3. 대지의 조경에 관한 사항을 위반한 건축물	법 제42조	시가표준액(조경의무를 위반한 면적에 해당하는 바닥면적의 시가표준액)의 100분의 10에 해당하는 금액
4. 건축선에 적합하지 아니한 건축물	법 제47조	시가표준액의 100분의 10에 해당하는 금액
5. 구조내력기준에 적합하지 아니한 건축물	법 제48조	시가표준액의 100분의 10에 해당하는 금액
6. 피난시설, 건축물의 용도·구조의 제한, 방화구획, 계단, 거실의 반자 높이, 거실의 채광·환기와 바닥의 방습 등이 법령등의 기준에 적합하지 아니한 건축물	법 제49조	시가표준액의 100분의 10에 해당하는 금액
7. 내화구조 및 방화벽이 법령등의 기준에 적합하지 아니한 건축물	법 제50조	시가표준액의 100분의 10에 해당하는 금액
8. 방화지구 안의 건축물에 관한 법령등의 기준에 적합하지 아니한 건축물	법 제51조	시가표준액의 100분의 10에 해당하는 금액

173) 대법원 2013. 1. 24. 선고 2011두10164 판결(건축법이 이와 같이 건축물이 신고하지 않고 건축된 경우에도 이행강제금을 부과할 수 있도록 규정하고 있는 점에 비추어 보면, 건축법상의 이행강제금은 허가대상 건축물뿐만 아니라 신고대상 건축물에 대해서도 부과할 수 있다).

9. 법령등에 적합하지 않은 마감재료를 사용한 건축물	법 제52조	시가표준액의 100분의 10에 해당하는 금액
10. 높이 제한을 위반한 건축물	법 제60조	시가표준액의 100분의 10에 해당하는 금액
11. 일조 등의 확보를 위한 높이 제한을 위반한 건축물	법 제61조	시가표준액의 100분의 10에 해당하는 금액
12. 건축설비의 설치·구조에 관한 기준과 그 설계 및 공사감리에 관한 법령 등의 기준을 위반한 건축물	법 제62조	시가표준액의 100분의 10에 해당하는 금액
13. 그 밖에 건축법 또는 건축법에 따른 명령이나 처분을 위반한 건축물		시가표준액의 100분의 3 이하로서 위반행위의 종류에 따라 건축조례로 정하는 금액(건축조례로 규정하지 아니한 경우에는 100분의 3으로 한다)

2. 영리목적·상습 위반의 부과금액

허가권자는 영리목적을 위한 위반이나 상습적 위반 등으로서 다음 각 호의 어느 하나에 해당하는 경우에 위반내용에 따른 부과금액을 100분의 100의 범위에서 해당 지방자치단체의 조례로 정하는 바에 따라 가중하여야 한다. 다만, 위반행위 후 소유권이 변경된 경우는 제외한다(법 제80조 제2항, 영 제115조의3 제2항).

1. 임대 등 영리를 목적으로 법 제19조를 위반하여 용도변경을 한 경우(위반면적이 50㎡를 초과하는 경우로 한정한다)
2. 임대 등 영리를 목적으로 허가나 신고 없이 신축 또는 증축한 경우(위반면적이 50㎡를 초과하는 경우로 한정한다)
3. 임대 등 영리를 목적으로 허가나 신고 없이 다세대주택의 세대수 또는 다가구주택의 가구수를 증가시킨 경우(5세대 또는 5가구 이상 증가시킨 경우로 한정한다)
4. 동일인이 최근 3년 내에 2회 이상 법 또는 법에 따른 명령이나 처분을 위반한 경우
5. 제1호부터 제4호까지의 규정과 비슷한 경우로서 건축조례로 정하는 경우

3. 문서에 의한 계고

허가권자는 이행강제금을 부과하기 전에 이행강제금을 부과·징수한다는 뜻을 미리 문서로써 계고(戒告)하여야 하고(법 제80조 제3항), 이행강제금을 부과하는 경우 금액, 부과사유, 납부기한, 수납기관, 이의제기 방법 및 이의제기 기관 등을 구체적으로 밝힌 문서로 하여야 한다(법 제80조 제4항).

4. 부과의 횟수 및 중지

허가권자는 최초의 시정명령이 있었던 날을 기준으로 하여 1년에 2회 이내의 범위에서 해당 지방자치단체의 조례로 정하는 횟수만큼 그 시정명령이 이행될 때까지 반복하여 이행강제금을 부과·징수할 수 있다(법 제80조 제5항).

허가권자는 시정명령을 받은 자가 이를 이행하면 새로운 이행강제금의 부과를 즉시 중지하되, 이미 부과된 이행강제금은 징수하여야 한다(법 제80조 제6항).

5. 강제징수

허가권자는 이행강제금 부과처분을 받은 자가 이행강제금을 납부기한까지 내지 아니하면 「지방행정제재부과금법」에 따라 징수한다(법 제80조 제7항).

Ⅲ. 이행강제금 부과의 특례

1. 이행강제금의 감경

허가권자는 이행강제금을 다음 각 호에서 정하는 바에 따라 감경할 수 있다. 다만, 지방자치단체의 조례로 정하는 기간까지 위반내용을 시정하지 아니한 경우는 제외한다(법 제80조의2 제1항, 영 제115조의4 제1항 및 제2항).

1. 축사 등 농업용·어업용 시설로서 500㎡(「수도권정비계획법」 제2조 제1호에 따른 수도권 외의 지역에서는 1천㎡) 이하인 경우는 5분의 1을 감경
2. 그 밖에 위반 동기, 위반 범위 및 위반 시기 등을 고려하여 위반행위 후 소유권이 변경되거나 사용승인 당시 존재하던 위반사항으로서 사용승인 이후 확인된

경우 등(제80조 제2항에 해당하는 경우는 제외한다)에는 2분의 1의 범위에서 100분의 50 또는 건축조례로 정하는 비율을 감경

2. 주거용 건축물에 대한 감경

허가권자는 법률 제4381호 건축법개정법률의 시행일(1992년 6월 1일을 말한다) 이전에 건축법 또는 건축법에 따른 명령이나 처분을 위반한 연면적 85㎡ 이하 주거용 건축물에 관하여는 100분의 80, 연면적 85㎡ 초과 주거용 건축물의 경우에는 100분의 60의 비율로 이행강제금을 감경할 수 있다(법 제80조의2 제2항).

제4항 건축물 면적 등의 산정

Ⅰ. 대지면적

대지면적은 대지의 수평투영면적으로 한다. 다만, 다음 각 목의 어느 하나에 해당하는 면적은 제외한다(영 제119조 제1항 제1호).

가. 법 제46조 제1항 단서에 따라 대지에 건축선이 정하여진 경우: 그 건축선과 도로 사이의 대지면적

나. 대지에 도시·군계획시설인 도로·공원 등이 있는 경우: 그 도시·군계획시설에 포함되는 대지(「국토계획법」 제47조 제7항에 따라 건축물 또는 공작물을 설치하는 도시·군계획시설의 부지는 제외한다)면적

Ⅱ. 건축면적

1. 원칙

건축면적은 건축물의 외벽(외벽이 없는 경우에는 외곽 부분의 기둥으로 한다)의 중심선으로 둘러싸인 부분의 수평투영면적으로 한다(영 제119조 제1항 제2호 본문).

판례 **건축법 제80조 제1항 등 위헌소원**
(헌법재판소 2011. 10. 25. 선고 2009헌바140 결정)

이 사건 아파트 분양계약상 평형별 세대당 건물면적이나 공유대지면적의 기재가 단순히 계약목적물을 특정하기 위한 방편에 불과하다고는 할 수 없고 이 사건 아파트 분양계약은 그 목적물이 일정한 면적(수량)을 가지고 있다는 데 주안을 두고 그 대금도 그 면적을 기준으로 하여 정한 경우로서 이른바 수량을 지정한 매매라고 아니할 수 없고,

2. 개별적 산정기준

처마, 차양, 부연(附椽), 그 밖에 이와 비슷한 것으로서 그 외벽의 중심선으로부터 수평거리 1m 이상 돌출된 부분이 있는 건축물의 건축면적은 그 돌출된 끝부분으로부터 다음의 구분에 따른 수평거리를 후퇴한 선으로 둘러싸인 부분의 수평투영면적으로 한다(영 제119조 제1항 제2호 가목).

① 「전통사찰법」 제2조 제1호에 따른 전통사찰: 4m 이하의 범위에서 외벽의 중심선까지의 거리

② 사료 투여, 가축 이동 및 가축 분뇨 유출 방지 등을 위하여 처마, 차양, 부연, 그 밖에 이와 비슷한 것이 설치된 축사: 3m 이하의 범위에서 외벽의 중심선까지의 거리(두 동의 축사가 하나의 차양으로 연결된 경우에는 6m 이하의 범위에서 축사 양 외벽의 중심선까지의 거리를 말한다)

③ 한옥: 2m 이하의 범위에서 외벽의 중심선까지의 거리

④ 「친환경자동차법 시행령」 제18조의5에 따른 충전시설(그에 딸린 충전 전용 주차구획을 포함한다)의 설치를 목적으로 처마, 차양, 부연, 그 밖에 이와 비슷한 것이 설치된 공동주택(「주택법」 제15조에 따른 사업계획승인 대상으로 한정한다): 2m 이하의 범위에서 외벽의 중심선까지의 거리

⑤ 「신에너지재생법」 제2조 제3호에 따른 신·재생에너지 설비(신·재생에너지를 생산하거나 이용하기 위한 것만 해당한다)를 설치하기 위하여 처마, 차양, 부연, 그 밖에 이와 비슷한 것이 설치된 건축물로서 「녹색건축법」 제17조에 따른 제로에너지건축물 인증을 받은 건축물: 2m 이하의 범위에서 외벽의 중심선까지의 거리

⑥ 「친환경자동차법」 제2조 제9호의 수소연료공급시설을 설치하기 위하여 처마, 차양, 부연 그 밖에 이와 비슷한 것이 설치된 별표 1 제19호 가목의 주유소, 같은 호 나목의 액화석유가스 충전소 또는 같은 호 바목의 고압가스 충전소: 2m

이하의 범위에서 외벽의 중심선까지의 거리

⑦ 그 밖의 건축물: 1m

3. 건축면적에 산입하지 않는 부분

다음에 해당하는 부분·통로·경사로 등의 경우에는 건축면적에 산입하지 않는다(영 제119조 제1항 제2호 다목).

① 지표면으로부터 1m 이하에 있는 부분(창고 중 물품을 입출고하기 위하여 차량을 접안시키는 부분의 경우에는 지표면으로부터 1.5m 이하에 있는 부분)

② 건축물 지상층에 일반인이나 차량이 통행할 수 있도록 설치한 보행통로나 차량통로

③ 지하주차장의 경사로

④ 건축물 지하층의 출입구 상부(출입구 너비에 상당하는 규모의 부분을 말한다)

⑤ 생활폐기물 보관시설(음식물쓰레기, 의류 등의 수거시설을 말한다)

⑥ 「장애인등편의법 시행령」 별표 2의 기준에 따라 설치하는 장애인용 승강기, 장애인용 에스컬레이터, 휠체어리프트 또는 경사로

⑦ 「매장문화재법」 제14조 제1항 제1호 및 제2호에 따른 현지보존 및 이전보존을 위하여 매장문화재 보호 및 전시에 전용되는 부분

Ⅲ. 바닥면적

1. 원칙

바닥면적은 건축물의 각 층 또는 그 일부로서 벽, 기둥, 그 밖에 이와 비슷한 구획의 중심선으로 둘러싸인 부분의 수평투영면적으로 한다(영 제119조 제1항 제3호).

2. 개별적 산정방법

① 벽·기둥의 구획이 없는 건축물은 그 지붕 끝부분으로부터 수평거리 1m를 후퇴한 선으로 둘러싸인 수평투영면적으로 한다.

② 건축물의 노대등의 바닥은 난간 등의 설치 여부에 관계없이 노대등의 면적(외벽의 중심선으로부터 노대등의 끝부분까지의 면적을 말한다)에서 노대등이 접한 가장 긴 외벽에 접한 길이에 1.5m를 곱한 값을 뺀 면적을 바닥면적에 산입한다.

③ 필로티나 그 밖에 이와 비슷한 구조(벽면적의 2분의 1 이상이 그 층의 바닥면에서 위층 바닥 아래면까지 공간으로 된 것만 해당한다)의 부분은 그 부분이 공중의 통행이나 차량의 통행 또는 주차에 전용되는 경우와 공동주택의 경우에는 바닥면적에 산입하지 아니한다.

④ 승강기탑(옥상 출입용 승강장을 포함한다), 계단탑, 장식탑, 다락[층고(層高)가 1.5m(경사진 형태의 지붕인 경우에는 1.8m) 이하인 것만 해당한다], 건축물의 내부에 설치하는 냉방설비 배기장치 전용 설치공간(각 세대나 실별로 외부 공기에 직접 닿는 곳에 설치하는 경우로서 1㎡ 이하로 한정한다), 건축물의 외부 또는 내부에 설치하는 굴뚝, 더스트슈트, 설비덕트, 그 밖에 이와 비슷한 것과 옥상·옥외 또는 지하에 설치하는 물탱크, 기름탱크, 냉각탑, 정화조, 도시가스 정압기, 그 밖에 이와 비슷한 것을 설치하기 위한 구조물과 건축물 간에 화물의 이동에 이용되는 컨베이어벨트만을 설치하기 위한 구조물은 바닥면적에 산입하지 않는다.

⑤ 공동주택으로서 지상층에 설치한 기계실, 전기실, 어린이놀이터, 조경시설 및 생활폐기물 보관시설의 면적은 바닥면적에 산입하지 않는다.

⑥ 「장애인등편의법 시행령」 별표 2의 기준에 따라 설치하는 장애인용 승강기, 장애인용 에스컬레이터, 휠체어리프트 또는 경사로는 바닥면적에 산입하지 아니한다.

⑦ 「매장유산법」 제14조 제1항 제1호 및 제2호에 따른 현지보존 및 이전보존을 위하여 매장유산 보호 및 전시에 전용되는 부분은 바닥면적에 산입하지 아니한다.

⑧ 지하주차장의 경사로(지상층에서 지하 1층으로 내려가는 부분으로 한정한다)는 바닥면적에 산입하지 않는다.

Ⅳ. 연면적

연면적은 하나의 건축물 각 층의 바닥면적의 합계로 하되, 용적률을 산정할 때에는 지하층의 면적, 지상층의 주차용(해당 건축물의 부속용도인 경우만 해당한다)으로 쓰는 면적, 초고층 건축물과 준초고층 건축물에 설치하는 피난안전구역의 면적, 건축물의 경사지붕 아래에 설치하는 대피공간의 면적은 제외한다(영 제119조 제1항 제4호).

V. 건축물의 높이

1. 원칙

건축물의 높이는 지표면으로부터 그 건축물의 상단까지의 높이로 한다. 그러나 건축물의 1층 전체에 필로티(건축물을 사용하기 위한 경비실, 계단실, 승강기실, 그 밖에 이와 비슷한 것을 포함한다)가 설치되어 있는 경우에는 법 제60조 및 법 제61조 제2항을 적용할 때 필로티의 층고를 제외한 높이로 한다(영 제119조 제1항 제5호).

2. 개별적 산정방법

건축법 제60조에 따른 건축물의 높이는 전면도로의 중심선으로부터의 높이로 산정한다. 다만, 전면도로가 다음의 어느 하나에 해당하는 경우에는 그에 따라 산정한다.

① 건축물의 대지에 접하는 전면도로의 노면에 고저차가 있는 경우에는 그 건축물이 접하는 범위의 전면도로부분의 수평거리에 따라 가중평균한 높이의 수평면을 전면도로면으로 본다.

② 건축물의 대지의 지표면이 전면도로보다 높은 경우에는 그 고저차의 2분의 1의 높이만큼 올라온 위치에 그 전면도로의 면이 있는 것으로 본다.

건축법 제61조에 따른 건축물 높이를 산정할 때 건축물 대지의 지표면과 인접 대지의 지표면 간에 고저차가 있는 경우에는 그 지표면의 평균 수평면을 지표면으로 본다. 다만, 건축법 제61조 제2항에 따른 높이를 산정할 때 해당 대지가 인접 대지의 높이보다 낮은 경우에는 해당 대지의 지표면을 지표면으로 보고, 공동주택을 다른 용도와 복합하여 건축하는 경우에는 공동주택의 가장 낮은 부분을 그 건축물의 지표면으로 본다.

건축물의 옥상에 설치되는 승강기탑 · 계단탑 · 망루 · 장식탑 · 옥탑 등으로서 그 수평투영면적의 합계가 해당 건축물 건축면적의 8분의 1(「주택법」 제15조 제1항에 따른 사업계획승인 대상인 공동주택 중 세대별 전용면적이 85㎡ 이하인 경우에는 6분의 1) 이하인 경우로서 그 부분의 높이가 12m를 넘는 경우에는 그 넘는 부분만 해당 건축물의 높이에 산입한다.

지붕마루장식 · 굴뚝 · 방화벽의 옥상돌출부나 그 밖에 이와 비슷한 옥상돌출물과 난간벽(그 벽면적의 2분의 1 이상이 공간으로 되어 있는 것만 해당한다)은 그 건축물의 높이에 산입하지 아니한다.

3. 처마높이

지표면으로부터 건축물의 지붕틀 또는 이와 비슷한 수평재를 지지하는 벽·깔도리 또는 기둥의 상단까지의 높이로 한다.

4. 반자높이

반자란 거실, 방이나 마루의 천장을 평평하게 만드는 구조물을 말하는데, 공장, 창고시설, 위험물저장 및 처리시설, 동물 및 식물 관련 시설, 자원순환 관련 시설 또는 묘지 관련시설 외의 용도로 쓰는 건축물 거실의 반자(반자가 없는 경우에는 보 또는 바로 위층의 바닥판의 밑면, 그 밖에 이와 비슷한 것을 말한다)는 국토교통부령으로 정하는 기준에 적합하여야 한다(영 제50조).

이러한 반자높이는 방의 바닥면으로부터 반자까지의 높이로 한다. 다만, 한 방에서 반자높이가 다른 부분이 있는 경우에는 그 각 부분의 반자면적에 따라 가중평균한 높이로 한다.

5. 층고

층고는 방의 바닥구조체 윗면으로부터 위층 바닥구조체의 윗면까지의 높이로 한다. 다만, 한 방에서 층의 높이가 다른 부분이 있는 경우에는 그 각 부분 높이에 따른 면적에 따라 가중평균한 높이로 한다(영 제119조 제1항 제8호).

6. 층수

층수는 승강기탑(옥상 출입용 승강장을 포함한다), 계단탑, 망루, 장식탑, 옥탑, 그 밖에 이와 비슷한 건축물의 옥상 부분으로서 그 수평투영면적의 합계가 해당 건축물 건축면적의 8분의 1(「주택법」 제15조 제1항에 따른 사업계획승인 대상인 공동주택 중 세대별 전용면적이 85㎡ 이하인 경우에는 6분의 1) 이하인 것과 지하층은 건축물의 층수에 산입하지 아니하고, 층의 구분이 명확하지 아니한 건축물은 그 건축물의 높이 4m마다 하나의 층으로 보고 그 층수를 산정하며, 건축물이 부분에 따라 그 층수가 다른 경우에는 그 중 가장 많은 층수를 그 건축물의 층수로 본다(영 제119조 제1항 제9호).

7. 지하층의 지표면

지하층이란 건축물의 바닥이 지표면 아래에 있는 층으로서 바닥에서 지표면까지 평균높이가 해당 층 높이의 2분의 1 이상인 것을 말한다(법 제2조 제1항 제5호).

지하층의 지표면은 각 층의 주위가 접하는 각 지표면 부분의 높이를 그 지표면 부분의 수평거리에 따라 가중평균한 높이의 수평면을 지표면으로 산정한다(영 제119조 제1항 제10호).

Ⅵ. 지표면에 고저차가 있는 경우의 건축물의 면적 등의 산정

건축면적 · 연면적 · 바닥면적 및 높이 등에 대한 산정기준(지하층의 지표면은 제외한다)에 따른 기준에 따라 건축물의 면적 · 높이 및 층수 등을 산정할 때 지표면에 고저차가 있는 경우에는 건축물의 주위가 접하는 각 지표면 부분의 높이를 그 지표면 부분의 수평거리에 따라 가중평균한 높이의 수평면을 지표면으로 본다. 이 경우 그 고저차가 3m를 넘는 경우에는 그 고저차 3m 이내의 부분마다 그 지표면을 정한다(영 제119조 제2항).

제 3 장

국토의 계획 및 이용에 관한 법률

제 3 장 국토의 계획 및 이용에 관한 법률

제 1 절 | 국토계획법 서설

제1항 국토계획법의 의의

Ⅰ. 의의

국토계획법은 제1조에서 "이 법은 국토의 이용·개발과 보전을 위한 계획의 수립 및 집행 등에 필요한 사항을 정하여 공공복리를 증진시키고 국민의 삶의 질을 향상시키는 것을 목적으로 한다"라고 규정하여 국토의 이용·개발과 보전에 대한 일반법적 성격을 천명하고 있다.

이어 제3조에서 국토의 이용 및 관리의 기본원칙을 제시하고 있는데, 국토는 자연환경의 보전과 자원의 효율적 활용을 통하여 환경적으로 건전하고 지속가능한 발전을 이루기 위하여 ① 국민생활과 경제활동에 필요한 토지 및 각종 시설물의 효율적 이용과 원활한 공급, ② 자연환경 및 경관의 보전과 훼손된 자연환경 및 경관의 개선 및 복원, ③ 교통·수자원·에너지 등 국민생활에 필요한 각종 기초 서비스 제공, ④ 주거 등 생활환경 개선을 통한 국민의 삶의 질 향상, ⑤ 지역의 정체성과 문화유산의 보전, ⑥ 지역 간 협력 및 균형발전을 통한 공동번영의 추구, ⑦ 지역경제의 발전과 지역 및 지역 내 적절한 기능배분을 통한 사회적 비용의 최소화, ⑧ 기후변화에 대한 대응 및 풍수해 저감을 통한 국민의 생명과 재산의 보호, ⑨ 저출산·인구의 고령화에 따른 대응과 새로운 기술변화를 적용한 최적의 생활환경 제공의 목적을 이룰 수 있도록 이용되고 관리되어야 한다.

II. 법적 성격과 지위

국토계획법은 건축법과 더불어 건축행정법을 구성하는 양대 산맥으로서 건축계획법의 중추를 구성하는 법률이다. 이 법률은 건축물로부터의 위험방지를 목표로 하는 건축경찰법과는 달리 도시지역 내에서의 토지의 합리적 이용관계를 규율하고, 도시의 원활한 기능유지에 중점을 두는 법률로서 토지의 합리적 이용에 관한 계획법의 일반법으로의 성격을 가진다고 할 수 있다.[1)]

이러한 국토계획법의 입법목적을 실현하기 위하여 행정계획의 일종인 광역도시계획 등 건축계획법적 요소가 주된 부분을 차지하고 있으며, 보충적으로 용도지역 등과 개발행위허가제도, 지구단위계획제도 등이 마련되어 있다.

그렇지만 계획법제와는 약간 이질적인 개발사업제도 등도 입법화되어 있는데, 이는 국토계획법의 역사적 발전배경과 연관되어 있다고 할 수 있다.

제2항 국토계획법의 연혁

1934년 일본은 조선총독부령으로 우리나라 최초의 근대적 건축 및 건설관련법인 조선시가지계획령(1934. 6. 20. 총독부제령 제14호)을 제정한다. 이것은 식민지 지배의도에 부응한 강제이식 법령이었고, 현행 국토계획법을 비롯한 도시개발법과 도시정비법의 원형이다.

조선시가지계획령은 해방 후 시가지계획령으로 약간의 명칭 변경만 이루어졌고, 이후 계속 존속하다가 1962년 건축법과 도시계획법의 제정으로 폐지된다. 이후 2003년 도시계획법과 국토이용관리법은 통합되어 국토계획법으로 제정되게 된다. 2000년까지 도시계획법상의 건축허가요건, 즉 건폐율, 용적률, 건축물의 용도제한 등이 건축법에 잔존한 것도 이러한 연혁적 이유에 기인한다.

1962년에 제정된 도시계획법은 건축계획법인 도시계획법과 개발사업에 관한 법률의 혼합형태이었기 때문에 1966년 도시계획법에서 토지구획정리사업법이 분리되었고, 이것은 2000년 도시개발법으로 명칭 변경되어 제정되기에 이른다. 1976년에는 도시계

1) 대법원 2014. 5. 16. 선고 2013두4590 판결(구 국토의 계획 및 이용에 관한 법률 제38조 제1항, 제2항, 제80조, 제43조 제2항, 구 개발제한구역의 지정 및 관리에 관한 특별조치법 제1조, 제12조 등의 체계와 내용, 위 법률들의 입법 취지와 목적 등을 종합하여 보면, 개발제한구역에서의 행위 제한에 관하여는 구 개발제한구역법이 구 국토계획법에 대하여 특별법의 관계에 있다).

획법에서 도시재개발법이 분리되고, 이후 2003년 도시정비법으로 명칭이 변경되어 현재에 이르고 있다.

그리고 2003년에 도시계획법과 국토이용관리법을 통합한 현재의 국토계획법이 일원주의의 형태로 탄생하게 된다.

이러한 입법연혁과 배경으로 건축질서법 또는 건축경찰법의 성격을 지니는 건축법은 국토계획법에는 포함되지 못하고, 국토계획법에는 도시계획과 관련된 내용이 주를 이루게 된다. 양법을 통합하는 과정에서 보다 면밀한 검토와 이해가 부족하여 국토계획법은 졸속입법 또는 명칭과 내용이 불일치한 법률 등의 비판을 받아 왔고, 이러한 비판은 아직도 유효하다.[2)]

제3항 국토계획법의 구성

국토계획법은 토지의 합리적 이용이라는 입법목적에 걸맞게 도시 전체의 유기적·기능적 측면에서 건축물의 건축을 통제하는 방향으로 입법되었다. 그 결과 국토계획법은 도시 전체를 토지의 사용 쓰임새인 용도를 기준으로 구획한 용도지역제를 바탕으로 보충적으로 용도지구제와 용도구역제를 도입하였으며, 개발행위허가제도와 지구단위계획제도를 마련하고 있다. 이러한 국토계획법의 기법은 도시계획의 모더니즘 사조를 충실히 반영하고 있다고 보인다.

근대 도시계획가들의 기본구상인 도시지역을 그 용도에 맞게 구분하되, 공간의 위계질서에 따라 중심부에 상업지역을 둔다는 것이다. 그리고 그 주변으로 주거지역, 공업지역, 녹지지역을 설정하여 구분하고, 주거지역에는 대규모의 집단거주지를 조성하여 각 지역간의 연결은 도로와 철도 등의 기반시설로 한다는 모더니즘이 현행 국토계획법에도 여실히 그 진가를 발휘하고 있다고 할 것이다. 이를 위하여 광역도시계획과 도시·군기본계획, 도시·군관리계획 등 건축계획법적 수단인 행정계획을 활용하여 철저한 분절과 분획에 기반한 기능주의를 실현하는 것이다.[3)]

여기에다 토지의 합리적 이용에 부합하는 개발행위허가제도와 지구단위계획제도를 도입하여 용도지역제 등을 보완하는 형태로 국토계획법은 작동하고 있으며, 도시의 하

---

2) 김종보, 앞의 책, 16쪽.

3) 특히 이러한 구상은 스위스 태생의 프랑스 건축가인 르코르뷔지에(Le Corbusier)의 구상에 연유한다. 자세한 내용은 조재성, 21세기 도시를 위한 현대 도시계획론, 한울아카데미, 2020, 135－168쪽 참조.

부구조를 구성하는 기반시설을 설치하는 사업, 즉 도시·군계획시설사업도 아울러 규정하고 있다.

이러한 국토계획법의 입법형태와 기법은 건축물과 도시기능의 유기적 관련성을 중시하는 모더니즘의 사조와도 일치한다고 할 수 있다. 바로 도시계획은 전체적으로 질서정연한 계획도시를 추구하며, 공간은 사회적 목적에 기여한다는 명제가 그것이다.

제4항 국토계획법의 이념과 기본원칙

Ⅰ. 개관

국토계획법은 국토의 합리적 이용을 목적으로 하는 국토의 개발·이용 및 관리에 관한 일반법[4]이자 기본법적 성격을 가진다고 할 것이다. 물론 이에 대하여 국토기본법이 법명에서도 드러나듯이 국토관리의 기본법적 성격을 가지지만, 국토계획법 역시 기본법적 성격을 보유한다. 다만, 국토기본법이 선언적이고 확인적인 성격을 가진 기본법이라면, 국토계획법은 좀더 구체적이고 집행적인 성격을 보유한다는 데에 그 차이가 있을 뿐이다.

국토계획법의 이러한 기본법적 성격과는 달리, 국토계획법에는 기본방향에 대한 명시적인 이념이나 원리는 규정되어 있지 않다. 국토계획법 제3조에서 국토의 이용 및 관리의 기본원칙이 규정되어 있으나, 이것은 국토의 합리적 이용에 부합하는 이념에는 이르지 못한다.[5] 오히려 국토기본법이 기본법적 성격에 걸맞게 제2조에서 국토관리의 기본이념을 천명하고 있다.

Ⅱ. 국토의 계획 및 이용의 기본이념

국토는 모든 국민의 삶의 터전이며 후세에 물려줄 민족의 자산이므로, 국토에 관한 계획 및 정책은 개발과 환경의 조화를 바탕으로 국토를 균형 있게 발전시키고 국가의 경쟁력을 높이며 국민의 삶의 질을 개선함으로써 국토의 지속가능한 발전을 도모할 수 있도록 수립·집행하여야 한다(국토기본법 제2조). 이러한 국토이용의 기본이념으로부터

4) 헌법재판소 2010. 12. 28. 선고 2008헌바57 결정.

5) 김종보, 앞의 책, 188쪽.

구체적인 실현원칙이 제시되는데, 균형발전의 원칙, 효율적 개발의 원칙, 지속가능한 개발의 원칙, 친환경적 관리의 원칙이 그것이다.

헌법은 제122조에서 "국가는 국민 모두의 생산 및 생활의 기반이 되는 국토의 효율적이고 균형있는 이용·개발과 보전을 위하여 법률이 정하는 바에 의하여 그에 관한 필요한 제한과 의무를 과할 수 있다"라고 규정하여 균형발전의 원칙과 효율적 개발의 원칙에 좀더 중점을 두고 있으나, 지속가능한 개발의 원칙과 친환경적 관리의 원칙 역시 헌법에 근거한 ESG(Environment, Social, Governance) 원리에 입각하여 그 중요성이 부각되고 있다.[6)]

1. 균형발전의 원칙

국토의 이용과 관리는 지역의 정체성과 문화유산이 유지되고, 지역 간의 협력과 균형발전을 통하여 이루어져야 한다. 그러므로 국가와 지방자치단체는 각 지역이 특성에 따라 개성 있게 발전하고, 자립적인 경쟁력을 갖추도록 함으로써 국민 모두가 안정되고 편리한 삶을 누릴 수 있는 국토여건을 조성하여야 하며(국토기본법 제3조 제1항), 수도권과 비수도권(非首都圈), 도시와 농촌·산촌·어촌, 대도시와 중소도시 간의 균형 있는 발전을 이룩하고, 생활여건이 현저히 뒤떨어진 지역이 발전할 수 있는 기반을 구축하여야 한다(국토기본법 제3조 제2항). 이를 위해서 국가와 지방자치단체는 지역 간의 교류협력을 촉진시키고 체계적으로 지원함으로써 지역 간의 화합과 공동번영을 도모하여야 한다(국토기본법 제3조 제3항).

2. 효율적 개발의 원칙

헌법 제122조도 규정한 바와 같이, 국토는 효율적으로 이용되고 관리되어서 국가경쟁력을 향상시키는 방향으로 개발되어야 한다. 이를 위해서 국가와 지방자치단체는 도로, 철도, 항만, 공항, 용수(用水) 시설, 물류 시설, 정보통신 시설 등 국토의 기간시설(基幹施設)을 체계적으로 확충하여 국가경쟁력을 강화하고 국민생활의 질적 향상을 도모하여야 하며(국토기본법 제4조 제1항), 농지, 수자원, 산림자원, 식량자원, 광물자원, 생태자원, 해양수산자원 등 국토자원의 효율적인 이용과 체계적인 보전·관리를 위하여

6) ESG 개념과 원리 등에 대하여 자세한 것은 정영철, 행정법과 ESG, 연세법학 제38호, 2021, 1-23쪽 참조.

노력하여야 한다(국토기본법 제4조 제2항).

또한, 국가와 지방자치단체는 국제교류가 활발히 이루어질 수 있는 국토여건을 조성함으로써 대륙과 해양을 잇는 국토의 지리적 특성을 최대한 살리도록 하여야 한다(국토기본법 제4조 제3항).

3. 지속가능한 개발의 원칙

국민의 삶의 질 향상을 위하여 국가와 지방자치단체는 국민 모두가 생활에 필요한 적정한 수준의 서비스를 제공받을 수 있는 국토여건을 조성하여야 한다(국토기본법 제4조의2). 이러한 추상적인 목표를 달성하기 위하여 국토계획법은 국토교통부장관으로 하여금 도시의 지속가능성 및 생활인프라 수준에 대한 평가를 실시하도록 하고 있다(법 제3조의2).

4. 친환경적 관리의 원칙

헌법 제35조 제1항은 "모든 국민은 건강하고 쾌적한 환경에서 생활할 권리를 가지며, 국가와 국민은 환경보전을 위하여 노력하여야 한다"라고 규정하여 환경권을 명시적으로 인정하고 있다. 아울러 국가와 국민에 대하여는 환경보전의 의무를 부과함으로써 환경권이 주관적 권리이면서도 동시에 객관적 가치질서로서의 기본권임을 인정하고 있으며, 국가목표규정으로서의 기능도 수행한다.[7)]

이러한 헌법규정의 구조적 특징에 근거하여 국토기본법은 국가와 지방자치단체에 대한 의무형식으로 환경친화적인 국토관리를 규정하고 있다. 국가와 지방자치단체는 국토에 관한 계획 또는 사업을 수립·집행할 때에는 「환경정책기본법」에 따른 환경계획의 내용을 고려하여 자연환경과 생활환경에 미치는 영향을 사전에 검토함으로써 환경에 미치는 부정적인 영향을 최소화하고 환경정의가 실현될 수 있도록 하여야 하며(국토기본법 제5조 제1항), 국토의 무질서한 개발을 방지하고 국민생활에 필요한 토지를 원활하게 공급하기 위하여 토지이용에 관한 종합적인 계획을 수립하고 이에 따라 국토공간을 체계적으로 관리하여야 한다(국토기본법 제5조 제2항).

그리고 국가와 지방자치단체는 산, 하천, 호수, 늪, 연안, 해양으로 이어지는 자연생

---

7) 전광석, 한국헌법론, 집현재, 제9판, 2014, 472쪽.

태계를 통합적으로 관리·보전하고 훼손된 자연생태계를 복원하기 위한 종합적인 시책을 추진함으로써 인간이 자연과 더불어 살 수 있는 쾌적한 국토환경을 조성하여야 한다(국토기본법 제5조 제3항).

Ⅲ. 국토 이용 및 관리의 기본원칙

국토는 자연환경의 보전과 자원의 효율적 활용을 통하여 환경적으로 건전하고 지속가능한 발전을 이루기 위하여 다음 각 호의 목적을 이룰 수 있도록 이용되고 관리되어야 한다(법 제3조).

1. 국민생활과 경제활동에 필요한 토지 및 각종 시설물의 효율적 이용과 원활한 공급
2. 자연환경 및 경관의 보전과 훼손된 자연환경 및 경관의 개선 및 복원
3. 교통·수자원·에너지 등 국민생활에 필요한 각종 기초 서비스 제공
4. 주거 등 생활환경 개선을 통한 국민의 삶의 질 향상
5. 지역의 정체성과 문화유산의 보전
6. 지역 간 협력 및 균형발전을 통한 공동번영의 추구
7. 지역경제의 발전과 지역 및 지역 내 적절한 기능배분을 통한 사회적 비용의 최소화
8. 기후변화에 대한 대응 및 풍수해 저감을 통한 국민의 생명과 재산의 보호
9. 저출산·인구의 고령화에 따른 대응과 새로운 기술변화를 적용한 최적의 생활환경 제공

Ⅳ. 도시의 지속가능성 및 생활인프라 수준평가

1. 도시의 지속가능성 및 생활인프라 수준의 평가기준의 고려사항

국토교통부장관은 도시의 지속가능하고 균형 있는 발전과 주민의 편리하고 쾌적한 삶을 위하여 도시의 지속가능성 및 생활인프라(교육시설, 문화·체육시설, 교통시설 등의 시설로서 국토교통부장관이 정하는 것을 말한다) 수준을 평가할 수 있다(법 제3조의2 제1항).

이 경우 국토교통부장관은 도시의 지속가능성 및 생활인프라 수준의 평가기준을 정할 때에는 다음 각 호의 구분에 따른 사항을 종합적으로 고려하여야 한다(영 제4조의4 제1항).

1. 지속가능성 평가기준: 토지이용의 효율성, 환경친화성, 생활공간의 안전성 · 쾌적성 · 편의성 등에 관한 사항
2. 생활인프라 평가기준: 보급률 등을 고려한 생활인프라 설치의 적정성, 이용의 용이성 · 접근성 · 편리성 등에 관한 사항

2. 도시의 지속가능성 및 생활인프라 수준평가의 실시

국토교통부장관은 도시의 지속가능성 및 생활인프라 수준의 평가를 실시하려는 경우 특별시장 · 광역시장 · 특별자치시장 · 특별자치도지사 · 시장 또는 군수에게 해당 지방자치단체의 자체평가를 실시하여 그 결과를 제출하도록 하여야 하며, 제출받은 자체평가 결과를 바탕으로 최종평가를 실시한다(영 제4조의4 제2항). 이 경우 국토교통부장관은 수준의 평가를 전문기관에 의뢰할 수 있다(영 제4조의4 제4항).

국토교통부장관은 도시의 지속가능성 및 생활인프라 수준의 평가결과의 일부 또는 전부를 공개할 수 있으며, 「도시재생법」 제27조에 따른 도시재생 활성화를 위한 비용의 보조 또는 융자, 「지방분권균형발전법」 제86조에 따른 포괄보조금의 지원 등에 평가결과를 활용하도록 할 수 있다(영 제4조의4 제3항).

국가와 지방자치단체는 도시의 지속가능성 및 생활인프라 수준의 평가결과를 도시 · 군계획의 수립 및 집행에 반영하여야 한다(법 제3조의2 제3항).

제 2 절 | 국가계획과 광역도시계획 및 도시·군계획

제1항 국가계획

Ⅰ. 의의

국가계획이란 중앙행정기관이 법률에 따라 수립하거나 국가의 정책적인 목적을 이루기 위하여 수립하는 계획 중 ① 지역적 특성 및 계획의 방향·목표에 관한 사항, ② 공간구조, 생활권의 설정 및 인구의 배분에 관한 사항, ③ 토지의 이용 및 개발에 관한 사항, ④ 토지의 용도별 수요 및 공급에 관한 사항, ⑤ 환경의 보전 및 관리에 관한 사항, ⑥ 기반시설에 관한 사항, ⑦ 공원·녹지에 관한 사항, ⑧ 경관에 관한 사항, ⑨ 기후변화 대응 및 에너지절약에 관한 사항, ⑩ 방재·방범 등 안전에 관한 사항, ⑪ 지역적 특성 및 계획의 방향·목표에 관한 사항과 경관에 관한 사항을 제외한 위의 사항의 단계별 추진에 관한 사항이나 도시·군관리계획으로 결정하여야 할 사항이 포함된 계획을 말한다(법 제2조 제14호, 제19조).

Ⅱ. 국가계획의 우선적 효력

광역도시계획 및 도시·군계획은 국가계획에 부합되어야 하며, 광역도시계획 또는 도시·군계획의 내용이 국가계획의 내용과 다를 때에는 국가계획의 내용이 우선한다. 이 경우 국가계획을 수립하려는 중앙행정기관의 장은 미리 지방자치단체의 장의 의견을 듣고 충분히 협의하여야 한다(법 제4조 제2항).

제2항 광역도시계획

Ⅰ. 의의

광역도시계획이란 국토교통부장관 또는 도지사에 의하여 지정된 광역계획권의 장기발전방향을 제시하는 계획을 말한다(법 제2조 제1호). 즉, 국토교통부장관 또는 도지사는 둘 이상의 특별시 · 광역시 · 특별자치시 · 특별자치도 · 시 또는 군의 공간구조 및 기능을 상호 연계시키고 환경을 보전하며 광역시설을 체계적으로 정비하기 위하여 광역계획권을 지정할 수 있는데, 이렇게 지정된 광역계획권의 장기발전방향을 제시하는 계획이 광역도시계획이다(법 제10조 제1항).

이러한 광역계획권이 둘 이상의 특별시 · 광역시 · 특별자치시 · 도 또는 특별자치도(시 · 도)의 관할 구역에 걸쳐 있는 경우에는 국토교통부장관이 광역계획권을 지정하고, 광역계획권이 도의 관할 구역에 속하여 있는 경우에는 관할 도지사가 이를 지정한다(법 제10조 제1항 제1호 및 제2호).

II. 수립권자와 내용

1. 광역도시계획의 수립권자와 조정

광역계획권이 같은 도의 관할 구역에 속하여 있는 경우에는 관할 시장 또는 군수가 공동으로 광역도시계획을 수립하여야 하고, 광역계획권이 둘 이상의 시 · 도의 관할 구역에 걸쳐 있는 경우에는 관할 시 · 도지사가 공동으로 광역도시계획을 수립하여야 한다. 광역계획권을 지정한 날부터 3년이 지날 때까지 관할 시장 또는 군수로부터 광역도시계획의 승인신청이 없는 경우에는 관할 도지사가 이를 수립하여야 한다. 또한, 국가계획과 관련된 광역도시계획의 수립이 필요한 경우나 광역계획권을 지정한 날부터 3년이 지날 때까지 관할 시 · 도지사로부터 광역도시계획의 승인신청이 없는 경우에는 국토교통부장관이 광역도시계획을 수립하여야 한다(법 제11조 제1항).

다만, 이러한 원칙에는 예외가 있는데, 국토교통부장관은 시 · 도지사가 요청하는 경우와 그 밖에 필요하다고 인정되는 경우에는 단독으로 수립하지 않고, 관할 시 · 도지사와 공동으로 광역도시계획을 수립할 수 있다(법 제11조 제2항). 도지사도 시장 또는 군수가 요청하는 경우와 그 밖에 필요하다고 인정하는 경우에는 관할 시장 또는 군수와 공동으로 광역도시계획을 수립할 수 있으며, 시장 또는 군수가 협의를 거쳐 요청하는 경우에는 단독으로 광역도시계획을 수립할 수 있다(법 제11조 제3항).

2. 내용

광역도시계획에는 광역계획권의 공간 구조와 기능 분담에 관한 사항, 광역계획권의 녹지관리체계와 환경보전에 관한 사항, 광역시설의 배치·규모·설치에 관한 사항, 경관계획에 관한 사항 및 그 밖에 광역계획권에 속하는 특별시·광역시·특별자치시·특별자치도·시 또는 군 상호 간의 기능 연계에 관한 사항으로서 광역계획권의 교통 및 물류유통체계에 관한 사항 또는 광역계획권의 문화·여가공간 및 방재에 관한 사항 중 그 광역계획권의 지정목적을 이루는 데 필요한 사항에 대한 정책 방향이 포함되어야 한다(법 제12조 제1항, 영 제9조).

Ⅲ. 수립절차

광역도시계획의 수립절차는 크게 기초조사, 공청회, 관계 지방자치단체의 의견청취, 광역도시계획의 승인으로 이루어진다.

1. 기초조사

국토교통부장관, 시·도지사, 시장 또는 군수는 광역도시계획을 수립하거나 변경하려면 미리 인구, 경제, 사회, 문화, 토지이용, 환경, 교통, 주택 중 그 광역도시계획의 수립 또는 변경에 필요한 사항을 조사하거나 측량하여야 하는데, 이를 기초조사라고 한다(법 제13조 제1항). 국토교통부장관, 시·도지사, 시장 또는 군수는 관계 행정기관의 장에게 기초조사에 필요한 자료를 제출하도록 요청할 수 있고, 이 경우 요청을 받은 관계 행정기관의 장은 특별한 사유가 없으면 그 요청에 따라야 한다(법 제13조 제2항). 국토교통부장관, 시·도지사, 시장 또는 군수는 효율적인 기초조사를 위하여 필요하면 기초조사를 전문기관에 의뢰할 수 있고(법 제13조 제3항), 기초조사를 실시한 경우에는 해당 정보를 체계적으로 관리하고 효율적으로 활용하기 위하여 기초조사정보체계를 구축·운영하여야 한다(법 제13조 제4항). 기초조사정보체계를 구축한 경우에는 등록된 정보의 현황을 5년마다 확인하고 변동사항을 반영하여야 한다(법 제13조 제5항).

2. 공청회

기초조사가 끝나면 국토교통부장관, 시·도지사, 시장 또는 군수는 미리 공청회를 열어 주민과 관계 전문가 등으로부터 의견을 들어야 하며, 공청회에서 제시된 의견이 타당하다고 인정하면 광역도시계획에 반영하여야 한다(법 제14조 제1항).

3. 지방자치단체의 의견청취

지방자치단체의 의견청취는 수립권자에 따라 다르게 진행된다. 즉, 시·도지사, 시장 또는 군수가 광역도시계획의 수립하거나 변경하려면 미리 관계 시·도, 시 또는 군의 의회와 관계 시장 또는 군수의 의견을 들어야 한다(법 제15조 제1항). 국토교통부장관이 광역도시계획을 수립하거나 변경하려면 관계 시·도지사에게 광역도시계획안을 송부하여야 하며, 관계 시·도지사는 그 광역도시계획안에 대하여 그 시·도의 의회와 관계 시장 또는 군수의 의견을 들은 후 그 결과를 국토교통부장관에게 제출하여야 한다(법 제15조 제2항). 시·도, 시 또는 군의 의회와 관계 시장 또는 군수는 특별한 사유가 없으면 30일 이내에 시·도지사, 시장 또는 군수에게 의견을 제시하여야 한다(법 제15조 제3항).

4. 광역도시계획의 승인

기초조사, 공청회 및 지방자치단체의 의견 청취 절차가 모두 진행된 광역도시계획은 상급행정기관의 승인을 받아야 하고, 이 경우 관계 행정기관의 협의와 도시계획위원회의 심의를 거쳐야 한다.

시·도지사가 광역도시계획을 수립하거나 변경하려면 국토교통부장관의 승인을 받아야 한다(법 제16조 제1항). 다만, 도지사가 관할 시장 또는 군수와 공동 또는 단독으로 수립하는 광역도시계획은 국토교통부장관의 승인을 받지 않아도 된다(법 제16조 제1항 단서). 국토교통부장관은 광역도시계획을 승인하거나 직접 광역도시계획을 수립 또는 변경(시·도지사와 공동으로 수립하거나 변경하는 경우를 포함한다)하려면 관계 중앙행정기관과 협의한 후 중앙도시계획위원회의 심의를 거쳐야 한다(법 제16조 제2항). 협의요청을 받은 관계 중앙행정기관의 장은 특별한 사유가 없으면 그 요청을 받은 날부터 30일 이내에 국토교통부장관에게 의견을 제시하여야 한다(법 제16조 제3항). 국토교통부장관이 직접 광역도시계획을 수립 또는 변경하거나 승인하였을 때에는 관계 중앙행정기관의 장과 시·도지사에게 관계 서류를 송부하여야 하며, 관계 서류를 받은 시·도지사는 그 내용을 공고하고 일반이 열람할 수 있도록 하여야 한다(법 제16조 제4항).

시장 또는 군수는 광역도시계획을 수립하거나 변경하려면 도지사의 승인을 받아야 한다(법 제16조 제5항). 도지사가 광역도시계획을 승인하거나 시장·군수와 공동으로 또는 단독으로 직접 광역도시계획을 수립 또는 변경하려면 관계 행정기관의 장과 협의한 후 지방도시계획위원회의 심의를 거쳐야 하고, 협의 요청을 받은 관계 행정기관의 장은 특별한 사유가 없으면 그 요청을 받은 날부터 30일 이내에 도지사에게 의견을 제시하여야 하며, 도지사는 관계 행정기관의 장과 시장·군수에게 관계 서류를 송부하여야 하고, 관계 서류를 받은 시장·군수는 그 내용을 공고하고 일반이 열람할 수 있도록 하여야 한다(법 제16조 제6항).

Ⅳ. 광역도시계획의 조정

광역계획권이 둘 이상의 시·도의 관할 구역에 걸쳐 있는 경우에는 관할 시·도지사가 공동으로 광역도시계획을 수립하여야 하는데, 이 경우 관할 시·도지사간에 그 내용에 관하여 서로 협의가 되지 아니하면 시·도지사는 공동이나 단독으로 국토교통부장관에게 조정(調停)을 신청할 수 있다(법 제17조 제1항). 국토교통부장관은 단독으로 조정신청을 받은 경우에는 기한을 정하여 당사자 간에 다시 협의를 하도록 권고할 수 있으며, 기한까지 협의가 이루어지지 아니하는 경우에는 직접 조정할 수 있는데(법 제17조 제2항), 조정의 신청을 받거나 직접 조정하려는 경우에는 중앙도시계획위원회의 심의를 거쳐 광역도시계획의 내용을 조정하여야 한다. 이 경우 이해관계를 가진 지방자치단체의 장은 중앙도시계획위원회의 회의에 출석하여 의견을 진술할 수 있다(법 제17조 제3항). 광역도시계획을 수립하는 자는 조정결과를 광역도시계획에 반영하여야 한다(법 제17조 제4항).

광역도시계획을 공동으로 수립하는 시장 또는 군수는 그 내용에 관하여 서로 협의가 되지 아니하면 공동이나 단독으로 도지사에게 조정을 신청할 수 있고(법 제17조 제5항), 도지사가 광역도시계획을 조정하는 경우에는 국토교통부장관이 조정하는 경우와 동일한 절차를 거친다(법 제17조 제6항).

제3항 도시·군계획

도시·군계획이란 특별시·광역시·특별자치시·특별자치도·시 또는 군(광역시의 관할 구역에 있는 군은 제외한다)의 관할 구역에 대하여 수립하는 공간구조와 발전방향에 대한 계획으로서 도시·군기본계획과 도시·군관리계획으로 구분한다(법 제2조 제2호).

도시·군계획은 특별시·광역시·특별자치시·특별자치도·시 또는 군의 관할 구역에서 수립되는 다른 법률에 따른 토지의 이용·개발 및 보전에 관한 계획의 기본이 된다(법 제4조 제1항).

제4항 도시·군기본계획

Ⅰ. 의의

1. 개념

도시·군기본계획이란 특별시·광역시·특별자치시·특별자치도·시 또는 군의 관할 구역에 대하여 기본적인 공간구조와 장기발전방향을 제시하는 종합계획으로서 도시·군관리계획 수립의 지침이 되는 계획을 말한다(법 제2조 제3호). 이러한 도시·군기본계획은 그 개념에서도 드러나듯이 장기적이고 추상적·종합적인 성격을 가진다.

광역도시계획이 수립되어 있는 지역에 대하여 수립하는 도시·군기본계획은 그 광역도시계획에 부합되어야 하며, 도시·군기본계획의 내용이 광역도시계획의 내용과 다를 때에는 광역도시계획의 내용이 우선한다(법 제4조 제3항).

2. 법적 성격

도시·군기본계획은 도시의 기본적인 공간구조와 장기발전방향을 제시하는 종합계획으로서 그 계획에는 토지이용계획, 환경계획, 공원녹지계획 등 장래의 도시개발의 일반적인 방향이 제시되지만, 그 계획은 도시계획입안의 지침이 되는 것에 불과하여 일반 국민에 대한 직접적인 구속력은 없다.[8] 따라서 행정소송의 대상이 되는 행정처분에

---

8) 대법원 2002. 10. 11. 선고 2000두8226 판결.

해당되지 않는다.[9)]

또한, 도시기본계획은 도시의 장기적 개발방향과 미래상을 제시하는 도시계획 입안의 지침이 되는 장기적·종합적인 개발계획으로서 행정청에 대한 직접적인 구속력도 없다.[10)]

II. 수립권자와 내용

1. 수립권자와 대상지역

특별시장·광역시장·특별자치시장·특별자치도지사·시장 또는 군수는 관할 구역에 대하여 도시·군기본계획을 수립하여야 한다. 시 또는 군의 위치, 인구의 규모, 인구감소율 등을 고려하여「수도권정비계획법」제2조 제1호의 규정에 의한 수도권에 속하지 아니하고 광역시와 경계를 같이하지 아니한 시 또는 군으로서 인구 10만 명 이하인 시 또는 군 또는 관할구역 전부에 대하여 광역도시계획이 수립되어 있는 시 또는 군으로서 당해 광역도시계획에 법 제19조 제1항 각 호의 사항이 모두 포함되어 있는 시 또는 군은 도시·군기본계획을 수립하지 아니할 수 있다(법 제18조 제1항, 영 제14조).

특별시장·광역시장·특별자치시장·특별자치도지사·시장 또는 군수는 지역여건상 필요하다고 인정되면 인접한 특별시·광역시·특별자치시·특별자치도·시 또는 군의 관할 구역 전부 또는 일부를 포함하여 도시·군기본계획을 수립할 수 있다(법 제18조 제2항). 이 경우 인접한 특별시·광역시·특별자치시·특별자치도·시 또는 군의 관할 구역을 포함하여 도시·군기본계획을 수립하려면 미리 그 특별시장·광역시장·특별자치시장·특별자치도지사·시장 또는 군수와 협의하여야 한다(법 제18조 제3항).

2. 내용

도시·군기본계획에는 다음 각 호의 사항에 대한 정책 방향이 포함되어야 한다(법 제19조 제1항, 영 제15조).

1. 지역적 특성 및 계획의 방향·목표에 관한 사항
2. 공간구조, 생활권의 설정 및 인구의 배분에 관한 사항

9) 헌법재판소 2012. 7. 26. 선고 2009헌바328 결정.
10) 대법원 2007. 4. 12. 선고 2005두1893 판결.

2의2. 생활권의 설정과 생활권역별 개발 · 정비 및 보전 등에 관한 사항
3. 토지의 이용 및 개발에 관한 사항
4. 토지의 용도별 수요 및 공급에 관한 사항
5. 환경의 보전 및 관리에 관한 사항
6. 기반시설에 관한 사항
7. 공원 · 녹지에 관한 사항
8. 경관에 관한 사항
8의2. 기후변화 대응 및 에너지절약에 관한 사항
8의3. 방재 · 방범 등 안전에 관한 사항
9. 제2호부터 제8호까지, 제8호의2 및 제8호의3에 규정된 사항의 단계별 추진에 관한 사항
10. 그 밖에 도시 · 군기본계획의 방향 및 목표 달성과 관련된 다음 각 목의 사항
  가. 도심 및 주거환경의 정비 · 보전에 관한 사항
  나. 다른 법률에 따라 도시 · 군기본계획에 반영되어야 하는 사항
  다. 도시 · 군기본계획의 시행을 위하여 필요한 재원조달에 관한 사항
  라. 그 밖에 법 제22조의2 제1항에 따른 도시 · 군기본계획 승인권자가 필요하다고 인정하는 사항

3. 생활권계획 수립의 특례

1) 생활권계획의 수립

특별시장 · 광역시장 · 특별자치시장 · 특별자치도지사 · 시장 또는 군수는 제19조 제1항 제2호의2에 따른 생활권역별 개발 · 정비 및 보전 등에 필요한 경우 대통령령으로 정하는 바에 따라 생활권계획을 따로 수립할 수 있다(법 제19조의2 제1항). 생활권계획을 수립할 때에는 도시 · 군기본계획 수립을 위한 기초조사 및 공청회, 지방의회의 의견청취, 도시 · 군기본계획의 확정, 시 · 군 도시 · 군기본계획의 승인의 절차를 준용한다(법 제19조의2 제2항).

생활권계획이 수립 또는 승인된 때에는 해당 계획이 수립된 생활권에 대해서는 도시 · 군기본계획이 수립 또는 변경된 것으로 본다. 이 경우 제19조 제1항 각 호의 사항 중에서 생활권의 설정 및 인구의 배분에 관한 사항 등은 대통령령으로 정하는 범위에

서 수립·변경하는 경우로 한정한다(법 제19조의2 제3항). 이 경우 "대통령령으로 정하는 범위에서 수립·변경하는 경우"란 다음 각 호의 경우를 말한다(영 제16조의2 제2항).

1. 도시·군기본계획에서 정하는 생활권을 세분화하는 경우
2. 도시·군기본계획에서 정하는 생활권 간의 경계를 변경하는 경우
3. 전체 인구 규모의 범위에서 생활권별 인구의 배분에 관한 사항을 수립·변경하는 경우
4. 제3호에 따라 생활권별 인구의 배분에 관한 사항을 변경함에 따라 기반시설의 설치에 관한 사항을 수립·변경하는 경우

2) 생활권계획의 수립기준

특별시장·광역시장·특별자치시장·특별자치도지사·시장 또는 군수는 생활권계획을 따로 수립하는 경우에는 다음 각 호의 기준을 따라야 한다(영 제16조의2 제1항).

1. 도시·군기본계획의 공간구조 설정 및 토지이용계획 등을 생활권역별로 구체화할 것
2. 해당 지방자치단체에서 생활권이 차지하는 공간적 위치 및 특성, 주변지역의 특성 등을 고려하여 생활권을 설정하고, 생활권별 특성에 맞추어 기반시설의 설치·관리 계획을 수립할 것
3. 그 밖에 지역경제의 활성화 및 주민 생활여건 개선 등을 위해 생활권별로 개발·정비 및 보전할 필요가 있는 사항을 포함할 것

Ⅲ. 수립절차

도시·군기본계획의 수립절차는 광역도시계획의 수립절차와 유사하나, 좀더 세분화되어 있다고 할 수 있다. 기초조사, 공청회, 지방의회 의견청취, 관계 행정기관 협의, 도시계획위원회의 심의, 도시·군기본계획의 확정 및 승인의 순서로 진행된다. 여기서 유의할 점은 특별시·광역시·특별자치시·특별자치도의 도시·군기본계획은 관계 행정기관의 장과의 협의, 지방도시계획위원회의 심의를 거쳐 확정되지만 시·군 도시·군기본계획의 수립에는 도지사의 승인을 받아야 한다는 것이다.

1. 기초조사

도시·군기본계획을 수립하거나 변경하는 경우에는 광역도시계획의 수립에 관한 규정을 준용한다. 특별시장·광역시장·특별자치시장·특별자치도지사·시장 또는 군수는 도시·군기본계획을 수립하거나 변경하려면 미리 인구, 경제, 사회, 문화, 토지 이용, 환경, 교통, 주택 중 그 도시·군기본계획의 수립 또는 변경에 필요한 사항을 조사하거나 측량하여야 한다(법 제20조 제1항, 제13조 제1항). 특별시장·광역시장·특별자치시장·특별자치도지사·시장 또는 군수는 관계 행정기관의 장에게 기초조사에 필요한 자료를 제출하도록 요청할 수 있고, 이 경우 요청을 받은 관계 행정기관의 장은 특별한 사유가 없으면 그 요청에 따라야 한다(법 제20조 제1항, 제13조 제2항). 특별시장·광역시장·특별자치시장·특별자치도지사·시장 또는 군수는 효율적인 기초조사를 위하여 필요하면 기초조사를 전문기관에 의뢰할 수 있고(법 제20조 제1항, 제13조 제3항), 기초조사를 실시한 경우에는 해당 정보를 체계적으로 관리하고 효율적으로 활용하기 위하여 기초조사정보체계를 구축·운영하여야 한다(법 제20조 제1항, 제13조 제4항). 기초조사정보체계를 구축한 경우에는 등록된 정보의 현황을 5년마다 확인하고 변동사항을 반영하여야 한다(법 제20조 제1항, 제13조 제5항).

시·도지사, 시장 또는 군수는 기초조사의 내용에 국토교통부장관이 정하는 바에 따라 실시하는 토지의 토양, 입지, 활용가능성 등 토지적성평가와 재해취약성분석을 포함하여야 한다(법 제20조 제2항). 도시·군기본계획 입안일부터 5년 이내에 토지적성평가·재해취약성분석을 실시한 경우 또는 다른 법률에 따른 지역·지구 등의 지정이나 개발계획 수립 등으로 인하여 도시·군기본계획의 변경이 필요한 경우에는 토지적성평가 또는 재해취약성분석을 하지 아니할 수 있다(법 제20조 제3항, 영 제16조의3).

2. 공청회

특별시장·광역시장·특별자치시장·특별자치도지사·시장 또는 군수는 미리 공청회를 열어 주민과 관계 전문가 등으로부터 의견을 들어야 하며, 공청회에서 제시된 의견이 타당하다고 인정하면 도시·군기본계획에 반영하여야 한다(법 제20조 제1항, 제14조 제1항).

3. 지방의회의 의견청취

특별시장 · 광역시장 · 특별자치시장 · 특별자치도지사 · 시장 또는 군수는 도시 · 군기본계획을 수립하거나 변경하려면 미리 그 특별시 · 광역시 · 특별자치시 · 특별자치도 · 시 또는 군 의회의 의견을 들어야 한다(법 제21조 제1항). 특별시 · 광역시 · 특별자치시 · 특별자치도 · 시 또는 군의 의회는 특별한 사유가 없으면 30일 이내에 특별시장 · 광역시장 · 특별자치시장 · 특별자치도지사 · 시장 또는 군수에게 의견을 제시하여야 한다(법 제21조 제2항).

4. 도시·군기본계획의 확정 및 승인

특별시장 · 광역시장 · 특별자치시장 또는 특별자치도지사는 도시 · 군기본계획을 수립하거나 변경하려면 관계 행정기관의 장(국토교통부장관을 포함한다)과 협의한 후 지방도시계획위원회의 심의를 거쳐야 한다(법 제22조 제1항). 협의 요청을 받은 관계 행정기관의 장은 특별한 사유가 없으면 그 요청을 받은 날부터 30일 이내에 특별시장 · 광역시장 · 특별자치시장 또는 특별자치도지사에게 의견을 제시하여야 한다(법 제22조 제2항). 특별시장 · 광역시장 · 특별자치시장 또는 특별자치도지사는 도시 · 군기본계획을 수립하거나 변경한 경우에는 관계 행정기관의 장에게 관계 서류를 송부하여야 하며, 대통령령으로 정하는 바에 따라 그 계획을 공고하고 일반인이 열람할 수 있도록 하여야 한다(법 제22조 제3항).

이와 달리 시장 또는 군수는 도시 · 군기본계획을 수립하거나 변경하려면 대통령령으로 정하는 바에 따라 도지사의 승인을 받아야 한다(법 제22조의2 제1항). 도지사는 도시 · 군기본계획을 승인하려면 관계 행정기관의 장과 협의한 후 지방도시계획위원회의 심의를 거쳐야 한다(법 제22조의2 제2항). 협의요청을 받은 관계 행정기관의 장은 특별한 사유가 없으면 그 요청을 받은 날부터 30일 이내에 도지사에게 의견을 제시하여야 한다(법 제22조의2 제3항, 제22조 제2항). 도지사는 도시 · 군기본계획을 승인하면 관계 행정기관의 장과 시장 또는 군수에게 관계 서류를 송부하여야 하며, 관계 서류를 받은 시장 또는 군수는 대통령령으로 정하는 바에 따라 그 계획을 공고하고 일반인이 열람할 수 있도록 하여야 한다(법 제22조의2 제4항).

5. 도시·군기본계획의 정비

특별시장·광역시장·특별자치시장·특별자치도지사·시장 또는 군수는 5년마다 관할 구역의 도시·군기본계획에 대하여 타당성을 전반적으로 재검토하여 정비하여야 한다(법 제23조 제1항). 특별시장·광역시장·특별자치시장·특별자치도지사·시장 또는 군수는 도시·군기본계획의 내용에 우선하는 광역도시계획의 내용 및 도시·군기본계획에 우선하는 국가계획의 내용을 도시·군기본계획에 반영하여야 한다(법 제23조 제2항).

제5항 도시·군관리계획

Ⅰ. 의의

1. 개념

국토계획법에 따른 도시·군관리계획이란 특별시·광역시·특별자치시·특별자치도·시 또는 군의 개발·정비 및 보전을 위하여 수립하는 토지이용, 교통, 환경, 경관, 안전, 산업, 정보통신, 보건, 복지, 안보, 문화 등에 관한 다음 각 목의 계획을 말한다(법 제2조 제4호).

가. 용도지역·용도지구의 지정 또는 변경에 관한 계획
나. 개발제한구역, 도시자연공원구역, 시가화조정구역, 수산자원보호구역의 지정 또는 변경에 관한 계획
다. 기반시설의 설치·정비 또는 개량에 관한 계획
라. 도시개발사업이나 정비사업에 관한 계획
마. 지구단위계획구역의 지정 또는 변경에 관한 계획과 지구단위계획
바. 삭제[11] <2024. 2. 6.>
사. 도시혁신구역의 지정 또는 변경에 관한 계획과 도시혁신계획
아. 복합용도구역의 지정 또는 변경에 관한 계획과 복합용도계획
자. 도시·군계획시설입체복합구역의 지정 또는 변경에 관한 계획

---

11) 입지규제최소구역의 지정 또는 변경에 관한 계획과 입지규제최소구역계획은 2024년 2월 6일 국토계획법 개정으로 삭제되었다. 따라서 국토계획법 시행 전에 종전의 규정에 따라 지정·결정된 입지규제최소구역 및 입지규제최소구역계획은 제40조의3의 개정규정에 따라 도시혁신구역 및 도시혁신계획으로 지정되거나 결정된 것으로 본다(법 부칙 제2조 제1항).

이러한 정의에서 알 수 있듯이 도시·군관리계획은 그 구체적 수단으로서 용도지역·용도지구 및 용도구역, 기반시설, 도시개발사업이나 정비사업, 지구단위계획, 도시혁신계획, 복합용도계획을 활용하여 광역도시계획 및 도시·군기본계획에서 제시된 장기적인 발전방향을 구체화하고 실현시킨다.

2. 법적 성격

도시·군관리계획은 광역도시계획 및 도시·군기본계획에서 제시된 장기적인 발전방향을 구체화하고 실현시키는 계획이다. 이것은 도시·군기본계획과는 달리 구체적·중단기적·전문적 성격을 가지므로 대외적 구속력을 가지는 구속적 계획에 해당한다.

따라서 구속적 계획에 해당하는 도시·군관리계획은 행정쟁송법상의 행정처분에 해당한다.[12] 대법원도 "도시계획법 제12조 소정의 고시된 도시계획결정은 특정 개인의 권리 내지 법률상의 이익을 개별적이고 구체적으로 규제하는 효과를 가져오게 하는 행정청의 처분이라 할 것이고, 이는 행정소송의 대상이 된다"라고 판시하여 도시·군관리계획의 처분성을 긍정하였다.[13]

3. 형량명령에 따른 계획의 입안 및 결정

1) 형량명령의 개념

형량명령(Abwägungsgebot)은 계획과 관련된 공익과 사익 상호 간, 공익 상호 간 및 사익 상호 간에 정당한 형량이 행하여져야 한다는 원칙으로 1960년 독일 연방건설법전(Bundesbaugesetz; BBauG)에서 최초로 등장하였다. 현행 건설법전 제1조 제7항은 "건설기본계획의 수립에서 공익과 사익을 서로 정당하게 형량하여야 한다"라고 규정하여 형량명령을 명문으로 인정하고 있다.

이러한 형량명령은 독일 건설법전에 명문으로 규정되어 있지만 우리의 계획법제에서도 명문규정이 없더라도 불문의 행정법의 일반원칙으로서의 효력[14]뿐만 아니라 법치국가원리에서 도출되는 일반원칙으로 헌법적 지위를 지닌다.[15] 따라서 형량명령은

12) 헌법재판소 2012. 7. 26. 선고 2009헌바328 결정.

13) 대법원 1982. 3. 9. 선고 80누105 판결.

14) Kopp/Ramsauer/Wysk, VwVfG, C.H.Beck, 20. Aufl., 2019, § 74, Rn. 96.

15) BVerwGE 41, 67; 48, 56; 64, 270.

행정계획의 수립과 결정에서의 실체적 위법성을 판단하는 중요한 척도가 되고 있다.

이러한 점을 고려하여 2022년 개정된 행정절차법은 제40조의4에서 "행정청은 행정청이 수립하는 계획 중 국민의 권리·의무에 직접 영향을 미치는 계획을 수립하거나 변경·폐지할 때에는 관련된 여러 이익을 정당하게 형량하여야 한다"라고 하여 행정계획에서의 형량명령을 명문으로 규정하기에 이르렀다.

행정절차법 제40조의4으로부터 공간계획권 내의 주민은 행정계획청에 대하여 계획과 관련된 공익과 사익 상호 간, 공익 상호 간 및 사익 상호 간에 정당한 형량을 요구할 수 있는 개인적 공권이 도출된다고 보아야 할 것이다. 독일의 경우에도 건설법전 제1조 제7항의 형량명령 규정에서 정당한 형량에 대한 주관적 공권이 존재한다고 보고 있다.[16]

2) 형량과정과 하자

국토계획법 등 관계 법령에서 추상적인 행정목표와 절차가 규정되어 있을 뿐 행정계획의 내용에 관하여는 별다른 규정을 두고 있지 않으므로 행정주체는 구체적인 행정계획의 입안·결정에 관하여 광범위한 형성의 재량을 가진다.[17] 다만, 그러한 형성의 재량은 무제한적인 것이 아니라, 관련되는 제반 공익과 사익을 비교·형량하여야 한다는 제한이 있다.[18]

그러므로 행정주체가 행정계획을 입안·결정할 때 이러한 이익형량을 전혀 하지 않거나 이익형량의 고려대상에 마땅히 포함시켜야 할 사항을 누락한 경우 또는 이익형량을 하였으나 정당성과 객관성이 결여된 경우에는 재량권을 일탈·남용한 것으로 위법하다고 보아야 한다.[19] 이러한 행정계획에서의 계획재량의 행사와 형량명령의 법리는 행정주체가 주민의 도시관리계획 입안제안을 받아들여 도시관리계획결정을 할 것인지를 결정할 때에도 적용된다.[20]

도시·군관리계획 등 행정계획의 수립에서 계획수립주체의 계획재량은 형량명령에

---

16) Martin Kment, Öffentliches Baurecht Ⅰ, C.H.Beck, 8. Aufl., 2022, § 4, Rn. 51.

17) 대법원 2006. 9. 8. 선고 2003두5426 판결; 대법원 2007. 1. 25. 선고 2004두12063 판결; 대법원 2018. 6. 28. 선고 2018두35490, 35506 판결 등.

18) 대법원 2000. 3. 23. 선고 98두2768 판결; 대법원 2011. 2. 24. 선고 2010두21464 판결.

19) 대법원 2007. 4. 12. 선고 2005두1893 판결; 대법원 2012. 5. 10. 선고 2011두31093 판결; 대법원 2014. 7. 10. 선고 2012두2467 판결; 대법원 2016. 2. 18. 선고 2015두53640 판결 등.

20) 대법원 2012. 1. 12. 선고 2010두5806 판결; 대법원 2018. 10. 12. 선고 2015두50382 판결; 대법원 2020. 6. 25. 선고 2019두56135 판결; 대법원 2020. 6. 25. 선고 2019두57404 판결 등.

의한 제한을 받게 됨에도 불구하고 일차적으로 최대한 존중되어야 한다. 어떤 개발사업이 '자연환경 · 생활환경에 미치는 영향'과 같이 장래에 발생할 불확실한 상황과 파급효과에 대한 예측이 필요한 요건에 관한 행정청의 재량적 판단은 그 내용이 현저히 합리적이지 않다거나 상반되는 이익이나 가치를 대비해 볼 때 형평이나 비례의 원칙에 뚜렷하게 배치되는 등의 사정이 없는 한 폭넓게 존중되어야 하며, 이 경우 행정청의 당초 예측이나 평가와 일부 다른 내용의 감정의견이 제시되었다는 등의 사정만으로 쉽게 행정청의 판단이 위법하다고 단정할 것은 아니다.[21)]

법원은 해당 심사기준의 해석에 관한 독자적인 결론을 도출하지 않은 채로 그 기준에 대한 행정청의 해석이 객관적인 합리성을 결여하여 재량권을 일탈 · 남용하였는지 여부만을 심사하여야 하고, 행정청의 심사기준에 대한 법원의 독자적인 해석을 근거로 그에 관한 행정청의 판단이 위법하다고 쉽사리 단정해서는 안 되는 것이다.[22)]

대법원은 행정계획에서의 계획재량의 법리를 수용하고 있으나, 여전히 행정재량과 계획재량과의 차이를 명확하게 인식하지 못하고 있는 듯하다. 계획재량에 따라 형량명령에 의한 제한을 인정하는 것임에도 행정재량의 법리를 그대로 원용하고 있기 때문이다.

3) 계획재량과 취소판결의 기속력

주민 등의 도시관리계획 입안제안을 거부한 처분을 이익형량의 하자를 이유로 위법하다고 판단하여 취소판결이 확정되었더라도 행정청은 그 입안제안을 그대로 수용하는 내용의 도시관리계획을 수립할 의무가 있다고는 볼 수 없으므로 행정청이 다시 새로운 이익형량을 하여 적극적으로 도시관리계획을 수립하였다면 취소판결의 기속력에 따른 재처분의무를 이행한 것이라고 보아야 한다. 다만 취소판결의 기속력 위배 여부와 계획재량의 한계일탈 여부는 별개의 문제이므로 행정청이 적극적으로 수립한 도시관리계획의 내용이 취소판결의 기속력에 위배되지는 않는다고 하더라도 계획재량의 한계를 일탈한 것인지의 여부는 별도로 심리 · 판단하여야 한다.[23)]

취소판결의 기속력은 행정소송법 제30조 제1항에 의하여 인정되는 소송법상 효력인데 반하여, 도시관리계획에서의 행정주체의 계획재량은 실체법상 인정되는 권한으로 양자는 별개의 문제라는 것이다.

---

21) 대법원 2017. 3. 15. 선고 2016두55490 판결; 대법원 2020. 9. 3. 선고 2020두34346 판결; 대법원 2023. 11. 16. 선고 2022두61816 판결 등.

22) 대법원 2019. 1. 10. 선고 2017두43319 판결.

23) 대법원 2020. 6. 25. 선고 2019두56135 판결; 대법원 2020. 6. 25. 선고 2019두57404 판결.

II. 수립절차

도시·군관리계획의 수립절차에서 가장 핵심적인 과정은 '입안'과 '결정'이다. 이 두 가지 핵심절차를 중심으로 구체적 절차가 국토계획법에 규정되어 있다. 기초조사, 주민의견청취, 지방의회 의견청취, 입안, 관계기관 협의, 도시계획위원회 심의, 결정 및 지형도면 고시가 그것이다.

1. 기초조사

도시·군관리계획을 입안하는 경우에는 광역도시계획 수립을 위한 기초조사의 규정을 준용한다. 다만, 대통령령으로 정하는 경미한 사항을 입안하는 경우에는 기초조사를 거치지 않아도 된다(법 제27조 제1항). 국토교통부장관(수산자원보호구역의 경우 해양수산부장관을 말한다), 시·도지사, 시장 또는 군수는 기초조사의 내용에 도시·군관리계획이 환경에 미치는 영향 등에 대한 환경성 검토를 포함하여야 한다(법 제27조 제2항). 국토교통부장관, 시·도지사, 시장 또는 군수는 기초조사의 내용에 토지적성평가와 재해취약성분석을 포함하여야 한다(법 제27조 제3항). 도시·군관리계획으로 입안하려는 지역이 도심지에 위치하거나 개발이 끝나 나대지가 없는 등 대통령령으로 정하는 요건에 해당하면 기초조사, 환경성검토, 토지적성평가 또는 재해취약성분석을 하지 아니할 수 있다(법 제27조 제4항).

2. 주민과 지방의회의 의견청취

1) 주민 의견청취

국토교통부장관(수산자원보호구역의 경우 해양수산부장관을 말한다), 시·도지사, 시장 또는 군수는 도시·군관리계획을 입안할 때에는 주민의 의견을 들어야 하며, 그 의견이 타당하다고 인정되면 도시·군관리계획안에 반영하여야 한다. 다만, 국방상 또는 국가안전보장상 기밀을 지켜야 할 필요가 있는 사항(관계 중앙행정기관의 장이 요청하는 것만 해당한다)이거나 대통령령으로 정하는 경미한 사항인 경우에는 그러하지 아니하다(법 제28조 제1항). 국토교통부장관이나 도지사는 제24조 제5항 및 제6항에 따라 도시·군관리계획을 입안하려면 주민의 의견청취 기한을 밝혀 도시·군관리계획안을 관계 특별시장·광역시장·특별자치시장·특별자치도지사·시장 또는 군수에게 송부하여야 한다

(법 제28조 제2항). 도시·군관리계획안을 받은 특별시장·광역시장·특별자치시장·특별자치도지사·시장 또는 군수는 명시된 기한까지 그 도시·군관리계획안에 대한 주민의 의견을 들어 그 결과를 국토교통부장관이나 도지사에게 제출하여야 한다(법 제28조 제3항). 국토교통부장관, 시·도지사, 시장 또는 군수는 청취한 주민 의견을 도시·군관리계획안에 반영하고자 하는 경우 등으로서 그 내용이 해당 지방자치단체의 조례로 정하는 중요한 사항인 경우에는 그 내용을 다시 공고·열람하게 하여 주민의 의견을 들어야 한다(법 제28조 제4항).

따라서 도시계획의 입안에서 해당 도시계획안의 내용을 공고 및 공람하게 한 것은 다수 이해관계자의 이익을 합리적으로 조정하여 국민의 권리자유에 대한 부당한 침해를 방지하고 행정의 민주화와 신뢰를 확보하기 위하여 국민의 의사를 그 과정에 반영시키는데 있는 것이므로 이러한 공고 및 공람 절차에 하자가 있는 도시계획결정은 위법하다.[24]

2) 지방의회 의견청취

지방의회의 의견청취는 도시·군관리계획의 입안권자가 진행하는 절차로서 행정절차와 주민의견 수렴절차의 성격을 가진다.

국토교통부장관, 시·도지사, 시장 또는 군수는 도시·군관리계획을 입안하려면 대통령령으로 정하는 사항에 대하여 해당 지방의회의 의견을 들어야 한다(법 제28조 제6항). 국토교통부장관이나 도지사가 지방의회의 의견을 듣는 경우에는 제28조 제2항과 제3항을 준용한다(법 제28조 제7항). 특별시장·광역시장·특별자치시장·특별자치도지사·시장 또는 군수가 지방의회의 의견을 들으려면 의견 제시 기한을 밝혀 도시·군관리계획안을 송부하여야 한다. 이 경우 해당 지방의회는 명시된 기한까지 특별시장·광역시장·특별자치시장·특별자치도지사·시장 또는 군수에게 의견을 제시하여야 한다(법 제28조 제8항).

3. 입안

1) 입안의 개념과 기본원칙

입안이라 함은 구체적으로 계획안을 확정해 나가는 작업으로 계획안의 작성으로 볼

24) 대법원 2000. 3. 23. 선고 98두2768 판결.

수 있다. 입안은 일반적으로 계획의 수립으로 지칭되나 국토계획법상 수립은 계획의 입안부터 결정까지를 포괄하는 광의의 개념으로 해석된다.

도시 · 군관리계획은 광역도시계획과 도시 · 군기본계획(생활권계획을 포함한다)에 부합되어야 한다(법 제25조 제1항). 국토교통부장관(수산자원보호구역의 경우 해양수산부장관을 말한다), 시 · 도지사, 시장 또는 군수는 도시 · 군관리계획을 입안할 때에는 대통령령으로 정하는 바에 따라 도시 · 군관리계획도서(계획도와 계획조서를 말한다)와 이를 보조하는 계획설명서(기초조사결과 · 재원조달방안 및 경관계획 등을 포함한다)를 작성하여야 한다(법 제25조 제2항). 도시 · 군관리계획은 계획의 상세 정도, 도시 · 군관리계획으로 결정하여야 하는 기반시설의 종류 등에 대하여 도시 및 농 · 산 · 어촌 지역의 인구밀도, 토지이용의 특성 및 주변환경 등을 종합적으로 고려하여 차등을 두어 입안하여야 한다(법 제25조 제3항).

2) 입안권자에 따른 입안

도시 · 군관리계획은 지방자치단체의 계획고권에 의하여 수립되므로 원칙적으로 도시 · 군관리계획의 입안권자는 특별시장 · 광역시장 · 특별자치시장 · 특별자치도지사 · 시장 또는 군수이다. 다만, 예외적으로 국토교통부장관과 도지사에게도 입안권이 인정되나, 대도시에서 공간형성에 대한 주도권이 도시의 중심에 집중되므로 국토계획법상 기초지방자치단체장 중 구청장에게는 입안권이 부여되지 않는다.

(1) 입안권자가 특별시장 · 광역시장 · 특별자치시장 · 특별자치도지사 · 시장 또는 군수인 경우

특별시장 · 광역시장 · 특별자치시장 · 특별자치도지사 · 시장 또는 군수는 관할 구역에 대하여 도시 · 군관리계획을 입안하여야 한다(법 제24조 제1항). 지역여건상 필요하다고 인정하여 미리 인접한 특별시장 · 광역시장 · 특별자치시장 · 특별자치도지사 · 시장 또는 군수와 협의한 경우나 인접한 특별시 · 광역시 · 특별자치시 · 특별자치도 · 시 또는 군의 관할 구역을 포함하여 도시 · 군기본계획을 수립한 경우에 해당하면 특별시장 · 광역시장 · 특별자치시장 · 특별자치도지사 · 시장 또는 군수는 인접한 특별시 · 광역시 · 특별자치시 · 특별자치도 · 시 또는 군의 관할 구역 전부 또는 일부를 포함하여 도시 · 군관리계획을 입안할 수 있다(법 제24조 제2항). 인접한 특별시 · 광역시 · 특별자치시 · 특별자치도 · 시 또는 군의 관할 구역에 대한 도시 · 군관리계획은 관계 특별시장 · 광역시장 · 특별자치시장 · 특별자치도지사 · 시장 또는 군수가 협의하여 공동으로 입안하거나 입안할 자를 정한다(법 제24조 제3항). 협의가 성립되지 아니하는 경우 도시·군관리계획을 입안하려는 구역이 같은 도의 관할 구역에 속할 때에는 관할 도지사가, 둘 이상의 시·도의 관할 구역에 걸쳐 있을 때에는 국토교통부장관(제40조에 따른 수산자원보호구역의 경우 해양수산부장관을 말한다)이 입안할 자를 지정하고 그 사실을 고시하여야 한다(법 제24조 제4항).

(2) 입안권자가 국토교통부장관인 경우

국토교통부장관은 국가계획과 관련된 경우, 둘 이상의 시·도에 걸쳐 지정되는 용도지역·용도지구 또는 용도구역과 둘 이상의 시·도에 걸쳐 이루어지는 사업의 계획 중 도시·군관리계획으로 결정하여야 할 사항이 있는 경우, 또는 특별시장·광역시장·특별자치시장·특별자치도지사·시장 또는 군수가 국토교통부장관이 정한 기한까지 국토교통부장관의 도시·군관리계획 조정요구에 따라 도시·군관리계획을 정비하지 아니하는 경우에는 직접 또는 관계 중앙행정기관의 장의 요청에 의하여 도시·군관리계획을 입안할 수 있다. 이 경우 국토교통부장관은 관할 시·도지사 및 시장·군수의 의견을 들어야 한다(법 제24조 제5항).

(3) 입안권자가 도지사인 경우

도지사는 둘 이상의 시·군에 걸쳐 지정되는 용도지역·용도지구 또는 용도구역과 둘 이상의 시·군에 걸쳐 이루어지는 사업의 계획 중 도시·군관리계획으로 결정하여야 할 사항이 포함되어 있는 경우 또는 도지사가 직접 수립하는 사업의 계획으로서 도시·군관리계획으로 결정하여야 할 사항이 포함되어 있는 경우에는 직접 또는 시장이나 군수의 요청에 의하여 도시·군관리계획을 입안할 수 있다. 이 경우 도지사는 관계 시장 또는 군수의 의견을 들어야 한다(법 제24조 제6항).

3) 입안의 제안

(1) 의의

국토계획법은 주민과 이해관계인에게도 도시·군관리계획의 입안을 제안할 수 있는 신청권을 부여하고 있는데, 이를 입안제안권이라 한다.

주민(이해관계자를 포함한다)은 ① 기반시설의 설치·정비 또는 개량에 관한 사항, ② 지구단위계획구역의 지정 및 변경과 지구단위계획의 수립 및 변경에 관한 사항, ③ 개발진흥지구 중 공업기능 또는 유통물류기능 등을 집중적으로 개발·정비하기 위한 개발진흥지구로서 대통령령으로 정하는 개발진흥지구의 지정 및 변경에 관한 사항 또는 제37조에 따라 지정된 용도지구 중 해당 용도지구에 따른 건축물이나 그 밖의 시설의 용도·종류 및 규모 등의 제한을 지구단위계획으로 대체하기 위한 용도지구의 지정 및 변경에 관한 사항, ④ 도시·군계획시설입체복합구역의 지정 및 변경과 도시·군계획시설입체복합구역의 건축제한·건폐율·용적률·높이 등에 관한 사항에 대하여 도시·군관리계획의 입안권자에게 도시·군관리계획의 입안을 제안할 수 있다. 이 경우 제안서에는 도시·군관리계획도서와 계획설명서를 첨부하여야 한다(법 제26조 제1항). 도시·군관리계획의 입안을 제안받은 자는 제안자와 협의하여 제안된 도시·군관리계획의 입안 및 결정에 필요한 비용의 전부 또는 일부를 제안자에게 부담시킬 수 있다(법 제26조 제3항).

(2) 법적 성격

주민과 이해관계인의 도시·군관리계획의 입안제안권은 행정계획의 수립청구권으로 볼 수 있다. 따라서 도시계획수립청구권으로 입안신청권이 인정되고 행정청이 이를 거부하면 취소소송으로 다툴 수 있는 것이다. 판례도 국토계획법상의 도시·군관리계획의 입안제안과 관련하여 "도시계획구역 내 토지 등을 소유하고 있는 주민으로서는 입안권자에게 도시계획입안을 요구할 수 있는 법규상 또는 조리상의 신청권이 있다고 할 것이고, 이러한 신청에 대한 거부행위는 항고소송의 대상이 되는 행정처분에 해당한다"라고 판시하여 주민의 도시계획변경·폐지신청권을 인정하고 있다.[25] 국토계획법의 해석상 도시계획시설부지 소유자에게도 그에 관한 도시·군관리계획의 변경 등을 요구할 수 있는 법규상 또는 조리상 신청권이 인정된다고 할 것이다.[26]

판례 도시계획시설결정폐지신청거부처분취소
(대법원 2015. 3. 26. 선고 2014두42742 판결)

이들 규정에 헌법상 개인의 재산권 보장의 취지를 더하여 보면, 도시계획구역 내 토지 등을 소유하고 있는 사람과 같이 당해 도시계획시설결정에 이해관계가 있는 주민으로서는 도시시설계획의 입안권자 내지 결정권자에게 도시시설계획의 입안 내지 변경을 요구할 수 있는 법규상 또는 조리상의 신청권이 있고, 이러한 신청에 대한 거부행위는 항고소송의 대상이 되는 행정처분에 해당한다.

25) 대법원 2004. 4. 28. 선고 2003두1806 판결.
26) 대법원 2017. 8. 29. 선고 2016두44186 판결.

4. 도시·군관리계획의 결정

1) 관계 행정기관의 장과의 협의

시·도지사는 도시·군관리계획을 결정하려면 관계 행정기관의 장과 미리 협의하여야 하며, 국토교통부장관(수산자원보호구역의 경우 해양수산부장관을 말한다)이 도시·군관리계획을 결정하려면 관계 중앙행정기관의 장과 미리 협의하여야 한다. 이 경우 협의 요청을 받은 기관의 장은 특별한 사유가 없으면 그 요청을 받은 날부터 30일 이내에 의견을 제시하여야 한다(법 제30조 제1항). 시·도지사는 국토교통부장관이 입안하여 결정한 도시·군관리계획을 변경하거나 그 밖에 대통령령으로 정하는 중요한 사항에 관한 도시·군관리계획을 결정하려면 미리 국토교통부장관과 협의하여야 한다(법 제30조 제2항).

2) 도시계획위원회의 심의

국토교통부장관은 도시·군관리계획을 결정하려면 중앙도시계획위원회의 심의를 거쳐야 하며, 시·도지사가 도시·군관리계획을 결정하려면 시·도도시계획위원회의 심의를 거쳐야 한다. 다만, 시·도지사가 지구단위계획(지구단위계획과 지구단위계획구역을 동시에 결정할 때에는 지구단위계획구역의 지정 또는 변경에 관한 사항을 포함할 수 있다)이나 제52조 제1항 제1호의2에 따라 지구단위계획으로 대체하는 용도지구 폐지에 관한 사항을 결정하려면 대통령령으로 정하는 바에 따라 「건축법」 제4조에 따라 시·도에 두는 건축위원회와 도시계획위원회가 공동으로 하는 심의를 거쳐야 한다(법 제30조 제3항).

3) 도시·군관리계획의 결정

국토교통부장관이나 시·도지사는 도시·군관리계획을 결정하면 대통령령으로 정하는 바에 따라 그 결정을 고시하고,[27] 국토교통부장관이나 도지사는 관계 서류를 관계 특별시장·광역시장·특별자치시장·특별자치도지사·시장 또는 군수에게 송부하여 일반이 열람할 수 있도록 하여야 하며, 특별시장·광역시장·특별자치시장·특별자치도지사는 관계 서류를 일반이 열람할 수 있도록 하여야 한다(법 제30조 제6항).

27) 대법원 1990. 1. 25. 선고 89누2936 판결(도시계획결정의 고시에서 위치를 표시하는데 "리"의 기재를 누락한 하자는 고시 자체를 무효라고 볼 정도로 중대하고 명백한 하자라고 볼 수 없음은 물론, 그같은 하자가 취소사유가 되는 위법이더라도 이는 선행처분인 도시계획결정 단계에서 다투었어야 할 것이고 그 쟁송기간이 이미 도과된 후인 수용재결 단계에서는 그 처분의 불가쟁력에 의하여 이를 주장할 수 없는 것이다).

다만, 국토교통부장관이나 시·도지사는 국방상 또는 국가안전보장상 기밀을 지켜야 할 필요가 있다고 인정되면(관계 중앙행정기관의 장이 요청할 때만 해당된다) 그 도시·군관리계획의 전부 또는 일부에 대하여 관계 행정기관의 협의, 도시계획위원회의 심의의 규정에 따른 절차를 생략할 수 있다(법 제30조 제4항).

시장 또는 군수가 입안한 지구단위계획구역의 지정·변경과 지구단위계획의 수립·변경에 관한 도시·군관리계획과 제52조 제1항 제1호의2에 따라 지구단위계획으로 대체하는 용도지구 폐지에 관한 도시·군관리계획(대도시 시장을 제외한 해당 시장 또는 군수가 도지사와 미리 협의한 경우에 한정한다)은 시장 또는 군수가 직접 결정한다(법 제29조 제1항). 이 경우에도 관계 행정기관의 장 및 국토교통부장관과의 협의, 도시계획위원회의 심의의 절차를 거친다(법 제30조 제7항).

4) 지형도면의 고시

특별시장·광역시장·특별자치시장·특별자치도지사·시장 또는 군수는 도시·군관리계획결정이 고시되면 지적(地籍)이 표시된 지형도에 도시·군관리계획에 관한 사항을 자세히 밝힌 도면을 작성하여야 한다(법 제32조 제1항). 시장(대도시 시장은 제외한다)이나 군수는 지형도에 도시·군관리계획(지구단위계획구역의 지정·변경과 지구단위계획의 수립·변경에 관한 도시·군관리계획은 제외한다)에 관한 사항을 자세히 밝힌 지형도면을 작성하면 도지사의 승인을 받아야 한다. 이 경우 지형도면의 승인신청을 받은 도지사는 그 지형도면과 결정·고시된 도시·군관리계획을 대조하여 착오가 없다고 인정되면 30일 이내에 그 지형도면을 승인하여야 한다(법 제32조 제2항, 영 제27조).

국토교통부장관(수산자원보호구역의 경우 해양수산부장관을 말한다)이나 도지사는 도시·군관리계획을 직접 입안한 경우에는 관계 특별시장·광역시장·특별자치시장·특별자치도지사·시장 또는 군수의 의견을 들어 직접 지형도면을 작성할 수 있다(법 제32조 제3항). 국토교통부장관, 시·도지사, 시장 또는 군수는 직접 지형도면을 작성하거나 지형도면을 승인한 경우에는 이를 고시하여야 한다(법 제32조 제4항).

지형도면은 도시·군관리계획결정이 미치는 공간적 범위를 구체적으로 특정하는 기능을 수행하므로 도시·군관리계획의 기본적 내용, 대략적 위치와 면적은 도시·군관리계획결정에서 결정되어 고시를 통하여 대외적으로 표시되어야 한다.[28] 그러므로 국토계획법에 따라 행정청이 도시관리계획 결정에 따른 지형도면을 작성하여 일정한 장소

---

28) 대법원 2018. 11. 29. 선고 2018두49109 판결.

에 비치한 사실을 관보·공보에 고시하고 그와 동시에 지형도면을 그 장소에 비치하여 일반인이 직접 열람할 수 있는 상태에 놓아두었다면 이로써 지형도면 고시가 적법하게 이루어진 것이라고 보는 것이 옳다.[29)]

5) 도시·군관리계획결정의 효력발생시기

도시·군관리계획결정의 효력발생시기와 관련하여 도시·군관리계획의 결정고시와 지형도면의 고시간의 관계가 문제되는데, 구 도시계획법상 도시계획결정의 효력발생시기에 관하여 대법원은 "도시계획결정의 효력은 도시계획결정고시로 인하여 생기고 지적고시도면의 승인고시로 인하여 생기는 것은 아니라고 할 것이나, 일반적으로 도시계획결정고시의 도면만으로는 구체적인 범위나 개별토지의 도시계획선을 특정할 수 없으므로 결국 도시계획결정 효력의 구체적·개별적인 범위는 지적고시도면에 의하여 확정된다"라고 판시하여, 도시계획결정의 효력은 도시계획결정고시로 발생한다는 점을 분명히 하였다.[30)] 이것은 구 도시계획법 제12조 제4항이 "건설부장관은 제1항의 규정에 의하여 도시계획을 결정한 때에는 대통령령이 정하는 바에 의하여 지체없이 이를 고시하고 결정된 도시계획도면을 시장 또는 군수에게 송부하여 일반에게 공람시켜야 한다"라고 규정할 뿐 지적고시도면의 승인고시로 인한 효력에 대해서는 아무런 규정을 두지 않았기 때문에 가능한 해석이었다.

그러나 현행 국토계획법 제31조 제1항은 "도시·군관리계획 결정의 효력은 작성되거나 승인된 지형도면을 고시한 날부터 발생한다"라고 하여 지형도면의 고시로 도시·군관리계획 결정의 효력이 발생한다는 점을 명확히 하고 있다. 도시·군관리계획 결정의 효력이 그 결정의 고시로써 발생한다고는 보기 어렵게 된 이유이다. 지형도면의 고시는 도시·군관리계획 결정의 효력발생요건에 해당하므로 그 자체로도 독립적인 행정처분성이 인정된다고 보아야 할 것이다.

다만, 여기서 도시·군관리계획 결정의 고시와 지형도면의 고시간의 관계가 문제되는데, 전자의 고시는 도시·군관리계획 결정의 성립요건으로, 후자는 도시·군관리계획 결정의 효력발생요건으로 보는 것이 법리적 완결성을 지닌다고 판단된다.

그럼에도 이 지점에서 유의하여야 할 것은 도시·군관리계획 결정의 효력은 그 결정고시가 아닌 지형도면의 고시로 발생한다는 것이므로 도시·군관리계획 결정의 고시

---

29) 대법원 2018. 3. 29. 선고 2017다218246 판결.

30) 대법원 1993. 2. 9. 선고 92누5607 판결; 대법원 1999. 2. 9. 선고 98두13195 판결; 대법원 2000. 3. 23. 선고 99두11851 판결 등.

로 도시·군관리계획 결정의 행정처분성이 논리필연적으로 부정되지는 않는다는 점이다. 오히려 일반적으로는 도시·군관리계획 결정의 고시와 지형도면의 고시가 합체하여 취소소송의 대상이 되며, 그 결정의 효력이 발생한다고 해석하는 것이 국토계획법의 명문규정과 입법자의 의도에 부합할 수 있다는 것이다.

판례가 도시관리계획결정의 고시와 지형도면의 고시가 있는 경우에는 그 도시관리계획결정의 행정처분성을 긍정하지만 단순히 도시관리계획결정만 기재되어 있고 지형도면의 고시가 없는 경우에는 행정처분성을 부정하는 것[31]도 이러한 해석론을 기저에 깔고 있는 것으로 판단된다.

아울러 지형도면의 고시는 도시·군관리계획 결정의 효력발생요건뿐만 아니라 동시에 공시 또는 공람의 성격을 지닌다. 국토계획법상 도시관리계획 결정 후 지형도면의 작성·고시[32]와 토지이용규제법상 '지역·지구 등'의 지정 시 지형도면의 작성·고시[33]를 토지와 이용제한의 내용에 대한 공시 또는 공람으로 보는 것도 이 때문이다.

그럼에도 도시·군관리계획결정의 구체적·개별적인 범위가 지형도면에 의하여 확정되므로 확정된 지형도면의 변경은 실질적으로 도시계획결정을 변경하는 효력이 생긴다고 보아야 한다. 그러므로 그 변경된 도시계획결정에 맞게 지형도면을 경정·변경하여야 하고, 이러한 절차를 밟지 아니한 채 실질적으로 도시계획결정의 변경을 가져오는 내용으로 시장·군수가 지형도면을 경정·변경하는 조치는 위법하고 그 효력이 없으며,[34] 지형도면에 의한 고시에 잘못이 있다면 이를 경정·변경하는 절차를 취할 것이지 승인고시된 도면은 그대로 놓아 두고 그와 다른 내용의 도시계획열람도를 별도로 만들어 이로써 지형도면에 우선하거나 갈음할 수는 없다.[35]

도시계획결정고시 및 그 도면에 의하여도 특정 토지가 그 도시계획에 포함되지 않음이 명백한데도 지형도면에는 마치 위 토지가 도시계획에 포함된 것처럼 되어 있다면

31) 대법원 2018. 11. 29. 선고 2018두49109 판결.

32) 대법원 2018. 3. 29. 선고 2017다218246 판결(구 국토의 계획 및 이용에 관한 법률(2009. 2. 6. 법률 제9442호로 개정되기 전의 것)이 도시관리계획 결정 후 지형도면을 작성하여 고시하도록 규정한 취지는 도시관리계획으로 토지이용제한을 받게 되는 토지와 그 이용제한의 내용을 명확히 공시하여 토지이용의 편의를 도모하고 행정의 예측가능성과 투명성을 확보하려는 데 있다).

33) 대법원 2017. 6. 8. 선고 2015두38573 판결; 대법원 2020. 12. 24. 선고 2020두46769 판결(토지이용규제법이 '지역·지구 등'을 지정할 때 원칙적으로 지형도면을 작성·고시하도록 규정한 취지는 지역·지구 등의 지정으로 토지이용제한을 받게 되는 토지와 이용제한의 내용을 명확히 공시하여 토지이용의 편의를 도모하고 행정의 예측가능성과 투명성을 확보하려는 데 있다).

34) 대법원 1996. 3. 22. 선고 95누13920 판결.

35) 대법원 1993. 2. 9. 선고 92누5207 판결.

그에 대한 승인은 실질적으로 도시계획결정의 변경을 초래하는 것으로 도시계획법상의 적법한 도시계획 변경절차를 거치지 않는 한 당연무효라고 할 것이다.36)

5. 도시·군관리계획의 변경

결정된 도시·군관리계획을 변경하려는 경우에는 관계 행정기관의 장 및 국토교통부장관과의 협의, 도시계획위원회의 심의의 절차를 거친다. 도시지역의 축소에 따른 용도지역·용도지구·용도구역 또는 지구단위계획구역의 변경인 경우, 도시지역 외의 지역에서 「농지법」에 의한 농업진흥지역 또는 「산지관리법」에 의한 보전산지를 농림지역으로 결정하는 경우 등의 경미한 사항을 변경하는 경우에는 그러하지 아니하다(법 제30조 제5항, 영 제25조 제3항)

도시·군관리계획이 결정되면 도시·군관리계획에 관한 사항이 자세히 포함된 지형도면을 고시하여야 함에도 불구하고 도시관리계획결정·고시와 그 도면에 특정 토지가 도시관리계획에 포함되지 않았음이 명백한데도 도시관리계획을 집행하기 위한 후속 계획이나 처분에서 그 토지가 도시관리계획에 포함된 것처럼 표시되어 있는 경우가 있다. 이것은 실질적으로 도시관리계획결정을 변경하는 것에 해당하여 국토계획법 제30조 제5항에서 정한 도시관리계획 변경절차를 거치지 않는 한 당연무효라 할 것이다.37)

행정청은 도시계획의 결정·변경권을 가지므로 이미 도시계획이 결정·고시된 지역에 대하여도 다른 내용의 도시계획을 결정·고시할 수 있고, 이 때에 후행 도시계획에 선행 도시계획과 서로 양립할 수 없는 내용이 포함되어 있다면 특별한 사정이 없는 한 선행 도시계획은 후행 도시계획과 같은 내용으로 적법하게 변경되었다고 보아야 할 것이다.38)

그러나 후행 도시계획의 결정을 하는 행정청이 선행 도시계획의 결정·변경 등에 관한 권한을 가지고 있지 않은 경우에 선행 도시계획과 서로 양립할 수 없는 내용이 포함된 후행 도시계획결정을 하는 것은 아무런 권한 없이 선행 도시계획결정을 폐지하고 양립할 수 없는 새로운 내용이 포함된 후행 도시계획결정을 하는 것이다. 그러므로 선행 도시계획결정의 폐지 부분은 권한 없는 자에 의하여 행해진 것으로서 무효이고, 같은 대상지역에 대하여 선행 도시계획결정이 적법하게 폐지되지 않은 상태에서 그 위

36) 대법원 2000. 3. 23. 선고 99두11851 판결.
37) 대법원 2019. 7. 11. 선고 2018두47783 판결.
38) 대법원 1997. 6. 24. 선고 96누1313 판결.

에 다시 한 후행 도시계획결정 역시 위법하고, 그 하자는 중대하고도 명백하여 다른 특별한 사정이 없는 한 무효라고 보아야 한다.[39]

Ⅲ. 도시·군관리계획의 결정권자와 결정의 효력

1. 입안권과 결정권의 분리

우리나라 국토계획법제의 특징으로 입안권과 결정권의 분리가 거론된다. 특별시장·광역시장·특별자치시장·특별자치도지사·시장 또는 군수가 원칙적으로 도시·군관리계획의 입안권을 가지며, 이러한 입안권자가 기초조사, 주민참가, 지방의회 의견청취 절차를 진행한다.

이에 반하여, 국토계획법에 의하여 지정된 결정권자가 도시·군관리계획의 결정권을 가진다. 원칙적으로 광역지방자치단체장이 도시·군관리계획의 결정권자가 된다. 따라서 시·도지사가 도시·군관리계획의 결정권을 가지며, 아울러 대도시 시장, 시장 또는 군수도 일정한 경우에는 결정권을 가진다. 예외적으로 국토교통부장관이 도시·군관리계획의 입안권과 결정권을 가지는 경우도 있다. 이러한 결정권자는 관계 행정기관의 협의, 도시계획위원회의의 심의, 지형도면의 고시 절차를 진행한다.

2. 결정권자

도시·군관리계획은 시·도지사가 직접 또는 시장·군수의 신청에 따라 결정한다. 다만, 「지방자치법」 제198조에 따른 서울특별시와 광역시 및 특별자치시를 제외한 인구 50만 이상의 대도시의 경우에는 해당 대도시 시장이 직접 결정하고, 시장 또는 군수가 입안한 지구단위계획구역의 지정·변경과 지구단위계획의 수립·변경에 관한 도시·군관리계획과 제52조 제1항 제1호의2에 따라 지구단위계획으로 대체하는 용도지구 폐지에 관한 도시·군관리계획(대도시 시장을 제외한 해당 시장 또는 군수가 도지사와 미리 협의한 경우에 한정한다)은 시장 또는 군수가 직접 결정한다(법 제29조 제1항).

예외적으로 ① 국토교통부장관이 입안한 도시·군관리계획, ② 개발제한구역의 지정 및 변경에 관한 도시·군관리계획, ③ 시가화조정구역의 지정 및 변경에 관한 도

39) 대법원 2000. 9. 8. 선고 99두11257 판결.

시·군관리계획은 국토교통부장관이 결정하고, 수산자원보호구역의 지정 및 변경에 관한 도시·군관리계획은 해양수산부장관이 결정한다(법 제29조 제2항).

3. 결정의 효력

도시·군관리계획 결정의 효력은 작성되거나 승인된 지형도면을 고시한 날부터 발생한다(법 제31조 제1항). 도시·군관리계획 결정 당시 이미 사업이나 공사에 착수한 자(국토계획법 또는 다른 법률에 따라 허가·인가·승인 등을 받아야 하는 경우에는 그 허가·인가·승인 등을 받아 사업이나 공사에 착수한 자를 말한다)는 그 도시·군관리계획 결정과 관계없이 그 사업이나 공사를 계속할 수 있다. 다만, 시가화조정구역이나 수산자원보호구역의 지정에 관한 도시·군관리계획 결정이 있는 경우에는 대통령령으로 정하는 바에 따라 특별시장·광역시장·특별자치시장·특별자치도지사·시장 또는 군수에게 신고하고 그 사업이나 공사를 계속할 수 있다(법 제31조 제2항).

Ⅳ. 도시·군관리계획의 정비와 입안의 특례

1. 도시·군관리계획의 정비

특별시장·광역시장·특별자치시장·특별자치도지사·시장 또는 군수는 5년마다 관할 구역의 도시·군관리계획에 대하여 대통령령으로 정하는 바에 따라 그 타당성을 전반적으로 재검토하여 정비하여야 한다(법 제34조 제1항).

2. 도시·군관리계획 입안의 특례

국토교통부장관, 시·도지사, 시장 또는 군수는 도시·군관리계획을 조속히 입안하여야 할 필요가 있다고 인정되면 광역도시계획이나 도시·군기본계획을 수립할 때에 도시·군관리계획을 함께 입안할 수 있다(법 제35조 제1항).

국토교통부장관(제40조에 따른 수산자원보호구역의 경우 해양수산부장관을 말한다), 시·도지사, 시장 또는 군수는 필요하다고 인정되면 도시·군관리계획을 입안할 때에 제30조 제1항에 따라 협의하여야 할 사항에 관하여 관계 중앙행정기관의 장이나 관계 행정기관의 장과 협의할 수 있다. 이 경우 시장이나 군수는 도지사에게 그 도시·군관리계획(지구단위계획구역의 지정·변경과 지구단위계획의 수립·변경에 관한 도시·군관리계획은 제외한다)의 결정을 신청할 때에 관계 행정기관의 장과의 협의 결과를 첨부하여야 한다(법 제35조 제2항).

제6항 공간재구조화계획

Ⅰ. 의의

공간재구조화계획이란 토지의 이용 및 건축물이나 그 밖의 시설의 용도·건폐율·용적률·높이 등을 완화하는 용도구역의 효율적이고 계획적인 관리를 위하여 수립하는 계획을 말한다(법 제2조 제5호의4).

Ⅱ. 입안 및 입안의 제안

1. 입안

특별시장·광역시장·특별자치시장·특별자치도지사·시장 또는 군수는 다음 각 호의 용도구역을 지정하고 해당 용도구역에 대한 계획을 수립하기 위하여 공간재구조화계획을 입안하여야 한다(법 제35조의2 제1항).

1. 제40조의3에 따른 도시혁신구역 및 도시혁신계획
2. 제40조의4에 따른 복합용도구역 및 복합용도계획
3. 제40조의5에 따른 도시·군계획시설입체복합구역(제1호 또는 제2호와 함께 구역을 지정하거나 계획을 입안하는 경우로 한정한다)

국토교통부장관은 제1항 및 제2항에도 불구하고 도시의 경쟁력 향상, 특화발전 및 지역 균형발전 등을 위하여 필요한 때에는 관할 특별시장·광역시장·특별자치시장·특별자치도지사·시장 또는 군수의 요청에 따라 공간재구조화계획을 입안할 수 있다(법 제35조의2 제3항). 공간재구조화계획을 입안하려는 국토교통부장관(수산자원보호구역의 경우 해양수산부장관을 말한다), 시·도지사, 시장 또는 군수(공간재구조화계획 입안권자)는 공간재구조화계획도서(계획도와 계획조서를 말한다) 및 이를 보조하는 계획설명서(기초조사결과·재원조달방안 및 경관계획을 포함한다)를 작성하여야 한다(법 제35조의2 제4항).

공간재구조화계획의 입안과 관련하여 도시·군관리계획의 입안에 관한 제24조 제2항부터 제6항까지를 준용한다(법 제35조의2 제2항).

2. 입안의 제안

주민(이해관계자를 포함한다)은 제35조의2 제1항 각 호의 용도구역 지정을 위하여 공간재구조화계획 입안권자에게 공간재구조화계획의 입안을 제안할 수 있다. 이 경우 제안서에는 공간재구조화계획도서와 계획설명서를 첨부하여야 한다(법 제35조의3 제1항).

공간재구조화계획의 입안을 제안받은 공간재구조화계획 입안권자는 「국유재산법」·「공유재산법」에 따른 국유재산·공유재산이 공간재구조화계획으로 지정된 용도구역 내에 포함된 경우 등 대통령령으로 정하는 경우에는 제안자 외의 제3자에 의한 제안이 가능하도록 제안 내용의 개요를 공고하여야 한다. 다만, 제안받은 공간재구조화계획을 입안하지 아니하기로 결정한 때에는 그러하지 아니하다(법 제35조의3 제2항).

공간재구조화계획 입안권자는 최초 제안자의 제안서 및 제3자 제안서에 대하여 토지이용계획의 적절성 등 대통령령으로 정하는 바에 따라 검토·평가한 후 제출한 제안서 내용의 전부 또는 일부를 공간재구조화계획의 입안에 반영할 수 있다(법 제35조의3 제3항). 공간재구조화계획 입안권자가 제안서 내용의 채택 여부 등을 결정한 경우에는 그 결과를 제안자와 제3자에게 알려야 한다(법 제35조의3 제4항).

공간재구조화계획 입안권자는 제안자 또는 제3자와 협의하여 제안된 공간재구조화계획의 입안 및 결정에 필요한 비용의 전부 또는 일부를 제안자 또는 제3자에게 부담시킬 수 있다(법 제35조의3 제5항).

Ⅲ. 내용

공간재구조화계획에는 다음 각 호의 사항을 포함하여야 한다(법 제35조의4).

1. 제35조의2 제1항 각 호의 용도구역 지정 위치 및 용도구역에 대한 계획 등에 관한 사항
2. 그 밖에 제35조의2 제1항 각 호의 용도구역을 지정함에 따라 인근 지역의 주거·교통·기반시설 등에 미치는 영향 등 대통령령으로 정하는 사항

Ⅳ. 기초조사와 의견청취

공간재구조화계획의 입안을 위한 기초조사, 주민과 지방의회의 의견 청취 등에 관하여는 제27조 및 제28조(제28조 제4항 제2호의 경우 관계 행정기관의 장과의 협의, 중앙도시계획위원회의 심의만 해당한다)를 준용한다(법 제35조의5 제1항).

기초조사, 환경성 검토, 토지적성평가 또는 재해취약성분석은 공간재구조화계획 입안일부터 5년 이내 기초조사를 실시한 경우 등 대통령령으로 정하는 바에 따라 생략할 수 있다(법 제35조의5 제2항).

Ⅴ. 결정 및 결정의 효력

1. 결정

공간재구조화계획은 시·도지사가 직접 또는 시장·군수의 신청에 따라 결정한다. 다만, 국토교통부장관이 입안한 공간재구조화계획은 국토교통부장관이 결정한다(법 제35조의6 제1항).

국토교통부장관 또는 시·도지사가 공간재구조화계획을 결정하려면 미리 관계 행정기관의 장(국토교통부장관을 포함한다)과 협의하고 다음 각 호에 따라 중앙도시계획위원회 또는 지방도시계획위원회의 심의를 거쳐야 한다. 이 경우 협의 요청을 받은 기관의 장은 특별한 사유가 없으면 그 요청을 받은 날부터 30일(도시혁신구역 지정을 위한 공간재구조화계획 결정의 경우에는 근무일 기준으로 10일) 이내에 의견을 제시하여야 한다(법 제35조의6 제2항).

1. 다음 각 목의 어느 하나에 해당하는 사항은 중앙도시계획위원회의 심의를 거친다.
   가. 국토교통부장관이 결정하는 공간재구조화계획
   나. 시·도지사가 결정하는 공간재구조화계획 중 제35조의2 제1항 각 호의 용도구역 지정 및 입지 타당성 등에 관한 사항
2. 제1호 각 목의 사항을 제외한 공간재구조화계획에 대하여는 지방도시계획위원회의 심의를 거친다.

국토교통부장관 또는 시·도지사는 공간재구조화계획을 결정하면 대통령령으로 정하는 바에 따라 그 결정을 고시하고, 국토교통부장관이나 도지사는 관계 서류를 관계

특별시장 · 광역시장 · 특별자치시장 · 특별자치도지사 · 시장 또는 군수에게 송부하여 일반이 열람할 수 있도록 하여야 하며, 특별시장 · 광역시장 · 특별자치시장 · 특별자치도지사는 관계 서류를 일반이 열람할 수 있도록 하여야 한다(법 제35조의6 제3항).

2. 결정의 효력

공간재구조화계획 결정의 효력은 지형도면을 고시한 날부터 발생한다. 다만, 지형도면이 필요 없는 경우에는 공간재구조화계획 결정을 고시한 날부터 효력이 발생한다(법 제35조의7 제1항).

고시를 한 경우에 해당 구역 지정 및 계획 수립에 필요한 내용에 대해서는 고시한 내용에 따라 도시 · 군기본계획의 수립 · 변경(제19조 제1항 각 호 중에서 인구의 배분 등은 대통령령으로 정하는 범위에서 변경하는 경우로 한정한다)과 도시 · 군관리계획의 결정(변경결정을 포함한다) 고시를 한 것으로 본다(법 제35조의7 제2항).

고시를 할 당시에 이미 사업이나 공사에 착수한 자(국토계획법 또는 다른 법률에 따라 허가 · 인가 · 승인 등을 받아야 하는 경우에는 그 허가 · 인가 · 승인 등을 받아 사업이나 공사에 착수한 자를 말한다)는 그 공간재구조화계획 결정과 관계없이 그 사업이나 공사를 계속할 수 있다(법 제35조의7 제4항).

고시된 공간재구조화계획의 내용은 도시 · 군계획으로 관리하여야 한다(법 제35조의7 제5항).

제7항 성장관리계획

Ⅰ. 의의

성장관리계획이란 성장관리계획구역에서의 난개발을 방지하고 계획적인 개발을 유도하기 위하여 수립하는 계획을 말한다(법 제2조 제5호의3).

II. 성장관리계획의 수립 및 건폐율·용적률의 적용

1. 성장관리계획의 수립 및 정비

특별시장·광역시장·특별자치시장·특별자치도지사·시장 또는 군수는 성장관리계획구역을 지정할 때에는 다음 각 호의 사항 중 그 성장관리계획구역의 지정목적을 이루는 데 필요한 사항을 포함하여 성장관리계획을 수립하여야 한다(법 제75조의3 제1항, 영 제70조의14 제1항).

1. 도로, 공원 등 기반시설의 배치와 규모에 관한 사항
2. 건축물의 용도제한, 건축물의 건폐율 또는 용적률
3. 건축물의 배치, 형태, 색채 및 높이
4. 환경관리 및 경관계획
5. 그 밖에 난개발의 방지와 체계적인 관리에 필요한 사항으로서 ① 성장관리계획구역 내 토지개발·이용, 기반시설, 생활환경 등의 현황 및 문제점, ② 그 밖에 난개발의 방지와 체계적인 관리에 필요한 사항으로서 특별시·광역시·특별자치시·특별자치도·시 또는 군의 도시·군계획조례로 정하는 사항

특별시장·광역시장·특별자치시장·특별자치도지사·시장 또는 군수는 5년마다 관할 구역 내 수립된 성장관리계획에 대하여 대통령령으로 정하는 바에 따라 그 타당성 여부를 전반적으로 재검토하여 정비하여야 한다(법 제75조의3 제5항).

2. 건폐율 및 용적률의 완화 적용

성장관리계획구역에서는 제77조 제1항에도 불구하고 다음 각 호의 구분에 따른 범위에서 성장관리계획으로 정하는 바에 따라 특별시·광역시·특별자치시·특별자치도·시 또는 군의 조례로 정하는 비율까지 건폐율을 완화하여 적용할 수 있다(법 제75조의3 제2항, 영 제70조의14 제2항).

1. 계획관리지역: 50% 이하
2. 생산관리지역·농림지역 및 자연녹지지역과 생산녹지지역: 30% 이하

성장관리계획구역 내 계획관리지역에서는 제78조 제1항에도 불구하고 125% 이하의 범위에서 성장관리계획으로 정하는 바에 따라 특별시·광역시·특별자치시·특별자

치도·시 또는 군의 조례로 정하는 비율까지 용적률을 완화하여 적용할 수 있다(법 제75조의3 제3항).

Ⅲ. 성장관리계획구역의 지정 절차

특별시장·광역시장·특별자치시장·특별자치도지사·시장 또는 군수는 녹지지역, 관리지역, 농림지역 및 자연환경보전지역 중 다음 각 호의 어느 하나에 해당하는 지역의 전부 또는 일부에 대하여 성장관리계획구역을 지정할 수 있다(법 제75조의2 제1항, 영 제70조의12).

1. 개발수요가 많아 무질서한 개발이 진행되고 있거나 진행될 것으로 예상되는 지역
2. 주변의 토지이용이나 교통여건 변화 등으로 향후 시가화가 예상되는 지역
3. 주변지역과 연계하여 체계적인 관리가 필요한 지역
4. 「토지이용규제법」 제2조 제1호에 따른 지역·지구등의 변경으로 토지이용에 대한 행위제한이 완화되는 지역
5. 그 밖에 난개발의 방지와 체계적인 관리가 필요한 지역으로서 ① 인구 감소 또는 경제성장 정체 등으로 압축적이고 효율적인 도시성장관리가 필요한 지역, ② 공장 등과 입지 분리 등을 통해 쾌적한 주거환경 조성이 필요한 지역, ③ 특별시·광역시·특별자치시·특별자치도·시 또는 군의 도시·군계획조례로 정하는 지역

특별시장·광역시장·특별자치시장·특별자치도지사·시장 또는 군수는 성장관리계획구역을 지정하거나 이를 변경하려면 대통령령으로 정하는 바에 따라 미리 주민과 해당 지방의회의 의견을 들어야 하며, 관계 행정기관과의 협의 및 지방도시계획위원회의 심의를 거쳐야 한다. 다만, 성장관리계획구역의 면적을 10% 이내에서 변경하는 경우(성장관리계획구역을 변경하는 부분에 둘 이상의 읍·면 또는 동의 일부 또는 전부가 포함된 경우에는 해당 읍·면 또는 동 단위로 구분된 지역의 면적을 각각 10% 이내에서 변경하는 경우로 한정한다)에는 그러하지 아니하다(법 제75조의2 제2항, 영 제70조의13 제5항). 협의 요청을 받은 관계 행정기관의 장은 특별한 사유가 없으면 요청을 받은 날부터 30일 이내에 특별시장·광역시장·특별자치시장·특별자치도지사·시장 또는 군수에게 의견을 제시하여야 한다(법 제75조의2 제4항).

특별시·광역시·특별자치시·특별자치도·시 또는 군의 의회는 특별한 사유가 없

으면 60일 이내에 특별시장·광역시장·특별자치시장·특별자치도지사·시장 또는 군수에게 의견을 제시하여야 하며, 그 기한까지 의견을 제시하지 아니하면 의견이 없는 것으로 본다(법 제75조의2 제3항).

특별시장·광역시장·특별자치시장·특별자치도지사·시장 또는 군수가 성장관리계획구역을 지정하거나 이를 변경한 경우에는 관계 행정기관의 장에게 관계 서류를 송부하여야 하며, 대통령령으로 정하는 바에 따라 이를 고시하고 일반인이 열람할 수 있도록 하여야 한다. 이 경우 지형도면의 고시 등에 관하여는 「토지이용규제법」 제8조에 따른다(법 제75조의2 제5항).

Ⅳ. 성장관리계획구역에서의 개발행위

성장관리계획구역에서 개발행위 또는 건축물의 용도변경을 하려면 그 성장관리계획에 맞게 하여야 한다(법 제75조의4).

제 3 절 | 용도지역 · 용도지구 · 용도구역

제1항 개관

Ⅰ. 용도지역의 기능과 근거

용도지역은 토지를 어떤 용도로 사용할지를 규정하는 제도로 토지의 사용용도와 밀도를 규제하는 기능을 갖는다.

토지는 사회성 또는 공공재적 성격과 외부효과로 인하여 일반적인 재화와는 다른 특성을 보인다. 이러한 토지의 속성으로 인하여 각국은 일반적으로 국가의 개입을 정당화하고 있는데, 다만 그 개입의 정도를 어디까지 할 것이냐는 입법정책에 속하는 문제라 할 것이다.

토지의 사회성 · 공공성으로 인하여 토지재산권에 대하여는 다른 재산권에 비해 강한 제한과 의무가 부과될 수 있으며, 외부효과로 인하여 규제의 정당성이 인정된다. 어떤 특정인의 활동이 제3자에게 의도하지 않은 이익이나 손해를 주는데도 이에 대한 대가를 지불하지도 받지도 않는 상태를 외부효과라 하며, 토지는 강한 외부효과를 발생시키는 재화이기 때문에 규제의 정당성이 확보되는 것이다.

이러한 측면에서 토지용도를 규제하는 것은 정당성을 가지며, 이는 곧 토지의 이용 · 개발과 보전에 관한 사항에 관해서는 입법자에게 광범위한 입법형성권이 부여되어 있다는 것을 의미하고, 헌법 제37조 제2항의 기본권제한입법의 근거를 제시한다.[40]

판례 공공주택건설 등에 관한 특별법 시행령 제4조의2 제1항 관련 별표1 제1호 나목 3) (1) 위헌확인(헌법재판소 2017. 9. 28. 선고 2016헌마18 결정)

토지는 원칙적으로 생산이나 대체가 불가능하여 공급이 제한되어 있고, 우리나라의 가용토지면적은 인구에 비하여 절대적으로 부족한 반면, 모든 국민이 생산 및 생활의 기반으로서 토지의 합리적인 이용에 의존하고 있으므로, 그 이용에 있어 공동체의 이익이 보다 강하게 관철되어야 한다. 이와 같은 토지의 사회성 내지는 공공성으로 인해 토지재산권에 대하여는 다른 재산권에 비하여 강한 제한과 의무가 부과될 수 있다. 헌법 제122조

40) 대법원 2020. 4. 9. 선고 2019두51499 판결; 헌법재판소 2017. 9. 28. 선고 2016헌마18 결정.

역시 국가는 국토의 효율적이고 균형있는 이용·개발과 보전을 위하여 법률이 정하는 바에 의하여 필요한 제한과 의무를 과할 수 있다고 규정함으로써 토지재산권에 대한 광범위한 입법형성권을 부여하고 있다.

II. 용도지역제의 기원

1. 고전건축 관념의 근대 도시에의 적용

애초에 건축은 외부의 자연재해나 맹수로부터 인간을 보호하기 위하여 외부와의 단절된 벽이나 기둥·지붕으로 이루어진 건축물을 축조하는 것에서 비롯되었다. 이러한 건축의 연원이 그리스 로마의 신화와 결부되어 신전 건축으로 발전되었다.

따라서 고전건축은 사전에 이미 정해져 있는 가치를 담는 건축물을 만든다는 생각에 기초하게 되었고, 고전건축의 지배적 관념으로 분절과 분절된 부분의 완벽한 통합이 자리잡았다. 건축이 명확한 분절에 근거한 치밀한 작법을 요구하였던 이유도 여기에 있다.

이러한 전통에 바탕을 둔 고전건축은 명료한 위계질서를 표현하게 되어 건물은 기단으로 땅과 분리되고, 주변환경과 구별되게 된다. 분절에 기반한 고전건축의 관념은 근대건축과 도시에도 적용되게 된다. 분절의 근대건축은 도시에서 분류방식으로 적용되고, 이로써 토지의 용도를 기준으로 도시 내부를 구분하게 되었고, 이것이 바로 용도지역제이다.[41] 용도지역제는 용도 이외의 행위를 공동체 외부로 배제하는 역할을 담당함으로써 토지의 용도나 효율에 따라 도시 내부를 나누었다. 이러한 고전건축의 분화·분절한다는 사상, 즉, 고전건축의 이념은 용도지역제를 통하여 실현된다.

2. 도시 공간획정의 방식에 따른 지역제의 구분

고전건축의 이념이 근대 도시에 적용된 것이 지역제이며, 이러한 지역제도 도시공간의 획정방식에 따라 각국에서 고유한 방식으로 분화하게 된다. 지구단위 획정방식은 도시의 상대적으로 좁은 공간을 몇 가지 특징에 착안하여 구획하여 당해 지역안에서만

41) 김광현, 건축 이전의 건축 공동성, 공간서가, 2014, 115－116쪽.

건축물 형태, 용도 등을 제한한다. 이에 반하여 도시단위 획정방식은 대상구역을 도시 전체로 하고 도시계획구역 내의 모든 토지를 주거지역이나 상업지역 등으로 구획하여 용도에 따라 규제를 가한다.

지구단위 획정방식의 대표적인 예가 독일의 건축상세계획(Bebauungplan)이다. 독일 기본법 제28조 제2항 제1문에 의하여 지방자치단체의 자치고권은 헌법적으로 보장되는데, 여기에서 지방자치단체의 계획고권(Planungshoheit)이 도출된다. 이러한 계획고권에 따라 지방자치단체는 건설기본계획을 수립할 수 있다. 건설기본계획의 과제는 건설법전의 개별규정에 따라 게마인데(Gemeinde)의 토지에 대한 건축적 이용과 그밖의 사용을 사전에 준비하고 실행하는 것이다(독일 건설법전 제1조 제1항). 이러한 건설법전의 규율은 게마인데의 계획고권의 개별법적 표현이라고 할 수 있다.[42] 건설기본계획의 과제를 실현하기 위하여 건설법전은 두 가지의 수단을 마련하고 있는데, 그것이 바로 토지이용계획(Flächennutzungsplan)과 건축상세계획이다(독일 건설법전 제1조 제2항).[43]

토지이용계획은 게마인데가 관할구역 전체에 대하여 개별토지의 이용에 대한 계획을 사전에 구체적으로 작성한 후 소유자가 이에 따라 토지를 이용하도록 하는 계획을 의미하며, 사전준비적인 건설기본계획(vorbereitender Bauleitplan)으로서의 성격으로 인하여 행정내부적 효력만을 가진다.

이러한 토지이용계획에서 발전된 것이 바로 건축상세계획으로 이를 구속적 건설기본계획(verbindlicher Bauleitplan)이라 한다. 그러므로 건축상세계획은 게마인데의 계획고권의 실행을 위한 주된 수단이 된다. 이 건축상세계획으로 확정된 내용이 게마인데의 조례로 확정되므로 건축상세계획은 가장 영향력 있는 계획형성의 도구가 되며, 법적 구속력을 확보하게 된다.

그렇기 때문에 토지이용계획에서는 토지의 평면적 이용이 단지 제시(Darstellung)되는데 반하여, 건축상세계획에서는 도시의 건축공간질서를 위하여 구속력 있는 확정(Festsetzung)이 이루어지고, 이 확정으로 인하여 건축상세계획은 구속적 건설기본계획의 성격을 가지게 되는 것이다.[44] 이러한 건축상세계획이 구속적 행정계획인 도시·군관리계획의 내용에 해당하는 우리나라의 지구단위계획의 원형으로 볼 수 있는 것이다.

도시단위 획정방식의 대표적인 예는 용도지역제를 들 수 있는데, 이것은 독일에서 처음 채택되었지만 미국에서 기본적이고 전통적인 토지이용규제제도로 자리잡았다. 이

42) Dirnberger, in: Jäde/Dirnberger, BauGB · BauNVO, Boorberg Verlag, 8. Aufl., 2017, §1, Rn. 1.

43) Michael Brenner, a.a.O., Rn. 177ff.

44) Ebenda, Rn. 212ff.

러한 용도지역제는 일정 지역을 특정용도지역으로 지정하여 건폐율·용적률·건축물 높이 등을 지정하여 토지이용을 규제하는 방식이다. 대규모 도시계획시 토지이용 제한에 용이하나 개별 토지의 특수성을 세심하게 고려할 수 없어 토지이용의 다양성 확보가 곤란하고, 특정 용도지역 설정 후 용도지역의 재설정이나 수정이 어렵다는 단점이 있다.

양자의 중간 정도에 위치하는 것으로 영국식의 계획허가제가 있다. 개별 토지의 이용에 대하여 담당부서가 일일이 검토하고 개발 및 이용에 대한 허가를 결정하는 제도로 세밀한 토지이용 규제가 가능하지만 많은 시간과 비용이 필요하다는 단점도 존재한다. 국토계획법상의 개발행위허가제도가 계획허가제와 유사한 제도로 볼 수 있다.

3. 현행 용도지역제의 연혁

토지이용규제의 기본수단으로서의 용도지역제는 1934년 일본의 시가지건축물법과 도시계획법을 혼합한 조선시가지계획령에서 "조선총독은 시가지계획구역 안에서 주거지역 상업지역 공업지역 녹지지역 또는 혼합지역을 지정할 수 있다"라고 규정하여 최초로 도입되었다. 해방 후 조선시가지계획령은 시가지계획령으로 변경되어 존속하다가 1962년에 건축법과 도시계획법으로 분화되고, 2003년에 도시계획법과 국토이용관리법의 통합으로 탄생한 국토계획법에서 용도지역제를 공식적으로 규정하였다.

용도지역제의 기본 관념은 도시를 수개의 지역(zone)으로 나누고 각 지역마다 토지이용 및 건축규제를 달리 적용하는 것이다. 용도지역제는 토지문제가 심각한 도시지역을 대상으로 하는 것이 일반적이나 현재는 전 국토에 적용 중이다. 이것은 국토계획법의 연혁에서 그 이유를 찾을 수 있다. 국토계획법의 제정 이전에 도시계획법은 도시지역을 대상으로 하고 있는데 반하여, 국토이용관리법은 도시지역을 제외한 농림지역, 준농림지역, 자연환경보전지역을 대상으로 하고 있었다. 양법이 통합되면서 국토계획법으로 일원화되었고, 이에 따라 현행 국토계획법은 용도지역제를 전 국토를 대상으로 하고 있다.

Ⅲ. 용도지역제의 구조와 기능

1. 구조

용도지역제는 도시를 수개의 지역으로 구분하여 각 지역마다 토지의 이용용도 및 용적규제 등을 다르게 설정하는 제도를 말한다. 현행 용도지역제는 전 국토를 도시·관리·농림·자연환경보전지역으로 나눈 후, 다시 도시지역을 주거·상업·공업·녹지지역으로 구분하여, 구분된 각 지역별로 허용되는 토지의 이용용도를 사전에 설정하게 된다.

국가는 종합적·장기적 관점에서 토지이용의 기본계획을 수립하여 개별지역을 구획하게 되는데, 이때 기준이 되는 것은 용도간의 양립가능성이다. 이를테면, 주택과 술집과 같이 상호 악영향을 주는 것은 분리하고, 주택과 대학교는 용도간의 양립가능성이 있으므로 한데 묶어 배치할 수도 있다.

용도지역제는 토지의 이용용도와 더불어 용적에 대한 규제도 하게 되는데, 건축물의 높이·용적·밀도 등의 한계를 사전에 설정한다. 이렇게 사전에 설정된 용도와 높이·용적 등을 벗어난 건축물의 건축과 토지이용은 허용되지 않으므로 용도지역제는 토지이용에 대한 가장 강력한 통제수단이 된다.[45)]

2. 기능

용도지역제는 무엇보다도 재산가치를 보전하거나 증대시키는 기능을 수행한다. 이것은 지역을 구분하여 외부불경제를 야기하는 용도의 건축물의 건축을 허용하지 않음으로써 주거지역에서의 쾌적한 주거환경을 유지할 수 있고, 이로써 주거지역의 재산가치가 증대된다.

일차적인 재산가치의 보호는 바로 주거환경의 보호와 개선으로 연결된다. 열악한 주거환경과 주변환경과의 부조화를 개선하기 위하여 독일에서 용도지역제가 최초로 도입된 것도 이러한 이유에서였다. 독일에서 용도지역제를 전수한 미국 역시 가장 중점을 둔 것은 주거지역의 주거환경 보호의 목적이었다.

재산가치의 보호와 주거환경의 개선보다도 오늘날 용도지역제가 갖는 가장 중요한 기능은 포괄적인 도시계획의 실현수단이라는 점이다. 토지이용규제는 우선 토지이용에

---

45) 민태욱, 도시 토지이용통제수단으로서의 용도지역제, 부동산학연구 제13집 제1호, 2007, 7－8쪽.

관한 계획을 수립하고, 개별토지의 이용은 사전에 수립된 계획에 의거하여 이루어지도록 통제하는 구조를 가지므로 용도지역제는 장기적이고 종합적인 도시계획을 실행할 수 있게 된다.[46]

Ⅳ. 현행 용도지역제의 문제점과 개선방안

1. 용도지역제의 문제점

용도지역제는 원래 지역별로 특성에 맞는 용도를 지정하여 다른 용도를 배제함으로써 해당 지역의 재산가치를 보전하기 위한 제도로 시작되었으나 인구집중 등으로 인한 환경오염, 교통혼잡 등의 문제를 해결하기 위한 주거환경의 보호, 포괄적인 도시계획의 효과적 수행수단으로서의 성격과 기능을 담당하게 되었다.[47]

이러한 순기능에도 불구하고 현행 용도지역제는 첫째, 중복설정과 규제로 인한 비효율성, 둘째, 통제내용의 세밀함과 통제강도의 부족으로 인한 부적절성 등의 문제점을 드러내고 있다.

용도지역제는 원래 도시지역을 대상으로 하는 토지이용규제의 수단이었으나, 우리나라에서는 국토의 난개발에 대응하여 비도시지역에서도 적정한 수준의 관리를 위하여 용도지역제의 기법이 도입되었다. 현행 용도지역제의 대상이 전 국토인 이유도 여기에 있다.

그런데 문제는 이러한 국토계획법에 따른 용도지역의 설정 외에도 개별법에 의한 특정한 토지이용에 관한 지역 등의 설정이 빈번하게 발생한다는 것이다. 예를 들어, 「수도법」에 따른 상수원보호구역이나 「야생생물법」에 따른 야생생물 특별보호구역 등이 그것이다. 개별법에서 각각 지역·지구·구역 등을 설정하다 보니 중복규제와 이로 인한 혼선의 문제는 끊임없이 지적된다. 이로 인하여 토지이용계획 체계의 혼란과 난맥상의 초래, 지역·지구·구역 지정절차상의 비합리성, 행위규제내용의 불투명, 사전 및 사후 조정평가절차의 미흡 등의 문제점이 노출된다.[48]

현행 용도지역제는 건축물의 용도와 밀도 등만 규제의 대상으로 삼고, 토지와 도로조건은 이미 주어진 것으로 받아들여 규제대상에서 제외하여 토지에 접하는 도로의 모

46) 민태욱, 위의 논문, 8-11쪽.
47) 이정전, 토지경제학, 박영사, 전면개정판, 2015, 424쪽.
48) 정희남·박동길·김승종, 지역지구제의 행위규제 분석연구(Ⅱ), 국토연구원, 2003, 68-82쪽.

습이나 너비를 직접 통제하지 않는다. 건폐율과 용적률, 높이 등 밀도제한은 한계치만 제한하므로 통일적인 지역모습의 형성을 보장하지 않고 있다. 그럼에도 불구하고 토지용도는 사전에 설정되어 획일적으로 적용되고 있어, 경직성을 해소하기 위한 장치가 필요하다는 비판이 존재한다.

용도지역제가 도시계획의 구체적인 실현수단으로 작동하기 위해서는 건축물의 용도나 용적 등에 대한 보다 세밀한 행위제한이 요구된다. 용적통제의 주된 수단인 건폐율·용적률은 한계치에 대한 제한만을 의미하는 것이어서, 주어진 범위 내에서 당사자가 자유롭게 선택할 수 있고, 그 결과 개별 토지소유자의 선택에 따라 건출물의 크기나 형태는 판이하게 달라 도시계획에 의한 질서정연한 도시모습과는 거리가 있게 된다. 1~2층 중심의 저층 건축물로 형성된 주거지역의 중간에 고층아파트 등이 건축되어 주변환경과의 부조화와 도시미관을 훼손하는 현상이 다반사인 것도 바로 이러한 이유에 기인한다.

따라서 단순히 건축물에 대한 용적규제가 건폐율·용적률·높이의 한계치에만 그쳐서는 안 되고, 공지조건이나 수용가능한 인구, 최소건축면적 등 전반적인 도시계획적 사항에 대한 보다 정치하고 세세한 규제가 요구되고, 이는 곧 세밀한 규범화의 요청으로 이어진다고 할 것이다.

국토계획법이 건폐율이나 용적률의 최대한도만을 규정하고, 지방자치단체의 조례로 구체적으로 이를 다시 정할 수 있도록 한 것이나, 용도지역에서 허용되는 용도의 범위가 너무 넓어 통제의 강도가 약한 것은 세밀한 규제와는 거리가 멀다.

2. 용도지역제의 개선방안

이러한 용도지역제에 대한 비판을 의식한 듯, 용도지역제를 최초로 고안하여 실시한 독일이 1962년 토지이용통제의 주된 방식을 용도지역제에서 건축상세계획으로 전환한 것은 시사하는 바가 크다.

이에 따라 개선방안으로 용도지구제, 상세계획제의 일종인 지구단위계획, 개발행위허가제도가 도입되어 시행되고 있다. 용도지구제는 필요한 행위제한의 내용을 다양하고 세밀하게 규정하여 기능하고, 지구단위계획은 토지와 건축물을 동시에 일체적으로 규제하여 건축가능성·용도·밀도 등 구체적인 내용을 사전에 모두 정하고 있다. 개발행위허가제도를 통하여 동일 토지에 대하여 다양한 개발계획이 존재할 수 있도록 하고 있다.

그리하여 현행 우리나라는 용도지역제를 기본으로 채택하고, 지구단위계획 제도와 개발행위허가제도의 기법을 일부 도입하여 시행하고 있다고 할 것이다.

제2항 용도지역

Ⅰ. 의의

용도지역이란 토지의 이용 및 건축물의 용도, 건폐율, 용적률, 높이 등을 제한함으로써 토지를 경제적·효율적으로 이용하고 공공복리의 증진을 도모하기 위하여 서로 중복되지 아니하게 도시·군관리계획으로 결정하는 지역을 말한다(법 제2조 제15호).

Ⅱ. 용도지역의 지정

국토교통부장관, 시·도지사 또는 대도시 시장은 용도지역의 지정 또는 변경을 도시·군관리계획으로 결정하고, 대통령령으로 정하는 바에 따라 지정된 용도지역을 도시·군관리계획결정으로 다시 세분하여 지정하거나 변경할 수 있다(법 제36조).

이러한 용도지역지정 및 변경행위는 전문적·기술적 판단에 기초하여 행해지는 일종의 행정계획으로서 재량행위라 할 것이지만, 행정주체가 가지는 계획재량은 형량명령에 따른 공익 상호 간과 사익 상호 간, 그리고 공사익 상호 간의 비교형량을 요구한다.[49] 용도지역의 지정과 변경이 국토계획법에 따른 도시·군관리계획결정으로 이루어지므로 용도지역의 지정 및 변경행위는 행정계획의 결정행위로 파악된다고 할 것이다.

Ⅲ. 용도지역의 구분

국토계획법에 따르면 국토는 토지의 이용실태 및 특성, 장래의 토지 이용 방향, 지역 간 균형발전 등을 고려하여 도시지역, 관리지역, 농림지역, 자연환경보전지역 등 4개의 용도지역으로 구분한다(법 제6조).

---

49) 대법원 2005. 3. 10. 선고 2002두5474 판결.

1. 도시지역

도시지역은 인구와 산업이 밀집되어 있거나 밀집이 예상되어 그 지역에 대하여 체계적인 개발·정비·관리·보전 등이 필요한 지역으로 거주의 안녕과 건전한 생활환경의 보호를 위하여 필요한 지역인 주거지역, 상업이나 그 밖의 업무의 편익을 증진하기 위하여 필요한 지역인 상업지역, 공업의 편익을 증진하기 위하여 필요한 지역인 공업지역, 자연환경·농지 및 산림의 보호, 보건위생, 보안과 도시의 무질서한 확산을 방지하기 위하여 녹지의 보전이 필요한 지역인 녹지지역으로 구분된다(법 제6조 제1호, 제36조 제1항 제1호).

도시지역은 국토계획법 제36조 제2항에 따라 도시·군관리계획결정으로 주거지역·상업지역·공업지역 및 녹지지역을 다음 각 호와 같이 세분하여 지정할 수 있다(영 제30조 제1항).

1. 주거지역
   가. 전용주거지역 : 양호한 주거환경을 보호하기 위하여 필요한 지역
      (1) 제1종전용주거지역 : 단독주택 중심의 양호한 주거환경을 보호하기 위하여 필요한 지역
      (2) 제2종전용주거지역 : 공동주택 중심의 양호한 주거환경을 보호하기 위하여 필요한 지역
   나. 일반주거지역 : 편리한 주거환경을 조성하기 위하여 필요한 지역
      (1) 제1종일반주거지역 : 저층주택을 중심으로 편리한 주거환경을 조성하기 위하여 필요한 지역
      (2) 제2종일반주거지역 : 중층주택을 중심으로 편리한 주거환경을 조성하기 위하여 필요한 지역
      (3) 제3종일반주거지역 : 중고층주택을 중심으로 편리한 주거환경을 조성하기 위하여 필요한 지역
   다. 준주거지역 : 주거기능을 위주로 이를 지원하는 일부 상업기능 및 업무기능을 보완하기 위하여 필요한 지역
2. 상업지역
   가. 중심상업지역 : 도심·부도심의 상업기능 및 업무기능의 확충을 위하여 필요한 지역
   나. 일반상업지역 : 일반적인 상업기능 및 업무기능을 담당하게 하기 위하여 필

요한 지역

다. 근린상업지역 : 근린지역에서의 일용품 및 서비스의 공급을 위하여 필요한 지역

라. 유통상업지역 : 도시내 및 지역간 유통기능의 증진을 위하여 필요한 지역

3. 공업지역

가. 전용공업지역 : 주로 중화학공업, 공해성 공업 등을 수용하기 위하여 필요한 지역

나. 일반공업지역 : 환경을 저해하지 아니하는 공업의 배치를 위하여 필요한 지역

다. 준공업지역 : 경공업 그 밖의 공업을 수용하되, 주거기능·상업기능 및 업무기능의 보완이 필요한 지역

4. 녹지지역

가. 보전녹지지역 : 도시의 자연환경·경관·산림 및 녹지공간을 보전할 필요가 있는 지역

나. 생산녹지지역 : 주로 농업적 생산을 위하여 개발을 유보할 필요가 있는 지역

다. 자연녹지지역 : 도시의 녹지공간의 확보, 도시확산의 방지, 장래 도시용지의 공급 등을 위하여 보전할 필요가 있는 지역으로서 불가피한 경우에 한하여 제한적인 개발이 허용되는 지역

2. 관리지역

관리지역은 도시지역의 인구와 산업을 수용하기 위하여 도시지역에 준하여 체계적으로 관리하거나 농림업의 진흥, 자연환경 또는 산림의 보전을 위하여 농림지역 또는 자연환경보전지역에 준하여 관리할 필요가 있는 지역을 말한다(법 제6조 제2호). 관리지역은 자연환경 보호, 산림 보호, 수질오염 방지, 녹지공간 확보 및 생태계 보전 등을 위하여 보전이 필요하나, 주변 용도지역과의 관계 등을 고려할 때 자연환경보전지역으로 지정하여 관리하기가 곤란한 지역인 보전관리지역, 농업·임업·어업 생산 등을 위하여 관리가 필요하나, 주변 용도지역과의 관계 등을 고려할 때 농림지역으로 지정하여 관리하기가 곤란한 지역인 생산관리지역, 도시지역으로의 편입이 예상되는 지역이나 자연환경을 고려하여 제한적인 이용·개발을 하려는 지역으로서 계획적·체계적인 관리가 필요한 지역인 계획관리지역으로 구분된다(법 제36조 제1항 제2호).

3. 농림지역

농림지역은 도시지역에 속하지 아니하는 「농지법」에 따른 농업진흥지역 또는 「산지관리법」에 따른 보전산지 등으로서 농림업을 진흥시키고 산림을 보전하기 위하여 필요한 지역을 말한다(법 제6조 제3호).

4. 자연환경보전지역

자연환경보전지역은 자연환경 · 수자원 · 해안 · 생태계 · 상수원 및 문화재의 보전과 수산자원의 보호 · 육성 등을 위하여 필요한 지역을 말한다(법 제6조 제4호).

5. 용도지역별 관리의무

국가나 지방자치단체는 제6조(국토의 용도구분)에 따라 정하여진 용도지역의 효율적인 이용 및 관리를 위하여 다음 각 호에서 정하는 바에 따라 그 용도지역에 관한 개발 · 정비 및 보전에 필요한 조치를 마련하여야 한다(법 제7조).

1. 도시지역: 국토계획법 또는 관계 법률에서 정하는 바에 따라 그 지역이 체계적이고 효율적으로 개발 · 정비 · 보전될 수 있도록 미리 계획을 수립하고 그 계획을 시행하여야 한다.
2. 관리지역: 국토계획법 또는 관계 법률에서 정하는 바에 따라 필요한 보전조치를 취하고 개발이 필요한 지역에 대하여는 계획적인 이용과 개발을 도모하여야 한다.
3. 농림지역: 국토계획법 또는 관계 법률에서 정하는 바에 따라 농림업의 진흥과 산림의 보전 · 육성에 필요한 조사와 대책을 마련하여야 한다.
4. 자연환경보전지역: 국토계획법 또는 관계 법률에서 정하는 바에 따라 환경오염 방지, 자연환경 · 수질 · 수자원 · 해안 · 생태계 및 문화재의 보전과 수산자원의 보호 · 육성을 위하여 필요한 조사와 대책을 마련하여야 한다.

Ⅳ. 용도지역에서의 행위제한

1. 건축물의 건축제한

용도지역에서의 건축물이나 그 밖의 시설의 용도·종류 및 규모 등의 제한에 관한 사항은 대통령령으로 정하고, 이에 따른 건축물이나 그 밖의 시설의 용도·종류 및 규모 등의 제한은 해당 용도지역의 지정목적에 적합하여야 한다(법 제76조 제1항, 제3항).[50)]

용도지역에서의 건축물 등의 제한에 관한 사항은 대통령령으로 정하는 것이 원칙이나, 일정한 경우에는 예외적으로 법률에 의한 제한이 존재한다. 「산업입지법」 제2조 제8호 라목에 따른 농공단지에서는 같은 법에서 정하는 바에 따른다(법 제76조 제5항 제2호). 농림지역 중 농업진흥지역, 보전산지 또는 초지인 경우에는 각각 「농지법」, 「산지관리법」 또는 「초지법」에서 정하는 바에 따른다(법 제76조 제5항 제3호). 자연환경보전지역 중 「자연공원법」에 따른 공원구역, 「수도법」에 따른 상수원보호구역, 「문화재보호법」에 따라 지정된 지정문화재 또는 천연기념물과 그 보호구역, 「해양생태계법」에 따른 해양보호구역인 경우에는 각각 「자연공원법」, 「수도법」 또는 「문화재보호법」 또는 「해양생태계법」에서 정하는 바에 따른다(법 제76조 제5항 제4호). 자연환경보전지역 중 수산자원보호구역인 경우에는 「수산자원관리법」에서 정하는 바에 따른다(법 제76조 제5항 제5호).

또한 보전관리지역이나 생산관리지역에 대하여 농림축산식품부장관·해양수산부장관·환경부장관 또는 산림청장이 농지 보전, 자연환경 보전, 해양환경 보전 또는 산림보전에 필요하다고 인정하는 경우에는 「농지법」, 「자연환경보전법」, 「야생생물법」, 「해양생태계법」 또는 「산림자원법」에 따라 건축물이나 그 밖의 시설의 용도·종류 및 규모 등을 제한할 수 있다. 이 경우 국토계획법에 따른 제한의 취지와 형평을 이루도록 하여야 한다(법 제76조 제6항).

---

50) 대법원 2020. 4. 29. 선고 2019도3795 판결(토지의 사회성·공공성을 고려하면 토지재산권에 대하여는 다른 재산권에 비하여 강한 제한과 의무가 부과될 수 있으므로 토지의 이용·개발과 보전에 관한 사항에 관해서는 입법자에게 광범위한 입법형성권이 부여되어 있는 점에 비추어 보면, 국토계획법의 위와 같은 입장, 즉 국토의 계획 및 이용에 관한 목표, 그 실행의 원칙적 기준 등을 법률에서 직접 제시하되 구체적인 수단이나 방법의 형성에 관해서는 대통령령의 입법자에게 비교적 광범위한 입법재량을 부여한 것은 정당하다).

2. 건폐율

법 제36조에 따라 지정된 용도지역에서 건폐율의 최대한도는 관할 구역의 면적과 인구 규모, 용도지역의 특성 등을 고려하여 다음 각 호의 범위에서 대통령령으로 정하는 기준에 따라 특별시·광역시·특별자치시·특별자치도·시 또는 군의 조례로 정한다(법 제77조 제1항).

1. 도시지역
   가. 주거지역: 70% 이하
   나. 상업지역: 90% 이하
   다. 공업지역: 70% 이하
   라. 녹지지역: 20% 이하
2. 관리지역
   가. 보전관리지역: 20% 이하
   나. 생산관리지역: 20% 이하
   다. 계획관리지역: 40% 이하
3. 농림지역: 20% 이하
4. 자연환경보전지역: 20% 이하

다만, 법 제40조에 따른 수산자원보호구역, 「자연공원법」에 따른 자연공원, 「산업입지법」 제2조 제8호 라목에 따른 농공단지, 공업지역에 있는 「산업입지법」 제2조 제8호 가목부터 다목까지의 규정에 따른 국가산업단지, 일반산업단지 및 도시첨단산업단지와 같은 조 제12호에 따른 준산업단지에서의 건폐율에 관한 기준은 법 제77조 제1항과 제2항에도 불구하고 80% 이하의 범위에서 대통령령으로 정하는 기준에 따라 특별시·광역시·특별자치시·특별자치도·시 또는 군의 조례로 따로 정한다(법 제77조 제3항 제3호, 제4호, 제5호, 제6호).

이러한 국토계획법상의 원칙적 제한에도 불구하고 ① 토지이용의 과밀화를 방지하기 위하여 건폐율을 강화할 필요가 있는 경우, ② 주변여건을 고려하여 토지의 이용도를 높이기 위하여 건폐율을 완화할 필요가 있는 경우, ③ 녹지지역, 보전관리지역, 생산관리지역, 농림지역 또는 자연환경보전지역에서 농업용·임업용·어업용 건축물을 건축하려는 경우, ④ 보전관리지역, 생산관리지역, 농림지역 또는 자연환경보전지역에서 주민생활의 편익을 증진시키기 위한 건축물을 건축하려는 경우에는 대통령령으로 정하는 기준에 따라 특별시·광역시·특별자치시·특별자치도·시 또는 군의 조례로 건폐율을 따로 정할 수 있다(법 제77조 제4항).

3. 용적률

1) 용도지역별 용적률의 최대한도

법 제36조에 따라 지정된 용도지역에서 용적률의 최대한도는 관할구역의 면적과 인구 규모, 용도지역의 특성 등을 고려하여 다음 각 호의 범위에서 대통령령으로 정하는 기준에 따라 특별시·광역시·특별자치시·특별자치도·시 또는 군의 조례로 정한다(법 제78조 제1항).

1. 도시지역
   가. 주거지역: 500% 이하
   나. 상업지역: 1천500% 이하
   다. 공업지역: 400% 이하
   라. 녹지지역: 100% 이하
2. 관리지역
   가. 보전관리지역: 80% 이하
   나. 생산관리지역: 80% 이하
   다. 계획관리지역: 100% 이하
3. 농림지역: 80% 이하
4. 자연환경보전지역: 80% 이하

2) 용도지역의 용적률에 대한 특례

건축물의 주위에 공원·광장·도로·하천 등의 공지가 있거나 이를 설치하는 경우에는 법 제78조 제1항에도 불구하고 대통령령으로 정하는 바에 따라 특별시·광역시·특별자치시·특별자치도·시 또는 군의 조례로 용적률을 따로 정할 수 있다(법 제78조 제4항). 법 제78조 제1항과 제4항에도 불구하고 도시지역(녹지지역만 해당한다), 관리지역에서는 창고 용도의 건축물 또는 시설물은 특별시·광역시·특별자치시·특별자치도·시 또는 군의 조례로 정하는 높이로 규모 등을 제한할 수 있다(법 제78조 제5항).

또한 「자연공원법」에 따른 자연공원, 「산업입지법」 제2조 제8호 라목에 따른 농공단지에서의 용적률에 대한 기준은 법 제78조 제1항과 제2항에도 불구하고 200% 이하의 범위에서 대통령령으로 정하는 기준에 따라 특별시·광역시·특별자치시·특별자치도·시 또는 군의 조례로 따로 정한다(법 제78조 제3항).

4. 용도지역 미지정·미세분 지역에서의 행위제한

도시지역, 관리지역, 농림지역 또는 자연환경보전지역으로 용도가 지정되지 아니한 지역에 대하여는 건축물의 건축제한, 건폐율, 용적률의 규정을 적용할 때에 자연환경보전지역에 관한 규정을 적용한다(법 제79조 제1항). 도시지역 또는 관리지역이 세부용도지역으로 지정되지 아니한 경우에는 건축물의 건축제한, 건폐율, 용적률의 규정을 적용할 때에 해당 용도지역이 도시지역인 경우에는 녹지지역 중 보전녹지지역에 관한 규정을 적용하고, 관리지역인 경우에는 보전관리지역에 관한 규정을 적용한다(법 제79조 제2항, 영 제86조).

Ⅴ. 다른 법률에 따른 토지이용에 관한 구역 등의 지정제한

1. 국토계획법의 지정목적에 부합한 구역 등의 지정

중앙행정기관의 장이나 지방자치단체의 장은 다른 법률에 따라 토지이용에 관한 지역·지구·구역 또는 구획 등(구역등)을 지정하려면 그 구역등의 지정목적이 국토계획법에 따른 용도지역·용도지구 및 용도구역의 지정목적에 부합되도록 하여야 한다(법 제8조 제1항).

2. 국토교통부장관과의 협의 및 승인

중앙행정기관의 장이나 지방자치단체의 장은 다른 법률에 따라 지정되는 구역등 중 1㎢(「도시개발법」에 의한 도시개발구역의 경우에는 5㎢) 이상의 구역등을 지정하거나 변경하려면 중앙행정기관의 장은 국토교통부장관과 협의하여야 하며, 지방자치단체의 장은 국토교통부장관의 승인을 받아야 한다(법 제8조 제2항, 영 제5조 제1항).

3. 시·도지사의 승인

지방자치단체의 장이 국토교통부장관의 승인을 받아야 하는 구역등 중 5㎢[특별시장·광역시장·특별자치시장·도지사·특별자치도지사(시·도지사)가 시·도도시계획위원회의 심의를 거쳐 구역등을 지정 또는 변경하는 경우에 한정한다] 미만의 구역등을 지정하거나 변경하려는 경우 시·도지사는 국토교통부장관의 승인을 받지 아니하되, 시장·군수 또는 구청장(자치구의 구청장을 말한다)은 시·도지사의 승인을 받아야 한다(법 제8조 제3항, 영 제5조 제3항).

4. 국토교통부장관과의 협의·승인이 필요없는 경우

다음 각 호의 어느 하나에 해당하는 경우에는 국토교통부장관과의 협의를 거치지 아니하거나 국토교통부장관 또는 시·도지사의 승인을 받지 아니한다(법 제8조 제4항, 영 제5조 제5항).

1. 다른 법률에 따라 지정하거나 변경하려는 구역등이 도시·군기본계획에 반영된 경우
2. 제36조에 따른 보전관리지역·생산관리지역·농림지역 또는 자연환경보전지역에서 다음 각 목의 지역을 지정하려는 경우
   가. 「농지법」 제28조에 따른 농업진흥지역
   나. 「한강수계법」 등에 따른 수변구역
   다. 「수도법」 제7조에 따른 상수원보호구역
   라. 「자연환경보전법」 제12조에 따른 생태·경관보전지역
   마. 「야생생물법」 제27조에 따른 야생생물 특별보호구역
   바. 「해양생태계법」 제25조에 따른 해양보호구역
3. 군사상 기밀을 지켜야 할 필요가 있는 구역등을 지정하려는 경우
4. 협의 또는 승인을 얻은 지역·지구·구역 또는 구획 등의 면적의 10%의 범위안에서 면적을 증감시키거나 그 구역등의 면적산정의 착오를 정정하기 위한 경우

5. 도시계획위원회의 심의

국토교통부장관 또는 시·도지사는 협의 또는 승인을 하려면 중앙도시계획위원회 또는 시·도도시계획위원회의 심의를 거쳐야 한다. 다만, 다음 각 호의 경우에는 그러하지 아니하다(법 제8조 제5항).

1. 보전관리지역이나 생산관리지역에서 다음 각 목의 구역등을 지정하는 경우
   가. 「산지관리법」 제4조 제1항 제1호에 따른 보전산지
   나. 「야생생물법」 제33조에 따른 야생생물 보호구역
   다. 「습지보전법」 제8조에 따른 습지보호지역
   라. 「토양환경보전법」 제17조에 따른 토양보전대책지역
2. 농림지역이나 자연환경보전지역에서 다음 각 목의 구역등을 지정하는 경우
   가. 제1호 각 목의 어느 하나에 해당하는 구역등
   나. 「자연공원법」 제4조에 따른 자연공원
   다. 「자연환경보전법」 제34조 제1항 제1호에 따른 생태·자연도 1등급 권역
   라. 「도서생태계법」 제4조에 따른 특정도서
   마. 「문화재보호법」 제25조 및 제27조에 따른 명승 및 천연기념물과 그 보호구역
   바. 「해양생태계법」 제12조 제1항 제1호에 따른 해양생태도 1등급 권역

6. 도시·군관리계획의 입안권자의 의견청취

중앙행정기관의 장이나 지방자치단체의 장은 다른 법률에 따라 지정된 토지 이용에 관한 구역등을 변경하거나 해제하려면 제24조에 따른 도시·군관리계획의 입안권자의 의견을 들어야 한다. 이 경우 의견요청을 받은 도시·군관리계획의 입안권자는 국토계획법에 따른 용도지역·용도지구·용도구역의 변경이 필요하면 도시·군관리계획에 반영하여야 한다(법 제8조 제6항).

시·도지사가 다음 각 호의 어느 하나에 해당하는 행위를 할 때 국토계획법에 따른 용도지역·용도지구·용도구역의 변경의 필요에 따라 도시·군관리계획의 변경이 필요하여 시·도도시계획위원회의 심의를 거친 경우에는 해당 각 호에 따른 심의를 거친 것으로 본다(법 제8조 제7항).

1. 「농지법」 제31조 제1항에 따른 농업진흥지역의 해제: 「농업식품기본법」 제15조에 따른 시·도 농업·농촌및식품산업정책심의회의 심의

2. 「산지관리법」 제6조 제3항에 따른 보전산지의 지정해제: 「산지관리법」 제22조 제2항에 따른 지방산지관리위원회의 심의

제3항 용도지구

Ⅰ. 의의

1. 개념

용도지구란 토지의 이용 및 건축물의 용도·건폐율·용적률·높이 등에 대한 용도지역의 제한을 강화하거나 완화하여 적용함으로써 용도지역의 기능을 증진시키고 경관·안전 등을 도모하기 위하여 도시·군관리계획으로 결정하는 지역을 말한다(법 제2조 제16호).

2. 특징과 문제점

용도지구는 용도지역의 규제 내용을 강화하거나 완화할 보조적 목적으로 지정되므로 2개 이상의 용도지구가 중복적으로 지정될 수 있다.

용도지구에서의 행위제한은 건축의 제한만 존재한다. 따라서 건물의 용도만을 제한하고 각 용도별 건물의 밀도나 건축면적은 제한하지 않는다. 그렇기 때문에 토지, 도로조건에 대해서는 기본적으로 규제를 하지 않는 점은 용도지역제와 동일하다. 현실적으로 국토계획법에서 여러 개의 용도지구를 지정하여 건축물 등의 행위제한을 하고 있으나 효과적으로 운영되지 못하고 있는데다, 경관지구에서는 여러 행위제한을 시행하고 있으나 다른 용도지구는 대부분 용도제한을 위한 한두 가지 정도의 요소 활용에 그치고 있는 실정이다.

II. 용도지구의 지정과 구분

1. 용도지구의 종류

국토교통부장관, 시·도지사 또는 대도시 시장은 다음 각 호의 어느 하나에 해당하는 용도지구의 지정 또는 변경을 도시·군관리계획으로 결정한다(법 제37조 제1항).

1. 경관지구: 경관의 보전·관리 및 형성을 위하여 필요한 지구
2. 고도지구: 쾌적한 환경 조성 및 토지의 효율적 이용을 위하여 건축물 높이의 최고한도를 규제할 필요가 있는 지구
3. 방화지구: 화재의 위험을 예방하기 위하여 필요한 지구
4. 방재지구: 풍수해, 산사태, 지반의 붕괴, 그 밖의 재해를 예방하기 위하여 필요한 지구
5. 보호지구: 「국가유산기본법」 제3조에 따른 국가유산, 중요 시설물(항만, 공항 등 대통령령으로 정하는 시설물을 말한다) 및 문화적·생태적으로 보존가치가 큰 지역의 보호와 보존을 위하여 필요한 지구
6. 취락지구: 녹지지역·관리지역·농림지역·자연환경보전지역·개발제한구역 또는 도시자연공원구역의 취락을 정비하기 위한 지구
7. 개발진흥지구: 주거기능·상업기능·공업기능·유통물류기능·관광기능·휴양기능 등을 집중적으로 개발·정비할 필요가 있는 지구
8. 특정용도제한지구: 주거 및 교육 환경 보호나 청소년 보호 등의 목적으로 오염물질 배출시설, 청소년 유해시설 등 특정시설의 입지를 제한할 필요가 있는 지구
9. 복합용도지구: 지역의 토지이용 상황, 개발 수요 및 주변 여건 등을 고려하여 효율적이고 복합적인 토지이용을 도모하기 위하여 특정시설의 입지를 완화할 필요가 있는 지구
10. 그 밖에 대통령령으로 정하는 지구

2. 용도지구의 세분

국토교통부장관, 시·도지사 또는 대도시 시장은 필요하다고 인정되면 대통령령으로 정하는 바에 따라 용도지구를 도시·군관리계획결정으로 다시 세분하여 지정하거나 변경할 수 있고, 이에 따라 경관지구·방재지구·보호지구·취락지구 및 개발진흥지구

를 다음 각 호와 같이 세분하여 지정할 수 있다(법 제37조 제2항, 영 제31조 제2항).

1. 경관지구
   가. 자연경관지구 : 산지·구릉지 등 자연경관을 보호하거나 유지하기 위하여 필요한 지구
   나. 시가지경관지구 : 지역 내 주거지, 중심지 등 시가지의 경관을 보호 또는 유지하거나 형성하기 위하여 필요한 지구
   다. 특화경관지구 : 지역 내 주요 수계의 수변 또는 문화적 보존가치가 큰 건축물 주변의 경관 등 특별한 경관을 보호 또는 유지하거나 형성하기 위하여 필요한 지구
4. 방재지구
   가. 시가지방재지구: 건축물·인구가 밀집되어 있는 지역으로서 시설 개선 등을 통하여 재해 예방이 필요한 지구
   나. 자연방재지구: 토지의 이용도가 낮은 해안변, 하천변, 급경사지 주변 등의 지역으로서 건축 제한 등을 통하여 재해 예방이 필요한 지구
5. 보호지구
   가. 역사문화환경보호지구 : 국가유산·전통사찰 등 역사·문화적으로 보존가치가 큰 시설 및 지역의 보호와 보존을 위하여 필요한 지구[51)]
   나. 중요시설물보호지구 : 중요시설물(제1항에 따른 시설물을 말한다)의 보호와 기능의 유지 및 증진 등을 위하여 필요한 지구
   다. 생태계보호지구 : 야생동식물서식처 등 생태적으로 보존가치가 큰 지역의 보호와 보존을 위하여 필요한 지구
7. 취락지구
   가. 자연취락지구 : 녹지지역·관리지역·농림지역 또는 자연환경보전지역안의 취락을 정비하기 위하여 필요한 지구
   나. 집단취락지구 : 개발제한구역안의 취락을 정비하기 위하여 필요한 지구
8. 개발진흥지구
   가. 주거개발진흥지구 : 주거기능을 중심으로 개발·정비할 필요가 있는 지구

---

51) 헌법재판소 2012. 7. 26. 선고 2009헌바328 결정('역사문화미관지구'의 지정이 궁극적으로는 해당 지역 내 토지소유자들이 일정 층수 이상의 건물을 짓지 못하도록 함으로써 문화재의 미관이나 보존가치를 증대시키려는 데 그 목적이 있는 이상, 일괄적인 건축제한 이외에는 달리 입법목적을 달성할 효과적인 대안이 없으므로, 침해의 최소성 요건도 충족한다).

나. 산업 · 유통개발진흥지구 : 공업기능 및 유통 · 물류기능을 중심으로 개발 · 정비할 필요가 있는 지구
다. 삭제 <2012. 4. 10.>
라. 관광 · 휴양개발진흥지구 : 관광 · 휴양기능을 중심으로 개발 · 정비할 필요가 있는 지구
마. 복합개발진흥지구 : 주거기능, 공업기능, 유통 · 물류기능 및 관광 · 휴양기능 중 2 이상의 기능을 중심으로 개발 · 정비할 필요가 있는 지구
바. 특정개발진흥지구 : 주거기능, 공업기능, 유통 · 물류기능 및 관광 · 휴양기능 외의 기능을 중심으로 특정한 목적을 위하여 개발 · 정비할 필요가 있는 지구

3. 용도지구에 대한 특례

시 · 도지사 또는 대도시 시장은 지역여건상 필요하면 대통령령으로 정하는 기준에 따라 그 시 · 도 또는 대도시의 조례로 용도지구의 명칭 및 지정목적, 건축이나 그 밖의 행위의 금지 및 제한에 관한 사항 등을 정하여 법 제37조 제1항 각 호의 용도지구 외의 용도지구의 지정 또는 변경을 도시 · 군관리계획으로 결정할 수 있다(법 제37조 제3항). 또한 시 · 도지사 또는 대도시 시장은 연안침식이 진행 중이거나 우려되는 지역 등 대통령령으로 정하는 지역에 대해서는 방재지구의 지정 또는 변경을 도시 · 군관리계획으로 결정하여야 한다. 이 경우 도시 · 군관리계획의 내용에는 해당 방재지구의 재해저감대책을 포함하여야 한다(법 제37조 제4항). 시 · 도지사 또는 대도시 시장은 대통령령으로 정하는 주거지역 · 공업지역 · 관리지역에 복합용도지구를 지정할 수 있으며, 그 지정기준 및 방법 등에 필요한 사항은 대통령령으로 정한다(법 제37조 제5항).

또한, 국가나 지방자치단체는 대통령령으로 정하는 바에 따라 취락지구 주민의 생활 편익과 복지 증진 등을 위한 사업을 시행하거나 그 사업을 지원할 수 있고(법 제105조),국토계획법 또는 다른 법률에 따라 방재사업을 시행하거나 그 사업을 지원하는 경우 방재지구에 우선적으로 지원할 수 있다(법 제105조의2조).

Ⅲ. 용도지구에서의 행위제한

1. 건축물의 건축제한

용도지구에서의 건축물이나 그 밖의 시설의 용도·종류 및 규모 등의 제한에 관한 사항은 국토계획법 또는 다른 법률에 특별한 규정이 있는 경우 외에는 대통령령으로 정하는 기준에 따라 특별시·광역시·특별자치시·특별자치도·시 또는 군의 조례로 정할 수 있다(법 제76조 제2항). 법 제76조 제2항에 따른 건축물이나 그 밖의 시설의 용도·종류 및 규모 등의 제한은 해당 용도지구의 지정목적에 적합하여야 한다(법 제76조 제3항).

이러한 용도지구에서의 건축물 등의 제한에 관한 사항은 원칙적으로 지방자치단체의 조례로 정할 수 있으나, 취락지구, 개발진흥지구, 복합용도지구는 대통령령으로 따로 정한다. 즉, 취락지구는 취락지구의 지정목적 범위에서, 개발진흥지구에서는 개발진흥지구의 지정목적 범위에서, 복합용도지구에서는 복합용도지구의 지정목적 범위에서 각각 대통령령으로 따로 정한다(법 제76조 제5항 제1호, 제1의2호, 제1의3호).

2. 건폐율

취락지구나 개발진흥지구(도시지역 외의 지역 또는 자연녹지지역만 해당한다)에서의 건폐율에 관한 기준은 법 제77조 제1항과 제2항에도 불구하고 80% 이하의 범위에서 대통령령으로 정하는 기준에 따라 특별시·광역시·특별자치시·특별자치도·시 또는 군의 조례로 따로 정한다(법 제77조 제3항 제1호 및 제2호, 영 제84조 제3항).

3. 용적률

개발진흥지구(도시지역 외의 지역 또는 자연녹지지역만 해당한다)에서의 용적률에 대한 기준은 법 제78조 제1항과 제2항에도 불구하고 200% 이하의 범위에서 대통령령으로 정하는 기준에 따라 특별시·광역시·특별자치시·특별자치도·시 또는 군의 조례로 따로 정한다(법 제78조 제3항).

제4항 용도구역

Ⅰ. 의의

1. 개념

용도구역이란 토지의 이용 및 건축물의 용도·건폐율·용적률·높이 등에 대한 용도지역 및 용도지구의 제한을 강화하거나 완화하여 따로 정함으로써 시가지의 무질서한 확산방지, 계획적이고 단계적인 토지이용의 도모, 토지이용의 종합적 조정·관리 등을 위하여 도시·군관리계획으로 결정하는 지역을 말한다(법 제2조 제17호).

2. 특징

용도지역 및 용도지구가 토지를 '어떻게 이용할지'에 초점을 맞추고 있다면 용도구역은 토지를 '어떻게 규제할지'에 중점을 둔다. 이러한 특징으로 인하여 용도구역은 용도지역이나 용도지구의 제한을 강화 또는 완화하면서 용도지구에 비하여 보다 넓은 범위에 지정된다.

Ⅱ. 용도구역의 종류와 지정

1. 개발제한구역

1) 의의와 연혁

개발제한구역이란 도시의 무질서한 확산을 방지하고 도시 주변의 자연환경을 보전하여 도시민의 건전한 생활환경을 확보하기 위하여 도시의 개발을 제한할 필요가 있거나 국방부장관의 요청으로 보안상 도시의 개발을 제한할 필요가 있다고 인정되는 구역을 말한다.

이러한 개발제한구역제도는 1971년에 영국의 그린벨트(greenbelt) 제도와 일본의 근교지대 제도를 참고하여 구 도시계획법 제21조에 최초로 도입되었다. 1971년 7월부터 1977년 4월까지 8차례 총 5,397㎢의 면적이 개발제한구역으로 지정되다가 1990년대 말부터 해제요구가 증가하기 시작했다. 그후 1998년 구 도시계획법 제21조에 대한 헌법소원사건에서 헌법재판소가 구 도시계획법상의 개발제한구역제도에 대하여 헌법불합치 결정[52]을 하자 해제요구는 더욱더 증가하게 되었고, 이와 더불어 2000년에 개발제한구역의 지정 및 관리에 관한 특별조치법이 제정되어 개발제한구역제도를 합리적으로 규율하기에 이른다.

판례 도시계획법 제21조의 위헌여부에 관한 헌법소원
(헌법재판소 1998. 12. 24. 선고 89헌마214 결정)

도시계획법 제21조에 규정된 개발제한구역제도 그 자체는 원칙적으로 합헌적인 규정인데, 다만 개발제한구역의 지정으로 말미암아 일부 토지소유자에게 사회적 제약의 범위를 넘는 가혹한 부담이 발생하는 예외적인 경우에 대하여 보상규정을 두지 않은 것에 위헌성이 있는 것이고, 보상의 구체적 기준과 방법은 헌법재판소가 결정할 성질의 것이 아니라 광범위한 입법형성권을 가진 입법자가 입법정책적으로 정할 사항이므로, 입법자가 보상입법을 마련함으로써 위헌적인 상태를 제거할 때까지 위 조항을 형식적으로 존속케 하기 위하여 헌법불합치결정을 하는 것인바,

개발제한구역은 1970년대 수도권 등 전국 14개 도시권역을 대상으로 지정된 후 2000년에 시화 및 창원산업단지가 최초로 개발제한구역에서 해제된 것을 기점으로 2001년부터 2003년 사이에 7개 중소도시(제주, 춘천, 청주, 여수, 전주, 진주, 통영)의 1,103㎢ 면적이 전면적으로 해제되고, 2004년부터 2007년에는 집단취락지구의 우선해제, 지역현안사업이나 국민임대주택단지 조성 등으로 인한 해제가 이루어졌다.

최근의 규제완화 경향에 힘입어 개발제한구역의 해제권한 일부가 지방자치단체장으로 위임되었다. 개발제한구역법 시행령 제40조에 따라 소규모 개발제한구역에 한하여 시·도지사에게 국토교통부장관의 개발제한구역 해제권한이 위임되었다.

2) 구역의 지정과 행위제한

국토교통부장관은 도시의 무질서한 확산을 방지하고 도시주변의 자연환경을 보전하여 도시민의 건전한 생활환경을 확보하기 위하여 도시의 개발을 제한할 필요가 있거나 국방부장관의 요청이 있어 보안상 도시의 개발을 제한할 필요가 있다고 인정되면

52) 헌법재판소 1998. 12. 24. 선고 89헌마214 결정.

개발제한구역의 지정 또는 변경을 도시·군관리계획으로 결정할 수 있다(법 제38조 제1항). 이러한 개발제한구역지정처분은 건설부장관이 법령의 범위 내에서 도시의 무질서한 확산 방지 등을 목적으로 도시정책상의 전문적·기술적 판단에 기초하여 행하는 일종의 행정계획으로서 그 입안·결정에 관하여 광범위한 형성의 자유를 가지는 계획재량처분의 성격을 가지며,[53] 개발제한구역의 지정목적에 지장이 없는지 여부를 가리는 데에 필요한 기준을 정하는 것도 행정청의 재량에 속한다.[54]

개발제한구역에서의 행위제한이나 그 밖에 개발제한구역의 관리에 필요한 사항은 따로 법률로 정한다(법 제80조).

2. 도시자연공원구역

도시자연공원구역이란 도시의 자연환경 및 경관을 보호하고 도시민에게 건전한 여가·휴식공간을 제공하기 위하여 도시지역 안에서 식생(植生)이 양호한 산지의 개발을 제한할 필요가 있다고 인정되는 구역을 말한다.

시·도지사 또는 대도시 시장은 도시의 자연환경 및 경관을 보호하고 도시민에게 건전한 여가·휴식공간을 제공하기 위하여 도시지역 안에서 식생이 양호한 산지의 개발을 제한할 필요가 있다고 인정하면 도시자연공원구역의 지정 또는 변경을 도시·군관리계획으로 결정할 수 있다(법 제38조의2 제1항).

도시자연공원구역에서의 행위제한 등 도시자연공원구역의 관리에 필요한 사항은 따로 법률로 정한다(법 제80조의2).

3. 시가화조정구역

1) 의의

시가화조정구역이란 도시지역과 그 주변지역의 무질서한 시가화를 방지하고 계획적·단계적인 개발을 도모하기 위하여 일정 기간 동안 시가화를 유보할 필요가 있다고 인정되는 구역을 말한다.

이러한 시가화조정구역의 개념에서 보듯이 시가화조정구역제도는 체계적인 도시개

53) 대법원 1997. 6. 24. 선고 96누1313 판결.

54) 대법원 1998. 9. 8. 선고 98두8759 판결.

발을 위하여 특정구역의 시가화를 일정 기간 동안 금지하는 것을 목적으로 한다. 일반적으로 신도시 건설이나 집중적인 개발이 예정되어 있는 지역과 그 주변지역의 개발행위와 투기성 매매를 차단하기 위하여 지정되고, 시가화 유보기간은 5~20년 사이에 설정된다.

2) 구역의 지정

시·도지사는 직접 또는 관계 행정기관의 장의 요청을 받아 도시지역과 그 주변지역의 무질서한 시가화를 방지하고 계획적·단계적인 개발을 도모하기 위하여 5년 이상 20년 이내의 기간 동안 시가화를 유보할 필요가 있다고 인정되면 시가화조정구역의 지정 또는 변경을 도시·군관리계획으로 결정할 수 있다. 다만, 국가계획과 연계하여 시가화조정구역의 지정 또는 변경이 필요한 경우에는 국토교통부장관이 직접 시가화조정구역의 지정 또는 변경을 도시·군관리계획으로 결정할 수 있다(법 제39조 제1항, 영 제32조 제1항).

시가화조정구역의 지정에 관한 도시·군관리계획의 결정은 시가화 유보기간이 끝난 날의 다음날부터 그 효력을 잃는다. 이 경우 국토교통부장관 또는 시·도지사는 대통령령으로 정하는 바에 따라 그 사실을 고시하여야 한다(법 제39조 제2항).

3) 행위제한

지정된 시가화조정구역에서의 도시·군계획사업은 대통령령으로 정하는 사업만 시행할 수 있다(법 제81조 제1항). 여기서 "대통령령으로 정하는 사업"이란 국방상 또는 공익상 시가화조정구역안에서의 사업시행이 불가피한 것으로서 관계 중앙행정기관의 장의 요청에 의하여 국토교통부장관이 시가화조정구역의 지정목적달성에 지장이 없다고 인정하는 도시·군계획사업을 말한다(영 제87조).

시가화조정구역에서는 대통령령으로 정하는 도시·군계획사업의 경우 외에는 ① 농업·임업 또는 어업용의 건축물 중 대통령령으로 정하는 종류와 규모의 건축물이나 그 밖의 시설을 건축하는 행위, ② 마을공동시설, 공익시설·공공시설, 광공업 등 주민의 생활을 영위하는 데에 필요한 행위로서 대통령령으로 정하는 행위, ③ 입목의 벌채, 조림, 육림, 토석의 채취, 그 밖에 대통령령으로 정하는 경미한 행위에 한정하여 특별시장·광역시장·특별자치시장·특별자치도지사·시장 또는 군수의 허가를 받아 그 행위를 할 수 있다(법 제81조 제2항).

4. 수산자원보호구역

1) 의의

수산자원보호구역이란 수산자원을 보호·육성하기 위하여 필요한 공유수면이나 그에 인접한 토지에 지정된 구역을 말한다. 지정대상은 해수면(바다)과 내수면(호수, 하천)으로 수산자원보호구역은 주로 남해안에 집중적으로 지정되어 있다.

해양수산부장관은 직접 또는 관계 행정기관의 장의 요청을 받아 수산자원을 보호·육성하기 위하여 필요한 공유수면이나 그에 인접한 토지에 대한 수산자원보호구역의 지정 또는 변경을 도시·군관리계획으로 결정할 수 있다(법 제40조).

2) 건폐율과 용적률의 특례

이러한 수산자원보호구역에서의 국토계획법상 건폐율과 용적률의 최대한도에도 불구하고 건폐율은 80% 이하의 범위에서, 용적률은 200% 이하의 범위에서 대통령령으로 정하는 기준에 따라 특별시·광역시·특별자치시·특별자치도·시 또는 군의 조례로 따로 정한다(법 제77조 제3항 제3호, 제78조 제3항).

5. 도시혁신구역

1) 의의

도시혁신계획이란 창의적이고 혁신적인 도시공간의 개발을 목적으로 도시혁신구역에서의 토지의 이용 및 건축물의 용도·건폐율·용적률·높이 등의 제한에 관한 사항을 따로 정하기 위하여 공간재구조화계획으로 결정하는 도시·군관리계획을 말한다(법 제2조 제5호의5).

도시혁신구역이란 이러한 도시혁신계획에 따라 도심·부도심 또는 생활권의 중심지역이나 지역의 거점 역할을 수행할 수 있는 지역 등에 창의적이고 혁신적인 도시공간의 개발을 목적으로 지정된 용도구역을 말한다.

2) 지정

공간재구조화계획 결정권자는 다음 각 호의 어느 하나에 해당하는 지역을 도시혁신구역으로 지정할 수 있다(법 제40조의3 제1항, 영 제32조의3).

1. 도시·군기본계획에 따른 도심·부도심 또는 생활권의 중심지역

2. 주요 기반시설과 연계하여 지역의 거점 역할을 수행할 수 있는 지역
3. 그 밖에 도시공간의 창의적이고 혁신적인 개발이 필요하다고 인정되는 경우로서 유휴토지 또는 대규모 시설의 이전부지 또는 그 밖에 도시공간의 창의적이고 혁신적인 개발이 필요하다고 인정되는 지역으로서 해당 시·도의 도시·군계획조례로 정하는 지역

3) 내용

도시혁신계획에는 도시혁신구역의 지정목적을 이루기 위하여 다음 각 호에 관한 사항이 포함되어야 한다(법 제40조의3 제2항).

1. 용도지역·용도지구, 도시·군계획시설 및 지구단위계획의 결정에 관한 사항
2. 주요 기반시설의 확보에 관한 사항
3. 건축물의 건폐율·용적률·높이에 관한 사항
4. 건축물의 용도·종류 및 규모 등에 관한 사항
5. 제83조의3에 따른 다른 법률 규정 적용의 완화 또는 배제에 관한 사항
6. 도시혁신구역 내 개발사업 및 개발사업의 시행자 등에 관한 사항
7. 그 밖에 도시혁신구역의 체계적 개발과 관리에 필요한 사항

도시혁신구역의 지정 및 변경과 도시혁신계획은 다음 각 호의 사항을 종합적으로 고려하여 공간재구조화계획으로 결정한다(법 제40조의3 제3항).

1. 도시혁신구역의 지정목적
2. 해당 지역의 용도지역·기반시설 등 토지이용 현황
3. 도시·군기본계획 등 상위계획과의 부합성
4. 주변 지역의 기반시설, 경관, 환경 등에 미치는 영향 및 도시환경 개선·정비 효과
5. 도시의 개발 수요 및 지역에 미치는 사회적·경제적 파급효과

4) 결정과 실효

다른 법률에서 공간재구조화계획의 결정을 의제하고 있는 경우에도 국토계획법에 따르지 아니하고 도시혁신구역의 지정과 도시혁신계획을 결정할 수 없다(법 제40조의3 제4항).

공간재구조화계획 결정권자가 제3항에 따른 공간재구조화계획을 결정하기 위하여

관계 행정기관의 장과 협의하는 경우 협의 요청을 받은 기관의 장은 그 요청을 받은 날부터 10일(근무일 기준) 이내에 의견을 회신하여야 한다(법 제40조의3 제5항).

도시혁신구역 및 도시혁신계획에 관한 도시·군관리계획 결정의 실효, 도시혁신구역에서의 건축 등에 관하여 다른 특별한 규정이 없으면 제53조(지구단위계획구역의 지정 및 지구단위계획에 관한 도시·군관리계획 결정의 실효 등) 및 제54조(지구단위계획구역에서의 건축 등)를 준용한다(법 제40조의3 제6항).

5) 다른 법률의 적용 특례

도시혁신구역에 대하여는 다음 각 호의 법률 규정에도 불구하고 도시혁신계획으로 따로 정할 수 있다(법 제83조의3 제1항).

1. 「주택법」 제35조에 따른 주택의 배치, 부대시설·복리시설의 설치기준 및 대지 조성기준
2. 「주차장법」 제19조에 따른 부설주차장의 설치
3. 「문화예술진흥법」 제9조에 따른 건축물에 대한 미술작품의 설치
4. 「건축법」 제43조에 따른 공개 공지 등의 확보
5. 「공원녹지법」 제14조에 따른 도시공원 또는 녹지 확보기준
6. 「학교용지법」 제3조에 따른 학교용지의 조성·개발 기준

도시혁신구역으로 지정된 지역은 「건축법」 제69조에 따른 특별건축구역으로 지정된 것으로 본다(법 제83조의3 제2항).

시·도지사 또는 시장·군수·구청장은 「건축법」 제70조에도 불구하고 도시혁신구역에서 건축하는 건축물을 같은 법 제73조에 따라 건축기준 등의 특례사항을 적용하여 건축할 수 있는 건축물에 포함시킬 수 있다(법 제83조의3 제2항).

도시혁신구역의 지정·변경 및 도시혁신계획 결정의 고시는 「도시개발법」 제5조에 따른 개발계획의 내용에 부합하는 경우 같은 법 제9조 제1항에 따른 도시개발구역의 지정 및 개발계획 수립의 고시로 본다. 이 경우 도시혁신계획에서 정한 시행자는 같은 법 제11조에 따른 사업시행자 지정요건 및 도시개발구역 지정 제안 요건 등을 갖춘 경우에 한정하여 같은 법에 따른 도시개발사업의 시행자로 지정된 것으로 본다(법 제83조의3 제4항).

도시혁신계획에 대한 도시계획위원회 심의 시 「교육환경법」 제5조 제8항에 따른

지역교육환경보호위원회, 「문화유산법」 제8조에 따른 문화유산위원회(같은 법 제70조에 따른 시·도지정문화유산에 관한 사항의 경우 같은 법 제71조에 따른 시·도문화유산위원회를 말한다) 또는 「자연유산법」 제7조의2에 따른 자연유산위원회(같은 법 제40조에 따른 시·도자연유산에 관한 사항의 경우 같은 법 제41조의2에 따른 시·도자연유산위원회를 말한다)와 공동으로 심의를 개최하고, 그 결과에 따라 다음 각 호의 법률 규정을 완화하여 적용할 수 있다. 이 경우 다음 각 호의 완화 여부는 각각 지역교육환경보호위원회, 문화유산위원회 및 자연유산위원회의 의결에 따른다.

1. 「교육환경법」 제9조에 따른 교육환경보호구역에서의 행위제한
2. 「문화유산법」 제13조에 따른 역사문화환경 보존지역에서의 행위제한
3. 「자연유산법」 제10조에 따른 역사문화환경 보존지역에서의 행위제한

6. 복합용도구역

1) 의의

복합용도계획이란 주거·상업·산업·교육·문화·의료 등 다양한 도시기능이 융복합된 공간의 조성을 목적으로 복합용도구역에서의 건축물의 용도별 구성비율 및 건폐율·용적률·높이 등의 제한에 관한 사항을 따로 정하기 위하여 공간재구조화계획으로 결정하는 도시·군관리계획을 말한다(법 제2조 제5호의6).

따라서 복합용도구역이란 복합용도계획에 따라 다양한 도시기능의 융복합적 공간 조성을 목적으로 복합적 토지이용이 필요한 지역이나 노후 건축물 등이 밀집하여 단계적 정비가 필요한 지역 등에 지정된 용도구역을 말한다.

2) 지정

공간재구조화계획 결정권자는 다음 각 호의 어느 하나에 해당하는 지역을 복합용도구역으로 지정할 수 있다(법 제40조의4 제1항, 영 제32조의4).

1. 산업구조 또는 경제활동의 변화로 복합적 토지이용이 필요한 지역
2. 노후 건축물 등이 밀집하여 단계적 정비가 필요한 지역
3. 그 밖에 복합된 공간이용을 촉진하고 다양한 도시공간을 조성하기 위하여 계획적 관리가 필요하다고 인정되는 경우로서 ① 복합용도구역으로 지정하려는 지역이 둘 이상의 용도지역에 걸치는 경우로서 토지를 효율적으로 이용하기 위해 건축물

의 용도, 종류 및 규모 등을 통합적으로 관리할 필요가 있는 지역이나 ② 그 밖에 복합된 공간이용을 촉진하고 다양한 도시공간을 조성하기 위해 계획적 관리가 필요하다고 인정되는 지역으로서 해당 시·도의 도시·군계획조례로 정하는 지역

3) 내용

복합용도계획에는 복합용도구역의 지정목적을 이루기 위하여 다음 각 호에 관한 사항이 포함되어야 한다(법 제40조의4 제2항).

1. 용도지역·용도지구, 도시·군계획시설 및 지구단위계획의 결정에 관한 사항
2. 주요 기반시설의 확보에 관한 사항
3. 건축물의 용도별 복합적인 배치비율 및 규모 등에 관한 사항
4. 건축물의 건폐율·용적률·높이에 관한 사항
5. 제83조의4에 따른 특별건축구역계획에 관한 사항
6. 그 밖에 복합용도구역의 체계적 개발과 관리에 필요한 사항

복합용도구역의 지정 및 변경과 복합용도계획은 다음 각 호의 사항을 종합적으로 고려하여 공간재구조화계획으로 결정한다(법 제40조의4 제3항).

1. 복합용도구역의 지정목적
2. 해당 지역의 용도지역·기반시설 등 토지이용 현황
3. 도시·군기본계획 등 상위계획과의 부합성
4. 주변 지역의 기반시설, 경관, 환경 등에 미치는 영향 및 도시환경 개선·정비 효과

4) 실효

복합용도구역 및 복합용도계획에 관한 도시·군관리계획 결정의 실효, 복합용도구역에서의 건축 등에 관하여 다른 특별한 규정이 없으면 제53조(지구단위계획구역의 지정 및 지구단위계획에 관한 도시·군관리계획 결정의 실효 등) 및 제54조(지구단위계획구역에서의 건축 등)를 준용한다(법 제40조의4 제4항).

5) 다른 법률의 적용 특례

복합용도구역으로 지정된 지역은 「건축법」 제69조에 따른 특별건축구역으로 지정된 것으로 본다(법 제83조의4, 법 제83조의3 제2항).

시·도지사 또는 시장·군수·구청장은 「건축법」 제70조에도 불구하고 복합용도구

역에서 건축하는 건축물을 같은 법 제73조에 따라 건축기준 등의 특례사항을 적용하여 건축할 수 있는 건축물에 포함시킬 수 있다(법 제83조의4, 법 제83조의3 제2항).

7. 도시 · 군계획시설입체복합구역

도시 · 군관리계획 결정권자는 도시 · 군계획시설의 입체복합적 활용을 위하여 다음 각 호의 어느 하나에 해당하는 경우에 도시 · 군계획시설이 결정된 토지의 전부 또는 일부를 도시 · 군계획시설입체복합구역(입체복합구역)으로 지정할 수 있다(법 제40조의5 제1항, 영 제32조의5 제1항).

1. 도시 · 군계획시설 준공 후 10년이 경과한 경우로서 해당 시설의 개량 또는 정비가 필요한 경우
2. 주변지역 정비 또는 지역경제 활성화를 위하여 기반시설의 복합적 이용이 필요한 경우
3. 첨단기술을 적용한 새로운 형태의 기반시설 구축 등이 필요한 경우
4. 그 밖에 효율적이고 복합적인 도시 · 군계획시설의 조성을 위하여 필요한 경우로서 해당 시 · 도 또는 대도시의 도시 · 군계획조례로 정하는 경우

국토계획법 또는 다른 법률의 규정에도 불구하고 입체복합구역에서의 도시 · 군계획시설과 도시 · 군계획시설이 아닌 시설에 대한 건축물이나 그 밖의 시설의 용도 · 종류 및 규모 등의 제한(건축제한), 건폐율, 용적률, 높이 등은 대통령령으로 정하는 범위에서 따로 정할 수 있다. 다만, 다른 법률에 따라 정하여진 건축제한, 건폐율, 용적률, 높이 등을 완화하는 경우에는 미리 관계 기관의 장과 협의하여야 한다(법 제40조의5 제2항). 이 경우 따로 정하는 건폐율과 용적률은 제77조 및 제78조에 따라 대통령령으로 정하고 있는 해당 용도지역별 최대한도의 200% 이하로 한다(법 제40조의5 제3항).

제4절 | 도시·군계획시설

제1항 기반시설

Ⅰ. 의의

1. 개념

국토계획법은 기반시설의 개념정의를 규정하지 않고 그 대신 기반시설의 종류를 나열하고 있을 뿐이다.[55] 이러한 입법의 태도에서 그 개념을 정의해 보면, 기반시설이란 도시민들이 삶을 영위하는데 기반이 되는 시설로 도로·공원·시장·철도 등 도시주민의 생활이나 도시기능의 유지에 필요한 물리적인 요소로 국토계획법에 의하여 정해진 시설을 의미한다. 일반적으로 사회간접자본 시설 또는 인프라 시설으로 지칭된다.

2. 특징

국토계획법상 기반시설은 도시 공동생활을 위하여 기본적으로 공급되어야 하지만 공공성이나 외부경제성이 크기 때문에 시설의 입지결정, 설치 및 관리 등에 공공의 개입이 필요한 시설을 의미한다.[56]

따라서 기반시설은 공공성이 아주 강하게 나타나는 공공재적 성격을 가지고 있다. 일반적으로 공공재의 성질로 소비의 비경합성(non-rivalness)과 소비의 비배제성(non-excludability)이 거론된다. 비경합성이란 어떤 사람이 효용을 누린다고 해서 그것이 다른 사람의 효용을 낮추지 않는 특징을 가지는 것을 말하고, 비배제성은 비용을 지불하지 않는 사람들을 소비에서 배제할 수 없는 특징을 의미한다.

공공재적 성격을 일부 가지는 준공공재는 공공재적 성격이 강한 재화 중에서 배제성이나 경합성의 성질도 갖는 재화를 말하는데, 시장, 유통업무설비, 방송통신시설, 장례식장, 의료시설 등이 이에 해당한다.

---

55) 건축법 역시 건축행위의 개념을 정의하지 않고 그 대신 건축행위의 종류를 나열하고 있다. 건축법 제2조 제8호 및 건축법 시행령 제2조 참조.

56) 대법원 2018. 7. 24. 선고 2016두48416 판결.

3. 공공시설과의 구별

1) 문제상황

현행 국토계획법은 공공재와 준공공재를 아우르는 개념으로 기반시설을 상정하고 있다고 보인다. 그런데 국토계획법은 기반시설과 더불어 공공시설 역시 규정하고 있는데 양자의 관계가 불명확하다. 일반적으로 기반시설 역시 공공시설에 포함되는 것으로 해석되지만 이론상으로는 기반시설이지만 공공시설에 포함되지 않는 시설, 즉, 공공필요성이 없는 기반시설을 상정해 볼 수 있기 때문이다.

2) 소결

국토계획법은 제2조 제6호에서 기반시설의 종류를 나열하고 있고, 동조 제13호에서 공공시설은 도로 · 공원 · 철도 · 수도, 그 밖에 대통령령으로 정하는 공공용 시설을 말한다고 규정하여 양자를 형식적으로 구분하고 있다. 이어서 동법 시행령 제4조 및 동법 시행규칙 제2조는 공공시설로 ① 항만 · 공항 · 광장 · 녹지 · 공공공지 · 공동구 · 하천 · 유수지 · 방화설비 · 방풍설비 · 방수설비 · 사방설비 · 방조설비 · 하수도 · 구거(溝渠: 도랑), ② 행정청이 설치하는 시설로서 주차장, 저수지 및 공공필요성이 인정되는 체육시설 중 운동장, 장사시설 중 화장장 · 공동묘지 · 봉안시설(자연장지 또는 장례식장에 화장장 · 공동묘지 · 봉안시설 중 한 가지 이상의 시설을 같이 설치하는 경우를 포함한다), ③ 「스마트도시법」 제2조 제3호 다목에 따른 시설을 규정하고 있다.

이러한 공공시설의 종류는 국토계획법 제2조 제6호의 기반시설의 종류보다는 좁은 범위에 한정된다. 또한, 주차장이나 저수지의 경우 설치의 주체 관점에서도 기반시설은 그 주체를 불문하지만 공공시설은 행정청을 그 설치주체로 본다는 점에서 기반시설이 공공시설보다 좀더 넓은 범위를 포괄하고 있다고 판단된다.

다만, 여기서 유의하여야 할 점은 국토계획법은 기반시설과 도시 · 군계획시설의 관계를 명확하게 규정한 후 양자를 중요한 공적 시설로 보아 상세한 규율을 하고 있지만 공공시설에 대해서는 개발행위에 따른 공공시설의 귀속과 양도에 관한 조항만을 마련하고 있다는 것이다.[57)]

---

57) 이 외에도 국토계획법은 제81조 제1항 제2호에서 '공익시설'도 규정하고 있지만, 공익시설이 공공시설과 어떻게 다른지는 불분명하다. 입법의 오류로 보인다.

II. 종류

국토계획법은 제2조 제6호에서 기반시설이란 다음 각 목의 시설로서 대통령령으로 정하는 시설을 말한다고 규정하고 있다.

가. 도로 · 철도 · 항만 · 공항 · 주차장 등 교통시설

나. 광장 · 공원 · 녹지 등 공간시설

다. 유통업무설비, 수도 · 전기 · 가스공급설비, 방송 · 통신시설, 공동구 등 유통 · 공급시설

라. 학교 · 공공청사 · 문화시설 및 공공필요성이 인정되는 체육시설 등 공공 · 문화체육시설

마. 하천 · 유수지(遊水池) · 방화설비 등 방재시설

바. 장사시설 등 보건위생시설

사. 하수도, 폐기물처리 및 재활용시설, 빗물저장 및 이용시설 등 환경기초시설

국토계획법상의 기반시설을 좀더 구체화하여 동법 시행령 제2조에서 기반시설의 종류를 세분화하고 있다. 법 제2조 제6호 각 목 외의 부분에서 "대통령령으로 정하는 시설"이란 다음 각 호의 시설(당해 시설 그 자체의 기능발휘와 이용을 위하여 필요한 부대시설 및 편익시설을 포함한다)을 말한다.

1. 교통시설 : 도로 · 철도 · 항만 · 공항 · 주차장 · 자동차정류장 · 궤도 · 차량 검사 및 면허시설
2. 공간시설 : 광장 · 공원 · 녹지 · 유원지 · 공공공지
3. 유통 · 공급시설 : 유통업무설비, 수도 · 전기 · 가스 · 열공급설비, 방송 · 통신시설, 공동구 · 시장, 유류저장 및 송유설비
4. 공공 · 문화체육시설 : 학교 · 공공청사 · 문화시설 · 공공필요성이 인정되는 체육시설 · 연구시설 · 사회복지시설 · 공공직업훈련시설 · 청소년수련시설
5. 방재시설 : 하천 · 유수지 · 저수지 · 방화설비 · 방풍설비 · 방수설비 · 사방설비 · 방조설비
6. 보건위생시설 : 장사시설 · 도축장 · 종합의료시설
7. 환경기초시설 : 하수도 · 폐기물처리 및 재활용시설 · 빗물저장 및 이용시설 · 수질오염방지시설 · 폐차장

Ⅲ. 기반시설의 개념적 징표로서의 공공필요성

국토계획법이 기반시설의 개념정의를 규정하지 않은 채 그 종류만을 나열하고 있기 때문에 제2조 제6호에서 열거된 시설이 모두 기반시설이 되는 것은 아니다. 게다가 기반시설 중 도시·군관리계획으로 결정된 시설을 도시·군계획시설로 보고 있고, 도시·군계획시설사업은 그 자체로 공공필요성의 요건이 충족된다. 그러므로 공공필요성은 기반시설의 개념적 징표로 보아야 하고,[58] 이로써 공공필요성을 갖춘 시설만이 국토계획법상의 기반시설이라고 보아야 할 것이다.[59] 예컨대, 그 자체로 공공필요성이 인정되는 교통시설이나 수도·전기·가스공급설비 등 국토계획법상의 다른 기반시설과는 달리 체육시설은 공공필요성을 충족하여야만 기반시설이 될 수 있다.[60]

결국 공공필요성은 기반시설의 개념적 징표이므로 체육시설에 대해서만 공공필요성의 요건을 추가하는 것은 헌법재판소의 결정취지에도 반할 뿐만 아니라 행정편의적·입법적 기교에 불과하다는 비판이 가능하다.

다만, 여기서 주의하여야 할 것은 공공필요성의 요청이 충족되는 이상, 그 시설이 영리 목적으로 운영된다는 이유만으로 기반시설에 해당되지 않는다고 볼 것은 아니라는 것이다.[61]

판례 국토의 계획 및 이용에 관한 법률 제2조 제6호등 위헌소원 (헌법재판소 2011. 6. 30. 선고 2008헌바166 결정)

특히 재산권 수용에 있어 요구되는 공공필요성과 관련하여 살펴본다면 체육시설은 시민들이 손쉽게 이용할 수 있는 시설에서부터 그 시설 이용에 일정한 경제적 제한이 존재하는 시설, 시설이용비용의 다과와는 관계없이 그 자체 공익목적을 위하여 설치된 시설 등

58) 헌법재판소 2014. 10. 30. 선고 2011헌바129·172 결정(헌법 제23조 제3항에서 규정하고 있는 '공공필요'는 "국민의 재산권을 그 의사에 반하여 강제적으로라도 취득하여야 할 공익적 필요성"으로서, '공공필요'의 개념은 '공익성'과 '필요성'이라는 요소로 구성되어 있는바, '공익성'의 정도를 판단함에 있어서는 공용수용을 허용하고 있는 개별법의 입법목적, 사업내용, 사업이 입법목적에 이바지 하는 정도는 물론, 특히 그 사업이 대중을 상대로 하는 영업인 경우에는 그 사업 시설에 대한 대중의 이용·접근가능성도 아울러 고려하여야 한다. 그리고 '필요성'이 인정되기 위해서는 공용수용을 통하여 달성하려는 공익과 그로 인하여 재산권을 침해당하는 사인의 이익 사이의 형량에서 사인의 재산권침해를 정당화할 정도의 공익의 우월성이 인정되어야 한다) 참조.

59) 동일한 취지로 김종보, 앞의 책, 330쪽.

60) 헌법재판소 2011. 6. 30. 선고 2008헌바166 결정.

61) 대법원 2018. 7. 24. 선고 2016두48416 판결.

에 이르기까지 상당히 넓은 범위에 걸쳐 있다. 따라서 그 자체로 공공필요성이 인정되는 교통시설이나 수도 · 전기 · 가스공급설비 등 국토계획법상의 다른 기반시설과는 달리, 기반시설로서의 체육시설의 종류와 범위를 대통령령에 위임하기 위해서는, 체육시설 중 공공필요성이 인정되는 범위로 한정해 두어야 한다. (중략) 그렇다면, 이 사건 정의조항은 개별 체육시설의 성격과 공익성을 고려하지 않은 채 구체적으로 범위를 한정하지 않고 포괄적으로 대통령령에 입법을 위임하고 있으므로 헌법상 위임입법의 한계를 일탈하여 포괄위임금지원칙에 위배된다.

제2항 도시 · 군계획시설

Ⅰ. 의의

도시 · 군계획시설이란 기반시설 중 도시 · 군관리계획으로 결정된 시설을 말한다(법 제2조 제7호). 도시 · 군계획시설로 결정되면 각종 행위제한 등의 법적 구속력이 부과된다.

국토계획법상 도시 · 군계획시설로는 공동구(법 제44조 이하)와 광역시설(법 제45조)이 있다.

Ⅱ. 도시 · 군계획시설의 설치

1. 필수적 도시 · 군계획시설

도시 · 군계획시설을 설치하려면 원칙적으로 도시 · 군관리계획의 결정절차를 경유하여야 한다. 즉, 지상 · 수상 · 공중 · 수중 또는 지하에 기반시설을 설치하려면 그 시설의 종류 · 명칭 · 위치 · 규모 등을 미리 도시 · 군관리계획으로 결정하여야 한다(법 제43조 제1항 본문). 이를 필수적 도시 · 군계획시설이라 할 수 있다.

설치한 도시 · 군계획시설의 관리에 관하여 국토계획법 또는 다른 법률에 특별한 규정이 있는 경우 외에는 국가가 관리하는 경우에는 대통령령으로, 지방자치단체가 관리하는 경우에는 그 지방자치단체의 조례로 도시 · 군계획시설의 관리에 관한 사항을 정한다(법 제43조 제3항).

2. 임의적 도시·군계획시설

용도지역·기반시설의 특성 등을 고려하여 대통령령으로 정하는 경우에는 예외적으로 도시·군관리계획의 절차를 거치지 않아도 되는 경우가 있는데, 이를 임의적 도시·군계획시설이라 한다(법 제43조 제1항 단서, 영 제35조 제1항).

도시지역 또는 지구단위계획구역에서 ① 주차장, 차량 검사 및 면허시설, 공공공지, 열공급설비, 방송·통신시설, 시장·공공청사·문화시설·공공필요성이 인정되는 체육시설·연구시설·사회복지시설·공공직업 훈련시설·청소년수련시설·저수지·방화설비·방풍설비·방수설비·사방설비·방조설비·장사시설·종합의료시설·빗물저장 및 이용시설·폐차장, ②「공원녹지법」의 규정에 의하여 점용허가대상이 되는 공원안의 기반시설, ③ 공항 중「공항시설법 시행령」제3조 제3호의 규정에 의한 도심공항터미널, ④ 여객자동차터미널 중 전세버스운송사업용 여객자동차터미널, ⑤ 광장 중 건축물부설광장, ⑥ 전기공급설비(발전시설, 옥외에 설치하는 변전시설 및 지상에 설치하는 전압 15만 4천볼트 이상의 송전선로는 제외한다) 등을 설치하고자 하는 경우에는 도시·군관리계획의 절차를 거치지 않아도 된다(영 제35조 제1항, 규칙 제6조 제1항).

이 경우에도 설치한 도시·군계획시설의 관리에 관하여 국토계획법 또는 다른 법률에 특별한 규정이 있는 경우 외에는 국가가 관리하는 경우에는 대통령령으로, 지방자치단체가 관리하는 경우에는 그 지방자치단체의 조례로 도시·군계획시설의 관리에 관한 사항을 정한다(법 제43조 제3항).

Ⅲ. 공동구

1. 개념

공동구란 전기·가스·수도 등의 공급설비, 통신시설, 하수도시설 등 지하매설물을 공동 수용함으로써 미관의 개선, 도로구조의 보전 및 교통의 원활한 소통을 위하여 지하에 설치하는 시설물을 말한다(법 제2조 제9호).

2. 설치지역과 수용시설

200만㎡를 초과하는 ①「도시개발법」에 따른 도시개발구역, ②「택지개발촉진법」

에 따른 택지개발지구, ③「경제자유구역법」에 따른 경제자유구역, ④「도시정비법」에 따른 정비구역, ⑤「공공주택특별법」에 따른 공공주택지구, ⑥「도청이전법」에 따른 도청이전신도시 지역은 공동구의 의무적 설치지역으로, 여기에서 개발사업의 시행자는 공동구를 설치하여야 한다(법 제44조 제1항, 영 제35조의2).

이 지역 등에서는 전선로, 통신선로, 수도관, 열수송관, 중수도관, 쓰레기수송관은 의무적 수용시설이다. 가스관, 하수도관, 그밖의 시설은 임의적 수용시설로 공동구협의회의 심의를 거쳐 수용할 수 있다(영 제35조의3).

사업시행자는 개발사업의 계획을 수립할 경우에는 공동구 설치에 관한 계획을 포함하여야 한다. 이 경우 공동구 점용예정자(공동구에 수용되어야 할 시설을 설치하고자 공동구를 점용하려는 자)와 설치 노선 및 규모 등에 관하여 미리 협의한 후 공동구관리자가 공동구의 설치·관리에 관한 주요 사항의 심의 또는 자문을 하게 하기 위하여 두는 공동구협의회의 심의를 거쳐야 한다(법 제44조 제3항).

3. 관리 및 운영

공동구관리자는 특별시장·광역시장·특별자치시장·특별자치도지사·시장 또는 군수이다. 다만, 공동구의 효율적인 관리·운영을 위하여 필요하다고 인정하는 경우에는 「지방공기업법」에 따른 지방공사 또는 지방공단, 「국토안전관리원법」에 따른 국토안전관리원, 공동구의 관리·운영에 전문성을 갖춘 기관으로서 특별시·광역시·특별자치시·특별자치도·시 또는 군의 도시·군계획조례로 정하는 기관에 그 관리·운영을 위탁할 수 있다(법 제44조의2 제1항, 영 제39조 제1항).

공동구관리자는 5년마다 해당 공동구의 안전 및 유지관리계획을 대통령령으로 정하는 바에 따라 수립·시행하여야 한다(법 제44조의2 제2항). 공동구관리자는 대통령령으로 정하는 바에 따라 1년에 1회 이상 공동구의 안전점검을 실시하여야 하며, 안전점검결과 이상이 있다고 인정되는 때에는 지체 없이 정밀안전진단·보수·보강 등 필요한 조치를 하여야 한다(법 제44조의2 제3항). 공동구관리자는 공동구의 설치·관리에 관한 주요 사항의 심의 또는 자문을 하게 하기 위하여 공동구협의회를 둘 수 있다(법 제44조의2 제4항).

4. 공동구의 설치 및 관리비용

1) 공동구 설치비용

공동구의 설치(개량하는 경우를 포함한다)에 필요한 비용은 국토계획법 또는 다른 법률에 특별한 규정이 있는 경우를 제외하고는 공동구 점용예정자와 사업시행자가 부담한다. 이 경우 공동구 점용예정자는 해당 시설을 개별적으로 매설할 때 필요한 비용의 범위에서 대통령령으로 정하는 바에 따라 부담한다(법 제44 제5항). 예를 들어, 공동구 내 수도관 설치는 한국수자원공사, 전선로는 한국전력공사가 부담하고, 이러한 점용예정자의 부담범위는 개별설치시 소요되는 비용까지만 부담하고 그 이상은 사업시행자가 공동으로 부담한다(영 제38조 제2항). 공동구 점용예정자와 사업시행자가 공동구 설치비용을 부담하는 경우 국가, 특별시장 · 광역시장 · 특별자치시장 · 특별자치도지사 · 시장 또는 군수는 공동구의 원활한 설치를 위하여 그 비용의 일부를 보조 또는 융자할 수 있다(법 제44조 제6항).

2) 공동구 관리비용

공동구의 관리에 소요되는 비용은 그 공동구를 점용하는 자가 함께 부담하되, 부담비율은 점용면적을 고려하여 공동구관리자가 정한다(법 제44조의3 제1항). 공동구 설치비용을 부담하지 아니한 자(부담액을 완납하지 아니한 자를 포함한다)가 공동구를 점용하거나 사용하려면 그 공동구를 관리하는 공동구관리자의 허가를 받아야 한다(법 제44조의3 제2항). 공동구를 점용하거나 사용하는 자는 그 공동구를 관리하는 특별시 · 광역시 · 특별자치시 · 특별자치도 · 시 또는 군의 조례로 정하는 바에 따라 점용료 또는 사용료를 납부하여야 한다(법 제44조의3 제3항).

Ⅳ. 광역시설

1. 개념

광역시설이란 기반시설 중 광역적인 정비체계가 필요한 시설을 말한다. 여기에는 둘 이상의 지방자치단체의 관할 구역에 걸쳐 있는 시설과 둘 이상의 지방자치단체가 공동으로 이용하는 시설로 구분된다(법 제2조 제8호).

2. 종류

둘 이상의 특별시·광역시·특별자치시·특별자치도·시 또는 군의 관할 구역에 걸쳐 있는 시설에는 도로·철도·광장·녹지, 수도·전기·가스·열공급설비, 방송·통신시설, 공동구, 유류저장 및 송유설비, 하천·하수도(하수종말처리시설을 제외한다)가 있고, 둘 이상의 특별시·광역시·특별자치시·특별자치도·시 또는 군이 공동으로 이용하는 시설에는 항만·공항·자동차정류장·공원·유원지·유통업무설비·문화시설·공공필요성이 인정되는 체육시설·사회복지시설·공공직업훈련시설·청소년수련시설·유수지·장사시설·도축장·하수도(하수종말처리시설에 한한다)·폐기물처리 및 재활용시설·수질오염방지시설·폐차장이 해당한다(영 제3조).

3. 설치 및 관리

광역시설의 설치 및 관리는 도시·군계획시설의 설치 및 관리에 관한 제43조에 따른다(법 제45조 제1항). 관계 특별시장·광역시장·특별자치시장·특별자치도지사·시장 또는 군수는 협약을 체결하거나 협의회 등을 구성하여 광역시설을 설치·관리할 수 있다. 다만, 협약의 체결이나 협의회 등의 구성이 이루어지지 아니하는 경우 그 시 또는 군이 같은 도에 속할 때에는 관할 도지사가 광역시설을 설치·관리할 수 있다(법 제45조 제2항). 국가계획으로 설치하는 광역시설은 그 광역시설의 설치·관리를 사업목적 또는 사업종목으로 하여 다른 법률에 따라 설립된 법인이 설치·관리할 수 있다(법 제45조 제3항). 예컨대, 국가철도공단법에 따른 국가철도공단이 KTX역을 관리하거나 한국공항공사법에 의한 한국공항공사의 공항관리가 여기에 해당하다.

제3항 도시·군계획시설사업의 시행

Ⅰ. 의의

도시·군계획사업이란 도시·군관리계획을 시행하기 위한 ① 도시·군계획시설사업, ②「도시개발법」에 따른 도시개발사업, ③「도시정비법」에 따른 정비사업을 말한다(법 제2조 제11호).

도시·군계획시설사업은 도시·군계획시설을 설치·정비 또는 개량하는 사업을 말하고(법 제2조 제10호), 국토계획법에서 직접 규율하고 있다. 이러한 도시·군계획시설사업은 결국 도시·군관리계획의 입안을 통한 결정의 절차를 통해서 이루어진다. 따라서 도시·군계획시설사업의 시행은 단계별 집행계획을 수립하는 것으로 시작해서 사업 시행자 지정, 실시계획의 작성과 인가, 사업실시와 완료, 준공검사의 순서로 진행된다(표 7. 참조).

표 7 **도시·군계획시설사업의 시행절차**

도시·군계획시설결정 → 단계별 집행계획 수립 → 사업시행자 지정 → 실시계획 작성 → 실시계획 인가 및 고시 → 사업실시 → 완료 → 준공검사

II. 단계별 집행계획의 수립

1. 내용과 종류

단계별 집행계획에는 재원조달계획, 보상계획 등이 포함되어야 하며, 3년 이내의 사업시행을 담은 제1단계 집행계획과 3년 이후의 사업시행을 포함하는 제2단계 집행계획으로 나뉜다.

특별시장·광역시장·특별자치시장·특별자치도지사·시장 또는 군수는 도시·군계획시설에 대하여 도시·군계획시설결정의 고시일부터 3개월 이내에 대통령령으로 정하는 바에 따라 재원조달계획, 보상계획 등을 포함하는 단계별 집행계획을 수립하여야 하며(법 제85조 제1항), 이 경우 미리 관계 행정기관의 장과 협의하여야 하며, 해당 지방의회의 의견을 들어야 한다(영 제95조 제1항). 다만, 「도시정비법」, 「도시재정비법」, 「도시재생법」에 따라 도시·군관리계획의 결정이 의제되는 경우에는 해당 도시·군계획시설결정의 고시일부터 2년 이내에 단계별 집행계획을 수립할 수 있다(법 제85조 제1항 단서, 영 제95조 제2항). 단계별 집행계획은 제1단계 집행계획과 제2단계 집행계획으로 구분하여 수립하되, 3년 이내에 시행하는 도시·군계획시설사업은 제1단계 집행계획에, 3년 후에 시행하는 도시·군계획시설사업은 제2단계 집행계획에 포함되도록 하여야 한다(법 제85조 제3항).

국토교통부장관이나 도지사가 직접 입안한 도시·군관리계획인 경우 국토교통부장관이나 도지사는 단계별 집행계획을 수립하여 해당 특별시장·광역시장·특별자치시장·특별자치도지사·시장 또는 군수에게 송부할 수 있다(법 제85조 제2항). 특별시장·광역시장·특별자치시장·특별자치도지사·시장 또는 군수는 단계별 집행계획을 수립하거나 받은 때에는 대통령령으로 정하는 바에 따라 지체 없이 그 사실을 공고하여야 한다(법 제85조 제4항). 공고된 단계별 집행계획을 변경하는 경우에는 제1항부터 제4항까지의 규정을 준용한다(법 제85조 제5항).

2. 도시·군계획시설 부지에서의 개발행위의 일부 허용

특별시장·광역시장·특별자치시장·특별자치도지사·시장 또는 군수는 도시·군계획시설의 설치 장소로 결정된 지상·수상·공중·수중 또는 지하는 그 도시·군계획시설이 아닌 건축물의 건축이나 공작물의 설치를 허가해서는 안 된다(법 제64조 제1항).

이러한 원칙에도 불구하고 도시·군계획시설결정의 고시일부터 2년 이내 단계별 집행계획이 수립되지 않거나 도시·군계획시설 부지가 제1단계 단계별 집행계획에 포함되지 않은 경우에 도시·군계획시설 부지에서의 일부 개발행위는 허용된다. 특별시장·광역시장·특별자치시장·특별자치도지사·시장 또는 군수는 도시·군계획시설결정의 고시일부터 2년이 지날 때까지 그 시설의 설치에 관한 사업이 시행되지 않은 도시·군계획시설 중 단계별 집행계획이 수립되지 않거나 단계별 집행계획에서 제1단계 집행계획(단계별 집행계획을 변경한 경우에는 최초의 단계별 집행계획을 말한다)에 포함되지 않은 도시·군계획시설의 부지에 대하여는 ① 가설건축물의 건축과 이에 필요한 범위에서의 토지의 형질변경, ② 도시·군계획시설의설치에 지장이 없는 공작물의 설치와 이에 필요한 범위에서의 토지의 형질변경, ③ 건축물의 개축 또는 재축과 이에 필요한 범위에서의 토지의 형질변경(제56조 제4항 제2호에 해당하는 경우는 제외한다)의 개발행위를 허가할 수 있다(법 제64조 제2항).

특별시장·광역시장·특별자치시장·특별자치도지사·시장 또는 군수는 가설건축물의 건축이나 공작물의 설치를 허가한 토지에서 도시·군계획시설사업이 시행되는 경우에는 그 시행예정일 3개월 전까지 가설건축물이나 공작물 소유자의 부담으로 그 가설건축물이나 공작물의 철거 등 원상회복에 필요한 조치를 명하여야 하고(법 제64조 제3항 본문), 원상회복의 명령을 받은 자가 원상회복을 하지 아니하면 「행정대집행법」에 따른 행정대집행에 따라 원상회복을 할 수 있다(법 제64조 제4항).

Ⅲ. 도시·군계획시설사업의 시행자

1. 행정청이 시행자인 경우

도시·군계획사업시행자란 국토계획법 또는 다른 법률에 따라 도시·군계획사업을 하는 자를 말한다(법 제2조 제12호).

도시·군계획시설사업은 공공성을 가지므로 원칙적으로 특별한 경우를 제외하고 지방자치단체의 장이 시행자가 된다. 특별시장·광역시장·특별자치시장·특별자치도지사·시장 또는 군수는 국토계획법 또는 다른 법률에 특별한 규정이 있는 경우 외에는 관할 구역의 도시·군계획시설사업을 시행한다(법 제86조 제1항). 도시·군계획시설사업이 둘 이상의 특별시·광역시·특별자치시·특별자치도·시 또는 군의 관할 구역에 걸쳐 시행되게 되는 경우에는 관계 특별시장·광역시장·특별자치시장·특별자치도지사·시장 또는 군수가 서로 협의하여 시행자를 정한다(법 제86조 제2항). 협의가 성립되지 않은 경우 도시·군계획시설사업을 시행하려는 구역이 같은 도의 관할 구역에 속하는 경우에는 관할 도지사가 시행자를 지정하고, 둘 이상의 시·도의 관할 구역에 걸치는 경우에는 국토교통부장관이 시행자를 지정한다(법 제86조 제3항).

그러나 국가계획과 관련되거나 그 밖에 특히 필요하다고 인정되는 경우에는 국토교통부장관은 관계 특별시장·광역시장·특별자치시장·특별자치도지사·시장 또는 군수의 의견을 들어 직접 도시·군계획시설사업을 시행할 수 있으며, 도지사는 광역도시계획과 관련되거나 특히 필요하다고 인정되는 경우에는 관계 시장 또는 군수의 의견을 들어 직접 도시·군계획시설사업을 시행할 수 있다(법 제86조 제4항).

2. 사인이 시행자인 경우

특별시장·광역시장·특별자치시장·특별자치도지사·시장 또는 군수 및 국토교통부장관·도지사 외의 자는 대통령령으로 정하는 바에 따라 국토교통부장관, 시·도지사, 시장 또는 군수로부터 시행자로 지정을 받아 도시·군계획시설사업을 시행할 수 있다(법 제86조 제5항).

특히, ① 국가 또는 지방자치단체, ② 한국농수산식품유통공사·대한석탄공사·한국토지주택공사·한국관광공사·한국농어촌공사·한국도로공사·한국석유공사·한국수자원공사·한국전력공사·한국철도공사, ③ 지방공사 및 지방공단·다른 법률에 의하여 도시·군계획시설사업이 포함된 사업의 시행자로 지정된 자·법 제65조에 의하여 공공시설을 관리할 관리청에 무상으로 귀속되는 공공시설을 설치하고자 하는 자[62]·「국유재산법」 제13조 또는 「공유재산법」 제7조에 따라 기부를 조건으로 시설물을 설치하려는 자에 해당하지 않는 자가 도시·군계획시설사업의 시행자로 지정을 받으려면 도시·군계획시설사업의 대상인 토지(국공유지는 제외한다)면적의 3분의 2 이상에 해당하는 토지를 소유하고, 토지소유자 총수의 2분의 1 이상에 해당하는 자의 동의를 얻어야 한다(법 제86조 제7항, 영 제96조 제2항부터 제4항).

사인이 도시·군계획시설사업을 시행하는 때에는 그 시설이 국토계획법이 정한 공공시설에 해당하는 등 특별한 사정이 없는 한, 설치된 도시·군계획시설의 소유·관리·처분권은 사업시행자인 사인에게 귀속되고, 국토계획법은 그 권리의 행사에 관하여 별다른 규율을 하고 있지 않다. 따라서 도시·군계획시설사업을 사인이 시행하는 때에는 행정청이나 공공단체가 시행하는 때와 비교하여 시설의 공공적 기능 유지와 시설의 운영·처분 과정에서 발생하는 이익의 공적 귀속이라는 측면에서 상대적으로 공공성이 약하다고 볼 수 있으며, 도시·군계획시설사업이 공익사업을 가장한 사인을 위한 영리사업으로 변질될 우려도 있다. 사인이 시행하는 도시·군계획시설사업의 공공성을 보완하고 사인에 의한 일방적인 수용을 제어하기 위하여 국토계획법은 사인을 사업시행자로 지정하기 위한 요건으로 소유요건과 동의요건을 둔 것이므로[63] 이러한 도시·군계획시설사업의 대상 토지의 소유와 동의요건을 갖추지 못하였음에도 사업시행자로 지정하였다면, 이는 국토계획법령이 정한 법규의 중요한 부분을 위반한 것으로서 특별한 사정이 없는 한 그 하자가 중대하다고 보아야 한다.[64]

또한, 사업시행자 지정에 관한 토지소유자의 동의가 유효하기 위해서는 동의를 받기 전에 그 동의가 사업시행자 지정을 위한 것이라는 동의 목적, 그 동의에 따라 지정될 사업시행자, 그 동의에 따라 시행될 동의 대상 사업 등이 특정되고 그 정보가 토지소유자에게 제공되어야 한다. 이러한 정보는 일반적으로 도시계획시설결정 및 그 고시를 통하여 제공되므로 토지소유자의 동의는 도시계획시설결정 이후에 받는 것이 원칙이지만, 국토계획법령은 동의 시기 등에 관하여는 명문의 규정을 두고 있지 않으므로 도시계획시설결정 이전에 받은 동의라고 하더라도 동의를 받을 당시 앞으로 설치될 도

62) 대법원 2018. 11. 29. 선고 2016두38792 판결(법 제65조의 규정에 의하여 공공시설을 관리할 관리청에 무상으로 귀속되는 공공시설을 설치하고자 하는 자에 대하여는 사인(私人)을 도시·군계획시설사업의 시행자로 지정하기 위한 별도의 소유 및 동의요건이 요구되지 않는다).

63) 대법원 2018. 7. 24. 선고 2016두48416 판결.

64) 대법원 2017. 7. 11. 선고 2016두35120 판결.

시계획시설의 종류·명칭·위치·규모 등에 관한 정보가 토지소유자에게 제공되었고, 이후의 도시계획시설결정 내용이 사전에 제공된 정보와 중요한 부분에서 동일성을 상실하였다고 볼 정도로 달라진 경우가 아닌 이상, 도시계획시설결정 이전에 받은 사업시행자 지정에 관한 동의라고 하여 무효라고 볼 수는 없다.[65]

도시계획시설사업에서 사업시행자 지정은 특정인에게 도시계획시설사업을 시행할 수 있는 권한을 부여하는 처분으로 강학상 특허로 볼 수 있다.[66] 사업시행자 지정처분이 '고시'의 방법으로 행하여질 수 있음은 별론으로 하고 그 지정처분이 반드시 '고시'의 방법으로만 성립하거나 효력이 생긴다고 볼 수 없다.[67]

3. 지정내용의 고시 및 분할시행

국토교통부장관이나 도지사가 직접 도시·군계획시설사업의 시행자가 되는 경우를 제외하고 국토교통부장관, 시·도지사, 시장 또는 군수는 도시·군계획시설사업의 시행자를 지정한 경우에는 그 지정내용을 고시하여야 한다(법 제86조 제6항).

사업시행자 지정내용의 고시는 사업시행자 지정처분을 전제로 하여 그 내용을 불특정 다수인에게 알리는 행위로 사업시행자 지정과 그 고시는 명확하게 구분된다.[68]

Ⅳ. 실시계획

1. 의의

1) 개념

도시·군계획시설사업의 시행은 도시·군계획시설 설치를 위한 사업의 준비와 진행, 재원조달, 공사허가 등을 포괄하는 행위를 의미하므로 국토계획법상의 사업시행은 유형적 시설물 설치를 위한 후속절차와 공사를 수반할 수밖에 없다. 따라서 시행자는 사업시행을 위한 구체적인 시설의 설치계획을 작성하여야 하는데, 이것이 바로 실시계획이다.

65) 대법원 2018. 7. 24. 선고 2016두48416 판결.
66) 대법원 2022. 3. 17. 선고 2021다283520 판결.
67) 대법원 2017. 7. 11. 선고 2016두35120 판결.
68) 대법원 2022. 3. 17. 선고 2021다283520 판결.

실시계획은 도시·군계획시설사업을 직접 시행하는 시행자의 계획으로 일정한 시설물을 설치하기 위한 공사계획을 말한다. 이러한 실시계획은 국토교통부장관, 시·도지사, 대도시 시장의 인가사항이며, 실시계획인가는 공사를 허가한다는 의미이다.

이로써 사업시행자는 공사착수의 기회를 획득하고, 도시·군계획시설을 설치하기 위한 공사허가로 인하여 시설부지의 소유권이 필요하게 된다. 이를 위하여 국토계획법은 입법적으로 실시계획과 토지수용권을 연동시키는 태도를 취하고 있다. 다시 말해, 실시계획인가를 받으면 토지보상법에 의한 사업인정 및 그 고시로 의제되어(법 제96조 제2항) 도시·군계획시설사업에 필요한 토지 등을 수용할 수 있게 된다. 이것은 곧 의제조항이 없으면 사업시행자는 실시계획인가를 받은 후 다시 토지보상법에 따른 절차를 거쳐 사업인정을 받아야 비로소 도시·군계획시설사업 부지를 수용할 수 있다는 것을 의미하므로 실시계획과 수용권이 연계되어 있다는 것이다.

2) 법적 성격

국토계획법상 '계획'으로 통칭되는 광역도시계획, 도시·군기본계획, 도시·군관리계획, 그리고 실시계획 등은 행정법학에서 말하는 행정계획에 해당된다.

행정계획의 개념에 대한 실정법상의 정의는 현재 존재하지 않는다. 하지만 대체로 행정계획이란 행정에 관한 전문적·기술적 판단을 기초로 하여 특정한 행정목표를 달성하기 위하여 서로 관련되는 행정수단을 종합·조정함으로써 장래의 일정한 시점에서 일정한 질서를 실현하기 위한 활동기준으로 설정된 것으로 이해한다.[69] 실시계획은 도시·군계획시설사업의 구체화 및 원활화를 위하여 도시·군계획시설사업의 시행자가 행정주체의 지위에서 수립한 사업의 활동기준으로 이해되므로 행정계획의 개념에 부합한다고 보인다.

이러한 실시계획은 사업시행자가 작성하는 구체적인 시설물의 설치계획으로 사업시행에 필요한 설계도서, 자금계획 등이 포함되어야 한다. 사업시행자가 작성한 실시계획은 관할 행정청의 인가를 받아야 하고, 이러한 인가처분은 보충행위이기보다는 설권적 행위이므로 실시계획은 그 자체로 국민의 권리의무관계에 직접적인 변동을 일으키는 구속적 행정계획으로 보아야 한다. 이는 도시정비법상 사업시행자가 작성하는 사업시행계획과 유사한 성격을 가진다. 그러므로 실시계획은 구속적 행정계획으로 행정소송의 대상이 되는 행정처분에 해당한다고 보아야 할 것이다.

---

69) 대법원 1996. 11. 29. 선고 96누8567 판결; 대법원 2012. 1. 12. 선고 2010두5806 판결 등.

구속적 행정계획으로서의 실시계획은 도시·군계획시설사업의 기본원칙에 위배되지 않아야 하고, 국토계획법의 취지와 규정에 부합하여야 한다. 그러므로 사인인 사업시행자가 도시·군계획시설사업의 대상인 토지를 사업시행기간 중에 제3자에게 매각하고 제3자로 하여금 해당 시설을 설치하도록 하는 내용이 포함된 실시계획은 특별한 사정이 없는 한 허용되지 않을 뿐만 아니라 그 실시계획의 인가처분 역시 그 하자가 중대하다고 보아야 한다.[70]

2. 실시계획의 작성과 인가

1) 실시계획의 작성

도시·군계획시설사업의 시행자는 대통령령으로 정하는 바에 따라 그 도시·군계획시설사업에 관한 실시계획을 작성하여야 한다(법 제88조 제1항). 실시계획에는 사업시행에 필요한 설계도서, 자금계획, 시행기간, 그 밖에 대통령령으로 정하는 사항(실시계획을 변경하는 경우에는 변경되는 사항에 한정한다)을 자세히 밝히거나 첨부하여야 한다(법 제88조 제5항).

그 밖에 대통령령으로 정하는 사항이란 ① 사업시행지의 위치도 및 계획평면도, ② 공사설계도서(「건축법」 제29조에 따른 건축협의를 하여야 하는 사업인 경우에는 개략설계도서), ③ 수용 또는 사용할 토지 또는 건물의 소재지·지번·지목 및 면적, 소유권과 소유권외의 권리의 명세 및 그 소유자·권리자의 성명·주소, ④ 도시·군계획시설사업의 시행으로 새로이 설치하는 공공시설 또는 기존의 공공시설의 조서 및 도면(행정청이 시행자인 경우에 한한다), ⑤ 도시·군계획시설사업의 시행으로 용도폐지되는 공공시설에 대한 둘 이상의 감정평가법인등의 감정평가서(행정청이 아닌 자가 시행자인 경우에 한정한다), ⑥ 도시·군계획시설사업으로 새로이 설치하는 공공시설의 조서 및 도면과 그 설치비용계산서(행정청이 아닌 자가 시행자인 경우에 한한다), ⑦ 관계 행정기관의 장과의 협의에 필요한 서류, ⑧ 특별시장·광역시장·특별자치시장·특별자치도지사·시장 또는 군수의 의견청취 결과를 말한다(영 제97조 제6항).

특별시장·광역시장·특별자치시장·특별자치도지사·시장 또는 군수 및 국토교통부장관 외의 자로서 도시·군계획시설사업의 시행자로 지정을 받은 자는 실시계획을 작성하고자 하는 때에는 미리 당해 특별시장·광역시장·특별자치시장·특별자치도지

70) 대법원 2017. 7. 11. 선고 2016두35120 판결.

사·시장 또는 군수의 의견을 들어야 한다(법 제86조 제5항, 영 제97조 제4항).

도시·군계획시설사업의 시행자는 도시·군계획시설사업을 효율적으로 추진하기 위하여 필요하다고 인정되면 사업시행대상지역 또는 대상시설을 둘 이상으로 분할하여 도시·군계획시설사업을 시행할 수 있다(법 제87조). 도시·군계획시설사업을 분할시행하는 때에는 분할된 지역별로 실시계획을 작성할 수 있다(영 제97조 제5항).

2) 실시계획의 인가

(1) 법적 성격

실시계획인가는 도시·군계획시설결정 후 사업시행자에 대한 수용권을 부여하여 사업시행을 허가한다는 의미를 가지고 있다. 그러므로 도시·군계획시설사업에 관한 실시계획의 인가처분은 도시·군계획시설결정에 따른 특정 도시·군계획시설사업을 구체화하여 현실적으로 실현하기 위한 것이라는 점[71]에서 기본행위를 보충하여 그 효력을 완성시키는 행위라기보다는 토지수용권을 부여하여 사업을 완성시키게 하는 설권적 형태의 형성행위로 보는 것이 타당하다.[72]

판례 수용재결취소등(대법원 2018. 7. 24. 선고 2016두48416 판결)

도시계획시설사업에 관한 실시계획인가처분은 해당 사업을 구체화하여 현실적으로 실현하기 위한 형성행위로서 이에 따라 토지수용권 등이 구체적으로 발생하게 된다.

(2) 실시계획인가처분의 한계

행정계획을 규정하는 계획법률은 추상적인 목표를 제시하나 그 구체적인 계획의 내용에 관하여는 상세히 규정하지 않기 때문에 행정주체는 계획법률에 근거한 구체적인 계획을 확정하는 과정에서 일반 재량행위의 경우에 비하여 더욱 광범위한 형성의 자유(Gestaltungsfreiheit)를 가지게 된다.[73] 이러한 형성의 자유는 행정재량보다 더 넓은 형성의 여지를 행정청에게 부여하는 것으로서 일반적으로 행정재량과 대비되는 개념으로 계획재량(Planungsermessen)이라 지칭한다.

다만 이러한 행정주체가 가지는 계획재량 내지 계획형성의 자유는 무제한적인 것이

---

71) 대법원 2013. 9. 12. 선고 2012두12884 판결; 대법원 2015. 3. 20. 선고 2011두3746 판결.

72) 대법원 2018. 7. 24. 선고 2016두48416 판결.

73) 헌법재판소 2007. 10. 4. 선고 2006헌바91 결정.

아니라 그 행정계획에 관련되는 자들의 이익을 공익과 사익 사이에서는 물론이고 공익 상호 간과 사익 상호 간에도 정당하게 비교·교량하여야 한다는 제한이 있다.[74]

행정절차법 제40조의4도 "행정청은 행정청이 수립하는 계획 중 국민의 권리·의무에 직접 영향을 미치는 계획을 수립하거나 변경·폐지할 때에는 관련된 여러 이익을 정당하게 형량하여야 한다"라고 규정하여 이 점을 확인하고 있다.

실시계획인가처분은 구속적 행정계획인 실시계획에 대한 행정청의 결정이므로 인가처분을 발급하는 경우에 사업의 내용과 방법에 대하여 인가처분에 관련된 자들의 이익을 공익과 사익간에서는 물론, 공익 상호 간 및 사익 상호 간에도 정당하게 비교·교량하여야 하며, 그 비교·교량은 비례의 원칙에 적합하도록 하여야 한다.[75]

인가처분이 행정재량의 영역에 있음에도 실시계획인가처분의 경우에는 행정계획의 수립과 유사한 구조를 띠기 때문에 행정청에 계획형성의 자유를 부여하고 있다. 그럼에도 행정주체가 기반시설을 조성하기 위하여 도시·군계획시설결정을 하거나 실시계획인가처분을 할 때 행사하는 재량권에는 한계가 있음이 분명하므로 이는 재량통제의 대상이 된다는 것이다.[76] 예컨대, 도시·군계획시설사업 실시계획인가는 그 근거가 되는 도시·군계획시설결정의 적법성이 인정되는 범주를 벗어나게 되면 위법하게 될 수 있고,[77] 실시계획의 인가요건을 갖추지 못한 인가처분은 공공성을 가지는 도시계획시설사업의 시행을 위하여 필요한 수용 등의 특별한 권한을 부여하는 데 정당성을 갖추지 못한 것으로서 법규의 중요한 부분을 위반한 중대한 하자가 있다.[78]

(3) 도시·군계획시설결정, 도시·군계획시설사업 시행자지정과 실시계획인가의 관계

선행처분과 후행처분간의 하자승계에 관하여 대법원은 일관되게 양 처분의 독립성 유무에 따라 하자승계 여부를 결정한다. 2개 이상의 행정처분이 연속적 또는 단계적으로 이루어지는 경우 선행처분과 후행처분이 서로 합하여 1개의 법률효과를 완성하는 때에는 선행처분에 하자가 있으면 그 하자는 후행처분에 승계된다. 이러한 경우에는 선행처분에 불가쟁력이 생겨 그 효력을 다툴 수 없게 되더라도 선행처분의 하자를 이유로 후행처분의 효력을 다툴 수 있다. 그러나 선행처분과 후행처분이 서로 독립하여

74) 대법원 1996. 11. 29. 선고 96누8567 판결.
75) 대법원 2018. 7. 24. 선고 2016두48416 판결.
76) 대법원 2018. 7. 24. 선고 2016두48416 판결.
77) 대법원 2013. 9. 12. 선고 2012두12884 판결.
78) 대법원 2015. 3. 20. 선고 2011두3746 판결.

별개의 법률효과를 발생시키는 경우에는 선행처분에 불가쟁력이 생겨 그 효력을 다툴 수 없게 되면 선행처분의 하자가 당연무효인 경우를 제외하고는 특별한 사정이 없는 한 선행처분의 하자를 이유로 후행처분의 효력을 다툴 수 없는 것이 원칙이다.[79]

도시계획시설사업의 시행자에 대한 실시계획인가처분은 도시계획시설사업 시행자에게 도시계획시설사업의 공사를 허가하고 수용권을 부여하는 처분으로서 선행처분인 도시계획시설사업 시행자 지정처분이 처분요건을 충족하지 못하여 당연무효인 경우에는 사업시행자 지정처분이 유효함을 전제로 이루어진 후행처분인 실시계획인가처분도 무효라고 보아야 한다.[80]

그리고 도시·군계획시설결정과 실시계획인가는 도시·군계획시설사업을 위하여 이루어지는 단계적 행정절차에서 별도의 요건과 절차에 따라 별개의 법률효과를 발생시키는 독립적인 행정처분이다. 그러므로 선행처분인 도시·군계획시설결정에 하자가 있더라도 그것이 당연무효가 아닌 한 원칙적으로 후행처분인 실시계획인가에 승계되지 않는다.[81]

도시·군계획시설결정처분, 도시·군계획시설사업 시행자 지정처분과 실시계획인가처분은 서로 별개의 법률효과를 발생시키는 독립적인 처분으로 원칙적으로 하자승계는 인정되지 않고, 당연무효인 경우에만 선행처분의 하자는 후행처분에 승계된다는 원칙을 재확인하고 있다. 이들 처분간에 하자승계를 인정하면 도시·군계획시설사업이 무난하게 진행될 수 없다는 현실적인 이유도 하자승계 부정론이 고려한 것으로 짐작된다.

(4) 실시계획인가의 절차

도시·군계획시설사업의 시행자(국토교통부장관, 시·도지사와 대도시 시장은 제외한다)는 실시계획을 작성하면 대통령령으로 정하는 바에 따라 국토교통부장관, 시·도지사 또는 대도시 시장의 인가를 받아야 한다(법 제88조 제2항 본문). 도시·군계획시설사업의 시행자가 실시계획의 인가를 받고자 하는 경우 국토교통부장관이 지정한 시행자는 국토교통부장관의 인가를 받아야 하며, 그 밖의 시행자는 시·도지사 또는 대도시 시장의 인가를 받아야 한다(영 제97조 제2항). 인가받은 실시계획을 변경하거나 폐지하는 경우에도 국토교통부장관, 시·도지사 또는 대도시 시장의 인가를 받아야 한다(법 제88조 제4항). 다만, 준공검사를 받은 후에 해당 도시·군계획시설사업에 대하여 사업명칭을 변

79) 대법원 1994. 1. 25. 선고 93누8542 판결.
80) 대법원 2017. 7. 11. 선고 2016두35120 판결.
81) 대법원 2017. 7. 18. 선고 2016두49938 판결.

경하는 경우를 위하여 실시계획을 작성하는 경우 등에는 국토교통부장관, 시·도지사 또는 대도시 시장의 인가를 받지 아니한다(법 제88조 제2항 단서, 규칙 제16조 제1항).

국토교통부장관, 시·도지사 또는 대도시 시장은 도시·군계획시설사업의 시행자(국토교통부장관, 시·도지사와 대도시 시장은 제외한다)가 작성한 실시계획이 도시·군계획시설의 결정·구조 및 설치의 기준 등에 맞다고 인정하는 경우에는 실시계획을 인가하여야 한다. 이 경우 국토교통부장관, 시·도지사 또는 대도시 시장은 기반시설의 설치나 그에 필요한 용지의 확보, 위해방지, 환경오염 방지, 경관 조성, 조경 등의 조치를 할 것을 조건으로 실시계획을 인가할 수 있다(법 제88조 제3항).

3. 실시계획인가의 효과

실시계획이 작성(도시·군계획시설사업의 시행자가 국토교통부장관, 시·도지사 또는 대도시 시장인 경우를 말한다) 또는 인가된 때에는 그 실시계획에 반영된 제30조 제5항 단서에 따른 경미한 사항의 범위에서 도시·군관리계획이 변경된 것으로 본다. 이 경우 도시·군관리계획의 변경사항 및 이를 반영한 지형도면을 고시하여야 한다(법 제88조 제6항).

4. 실시계획의 실효

도시·군계획시설결정의 고시일부터 10년 이후에 실시계획을 작성하거나 인가(다른 법률에 따라 의제된 경우는 제외한다) 받은 도시·군계획시설사업의 시행자가 실시계획 고시일부터 5년 이내에 「토지보상법」 제28조 제1항에 따른 재결신청을 하지 않은 경우에는 실시계획 고시일부터 5년이 지난 다음 날에 그 실시계획은 효력을 잃는다. 다만, 장기미집행 도시·군계획시설사업의 시행자가 재결신청을 하지 않고 실시계획 고시일부터 5년이 지나기 전에 해당 도시·군계획시설사업에 필요한 토지 면적의 3분의 2 이상을 소유하거나 사용할 수 있는 권원을 확보하고 실시계획 고시일부터 7년 이내에 재결신청을 하지 않은 경우 실시계획 고시일부터 7년이 지난 다음 날에 그 실시계획은 효력을 잃는다(법 제88조 제7항).

장기미집행 도시·군계획시설사업의 시행자가 재결신청 없이 도시·군계획시설사업에 필요한 모든 토지·건축물 또는 그 토지에 정착된 물건을 소유하거나 사용할 수 있는 권원을 확보한 경우 그 실시계획은 효력을 유지한다(법 제88조 제8항).

5. 실시계획의 실효로 인한 도시·군계획시설결정의 실효

도시·군계획시설결정의 고시일부터 20년이 되기 전에 실시계획이 폐지되거나 효력을 잃고 다른 도시·군계획시설사업이 시행되지 않는 경우에는 도시·군계획시설결정의 고시일부터 20년이 되는 날의 다음 날에 도시·군계획시설결정은 효력을 잃는다(법 제88조 제9항 제1호). 도시·군계획시설결정의 고시일부터 20년이 되는 날의 다음 날 이후 실시계획이 폐지되거나 효력을 잃은 경우에는 실시계획이 폐지되거나 효력을 잃은 날에 도시·군계획시설결정은 효력을 잃는다(법 제88조 제9항 제2호). 이 경우 시·도지사 또는 대도시 시장은 대통령령으로 정하는 바에 따라 지체 없이 그 사실을 고시하여야 한다(법 제88조 제9항).

6. 도시·군계획시설사업의 이행담보

특별시장·광역시장·특별자치시장·특별자치도지사·시장 또는 군수는 기반시설의 설치나 그에 필요한 용지의 확보, 위해방지, 환경오염 방지, 경관조성, 조경 등을 위하여 필요하다고 인정되는 경우로서 도시·군계획시설사업으로 인하여 도로·수도공급설비·하수도 등 기반시설의 설치가 필요한 경우 등에는 그 이행을 담보하기 위하여 도시·군계획시설사업의 시행자에게 이행보증금을 예치하게 할 수 있다(법 제89조 제1항, 영 제98조). 다만, ① 국가 또는 지방자치단체, ② 공기업 및 위탁집행형 준정부기관, ③ 지방공사 및 지방공단은 도시·군계획시설사업의 시행자에게 이행보증금을 예치하지 않아도 된다(법 제89조 제1항 단서).

특별시장·광역시장·특별자치시장·특별자치도지사·시장 또는 군수는 실시계획의 인가 또는 변경인가를 받지 아니하고 도시·군계획시설사업을 하거나 그 인가내용과 다르게 도시·군계획시설사업을 하는 자에게 그 토지의 원상회복을 명할 수 있고(법 제89조 제3항), 원상회복의 명령을 받은 자가 원상회복을 하지 아니하는 경우에는 「행정대집행법」에 따른 행정대집행에 따라 원상회복을 할 수 있다. 이 경우 행정대집행에 필요한 비용은 도시·군계획시설사업의 시행자가 예치한 이행보증금으로 충당할 수 있다(법 제89조 제4항).

7. 실시계획의 고시

국토교통부장관, 시·도지사 또는 대도시 시장은 실시계획을 작성(변경작성을 포함한다), 인가(변경인가를 포함한다), 폐지하거나 실시계획이 효력을 잃은 경우에는 대통령령으로 정하는 바에 따라 그 내용을 고시하여야 한다(법 제91조). 고시는 실시계획의 작성·인가·실효 등의 효력발생요건이다.

8. 실시계획 작성 등에 따른 관련 인허가의 의제

국토교통부장관, 시·도지사 또는 대도시 시장이 실시계획을 작성 또는 변경작성하거나 인가 또는 변경인가를 할 때에 그 실시계획에 대한 다음 각 호의 인·허가등에 관하여 제3항에 따라 관계 행정기관의 장과 협의한 사항에 대하여는 해당 인·허가등을 받은 것으로 보며, 제91조에 따른 실시계획을 고시한 경우에는 관계 법률에 따른 인·허가등의 고시·공고 등이 있은 것으로 본다(법 제92조 제1항).

1. 「건축법」 제11조에 따른 건축허가, 같은 법 제14조에 따른 건축신고 및 같은 법 제20조에 따른 가설건축물 건축의 허가 또는 신고
2. 「산업집적법」 제13조에 따른 공장설립등의 승인
3. 「공유수면법」 제8조에 따른 공유수면의 점용·사용허가, 같은 법 제17조에 따른 점용·사용 실시계획의 승인 또는 신고, 같은 법 제28조에 따른 공유수면의 매립면허, 같은 법 제35조에 따른 국가 등이 시행하는 매립의 협의 또는 승인 및 같은 법 제38조에 따른 공유수면매립실시계획의 승인
4. 삭제 <2010. 4. 15.>
5. 「광업법」 제42조에 따른 채굴계획의 인가
6. 「국유재산법」 제30조에 따른 사용·수익의 허가
7. 「농어촌정비법」 제23조에 따른 농업생산기반시설의 사용허가
8. 「농지법」 제34조에 따른 농지전용의 허가 또는 협의, 같은 법 제35조에 따른 농지전용의 신고 및 같은 법 제36조에 따른 농지의 타용도 일시사용의 허가 또는 협의
9. 「도로법」 제36조에 따른 도로관리청이 아닌 자에 대한 도로공사 시행의 허가 및 같은 법 제61조에 따른 도로의 점용 허가
10. 「장사법」 제27조 제1항에 따른 무연분묘의 개장허가

11. 「사도법」 제4조에 따른 사도 개설의 허가
12. 「사방사업법」 제14조에 따른 토지의 형질변경 등의 허가 및 같은 법 제20조에 따른 사방지 지정의 해제
13. 「산지관리법」 제14조 · 제15조에 따른 산지전용허가 및 산지전용신고, 같은 법 제15조의2에 따른 산지일시사용허가 · 신고, 같은 법 제25조 제1항에 따른 토석채취허가, 같은 법 제25조 제2항에 따른 토사채취신고 및 「산림자원법」 제36조 제1항 · 제5항에 따른 입목벌채 등의 허가 · 신고
14. 「소하천정비법」 제10조에 따른 소하천공사 시행의 허가 및 같은 법 제14조에 따른 소하천의 점용허가
15. 「수도법」 제17조에 따른 일반수도사업 및 같은 법 제49조에 따른 공업용수도사업의 인가, 같은 법 제52조에 따른 전용상수도 설치 및 같은 법 제54조에 따른 전용공업용수도 설치의 인가
16. 「연안관리법」 제25조에 따른 연안정비사업실시계획의 승인
17. 「에너지이용 합리화법」 제8조에 따른 에너지사용계획의 협의
18. 「유통산업발전법」 제8조에 따른 대규모점포의 개설등록
19. 「공유재산법」 제20조 제1항에 따른 사용 · 수익의 허가
20. 「공간정보관리법」 제86조 제1항에 따른 사업의 착수 · 변경 또는 완료의 신고
21. 「집단에너지법」 제4조에 따른 집단에너지의 공급 타당성에 관한 협의
22. 「체육시설법」 제12조에 따른 사업계획의 승인
23. 「초지법」 제23조에 따른 초지전용의 허가, 신고 또는 협의
24. 「공간정보관리법」 제15조 제4항에 따른 지도등의 간행 심사
25. 「하수도법」 제16조에 따른 공공하수도에 관한 공사시행의 허가 및 같은 법 제24조에 따른 공공하수도의 점용허가
26. 「하천법」 제30조에 따른 하천공사 시행의 허가, 같은 법 제33조에 따른 하천점용의 허가
27. 「항만법」 제9조 제2항에 따른 항만개발사업 시행의 허가 및 같은 법 제10조 제2항에 따른 항만개발사업실시계획의 승인

인 · 허가등의 의제를 받으려는 자는 실시계획 인가 또는 변경인가를 신청할 때에 해당 법률에서 정하는 관련 서류를 함께 제출하여야 한다(법 제92조 제2항).

국토교통부장관, 시·도지사 또는 대도시 시장은 실시계획을 작성 또는 변경작성하거나 인가 또는 변경인가할 때에 그 내용에 제1항 각 호의 어느 하나에 해당하는 사항이 있으면 미리 관계 행정기관의 장과 협의하여야 한다(법 제92조 제3항).

V. 사업인정과 공용수용

1. 의의

실시계획의 고시는 토지보상법에 따른 사업인정 및 고시가 있었던 것으로 간주되고, 국토계획법상의 토지의 수용 및 사용에 관하여 특별한 규정이 없으면 토지보상법을 준용한다.

토지보상법은 수용과 보상에 관한 일반법적 성격을 보유하면서 제4조에서 공공필요를 충족할 수 있는 사업을 공익사업으로 예시하고 그 사업에 수용권을 부여하는 방식을 취하고 있다.

2. 실시계획의 사업인정 의제

1) 토지보상법 준용의 문제

도시·군계획시설사업에 관하여 국토계획법이 자체적으로 토지수용 등에 관한 규정을 마련하지 않고 제96조에서 특별한 규정이 없는 경우에는 토지보상법을 준용하면서 실시계획의 사업인정 의제를 규정하고 있다.

이와 관련하여 첫째, 토지보상법상의 사업인정의 법적 성격과 처분성이 일차적으로 문제되며, 둘째, 토지보상법에 의한 실시계획의 사업인정 의제조항이 헌법상의 적법절차원칙이나 헌법 제23조 제3항의 공용수용에 의한 정당한 보상원칙에 위반되는지 여부, 셋째, 재결신청은 실시계획에서 정한 도시·군계획시설사업의 시행기간에 하여야 한다는 국토계획법 제96조 제2항 단서조항이 지나치게 사업시행자를 우대하여 헌법상 평등원칙에 위반되는지 여부도 논쟁의 대상이 된다.

2) 사업인정의 성질

(1) 의의

사업인정이란 공익사업을 토지등을 수용하거나 사용할 사업으로 결정하는 것을 말한다(토지보상법 제2조 제7호). 즉, 사업인정이란 특정사업이 그 사업에 필요한 토지를 수용·사용할 수 있는 공익사업이라는 것을 인정하고 사업시행자에게 일정한 절차에 따른 수용권을 설정해 주는 행정행위 또는 토지보상법이 정하고 있는 공익사업에 해당한다는 점을 확인하고 그에 따라 수용권이 부여될 수 있음을 선언하는 행정행위로 정의내릴 수 있다.

사업인정은 공익사업에 해당한다고 인정하는 수용권 발동의 기초가 되며, 사업시행자에 대한 수용권 부여의 설권적 형태를 띤다.

(2) 법적 성격

(가) 행정처분성 여부

행정심판법 제2조와 행정소송법 제2조[82]에서 처분을 행정청이 행하는 구체적 사실에 관한 법집행으로서의 공권력의 행사 또는 그 거부, 그 밖에 이에 준하는 행정작용을 말한다고 규정하고 있다. 이러한 처분 개념에 근거하여 판례는 일관되게 "항고소송의 대상이 되는 행정처분이란 원칙적으로 행정청의 공법상 행위로서 특정 사항에 대하여 법규에 의한 권리 설정 또는 의무 부담을 명하거나 기타 법률상 효과를 발생하게 하는 등으로 일반 국민의 권리의무에 직접 영향을 미치는 행위를 가리킨다"라고 판시하여 국민의 법률관계에 직접적 영향을 미치는 행위를 행정처분으로 보고 있다.[83]

따라서 특정사업에 대한 사업인정 결정이 내려지면 그로 인하여 사업시행자 및 토지소유자 등에게 구체적이고 일정한 법적 효과를 발생시키므로 사업인정은 항고소송의 대상인 행정처분에 해당한다고 할 것이다.[84]

판례 영업휴업보상 등(대법원 2019. 12. 12. 선고 2019두47629 판결)

공익사업을 위한 토지 등의 취득 및 보상에 관한 법률 제20조 제1항, 제22조 제3항은 사업시행자가 토지 등을 수용하거나 사용하려면 국토교통부장관의 사업인정을 받아야 하

82) 행정소송법 제2조는 행정심판법과는 달리 처분에 행정심판에 대한 재결까지 포함하고 있으나, 양 법률의 처분 개념은 사실상 동일하다.

83) 대법원 2012. 9. 27. 선고 2010두3541 판결 등.

84) 대법원 1988. 12. 27. 선고 87누1141 판결; 대법원 2019. 12. 12. 선고 2019두47629 판결.

고, 사업인정은 고시한 날부터 효력이 발생한다고 규정하고 있다. 이러한 사업인정은 수용권을 설정해 주는 행정처분으로서, 이에 따라 수용할 목적물의 범위가 확정되고, 수용권자가 목적물에 대한 현재 및 장래의 권리자에게 대항할 수 있는 공법상 권한이 생긴다.

(나) 형성행위 여부

사업인정이 행정처분에 해당하더라도 그 법적 성질이 명령적 행위인지 아니면 형성적 행위인지가 문제된다.

이에 관해서 사업인정을 사업시행자에게 사업인정 후 일정한 절차를 거칠 것을 조건으로 수용권을 설정해준다는 형성행위설과 사업인정을 특정한 사업이 토지를 수용할 수 있는 사업에 해당한다는 것을 확인·선언하는 행위로 이해하는 확인행위설이 대립한다.

생각건대, 사업인정으로 행정청은 사업시행자에게 비로소 토지수용권을 부여하는 설권적 행위를 할 수 있으므로 사업인정을 단순한 확인행위 내지 보충행위로 보기는 무리가 따르며, 따라서 다수설인 형성행위설이 타당하다. 판례도 토지수용을 위한 사업인정은 단순한 확인행위가 아니라 형성행위라는 점을 분명히 하고 있다.[85]

판례 토지수용재결처분취소(대법원 2011. 1. 27. 선고 2009두1051 판결)

사업인정이란 공익사업을 토지 등을 수용 또는 사용할 사업으로 결정하는 것으로서 공익사업의 시행자에게 그 후 일정한 절차를 거칠 것을 조건으로 일정한 내용의 수용권을 설정하여 주는 형성행위이므로, 해당 사업이 외형상 토지 등을 수용 또는 사용할 수 있는 사업에 해당한다고 하더라도 사업인정기관으로서는 그 사업이 공용수용을 할 만한 공익성이 있는지의 여부와 공익성이 있는 경우에도 그 사업의 내용과 방법에 관하여 사업인정에 관련된 자들의 이익을 공익과 사익 사이에서는 물론, 공익 상호 간 및 사익 상호 간에도 정당하게 비교·교량하여야 하고, 그 비교·교량은 비례의 원칙에 적합하도록 하여야 한다.

85) 대법원 1992. 11. 13. 선고 92누596 판결; 대법원 2011. 1. 27. 선고 2009두1051 판결 등.

(다) 재량행위 여부

사업인정이 설권적 형태의 형성적 행위이므로 사업인정의 요건충족 후 사업인정 여부는 행정청의 재량행위로 보아야 할 것이다.

당해 사업이 비록 토지를 수용할 수 있는 사업에 해당된다 하더라도 행정청으로서는 그 사업이 공용수용을 할 만한 공익성이 있는지의 여부를 모든 사정을 참작하여 구체적으로 판단하여야 하는 것이므로 사업인정의 여부는 행정청의 재량에 속한다.[86]

3) 사업인정 의제조항의 합헌성

토지보상법에 의한 실시계획의 사업인정 의제조항이 헌법상의 적법절차원칙이나 헌법 제23조 제3항의 공용수용에 의한 정당한 보상원칙에 위반되는지에 대하여 헌법재판소는 "도시계획시설사업의 실시계획의 인가를 사업인정으로 의제하는 위 규정의 입법목적은 도시계획시설사업에 있어서 이해관계인의 의견청취, 관계 행정기관과의 협의 등 중복되는 행정절차 등을 생략하여 사업인정절차에 소요되는 시간을 단축하고 신속하게 도시계획시설사업을 시행하려는 것이다. 따라서 도시계획시설사업 자체에 있어서도 공공필요성 요건은 충족되고, 국토계획법상 이해관계인의 의견청취, 관계행정기관과의 협의 등 공공필요에 대한 판단을 할 수 있는 적절한 절차가 규정되어 있으므로 도시계획시설 실시인가를 사업인정으로 의제하는 구 국토계획법 제96조 제2항 본문은 적법절차원칙 및 헌법 제23조 제3항에 위반되지 않는다"라고 판시하여 그 합헌성을 확인하였다.[87]

4) 사업시행을 위한 토지수용

도시·군계획시설사업의 시행자는 도시·군계획시설사업에 필요한 토지·건축물 또는 그 토지에 정착된 물건과 그 물건에 관한 소유권 외의 권리를 수용하거나 사용할 수 있고(법 제95조 제1항), 사업시행을 위하여 특히 필요하다고 인정되면 도시·군계획시설에 인접한 토지·건축물 또는 그 토지에 정착된 물건과 그 물건에 관한 소유권 외의 권리를 일시 사용할 수 있다(법 제95조 제2항).

여기서 '토지·건축물 또는 그 토지에 정착된 물건'에서 '건축물'을 '그 토지에 정착된 물건'의 한 예시로 보아 그에 포함되는 것으로 해석할 수는 없다. 왜냐하면 우리 법제는 건축물을 토지와는 독립된 별개의 부동산으로 인정하여 토지의 부합물임을 원칙

86) 대법원 1992. 11. 13. 선고 92누596 판결.
87) 헌법재판소 2007. 11. 29. 선고 2006헌바79 결정.

으로 하는 그 외의 토지정착물과 그 법적 취급을 달리하기 때문이다.[88)]

5) 재결신청 기간완화의 위헌성

국토계획법 제96조 제2항 본문은 "제1항에 따라 「토지보상법」을 준용할 때에 제91조에 따른 실시계획을 고시한 경우에는 같은 법 제20조 제1항과 제22조에 따른 사업인정 및 그 고시가 있었던 것으로 본다"라고 규정하여 실시계획 고시의 토지보상법상 사업인정 의제를 규정하고 있다. 그렇지만 동조 단서에서 "재결신청은 토지보상법 제23조 제1항[89)]과 제28조 제1항[90)]에도 불구하고 실시계획에서 정한 도시·군계획시설사업의 시행기간에 하여야 한다"라고 규정하여 재결신청은 토지보상법상의 재결신청 기간이 아닌 도시·군계획시설사업의 시행기간에 하여야 한다고 선언하고 있다.

토지보상법 제23조 및 제28조는 사업인정고시가 된 날부터 1년 이내에 재결신청을 하지 않으면 1년이 되는 날의 다음 날에 사업인정은 실효된다고 규정하고 있다. 이러한 토지보상법상의 재결신청 기간에도 불구하고 국토계획법은 실시계획에서 정한 도시·군계획시설사업의 시행기간으로 재결신청 기간을 완화하고 있다.

국토계획법상 도시·군계획시설사업의 시행기간이 1년의 단기보다는 단계별 집행계획에 따른 3년 이상의 장기가 일반적인 점, 그리고 10년 이상의 장기미집행 도시·군계획시설사업이 존재한다는 점 등에 비추어 볼 때 국토계획법상 재결신청 기간의 완화조항은 사업시행자에게 일방적으로 유리한 조항으로 평등원칙에 위배될 수 있으며, 토지소유자 등의 재산권을 과도하게 제약할 소지가 있어 헌법 제23조의 재산권보장에 저촉될 우려가 있다. 또한, 도시·군계획시설사업이 갖는 공공필요성이 토지보상법상의 공공시설이 갖는 평균적 수준의 공공필요성을 넘지 않는다는 점에서도 수용기간의 완화조항은 위헌적 성격이 농후하다고 보인다.[91)]

국토계획법상의 수용기간 완화 특칙으로 재결신청은 실시계획에서 정한 사업시행기간 내에 하므로 사업인정고시 후 1년 이내에 재결신청을 하지 않으면 사업인정은 실효

---

88) 대법원 2007. 1. 25. 선고 2005두9583 판결.

89) 제23조(사업인정의 실효) ① 사업시행자가 제22조 제1항에 따른 사업인정의 고시(이하 "사업인정고시"라 한다)가 된 날부터 1년 이내에 제28조 제1항에 따른 재결신청을 하지 아니한 경우에는 사업인정고시가 된 날부터 1년이 되는 날의 다음 날에 사업인정은 그 효력을 상실한다.

90) 제28조(재결의 신청) ① 제26조에 따른 협의가 성립되지 아니하거나 협의를 할 수 없을 때(제26조 제2항 단서에 따른 협의 요구가 없을 때를 포함한다)에는 사업시행자는 사업인정고시가 된 날부터 1년 이내에 대통령령으로 정하는 바에 따라 관할 토지수용위원회에 재결을 신청할 수 있다.

91) 김종보, 앞의 책, 341-343쪽.

되지만 실시계획은 그대로 존속하는 경우가 발생한다. 이것은 실시계획으로 사업인정이 의제되더라도 실시계획과 사업인정이 현행법상 별개의 처분이라는 것을 의미한다. 따라서 도시·군계획시설사업의 시행자가 그 사업시행기간 내에 토지에 대한 수용재결 신청을 하였다면 그 신청은 사업시행기간이 경과하였다 하더라도 여전히 유효하므로 토지수용위원회는 사업시행기간이 경과한 이후에도 신청에 따른 수용재결을 할 수 있다.[92)]

3. 국공유지의 처분제한

도시·군관리계획결정을 고시한 경우에는 국공유지로서 도시·군계획시설사업에 필요한 토지는 그 도시·군관리계획으로 정하여진 목적 외의 목적으로 매각하거나 양도할 수 없으며(법 제97조 제1항), 이를 위반한 행위는 무효로 한다(법 제97조 제2항).

국공유지의 처분제한의 입법취지가 도시·군관리계획상의 목적을 준수하여 도시·군계획시설사업의 원활한 시행과 공사완료를 통하여 도시·군계획시설에 대한 일반 시민의 자유로운 접근과 이용을 보장하는데 있으므로 처분 제한조항은 효력규정으로 해석된다.

4. 손실보상

1) 의의

도시·군계획시설사업 시행을 위한 토지 수용 및 사용에 관하여는 국토계획법에 특별한 규정이 있는 경우 외에는 「토지보상법」을 준용한다(법 제96조 제1항). 따라서 도시·군계획시설사업의 시행자는 사업시행을 위하여 토지소유자의 토지를 수용한 경우 헌법 제23조 제3항과 토지보상법 제40조에 따라 토지소유자 및 관계인에게 정당한 보상을 실시하여야 한다.

토지보상법에 의한 사업시행자와 토지소유자 및 관계인간의 협의취득은 사법상의 매매계약에 해당한다. 따라서 당사자 일방이 상인인 경우에는 토지보상법에 의한 협의취득으로 체결된 부동산 매매계약이라고 하더라도 다른 사정이 없는 한 보조적 상행위에 해당하므로, 매도인의 채무불이행책임이나 하자담보책임에 기한 매수인의 손해배상채권에 대해서는 상사소멸시효가 적용된다.[93)]

---

92) 대법원 2007. 1. 11. 선고 2004두8538 판결.

93) 대법원 2022. 7. 14. 선고 2017다242232 판결.

판례 **협의수용대금등([대법원 2014. 4. 24. 선고 2013다218620 판결]**

공익사업법에 따른 손실보상의 협의는 공공기관이 사경제주체로서 행하는 사법상 계약의 실질을 가지는 것으로서, 당사자 간의 합의로 공익사업법 소정의 손실보상의 요건을 완화하는 약정을 하거나 공익사업법 소정의 손실보상의 기준에 구애받지 아니하고 매매대금을 정할 수 있는 점

2) 토지에의 출입

국토교통부장관, 시·도지사, 시장 또는 군수나 도시·군계획시설사업의 시행자는 다음 각 호의 행위를 하기 위하여 필요하면 타인의 토지에 출입하거나 타인의 토지를 재료 적치장 또는 임시통로로 일시 사용할 수 있으며, 특히 필요한 경우에는 나무, 흙, 돌, 그 밖의 장애물을 변경하거나 제거할 수 있다(법 제130조 제1항).

1. 도시·군계획·광역도시·군계획에 관한 기초조사
2. 개발밀도관리구역, 기반시설부담구역 및 제67조 제4항에 따른 기반시설설치계획에 관한 기초조사
3. 지가의 동향 및 토지거래의 상황에 관한 조사
4. 도시·군계획시설사업에 관한 조사·측량 또는 시행

타인의 토지에 출입하려는 자는 특별시장·광역시장·특별자치시장·특별자치도지사·시장 또는 군수의 허가를 받아야 하며, 출입하려는 날의 7일 전까지 그 토지의 소유자·점유자 또는 관리인에게 그 일시와 장소를 알려야 한다. 다만, 행정청인 도시·군계획시설사업의 시행자는 허가를 받지 아니하고 타인의 토지에 출입할 수 있다(법 제130조 제2항).

타인의 토지를 재료 적치장 또는 임시통로로 일시사용하거나 나무, 흙, 돌, 그 밖의 장애물을 변경 또는 제거하려는 자는 토지의 소유자·점유자 또는 관리인의 동의를 받아야 한다(법 제130조 제3항). 이 경우 토지나 장애물의 소유자·점유자 또는 관리인이 현장에 없거나 주소 또는 거소가 불분명하여 그 동의를 받을 수 없는 경우에는 행정청인 도시·군계획시설사업의 시행자는 관할 특별시장·광역시장·특별자치시장·특별자치도지사·시장 또는 군수에게 그 사실을 통지하여야 하며, 행정청이 아닌 도시·군계획시설사업의 시행자는 미리 관할 특별시장·광역시장·특별자치시장·특별자치도지

사·시장 또는 군수의 허가를 받아야 한다(법 제130조 제4항).

토지를 일시 사용하거나 장애물을 변경 또는 제거하려는 자는 토지를 사용하려는 날이나 장애물을 변경 또는 제거하려는 날의 3일 전까지 그 토지나 장애물의 소유자·점유자 또는 관리인에게 알려야 하고(법 제130조 제5항), 일출 전이나 일몰 후에는 그 토지 점유자의 승낙 없이 택지나 담장 또는 울타리로 둘러싸인 타인의 토지에 출입할 수 없다(법 제130조 제6항).

토지의 점유자는 정당한 사유 없이 제1항에 따른 행위를 방해하거나 거부하지 못한다(법 제130조 제1항).

타인의 토지에 출입하려는 자, 타인의 토지를 재료 적치장 또는 임시통로로 일시사용하거나 나무, 흙, 돌, 그 밖의 장애물을 변경 또는 제거하려는 자는 그 권한을 표시하는 증표와 허가증을 지니고 이를 관계인에게 내보여야 한다(법 제130조 제8항).

3) 토지에의 출입 등에 따른 손실보상

타인의 토지에 출입하려는 행위 등으로 인하여 손실을 입은 자가 있으면 그 행위자가 속한 행정청이나 도시·군계획시설사업의 시행자가 그 손실을 보상하여야 한다(법 제131조 제1항). 이러한 손실 보상에 관하여는 그 손실을 보상할 자와 손실을 입은 자가 협의하여야 한다(법 제131조 제2항).

손실을 보상할 자나 손실을 입은 자는 제2항에 따른 협의가 성립되지 아니하거나 협의를 할 수 없는 경우에는 관할 토지수용위원회에 재결을 신청할 수 있다(법 제131조 제3항).

관할 토지수용위원회의 재결에 관하여는 「토지보상법」 제83조(이의의 신청)부터 제87(법정이율에 따른 가산지급)조까지의 규정을 준용한다(법 제131조 제4항).

손실보상 등과 관련하여 국토계획법에 따른 도시·군계획시설사업 시행자의 처분에 대하여는 「행정심판법」에 따라 행정심판을 제기할 수 있다. 이 경우 행정청이 아닌 시행자의 처분에 대하여는 그 시행자를 지정한 자인 국토교통부장관, 시·도지사, 시장 또는 군수에게 행정심판을 제기하여야 한다(법 제134조).

4) 토지소유자의 보상금증액소송에서의 당사자적격

토지보상법에 따른 토지소유자 또는 관계인의 사업시행자에 대한 손실보상금 채권에 관하여 압류 및 추심명령이 있는 경우, 채무자인 토지소유자 등이 보상금증액소송에서의 당사자적격을 상실하는지 여부에 관하여 2022년 대법원은 전원합의체 판결을 통하여 그동안의 판례를 변경하여 토지소유자 등의 당사자적격이 상실되지 않는다고 보고 있다.[94)]

토지보상법 제85조 제2항은 토지소유자 등이 보상금 증액 청구의 소를 제기할 때에는 사업시행자를 피고로 한다고 규정하고 있다. 위 규정에 따른 보상금 증액 청구의 소는 토지소유자 등이 사업시행자를 상대로 제기하는 당사자소송의 형식을 취하고 있지만, 토지수용위원회의 재결 중 보상금 산정에 관한 부분에 불복하여 그 증액을 구하는 소이므로 실질적으로는 재결을 다투는 항고소송의 성질을 가진다. 따라서 토지소유자 등에 대하여 금전채권을 가지고 있는 제3자는 재결에 대하여 간접적이거나 사실적·경제적 이해관계를 가질 뿐 재결을 다툴 법률상의 이익이 있다고 할 수 없어 직접 또는 토지소유자 등을 대위하여 보상금 증액 청구의 소를 제기할 수 없고, 토지소유자 등의 손실보상금 채권에 관하여 압류 및 추심명령이 있더라도 추심채권자가 재결을 다툴 지위까지 취득하였다고 볼 수는 없다.

토지소유자 등이 토지보상법 제85조 제2항에 따라 보상금 증액 청구의 소를 제기한 경우, 그 손실보상금 채권에 관하여 압류 및 추심명령이 있다고 하더라도 추심채권자가 그 절차에 참여할 자격을 취득하는 것은 아니므로 보상금 증액 청구의 소를 제기한 토지소유자 등의 지위에 영향을 미친다고 볼 수 없다. 따라서 보상금 증액 청구의 소의 청구채권에 관하여 압류 및 추심명령이 있더라도 토지소유자 등이 그 소송을 수행할 당사자적격을 상실한다고 볼 것은 아니다.

판례 손실보상금(대법원 2022. 11. 24. 선고 2018두67 전원합의체 판결)

토지보상법에 따른 토지소유자 또는 관계인(토지소유자 등)의 사업시행자에 대한 손실보상금 채권에 관하여 압류 및 추심명령이 있더라도 추심채권자가 보상금 증액 청구의 소를 제기할 수 없고, 채무자인 토지소유자 등이 보상금 증액 청구의 소를 제기하고 그 소송을 수행할 당사자적격을 상실하지 않는다고 보아야 한다.

94) 대법원 2022. 11. 24. 선고 2018두67 전원합의체 판결.

Ⅵ. 공사완료

도시·군계획시설사업의 시행자(국토교통부장관, 시·도지사와 대도시 시장은 제외한다)는 도시·군계획시설사업의 공사를 마친 때에는 국토교통부령으로 정하는 바에 따라 공사완료보고서를 작성하여 시·도지사나 대도시 시장의 준공검사를 받아야 한다(법 제98조 제1항). 시·도지사나 대도시 시장은 공사완료보고서를 받으면 지체 없이 준공검사를 하여야 하고(법 제98조 제2항), 준공검사를 한 결과 실시계획대로 완료되었다고 인정되는 경우에는 도시·군계획시설사업의 시행자에게 준공검사증명서를 발급하고 공사완료 공고를 하여야 한다(법 제98조 제3항). 국토교통부장관, 시·도지사 또는 대도시 시장인 도시·군계획시설사업의 시행자도 도시·군계획시설사업의 공사를 마친 때에는 공사완료 공고를 하여야 한다(법 제98조 제4항).

국토교통부장관, 시·도지사 또는 대도시 시장은 준공검사를 하거나 공사완료 공고를 할 때에 그 내용에 의제되는 인·허가등에 따른 준공검사·준공인가 등에 해당하는 사항이 있으면 미리 관계 행정기관의 장과 협의하여야 한다(법 제98조 제7항). 준공검사를 하거나 공사완료 공고를 할 때에 국토교통부장관, 시·도지사 또는 대도시 시장이 의제되는 인·허가등에 따른 준공검사·준공인가 등에 관하여 관계 행정기관의 장과 협의한 사항에 대하여는 그 준공검사·준공인가 등을 받은 것으로 본다(법 제98조 제5항).

제4항 장기미집행 도시·군계획시설

Ⅰ. 의의

1. 개념

국토계획법상 장기미집행 도시·군계획시설에 대한 개념정의는 존재하지 않는다. 일반적으로 장기미집행 도시·군계획시설이란 도시·군계획시설을 설치하겠다고 도시·군관리계획의 결정·고시는 하였지만 장기간 아무런 사업이 시행되지 않은 시설을 말한다.

그러나 국토계획법 제47조 제1항과 제48조 제3항, 그리고 제88조 제7항 등을 근거로 해서 장기미집행 도시·군계획시설을 정의하면, 도시·군계획시설결정의 고시일부터 10년 이내에 실시계획인가나 그에 상당하는 절차가 진행되지 않은 채 그 도시·군계획시설의 설치에 관한 도시·군계획시설사업이 시행되지 않고 장기간 지속되는 것을 의미한다.[95] 즉, 도시·군계획시설결정 후 사업시행자에 대한 실시계획인가가 있어야 수용권이 부여되는데, 실시계획인가가 발급되지 않고 미발급 상태가 장기간 지속되는 시설을 장기미집행 도시·군계획시설이라 한다.

2. 발생원인

장기미집행 도시·군계획시설이 발생하는 원인은 다양하다. 현행 국토계획법상 장기미집행의 기간은 10년으로 볼 수 있으나, 구 도시계획법 시기부터 이러한 현상은 있어 왔다.

우선 거론되는 것은 지방자치단체의 재정능력 부족이다. 지방자치단체의 약화된 재정고권은 낮은 수준의 재정자립도로 연결되며, 이것은 도시계획의 내재적 한계와 결합하여 장기간 사업이 집행되지 않는 현상이 발생한다. 도시계획은 일반적으로 과다하게 계획되는 등 현실성이 결여된 장밋빛 미래만을 제시하는 경우가 허다하다. 사업은 자연스럽게 장기간 방치되고, 이를 방지할 장치나 견제수단은 전무하게 되고, 여기에 공무원의 수동적 자세까지 합세하면 상황은 더 악화된다.

II. 장기미집행 도시·군계획시설에 대한 입법사

1. 논쟁의 배경

대부분의 장기미집행 도시·군계획시설은 구 도시계획법 시기인 1970년대 국가가 시설지정을 하면서부터 비롯되었다. 그 후 1980년대부터 보상논의가 진행되었지만 열악한 국가재정은 이를 감당할 수가 없었고, 급기야 도시계획의 결정·고시로 인한 토지재산권의 제약에 대하여 손실보상규정을 두지 않은 구 도시계획법 제4조는 위헌이라는 헌법소원이 제기되었다. 이에 대하여 헌법재판소는 "입법자는 매수청구권이나 수용신

95) 국토계획법 시행령 제42조 제2항도 "법 제48조 제3항에 따라 도시·군계획시설결정이 고시된 도시·군계획시설 중 설치할 필요성이 없어진 도시·군계획시설 또는 그 고시일부터 10년이 지날 때까지 해당 시설의 설치에 관한 도시·군계획시설사업이 시행되지 아니한 도시·군계획시설(이하 이 조에서 "장기미집행 도시·군계획시설등"이라 한다)"라고 규정하므로 도시·군계획시설결정 고시일부터 10년이 지날 때까지 해당 시설의 설치에 관한 도시·군계획시설사업이 시행되지 아니한 도시·군계획시설이 장기미집행 도시·군계획시설이라 할 것이다.

청권의 부여, 지정의 해제, 금전적 보상 등 다양한 보상가능성을 통하여 재산권에 대한 가혹한 침해를 적절하게 보상하여야 한다"라고 판시하면서 헌법불합치 결정을 하게 된다. 2001년 도시계획법이 개정되면서 매수청구권 부여, 자동효력 상실 규정, 주기별 도시·군계획시설 재검토, 보상규정 등이 마련되었다.

판례 도시계획법 제6조 위헌소원(헌법재판소 1999. 10. 21. 선고 97헌바26 결정)

도시계획시설의 지정으로 말미암아 당해 토지의 이용가능성이 배제되거나 또는 토지소유자가 토지를 종래 허용된 용도대로도 사용할 수 없기 때문에 이로 말미암아 현저한 재산적 손실이 발생하는 경우에는 원칙적으로 사회적 제약의 범위를 넘는 수용적 효과를 인정하여 국가나 지방자치단체는 이에 대한 보상을 하여야 한다.

2. 실효제 경과규정의 위헌 논쟁

1) 구 도시계획법 제41조와 부칙 제10조

헌법불합치 결정 이후 구 도시계획법이 개정되면서 동법 제41조에서 도시계획시설 결정의 실효를 규정하면서 제1항에서 "도시계획시설결정이 고시된 도시계획시설에 대하여 그 결정 고시일부터 20년이 경과될 때까지 당해 시설의 설치에 관한 도시계획시설사업이 시행되지 아니하는 경우 그 도시계획시설결정은 그 결정·고시일부터 20년이 되는 날의 다음날에 그 효력을 상실한다"라고 하였다.

그러나 구 도시계획법 부칙 제10조는 기존의 도시계획시설에 관한 경과조치를 규정하면서 제3항에서 "이 법 시행당시 종전의 규정에 의하여 도시계획시설결정이 고시된 도시계획시설에 대하여 그 결정의 실효에 관한 결정·고시일의 기산일은 제41조의 규정에 불구하고 2000년 7월 1일로 본다"라고 하여 도시계획시설결정의 실효의 기산일이 그 결정·고시일이 아닌 2000년 7월 1일로 규정하여 새로이 20년을 경과하여야 비로소 도시계획시설결정이 실효되게 하였던 것이다.

2) 위헌론의 제기

입법자는 실효기간의 기산점에 관한 특칙을 규정하였지만 부칙조항으로 인하여 2000년 7월 1일 이전에 고시된 도시계획시설결정은 그때까지 이미 경과한 기간을 고려하지 않고 2000년 7월 1일부터 새로이 20년을 경과하여야 비로소 그 효력을 상실하게 된 것이다.

이에 대하여 미집행기간의 장단에 따라 단계적으로 실효기간을 정하는 방식을 고려할 수 있음에도 모든 도시계획시설에 대하여 일괄적으로 기산일을 정한 것은 토지소유자의 재산권을 과도하게 침해하고 평등 및 비례원칙에 반한다는 비판이 제기되었다.

구 도시계획법 부칙 제10조 제3항이 새로이 20년이 경과되어야 비로소 도시계획이 실효되도록 한 것은 최소침해성원칙을 갖추지 못하였고, 실효기간 기산점을 일률적으로 정한 것은 다른 것을 합리적 이유 없이 동등하게 취급함으로써 평등원칙에 위배된 것이며, 또다시 20년이라는 새로운 기간 동안의 수인을 요구하는 것은 그 재산권 제한의 정도가 심히 중대한 것으로 비례원칙에 위반된다는 것이었다.

3) 부칙규정에 대한 헌법소원

부칙 제10조에 대한 다수의 헌법소원사건에서 부칙규정이 비례원칙과 평등원칙에 반하므로 위헌이라는 헌법재판관의 의견들이 다양하게 표출되었으나 결국 헌법소원의 심판청구요건을 충족하지 못하거나 위헌이나 헌법불합치결정에 이를 정도의 정족수를 충족되지 못하여 헌법소원은 모두 각하[96]되거나 기각[97]되었다. 이러한 결과로 장기미집행 도시·군계획시설의 자동 실효규정은 현행 국토계획법에 유지되었다.

판례 도시계획법 부칙 제10조 제3항 위헌소원
(헌법재판소 2005. 9. 29. 선고 2002헌바84 결정)

실효기간의 기산일에 관한 경과규정인 이 사건 부칙조항들은 입법자가 도시계획시설부지에 관한 재산권의 내용과 한계를 일반·추상적으로 확정하는 규정이자 재산권의 사회적 제약을 구체화하는 규정일 뿐 기존에 적법하게 취득한 재산권에 대한 새로운 제한을 가하는 규정이 아니다.

그런데 구 도시계획법 부칙 제10조 제3항에 대한 헌법소원은 국토계획법 부칙 제16조 제1항 제1호에 대한 헌법소원으로 이어지는데, 이에 대하여 헌법재판소는 동일하게 평등원칙 위반이나 재산권 침해에 해당하지 않는다는 이유로 합헌으로 선언하였다.[98]

---

96) 헌법재판소 2004. 6. 24. 선고 2001헌바104 결정; 헌법재판소 2011. 8. 23. 선고 2011헌마416 결정.
97) 헌법재판소 2005. 9. 29. 선고 2002헌바84 결정.
98) 헌법재판소 2024. 8. 29. 선고 2020헌바602 결정.

판례 **국토계획법 부칙 제16조 제1항 제1호 등 위헌소원**
(헌법재판소 2024. 8. 29. 선고 2020헌바602 결정)

이 사건 부칙조항은 실효제도가 시행되기 전 이미 20년의 기간이 지난 도시계획시설결정이 실효제도 시행과 동시에 한꺼번에 실효되는 것을 방지하여 도시계획시설결정을 기초로 형성된 법적 안정성과 신뢰를 보호하고 도시계획의 건전한 시행을 도모하기 위한 조항이다. (중략) 국토의 계획 및 이용에 관한 법률은 도시계획시설결정으로 인하여 종래의 목적대로 사용할 수 없게 된 대지에 대해서는 매수청구제도를 두고 있고, 도시계획시설결정이 있더라도 도시계획시설 부지를 종래 용도대로 계속 사용할 수 있거나 법적으로 허용된 이용방법이 남아 있는 경우에는 도시계획시설결정으로 인한 이용 제한이 장기간에 이르더라도 이는 수인하여야 하는 사회적 제약의 범주 안에 있는 것이다. 따라서 이 사건 부칙조항은 과잉금지원칙에 위배되어 재산권을 침해한다고 볼 수 없다.

Ⅲ. 권리구제의 방식

1. 개관

장기미집행 도시·군계획시설을 둘러싼 논의의 중심은 결국 권리구제의 실효성을 어떻게 보장할 것인가이다. 국토계획법은 크게 두 가지 방향에서 이 문제에 접근하고 있으며, 첫째는 매수청구권 제도이고, 둘째는 도시·군계획시설결정의 실효제도이다. 후자에는 도시·군계획시설결정의 해제권고 제도와 도시·군계획시설결정의 해제신청 제도가 포함된다.

2. 매수청구권 제도

1) 매수청구권 행사의 주체와 매수의무자

도시·군계획시설에 대한 도시·군관리계획의 결정(도시·군계획시설결정)의 고시일부터 10년 이내에 그 도시·군계획시설의 설치에 관한 도시·군계획시설사업이 시행되지 아니하는 경우(실시계획의 인가나 그에 상당하는 절차가 진행된 경우는 제외한다) 그 도시·군계획시설의 부지로 되어 있는 토지 중 지목(地目)이 대(垈)인 토지(그 토지에 있는 건축물 및 정착물을 포함한다)의 소유자는 대통령령으로 정하는 바에 따라 특별시장·광역시장 · 특별자치시장 · 특별자치도지사 · 시장 또는 군수에게 그 토지의 매수를 청구할 수 있다(법 제47조 제1항).

도시 · 군계획시설의 부지 중 토지의 지목이 대인 경우에 그 토지소유자가 지방자치단체장을 상대로 그 토지에 대한 매수청구권을 행사할 수 있는데, 여기에는 약간의 예외가 있다. 국토계획법에 따라 해당 도시 · 군계획시설사업의 시행자가 정해진 경우에는 그 시행자에게, 국토계획법 또는 다른 법률에 따라 도시 · 군계획시설을 설치하거나 관리하여야 할 의무가 있는 자가 있으면 그 의무가 있는 자에게 토지매수를 청구할 수 있고, 설치의무자와 관리의무자가 다른 경우에는 설치의무자가 매수의무자가 된다(법 제47조 제1항 단서).

2) 매수대금의 지급

매수의무자는 매수청구를 받은 토지를 매수할 때에는 현금으로 그 대금을 지급한다. 다만, 토지소유자가 원하는 경우나 대통령령으로 정하는 부재부동산 소유자의 토지 또는 비업무용 토지로서 매수대금이 3천만원을 초과하여 그 초과하는 금액을 지급하는 경우로서 매수의무자가 지방자치단체인 경우에는 도시 · 군계획시설채권을 발행하여 지급할 수 있다(법 제47조 제2항, 영 제41조 제4항).

도시 · 군계획시설채권의 상환기간은 10년 이내로 하며, 그 이율은 채권 발행 당시 「은행법」에 따른 인가를 받은 은행 중 전국을 영업으로 하는 은행이 적용하는 1년 만기 정기예금금리의 평균 이상이어야 하며, 구체적인 상환기간과 이율은 특별시 · 광역시 · 특별자치시 · 특별자치도 · 시 또는 군의 조례로 정한다(법 제47조 제3항).

3) 매수의 절차

매수의무자는 매수청구를 받은 날부터 6개월 이내에 매수 여부를 결정하여 토지소유자와 특별시장 · 광역시장 · 특별자치시장 · 특별자치도지사 · 시장 또는 군수(매수의무자가 특별시장 · 광역시장 · 특별자치시장 · 특별자치도지사 · 시장 또는 군수인 경우는 제외한다)에게 알려야 하며, 매수하기로 결정한 토지는 매수 결정을 알린 날부터 2년 이내에 매수하여야 한다(법 제47조 제6항).

매수청구를 한 토지소유자는 매수하지 않기로 결정한 경우나 매수 결정을 알린 날부터 2년이 지날 때까지 해당 토지를 매수하지 않은 경우 개발행위허가를 받아 대통령령으로 정하는 건축물 또는 공작물을 설치할 수 있다. 이 경우 제54조(지구단위계획구역에서의 건축 등), 제58조(개발행위허가의 기준)와 제64조(도시·군계획시설 부지에서의 개발행위)는 적용하지 아니한다(법 제47조 제7항).

3. 도시·군계획시설결정의 실효제도

1) 도시·군계획시설결정의 자동실효

국토계획법은 장기미집행 도시·군계획시설에 대한 일몰제도를 도입하여 실효기간을 20년으로 제한하였다. 도시·군계획시설결정이 효력을 잃는 시기는 고시일로부터 20년이 되는 날의 다음날로 현행법상 2020년 7월 2일에는 도시·군계획시설결정이 자동으로 해제되는 것으로 하였다.

도시·군계획시설결정이 고시된 도시·군계획시설에 대하여 그 고시일부터 20년이 지날 때까지 그 시설의 설치에 관한 도시·군계획시설사업이 시행되지 아니하는 경우 그 도시·군계획시설결정은 그 고시일부터 20년이 되는 날의 다음날에 그 효력을 잃는다(법 제48조 제1항). 시·도지사 또는 대도시 시장은 도시·군계획시설결정이 효력을 잃으면 지체 없이 그 사실을 고시하여야 한다(법 제48조 제2항).

2) 도시·군계획시설결정의 해제권고 제도

특별시장·광역시장·특별자치시장·특별자치도지사·시장 또는 군수는 도시·군계획시설결정이 고시된 도시·군계획시설(국토교통부장관이 결정·고시한 도시·군계획시설 중 관계 중앙행정기관의 장이 직접 설치하기로 한 시설은 제외한다)을 설치할 필요성이 없어진 경우 또는 그 고시일부터 10년이 지날 때까지 해당 시설의 설치에 관한 도시·군계획시설사업이 시행되지 아니하는 경우에는 그 현황과 단계별 집행계획을 해당 지방의회에 보고하여야 한다(법 제48조 제3항). 보고를 받은 지방의회는 해당 특별시장·광역시장·특별자치시장·특별자치도지사·시장 또는 군수에게 도시·군계획시설결정의 해제를 권고할 수 있다(법 제48조 제4항). 도시·군계획시설결정의 해제를 권고받은 특별시장·광역시장·특별자치시장·특별자치도지사·시장 또는 군수는 특별한 사유가 없으면 그 도시·군계획시설결정의 해제를 위한 도시·군관리계획을 결정하거나 도지사에게 그 결정을 신청하여야 한다. 이 경우 신청을 받은 도지사는 특별한 사유가 없으면 그 도시·군계획시설결정의 해제를 위한 도시·군관리계획을 결정하여야 한다(법 제48조 제5항).

3) 도시·군계획시설결정의 해제신청 제도

도시·군계획시설결정의 고시일부터 10년 이내에 그 도시·군계획시설의 설치에 관한 도시·군계획시설사업이 시행되지 아니한 경우로서 단계별 집행계획상 해당 도시·군계획시설의 실효 시까지 집행계획이 없는 경우에는 그 도시·군계획시설 부지로 되어 있는 토지의 소유자는 해당 도시·군계획시설에 대한 도시·군관리계획 입안권자에게 그 토지의 도시·군계획시설결정 해제를 위한 도시·군관리계획 입안을 신청할 수 있다(법 제48조의2 제1항). 도시·군관리계획 입안권자는 신청을 받은 날부터 3개월 이내에 입안 여부를 결정하여 토지소유자에게 알려야 하며, 해당 도시·군계획시설결정의 실효 시까지 설치하기로 집행계획을 수립하거나 변경하는 등의 특별한 사유가 없으면 그 도시·군계획시설결정의 해제를 위한 도시·군관리계획을 입안하여야 한다(법 제48조의2 제2항, 영 제42조의2 제2항).

신청을 한 토지소유자는 해당 도시·군계획시설결정의 해제를 위한 도시·군관리계획이 입안되지 아니하는 등 대통령령으로 정하는 사항에 해당하는 경우에는 해당 도시·군계획시설에 대한 도시·군관리계획 결정권자에게 그 도시·군계획시설결정의 해제를 신청할 수 있다(법 제48조의2 제3항). 도시·군관리계획 결정권자는 신청을 받은 날부터 2개월 이내에 결정 여부를 정하여 토지소유자에게 알려야 하며, 특별한 사유가 없으면 그 도시·군계획시설결정을 해제하여야 한다(법 제48조의2 제4항).

해제신청을 한 토지소유자는 해당 도시·군계획시설결정이 해제되지 아니하는 등 대통령령으로 정하는 사항에 해당하는 경우에는 국토교통부장관에게 그 도시·군계획시설결정의 해제심사를 신청할 수 있다(법 제48조의2 제5항). 신청을 받은 국토교통부장관은 중앙도시계획위원회의 심의를 거쳐 해당 도시·군계획시설에 대한 도시·군관리계획 결정권자에게 도시·군계획시설결정의 해제를 권고할 수 있다(법 제48조의2 제6항, 영 제42조의2 제6항). 해제를 권고받은 도시·군관리계획 결정권자는 특별한 사유가 없으면 그 도시·군계획시설결정을 해제하여야 한다(법 제48조의2 제7항).

제 5 절 | 개발행위허가

제1항 개발행위허가의 의의

Ⅰ. 개발행위허가제도의 취지와 관념

1. 제도의 취지

개발행위허가제도는 개발과 보전이 조화되게 유도하여 국토관리의 지속가능성을 제고시키고, 토지에 대한 정당한 재산권 행사를 보장하여 토지의 경제적 이용과 환경적 보전의 조화를 도모하며, 계획의 적정성, 기반시설의 확보 여부, 주변경관 및 환경과의 조화 등을 고려하여 허가여부를 결정함으로써 난개발을 방지하고 국토의 계획적 관리를 도모하는 제도라고 할 수 있다.

각 용도지역별로 구분된 토지의 구체적 특성 등에 따라 개발행위허가 등의 규제를 하는 것은 국토의 난개발을 방지하고 토지이용의 합리화를 꾀하고자 하는 국토계획법의 입법목적과 취지에 부합하는 것이라 할 수 있다.

2. 기본관념

개발행위허가제도는 모든 토지의 개발에 대해서 사전에 개별적인 허가를 받아야 하는 계획허가제의 일종으로 민간인이 개발에 대한 구체적인 계획을 작성하여 제출하면 행정청이 검토하여 허가하는 방식으로 동일한 토지에 대하여 다양한 개발계획이 존재할 수 있다. 따라서 이 제도는 민간의 창의력을 이용할 수 있고, 개별 토지단위의 이용이 가능하다는 장점이 있다.

그러나 사전에 기준을 제시함이 없이 전적으로 관할 관청이 재량권을 갖는 순수한 영국식의 계획허가제는 성문법 체계인 우리나라 법과 조화되기 힘든 면이 있다.

3. 연혁

개발행위를 허가하는 제도는 '토지등의 보전'이라는 표제 하에 1962년의 도시계획법에 최초로 도입되었다. 구 도시계획법 제13조는 ① 토지의 형질을 변경하는 행위,

② 공작물을 신축, 개축, 증축 또는 제거하거나 물건을 부가 또는 증치하는 행위, ③ 죽목 또는 토석을 채취하는 행위를 하고자 하는 자는 관할 시장 또는 군수의 허가를 받아야 한다고 규정하고 있었다.

구 도시계획법에서는 도시계획구역 내에서 토지의 형질변경에 대한 일반적인 행위제한이 있었으나, 허가대상이 포괄적이고 허가기준이 모호하여 자주 민원이 발생하였고, 이에 2000년 도시계획법을 전면 개정할 때 '토지형질변경'에 대한 행위허가 제도를 '개발행위허가'제도로 전환함으로써 허가대상을 명확히 하고 허가기준을 구체적으로 규정하였다.

이러한 개발행위허가제도는 2002년 제정된 국토계획법에 계승되어 종전에는 도시지역에서만 적용되던 것을 비도시지역에까지 확대·적용함으로써 전 국토에 개발행위허가제를 정착시켜 국토의 난개발을 방지토록 하였다.

II. 개발행위의 의의 및 종류

1. 개관

국토계획법 제56조는 개발행위로 ① 건축물의 건축 또는 공작물의 설치, ② 토지의 형질변경(경작을 위한 경우로서 대통령령으로 정하는 토지의 형질변경은 제외한다), ③ 토석의 채취, ④ 토지분할(건축물이 있는 대지의 분할은 제외한다), ⑤ 녹지지역·관리지역 또는 자연환경보전지역에 물건을 1개월 이상 쌓아놓는 행위 등을 열거하고 있다. 즉, 토지를 이용하여 건물을 짓거나 토지의 형질을 변경하거나, 토석을 채취하거나, 토지를 분할하는 행위 또는 토지 위에 물건을 쌓아놓는 행위를 개발행위로 보고, 이러한 개발행위를 하기 위해서는 행정청의 허가를 받도록 하고 있다. 만일 허가를 받지 않고 개발행위를 하면 형사처벌대상이 된다.

토지는 다른 재화와 달리 그 천부성·공급고정성·비이동성·영속성 등 토지의 속성으로 말미암아 공급이 제한되어 있기 때문에 국가는 토지이용에 관하여 엄격한 규제를 하고 있다. 토지를 이용하여 건축물을 짓거나 기타 개발행위를 하려고 하는 경우에는 허가를 받아야 되는 것도 이러한 근거에 기인한다. 따라서 개발행위를 하려는 사람은 당해 토지에서 개발행위를 할 수 있는지 여부에 대한 행정청의 심사를 받아야 하는데, 현행법은 토지의 개발행위에 대하여 신고제가 아닌 허가제를 운용하고 있다.

[표 8]의 최근 7년간의 개발행위허가 현황에서도 보듯이 매년 약 30만건 전후로 개발행위허가가 이루어지고 있는 현실에 비추어 보아도 토지의 개발행위에 대하여 신고제로 운용하게 되면 국토의 난개발은 자명하다고 할 것이다.

표 8 최근 7년간 개발행위허가 현황[99] (단위: 건, ㎢)

유형	구분	2017	2018	2019	2020	2021	2022	2023
합계	건수	305,201	305,214	261,203	249,327	275,211	243,605	205,464
	면적	2,185.6	2,256.1	2,103.2	1,823.5	2,230.2	2,010.2	1,722.3
토지형질 변경	건수	74,251	81,392	68,389	60,288	67,431	64,710	62,381
	면적	128.0	174.3	164.6	120.5	137.0	122.3	139.1
토석채취	건수	493	343	322	270	259	491	183
	면적	15.0	3.3	6.8	5.1	6.6	3.1	2.6
토지분할	건수	34,631	27,732	24,536	24,009	30,359	27,190	20,931
	면적	319.1	361.0	249.8	194.9	317.1	353.5	255.4
물건 적치	건수	988	481	858	584	544	506	567
	면적	2.2	1.4	2.6	3.2	2.2	1.6	1.4
공작물의 설치	건수	4,978	8,583	9,646	10,665	11,653	13,093	19,140
	면적	16.4	28.6	24.4	34.0	28.1	36.4	24.3
건축물의 건축	건수	189,860	186,683	157,452	153,511	164,965	137,615	102,262
	면적	1,704.9	1,687.6	1,655.1	1,465.8	1,739.3	1,493.3	1,299.3

2. 개발행위의 종류

1) 건축물의 건축 또는 공작물의 설치

건축법 제2조 제1항 제2호에 따른 건축물의 건축과 인공을 가하여 제작한 시설물(「건축법」 제2조 제1항 제2호에 따른 건축물을 제외한다)의 설치가 여기에 해당한다(법 제56조 제1항 제1호 및 제2호, 영 제51조 제1항 제1호 및 제2호).

99) 국토교통부의 각 연도별 도시계획현황 통계 발표를 취합하여 재구성한 것이다.

2) 토지의 형질변경

토지의 형질변경이란 절토(땅깎기)·성토(흙쌓기)·정지(땅고르기)·포장 등의 방법으로 토지의 형상을 변경하는 행위와 공유수면의 매립(경작을 위한 토지의 형질변경을 제외한다)을 말한다. 다만, 경작을 위한 경우로서 대통령령으로 정하는 토지의 형질변경은 제외한다(법 제56조 제1항 제2호, 영 제51조 제1항 제3호).

여기서 유의하여야 할 것은 토지의 형질변경은 토지의 형질을 외형상으로 사실상 변경시킬 것과 그 변경으로 인하여 원상회복이 어려운 상태에 있을 것을 요하지만, 형질변경허가에 관한 준공검사를 받거나 토지의 지목까지 변경시킬 필요는 없다는 점이다.[100)]

3) 토석의 채취

토석채취란 흙·모래·자갈·바위 등의 토석을 채취하는 행위를 말하고, 토지의 형질변경을 목적으로 하는 것을 제외한다(법 제56조 제1항 제3호, 영 제51조 제1항 제4호).

4) 토지분할

토지분할이란 첫째, 녹지지역·관리지역·농림지역 및 자연환경보전지역 안에서 관계법령에 따른 허가·인가 등을 받지 아니하고 행하는 토지의 분할, 둘째, 「건축법」 제57조 제1항에 따른 분할제한면적 미만으로의 토지의 분할, 셋째, 관계 법령에 의한 허가·인가 등을 받지 아니하고 행하는 너비 5m 이하로의 토지의 분할을 말하고, 「건축법」 제57조에 따른 건축물이 있는 대지는 제외한다(법 제56조 제1항 제4호, 영 제51조 제1항 제5호).

5) 물건을 1개월 이상 쌓아놓는 행위

물건을 쌓아놓는 행위란 녹지지역·관리지역 또는 자연환경보전지역안에서 건축물의 울타리안(적법한 절차에 의하여 조성된 대지에 한한다)에 위치하지 아니한 토지에 물건을 1월 이상 쌓아놓는 행위를 말한다(법 제56조 제1항 제5호, 영 제51조 제1항 제6호).

100) 대법원 2013. 6. 13. 선고 2012두300 판결.

Ⅲ. 개발행위허가대상의 면제

1. 공익증진 목적의 개발행위

도시 · 군계획사업(다른 법률에 따라 도시 · 군계획사업을 의제한 사업을 포함한다)에 의한 행위는 허가를 받지 않아도 된다(법 제56조 제1항 단서). 여기에는 도시 · 군계획시설사업, 도시개발사업, 도시정비사업이 해당된다.

재해복구나 재난수습을 위한 응급조치는 개발행위허가를 받지 않고 대신 1개월 이내에 특별시장 · 광역시장 · 특별자치시장 · 특별자치도지사 · 시장 또는 군수에게 신고하여야 한다(법 제56조 제4항 제1호).

2. 경미한 개발행위

인근 지역에 미치는 영향이 적어 난개발을 야기하지 않는 경우 등 경미한 개발행위는 개발행위허가의 대상이 아니다. 건축법에 따라 신고하고 설치할 수 있는 건축물의 개축 · 증축 또는 재축과 이에 필요한 범위에서의 토지의 형질변경(도시 · 군계획시설사업이 시행되지 아니하고 있는 도시 · 군계획시설의 부지인 경우만 가능하다)도 개발행위허가의 대상에서 제외된다(법 제56조 제4항 제2호).

① 「건축법」 제11조 제1항에 따른 건축허가 또는 같은 법 제14조 제1항에 따른 건축신고 및 같은 법 제20조 제1항에 따른 가설건축물 건축의 허가 또는 같은 조 제3항에 따른 가설건축물의 축조신고 대상에 해당하지 아니하는 건축물의 건축, ② 녹지지역 · 관리지역 또는 농림지역안에서의 농림어업용 비닐하우스(「양식산업발전법」 제43조 제1항 각 호에 따른 양식업을 하기 위하여 비닐하우스 안에 설치하는 양식장은 제외한다)의 설치, ③ 조성이 완료된 기존 대지에 건축물이나 그 밖의 공작물을 설치하기 위한 토지의 형질변경(절토 및 성토는 제외한다), 국가 또는 지방자치단체가 공익상의 필요에 의하여 직접 시행하는 사업을 위한 토지의 형질변경, ④ 도시지역 또는 지구단위계획구역에서 채취면적이 25㎡ 이하인 토지에서의 부피 50㎥ 이하의 토석채취, ⑤ 「사도법」에 의한 사도개설허가를 받은 토지의 분할, 토지의 일부를 국유지 또는 공유지로 하거나 공공시설로 사용하기 위한 토지의 분할, 행정재산 중 용도폐지되는 부분의 분할 또는 일반재산을 매각 · 교환 또는 양여하기 위한 분할, 토지의 일부가 도시 · 군계획시설로 지형도면고시가 된 당해 토지의 분할, ⑥ 녹지지역 또는 지구단위계획구역에서 물건을 쌓

아놓는 면적이 25㎡ 이하인 토지에 전체무게 50t 이하, 전체부피 50㎥ 이하로 물건을 쌓아놓는 행위 등 경미한 행위도 개발행위허가대상에서 제외된다. 다만, 특별시·광역시·특별자치시·특별자치도·시 또는 군의 도시·군계획조례로 따로 정하는 경우에는 그에 따른다(영 제53조).

여기서 국토계획법 시행령 제53조 제3호 다목에 따라 조성이 완료된 기존 대지에 건축물이나 그 밖의 공작물을 설치하기 위한 토지의 형질변경은 절토 및 성토는 제외하고 경미한 행위로 개발행위허가대상에서 제외된다. 개발행위허가가 면제되는 토지형질변경이란 토지의 형질을 외형상으로 사실상 변경시킴이 없이 건축 부분에 대한 허가만을 받아 그 설치를 위한 토지의 굴착만으로 건설이 가능한 경우를 가리키고, 그 외형을 유지하면서는 원하는 건축물을 건축할 수 없고 그 밖에 건축을 위하여 별도의 절토, 성토, 정지작업 등이 필요한 경우는 포함되지 않는다.[101] 그리하여 조성이 완료된 기존 대지에 건축물을 설치하기 위한 경우라 하더라도 절토나 성토를 한 결과 최종적으로 지반의 높이가 50cm를 초과하여 변경되는 경우에는 비탈면 또는 절개면이 발생하는 등 그 토지의 외형이 실질적으로 변경되므로 토지형질변경에 대한 별도의 개발행위허가를 받아야 하고, 그 절토 및 성토가 단순히 건축물을 설치하기 위한 토지의 형질변경이라는 이유만으로 국토계획법 시행령에 따라 개발행위허가를 받지 않아도 되는 경미한 행위라고 볼 수 없다.[102]

Ⅳ. 개발행위허가의 개념과 법적 성격

1. 개발행위허가의 개념

국토계획법 제56조에 규정된 개발행위허가란 건축물의 건축 또는 공작물의 설치, 토지의 형질변경, 토석의 채취, 토지 분할, 녹지지역·관리지역 또는 자연환경보전지역에 물건을 1개월 이상 쌓아놓는 행위를 하려는 경우 해당 지방자치단체장에게 허가를 받아야 하는 것을 말한다.

---

101) 대법원 1998. 12. 8. 선고 98두14112 판결; 1999. 5. 25. 선고 98다53134 판결.

102) 대법원 2023. 9. 21. 선고 2022두31143 판결.

2. 개발행위허가의 성격

1) 재량행위 여부

국토계획법 제56조의 개발행위허가의 법적 성격에 대하여 학설은 기속행위설을 지지하나, 판례는 개발행위허가가 재량행위임을 일관되게 판시하고 있다.

기속행위설은 개발행위 자체가 절대적으로 금지되는 것이 아닌데다 허가요건에 맞는 경우에는 허가를 발급한다는 취지로 해석되므로 예방적 허가의 성격상 기속행위라고 한다. 이에 반하여, 재량행위설은 개발행위허가는 허가기준 및 금지요건이 불확정개념으로 규정된 부분이 많아 그 요건에 해당하는지 여부는 행정청의 재량판단의 영역에 속한다는 것을 논거로 한다.[103] 그러므로 국토계획법 제56조의 토지의 형질변경허가는 그 금지요건이 불확정개념으로 규정되어 있어 그 금지요건에 해당하는지 여부를 판단함에 있어서 행정청에게 재량권이 부여되어 있다고 할 것이므로 국토계획법에 의하여 지정된 도시지역 안에서 토지의 형질변경행위를 수반하는 건축허가는 결국 재량행위에 속한다는 입장이다.[104] 동일한 취지에서 농지법에 따른 농지의 전용행위를 수반하는 건축허가 역시 재량행위에 해당한다.[105]

판례 **건축허가신청반려처분취소(대법원 2017. 3. 15. 선고 2016두55490 판결)**

국토계획법이 정한 용도지역 안에서의 건축허가는 건축법 제11조 제1항에 의한 건축허가와 국토계획법 제56조 제1항의 개발행위허가의 성질을 아울러 갖는데, 개발행위허가는 허가기준 및 금지요건이 불확정개념으로 규정된 부분이 많아 그 요건에 해당하는지 여부는 행정청의 재량판단의 영역에 속한다.

103) 대법원 2017. 3. 15. 선고 2016두55490 판결; 대법원 2017. 6. 19. 선고 2016두30866 판결; 대법원 2018. 12. 27. 선고 2018두49796 판결; 대법원 2020. 8. 27. 선고 2019두60776 판결; 대법원 2021. 3. 25. 선고 2020두51280 판결; 대법원 2021. 6. 24. 선고 2021두33883 판결; 대법원 2023. 2. 2. 선고 2020두43722 판결 등.

104) 대법원 2005. 7. 14. 선고 2004두6181 판결; 대법원 2010. 2. 25. 선고 2009두19960 판결; 대법원 2012. 12. 13. 선고 2011두29205 판결; 대법원 2013. 10. 31. 선고 2013두9625 판결 등.

105) 대법원 2016. 10. 27. 선고 2015두41579 판결.

판례 건축허가신청불허가처분취소(대법원 2017. 10. 12. 선고 2017두48956 판결)

국토의 계획 및 이용에 관한 법률 제56조에 따른 개발행위허가와 농지법 제34조에 따른 농지전용허가·협의는 금지요건·허가기준 등이 불확정개념으로 규정된 부분이 많아 그 요건·기준에 부합하는지의 판단에 관하여 행정청에 재량권이 부여되어 있으므로, 그 요건에 해당하는지 여부는 행정청의 재량판단의 영역에 속한다. 나아가 국토계획법이 정한 용도지역 안에서 토지의 형질변경행위·농지전용행위를 수반하는 건축허가는 건축법 제11조 제1항에 의한 건축허가와 위와 같은 개발행위허가 및 농지전용허가의 성질을 아울러 갖게 되므로 이 역시 재량행위에 해당하고, 그에 대한 사법심사는 행정청의 공익판단에 관한 재량의 여지를 감안하여 원칙적으로 재량권의 일탈이나 남용이 있는지 여부만을 대상으로 하는데, 판단 기준은 사실오인과 비례·평등의 원칙 위반 여부 등이 된다. 이러한 재량권 일탈·남용에 관하여는 행정행위의 효력을 다투는 사람이 주장·증명책임을 부담한다.

따라서 도시계획법에 의한 토지형질변경허가에서 허가 신청된 당해 토지의 합리적인 이용이나 도시계획사업에 지장이 될 우려가 있는지 여부 등의 판단에 관하여는 일단 행정청에게 재량권이 부여되어 있다.[106] 개발행위허가권자는 신청인이 토지분할 허가 신청을 하면서 공유물분할 판결 등의 확정판결을 제출하더라도 국토계획법에서 정한 개발행위허가 기준 등을 고려하여 거부처분을 할 수 있으며, 이러한 처분이 공유물분할 판결의 효력에 반하는 것은 아니다.[107]

2) 대물적 허가

국토계획법에 의한 개발행위허가는 대물적 허가의 성질을 가지고 있다. 개발행위허가를 받은 자가 사망한 경우 특별한 사정이 없는 한 상속인이 개발행위허가를 받은 자의 지위를 승계하고, 이러한 지위를 승계한 상속인은 국토계획법 제133조 제1항 제5의2호에서 정한 개발행위허가기간의 만료에 따른 원상회복명령의 수범자가 된다.[108]

---

106) 대법원 2001. 9. 28. 선고 2000두8684 판결.
107) 대법원 2013. 7. 11. 선고 2013두1621 판결.
108) 대법원 2014. 7. 24. 선고 2013도10605 판결.

3. 개발제한구역 안에서의 개발행위허가의 성격

개발제한구역 안에서의 개발행위허가는 원칙적으로 금지된 개발행위에 대하여 일정한 요건 하에 이를 해제하는 억제적 금지의 성격을 지닌 예외적 승인으로서 재량행위라는 데에 학설과 판례가 일치한다.[109]

개발제한구역 안에서는 구역지정의 목적상 건축물의 건축 등의 개발행위는 원칙적으로 금지되고, 다만 구체적인 경우에 이와 같은 구역지정의 목적에 위배되지 아니할 경우 예외적으로 허가에 의하여 그러한 행위를 할 수 있게 되어 있음이 그 규정의 체제와 문언상 분명하고, 이러한 예외적인 건축허가는 그 상대방에게 수익적인 것에 틀림이 없으므로 그 법률적 성질은 재량행위 내지 자유재량행위에 속하는 것이다.[110] 판례는 구 도시계획법상의 개발제한구역 내의 건축물의 용도변경허가의 법적 성질도 예외적 승인과 재량행위 내지 자유재량행위로 보고 있다.[111]

제2항 개발행위허가의 절차

Ⅰ. 개발행위자의 신청서 제출

건축물의 건축 또는 공작물의 설치 등 개발행위를 하려는 자는 특별시장·광역시장·특별자치시장·특별자치도지사·시장 또는 군수의 허가를 받아야 한다(법 제56조 제1항).

개발행위를 하려는 자는 그 개발행위에 따른 기반시설의 설치나 그에 필요한 용지의 확보, 위해방지, 환경오염 방지, 경관, 조경 등에 관한 계획서를 첨부한 신청서를 개발행위허가권자에게 제출하여야 한다. 이 경우 개발밀도관리구역 안에서는 기반시설의 설치나 그에 필요한 용지의 확보에 관한 계획서를 제출하지 아니한다. 다만, 개발행위 중 「건축법」의 적용을 받는 건축물의 건축 또는 공작물의 설치를 하려는 자는 「건축법」에서 정하는 절차에 따라 신청서류를 제출하여야 한다(법 제57조 제1항).

---

109) 대법원 2004. 7. 22. 선고 2003두7606 판결.
110) 대법원 2003. 3. 28. 선고 2002두11905 판결.
111) 대법원 2001. 2. 9. 선고 98두17593 판결.

Ⅱ. 개발행위허가 기준의 검토

특별시장 · 광역시장 · 특별자치시장 · 특별자치도지사 · 시장 또는 군수는 개발행위허가의 신청내용이 다음 각 호의 기준에 맞는 경우에만 개발행위허가 또는 변경허가를 하여야 한다(법 제58조 제1항).

1. 용도지역별 특성을 고려하여 대통령령으로 정하는 개발행위의 규모에 적합할 것. 다만, 개발행위가 「농어촌정비법」 제2조 제4호에 따른 농어촌정비사업으로 이루어지는 경우 등 대통령령으로 정하는 경우에는 개발행위 규모의 제한을 받지 아니한다.
2. 도시 · 군관리계획 및 성장관리계획의 내용에 어긋나지 아니할 것
3. 도시 · 군계획사업의 시행에 지장이 없을 것
4. 주변지역의 토지이용실태 또는 토지이용계획, 건축물의 높이, 토지의 경사도, 수목의 상태, 물의 배수, 하천 · 호소 · 습지의 배수 등 주변환경이나 경관과 조화를 이룰 것
5. 해당 개발행위에 따른 기반시설의 설치나 그에 필요한 용지의 확보계획이 적절할 것

국토계획법 제56조 제1항에 의한 개발행위허가는 허가기준 및 금지요건이 불확정개념으로 규정된 부분이 많아 그 요건에 해당하는지 여부는 행정청의 재량판단의 영역에 속한다. 특히 '환경오염 발생 우려'와 같이 장래에 발생할 불확실한 상황과 파급효과에 대한 예측이 필요한 요건에 관한 행정청의 재량적 판단은 그 내용이 현저히 합리성을 결여하였다거나 상반되는 이익이나 가치를 대비해 볼 때 형평이나 비례의 원칙에 뚜렷하게 배치되는 등의 사정이 없는 한 폭넓게 존중될 필요가 있다.[112)]

개발행위허가에 관하여 지방자치단체장이 가지는 이러한 광범위한 재량은 지방자치단체가 개발행위허가에 관한 세부기준을 조례로 정함에 있어서도 마찬가지로 인정된다고 보아야 한다. 특히 오늘날과 같이 국민의 환경권과 쾌적한 환경의 중요성이 강조되는 사회에서는 환경상 이익을 고려해야 하는 분야에서 조례의 형성의 여지가 보다 넓게 인정되어야 한다.[113)]

---

112) 대법원 2017. 3. 15. 선고 2016두55490 판결; 대법원 2021. 6. 30. 선고 2021두35681 판결; 대법원 2021. 7. 29. 선고 2021두33593 판결 등.

113) 대법원 2019. 10. 17. 선고 2018두40744 판결.

개발행위허가를 할 수 있는 경우 그 허가의 기준은 지역의 특성, 지역의 개발상황, 기반시설의 현황 등을 고려하여 다음 각 호의 구분에 따라 대통령령으로 정한다(법 제58조 제3항).

1. 시가화 용도: 토지의 이용 및 건축물의 용도 · 건폐율 · 용적률 · 높이 등에 대한 용도지역의 제한에 따라 개발행위허가의 기준을 적용하는 주거지역 · 상업지역 및 공업지역
2. 유보 용도: 제59조에 따른 도시계획위원회의 심의를 통하여 개발행위허가의 기준을 강화 또는 완화하여 적용할 수 있는 계획관리지역 · 생산관리지역 및 녹지지역 중 대통령령으로 정하는 지역
3. 보전 용도: 제59조에 따른 도시계획위원회의 심의를 통하여 개발행위허가의 기준을 강화하여 적용할 수 있는 보전관리지역 · 농림지역 · 자연환경보전지역 및 녹지지역 중 대통령령으로 정하는 지역

국토계획법 제58조 제3항의 위임에 따라 시행령 제56조 제1항 [별표 1의2]에서 개발행위허가의 기준을 규정하고 있고, 국토교통부장관은 이러한 개발행위허가기준에 대한 세부적인 검토기준을 정할 수 있다(영 제56조 제4항).

이와 관련하여 국토계획법 시행령 제56조 제1항 [별표 1의2] '개발행위허가기준'은 국토계획법 제58조 제3항의 위임에 따라 제정된 대외적으로 구속력 있는 법규명령에 해당한다. 그러나 국토계획법 시행령 제56조 제4항은 국토교통부장관이 제56조 제1항 [별표 1의2]에서 정한 개발행위허가기준에 대한 '세부적인 검토기준'을 정할 수 있다고 규정하였을 뿐이므로 그에 따라 국토교통부장관이 정한 개발행위허가 운영지침은 세부적인 검토기준일 뿐 그 자체가 대외적으로 구속력 있는 규범이라고 볼 수는 없고, 상급행정기관인 국토교통부장관이 소속 공무원이나 하급행정기관에 대하여 개발행위허가 업무와 관련하여 국토계획법령에 규정된 개발행위허가기준의 해석 · 적용에 관한 세부 기준을 정해 주는 행정규칙이라고 보아야 한다.[114] 따라서 행정처분이 위 지침에 따라 이루어졌더라도 해당 처분이 적법한지는 국토계획법령에서 정한 개발행위허가기준과 비례 · 평등원칙과 같은 법의 일반원칙에 적합한지 여부에 따라 판단하여야 한다.[115]

114) 대법원 2020. 8. 27. 선고 2019두60776 판결.

115) 대법원 2023. 2. 2. 선고 2020두43722 판결.

Ⅲ. 도시계획위원회의 심의

상대적으로 대규모 개발행위의 경우에는 중앙 및 지방도시계획위원회의 심의를 거쳐야 한다. 관계 행정기관의 장은 건축물의 건축 또는 공작물의 설치, 토지의 형질변경, 토석채취 중 어느 하나에 해당하는 행위로서 대통령령으로 정하는 행위를 국토계획법에 따라 허가 또는 변경허가를 하거나 다른 법률에 따라 인가·허가·승인 또는 협의를 하려면 중앙도시계획위원회나 지방도시계획위원회의 심의를 거쳐야 한다(법 제59조 제1항).

국토계획법 제59조 제1항이 일정한 개발행위허가에 대하여 사전에 도시계획위원회의 심의를 거치도록 하고 있는 것은 행정기관의 장으로 하여금 개발행위허가를 신중하게 결정하도록 함으로써 난개발을 방지하고자 하는 데에 주된 취지가 있다고 할 것이다.

그렇지만 개발행위허가의 재량행위적 성격과 도시계획위원회의 심의절차는 상대적으로 규모가 큰 개발행위에서 필수적으로 거쳐야 하는 절차이지만 단순한 취소사유에 불과하다고 볼 것이다. 이런 의미에서 개발행위허가에 관한 사무를 처리하는 행정기관의 장이 개발행위허가의 신청내용이 허가기준에 맞지 않는다고 판단하여 개발행위허가 신청을 불허가하였다면 이에 앞서 도시계획위원회의 심의를 거치지 않았다고 하여 이러한 사정만으로 곧바로 그 불허가처분에 취소사유에 이를 정도의 절차상 하자가 있다고 보기는 어렵다.[116]

그러나 다음 각 호의 어느 하나에 해당하는 개발행위는 중앙도시계획위원회와 지방도시계획위원회의 심의를 거치지 아니한다(법 제59조 제2항).

1. 제8조, 제9조 또는 다른 법률에 따라 도시계획위원회의 심의를 받는 구역에서 하는 개발행위
2. 지구단위계획 또는 성장관리계획을 수립한 지역에서 하는 개발행위
3. 주거지역·상업지역·공업지역에서 시행하는 개발행위 중 특별시·광역시·특별자치시·특별자치도·시 또는 군의 조례로 정하는 규모·위치 등에 해당하지 아니하는 개발행위
4. 「환경영향평가법」에 따라 환경영향평가를 받은 개발행위
5. 「도시교통정비법」에 따라 교통영향평가에 대한 검토를 받은 개발행위
6. 「농어촌정비법」 제2조 제4호에 따른 농어촌정비사업 중 대통령령으로 정하는 사업을 위한 개발행위
7. 「산림자원법」에 따른 산림사업 및 「사방사업법」에 따른 사방사업을 위한 개발행위

116) 대법원 2015. 10. 29. 선고 2012두28728 판결.

Ⅳ. 의견청취

특별시장 · 광역시장 · 특별자치시장 · 특별자치도지사 · 시장 또는 군수는 개발행위허가 또는 변경허가를 하려면 그 개발행위가 도시 · 군계획사업의 시행에 지장을 주는지에 관하여 해당 지역에서 시행되는 도시 · 군계획사업의 시행자의 의견을 들어야 한다(법 제58조 제2항).

Ⅴ. 인허가의제 사항 검토

개발행위허가권자는 국토계획법 제61조에 따라 관련 인허가 의제 사항도 검토하여야 한다.

개발행위허가 또는 변경허가를 할 때에 특별시장 · 광역시장 · 특별자치시장 · 특별자치도지사 · 시장 또는 군수가 그 개발행위에 대한 다음 각 호의 인가 · 허가 · 승인 · 면허 · 협의 · 해제 · 신고 또는 심사 등(인 · 허가등)에 관하여 제3항에 따라 미리 관계 행정기관의 장과 협의한 사항에 대하여는 그 인 · 허가등을 받은 것으로 본다(법 제61조 제1항).

1. 「공유수면법」 제8조에 따른 공유수면의 점용 · 사용허가, 같은 법 제17조에 따른 점용 · 사용 실시계획의 승인 또는 신고, 같은 법 제28조에 따른 공유수면의 매립면허 및 같은 법 제38조에 따른 공유수면매립실시계획의 승인
2. 삭제 <2010. 4. 15.>
3. 「광업법」 제42조에 따른 채굴계획의 인가
4. 「농어촌정비법」 제23조에 따른 농업생산기반시설의 사용허가
5. 「농지법」 제34조에 따른 농지전용의 허가 또는 협의, 같은 법 제35조에 따른 농지전용의 신고 및 같은 법 제36조에 따른 농지의 타용도 일시사용의 허가 또는 협의
6. 「도로법」 제36조에 따른 도로관리청이 아닌 자에 대한 도로공사 시행의 허가, 같은 법 제52조에 따른 도로와 다른 시설의 연결허가 및 같은 법 제61조에 따른 도로의 점용 허가
7. 「장사법」 제27조 제1항에 따른 무연분묘(無緣墳墓)의 개장(改葬) 허가
8. 「사도법」 제4조에 따른 사도(私道) 개설(開設)의 허가
9. 「사방사업법」 제14조에 따른 토지의 형질변경 등의 허가 및 같은 법 제20조에

따른 사방지 지정의 해제

9의2. 「산업집적법」 제13조에 따른 공장설립등의 승인

10. 「산지관리법」 제14조 · 제15조에 따른 산지전용허가 및 산지전용신고, 같은 법 제15조의2에 따른 산지일시사용허가 · 신고, 같은 법 제25조 제1항에 따른 토석채취허가, 같은 법 제25조 제2항에 따른 토사채취신고 및 「산림자원법」 제36조 제1항 · 제5항에 따른 입목벌채(立木伐採) 등의 허가 · 신고

11. 「소하천정비법」 제10조에 따른 소하천공사 시행의 허가 및 같은 법 제14조에 따른 소하천의 점용 허가

12. 「수도법」 제52조에 따른 전용상수도 설치 및 같은 법 제54조에 따른 전용공업용수도설치의 인가

13. 「연안관리법」 제25조에 따른 연안정비사업실시계획의 승인

14. 「체육시설법」 제12조에 따른 사업계획의 승인

15. 「초지법」 제23조에 따른 초지전용의 허가, 신고 또는 협의

16. 「공간정보관리법」 제15조 제4항에 따른 지도등의 간행 심사

17. 「하수도법」 제16조에 따른 공공하수도에 관한 공사시행의 허가 및 같은 법 제24조에 따른 공공하수도의 점용허가

18. 「하천법」 제30조에 따른 하천공사 시행의 허가 및 같은 법 제33조에 따른 하천 점용의 허가

19. 「공원녹지법」 제24조에 따른 도시공원의 점용허가 및 같은 법 제38조에 따른 녹지의 점용허가

인 · 허가등의 의제를 받으려는 자는 개발행위허가 또는 변경허가를 신청할 때에 해당 법률에서 정하는 관련 서류를 함께 제출하여야 한다(법 제61조 제2항).

특별시장 · 광역시장 · 특별자치시장 · 특별자치도지사 · 시장 또는 군수는 개발행위허가 또는 변경허가를 할 때에 그 내용에 인허가의제에 해당하는 사항이 있으면 미리 관계 행정기관의 장과 협의하여야 하고(법 제61조 제3항), 협의 요청을 받은 관계 행정기관의 장은 요청을 받은 날부터 20일 이내에 의견을 제출하여야 하며, 그 기간 내에 의견을 제출하지 아니하면 협의가 이루어진 것으로 본다(법 제61조 제3항).

건축물의 건축이 국토계획법상 개발행위에 해당할 경우 그에 대한 건축허가를 하는 허가권자는 건축허가에 배치 · 저촉되는 관계 법령상 제한 사유의 하나로 국토계획법령

의 개발행위허가기준을 확인하여야 하므로 국토계획법상 건축물의 건축에 관한 개발행위허가가 의제되는 건축허가 신청이 국토계획법령이 정한 개발행위허가기준에 부합하지 아니하면 허가권자로서는 이를 거부할 수 있고, 이는 건축법 제16조 제3항에 의하여 개발행위허가의 변경이 의제되는 건축허가사항의 변경허가에서도 마찬가지이다.[117)]

Ⅵ. 허가권자의 개발행위허가 여부의 통보

1. 허가·불허가 또는 조건부허가 처분

특별시장·광역시장·특별자치시장·특별자치도지사·시장 또는 군수는 개발행위허가의 신청에 대하여 특별한 사유가 없으면 15일(도시계획위원회의 심의를 거쳐야 하거나 관계 행정기관의 장과 협의를 하여야 하는 경우에는 심의 또는 협의기간을 제외한다) 이내에 허가 또는 불허가의 처분을 하여야 한다(법 제57조 제2항, 영 제54조 제1항). 허가 또는 불허가의 처분을 할 때에는 지체 없이 그 신청인에게 허가내용이나 불허가처분의 사유를 서면 또는 제128조에 따른 국토이용정보체계를 통하여 알려야 한다(법 제57조 제3항). 또한 특별시장·광역시장·특별자치시장·특별자치도지사·시장 또는 군수는 개발행위허가를 하는 경우에는 그 개발행위에 따른 기반시설의 설치 또는 그에 필요한 용지의 확보, 위해방지, 환경오염 방지, 경관, 조경 등에 관한 조치를 할 것을 조건으로 개발행위허가를 할 수 있고(법 제57조 제4항), 개발행위허가에 조건을 붙이려는 때에는 미리 개발행위허가를 신청한 자의 의견을 들어야 한다(영 제54조 제2항).

2. 이행보증금의 예치

개발행위허가의 조건이행을 보증하기 위하여 이해보증금이 부과될 수 있다. 특별시장·광역시장·특별자치시장·특별자치도지사·시장 또는 군수는 기반시설의 설치나 그에 필요한 용지의 확보, 위해방지, 환경오염 방지, 경관, 조경 등을 위하여 필요하다고 인정되는 경우로서 대통령령으로 정하는 경우에는 이의 이행을 보증하기 위하여 개발행위허가(다른 법률에 따라 개발행위허가가 의제되는 협의를 거친 인가·허가·승인 등을 포함한다)를 받는 자로 하여금 이행보증금을 예치하게 할 수 있다. 다만, ① 국가나 지방

117) 대법원 2016. 8. 24. 선고 2016두35762 판결.

자치단체가 시행하는 개발행위, ② 공공기관운영법에 따른 공기업이나 위탁집행형 준정부기관이 시행하는 개발행위, ③ 그 밖에 해당 지방자치단체의 조례로 정하는 공공단체가 시행하는 개발행위에 해당하는 경우에는 이행보증금을 예치하지 않아도 된다(법 제60조 제1항).

이행보증금의 예치금액은 기반시설의 설치나 그에 필요한 용지의 확보, 위해의 방지, 환경오염의 방지, 경관 및 조경에 필요한 비용의 범위안에서 산정하되 총공사비의 20% 이내가 되도록 하고, 그 산정에 관한 구체적인 사항 및 예치방법은 특별시 · 광역시 · 특별자치시 · 특별자치도 · 시 또는 군의 도시 · 군계획조례로 정한다(영 제59조 제2항). 이행보증금은 현금으로 납입하고, 개발행위허가를 받은 자가 준공검사를 받은 때에는 즉시 이를 반환하여야 한다(영 제59조 제3항 및 제4항).

Ⅶ. 준공검사

토지의 직접적인 외형 변화가 없는 토지분할이나 물건적치 행위는 준공검사가 필요없다. 따라서 건축물의 건축 또는 공작물의 설치, 토지의 형질변경, 토석채취 행위에 대한 개발행위허가를 받은 자는 그 개발행위를 마치면 특별시장 · 광역시장 · 특별자치시장 · 특별자치도지사 · 시장 또는 군수의 준공검사를 받아야 한다. 다만, 건축물의 건축행위에 대하여 「건축법」에 따른 건축물의 사용승인을 받은 경우에는 그러하지 아니하다(법 제62조 제1항).

특별시장 · 광역시장 · 특별자치시장 · 특별자치도지사 · 시장 또는 군수는 준공검사를 할 때에 그 내용에 제61조에 따라 의제되는 인 · 허가등에 따른 준공검사 · 준공인가 등에 해당하는 사항이 있으면 미리 관계 행정기관의 장과 협의하여야 한다(법 제62조 제4항). 개발행위 완료 후 준공검사를 받은 경우 의제되는 인 · 허가등에 따른 준공검사 · 준공인가 등에 관하여 관계 행정기관의 장과 협의한 사항에 대하여는 그 준공검사 · 준공인가 등을 받은 것으로 본다(법 제62조 제2항).

제3항 개발행위허가의 제한

Ⅰ. 도시·군관리계획상 특히 필요하다고 인정되는 지역에서의 제한

국토교통부장관, 시·도지사, 시장 또는 군수는 ① 녹지지역이나 계획관리지역으로서 수목이 집단적으로 자라고 있거나 조수류 등이 집단적으로 서식하고 있는 지역 또는 우량농지 등으로 보전할 필요가 있는 지역, ② 개발행위로 인하여 주변의 환경·경관·미관·문화재 등이 크게 오염되거나 손상될 우려가 있는 지역, ③ 도시·군기본계획이나 도시·군관리계획을 수립하고 있는 지역으로서 그 도시·군기본계획이나 도시·군관리계획이 결정될 경우 용도지역·용도지구 또는 용도구역의 변경이 예상되고 그에 따라 개발행위허가의 기준이 크게 달라질 것으로 예상되는 지역, ④ 지구단위계획구역으로 지정된 지역, ⑤ 기반시설부담구역으로 지정된 지역으로서 도시·군관리계획상 특히 필요하다고 인정되는 지역에 대해서는 중앙도시계획위원회나 지방도시계획위원회의 심의를 거쳐 한 차례만 3년 이내의 기간 동안 개발행위허가를 제한할 수 있다. 다만, 앞의 ③~⑤에 해당하는 지역에 대해서는 중앙도시계획위원회나 지방도시계획위원회의 심의를 거치지 아니하고 한 차례만 2년 이내의 기간 동안 개발행위허가의 제한을 연장할 수 있다(법 제63조 제1항). 이 경우 국토교통부장관은 중앙도시계획위원회의 심의를, 시·도지사, 시장 또는 군수는 지방도시계획위원회의 심의를 거쳐야 한다(영 제60조 제1항).

개발행위허가를 제한하려면 제한지역·제한사유·제한대상행위 및 제한기간을 미리 고시하여야 하고(법 제63조 제2항), 개발행위허가를 제한하기 위하여 개발행위허가 제한지역 등을 고시한 국토교통부장관, 시·도지사, 시장 또는 군수는 해당 지역에서 개발행위를 제한할 사유가 없어진 경우에는 그 제한기간이 끝나기 전이라도 지체 없이 개발행위허가의 제한을 해제하여야 한다. 이 경우 국토교통부장관, 시·도지사, 시장 또는 군수는 관보나 지방자치단체의 공보·인터넷 홈페이지에 해제지역 및 해제시기를 고시하여야 한다(법 제63조 제3항, 영 제60조 제3항 및 제4항).

Ⅱ. 도시·군계획시설 부지에서의 개발행위허가 제한

도시·군계획시설사업의 원활한 진행을 위해서 도시·군계획시설 설치장소로 결정된 부지에서 도시·군계획시설이 아닌 건축물 건축이나 공작물 설치에 대한 허가는 원칙적으로 금지되나, 일정한 경우에는 개발행위가 가능하다.

특별시장·광역시장·특별자치시장·특별자치도지사·시장 또는 군수는 도시·군계획시설의 설치 장소로 결정된 지상·수상·공중·수중 또는 지하는 그 도시·군계획시설이 아닌 건축물의 건축이나 공작물의 설치를 허가해서는 안 된다(법 제64조 제1항).

이러한 원칙에도 불구하고 도시·군계획시설결정의 고시일부터 2년 이내 단계별 집행계획이 수립되지 않거나 도시·군계획시설 부지가 제1단계 단계별 집행계획에 포함되지 않은 경우에 도시·군계획시설 부지에서의 일부 개발행위는 허용된다. 특별시장·광역시장·특별자치시장·특별자치도지사·시장 또는 군수는 도시·군계획시설결정의 고시일부터 2년이 지날 때까지 그 시설의 설치에 관한 사업이 시행되지 않은 도시·군계획시설 중 단계별 집행계획이 수립되지 않거나 단계별 집행계획에서 제1단계 집행계획(단계별 집행계획을 변경한 경우에는 최초의 단계별 집행계획을 말한다)에 포함되지 않은 도시·군계획시설의 부지에 대하여는 ① 가설건축물의 건축과 이에 필요한 범위에서의 토지의 형질변경, ② 도시·군계획시설의 설치에 지장이 없는 공작물의 설치와 이에 필요한 범위에서의 토지의 형질변경, ③ 건축물의 개축 또는 재축과 이에 필요한 범위에서의 토지의 형질변경(제56조 제4항 제2호에 해당하는 경우는 제외한다)의 개발행위를 허가할 수 있다(법 제64조 제2항).

제4항 개발행위 등에 따른 공공시설의 귀속

Ⅰ. 공공시설 무상귀속의 의의와 요건

국토계획법 제65조는 개발행위허가를 받은 사업시행자가 개발행위로 새로 공공시설을 설치하거나 기존의 공공시설에 대체되는 공공시설을 설치한 경우에 그 공공시설의 귀속에 대하여 규정하고, 제99조는 도시·군계획시설사업으로 새로 공공시설을 설치하거나 기존의 공공시설에 대체되는 공공시설을 설치한 경우에 제65조의 규정을 준용하도록 하고 있다.

국토계획법의 위 규정들은 행정청인 사업시행자가 도시·군계획시설사업의 시행으로 새로이 설치할 공공시설에 필요한 토지를 사법상 계약이나 공법상 절차에 따라 취득하여 여기에 공공시설을 설치하고 사업을 마친 경우에 적용된다.[118] 이때 종래 공공시설의 관리청과 새로 설치되는 공공시설의 관리청이 일치하는지 여부는 문제되지 않는다. 그러나 사업시행자가 공공시설에 필요한 토지를 적법하게 취득하지 않은 채 여기에 공공시설을 설치하여 국가 또는 지방자치단체가 이를 점유·사용하고 있는 경우에는 공공시설 무상귀속 조항이 적용되지 않는다. 이러한 해석은 공공시설의 설치에 필요한 토지가 국유지인 경우에도 마찬가지이다.[119)]

II. 개발행위에 따른 공공시설의 귀속

1. 공공시설 무상귀속·양도 제도의 의의

1) 입법취지

공공시설 무상귀속·양도 제도는 개발사업의 시행으로 사업구역에 새로운 공공시설의 수요가 유발되는 점을 고려하여 개발사업의 시행자에게 직접 새로운 공공시설의 설치의무를 부과함과 동시에 이를 국가 또는 지방자치단체의 관리청에 무상으로 귀속시킴으로써 관리청이 새로 설치되는 공공시설의 소유권을 확보한 후 이를 공공의 이용에 적합하도록 효율적으로 유지·관리하게 하여 '공공시설의 원활한 확보와 효율적인 유지·관리'라는 과제를 실현하고 그로 인하여 개발사업 시행자의 재산상 손실·비용을 합리적 범위 안에서 일부라도 보전해 주고자 하는 데 그 입법취지가 있다.[120)]

그리하여 국토계획법 제65조 제1항과 제2항이 행정청인 사업시행자와 사인인 사업시행자에 따라 무상귀속 규정형식의 차이를 둔 것은 사업시행자의 법적 지위, 사업의 공공성 정도, 전통적인 감독행정청의 관여 정도 등을 고려한 것이다.[121)]

2) 적용범위

이러한 공공시설 무상귀속·양도 제도는 모든 개발사업에 대하여 적용되는 것이 아니라, 넓은 면적의 사업구역을 대상으로 하는 이른바 '단지형 개발사업'에 한하여 적용되는 것이며, 종래의 공공시설이 해당 개발사업의 시행으로 용도가 폐지되는 경우에 해당할

118) 대법원 2000. 8. 22. 선고 98다55161 판결; 대법원 2014. 3. 27. 선고 2013다212127 판결 등.
119) 대법원 2012. 3. 15. 선고 2011다103069 판결; 대법원 2014. 7. 10. 선고 2012두23358 판결; 대법원 2018. 10. 25. 선고 2017두56476 판결 등.
120) 대법원 2007. 4. 13. 선고 2006두11149 판결; 헌법재판소 2015. 3. 26. 선고 2014헌바156 결정.
121) 헌법재판소 2015. 3. 26. 선고 2014헌바156 결정.

때 사업시행자에게 무상으로 귀속되거나 양도될 수 있는 대상이 된다고 보아야 한다.[122)]

그러나 대법원이 국토계획법 제65조 제1항과 제2항의 공공시설 무상귀속·양도 제도의 적용범위를 이른바 '단지형 개발사업'으로 한정하고 있는 것은 해석론의 한계를 넘어서는 것으로 판단된다.[123)]

첫째, 국토계획법 제65조 제1항 및 제2항의 규정에서 '단지형 개발사업'의 문언은 발견되지 않는다. 존재하지 않는 문언을 추가해서 해석하는 것은 전형적인 확장해석의 한계를 일탈한 것이며, 일종의 사법적 입법의 여지도 있다. 더욱이 공공시설 무상귀속·양도 제도가 변형된 공용수용의 성격을 지니므로 법규정의 요건에 대한 엄격한 해석이 요청된다. 적용범위를 함부로 제한하여 국민의 재산권을 침해하는 방향으로 해석해서는 안 된다.

둘째, 국토계획법상 개발행위허가의 대상이 건축물의 건축, 공작물의 설치, 토지형질변경, 토석채취 등인 점, 개발행위허가의 규모에 해당하는 토지의 형질변경면적의 최대가 공업·관리·농림지역에서 3만㎡ 미만인 점에서 볼 때 개발행위허가는 소규모성을 본질적 개념징표로 한다고 볼 것이다. 이와 반대로 개발행위에 따른 공공시설의 귀속조항을 단지형 개발사업에 한정하여 적용하는 것은 개발행위허가의 개념적 징표와 어긋난다. 오히려 국토계획법 제65조를 준용하는 제99조의 도시·군계획시설사업은 대규모 사업을 주로 대상으로 하므로 제99조에 따른 공공시설 무상귀속·양도 제도는 단지형 개발사업에 한정된다고 해석하는 것이 보다 적절하다.

셋째, 대법원이 적시하는 단지형 개발사업의 시례인 도시개발사업, 도시정비사업, 택지개발사업 등을 국토계획법상의 개발행위허가대상인 건축물의 건축, 공작물의 설치 등과 평면적으로 비교하는 것은 사업의 대상 및 규모 면에서 적절치 않아 보인다. 도시개발법, 도시정비법, 택지개발촉진법 등에 따른 사업에서 그 규모나 사업시행기간 등에서 넓은 면적의 단지형 개발사업이 전제된다고 해석하는 것은 논리적 연관성이 있으나 개발행위허가대상 행위에서 그러한 단지형 개발사업이 도출된다고는 보기 어렵다.

넷째, 대법원 역시 도로개설사업의 시행자인 한국토지주택공사가 기존 도로를 대체하는 새로운 도로를 설치하였는데, 기존 도로가 국유재산법상 공공용재산으로서 국토계획법 제65조 제1항에 따라 사업시행자에 무상으로 귀속되는 '공공시설'에 해당한다고 판시하여 공공시설 무상귀속·양도 제도의 적용범위를 단지형 개발사업에 한정하고 있지 않다.[124)]

---

122) 대법원 2019. 8. 30. 선고 2016다252478 판결; 대법원 2022. 2. 11. 선고 2017두63245 판결.
123) 동일한 취지로 전진원, 국토계획법, 박영사, 2021, 450－451쪽.

3) 공공시설의 의미

국토계획법상 공공시설 무상귀속·양도 규정은 사업시행자가 공공시설에 필요한 토지를 적법하게 취득하지 아니한 채 여기에 공공시설을 설치하여 국가·지방자치단체가 이를 점유·사용하고 있는 경우에까지 적용되는 것은 아니며, 이러한 해석은 그 공공시설의 설치에 필요한 토지가 국유지라고 하여 달리할 것도 아니다.[125)]

무상귀속의 대상이 되는 종래의 공공시설에는 국유재산법상 행정재산도 포함되고, 무상귀속의 대상이 되는 종래의 공공시설인지는 택지개발사업실시계획의 승인 시점을 기준으로 판단하여야 하므로 택지개발사업지구 내의 어느 토지가 무상귀속의 대상이 되는 종래의 공공시설에 해당하기 위해서는 택지개발사업실시계획 승인 이전에 이미 적법하게 행정재산으로 된 경우라야 한다. 그러므로 공공용물로서 공용개시행위가 있지 않은 경우, 택지개발사업 시행지구 내에 있는 토지가 지목이 도로이고 국유재산대장에 행정재산으로 등재되었다가 용도폐지되었다는 사정만으로는 당연히 무상귀속 대상인 종래의 공공시설에 해당한다고 할 수 없고, 대상 시설에 해당한다는 점은 사업시행자가 증명하여야 한다.[126)]

이러한 무상의 원시취득으로 형성되는 국가 등과 택지개발사업 시행자의 관계는 공법관계라고 보아야 하고, 공법관계의 당사자 사이에서는 뚜렷한 법령상 및 계약상 근거 없이 사법상 하자담보책임을 인정할 수는 없다.[127)]

4) 소유권의 귀속시기

도시계획사업의 시행으로 공공시설이 설치되면 그 사업완료(준공검사)와 동시에 당해 공공시설을 구성하는 토지와 시설물의 소유권이 그 시설을 관리할 국가 또는 지방자치단체에 직접 원시적으로 귀속되고,[128)] 세목통지 내지 사업완료통지가 있어야 비로소 공공시설의 소유권이 국가 또는 지방자치단체에 귀속되는 것은 아니다.[129)]

124) 대법원 2019. 2. 14. 선고 2018다262059 판결.
125) 대법원 2000. 8. 22. 선고 98다55161 판결.
126) 대법원 2016. 5. 12. 선고 2015다255524 판결.
127) 대법원 2011. 12. 27. 선고 2009다56993 판결.
128) 대법원 1999. 4. 15. 선고 96다24897 전원합의체 판결; 대법원 2011. 12. 27. 선고 2009다56993 판결.
129) 대법원 2000. 8. 22. 선고 98다55161 판결.

2. 개발행위허가를 받은 자가 행정청인 경우

개발행위허가를 받은 자가 행정청인 경우에 새로 설치된 공공시설은 관리청에 무상으로 귀속되고, 종래 공공시설은 개발행위허가를 받은 자에게 무상으로 귀속된다. 즉, 개발행위허가(다른 법률에 따라 개발행위허가가 의제되는 협의를 거친 인가·허가·승인 등을 포함한다)를 받은 자가 행정청인 경우 개발행위허가를 받은 자가 새로 공공시설을 설치하거나 기존의 공공시설에 대체되는 공공시설을 설치한 경우에는 「국유재산법」과 「공유재산법」에도 불구하고 새로 설치된 공공시설은 그 시설을 관리할 관리청에 무상으로 귀속되고, 종래의 공공시설은 개발행위허가를 받은 자에게 무상으로 귀속된다(법 제65조 제1항). 개발행위허가를 받은 행정청은 개발행위가 끝나 준공검사를 마친 때에는 해당 시설의 관리청에 공공시설의 종류와 토지의 세목(細目)을 통지하여야 한다. 이 경우 공공시설은 그 통지한 날에 해당 시설을 관리할 관리청과 개발행위허가를 받은 자에게 각각 귀속된 것으로 본다(법 제65조 제5항).

개발행위허가를 받은 자가 행정청인 경우 개발행위허가를 받은 자는 그에게 귀속된 공공시설의 처분으로 인한 수익금을 도시·군계획사업 외의 목적에 사용하여서는 아니 된다(법 제65조 제8항).

이때 행정청 여부는 개발행위허가를 받기 전에 이미 행정청이거나 행정청이 아니라는 점이 확정되어 있어야 한다. 따라서 도시·군계획시설사업의 시행자로 지정됨으로써 비로소 행정권한을 위탁받은 행정청의 지위를 취득하는 경우에는 그 시행자가 국토계획법 제99조, 제65조 제1항에서 정한 '행정청'에 해당하지 않는다고 보아야 한다.[130)]

3. 개발행위허가를 받은 자가 행정청이 아닌 경우

개발행위허가를 받은 자가 행정청이 아닌 경우 개발행위허가를 받은 자가 새로 설치한 공공시설은 그 시설을 관리할 관리청에 무상으로 귀속되고, 개발행위로 용도가 폐지되는 공공시설은 「국유재산법」과 「공유재산법」에도 불구하고 새로 설치한 공공시설의 설치비용에 상당하는 범위에서 개발행위허가를 받은 자에게 무상으로 양도할 수 있다(법 제65조 제2항).

이 규정과 관련하여 국토계획법은 사업시행의 주체가 행정청인가 아닌가에 따라서 종래의 공공시설을 사업시행자에게 무상으로 양도할 것인지에 관한 행정청의 재량권

130) 대법원 2019. 8. 30. 선고 2016다252478 판결.

유무를 달리 규정하고 있다. 따라서 제1항의 '무상으로 귀속된다'는 기속규정으로 해석되고, 제2항의 '무상으로 양도할 수 있다'는 재량규정으로 해석된다고 하여 이러한 해석이 헌법의 재산권보장조항과 평등조항에 배치된다고 볼 수 없다.[131)]

개발행위허가를 받은 자가 행정청이 아닌 경우 개발행위허가를 받은 자는 관리청에 귀속되거나 그에게 양도될 공공시설에 관하여 개발행위가 끝나기 전에 그 시설의 관리청에 그 종류와 토지의 세목을 통지하여야 하고, 준공검사를 한 특별시장·광역시장·특별자치시장·특별자치도지사·시장 또는 군수는 그 내용을 해당 시설의 관리청에 통보하여야 한다. 이 경우 공공시설은 준공검사를 받음으로써 그 시설을 관리할 관리청과 개발행위허가를 받은 자에게 각각 귀속되거나 양도된 것으로 본다(법 제65조 제6항).

4. 관리청에 대한 의견청취

특별시장·광역시장·특별자치시장·특별자치도지사·시장 또는 군수는 공공시설의 귀속에 관한 사항이 포함된 개발행위허가를 하려면 미리 해당 공공시설이 속한 관리청의 의견을 들어야 한다. 다만, 관리청이 지정되지 아니한 경우에는 관리청이 지정된 후 준공되기 전에 관리청의 의견을 들어야 하며, 관리청이 불분명한 경우에는 도로 등에 대하여는 국토교통부장관을, 하천에 대하여는 환경부장관을 관리청으로 보고, 그 외의 재산에 대하여는 기획재정부장관을 관리청으로 본다(법 제65조 제3항). 이는 종래의 공공시설이 속한 관리청의 '동의 또는 협의'를 규정한 것이 아니라 '의견청취절차'를 규정한 것에 불과하므로 그러한 의견청취절차를 거치지 아니하였다고 하여 종래의 공공시설 무상귀속·양도의 대상에서 제외되는 것은 아니다.[132)]

특별시장·광역시장·특별자치시장·특별자치도지사·시장 또는 군수가 관리청의 의견을 듣고 개발행위허가를 한 경우 개발행위허가를 받은 자는 그 허가에 포함된 공공시설의 점용 및 사용에 관하여 관계 법률에 따른 승인·허가 등을 받은 것으로 보아 개발행위를 할 수 있다. 이 경우 해당 공공시설의 점용 또는 사용에 따른 점용료 또는 사용료는 면제된 것으로 본다(법 제65조 제4항).

131) 대법원 1998. 11. 24. 선고 97다47651 판결; 대법원 2010. 12. 9. 선고 2010다40499 판결.
132) 대법원 2009. 6. 25. 선고 2006다18174 판결; 대법원 2019. 8. 30. 선고 2016다252478 판결 등.

제5항 개발행위에 따른 기반시설의 설치

Ⅰ. 개관

개발행위로 각종 시설 등이 설치됨에 따라 오히려 기반시설에 대한 수요가 증가해 기반시설이 부족해지는 현상이 발생하게 된다. 이에 따라 국토계획법은 두 가지의 대응방식을 채택하고 있는데, 그것이 개발밀도관리구역과 기반시설부담구역이다. 전자는 더 이상의 추가적인 기반시설 설치가 곤란한 지역에 지정되며, 후자는 추가적인 기반시설 설치가 필요한 지역에 지정된다는 차이가 있다.

Ⅱ. 개발밀도관리구역

1. 의의

개발밀도관리구역이란 개발로 인하여 기반시설이 부족할 것으로 예상되나 기반시설을 설치하기 곤란한 지역을 대상으로 건폐율이나 용적률을 강화하여 적용하기 위하여 제66조에 따라 지정하는 구역을 말한다(법 제2조 제18호). 다시 말해, 이미 개발이 많이 진행되어 추가적으로 기반시설을 설치하기 곤란한 지역에 지정하여 개발밀도를 제한하는 구역을 뜻한다.

특별시장·광역시장·특별자치시장·특별자치도지사·시장 또는 군수는 주거·상업 또는 공업지역에서의 개발행위로 기반시설(도시·군계획시설을 포함한다)의 처리·공급 또는 수용능력이 부족할 것으로 예상되는 지역 중 기반시설의 설치가 곤란한 지역을 개발밀도관리구역으로 지정할 수 있다(법 제66조 제1항).

2. 내용

개발밀도관리구역으로 지정되면 해당 용도지역 용적률 최대한도의 50% 범위 내에서만 개발이 가능하므로 개발행위 제한의 효과를 가져와 기반시설의 수요 증가가 억제된다.

즉, 특별시장·광역시장·특별자치시장·특별자치도지사·시장 또는 군수는 개발밀도관리구역에서는 해당 용도지역에 적용되는 용적률의 최대한도의 50% 범위에서 제77

조나 제78조에 따른 건폐율 또는 용적률을 강화하여 적용한다(법 제66조 제2항, 영 제62조 제1항). 또한 특별시장 · 광역시장 · 특별자치시장 · 특별자치도지사 · 시장 또는 군수는 개발밀도관리구역을 지정하거나 변경하려면 ① 개발밀도관리구역의 명칭과 범위 ② 제77조나 제78조에 따른 건폐율 또는 용적률의 강화 범위의 사항을 포함하여 해당 지방자치단체에 설치된 지방도시계획위원회의 심의를 거쳐야 한다(법 제66조 제3항). 이 경우 그 사실을 지방자치단체의 공보에 게재하여 고시하여야 하고, 고시한 내용을 해당 기관의 인터넷 홈페이지에 게재하여야 한다(법 제66조 제4항, 영 제62조 제2항 및 제3항).

Ⅲ. 기반시설부담구역

1. 의의

1) 개념

기반시설부담구역이란 개발밀도관리구역 외의 지역으로서 개발로 인하여 도로, 공원, 녹지 등 대통령령으로 정하는 기반시설의 설치가 필요한 지역을 대상으로 기반시설을 설치하거나 그에 필요한 용지를 확보하게 하기 위하여 제67조에 따라 지정 · 고시하는 구역을 말한다(법 제2조 제19호). 추가적인 기반시설의 설치가 필요한 지역에 지정한 구역이 바로 기반시설부담구역이다.

2) 대상

기반시설부담구역은 추가적인 기반시설의 설치가 필요한 지역에 지정되므로 이에 부합하는 지역이 그 대상이 된다. 따라서 국토계획법 또는 다른 법령의 제 · 개정으로 인하여 행위제한이 완화되거나 해제되는 지역, 국토계획법 또는 다른 법령에 따라 지정된 용도지역 등이 변경되거나 해제되어 행위제한이 완화되는 지역, 개발행위허가가 증가하고 인구증가율이 높은 지역은 기반시설부담구역으로 지정되고, 여기에 해당하지 않더라도 해당 지역의 계획적 관리를 위하여 필요하다고 인정하는 지역도 지정될 수 있다(법 제67조 제1항, 영 제64조 제1항). 이러한 기반시설부담구역의 대상은 기존의 행위제한이 완화되어 개발압력이 점차 높아지리라 예상되는 지역이라는 점이다.

2. 지정절차

특별시장 · 광역시장 · 특별자치시장 · 특별자치도지사 · 시장 또는 군수는 기반시설부담구역을 지정 또는 변경하려면 주민의 의견을 들어야 하며, 해당 지방자치단체에 설치된 지방도시계획위원회의 심의를 거쳐 기반시설부담구역의 명칭 · 위치 · 면적 및 지정일자와 관계 도서의 열람방법을 해당 지방자치단체의 공보와 인터넷 홈페이지에 고시하여야 한다(법 제67조 제2항, 영 제64조 제2항).

특별시장 · 광역시장 · 특별자치시장 · 특별자치도지사 · 시장 또는 군수는 기반시설부담구역이 지정되면 대통령령령으로 정하는 바에 따라 기반시설설치계획을 수립하여야 하며, 이를 도시 · 군관리계획에 반영하여야 한다(법 제67조 제4항). 이러한 원칙에도 불구하고 지구단위계획을 수립한 경우에는 기반시설설치계획을 수립한 것으로 본다(영 제65조 제3항). 또한 기반시설부담구역의 지정고시일부터 1년이 되는 날까지 기반시설설치계획을 수립하지 아니하면 그 1년이 되는 날의 다음날에 기반시설부담구역의 지정은 해제된 것으로 본다(영 제65조 제4항).

3. 기반시설설치계획과 기반시설부담계획

1) 기반시설설치계획의 수립

특별시장 · 광역시장 · 특별자치시장 · 특별자치도지사 · 시장 또는 군수는 기반시설설치계획을 수립할 때에는 ① 설치가 필요한 기반시설(제4조의2 각 호의 기반시설을 말한다)의 종류, 위치 및 규모, ② 기반시설의 설치 우선순위 및 단계별 설치계획, ③ 그 밖에 기반시설의 설치에 필요한 사항을 포함하여 수립하여야 한다(영 제65조 제1항).

특별시장 · 광역시장 · 특별자치시장 · 특별자치도지사 · 시장 또는 군수는 기반시설설치계획을 수립할 때에는 다음 각 호의 사항을 종합적으로 고려하여야 한다(영 제65조 제2항).

1. 기반시설의 배치는 해당 기반시설부담구역의 토지이용계획 또는 앞으로 예상되는 개발수요를 고려하여 적절하게 정할 것
2. 기반시설의 설치시기는 재원조달계획, 시설별 우선순위, 사용자의 편의와 예상되는 개발행위의 완료시기 등을 고려하여 합리적으로 정할 것

2) 기반시설부담계획의 수립

특별시장 · 광역시장 · 특별자치시장 · 특별자치도지사 · 시장 또는 군수는 기반시설부담계획을 수립할 때에는 다음 각 호의 내용을 포함하여야 한다(영 제67조 제1항).

1. 기반시설의 설치 또는 그에 필요한 용지의 확보에 소요되는 총부담비용
2. 제1호에 따른 총부담비용 중 법 제68조 제1항에 따른 건축행위를 하는 자(제70조의2 제1항 각 호에 해당하는 자를 포함한다. 이하 "납부의무자"라 한다)가 각각 부담하여야 할 부담분
3. 제2호에 따른 부담분의 부담시기
4. 재원의 조달 및 관리 · 운영방법

특별시장 · 광역시장 · 특별자치시장 · 특별자치도지사 · 시장 또는 군수는 기반시설부담계획을 수립할 때에는 다음 각 호의 사항을 종합적으로 고려하여야 한다(영 제67조 제3항).

1. 총부담비용은 각 시설별로 소요되는 용지보상비 · 공사비 등 합리적 근거를 기준으로 산출하고, 기반시설의 설치 또는 용지 확보에 필요한 비용을 초과하여 과다하게 산정되지 아니하도록 할 것
2. 각 납부의무자의 부담분은 건축물의 연면적 · 용도 등을 종합적으로 고려하여 합리적이고 형평에 맞게 정하도록 할 것
3. 기반시설부담계획의 수립시기와 기반시설의 설치 또는 용지의 확보에 필요한 비용의 납부시기가 일치하지 아니하는 경우에는 물가상승률 등을 고려하여 부담분을 조정할 수 있도록 할 것

특별시장 · 광역시장 · 특별자치시장 · 특별자치도지사 · 시장 또는 군수는 기반시설부담계획을 수립하거나 변경할 때에는 주민의 의견을 듣고 해당 지방자치단체에 설치된 지방도시계획위원회의 심의를 거쳐야 하며(영 제67조 제4항), 기반시설부담계획을 수립하거나 변경하였으면 그 내용을 고시하여야 한다(영 제67조 제5항).

4. 기반시설설치비용

1) 부과대상 및 산정기준

기반시설부담구역에서 기반시설설치비용의 부과대상인 건축행위는 법 제2조 제20호에 따른 시설로서 200㎡(기존 건축물의 연면적을 포함한다)를 초과하는 건축물의 신축·증축행위로 한다. 다만, 기존 건축물을 철거하고 신축하는 경우에는 기존 건축물의 건축연면적을 초과하는 건축행위만 부과대상으로 한다(법 제68조 제1항).

기반시설설치비용이란 단독주택 및 숙박시설 등 대통령령으로 정하는 시설의 신·증축 행위로 인하여 유발되는 기반시설을 설치하거나 그에 필요한 용지를 확보하기 위하여 부과·징수하는 금액을 말한다(법 제2조 제20호). 이러한 기반시설설치비용은 기반시설을 설치하는 데 필요한 기반시설 표준시설비용과 용지비용을 합산한 금액에 제1항에 따른 부과대상 건축연면적과 기반시설 설치를 위하여 사용되는 총 비용 중 국가·지방자치단체의 부담분을 제외하고 민간 개발사업자가 부담하는 부담률을 곱한 금액으로 한다. 다만, 특별시장·광역시장·특별자치시장·특별자치도지사·시장 또는 군수가 해당 지역의 기반시설 소요량 등을 고려하여 기반시설부담계획을 수립한 경우에는 그 부담계획에 따른다(법 제68조 제2항). 여기서 민간 개발사업자가 부담하는 부담률은 100분의 20으로 하며, 특별시장·광역시장·특별자치시장·특별자치도지사·시장 또는 군수가 건물의 규모, 지역특성 등을 고려하여 100분의 25의 범위에서 부담률을 가감할 수 있다(법 제68조 제5항).

2) 납부 및 체납처분

기반시설부담구역에서 기반시설설치비용의 부과대상인 건축행위를 하는 자(건축행위의 위탁자 또는 지위의 승계자 등 대통령령으로 정하는 자를 포함한다. 이하 "납부의무자"라 한다)는 기반시설설치비용을 내야 한다(법 제69조 제1항). 특별시장·광역시장·특별자치시장·특별자치도지사·시장 또는 군수는 납부의무자가 국가 또는 지방자치단체로부터 건축허가(다른 법률에 따른 사업승인 등 건축허가가 의제되는 경우에는 그 사업승인)를 받은 날부터 2개월 이내에 기반시설설치비용을 부과하여야 하고, 납부의무자는 사용승인(다른 법률에 따라 준공검사 등 사용승인이 의제되는 경우에는 그 준공검사) 신청시까지 이를 내야 한다(법 제69조 제2항).

특별시장·광역시장·특별자치시장·특별자치도지사·시장 또는 군수는 기반시설설치비용을 납부한 자가 사용승인신청 후 해당 건축행위와 관련된 기반시설의 추가 설치 등 기반시설설치비용을 환급하여야 하는 사유가 발생하는 경우에는 그 사유에 상당하는 기반시설설치비용을 환급하여야 한다(법 제69조 제4항).

3) 관리 및 사용

특별시장 · 광역시장 · 특별자치시장 · 특별자치도지사 · 시장 또는 군수는 기반시설설치비용의 관리 및 운용을 위하여 기반시설부담구역별로 특별회계를 설치하여야 하며, 그에 필요한 사항은 지방자치단체의 조례로 정한다(법 제70조 제1항). 납부한 기반시설설치비용은 해당 기반시설부담구역에서 법 제2조 제19호에 따른 기반시설의 설치 또는 그에 필요한 용지의 확보 등을 위하여 사용하여야 한다. 다만, 해당 기반시설부담구역에 필요한 기반시설을 모두 설치하거나 그에 필요한 용지를 모두 확보한 후에도 잔액이 생기는 경우에는 해당 기반시설부담구역의 기반시설과 연계된 기반시설의 설치 또는 그에 필요한 용지의 확보 등에 사용할 수 있다(법 제70조 제2항, 영 제70조의11 제1항).

제 6 절 | 지구단위계획

제1항 의의

Ⅰ. 개념

지구단위계획이란 도시·군계획 수립 대상지역의 일부에 대하여 토지이용을 합리화하고 그 기능을 증진시키며 미관을 개선하고 양호한 환경을 확보하며, 그 지역을 체계적·계획적으로 관리하기 위하여 수립하는 도시·군관리계획을 말한다(법 제2조 제5호).

이러한 지구단위계획은 도시의 토지용도배분, 도시기반시설의 확보, 토지이용 및 건축 등에 관한 계획을 포함하므로 입체적인 건축물계획과 평면적인 토지이용계획을 모두 고려한다는 특징을 갖는다. 따라서 지구단위계획은 토지와 건축물을 동시에 일체적으로 규제하고 건축가능성, 용도, 밀도 등 구체적인 내용을 사전에 모두 정하게 된다. 개별 건축물의 위치를 정하고, 용적률, 높이, 층수 등을 직접 지정할 수 있는 것이다.

이러한 측면에서 본다면 지구단위계획은 건축행위에 담겨 있는 개별 건축물이 갖고 있는 관념을 도시의 구조적 성격에까지 영향을 미치게 하는 한편, 전체적인 조화와 효율이라는 공공성을 추구하는 도시계획의 이념이 개개의 건축물 주변은 물론 그 내부까지 침투하게 하려는 도시계획의 한 과정으로 이해할 수 있다.[133)]

Ⅱ. 역사적 배경과 입법연혁

1. 용도지역제와 지구단위계획의 역할분담

우리나라는 1934년부터 용도지역제를 토지이용 및 통제의 기본제도로 채택하여 시행하고 있으며, 용도지구제로 용도지역제를 보완하고 있다. 여기에 상세계획제와 계획허가제의 일종인 지구단위계획과 개발행위허가를 부분적으로 채택하여 토지이용규제를 하고 있다.

용도지역제는 1934년 일본의 시가지건축물법과 도시계획법을 혼합한 조선시가지계획령에서 최초로 도입되었다. 조선시가지계획령은 해방 후 1962년 건축법과 도시계획

133) 한국도시설계학회, 지구단위계획의 이해, 기문당, 제2판, 2020, 9쪽.

법으로 분화되었다가 도시계획법과 국토이용관리법을 통합한 국토계획법이 2003년에 제정되어 시행되고 있으며, 여기에 용도지역제는 그대로 규정되어 존속하고 있다.

2. 연혁적 발전

1) 건축법의 도시설계제도

지구단위계획은 1980년 1월 1일 구 건축법 제8조의2가 "도심부 내의 건축물에 대한 특례" 규정을 두어 도시설계지구를 지정하여 상세설계를 도입하면서 건축계획법제에 처음 모습을 나타낸다. 동 규정에 따르면 도시설계에 따른 건축물 및 공공시설의 위치, 규모, 용도, 형태와 공간 활용 등에 관한 내용을 대통령령에 위임하고, 기존의 용도지역제의 규제범위 내에서 도시설계를 할 수 있도록 하였다.

1991년 5월 31일 개정된 건축법은 도시설계에 관한 규정을 크게 확대하여 조경, 지역 및 지구 내에서의 건축물의 건축용도, 건폐율, 용적률, 대지 안의 공지, 높이를 시행령의 범위 안에서 그 건축기준 등을 따로 정할 수 있도록 하였다(구 건축법 제62조 제5항).

2) 도시계획법의 상세계획구역제도

그후 도시설계제도의 한계를 보완한다는 명분으로 1991년 12월 14일 도시계획법 개정을 통하여 상세계획제도가 도입되었다. 도입 목적은 "토지이용을 합리화하고 도시의 기능·미관 및 환경을 효율적으로 유지·관리하기 위한 것"으로서 필요한 때에 건설부장관이 도시계획으로 결정할 수 있도록 하였다.

상세계획에는 ① 지역·지구의 지정 및 변경, ② 도시계획시설의 배치와 규모, ③ 가구 및 획지의 규모와 조성계획, ④ 건축물 등의 용도제한, 건축물의 건폐율 및 용적률과 높이의 최고한도와 최저한도, ⑤ 기타 건설부령이 정하는 사항이 포함된다고 규정하여 용도지역제의 규제를 벗어나 독자적인 기준설정이 가능함을 명시하였다(구 도시계획법 제20조의3 제3항).

3) 국토계획법의 지구단위계획제도

도시설계와 상세계획의 이원적 운용에 따른 문제는 2000년 구 도시계획법 개정을 통하여 도시설계와 상세계획이 지구단위계획으로 통합되면서 해소되었다. 도시계획법과 국토이용관리법이 통합된 국토계획법이 2003년부터 시행되면서 지구단위계획은 다시 이원화되게 된다. 도시지역에 적용되어 오던 기존의 지구단위계획은 1종 지구단위계획으로 하고, 비도시지역에서의 계획적 개발을 유도하기 위한 수단으로 적용되는 지구단위계획을 1종과 구별하여 2종 지구단위계획으로 하는 제도가 마련된 것이다.

그러나 2012년 당해 지역에 따라 1종과 2종으로 구분하던 지구단위계획의 분류를 일원화하여 지구단위계획을 '도시계획 수립 대상지역의 일부에 대하여 토지 이용을 합리화하고 그 기능을 증진시키며 미관을 개선하고 양호한 환경을 확보하며, 그 지역을 체계적·계획적으로 관리하기 위하여 수립하는 도시관리계획'으로 정의하게 된다(구 국토계획법 제2조 제5호). 아울러 제3장 도시·군관리계획의 장에서 독립된 절로 규정하여 지구단위계획에서는 기존의 용도지역이나 용도지구를 세분하거나 변경할 수 있고(구 국토계획법 제52조 제1항 제1호), 용도지역에서의 건축물의 용도, 종류 및 규모에 대한 제한, 건폐율, 용적률 등을 완화하여 적용할 수 있도록 규정하였다(구 국토계획법 제52조 제3항).

제2항 현행 법체계의 특징과 문제

Ⅰ. 현행법의 태도

도시의 토지이용통제의 기본제도는 용도지역제이며, 지구단위계획은 용도지역제가 실시되는 지역에 지정되어 양자가 병행된다. 그러나 지구단위계획구역으로 지정할 수 있는 지역은 법률에서 열거하고 있으나 도시지역의 체계적·계획적 관리 또는 개발이 필요한 지역에 대해서는 대통령령으로 정할 수 있도록 규정함으로써 일정 규모의 개발이 진행되는 지역이면 신규 개발지나 기존 시가지를 불문하고 지구단위계획이 적용되기 때문에 사실상 토지이용규제의 주된 역할은 지구단위계획이 맡고 있는 실정이다. 이러한 현실적 배경에서 용도지역제와 지구단위계획간의 법적 관계, 양제도의 타당성 및 효율성 등에 대하여 논란이 제기되어 왔다.

II. 현행 법체계의 문제

1. 용도지역제와 지구단위계획의 관계

국토계획법상 지구단위계획에서도 용도지역제의 규제가 기본적으로 적용된다. 그럼에도 국토계획법 제52조 및 동법 시행령 제46조 및 제47조에 따라 지구단위계획에서 용도지역에서의 건축물의 용도, 종류 및 규모, 건폐율, 용적률 및 높이 제한 등을 완화할 수 있다. 이에 따라 건축물의 용도에 대해서는 지구단위계획의 입안 및 결정권자가 광범위한 형성의 자유를 갖고 있어 용도지역제의 규제를 벗어날 수 있는 것으로 보인다.[134)]

2. 양 제도 병행의 문제점

양 제도의 병행과 관련하여 우선 전체 도시 모습과의 연계가 부족하다는 점이 지적된다. 독일은 전체 도시의 바람직한 모습 형성과 지역간 균형과 조화를 도모하여 건설기본계획, 토지이용계획, 건축상세계획으로 연결 · 발전되는데 반하여, 우리나라는 전체 도시와 인근지역과의 체계적 연결이 미약하다. 이는 도시 전체에 대한 계획과 연관없이 해당 구역만을 기준으로 지구단위계획이 작성되기 때문인 것으로 보인다.

이에 대하여 지구단위계획의 작성시 지침이 되는 도시기본계획이 존재하나 도시기본계획은 독일과 달라 도시의 기본적인 장기구조와 발전방향을 대략적으로 제시할 뿐 도시 공간구조나 기준을 구체적으로 정하지 못하고 있다. 국토계획법은 제3조에서 국토이용 및 관리의 기본원칙에 대해서만 규정할 뿐 도시 · 군기본계획의 수립의 기본원칙이나 공간구조의 원리 등에 대해서는 침묵하고 있다.

용도지역제와의 병행 · 운용으로 인한 문제점도 아울러 발생한다. 용적률은 지구단위계획 도입 이전부터 기존 용도지역제에서 적용되지만 지구단위계획에서는 용도지역제 용적률이 완화 · 적용된 결과 용적률이 부분적으로 적용되거나 고밀도 용적률이 적용되어 바람직한 도시 모습을 구현하지 못하여 용도지역제의 문제를 근본적으로 해결하지 못하고 있는 실정이다.

---

134) 대법원 2011. 9. 8. 선고 2009도12330 판결 참조.

제3항 지구단위계획의 수립 및 내용과 실효

Ⅰ. 지구단위계획의 수립과 구역지정

1. 수립

지구단위계획구역 및 지구단위계획은 도시·군관리계획으로 결정한다(법 제50조). 지구단위계획은 ① 도시의 정비·관리·보전·개발 등 지구단위계획구역의 지정목적, ② 주거·산업·유통·관광휴양·복합 등 지구단위계획구역의 중심기능, ③ 해당 용도지역의 특성, ④ 지역 공동체의 활성화, ⑤ 안전하고 지속가능한 생활권의 조성, ⑥ 해당 지역 및 인근 지역의 토지이용을 고려한 토지이용계획과 건축계획의 조화 등의 사항을 고려하여 수립한다(법 제49조 제1항, 영 제42조의3 제1항).

2. 구역지정

지구단위계획구역은 필수적으로 지정되어야 하는 필수적 지역과 임의적으로 지정할 수 있는 임의적 지역으로 나뉜다. 필수적 지정지역은 도시지역에만 해당하고, 임의적 지정지역은 도시지역과 비도시지역에 모두 해당된다.

1) 필수적 지정지역

국토교통부장관, 시·도지사, 시장 또는 군수는 ① 도시정비법에 따른 정비구역 및 택지개발촉진법에 따른 택지개발지구에서 사업완료 후 10년이 경과된 지역과 체계적·계획적인 개발 또는 관리가 필요한 지역으로 면적이 30만㎡ 이상인 지역으로서 ② 시가화조정구역 또는 공원에서 해제되는 지역(다만, 녹지지역으로 지정 또는 존치되거나 「국토계획법」 또는 다른 법령에 의하여 도시·군계획사업 등 개발계획이 수립되지 아니하는 경우를 제외한다), ③ 녹지지역에서 주거지역·상업지역 또는 공업지역으로 변경되는 지역, ④ 그 밖에 특별시·광역시·특별자치시·특별자치도·시 또는 군의 도시·군계획조례로 정하는 지역은 지구단위계획구역으로 지정하여야 한다. 다만, 관계 법률에 따라 그 지역에 토지이용과 건축에 관한 계획이 수립되어 있는 경우에는 그러하지 아니하다(법 제51조 제2항, 영 제43조 제5항).

2) 임의적 지정지역

(1) 도시지역

도시지역에서 법 제37조에 따라 지정된 용도지구나 새로운 사업이 시작되는 곳, 예를 들어, 도시개발법에 따른 도시개발구역, 도시정비법에 따른 정비구역, 택지개발촉진법에 따른 택지개발지구, 주택법에 따른 대지조성사업지구, 산업입지법에 따른 산업단지·준산업단지, 관광진흥법에 따른 관광단지·관광특구 등과 규제가 상당히 완화되는 곳, 예컨대, 개발제한구역·도시자연공원구역·시가화조정구역 또는 공원에서 해제되는 구역, 녹지지역에서 주거·상업·공업지역으로 변경되는 구역과 새로 도시지역으로 편입되는 구역 중 계획적인 개발 또는 관리가 필요한 지역의 전부 또는 일부에 대하여 국토교통부장관, 시·도지사, 시장 또는 군수는 지구단위계획구역을 지정할 수 있다(법 제51조 제1항).

또한, 도시지역 내 주거·상업·업무 등의 기능을 결합하는 등 복합적인 토지 이용을 증진시킬 필요가 있는 지역에도 지구단위계획구역이 지정될 수 있다(법 제51조 제1항 제8호의2). 구체적으로는 일반주거지역, 준주거지역, 준공업지역 및 상업지역에서 낙후된 도심 기능을 회복하거나 도시균형발전을 위한 중심지 육성이 필요한 경우로서 ① 주요 역세권, 고속버스 및 시외버스 터미널, 간선도로의 교차지 등 양호한 기반시설을 갖추고 있어 대중교통 이용이 용이한 지역, ② 역세권의 체계적·계획적 개발이 필요한 지역, ③ 세 개 이상의 노선이 교차하는 대중교통 결절지(結節地)로부터 1㎞ 이내에 위치한 지역, ④「역세권법」에 따른 역세권개발구역,「도시재정비법」에 따른 고밀복합형 재정비촉진지구로 지정된 지역이 여기에 해당한다(영 제43조 제1항).

도시지역 내 유휴토지를 효율적으로 개발하거나 교정시설, 군사시설, 그 밖에 대통령령으로 정하는 시설을 이전 또는 재배치하여 토지이용을 합리화하고, 그 기능을 증진시키기 위하여 집중적으로 정비가 필요한 지역에도 지구단위계획구역이 지정될 수 있다(법 제51조 제1항 제8호의3). 5천㎡ 이상으로서 도시·군계획조례로 정하는 면적 이상의 유휴토지 또는 대규모 시설의 이전부지로서 ① 대규모 시설의 이전에 따라 도시기능의 재배치 및 정비가 필요한 지역, ② 토지의 활용 잠재력이 높고 지역거점 육성이 필요한 지역, ③ 지역경제 활성화와 고용창출의 효과가 클 것으로 예상되는 지역을 말한다(영 제43조 제3항).

이 외에도 도시지역의 체계적·계획적인 관리 또는 개발이 필요한 지역이나 그 밖에 양호한 환경의 확보나 기능 및 미관의 증진 등을 위하여 필요한 지역으로서 대통령령으로 정하는 지역에도 지구단위계획구역이 지정될 수 있다(법 제51조 제1항 제9호 및 제10호).

(2) 비도시지역

도시지역 외의 지역에서는 ① 지정하려는 구역 면적의 100분의 50 이상이 제36조에 따라 지정된 계획관리지역으로서 대통령령으로 정하는 요건에 해당하는 지역, ② 제37조에 따라 지정된 개발진흥지구로서 대통령령으로 정하는 요건에 해당하는 지역, ③ 제37조에 따라 지정된 용도지구를 폐지하고 그 용도지구에서의 행위 제한 등을 지구단위계획으로 대체하려는 지역이 지구단위계획구역의 지정대상이 된다(법 제51조 제3항).

Ⅱ. 지구단위계획의 내용

지구단위계획구역의 지정목적을 이루기 위하여 지구단위계획에는 다음 각 호의 사항 중 제2호와 제4호의 사항을 포함한 둘 이상의 사항이 포함되어야 한다. 다만, 제1호의2를 내용으로 하는 지구단위계획의 경우에는 그러하지 아니하다(법 제52조 제1항).

1. 용도지역이나 용도지구를 대통령령으로 정하는 범위에서 세분하거나 변경하는 사항

1의2. 기존의 용도지구를 폐지하고 그 용도지구에서의 건축물이나 그 밖의 시설의 용도·종류 및 규모 등의 제한을 대체하는 사항

2. 대통령령으로 정하는 기반시설의 배치와 규모
3. 도로로 둘러싸인 일단의 지역 또는 계획적인 개발·정비를 위하여 구획된 일단의 토지의 규모와 조성계획
4. 건축물의 용도제한, 건축물의 건폐율 또는 용적률, 건축물 높이의 최고한도 또는 최저한도
5. 건축물의 배치·형태·색채 또는 건축선에 관한 계획
6. 환경관리계획 또는 경관계획
7. 보행안전 등을 고려한 교통처리계획
8. 그 밖에 토지 이용의 합리화, 도시나 농·산·어촌의 기능 증진 등에 필요한 사항으로서 대통령령으로 정하는 사항

지구단위계획은 도로, 상하수도 등 대통령령으로 정하는 도시·군계획시설의 처리·공급 및 수용능력이 지구단위계획구역에 있는 건축물의 연면적, 수용인구 등 개발밀도와 적절한 조화를 이룰 수 있도록 하여야 한다(법 제52조 제2항).

Ⅲ. 지구단위계획구역에서의 건축 등에 관한 특례

지구단위계획구역에서 건축물을 건축 또는 용도변경하거나 공작물을 설치하려면 그 지구단위계획에 맞게 하여야 한다. 다만, 지구단위계획이 수립되어 있지 아니한 경우와 일정 기간 내 철거가 예상되는 경우 등으로서 ① 존치기간(연장된 존치기간을 포함한 총 존치기간을 말한다)이 3년의 범위에서 해당 특별시·광역시·특별자치시·특별자치도·시 또는 군의 도시·군계획조례로 정한 존치기간 이내인 가설건축물, ② 재해복구기간 중 이용하는 재해복구용 가설건축물, ③ 공사기간 중 이용하는 공사용 가설건축물을 지구단위계획구역에서 건축하는 경우에는 지구단위계획에 맞게 하지 않아도 된다(법 제54조, 영 제50조의2).

또한, 지구단위계획구역에서는 제76조(용도지역 및 용도지구에서의 건축물의 건축 제한 등), 제77조(용도지역의 건폐율), 제78조(용도지역에서의 용적률)의 규정을 지구단위계획으로 정하는 바에 따라 완화하여 적용할 수 있다. 따라서 지구단위계획구역(도시지역 외에 지정하는 경우로 한정한다)에서는 지구단위계획으로 당해 용도지역 또는 개발진흥지구에 적용되는 건폐율의 150% 및 용적률의 200% 이내에서 건폐율 및 용적률을 완화하여 적용할 수 있다(법 제52조 제3항, 영 제47조 제1항). 또한,「건축법」제42조(대지의 조경)·제43조(공개공지 등의 확보)·제44조(대지와 도로의 관계)·제60조(건축물의 높이 제한) 및 제61조(일조 등의 확보를 위한 건축물의 높이 제한),「주차장법」제19조(부설주차장의 설치·지정) 및 제19조의2(부설주차장 설치계획서)도 지구단위계획구역에서는 지구단위계획으로 정하는 바에 따라 완화하여 적용할 수 있다(법 제52조 제3항).

Ⅳ. 지구단위계획의 실효

지구단위계획구역의 지정에 관한 도시·군관리계획결정의 고시일부터 3년 이내에 그 지구단위계획구역에 관한 지구단위계획이 결정·고시되지 아니하면 그 3년이 되는 날의 다음날에 그 지구단위계획구역의 지정에 관한 도시·군관리계획결정은 효력을 잃는다. 다만, 다른 법률에서 지구단위계획의 결정(결정된 것으로 보는 경우를 포함한다)에 관하여 따로 정한 경우에는 그 법률에 따라 지구단위계획을 결정할 때까지 지구단위계획구역의 지정은 그 효력을 유지한다(법 제53조 제1항).

주민이 입안제안한 지구단위계획의 경우에는 이에 관한 도시·군관리계획결정의 고시일부터 5년 이내에 국토계획법 또는 다른 법률에 따라 허가·인가·승인 등을 받아 사업이나 공사에 착수하지 아니하면 그 5년이 된 날의 다음날에 그 지구단위계획에 관한 도시·군관리계획결정은 효력을 잃는다. 이 경우 지구단위계획과 관련한 도시·군관리계획결정에 관한 사항은 해당 지구단위계획구역 지정 당시의 도시·군관리계획으로 환원된 것으로 본다(법 제53조 제2항).

제4항 공공기여

Ⅰ. 의의

1. 도입배경

우리나라는 1960년 경제개발을 하면서부터 대규모 개발예정지에 대한 용도지역 조정·도시계획시설 변경 등 도시계획 변경으로 우발적인 계획이익이 발생되었으나 이러한 계획이익에 대한 법적·제도적 환수장치가 미흡하여 개발사업마다 특혜 의혹과 시비가 불거졌다. 계획이익의 사유화는 행정청에게 개발억제 중심의 경직된 도시계획과 도시관리체계를 운용할 수밖에 없는 동인(動因)을 제공하였다.

이러한 문제점을 타개하기 위하여 서울특별시는 개발잠재력이 높은 저개발 부지의 전략적 개발을 위하여 도시계획 변경의 공정성과 투명성을 확보하고, 개발이익의 환수 및 공공의 활용에 기여할 목적으로 2009년에 사전협상제도를 도입하게 된다.

사전협상제도는 도시계획 변경이 필요한 대규모 개발사업의 경우에 도시계획의 결정절차에 앞서 개발사업주체와 행정청이 협상을 통하여 사업주체의 개발안을 검토·조정하고 도시관리계획 변경에 따른 토지가치 상승에 대한 개발이익을 공공에 환원하는 공익기여의 방식을 다양하고 유연하게 결정할 수 있도록 마련된 제도라고 할 것이다. 이것은 기존에 부실하였던 개발이익환수제도를 보완하여 개발부담금 대상에서 누락된 계획이익을 환수하고자 하는 목적으로 설계된 것이다.[135]

2. 공공기여의 개념

사전협상제도는 잠재력이 높은 대규모 개발사업이 가능한 지역, 즉 도시지역 내 주거·상업·업무 등의 기능을 결합하는 등 복합적인 토지 이용을 증진시킬 필요가 있는 지역으로서 대통령령으로 정하는 요건에 해당하는 지역(법 제51조 제1항 제8호의2) 또는 도시지역 내 유휴토지를 효율적으로 개발하거나 교정시설, 군사시설, 그 밖에 대통령령으로 정하는 시설을 이전 또는 재배치하여 토지 이용을 합리화하고, 그 기능을 증진시키기 위하여 집중적으로 정비가 필요한 지역으로서 대통령령으로 정하는 요건에 해당하는 지역(법 제51조 제1항 제8호의3)에 적용되고 있다.

사전협상제도에 따라 국토계획법 제51조 제1항 제8호의2와 제8호의3에 해당하는 지역에서 대규모 개발사업 시행자는 국토계획법 제52조의2 제1항 제1호의 공공시설을 국가 등 공공에 설치하여 제공하여야 하는데, 이를 도시계획 실무에서 '공공기여'라고 통칭하고 있다.

사전협상에 따라 개발사업주체가 공공에 제공하는 시설 등을 공공기여라 하고, 이와 관련하여 국토계획법에서는 정의규정을 찾아볼 수 없고, 「서울특별시 도시계획변경 사전협상 운영에 관한 조례」 제2조 제1항 제4호에서 "공공기여란 사전협상에 따른 구체적 개발계획 및 공공기여계획에 따라 「국토계획법」 제52조의2 제1항 및 제2항에서 정하는 시설 또는 비용 등을 제공하는 것을 말한다"라고 정의하고 있다.

따라서 광의의 의미에서 공공기여는 개발사업에서 공공성 확보를 위하여 활용되는 기부채납이나 무상귀속 등을 포괄한 모든 법적·제도적 장치로 이해되며, 협의로는 행정청의 도시계획변경으로 인한 개발이익의 환수를 위하여 개발사업자가 제공하는 시설 등을 의미한다고 할 수 있다.

3. 공공기여의 특징

「노후계획도시정비법」 제30조에서 공공주택이나 기반시설의 공급 및 설치를 공공기여의 사항으로 규정하고 있으나 국토계획법에서 의미하는 공공기여와는 거리가 있다. 그렇지만 공공기여가 기부채납과 같은 특정한 개념이 아니라 공공의 이익을 실현하기 위한 노력의 총체로 이해된다는 점에서 그 특징이 있다.

---

135) 허자연·김상일·김진하·이주일·정다래, 개정 국토법에 따른 공공시설 등 설치비용 개념과 제도 운용방향, 서울연구원, 2021, 14-18쪽.

특정인의 개발이익에 대한 독점 문제는 공공기여를 통하여 토지가치 상승분의 사익을 일정 부분 공공과 공유하여 개발계획과 개발사업의 정당성을 확보하게 하여 개발이익 환수를 법적인 틀 안에서 해결하며 이로써 도시계획을 적극적으로 효과있게 추진할 수 있게 된다.

그렇지만 국토계획법 제52조의2 표제어에서 나타나듯이 공공기여가 그동안 지구단위계획에서 운영해오던 기부채납의 일종처럼 제도화되어 공공기여의 의미가 퇴색된 듯한 느낌도 존재한다.

II. 공공시설등의 설치

1. 공공시설등의 설치 및 제공

법 제51조 제1항 제8호의2(도시지역 내 주거·상업·업무 등의 기능을 결합하는 등 복합적인 토지 이용을 증진시킬 필요가 있는 지역으로서 대통령령으로 정하는 요건에 해당하는 지역) 또는 제8호의3(도시지역 내 유휴토지를 효율적으로 개발하거나 교정시설, 군사시설, 그 밖에 대통령령으로 정하는 시설을 이전 또는 재배치하여 토지 이용을 합리화하고, 그 기능을 증진시키기 위하여 집중적으로 정비가 필요한 지역으로서 대통령령으로 정하는 요건에 해당하는 지역)에 해당하는 지역의 전부 또는 일부를 지구단위계획구역으로 지정함에 따라 지구단위계획으로 용도지역이 변경되어 용적률이 높아지거나 건축제한이 완화되는 경우 또는 지구단위계획으로 도시·군계획시설 결정이 변경되어 행위제한이 완화되는 경우에는 해당 지구단위계획구역에서 건축물을 건축하려는 자(제26조 제1항 제2호에 따라 도시·군관리계획이 입안되는 경우 입안 제안자를 포함한다)가 용도지역의 변경 또는 도시·군계획시설 결정의 변경 등으로 인한 토지가치 상승분(「감정평가법」에 따른 감정평가법인등이 용도지역의 변경 또는 도시·군계획시설 결정의 변경 전·후에 대하여 각각 감정평가한 토지가액의 차이를 말한다)의 범위에서 지구단위계획으로 정하는 바에 따라 해당 지구단위계획구역 안에 ① 공공시설, ② 기반시설, ③「공공주택특별법」 제2조 제1호 가목에 따른 공공임대주택 또는「건축법」 및 같은 법 시행령 별표 1 제2호 라목에 따른 기숙사 등 공공필요성이 인정되어 해당 시·도 또는 대도시의 조례로 정하는 시설의 부지를 제공하거나 공공시설등을 설치하여 제공하도록 하여야 한다(법 제52조의2 제1항).

2. 공공시설등의 설치에 갈음하는 사업비용의 납부

대통령령으로 정하는 바에 따라 해당 지구단위계획구역 안의 공공시설등이 충분한 것으로 인정될 때에는 해당 지구단위계획구역 밖의 관할 특별시·광역시·특별자치시·특별자치도·시 또는 군에 지구단위계획으로 정하는 바에 따라 다음 각 호의 사업에 필요한 비용을 납부하는 것으로 갈음할 수 있다(법 제52조의2 제2항).

1. 도시·군계획시설결정의 고시일부터 10년 이내에 도시·군계획시설사업이 시행되지 아니한 도시·군계획시설의 설치
2. 「공공주택특별법」 제2조 제1호 가목에 따른 공공임대주택 또는 「건축법」 및 같은 법 시행령 별표 1 제2호 라목에 따른 기숙사 등 공공필요성이 인정되어 해당 시·도 또는 대도시의 조례로 정하는 시설의 설치
3. 공공시설 또는 제1호에 해당하지 아니하는 기반시설의 설치

지구단위계획구역에 공공시설등의 부지를 제공하거나 공공시설등을 설치하여 제공하는 것을 갈음하여 공공시설등의 설치비용을 납부하게 하려는 경우 지구단위계획구역 안의 공공시설등이 충분한지는 특별시장·광역시장·특별자치시장·특별자치도지사·시장 또는 군수가 「건축법」에 따라 해당 지방자치단체에 두는 건축위원회와 도시계획위원회의 공동 심의를 거쳐 인정한다. 이 경우 심의 및 인정여부의 결정을 할 때에는 다음 각 호의 사항을 고려하여야 한다(영 제46조의2 제1항).

1. 현재 지구단위계획구역 안의 공공시설등의 확보 현황
2. 개발사업에 따른 인구·교통량 등의 변화와 공공시설등의 수요 변화 등

3. 설치비용의 귀속

지구단위계획구역이 특별시 또는 광역시 관할인 경우에는 공공시설등의 설치비용 납부액 중 100분의 20 이상 100분의 30 이하의 범위에서 해당 지구단위계획으로 정하는 비율에 해당하는 금액은 해당 지구단위계획구역의 관할 구(자치구를 말한다) 또는 군(광역시의 관할 구역에 있는 군을 말한다)에 귀속된다(법 제52조의2 제3항, 영 제46조의2 제4항).

4. 공공시설등의 설치비용의 관리 등을 위한 기금

특별시장·광역시장·특별자치시장·특별자치도지사·시장·군수 또는 구청장은 납부받거나 귀속되는 공공시설등의 설치비용의 관리 및 운용을 위하여 기금을 설치할 수 있다(법 제52조의2 제4항).

5. 공공시설 사업에 대한 우선 사용

특별시·광역시·특별자치시·특별자치도·시 또는 군은 제2항에 따라 납부받은 공공시설등의 설치비용의 100분의 10 이상을 제2항 제1호의 사업에 우선 사용하여야 하고, 해당 지구단위계획구역의 관할 구 또는 군은 귀속되는 공공시설등의 설치비용의 전부를 제2항 제1호의 사업에 우선 사용하여야 한다. 이 경우 공공시설등의 설치비용의 사용기준 등 필요한 사항은 해당 시·도 또는 대도시의 조례로 정한다(법 제52조의2 제5항).

Ⅲ. 도시혁신구역, 복합용도구역, 입체복합구역에 대한 공공시설등의 설치

1. 공공시설등의 설치 및 제공

도시혁신구역, 복합용도구역, 입체복합구역 안에서 개발사업이나 개발행위를 하려는 자(제26조 제1항 제5호에 따라 도시·군관리계획을 입안하거나 제35조의3에 따라 공간재구조화계획을 입안하는 경우 입안 제안자를 포함한다)는 건축물이나 그 밖의 시설의 용도, 건폐율, 용적률 등의 건축제한 완화 또는 행위제한 완화로 인한 토지가치 상승분(「감정평가법」에 따른 감정평가법인등이 해당 구역에 따른 계획 등의 변경 전·후에 대하여 각각 감정평가한 토지가액의 차이를 말한다)의 범위에서 해당 구역에 따른 계획으로 정하는 바에 따라 해당 구역 안에 공공시설등의 부지를 제공하거나 공공시설등을 설치하여 제공하도록 하여야 한다(법 제40조의6 제1항).

이 경우 공공시설등의 부지제공과 설치, 비용납부 등에 관하여는 제52조의2(공공시설등의 설치비용 등) 제2항부터 제6항까지를 준용한다(법 제40조의6 제2항).

2. 적용 제외

제1항 및 제2항은 도시혁신구역, 복합용도구역, 입체복합구역이 의제되는 경우에도 적용한다. 다만, ①「개발이익환수법」에 따른 개발부담금, ②「재건축이익환수법」에 따른 재건축부담금이 부과(해당 법률에 따라 부담금을 면제하는 경우를 포함한다)되는 경우에는 그러하지 아니하다(법 제40조의6 제3항).

제 4 장

도시개발법

4 장 도시개발법

제1절 | 도시개발법 서설

제1항 도시개발법의 의의

산업사회로의 변화로 인한 인구와 산업의 도시집중화는 공해 등 환경오염 · 교통난 · 도시기반시설 부족 · 주거질 악화 등의 수많은 역기능을 발생시키게 된다. 우리나라 역시 1960년대 이후 급격히 진행된 고도의 경제성장과 도시화로 택지와 공장용지의 수요가 급증하였으나, 기존의 도시계획법 및 토지구획정리사업법에 의한 대지공급에는 한계가 있었다. 이를 해결하기 위하여 택지개발촉진법, 주택건설촉진법 등이 제정되었으나, 이들 개별법들 역시 특정의 단일한 목적을 염두에 둔 사업법으로서 신도시와 같이 복합적 기능을 갖는 도시를 개발하는 데에는 한계가 있었다.[1]

이에 복합적인 기능을 갖는 신도시를 체계적으로 개발하기 위하여 종전의 도시계획법상의 주택지조성사업 · 공업용지조성사업 · 시가지조성사업에 관한 부분과 토지구획정리사업법상의 토지구획정리사업에 관한 부분을 통합 · 보완하여 도시개발에 관한 기본법으로서 도시개발법이 2000년 1월 28일에 제정되었다.

이러한 연혁적 배경을 바탕으로 도시개발법도 제1조에서 "이 법은 도시개발에 필요한 사항을 규정하여 계획적이고 체계적인 도시개발을 도모하고 쾌적한 도시환경의 조성과 공공복리의 증진에 이바지함을 목적으로 한다"라고 규정하여 도시집중화로 인한 역기능적 현실에 대한 대안적 성격으로서의 입법목적을 분명히 하고 있다.

---

1) 헌법재판소 2010. 12. 28. 선고 2008헌바57 결정.

제2항 도시개발법의 연혁

Ⅰ. 택지조성법제의 변천

1934년 조선시가지계획령에 마련된 토지구획정리사업의 기법은 1980년대까지 택지공급을 위한 주된 수단으로 이용되었다. 토지구획정리사업이란 농촌의 경지정리를 도시개량에 원용한 것으로 토지소유자들이 조합을 결성하여 일정한 지구 내의 가곽(街廓)을 바르게 하며 필요한 공공시설을 축조하여 효용성 높은 택지를 조성하는 것을 말한다. 토지구획정리사업은 지구 내 공공시설의 축조를 위하여 토지소유자들이 일정한 비율로 자기 소유지의 일부를 내놓아야 하는 '감보(減保)'와 자기 소유지를 사업 전후에 서로 교환하는 '환지(換地)'의 방식을 통하여 상호 소유권을 교환하는 방식으로 진행하는 것이기 때문에 원칙적으로 행정청 주도의 토지수용과 달리 지구 내 토지소유자들의 자주적 · 자율적 합의가 중요하며, 초기 용지비가 들지 않는다는 장점이 있다.[2] 이러한 토지구획정리사업은 새로운 택지공급과 기성시가지 정비라는 이중적 기능을 수행하며, 1970년까지 택지개발 및 조성에 광범위하게 활용되었다.

1971년 전부 개정된 도시계획법에 근거한 일단의 주택지조성사업은 민간부문에서의 택지공급을 위하여 활용되면서 토지구획정리사업과 병행하였다. 1970년대 시가화가 진행된 도시내부에서의 택지공급 필요성이 대두되면서 도시계획법상 아파트지구가 도입되고, 아파트지구내 개발사업에 대한 토지수용권이 부여되기에 이른다. 1981년 주택건설촉진법이 개정되어 아파트사업승인과 별개로 대지조성사업에 대한 사업승인제도가 마련되었다.

민간개발방식에 대한 대안으로 공영개발방식의 택지개발촉진법이 1980년 제정된다. 토지가격 상승의 주된 원인으로 지목받던 기존의 토지구획정리방식을 지양하기 위하여 제정된 택지개발촉진법은 토지소유자에 귀속되던 개발이익을 전면 부정한다. 택지개발촉진법은 조합방식이 아닌 수용방식의 사업을 채택하고 도시 외곽에 택지개발을 독려하게 된다.

2000년대 들어 토지소유자의 반발로 인한 수용방식의 비효율성과 부동산 투기우려로 인한 은밀한 택지개발사업의 진행 등 택지개발촉진법의 한계가 노출됨에 따라 신법 제정의 필요성이 대두되었다. 2000년 토지구획정리사업법을 폐지하고, 토지구획정리사업의 환지방식과 택지개발사업의 수용기법을 혼용한 도시개발법이 제정된다.

---

2) 염복규, 서울은 어떻게 계획되었는가, 살림, 2015, 89쪽.

II. 도시개발법제의 연혁

1934년 6월 20일 총독부제령 제14호로 공포된 조선시가지계획령은 우리나라 최초의 근대적 건설법제라는 긍정적 의미 외에도 식민지 지배의도에 부응한 강제이식 법령이라는 의의도 내포하고 있다.

당시 일본 도시계획법과 비교하여 조선시가지계획령은 첫째, 시가지계획령의 대상은 기성시가의 개량보다 신시가의 창설 및 기성시가의 확장이라는 점이 강조되었고, 둘째, 시가지계획에 대한 결정·집행권을 총독 1인에게 귀속시켜 자문기관이나 지방의회의 개입을 최소화하였고, 셋째, 토지구획정리사업에서 지주조합 시행을 원천 봉쇄하여 전원 합의가 없으면 구획정리는 국가시행으로 하였다. 마지막으로 지역제는 공업, 상업, 주거의 3지역 및 특별한 제한이 없는 미지정지역의 4지역제를 채택하였다.[3] 현행 국토계획법과 도시개발법 등의 원형인 조선시가지계획령은 해방 후에 시가지계획령으로 명칭을 변경된 후 1962년 도시계획법과 건축법의 제정으로 폐지되었다.

1962년에 제정된 도시계획법은 국토계획법과 도시개발법 및 도시정비법 등 개발사업법제의 혼합적인 형태이었다. 1966년 도시계획법에서 토지구획정리사업법이 분리된 후 2000년에 토지구획정리사업법은 도시개발법으로 명칭이 변경되면서 제정되었고, 1976년에 도시계획법에서 도시재개발법이 분리된 후 2003년에 도시재개발법은 도시정비법으로 개칭되었다.

기존의 구획정리사업은 환지방식의 개발사업으로 명칭이 변경되면서 여기에 더해 수용방식의 개발사업이 추가된 형태가 바로 도시개발법이다. 이러한 입법 태도는 기존 토지 소유권 및 건축물을 가급적 유지하면서 사업을 진행한다는 점에서 대상구역의 원칙적 전면수용과 전면철거를 전제로 하는 도시정비법의 재개발사업과는 사뭇 다른 양상을 보이고 있다.

제3항 도시개발법의 구성

도시개발법은 국토기본법 및 국토계획법의 규율 하에 도시개발에 관한 사업을 구체화한 법률로서 도시개발에 필요한 사항을 규정하여 계획적이고 체계적인 도시개발을 도모하고 쾌적한 도시환경의 조성과 공공복리의 증진에 이바지하는 것을 목적으로 하

3) 염복규, 위의 책, 25－26쪽.

고 있다(법 제1조).

다시 말해, 국토개발에 관한 일반법인 국토계획법이 기존의 질서를 존중하는 바탕 위에서 소극적으로 건축허가요건만을 통제함으로써 바람직한 토지이용을 추구하는 데 중점을 두는 것에 비해, 도시개발법은 기존의 질서에 전면적으로 개입하여 새로운 시설·환경 등을 조성함으로써 적극적으로 도시를 형성하는 기능을 담당한다.[4]

이러한 양법의 입법취지를 반영하여 국토계획법은 제2조 제11호에서 도시·군계획사업의 종류로 도시개발법에 따른 도시개발사업을 규정함으로써 국토계획법의 구체화법으로서의 도시개발법의 법적 성격을 분명히 하고 있다. 따라서 도시개발법은 도시개발사업을 구체화하고 실행하기 위한 개발사업법적 성격을 강하게 나타낸다.

도시개발법에 의한 도시개발사업의 도시에 대한 적극적·형성적 성격상 대규모의 토지가 필요하고, 수립된 개발계획에 따라 체계적이고 예측가능한 사업수행이 긴요하므로 도시개발법의 주된 내용은 도시개발사업의 수행 절차가 된다. 개발계획의 수립, 도시개발구역의 지정, 사업시행자 지정과 사업시행, 사업시행방식의 종류로서의 수용방식과 환지방식 등이 도시개발법의 주요 구성부분으로 등장하며, 이러한 사항에 대한 연구가 도시개발법 연구에서 필요하다고 할 것이다.

---

4) 헌법재판소 2010. 12. 28. 선고 2008헌바57 결정.

제2절 | 도시개발구역의 지정

제1항 도시개발구역의 지정

Ⅰ. 도시개발구역의 의의

도시개발구역이란 도시개발사업을 시행하기 위하여 제3조와 제9조에 따라 지정·고시된 구역을 말한다(법 제2조 제1항 제1호).

Ⅱ. 도시개발구역의 지정권자

1. 지정권자의 구분에 따른 지정

도시개발사업은 기본적으로 규모가 크기 때문에 도시개발구역의 지정권자는 원칙적으로 광역지방자치단체장이 된다. 여기에는 인구 50만 이상의 대도시 시장도 포함되지만 기초지방자치단체장은 지정권자가 될 수 없다는 점을 유의하여야 한다.

특별시장·광역시장·도지사·특별자치도지사(시·도지사)와 「지방자치법」 제198조에 따른 서울특별시와 광역시를 제외한 인구 50만 이상의 대도시의 시장(대도시 시장)은 계획적인 도시개발이 필요하다고 인정되는 때에는 도시개발구역을 지정할 수 있다(법 제3조 제1항). 도시개발사업이 필요하다고 인정되는 지역이 둘 이상의 특별시·광역시·도·특별자치도(시·도) 또는 인구 50만 이상의 대도시(대도시)의 행정구역에 걸치는 경우에는 관계 시·도지사 또는 대도시 시장이 협의하여 도시개발구역을 지정할 자를 정한다(법 제3조 제2항).

다만, 국토교통부장관은 ① 국가가 도시개발사업을 실시할 필요가 있는 경우, ② 관계 중앙행정기관의 장이 요청하는 경우, ③ 공공기관의 장 또는 정부출연기관의 장이 30만㎡ 이상으로서 국가계획과 밀접한 관련이 있는 도시개발구역의 지정을 제안하는 경우, ④ 제2항에 따른 협의가 성립되지 아니하는 경우, ⑤ 천재지변, 그 밖의 사유로 인하여 도시개발사업을 긴급하게 할 필요가 있는 경우에는 도시개발구역을 지정할 수 있다(법 제3조 제3항, 영 제4조).

2. 도시개발구역 지정의 요청 및 제안

시장(대도시 시장은 제외한다) · 군수 또는 구청장(자치구의 구청장을 말한다)은 대통령령으로 정하는 바에 따라 시 · 도지사에게 도시개발구역의 지정을 요청할 수 있다(법 제3조 제4항).

시장 · 군수 또는 구청장의 시 · 도지사에 대한 도시개발구역 지정의 요청과 더불어 도시개발사업 시행자 중 일부는 도시개발구역 지정을 직접 제안할 수 있다. 공공기관 · 정부출연기관, 지방공사, 도시개발구역의 토지소유자는 특별자치도지사 · 시장 · 군수 또는 구청장에 대하여, 공공기관장 및 정부출연기관장은 국토교통부장관에 대하여 도시개발구역 지정을 직접 제안할 수 있다. 여기서 공공시행자는 토지소유자의 동의를 받지 않아도 되지만, 토지소유자와 민간시행자는 토지소유자의 동의요건을 충족하여야 한다.

도시개발사업의 시행자 중 대통령령으로 정하는 공공기관 · 정부출연기관, 「지방공기업법」에 따른 지방공사, 도시개발구역의 토지소유자(수용 또는 사용의 방식으로 제안하는 경우에는 도시개발구역의 국공유지를 제외한 토지면적의 3분의 2 이상을 사용할 수 있는 토지사용승낙서 및 토지매매계약서를 가지고 2분의 1 이상을 소유한 자를 말한다) 또는 제11조 제1항 제7호부터 제11호까지의 규정에 해당하는 자는 「수도권정비계획법」에 따른 과밀억제권역에서 수도권 외의 지역으로 이전하는 법인 중 과밀억제권역의 사업 기간 등 대통령령으로 정하는 요건에 해당하는 법인 등은 대통령령으로 정하는 바에 따라 특별자치도지사 · 시장 · 군수 또는 구청장에게 도시개발구역의 지정을 제안할 수 있다. 다만, 제3조 제3항에 해당하는 자[5]는 국토교통부장관에게 직접 제안할 수 있다(법 제11조 제5항, 영 제23조 제4항).

토지소유자 또는 도시개발법 제11조 제1항 제7호부터 제11호까지(국가, 지방자치단체, 대통령령으로 정하는 공공기관 · 정부출연기관 또는 지방공사가 100분의 50을 초과하여 출자한 경우는 제외한다)의 규정에 해당하는 자가 도시개발구역의 지정을 제안하려는 경우에는 대상 구역 토지면적의 3분의 2 이상에 해당하는 토지소유자(지상권자를 포함한다)의 동의를 받아야 한다(법 제11조 제6항, 영 제23조 제5항).

특별자치도지사 · 시장 · 군수 또는 구청장은 제안자와 협의하여 도시개발구역의 지

---

5) 제3조 제3항에 해당하는 자의 의미가 법문상 불명확하다. 제3조 제3항은 국토교통부장관이 도시개발구역을 직접 지정할 수 있는 사유를 규정하고 있으므로 여기에 해당하는 자가 관계 중앙행정기관의 장인지 아니면 공공기관의 장 또는 정부출연기관의 장인지 불분명하다. 해석상 전부 포함되는 것으로 보인다.

정을 위하여 필요한 비용의 전부 또는 일부를 제안자에게 부담시킬 수 있다(법 제11조 제7항).

Ⅲ. 도시개발구역지정의 절차

1. 기초조사

도시개발사업의 시행자나 시행자가 되려는 자는 도시개발구역을 지정하거나 도시개발구역의 지정을 요청 또는 제안하려고 할 때에는 도시개발구역으로 지정될 구역의 토지, 건축물, 공작물, 주거 및 생활실태, 주택수요, 그 밖에 필요한 사항에 관하여 대통령령으로 정하는 바에 따라 조사하거나 측량할 수 있다(법 제6조 제1항). 조사나 측량을 하려는 자는 관계 행정기관, 지방자치단체, 공공기관운영법에 따른 공공기관, 정부출연기관, 그 밖의 관계 기관의 장에게 필요한 자료의 제출을 요청할 수 있다. 이 경우 자료 제출을 요청받은 기관의 장은 특별한 사유가 없으면 요청에 따라야 한다(법 제6조 제2항).

2. 주민 의견청취

국토교통부장관, 시 · 도지사 또는 대도시 시장이 도시개발구역을 지정(대도시 시장이 아닌 시장 · 군수 또는 구청장의 요청에 의하여 지정하는 경우는 제외한다)하고자 하거나 대도시 시장이 아닌 시장 · 군수 또는 구청장이 도시개발구역의 지정을 요청하려고 하는 경우에는 공람이나 공청회를 통하여 주민이나 관계 전문가 등으로부터 의견을 들어야 하며, 공람이나 공청회에서 제시된 의견이 타당하다고 인정되면 이를 반영하여야 한다. 도시개발구역을 변경(도시개발사업의 시행방식을 변경하는 경우 또는그 밖에 지정권자가 토지소유자의 권익보호 등을 위하여 중대하다고 인정하거나 시 · 도 조례로 정한 경우 등을 제외한 경미한 사항은 제외한다)하려는 경우에도 또한 같다(법 제7조 제1항, 영 제12조).

3. 도시계획위원회의 심의

지정권자는 도시개발구역을 지정하거나 개발계획을 공모하거나 도시개발구역을 지정한 후에 개발계획을 수립하려면 관계 행정기관의 장과 협의한 후 국토계획법에 따른 중앙도시계획위원회 또는 시·도도시계획위원회나 대도시에 두는 대도시도시계획위원회의 심의를 거쳐야 한다. 변경하는 경우에도 또한 같다. 다만, 개발계획을 변경하는 경우로서 도시개발구역 면적이 종전보다 100분의 10 이상 증감하는 경우가 아니거나 그 밖에 지정권자가 도시·군기본계획에서 제시한 목표를 실현하기 위하여 중대하다고 인정하거나 시·도 조례로 정한 경우 등이 아닌 경미한 사항을 변경하는 경우에는 그러하지 아니하다(법 제8조 제1항, 영 제14조 제1항). 국토계획법에 따른 지구단위계획에 따라 도시개발사업을 시행하기 위하여 도시개발구역을 지정하는 경우에는 중앙도시계획위원회 또는 시·도도시계획위원회나 대도시에 두는 대도시도시계획위원회의 심의를 거치지 아니한다(법 제8조 제2항). 지정권자는 관계 행정기관의 장과 협의하는 경우 지정하려는 도시개발구역이 50만㎡ 이상 또는 개발계획이 국토계획법 제2조 제14호에 따른 국가계획을 포함하고 있거나 그 국가계획과 관련되는 경우에 해당하면 국토교통부장관과 협의하여야 한다(법 제8조 제3항, 영 제14조의2 제1항).

4. 도시개발구역 지정의 고시

지정권자는 도시개발구역을 지정하거나 제4조 제1항 단서[6]에 따라 개발계획을 수립한 경우에는 대통령령으로 정하는 바에 따라 이를 관보나 공보에 고시하고, 대도시 시장인 지정권자는 관계 서류를 일반에게 공람시켜야 하며, 대도시 시장이 아닌 지정권자는 해당 도시개발구역을 관할하는 시장(대도시 시장은 제외한다)·군수 또는 구청장에게 관계 서류의 사본을 보내야 하며, 지정권자인 특별자치도지사와 관계 서류를 송부받은 시장(대도시 시장은 제외한다)·군수 또는 구청장은 해당 관계 서류를 일반인에게 공람시켜야 한다. 변경하는 경우에도 또한 같다(법 제9조 제1항).

도시개발구역이 지정·고시된 경우 해당 도시개발구역은 국토계획법에 따른 도시지역과 국토계획법 제51조 제1항에 따른 지구단위계획구역으로 결정되어 고시된 것으로 본다. 예를 들어, 농림지역에 도시개발구역이 지정된 경우에 농림지역은 국토계획법상 도시지역으로 용도지역이 변경되고, 이로써 도시지역의 용적률과 건폐율 등이 적용된다. 다만, 국토계획법 제51조 제3항에 따른 지구단위계획구역 및 같은 법 제37조 제1항 제6호에 따른 취락지구로 지정된 지역인 경우에는 그러하지 아니하다(법 제9조 제2

6) 개발계획을 수립한 후 도시개발구역을 지정하는 것이 원칙이나, 개발계획을 공모하거나 자연녹지지역이나 도시지역 외의 지역 등에 도시개발구역을 지정할 때에는 도시개발구역을 지정한 후에 개발계획을 수립할 수 있다.

항, 영 제15조 제5항). 결정 · 고시된 것으로 보는 사항에 대하여 국토계획법 제32조에 따른 도시 · 군관리계획에 관한 지형도면의 고시는 도시개발사업의 시행 기간에 할 수 있다(법 제9조 제4항).

도시개발구역지정에 관한 주민 등의 의견청취를 위한 공고가 있는 지역 및 도시개발구역에서 건축물의 건축, 공작물의 설치, 토지의 형질변경, 토석채취, 토지분할, 물건을 쌓아놓는 행위, 죽목의 벌채 및 식재 등 대통령령으로 정하는 행위를 하려는 자는 특별시장 · 광역시장 · 특별자치도지사 · 시장 또는 군수의 허가를 받아야 한다. 허가받은 사항을 변경하려는 경우에도 또한 같다(법 제9조 제5항).

그러나 재해복구 또는 재난수습에 필요한 응급조치를 위하여 하는 행위, 국토계획법상의 개발행위허가대상이 아닌 경작을 위한 토지형질변경 등은 허가를 받지 않고도 할 수 있다(법 제9조 제6항, 영 제16조 제3항).

허가를 받아야 하는 행위로서 도시개발구역의 지정 및 고시 당시 이미 관계 법령에 따라 행위허가를 받았거나 허가를 받을 필요가 없는 행위에 관하여 그 공사나 사업에 착수한 자는 대통령령으로 정하는 바에 따라 특별시장 · 광역시장 · 특별자치도지사 · 시장 또는 군수에게 신고한 후 이를 계속 시행할 수 있다(법 제9조 제7항).

5. 도시개발구역 지정의 해제

1) 해제의제

도시개발구역은 도시개발사업의 목적을 위하여 일정 기간 존재하는 것이므로 도시개발구역 지정의 해제사유, 예컨대, 공사완료나 환지처분의 완료로 단지나 시가지의 조성이 완료된 경우 또는 실시계획인가 신청이나 개발계획 수립의 미진행 등으로 도시개발구역 지정 후 일정 기간 동안 사업진척이 없는 경우에는 도시개발구역지정은 해제된 것으로 의제된다. 이러한 해제의제 조항은 도시개발사업이 초기부터 지연되어 토지소유자 등의 재산권 행사가 지나치게 장기간 제약되는 것을 방지하려는 데에 그 입법취지가 있다.

도시개발구역이 지정 · 고시된 날부터 3년이 되는 날까지 실시계획인가를 신청하지 아니하는 경우에는 그 3년이 되는 날의 다음 날에, 도시개발사업의 공사완료(환지방식에 따른 사업인 경우에는 그 환지처분)의 공고일의 다음 날에 도시개발구역지정은 해제된 것으로 본다(법 제10조 제1항). 그러므로 도시개발구역이 지정 · 고시된 날부터 3년이 되는 날까지 실시계획의 인가 신청이 없으면 이 조항에 따라 도시개발구역의 지정이 해제된 것으로 간주된다고 보아야 하고, 그 사이에 도시개발사업 시행자의 지정 여부는 문제되지 아니한다.[7)]

이러한 도시개발구역 지정의 해제의제와 달리 도시개발구역 지정 후 개발계획을 수립하는 경우의 해제의제에서는 ① 도시개발구역이 지정·고시된 날부터 2년이 되는 날까지 개발계획을 수립·고시하지 아니하는 경우에는 그 2년(도시개발구역 면적이 330만㎡ 이상인 경우에는 5년)이 되는 날의 다음 날에, ② 개발계획을 수립·고시한 날부터 3년이 되는 날까지 실시계획인가를 신청하지 아니하는 경우에는 그 3년(도시개발구역 면적이 330만㎡ 이상인 경우에는 5년)이 되는 날의 다음 날에 도시개발구역의 지정이 해제된 것으로 본다(법 제10조 제2항, 영 제17조 제2항).

도시개발구역의 지정이 해제의제되는 경우 지정권자는 대통령령으로 정하는 바에 따라 이를 관보나 공보에 고시하고, 대도시 시장인 지정권자는 관계 행정기관의 장에게 통보하여야 하며 관계 서류를 일반에게 공람시켜야 하고, 대도시 시장이 아닌 지정권자는 관계 행정기관의 장과 도시개발구역을 관할하는 시장(대도시 시장은 제외한다)·군수 또는 구청장에게 통보하여야 한다. 이 경우 지정권자인 특별자치도지사와 본문에 따라 통보를 받은 시장(대도시 시장은 제외한다)·군수 또는 구청장은 관계 서류를 일반인에게 공람시켜야 한다(법 제10조 제4항).

2) 해제의제의 효과

도시개발구역의 지정이 해제의제(解除擬制)된 경우에는 그 도시개발구역에 대한 국토계획법에 따른 용도지역 및 지구단위계획구역은 해당 도시개발구역 지정 전의 용도지역 및 지구단위계획구역으로 각각 환원되거나 폐지된 것으로 본다. 다만, 도시개발사업의 공사완료나 환지처분으로 도시개발구역의 지정이 해제의제된 경우에는 환원되거나 폐지된 것으로 보지 아니한다(법 제10조 제3항).

---

7) 대법원 2016. 2. 18. 선고 2015두3362 판결.

Ⅳ. 보안관리 및 부동산투기 방지대책

1. 보안관리

다음 각 호에 해당하는 자는 제7조에 따른 주민 등의 의견청취를 위한 공람 전까지는 도시개발구역의 지정을 위한 조사, 관계 서류 작성, 관계기관 협의, 중앙도시계획위원회 또는 시·도도시계획위원회나 대도시도시계획위원회의 심의 등의 과정에서 관련 정보가 누설되지 아니하도록 필요한 조치를 하여야 한다. 다만, 지정권자가 도시개발사업의 원활한 시행을 위하여 필요하다고 인정하는 경우로서 대통령령으로 정하는 경우에는 관련 정보를 미리 공개할 수 있다(법 제10조의2 제1항).

1. 지정권자
2. 제3조 제3항 제2호 또는 같은 조 제4항에 따라 도시개발구역의 지정을 요청하거나 요청하려는 관계 중앙행정기관의 장 또는 시장(대도시 시장은 제외한다)·군수·구청장
3. 제11조 제1항에 따른 시행자 또는 시행자가 되려는 자 및 같은 조 제5항에 따라 도시개발구역의 지정을 제안하거나 제안하려는 자
4. 제6조 제2항에 따라 도시개발구역을 지정하거나 도시개발구역의 지정을 요청 또는 제안하기 위한 자료의 제출을 요구받은 자
5. 제3조 제4항, 제8조 제1항 또는 제3항 및 제11조 제5항에 따라 도시개발구역 지정 시 협의하는 관계 행정기관의 장 또는 자문·심의기관의 장

다음 각 호의 기관 또는 업체에 종사하였거나 종사하는 자(제3호의 경우 토지소유자를 포함한다)는 업무 처리 중 알게 된 도시개발구역 지정 또는 지정의 요청·제안과 관련한 정보로서 불특정 다수인이 알 수 있도록 공개되기 전의 정보(미공개정보)를 도시개발구역의 지정 또는 지정 요청·제안 목적 외로 사용하거나 타인에게 제공 또는 누설해서는 아니 된다(법 제10조의2 제2항).

1. 지정권자가 속한 기관
2. 제3조 제3항 제2호 또는 같은 조 제4항에 따라 도시개발구역의 지정을 요청하거나 또는 요청하려는 관계 중앙행정기관 또는 시(대도시는 제외한다)·군·구
3. 제11조 제1항에 따른 시행자 또는 시행자가 되려는 자 및 같은 조 제5항에 따라 도시개발구역의 지정을 제안하거나 제안하려는 자

4. 제6조 제2항에 따라 도시개발구역을 지정하거나 도시개발구역의 지정을 요청 또는 제안하기 위한 자료의 제출을 요구받은 기관
5. 제3조 제4항, 제8조 제1항 또는 제3항 및 제11조 제5항에 따라 도시개발구역 지정 시 협의하는 관계 기관 또는 자문·심의 기관
6. 도시개발사업의 시행자 또는 시행자가 되려는 자가 제6조에 따라 도시개발구역의 지정 또는 지정 요청·제안에 필요한 조사·측량을 하거나 관계 서류 작성 등을 위하여 용역 계약을 체결한 업체

이러한 기관 또는 업체에 종사하였거나 종사하는 자(제2항 제3호의 경우 토지소유자를 포함한다)로부터 미공개정보를 제공받은 자 또는 미공개정보를 부정한 방법으로 취득한 자는 그 미공개정보를 도시개발구역의 지정 또는 지정 요청·제안 목적 외로 사용하거나 타인에게 제공 또는 누설해서는 아니 된다(법 제10조의2 제3항).

2. 부동산투기 대책의 수립

지정권자는 도시개발구역으로 지정하려는 지역 및 주변지역이 부동산투기가 성행하거나 성행할 우려가 있다고 판단되는 경우에는 대통령령으로 정하는 바에 따라 투기방지대책을 수립하여야 하며(법 제10조의2 제4항), 다음 각 호의 부동산투기 방지대책을 수립·시행하여야 한다(영 제17조의2).

1. 도시개발구역의 지정 제안 등으로 부동산투기 또는 부동산가격의 급등이 우려되는 지역에 대한 「주택법」 제63조에 따른 투기과열지구 지정
2. 도시개발구역 및 주변지역의 무분별한 개발을 방지하기 위한 개발행위허가 제한
3. 도시개발구역 지정을 위한 조사·용역·협의 등의 과정에서 직접적·간접적으로 관계되는 자에 대한 자체 보안대책
4. 그 밖에 다른 법령에 따른 부동산가격 안정 대책 등 도시개발구역 및 주변지역의 부동산투기 방지를 위하여 필요하다고 인정되는 대책

제2항 도시개발사업계획의 수립

Ⅰ. 개발계획의 수립

도시개발사업계획이란 도시의 개발방향, 특성 등을 담은 도시개발사업을 총괄하는 계획을 의미한다.

개발계획수립의 시기는 원칙적으로 도시개발구역의 지정 전에 이루어져야 하나, 예외적으로 도시개발구역이 지정된 후 개발계획이 수립되는 경우도 있다. 창의적 · 효율적인 도시개발사업의 추진을 위하여 개발계획을 공모하거나 상대적으로 개발이 덜 진행된 특정 지역, 예를 들어, 자연녹지지역 · 생산녹지지역이나 비도시지역에 도시개발구역을 지정하는 경우가 여기에 해당한다.

지정권자는 도시개발구역을 지정하려면 해당 도시개발구역에 대한 도시개발사업계획(개발계획)을 수립하여야 한다. 다만, 개발계획을 공모하거나 자연녹지지역 · 생산녹지지역이나 비도시지역 등에 도시개발구역을 지정할 때에는 도시개발구역을 지정한 후에 개발계획을 수립할 수 있다(법 제4조 제1항, 영 제6조 제1항). 지정권자는 창의적이고 효율적인 도시개발사업을 추진하기 위하여 필요한 경우에는 대통령령으로 정하는 바에 따라 개발계획안을 공모하여 선정된 안을 개발계획에 반영할 수 있다. 이 경우 선정된 개발계획안의 응모자가 도시개발사업 시행자의 자격요건을 갖춘 자인 경우에는 해당 응모자를 우선하여 시행자로 지정할 수 있다(법 제4조 제2항).

Ⅱ. 개발계획의 내용

개발계획에는 다음 각 호의 사항이 포함되어야 한다. 다만, 제13호부터 제16호까지의 규정에 해당하는 사항은 도시개발구역을 지정한 후에 개발계획에 포함시킬 수 있다(법 제5조 제1항).

1. 도시개발구역의 명칭 · 위치 및 면적
2. 도시개발구역의 지정목적과 도시개발사업의 시행기간
3. 제3조의2에 따라 도시개발구역을 둘 이상의 사업시행지구로 분할하거나 서로 떨어진 둘 이상의 지역을 하나의 구역으로 결합하여 도시개발사업을 시행하는 경우에는 그 분할이나 결합에 관한 사항

4. 도시개발사업의 시행자에 관한 사항
5. 도시개발사업의 시행방식
6. 인구수용계획[분양주택(분양을 목적으로 공급하는 주택을 말한다) 및 임대주택(「민간임대주택법」에 따른 민간임대주택 및 「공공주택특별법」에 따른 공공임대주택을 말한다)으로 구분한 주택별 수용계획을 포함한다]
7. 토지이용계획
7의2. 제25조의2에 따라 원형지로 공급될 대상 토지 및 개발 방향
8. 교통처리계획
9. 환경보전계획
10. 보건의료시설 및 복지시설의 설치계획
11. 도로·상하수도 등 주요 기반시설의 설치계획
12. 재원조달계획
13. 도시개발구역 밖의 지역에 기반시설을 설치하여야 하는 경우에는 그 시설의 설치에 필요한 비용의 부담 계획
14. 수용 또는 사용의 대상이 되는 토지·건축물 또는 토지에 정착한 물건과 이에 관한 소유권 외의 권리, 광업권, 어업권, 양식업권, 물의 사용에 관한 권리(토지등)가 있는 경우에는 그 세부목록
15. 임대주택건설계획 등 세입자 등의 주거 및 생활 안정 대책
16. 제21조의2에 따른 순환개발 등 단계적 사업추진이 필요한 경우 사업추진 계획 등에 관한 사항
17. 그 밖에 대통령령으로 정하는 사항

그 밖에 "대통령령으로 정하는 사항"이란 다음 각 호와 같다(영 제8조 제1항, 규칙 제9조).

1. 학교시설계획
2. 국가유산 보호계획
3. 초고속 정보통신망계획
4. 공동구 등 지하매설물계획
5. 존치하는 기존 건축물 및 공작물 등에 관한 계획
6. 산업의 유치업종 및 배치계획

7. 도시개발구역 밖의 지역에서 도시개발구역의 이용에 제공되는 「국토계획법」 제2조 제6호에 따른 기반시설의 설치가 필요한 경우 도시개발구역 밖의 기반시설계획에 관한 사항
8. 집단에너지 공급계획
9. 전시장 · 공연장 등의 문화시설계획
10. 어린이집계획
11. 저탄소 녹색도시 조성을 위한 계획
12. 용적률 및 수용인구 등에 관한 개발밀도계획
13. 「국토계획법」에 따른 도시 · 군관리계획의 수립 또는 변경에 관한 사항
14. 그 밖에 ① 노인복지시설계획, ② 방재계획(防災計劃), ③ 범죄예방계획

국토계획법에 따른 광역도시계획이나 도시 · 군기본계획이 수립되어 있는 지역에 대하여 개발계획을 수립하려면 개발계획의 내용이 해당 광역도시계획이나 도시 · 군기본계획에 들어맞도록 하여야 한다(법 제5조 제2항). 도시개발구역을 지정한 후에 개발계획을 수립하는 경우에는 도시개발구역을 지정할 때에 도시개발사업의 지정목적 및 시행방식, 개략적인 인구수용계획 및 토지이용계획 등의 사항에 관한 계획을 수립하여야 한다(법 제5조 제3항, 영 제9조). 330만㎡ 이상인 도시개발구역에 관한 개발계획을 수립할 때에는 해당 구역에서 주거, 생산, 교육, 유통, 위락 등의 기능이 서로 조화를 이루도록 노력하여야 한다(법 제5조 제4항, 영 제9조 제3항).

Ⅲ. 개발계획의 수립 및 변경에 대한 주민동의

개발계획을 수립하거나 변경하는 경우 수용방식의 개발사업을 제외하고 환지방식의 개발사업에서는 주민의 동의를 받아야 한다. 다만, 국가 또는 지방자치단체가 시행자인 경우에는 환지방식에서도 주민동의가 필요없다.

지정권자는 직접 또는 관계 중앙행정기관의 장 또는 시장(대도시 시장은 제외한다) · 군수 · 구청장 또는 도시개발사업의 시행자의 요청을 받아 개발계획을 변경할 수 있다(법 제4조 제3항).

지정권자는 환지방식의 도시개발사업에 대한 개발계획을 수립하려면 환지방식이 적용되는 지역의 토지면적의 3분의 2 이상에 해당하는 토지소유자와 그 지역의 토지소

유자 총수의 2분의 1 이상의 동의를 받아야 한다. 환지방식으로 시행하기 위하여 개발계획을 변경[개발계획을 변경하는 경우로서 ① 너비가 12m 이상인 도로를 신설 또는 폐지하는 경우, ② 사업시행지구를 분할하거나 분할된 사업시행지구를 통합하는 경우, ③ 수용예정인구가 종전보다 100분의 10 이상 증감하는 경우(변경 이후 수용예정인구가 3천명 미만인 경우는 제외한다), ④ 기반시설을 제외한 도시개발구역의 용적률이 종전보다 100분의 5 이상 증가하는 경우, ⑤ 도시개발법 제5조 제1항 제13호에 따른 기반시설의 설치에 필요한 비용이 종전보다 100분의 5 이상 증가하는 경우, ⑥ 도시개발사업의 시행방식을 변경하는 경우 등을 제외한 사항의 변경은 제외한다]하려는 경우에도 또한 같다(법 제4조 제4항, 영 제7조 제1항).

이 경우 동의자의 수를 산정하는 방법은 다음 각 호와 같다(영 제6조 제4항).

1. 도시개발구역의 토지면적을 산정하는 경우: 국공유지를 포함하여 산정할 것
2. 1필지의 토지 소유권을 여럿이 공유하는 경우: 다른 공유자의 동의를 받은 대표 공유자 1인을 해당 토지소유자로 볼 것. 다만, 「집합건물법」 제2조 제2호에 따른 구분소유자는 각각을 토지소유자 1인으로 본다.

2의2. 1인이 둘 이상 필지의 토지를 단독으로 소유한 경우: 필지의 수에 관계없이 토지소유자를 1인으로 볼 것

2의3. 둘 이상 필지의 토지를 소유한 공유자가 동일한 경우: 공유자 여럿을 대표하는 1인을 토지소유자로 볼 것

3. 공람·공고일 후에 「집합건물법」 제2조 제1호에 따른 구분소유권을 분할하게 되어 토지소유자의 수가 증가하게 된 경우: 공람·공고일 전의 토지소유자의 수를 기준으로 산정하고, 증가된 토지소유자의 수는 토지소유자 총수에 추가 산입하지 말 것
4. 도시개발구역의 지정이 제안되기 전에 또는 도시개발구역에 대한 도시개발사업의 계획(개발계획)의 변경을 요청받기 전에 동의를 철회하는 사람이 있는 경우: 그 사람은 동의자 수에서 제외할 것
5. 도시개발구역의 지정이 제안된 후부터 개발계획이 수립되기 전까지의 사이에 토지소유자가 변경된 경우 또는 개발계획의 변경을 요청받은 후부터 개발계획이 변경되기 전까지의 사이에 토지소유자가 변경된 경우: 기존 토지소유자의 동의서를 기준으로 할 것

국공유지를 제외한 전체 사유 토지면적 및 토지소유자에 대하여 동의요건 이상으로 동의를 받은 후에 그 토지면적 및 토지소유자의 수가 법적 동의요건에 미달하게 된 경우에는 국공유지 관리청의 동의를 받아야 한다(영 제6조 제5항). 토지소유자가 동의하거나 동의를 철회할 경우에는 국토교통부령으로 정하는 동의서 또는 동의철회서를 제출하여야 한다(영 제6조 제6항).

그러나 지정권자는 도시개발사업을 환지방식으로 시행하려고 개발계획을 수립하거나 변경할 때에 도시개발사업의 시행자가 국가나 지방자치단체이면 토지소유자의 동의를 받을 필요가 없다(법 제4조 제5항). 또한, 지정권자가 도시개발사업의 전부를 환지방식으로 시행하려고 개발계획을 수립하거나 변경할 때에 도시개발사업의 시행자가 도시개발구역의 토지소유자가 설립한 도시개발조합에 해당하는 경우로서 조합이 성립된 후 총회에서 도시개발구역의 토지면적의 3분의 2 이상에 해당하는 조합원과 그 지역의 조합원 총수의 2분의 1 이상의 찬성으로 수립 또는 변경을 의결한 개발계획을 지정권자에게 제출한 경우에는 토지소유자의 동의를 받은 것으로 본다(법 제4조 제6항).

제 3 절 | 도시개발사업의 시행

제1항 도시개발사업의 의의

도시개발사업이란 도시개발구역에서 주거, 상업, 산업, 유통, 정보통신, 생태, 문화, 보건 및 복지 등의 기능이 있는 단지 또는 시가지를 조성하기 위하여 시행하는 사업을 말한다(법 제2조 제1항 제2호).

이러한 개념정의에서 알 수 있듯이, 도시개발사업은 국토계획법에 따른 광역도시계획이나 도시·군기본계획의 규율 하에 일정 지역을 도시의 기능을 갖추도록 계획적·체계적으로 개발함으로써 주거·산업 등의 기능을 단일하게 또는 복합적으로 갖춘 단지 또는 시가지를 조성하는 사업 일체를 뜻하는 것으로서 적어도 건전한 상식과 통상적인 법감정을 가진 사람으로서는 정의조항의 의미를 충분히 예측할 수 있으므로 정의조항이 명확성원칙에 위배된다고 할 수 없다.[8]

제2항 도시개발사업의 시행자

Ⅰ. 지정권자의 사업시행자 지정

1. 사업시행자

도시개발구역의 지정권자는 도시개발사업의 목적, 사업방식, 사업기간 등에 따라 사업시행자를 지정한다.

도시개발사업의 시행자는 다음 각 호의 자 중에서 지정권자가 지정한다. 다만, 도시개발구역의 전부를 환지방식으로 시행하는 경우에는 제5호의 토지소유자나 제6호의 조합을 시행자로 지정한다(법 제11조 제1항).

1. 국가나 지방자치단체
2. 대통령령으로 정하는 공공기관
3. 대통령령으로 정하는 정부출연기관

8) 헌법재판소 2017. 7. 27. 선고 2016헌바41 결정.

4. 「지방공기업법」에 따라 설립된 지방공사
5. 도시개발구역의 토지소유자(「공유수면법」 제28조에 따라 면허를 받은 자를 해당 공유수면을 소유한 자로 보고 그 공유수면을 토지로 보며, 제21조에 따른 수용 또는 사용 방식의 경우에는 도시개발구역의 국공유지를 제외한 토지면적의 3분의 2 이상을 소유한 자를 말한다)
6. 도시개발구역의 토지소유자(「공유수면법」 제28조에 따라 면허를 받은 자를 해당 공유수면을 소유한 자로 보고 그 공유수면을 토지로 본다)가 도시개발을 위하여 설립한 조합(도시개발사업의 전부를 환지방식으로 시행하는 경우에만 해당한다)
7. 「수도권정비계획법」에 따른 과밀억제권역에서 수도권 외의 지역으로 이전하는 법인 중 과밀억제권역의 사업 기간 등 대통령령으로 정하는 요건에 해당하는 법인
8. 「주택법」 제4조에 따라 등록한 자 중 도시개발사업을 시행할 능력이 있다고 인정되는 자로서 대통령령으로 정하는 요건에 해당하는 자(「주택법」 제2조 제12호에 따른 주택단지와 그에 수반되는 기반시설을 조성하는 경우에만 해당한다)
9. 「건설산업기본법」에 따른 토목공사업 또는 토목건축공사업의 면허를 받는 등 개발계획에 맞게 도시개발사업을 시행할 능력이 있다고 인정되는 자로서 대통령령으로 정하는 요건에 해당하는 자

9의2. 「부동산개발업법」 제4조 제1항에 따라 등록한 부동산개발업자로서 대통령령으로 정하는 요건에 해당하는 자

10. 「부동산투자회사법」에 따라 설립된 자기관리부동산투자회사 또는 위탁관리부동산투자회사로서 대통령령으로 정하는 요건에 해당하는 자
11. 제1호부터 제9호까지, 제9호의2 및 제10호에 해당하는 자(제6호에 따른 조합은 제외한다)가 도시개발사업을 시행할 목적으로 출자에 참여하여 설립한 법인으로서 대통령령으로 정하는 요건에 해당하는 법인

2. 시행자로서의 지방자치단체등

지정권자는 제1항 단서에도 불구하고 다음 각 호의 어느 하나에 해당하는 사유가 있으면 지방자치단체나 한국토지주택공사, 지방공사 등(지방자치단체등)을 시행자로 지정할 수 있다. 이 경우 도시개발사업을 시행하는 자가 시·도지사 또는 대도시 시장인 경우 국토교통부장관이 지정한다(법 제11조 제2항).

1. 토지소유자나 조합이 대통령령으로 정하는 기간에 시행자 지정을 신청하지 아니한 경우 또는 지정권자가 신청된 내용이 위법하거나 부당하다고 인정한 경우
2. 지방자치단체의 장이 집행하는 공공시설에 관한 사업과 병행하여 시행할 필요가 있다고 인정한 경우
3. 도시개발구역의 국공유지를 제외한 토지면적의 2분의 1 이상에 해당하는 토지소유자 및 토지소유자 총수의 2분의 1 이상이 지방자치단체나 한국토지주택공사, 지방공사 등의 시행에 동의한 경우

지방자치단체등을 시행자로 지정하는 경우 이에 따른 동의자 수의 산정 방법은 다음 각 호와 같다(영 제25조 제1항).

1. 1필지의 토지 소유권을 여럿이 공유하거나 1필지의 토지 지상권을 여럿이 공유하는 경우: 다른 공유자의 동의를 받은 대표 공유자 또는 대표 지상권자 1인을 해당 토지소유자 또는 지상권자로 볼 것. 다만, 「집합건물법」 제2조 제2호에 따른 구분소유자는 각각을 토지소유자 1인으로 본다.

1의2. 1인이 둘 이상 필지의 토지를 단독으로 소유하거나 1인이 둘 이상 필지 토지의 단독 지상권자인 경우: 필지의 수에 관계없이 토지소유자 또는 지상권자를 1인으로 볼 것

1의3. 둘 이상 필지의 토지를 소유한 공유자가 동일하거나 둘 이상 필지의 토지 지상권을 공유한 지상권자가 동일한 경우: 공유자 여럿을 대표하는 1인을 토지소유자 또는 지상권자로 볼 것

2. 제11조 제2항에 따른 공람·공고일 후에 「집합건물법」 제2조 제1호에 따른 구분소유권을 분할하게 되어 토지소유자의 수가 증가하게 된 경우: 공람·공고일 전의 토지소유자의 수를 기준으로 산정하고, 증가된 토지소유자의 수는 토지소유자 총수에 추가 산입하지 말 것
3. 법 제11조 제5항 따라 도시개발구역의 지정이 제안되기 전에 동의를 철회한 사람이 있는 경우: 그 사람은 동의자 수에서 제외할 것
4. 법 제11조 제5항에 따라 도시개발구역의 지정이 제안된 후부터 법 제3조에 따라 도시개발구역이 지정되기 전까지 토지소유자가 변경된 경우: 기존 토지소유자의 동의서를 기준으로 할 것

3. 도시개발사업규약과 시행규정

지정권자는 도시개발구역의 토지소유자 2인 이상이 도시개발사업을 시행하려고 할 때 또는 같은 호에 따른 토지소유자가 같은 항 제7호부터 제10호까지의 규정에 해당하는 자와 공동으로 도시개발사업을 시행하려고 할 때에는 도시개발사업에 관한 규약을 정하게 할 수 있다(법 제11조 제3항). 지방자치단체등이 도시개발사업의 전부를 환지방식으로 시행하려고 할 때와 제1항 제1호부터 제4호까지 또는 제11호(제1항 제1호부터 제4호까지의 규정에 해당하는 자가 100분의 50을 초과하여 출자한 경우로 한정한다)에 해당하는 자가 도시개발사업의 일부를 환지방식으로 시행하려고 할 때에는 시행규정을 작성하여야 한다. 이 경우 제1항 제2호부터 제4호까지의 시행자는 대통령령으로 정하는 기준에 따라 사업관리에 필요한 비용의 책정에 관한 사항을 시행규정에 포함할 수 있다(법 제11조 제4항, 영 제22조 제1항).

4. 지정권자의 시행자 변경

지정권자는 다음 각 호의 어느 하나에 해당하는 경우에는 시행자를 변경할 수 있다(법 제11조 제8항).

1. 도시개발사업에 관한 실시계획의 인가를 받은 후 2년 이내에 사업을 착수하지 아니하는 경우
2. 행정처분으로 시행자의 지정이나 실시계획의 인가가 취소된 경우
3. 시행자의 부도·파산, 그 밖에 이와 유사한 사유로 도시개발사업의 목적을 달성하기 어렵다고 인정되는 경우
4. 시행자로 지정된 토지소유자나 조합이 도시개발구역 지정의 고시일부터 1년 이내에 도시개발사업에 관한 실시계획의 인가를 신청하지 아니하는 경우

5. 도시개발사업의 대행

국가 또는 지방자치단체, 대통령령으로 정하는 공공기관·정부출연기관, 「지방공기업법」에 따른 지방공사는 도시개발사업을 효율적으로 시행하기 위하여 필요한 경우에는 대통령령으로 정하는 바에 따라 설계·분양 등 도시개발사업의 일부를 「주택법」 제4조에 따른 주택건설사업자 등으로 하여금 대행하게 할 수 있다(법 제11조 제11항).

주택건설사업자 등에게 대행하게 할 수 있는 도시개발사업의 범위는 실시설계, 부지조성공사, 기반시설공사, 조성된 토지의 분양으로 한다(영 제25조의2 제1항).

Ⅱ. 도시개발사업조합

1. 조합설립인가와 동의요건

도시개발사업 전부를 환지방식으로 시행하는 경우에는 토지소유자 7명 이상이 설립한 조합도 도시개발사업의 시행자가 될 수 있다.

조합을 설립하려면 도시개발구역의 토지소유자 7명 이상이 대통령령으로 정하는 사항을 포함한 정관을 작성하여 지정권자에게 조합설립의 인가를 받아야 한다(법 제13조 제1항). 조합설립의 인가를 신청하려면 해당 도시개발구역의 토지면적의 3분의 2 이상에 해당하는 토지소유자와 그 구역의 토지소유자 총수의 2분의 1 이상의 동의를 받아야 한다(법 제13조 제3항). 이 경우 동의자의 수를 산정하는 방법은 다음 각 호와 같다(영 제31조 제1항, 영 제6조 제4항).

1. 도시개발구역의 토지면적을 산정하는 경우: 국공유지를 포함하여 산정할 것
2. 1필지의 토지 소유권을 여럿이 공유하는 경우: 다른 공유자의 동의를 받은 대표공유자 1인을 해당 토지소유자로 볼 것. 다만, 「집합건물법」 제2조 제2호에 따른 구분소유자는 각각을 토지소유자 1인으로 본다.

2의2. 1인이 둘 이상 필지의 토지를 단독으로 소유한 경우: 필지의 수에 관계없이 토지소유자를 1인으로 볼 것

2의3. 둘 이상 필지의 토지를 소유한 공유자가 동일한 경우: 공유자 여럿을 대표하는 1인을 토지소유자로 볼 것

3. 공람·공고일 후에 「집합건물법」 제2조 제1호에 따른 구분소유권을 분할하게 되어 토지소유자의 수가 증가하게 된 경우: 공람·공고일 전의 토지소유자의 수를 기준으로 산정하고, 증가된 토지소유자의 수는 토지소유자 총수에 추가 산입하지 말 것

국공유지를 제외한 전체 사유 토지면적 및 토지소유자에 대하여 동의요건 이상으로 동의를 받은 후에 그 토지면적 및 토지소유자의 수가 법적 동의요건에 미달하게 된 경우에는 국공유지 관리청의 동의를 받아야 한다(영 제31조 제1항, 영 제6조 제5항).

토지소유자는 조합설립인가의 신청 전에 조합설립인가에 대한 동의를 철회할 수 있다. 이 경우 그 토지소유자는 국토교통부령으로 정하는 동의서 또는 동의철회서를 제출하여야 하며(영 제31조 제1항, 영 제6조 제6항), 동의자 수에서 제외한다(영 제31조 제2항).

조합설립인가에 동의한 자로부터 토지를 취득한 자는 조합의 설립에 동의한 것으로 본다. 다만, 토지를 취득한 자가 조합설립인가 신청 전에 동의를 철회한 경우에는 그러하지 아니하다(영 제31조 제3항).

조합이 인가를 받은 사항을 변경하려면 지정권자로부터 변경인가를 받아야 하고, 주된 사무소의 소재지를 변경하려는 경우와 공고방법을 변경하려는 경우에는 신고하여야 한다(법 제13조 제2항, 영 제30조).

2. 조합의 설립

1) 조합원

조합은 법인으로 하고, 그 주된 사무소의 소재지에서 등기를 하면 성립한다(법 제15조 제1항, 제2항). 조합에 관하여 도시개발법으로 규정한 것 외에는 「민법」 중 사단법인에 관한 규정을 준용한다(법 제15조 제4항).

조합의 조합원은 도시개발구역의 토지소유자로 하고(법 제14조 제1항), 조합원은 보유토지의 면적과 관계없는 평등한 의결권(다만, 다른 조합원으로부터 해당 도시개발구역에 그가 가지고 있는 토지 소유권 전부를 이전 받은 조합원은 정관으로 정하는 바에 따라 본래의 의결권과는 별도로 그 토지 소유권을 이전한 조합원의 의결권을 승계할 수 있다)을 가지며, 정관에서 정한 조합의 운영 및 도시개발사업의 시행에 필요한 경비의 부담, 그 밖에 정관에서 정하는 권리 및 의무를 부담한다(영 제32조 제2항).

조합은 환지계획을 작성하거나 그 밖에 사업을 시행하는 과정에서 조합원이 총회에서 의결하는 사항 등에 동의하지 아니하거나 소규모 토지소유자라는 이유로 차별해서는 아니 된다(영 제32조 제4항).

2) 임원

조합에는 임원으로 조합장 1명, 이사, 감사를 둔다(영 제33조 제1항). 조합의 임원은 의결권을 가진 조합원이어야 하고, 정관으로 정한 바에 따라 총회에서 선임한다(영 제33조 제2항).

조합의 임원은 그 조합의 다른 임원이나 직원을 겸할 수 없으며(법 제14조 제2항), 같은 목적의 사업을 하는 다른 조합의 임원 또는 직원을 겸할 수 없다(영 제34조 제5항).

3. 총회

다음 각 호의 사항은 총회의 의결을 거쳐야 한다(영 제35조).

1. 정관의 변경
2. 개발계획 및 실시계획의 수립 및 변경
3. 자금의 차입과 그 방법 · 이율 및 상환방법
4. 조합의 수지예산
5. 부과금의 금액 또는 징수방법
6. 환지계획의 작성
7. 환지예정지의 지정
8. 법 제44조에 따른 체비지 등의 처분방법
9. 조합임원의 선임
10. 조합의 합병 또는 해산에 관한 사항. 다만, 법 제46조에 따른 청산금의 징수 · 교부를 완료한 후에 조합을 해산하는 경우는 제외한다.
11. 그 밖에 정관에서 정하는 사항

4. 대의원회

의결권을 가진 조합원의 수가 50인 이상인 조합은 총회의 권한을 대행하게 하기 위하여 대의원회를 둘 수 있다(영 제36조 제1항). 대의원회에 두는 대의원의 수는 의결권을 가진 조합원 총수의 100분의 10 이상으로 하고, 대의원은 의결권을 가진 조합원 중에서 정관에서 정하는 바에 따라 선출한다(영 제36조 제2항).

대의원회는 총회의 의결사항 중 같은 조 제1호 · 제2호(제7조에 따른 사항과 관련된 개발계획의 경미한 변경 및 법 제17조 제1항에 따른 실시계획의 수립 · 변경은 제외한다) · 제6호(제60조 제1항 각 호에서 정하는 환지계획의 경미한 변경은 제외한다) · 제9호 및 제10호의 사항을 제외한 총회의 권한을 대행할 수 있다(영 제36조 제3항).

Ⅲ. 도시개발사업의 시행위탁

시행자는 항만 · 철도, 「국토계획법」에 따른 기반시설의 건설과 공유수면의 매립에 관한 업무를 대통령령으로 정하는 바에 따라 국가, 지방자치단체, 대통령령으로 정하는 공공기관 · 정부출연기관 또는 지방공사에 위탁하여 시행할 수 있다(법 제12조 제1항, 영 제26조 제1항). 시행자는 도시개발사업을 위한 기초조사, 토지매수 업무, 손실보상 업무, 주민 이주대책 사업 등을 대통령령으로 정하는 바에 따라 관할 지방자치단체, 대통령령으로 정하는 공공기관 · 정부출연기관 · 정부출자기관 또는 지방공사에 위탁할 수 있다. 다만, 정부출자기관에 주민 이주대책 사업을 위탁하는 경우에는 이주대책의 수립 · 실시 또는 이주정착금의 지급, 그 밖에 보상과 관련된 부대업무만을 위탁할 수 있다(법 제12조 제2항).

또한, 제11조 제1항 제5호부터 제9호까지의 규정에 따른 시행자는 지정권자의 승인을 받아 「자본시장법」에 따른 신탁업자와 대통령령으로 정하는 바에 따라 신탁계약을 체결하여 도시개발사업을 시행할 수 있다(법 제11조 제4항).

제3항 실시계획

Ⅰ. 의의

사업시행자의 실시계획은 일정한 시설물을 설치하기 위한 공사계획이며, 실시계획 인가는 공사를 허가한다는 의미를 가지므로 사업시행자는 공사착수의 기회를 획득하게 된다. 그렇기 때문에 실시계획은 사실상 도시개발사업의 첫 단추라고 할 수 있다.

Ⅱ. 실시계획의 작성

도시개발사업을 직접 시행하는 시행자는 개발계획에 맞게 실시계획을 작성하여야 한다. 이 경우 실시계획에는 지구단위계획이 포함되어야 하고, 그것은 「국토계획법」에 따른 지구단위계획의 수립기준에 따라 작성하여야 한다(법 제17조 제1항, 영 제38조).

실시계획에는 사업시행에 필요한 설계도서, 자금계획, 시행기간, 그 밖에 대통령령으로 정하는 사항과 서류를 명시하거나 첨부하여야 한다(법 제17조 제5호).

Ⅲ. 실시계획의 인가

1. 의의

작성된 실시계획은 지정권자인 시·도지사, 대도시 시장, 국토교통부장관의 인가사항이다. 실시계획인가는 개발사업을 위한 포괄적인 법적 근거로 작용한다. 따라서 사업시행자에게는 각종 공권이 부여되며 토지소유자에게는 사업자의 권한행사에 대한 협조의무가 발생한다.

2. 법적 성격

실시계획에 대한 인가만으로는 토지 소유권이 시행자에게 귀속되지 않는다. 사업시행자의 개별적 처분권으로 토지 소유권의 변동이 완성된다.

그렇지만 실시계획은 「국토계획법」의 도시·군계획시설사업의 실시계획과 마찬가지로 행정계획의 성격을 가지고, 집행행위의 정당성에 대한 포괄적 기초이므로 실시계획 그 자체로도 행정처분의 성격을 가진다고 할 것이다. 그러므로 도시개발사업을 구체화하여 현실적으로 실현시키는 실시계획인가는 당연히 행정처분성을 보유한다.[9]

이와 관련하여 도시개발법의 전신인 토지구획정리사업법상의 건설교통부장관의 지방자치단체 등에 대한 구획정리사업의 시행명령은 사업시행자를 지정하기 위한 준비절차로서의 중간처분일 뿐이며, 건설교통부장관의 사업시행인가 신청기간의 연장이나 재지정처분 또한 그 자체로서 국민의 권리의무관계에 직접적 변동을 초래하지 아니하므로 시행명령 및 신청기간연장거부행위는 모두 취소소송의 대상이 되는 행정처분에 해당되지 아니한다.[10]

그러나 도시개발사업의 시행에 따른 도시계획변경결정처분과 도시개발구역지정처분 및 도시개발사업실시계획인가처분은 도시개발사업의 시행자에게 당해 도시개발사업을 시행할 수 있는 권한을 설정하여 주는 처분으로서 항고소송의 대상이 되는 행정처분에 해당하며, 집행행위 완료 후에도 이를 다툴 법률상 이익이 존재한다.[11]

---

9) 대법원 2013. 9. 12. 선고 2012두12884 판결 참조.
10) 대법원 1999. 9. 3. 선고 98두18930 판결.
11) 대법원 2005. 9. 9. 선고 2003두5402 판결.

판례 **도시계획변경결정처분등취소·건축허가처분취소 (대법원 2005. 9. 9. 선고 2003두5402 판결)**

도시개발사업의 시행에 따른 도시계획변경결정처분과 도시개발구역지정처분 및 도시개발사업실시계획인가처분은 도시개발사업의 시행자에게 단순히 도시개발에 관련된 공사의 시공권한을 부여하는 데 그치지 않고 당해 도시개발사업을 시행할 수 있는 권한을 설정하여 주는 처분으로서 위 각 처분 자체로 그 처분의 목적이 종료되는 것이 아니고, 위 각 처분이 유효하게 존재하는 것을 전제로 하여 당해 도시개발사업에 따른 일련의 절차 및 처분이 행해지기 때문에 위 각 처분이 취소된다면 그것이 유효하게 존재하는 것을 전제로 하여 이루어진 토지수용이나 환지 등에 따른 각종의 처분이나 공공시설의 귀속 등에 관한 법적 효력은 영향을 받게 되므로, 도시개발사업의 공사 등이 완료되고 원상회복이 사회통념상 불가능하게 되었더라도 위 각 처분의 취소를 구할 법률상 이익은 소멸한다고 할 수 없다.

3. 절차

실시계획 작성 · 인가시 하급 행정기관장의 의견을 청취하여야 하는데, 국토교통부장관이 지정권자이면 시 · 도지사 또는 대도시 시장의 의견을, 시 · 도지사가 지정권자이면 시장 · 군수 · 구청장의 의견을 들어야 한다. 실시계획은 관보나 공보에 고시하고, 시행자에게 관계 서류의 사본을 송부하며, 일반인에 대한 공람절차도 거친다.

시행자(지정권자가 시행자인 경우는 제외한다)는 작성된 실시계획에 관하여 지정권자의 인가를 받아야 한다(법 제17조 제2항). 지정권자가 실시계획을 작성하거나 인가하는 경우 국토교통부장관이 지정권자이면 시 · 도지사 또는 대도시 시장의 의견을, 시 · 도지사가 지정권자이면 시장(대도시 시장은 제외한다) · 군수 또는 구청장의 의견을 미리 들어야 한다(법 제17조 제3항). 인가를 받은 실시계획을 변경하거나 폐지하는 경우에도 지정권자의 인가와 의견청취 절차를 거쳐야 한다. 다만, 사업시행지역의 변동이 없는 범위에서의 착오 · 누락 등에 따른 사업시행면적의 정정, 사업시행면적의 100분의 10의 범위에서의 면적의 감소, 사업비의 100분의 10의 범위에서의 사업비의 증감 등의 경미한 사항을 변경하는 경우에는 그러하지 아니하다(법 제17조 제4항, 규칙 제21조).

4. 실시계획의 고시와 효과

지정권자가 실시계획을 작성하거나 인가한 경우에는 대통령령으로 정하는 바에 따라 이를 관보나 공보에 고시하고 시행자에게 관계 서류의 사본을 송부하며, 대도시 시장인 지정권자는 일반에게 관계 서류를 공람시켜야 하고, 대도시 시장이 아닌 지정권자는 해당 도시개발구역을 관할하는 시장(대도시 시장은 제외한다)·군수 또는 구청장에게 관계 서류의 사본을 보내야 한다. 이 경우 지정권자인 특별자치도지사와 본문에 따라 관계 서류를 받은 시장(대도시 시장은 제외한다)·군수 또는 구청장은 이를 일반인에게 공람시켜야 한다(법 제18조 제1항).

실시계획을 고시한 경우 그 고시된 내용 중 「국토계획법」에 따라 도시·군관리계획(지구단위계획을 포함한다)으로 결정하여야 하는 사항은 추가적인 도시·군관리계획 결정절차를 거치지 않고 도시·군관리계획이 결정되어 고시된 것으로 본다. 이 경우 종전에 도시·군관리계획으로 결정된 사항 중 고시 내용에 저촉되는 사항은 고시된 실시계획의 내용으로 변경된 것으로 본다(법 제18조 제2항).

5. 관련 인허가등의 의제

실시계획을 작성하거나 인가할 때 지정권자가 해당 실시계획에 대한 다음 각 호의 허가·승인·심사·인가·신고·면허·등록·협의·지정·해제 또는 처분 등(인·허가등)에 관하여 관계 행정기관의 장과 협의한 사항에 대하여는 해당 인·허가등을 받은 것으로 보며, 실시계획을 고시한 경우에는 관계 법률에 따른 인·허가등의 고시나 공고를 한 것으로 본다(법 제19조 제1항).

1. 「수도법」 제17조와 제49조에 따른 수도사업의 인가, 같은 법 제52조와 제54조에 따른 전용상수도설치의 인가
2. 「하수도법」 제16조에 따른 공공하수도 공사시행의 허가
3. 「공유수면법」 제8조에 따른 공유수면의 점용·사용허가, 같은 법 제28조에 따른 공유수면의 매립면허, 같은 법 제35조에 따른 국가 등이 시행하는 매립의 협의 또는 승인 및 같은 법 제38조에 따른 공유수면매립실시계획의 승인
4. 삭제 <2010. 4. 15.>
5. 「하천법」 제30조에 따른 하천공사 시행의 허가, 같은 법 제33조에 따른 하천의 점용허가 및 같은 법 제50조에 따른 하천수의 사용허가

6. 「도로법」 제36조에 따른 도로공사 시행의 허가, 같은 법 제61조에 따른 도로점용의 허가
7. 「농어촌정비법」 제23조에 따른 농업생산기반시설의 사용허가
8. 「농지법」 제34조에 따른 농지전용의 허가 또는 협의, 같은 법 제35조에 따른 농지의 전용신고, 같은 법 제36조에 따른 농지의 타용도 일시사용허가 · 협의 및 같은 법 제40조에 따른 용도변경의 승인
9. 「산지관리법」 제14조 · 제15조에 따른 산지전용허가 및 산지전용신고, 같은 법 제15조의2에 따른 산지일시사용허가 · 신고, 같은 법 제25조에 따른 토석채취허가 및 「산림자원법」 제36조 제1항 · 제5항과 제45조 제1항 · 제2항에 따른 입목벌채 등의 허가 · 신고
10. 「초지법」 제23조에 따른 초지(草地) 전용의 허가
11. 「사방사업법」 제14조에 따른 벌채 등의 허가, 같은 법 제20조에 따른 사방지(砂防地) 지정의 해제
12. 「공간정보관리법」 제15조 제4항에 따른 지도등의 간행 심사
13. 「광업법」 제24조에 따른 불허가처분, 같은 법 제34조에 따른 광구감소처분 또는 광업권취소처분
14. 「장사법」 제27조 제1항에 따른 연고자가 없는 분묘의 개장(改葬)허가
15. 「건축법」 제11조에 따른 허가, 같은 법 제14조에 따른 신고, 같은 법 제16조에 따른 허가 · 신고 사항의 변경, 같은 법 제20조에 따른 가설건축물의 허가 또는 신고
16. 「주택법」 제15조에 따른 사업계획의 승인
17. 「항만법」 제9조 제2항에 따른 항만개발사업 시행의 허가 및 같은 법 제10조 제2항에 따른 항만개발사업실시계획의 승인
18. 「사도법」 제4조에 따른 사도(私道)개설의 허가
19. 「국유재산법」 제30조에 따른 사용허가
20. 「공유재산법」 제20조 제1항에 따른 사용 · 수익의 허가
21. 「관광진흥법」 제52조에 따른 관광지의 지정(도시개발사업의 일부로 관광지를 개발하는 경우만 해당한다), 같은 법 제54조에 따른 조성계획의 승인, 같은 법 제55조에 따른 조성사업시행의 허가
22. 「체육시설법」 제12조에 따른 사업계획의 승인

23. 「유통산업발전법」 제8조에 따른 대규모 점포의 개설등록
24. 「산업집적법」 제13조에 따른 공장설립 등의 승인
25. 「물류시설법」 제22조에 따른 물류단지의 지정(도시개발사업의 일부로 물류단지를 개발하는 경우만 해당한다) 및 같은 법 제28조에 따른 물류단지개발실시계획의 승인
26. 「산업입지법」 제6조, 제7조 및 제7조의2에 따른 산업단지의 지정(도시개발사업의 일부로 산업단지를 개발하는 경우만 해당한다), 같은 법 제17조, 제18조 및 제18조의2에 따른 실시계획의 승인
27. 「공간정보관리법」 제86조 제1항에 따른 사업의 착수·변경 또는 완료의 신고
28. 「에너지이용 합리화법」 제10조에 따른 에너지사용계획의 협의
29. 「집단에너지법」 제4조에 따른 집단에너지의 공급 타당성에 관한 협의
30. 「소하천정비법」 제10조에 따른 소하천(小河川)공사시행의 허가, 같은 법 제14조에 따른 소하천 점용의 허가
31. 「하수도법」 제34조 제2항에 따른 개인하수처리시설의 설치신고

인·허가등의 의제를 받으려는 자는 실시계획의 인가를 신청하는 때에 해당 법률로 정하는 관계 서류를 함께 제출하여야 한다(법 제19조 제2항).

지정권자는 실시계획을 작성하거나 인가할 때 그 내용에 관련 인·허가등의 의제사항이 있으면 미리 관계 행정기관의 장과 협의하여야 한다. 이 경우 관계 행정기관의 장은 협의 요청을 받은 날부터 대통령령으로 정하는 기간에 의견을 제출하여야 하며, 그 기간 내에 의견을 제출하지 아니하면 협의한 것으로 본다(법 제19조 제3항). 지정권자는 협의 과정에서 관계 행정기관 간에 이견이 있는 경우에 이를 조정하거나 협의를 신속하게 진행하기 위하여 필요하다고 인정하는 때에는 대통령령으로 정하는 바에 따라 관계 행정기관과 협의회를 구성하여 운영할 수 있다. 이 경우 관계 행정기관의 장은 소속 공무원을 이 협의회에 참석하게 하여야 한다(법 제19조 제4항)..

도시개발구역의 지정을 제안하는 자가 도시개발구역의 지정과 동시에 농지전용 허가의 의제를 받고자 하는 경우에는 시장·군수·구청장 또는 국토교통부장관에게 도시개발구역의 지정을 제안할 때에 「농지법」으로 정하는 관계 서류를 함께 제출하여야 한다(법 제19조 제5항).

지정권자가 도시개발구역을 지정할 때 농지전용 허가에 관하여 관계 행정기관의 장

과 협의한 경우에는 제4항에 따른 제안자가 제11조 제1항에 따라 시행자로 지정된 때에 해당 허가를 받은 것으로 본다(법 제19조 제6항).

순환용주택, 임대주택의 건설·공급 및 입체환지를 시행하는 경우로서 시행자가 실시계획의 인가를 받은 경우에는 「주택법」 제4조에 따라 주택건설사업 등의 등록을 한 것으로 본다(법 제19조 제7항).

제4항 도시개발사업에 관한 공사의 감리

Ⅰ. 개관

감리에 대한 현행법제는 건설기술진흥법 제39에 따른 도로·댐·철도·지하철 등의 건설공사에 대한 건설사업관리를 주축으로, 주택법에 따른 주택건설사업계획승인의 대상인 주택에 대한 감리와 그밖의 건축물에 대한 건축법상의 감리로 구분된다. 건축법도 「주택법」 제15조에 따른 사업계획승인 대상과 「건설기술진흥법」 제39조 제2항에 따라 건설사업관리를 하게 하는 건축물의 공사감리는 해당 법령으로 정하는 바에 따른다고 규정하여 개별법에 따른 감리를 인정하고 있다(건축법 제25조 제10항).

그렇지만 도시개발법 제20조 제10항은 「건축법」 제25조에 따른 건축물의 공사감리 대상 및 「주택법」 제43조에 따른 감리대상에 해당하는 도시개발사업에 관한 공사의 감리에 대하여는 각각 해당 법령인 건축법과 주택법으로 정하는 바에 따른다고 규정하여 건축법과 주택법에서 규정되지 않은 사항에 관해서만 도시개발법상의 공사감리에 관한 규정이 적용된다. 또한, 도시개발사업의 공사에 대한 감리에 관하여는 「건설기술진흥법」 제24조, 제28조, 제31조, 제32조, 제33조, 제37조, 제38조 및 제41조를 준용한다(법 제20조 제9항).

Ⅱ. 도시개발사업에 관한 공사감리

1. 공사감리의 대상

감리를 하여야 하는 도시개발사업에 관한 공사의 대상은 다음 각 호의 구분에 따른다(영 제42조 제4항).

1. 도시개발사업의 공사비가 100억 원 이상인 경우: 「건설기술진흥법 시행령」 제55조 제1항 제2호에 따른 감독 권한대행 등 건설사업관리
2. 도시개발사업의 공사비가 100억 원 미만인 경우: 「건설기술진흥법 시행령」 제45조 제2항 제3호에 따른 시공 단계의 건설사업관리

2. 감리자의 지정 및 업무

지정권자는 실시계획을 인가하였을 때에는 「건설기술진흥법」에 따른 건설엔지니어링사업자를 도시개발사업의 공사에 대한 감리를 할 자로 지정하고 지도·감독하여야 한다. 다만, 시행자가 「건설기술진흥법」 제2조 제6호에 해당하는 자인 경우에는 그러하지 아니하다(법 제20조 제1항).

감리할 자로 지정받은 자(감리자)는 그에게 소속된 자를 대통령령으로 정하는 바에 따라 감리원으로 배치하고 다음 각 호의 업무를 수행하여야 한다(법 제20조 제2항).

1. 시공자가 설계도면과 시방서의 내용에 맞게 시공하는지의 확인
2. 시공자가 사용하는 자재가 관계 법령의 기준에 맞는 자재인지의 확인
3. 「건설기술진흥법」 제55조에 따른 품질시험 실시 여부의 확인
4. 설계도서가 해당 지형 등에 적합한지의 확인
5. 설계변경에 관한 적정성의 확인
6. 시공계획·예정공정표 및 시공도면 등의 검토·확인
7. 품질관리의 적정성 확보, 재해의 예방, 시공상의 안전관리, 그 밖에 공사의 질적 향상을 위하여 필요한 사항의 확인

3. 감리자의 시정통지

감리자는 업무를 수행할 때 위반사항을 발견하면 지체 없이 시공자와 시행자에게 위반사항을 시정할 것을 알리고 7일 이내에 지정권자에게 그 내용을 보고하여야 한다(법 제20조 제3항). 시공자와 시행자는 시정통지를 받은 경우 특별한 사유가 없으면 해당 공사를 중지하고 위반사항을 시정한 후 감리자의 확인을 받아야 한다. 이 경우 감리자의 시정통지에 이의가 있으면 즉시 공사를 중지하고 지정권자에게 서면으로 이의신청을 할 수 있다(법 제20조 제4항).

4. 감리자에 대한 시정조치

시행자는 감리자에게 국토교통부령으로 정하는 절차 등에 따라 공사감리비를 지급하여야 한다(법 제20조 제5항).

지정권자는 지정 · 배치된 감리자나 감리원(다른 법률에 따른 감리자나 그에게 소속된 감리원을 포함한다)이 그 업무를 수행하면서 고의나 중대한 과실로 감리를 부실하게 하거나 관계 법령을 위반하여 감리를 함으로써 해당 시행자 또는 도시개발사업으로 조성된 토지 · 건축물 또는 공작물 등(조성토지)의 공급을 받은 자 등에게 피해를 입히는 등 도시개발사업의 공사가 부실하게 된 경우에는 해당 감리자의 등록 또는 감리원의 면허, 그 밖에 자격인정 등을 한 행정기관의 장에게 등록말소 · 면허취소 · 자격정지 · 영업정지, 그 밖에 필요한 조치를 하도록 요청할 수 있다(법 제20조 제6항).

시행자와 감리자 간의 책임내용과 책임범위는 도시개발법으로 규정한 것 외에는 당사자 간의 계약으로 정한다(법 제20조 제7항).

제5항 도시개발사업의 완료

Ⅰ. 개관

도시개발사업이 완료되면 준공검사와 공사완료의 공고절차를 거쳐야 한다. 준공검사의 경우에는 공사완료 보고서를 작성하여야 하고, 지정권자는 시행자에게 준공검사 증명서를 발급하여 공사완료 공고를 하여야 한다. 다만, 지정권자가 사업시행자인 경우에는 별도의 준공검사를 받을 필요가 없다는 점을 유의하여야 한다.

Ⅱ. 준공검사

시행자(지정권자가 시행자인 경우는 제외한다)가 도시개발사업의 공사를 끝낸 때에는 국토교통부령으로 정하는 바에 따라 공사완료 보고서를 작성하여 지정권자의 준공검사를 받아야 한다(법 제50조 제1항). 또한, 해당 도시개발사업에 관한 공사가 전부 끝나기 전이라도 시행자는 도시개발사업을 효율적으로 시행하기 위하여 필요하면 공사가 끝난 부분에 관하여 준공검사(지정권자가 시행자인 경우에는 시행자에 의한 공사완료 공고를 말한다)를 받을 수 있다(법 제50조 제4항).

지정권자는 공사완료 보고서를 받으면 지체 없이 준공검사를 하여야 한다. 이 경우 지정권자는 효율적인 준공검사를 위하여 필요하면 관계 행정기관·공공기관·연구기관, 그 밖의 전문기관 등에 의뢰하여 준공검사를 할 수 있다(법 제50조 제2항). 지정권자는 공사완료 보고서의 내용에 포함된 공공시설을 인수하거나 관리하게 될 국가기관·지방자치단체 또는 공공기관의 장 등에게 준공검사에 참여할 것을 요청할 수 있으며, 이를 요청받은 자는 특별한 사유가 없으면 요청에 따라야 한다(법 제50조 제3항).

Ⅲ. 공사완료 공고

지정권자는 준공검사를 한 결과 도시개발사업이 실시계획대로 끝났다고 인정되면 시행자에게 준공검사 증명서를 내어주고 공사완료 공고를 하여야 하며, 실시계획대로 끝나지 아니하였으면 지체 없이 보완시공 등 필요한 조치를 하도록 명하여야 한다(법 제51조 제1항). 그러나 지정권자가 시행자인 경우에는 준공검사 없이 시행자는 도시개발사업의 공사를 완료한 때에는 공사완료 공고를 하여야 한다(법 제51조 제2항).

지정권자는 준공검사를 하거나 공사완료 공고를 할 때 그 내용에 제19조에 따라 의제되는 인·허가등(제19조 제1항 제4호에 따른 면허·협의 또는 승인은 제외한다)에 따른 준공검사·준공인가 등에 해당하는 사항이 있으면 미리 관계 행정기관의 장과 협의하여야 하고, 협의한 사항에 대하여는 그 준공검사·준공인가 등을 받은 것으로 본다(법 제52조 제1항, 제2항).

Ⅳ. 공사완료에 따른 관련 인허가의제

준공검사를 하거나 공사완료 공고를 할 때 지정권자가 제19조에 따라 의제되는 인·허가등(제19조 제1항 제4호에 따른 면허·협의 또는 승인은 제외한다)에 따른 준공검사·준공인가 등에 대하여 관계 행정기관의 장과 협의한 사항에 대하여는 그 준공검사·준공인가 등을 받은 것으로 본다(법 제52조 제1항).

시행자(지정권자인 시행자는 제외한다)가 준공검사·준공인가 등의 의제를 받으려면 준공검사를 신청할 때 해당 법률로 정하는 관계 서류를 함께 제출하여야 한다(법 제52조 제2항).

지정권자는 준공검사를 하거나 공사완료 공고를 할 때 그 내용에 제19조에 따라 의제되는 인·허가등에 따른 준공검사·준공인가 등에 해당하는 사항이 있으면 미리 관계 행정기관의 장과 협의하여야 한다(법 제52조 제3항).

Ⅴ. 조성토지등의 준공 전 사용

준공검사 전 또는 공사완료 공고 전에는 조성토지등(체비지는 제외한다)을 사용할 수 없다(법 제53조).

그러나 시행자가 조성토지등(입체환지로 지정된 건축물을 포함한다)을 준공 전에 사용하려면 그 범위를 정하여 준공전사용허가 신청서에 사업시행상의 지장 여부에 관한 검토서를 첨부하여 지정권자에게 제출하여야 하고(영 제70조 제1항), 지정권자는 허가 신청이 있는 경우 그 사용으로 인하여 앞으로 시행될 사업에 지장이 있는지를 확인한 후 허가 여부를 결정하여야 한다(영 제70조 제2항).

제6항 임대주택 건설용지의 공급

Ⅰ. 시행자의 임대주택 건설 및 공급

시행자는 도시개발사업에 따른 세입자등의 주거안정 등을 위하여 주거 및 생활실태 조사와 주택수요 조사 결과를 고려하여 대통령령으로 정하는 바에 따라 임대주택 건설용지를 조성·공급하거나 임대주택을 건설·공급하여야 한다(법 제21조의3 제1항). 이 경우 시행자는 도시개발사업의 방식과 해당 지역의 임대주택 재고상황 등을 고려하여 임대주택 건설용지 조성계획 또는 임대주택 건설계획을 수립하여야 한다(영 제43조의3 제1항). 시행자는 임대주택 건설계획을 수립하기 위하여 필요한 경우에는 특별시장·광역시장·특별자치도지사·시장·군수에게 해당 지역의 임대주택 재고상황에 대한 자료를 요청할 수 있다(영 제43조의3 제3항).

그럼에도 불구하고 시행자는 다음 각 호의 어느 하나에 해당하는 경우에는 임대주택 건설용지 조성계획 또는 임대주택 건설계획을 수립하지 아니할 수 있다(영 제43조의3 제2항).

1. 도시개발구역 면적이 10만㎡ 미만이거나 수용예정인구가 3천명 이하(도시개발구역 전부를 환지방식으로 시행하는 경우에는 도시개발구역 면적이 30만㎡ 미만이거나 수용예정인구가 5천명 이하)인 경우
2. 도시개발사업으로 건설 · 공급되는 주거전용면적 60㎡ 이하 공동주택의 수용예정인구가 도시개발구역 전체 수용예정인구의 100분의 40(수도권과 광역시 지역은 100분의 50) 이상인 경우
3. 제1항에 따라 계획된 임대주택이 50세대 미만인 경우

시행자(제1항에 따라 임대주택 건설용지를 공급하는 경우에는 공급받은 자를 말하고, 제2항에 따라 인수한 경우에는 그 인수자를 말한다)가 도시개발구역에서 임대주택을 건설 · 공급하는 경우에 임차인의 자격, 선정방법, 임대보증금, 임대료 등에 관하여는 「민간임대주택법」 제42조 및 제44조, 「공공주택특별법」 제48조, 제49조 및 제50조의3에도 불구하고 대통령령으로 정하는 범위에서 그 기준을 따로 정할 수 있다. 이 경우 행정청이 아닌 시행자는 미리 시장 · 군수 · 구청장의 승인을 받아야 한다(법 제21조의3 제4항).

Ⅱ. 임대주택 등의 인수

국가나 지방자치단체, 대통령령으로 정하는 공공기관 · 정부출연기관, 「지방공기업법」에 따라 설립된 지방공사 중 주택의 건설, 공급, 임대를 할 수 있는 자는 시행자가 요청하는 경우 도시개발사업의 시행으로 공급되는 임대주택 건설용지나 임대주택을 인수하여야 한다(법 제21조의3 제2항).

Ⅲ. 임대주택 건설용지 등의 인수 절차

임대주택 건설용지 또는 임대주택의 인수 방법, 시기 및 하자 보수 등에 필요한 사항은 시행자와 임대주택 건설용지 또는 임대주택을 인수할 자가 협의하여 결정한다(영 제43조의4 제1항).

지정권자는 제1항 및 제2항에 따른 임대주택 건설용지 등의 인수 등에 대한 협의가 이루어지지 아니한 경우에는 필요한 권고 등을 할 수 있다(영 제43조의4 제3항).

Ⅳ. 임대주택의 공급조건

임차인의 선정은 임대주택 공급 신청 당시 무주택자(해당 도시개발사업으로 철거되는 주택은 소유하지 아니한 것으로 본다) 중에서 다음의 각 호에 따른 순위로 선정한다. 다만, 같은 순위에서 경쟁이 발생하는 경우에는 추첨으로 임차인을 선정한다(영 제43조의5 제1항).

1. 1순위: 제11조 제2항에 따른 공람 공고일 이전부터 「토지보상법」 제15조 제1항에 따른 보상계획 공고일 또는 환지계획 공고일까지 해당 도시개발구역에 거주하는 세입자
2. 2순위: 제11조 제2항에 따른 공고일 이전부터 보상계획 공고일 또는 환지계획 공고일까지 해당 도시개발구역에 거주하는 주택의 소유자. 다만, 환지방식이 적용되는 지역의 경우에는 주거용도의 토지 또는 주택으로 환지를 받지 아니한 사람 중에서 해당 도시개발사업으로 주거지를 상실하는 사람으로 한정한다.
3. 3순위: 해당 도시개발구역 밖의 기반시설 설치로 인하여 주거지를 상실한 자

임대주택 공급의 임대보증금 및 임대료는 임대주택 공급자가 시장 · 군수 · 구청장과 협의하여 결정한다(영 제43조의5 제2항).

임대주택을 공급한 이후 잔여세대 또는 임대주택 입주자의 퇴거로 발생한 공가(空家)세대의 입주자 선정에 대해서는 「민간임대주택법」 또는 「공공주택특별법」에 따른다(영 제43조의5 제3항).

제4절 | 도시개발사업의 시행방식

제1항 개관

Ⅰ. 시행방식에 대한 도시개발법의 태도

1. 시행자의 시행방식의 결정

도시개발사업의 시행방식은 크게 세 가지로 나뉜다. 수용 또는 사용의 방식, 환지방식, 그리고 양자의 혼용방식이 그것이다(법 제21조 제1항). 일반적으로 국가 또는 지방자치단체 등의 공공이 시행하는 도시개발사업은 수용 또는 사용방식을 채택하고, 토지소유자가 주축이 된 조합은 환지방식을 선호한다.

따라서 시행자는 도시개발구역으로 지정하려는 지역에 대하여 도시개발법 시행령 제43조 제1항 각 호에서 정하는 바에 따라 도시개발사업의 시행방식을 정함을 원칙으로 하되, 사업의 용이성·규모 등을 고려하여 필요하면 국토교통부장관이 정하는 기준에 따라 도시개발사업의 시행방식을 정할 수 있다(영 제43조 제1항).

2. 지정권자의 시행방식의 변경

그러나 지정권자는 도시개발구역지정 이후 ① 국가 또는 지방자치단체, 대통령령으로 정하는 공공기관·정부출연기관, 「지방공기업법」에 따른 지방공사, 도시개발구역의 토지소유자가 대통령령으로 정하는 기준에 따라 도시개발사업의 시행방식을 수용 또는 사용방식에서 전부 환지방식으로 변경하는 경우, ② 국가 또는 지방자치단체, 대통령령으로 정하는 공공기관·정부출연기관, 「지방공기업법」에 따른 지방공사, 도시개발구역의 토지소유자가 대통령령으로 정하는 기준에 따라 도시개발사업의 시행방식을 혼용방식에서 전부 환지방식으로 변경하는 경우, ③ 국가 또는 지방자치단체, 대통령령으로 정하는 공공기관·정부출연기관, 「지방공기업법」에 따른 지방공사, 도시개발구역의 토지소유자 및 「수도권정비계획법」에 따른 과밀억제권역에서 수도권 외의 지역으로 이전하는 법인 중 과밀억제권역의 사업기간 등 대통령령으로 정하는 요건에 해당하는 법인 등이 대통령령으로 정하는 기준에 따라 도시개발사업의 시행방식을 수용 또는 사용방식에서 혼용방식으로 변경하는 경우에는 도시개발사업의 시행방식을 변경할 수 있다(법 제21조 제2항).

지정권자는 지가상승 등 지역개발 여건의 변화로 도시개발사업 시행방식 지정 당시의 요건을 충족하지 못하나 사업시행방식 중 어느 하나의 요건을 충족하는 경우에는 도시개발법 제21조 제2항 각 호에 따라 해당 요건을 충족하는 도시개발사업 시행방식으로 변경할 수 있다(영 제43조 제5항).

II. 사업시행방식의 차이

1. 수용 · 사용방식

수용 또는 사용 방식은 일단의 용지를 개발하는 목적에 따라 그에 필요한 토지 등을 일괄 수용 또는 사용하는 방식으로서 막대한 보상금이 소요되므로 대개 이를 부담할 수 있는 국가 · 지방자치단체 또는 지방공사가 시행하는 경우에 선택할 수 있는 방식이다(영 제43조 제1항 제2호).

일시에 대량의 토지를 확보할 수 있으므로 단기간 내 토지개발부터 건축까지 일괄 시행이 가능하고 기반시설 마련이 용이하다는 장점이 있는 반면, 사업초기 과다한 재원을 확보하여야 하는 부담이 따르고, 수용재결 단계에서 토지 등 소유자와 사이에 마찰이 생기기 쉽다는 단점이 있다.

2. 환지방식

환지방식은 대지로서의 효용증진과 공공시설의 정비를 위하여 토지의 교환 · 분합 기타의 구획변경, 지목 또는 형질의 변경이나 공공시설의 설치 · 변경이 필요한 경우 또는 도시개발사업을 시행하는 지역의 지가가 인근의 다른 지역에 비하여 현저히 높아 수용 또는 사용 방식으로 시행하는 것이 어려운 경우에 적합한 방식이다(영 제43조 제1항 제1호).

환지방식은 사업시행 전에 존재하던 권리관계에 변동을 가하지 않고 사업시행에 따라 새로이 조성된 대지에 기존의 권리가 이전될 뿐이므로 수용방식에서와 같은 부담이 없으며, 사업시행자로서는 체비지의 분양을 통하여 사업비를 조달할 수 있는 장점이 있다. 이러한 장점으로 인하여 환지방식은 일반적으로 토지소유자가 선호하는 방식이지만, 감보와 환지로 인하여 종전토지보다 감소된 환지를 받는다는 단점이 존재한다.

3. 혼용방식

혼용방식은 동일한 사업시행자가 수용 및 사용방식과 환지방식을 혼용하여 시행하는 사업방식으로 도시개발구역으로 지정하고자 하는 지역이 부분적으로 수용 및 사용방식과 환지방식이 필요한 경우에 선택하는 방식으로 여기에는 분할 혼용방식과 미분할 혼용방식이 있다(영 제43조 제1항 제3호 및 제2항).

사업시행지구를 분할하여 시행하는 분할 혼용방식의 경우에는 각 사업지구에서 부담하여야 하는 「국토계획법」 제2조 제6호에 따른 기반시설의 설치비용 등을 명확히 구분하여 실시계획에 반영하여야 한다(영 제43조 제3항).

제2항 수용 또는 사용방식에 따른 사업시행

Ⅰ. 토지 등의 수용 또는 사용

1. 수용 또는 사용의 절차

1) 토지 또는 물건의 인도

수용 또는 사용방식은 계획적이고 체계적인 도시개발 등 집단적인 조성과 공급이 필요한 경우에 활용된다(영 제43조 제1항 제2호). 따라서 시행자는 도시개발사업에 필요한 토지등을 수용하거나 사용할 수 있다.

도시개발법 제22조 제2항에 따라 준용되는 토지보상법 제43조는 "토지소유자 및 관계인과 그 밖에 토지소유자나 관계인에 포함되지 아니하는 자로서 수용하거나 사용할 토지나 그 토지에 있는 물건에 관한 권리를 가진 자는 수용 또는 사용의 개시일까지 그 토지나 물건을 사업시행자에게 인도하거나 이전하여야 한다"라고 규정하고 있다.

도시개발사업의 시행자가 사업시행에 방해가 되는 지장물에 관하여 토지보상법 제75조 제1항 단서 제2호에 따라 물건의 가격으로 보상한 경우, 사업시행자가 당해 물건을 취득하는 제3호와 달리 수용의 절차를 거치지 아니한 이상 사업시행자가 그 보상만으로 당해 물건의 소유권까지 취득한다고 보기는 어렵지만, 지장물의 소유자가 토지보상법 시행규칙 제33조 제4항 단서에 따라 스스로의 비용으로 철거하겠다고 하는 등 특별한 사정이 없는 한 사업시행자는 자신의 비용으로 이를 제거할 수 있고, 지장물의 소유자는 사업시행자의 지장물 제거와 그 과정에서 발생하는 물건의 가치 상실을 수인하여야 할 지위에 있다. 따라서 사업시행자가 지장물에 관하여 토지보상법 제75조 제1항 단서 제2호에 따라 지장물의 가격으로 보상한 경우 특별한 사정이 없는 한 지장물의 소유자는 사업시행자에게 지장물을 인도할 의무가 있다.[12)]

2) 토지소유자의 동의

도시개발구역의 토지소유자 및 제7호부터 제11호까지의 규정(국가 또는 지방자치단체, 대통령령으로 정하는 공공기관·정부출연기관, 「지방공기업법」에 따른 지방공사가 100분의 50 비율을 초과하여 출자한 경우는 제외한다)에 해당하는 시행자는 사업대상 토지면적의 3분의 2 이상에 해당하는 토지를 소유하고 토지소유자 총수의 2분의 1 이상에 해당하는 자의 동의를 받아야 한다. 이 경우 토지소유자의 동의요건 산정기준일은 도시개발구역지정 고시일을 기준으로 하며, 그 기준일 이후 시행자가 취득한 토지에 대하여는 동의요건에 필요한 토지소유자의 총수에 포함하고 이를 동의한 자의 수로 산정한다(법 제22조 제1항). 이 경우 동의자의 수를 산정하는 방법은 다음 각 호와 같다(영 제44조, 영 제6조 제4항).

1. 도시개발구역의 토지면적을 산정하는 경우: 국공유지를 포함하여 산정할 것
2. 1필지의 토지 소유권을 여럿이 공유하는 경우: 다른 공유자의 동의를 받은 대표 공유자 1인을 해당 토지소유자로 볼 것. 다만, 「집합건물법」 제2조 제2호에 따른 구분소유자는 각각을 토지소유자 1인으로 본다.

2의2. 1인이 둘 이상 필지의 토지를 단독으로 소유한 경우: 필지의 수에 관계없이 토지소유자를 1인으로 볼 것

2의3. 둘 이상 필지의 토지를 소유한 공유자가 동일한 경우: 공유자 여럿을 대표하는 1인을 토지소유자로 볼 것

3. 공람·공고일 후에 「집합건물법」 제2조 제1호에 따른 구분소유권을 분할하게 되어 토지소유자의 수가 증가하게 된 경우: 공람·공고일 전의 토지소유자의 수를 기준으로 산정하고, 증가된 토지소유자의 수는 토지소유자 총수에 추가 산입하지 말 것

---

12) 대법원 2022. 11. 17. 선고 2022다242342 판결; 대법원 2023. 8. 18. 선고 2021다249810 판결.

4. 도시개발구역의 지정이 제안되기 전에 또는 도시개발구역에 대한 도시개발사업의 계획(개발계획)의 변경을 요청받기 전에 동의를 철회하는 사람이 있는 경우: 그 사람은 동의자 수에서 제외할 것
5. 도시개발구역의 지정이 제안된 후부터 개발계획이 수립되기 전까지의 사이에 토지소유자가 변경된 경우 또는 개발계획의 변경을 요청받은 후부터 개발계획이 변경되기 전까지의 사이에 토지소유자가 변경된 경우: 기존 토지소유자의 동의서를 기준으로 할 것

국공유지를 제외한 전체 사유 토지면적 및 토지소유자에 대하여 동의요건 이상으로 동의를 받은 후에 그 토지면적 및 토지소유자의 수가 법적 동의요건에 미달하게 된 경우에는 국공유지 관리청의 동의를 받아야 한다(영 제44조, 영 제6조 제5항).

토지소유자는 조합설립인가의 신청 전에 조합설립인가에 대한 동의를 철회할 수 있다. 이 경우 그 토지소유자는 국토교통부령으로 정하는 동의서 또는 동의철회서를 제출하여야 한다(영 제44조, 영 제6조 제6항).

2. 사업인정·고시 및 재결신청 기간완화의 위헌성

1) 문제의 소재

토지등의 수용 또는 사용에 관하여 도시개발법에 특별한 규정이 있는 경우 외에는 「토지보상법」을 준용한다(법 제22조 제2항). 「토지보상법」을 준용할 때 제5조 제1항 제14호에 따른 수용 또는 사용의 대상이 되는 토지의 세부목록을 고시한 경우에는 「토지보상법」 제20조 제1항과 제22조에 따른 사업인정 및 그 고시가 있었던 것으로 본다. 다만, 재결신청은 같은 법 제23조 제1항과 제28조 제1항에도 불구하고 개발계획에서 정한 도시개발사업의 시행기간 종료일까지 하여야 한다(법 제22조 제3항).

이와 관련하여 국토계획법 제96조 제2항은 실시계획의 고시를 「토지보상법」에 따른 사업인정 및 고시로 의제하고 있으나, 도시개발법은 실시계획인가의 고시가 아닌 토지 세부목록의 고시가 사업인정 및 고시로 의제된다고 규정하고 있다.

도시개발사업의 개발계획에 '수용 또는 사용의 대상이 되는 토지·건축물 또는 토지에 정착한 물건과 이에 관한 소유권 외의 권리, 광업권, 어업권, 양식업권, 물의 사용에 관한 권리(토지등)가 있는 경우에는 그 세부목록'이 포함되어야 하고, 이러한 개발계획

에 맞게 실시계획이 작성되어야 하므로 토지 세부목록의 고시로 사업인정 및 고시를 의제한다는 것은 토지수용권 발동의 시기를 실시계획 이전까지 앞당기는 효과를 초래한다. 실시계획인가의 의미가 시행자에 대한 토지수용권이 합법적으로 부여되어 공사착수의 기회가 부여된다는 점에서 토지 세부목록 고시는 개발계획의 수립 당시로 수용권부여의 시기가 이전한다는 것이고, 이는 사실상 개발계획에 토지수용권이 부여된다는 것을 의미한다. 그러므로 도시개발법상 토지 세부목록 고시의 사업인정 및 고시로의 의제조항은 토지소유자 등의 재산권을 상당히 제약할 소지가 농후하다고 볼 수 있다.

아울러 재결신청 기간의 완화조항 역시 국토계획법 제96조 제2항에 대한 비판적 견해가 그대로 적용된다. 재결신청은 토지보상법상의 재결신청 기간이 아닌 개발계획에서 정한 도시개발사업의 시행기간 종료일까지 하도록 한 것은 사업시행자에게 일방적으로 유리한 조항으로 평등원칙에 위배될 수 있으며, 토지소유자 등의 재산권을 과도하게 제약할 소지가 있어 헌법 제23조의 재산권보장에 저촉될 우려가 있다.

2) 헌법재판소의 판단

헌법재판소는 이에 대하여 도시개발법이 실시계획인가의 고시가 아닌 토지 세부목록의 고시, 즉 도시개발구역의 지정을 사업인정 및 고시로 의제하고 있는 것은 입법자의 정당한 입법재량에 해당된다고 하여 합헌성을 인정하고 있다

도시개발법상의 사업인정의제조항은 도시개발사업에서 이해관계인의 의견청취, 관계행정기관과의 협의 등 중복되는 행정절차를 생략하여 사업인정절차에 소요되는 시간을 단축하여 도시개발사업의 신속한 시행에 기여할 뿐 아니라 수용에 따른 손실보상금 산정의 기준시점을 앞당김으로써 개발이익을 배제하는 효과를 발생시키고,[13] 도시개발구역 지정시점을 구 토지수용법상의 사업인정시점으로 보아 토지의 수용 또는 사용의 시기를 앞당김으로써 개발구역의 지정으로 인한 기대이익이 지가에 반영되기 전의 가격으로 토지를 매수할 수 있도록 하여 헌법이 요구하는 정당한 보상의 범위 내에서 합리적인 보상의 방법을 정한 것으로서 사업인정의제조항이 입법형성권의 한계를 벗어난 것이라거나 과잉금지의 원칙에 위반한 것이라고는 볼 수 없다는 것이다.[14]

13) 헌법재판소 2010. 12. 28. 선고 2008헌바57 결정.

14) 헌법재판소 2000. 4. 27. 선고 99헌바58, 544, 554 결정; 헌법재판소 2011. 4. 28. 선고 2010헌바114 결정.

3) 헌법재판소 결정에 대한 비판

(1) 토지소유자에 대한 재산권침해의 심각성

토지소유자의 불로소득에 해당하는 개발이익을 배제하기 위하여 사업인정 시점을 앞당기는 것은 합리적인 정당한 보상의 범위 내에 있다는 취지이나, 이는 재결신청 기간의 완화조항과 맞물려 토지수용 기간을 상당 기간 늘려줌으로써 오히려 토지소유자의 재산권행사에 제약을 가하는 부작용을 초래한다. 오히려 개발이익을 배제하려면 도시개발구역 지정으로 사업인정을 의제한 후 사업시행기간이 종료될 때까지 재결신청 기간을 완화할 것이 아니라 도시개발구역 지정 후 1년 이내에 재결신청을 하게 함으로써 개발이익도 배제하고 토지소유자의 재산권행사의 제약도 최소한으로 침해되도록 하여야 할 것이다.

단지 토지보상액 산정시점만 사업인정고시일에 가장 가까운 시점을 정하도록 함으로써 개발이익은 배제된 현시가에 따른 보상액을 산정할 수 있으나, 재결신청 기간은 오히려 사업기간 내에 하게 함으로써 토지소유자의 재산권에 심대한 제약을 가하고 있으므로 사업시행자에게 유리한 구조라고 할 것이다.

도시개발구역이 지정되면 토지소유자는 최소한의 개발행위만 할 수 있으며, 일반적인 개발행위를 하려면 행정청의 허가를 받아야 하기 때문에 사업시행자가 토지수용을 완료할 때까지 장기간이 소요되면 보상액은 개발이익을 배제한 현시가로 산정하지만 실제 수용될 때까지는 거의 아무런 재산권행사를 할 수 없는 상태가 지속된다는 점에서 불합리하다고 할 것이다.

(2) 사업인정의 실효제도 도입

도시개발사업의 신속한 진행에 이바지하는 사업인정의제조항은 재결신청 기간의 완화와는 논리적으로 연결되지 않는다. 신속한 사업수행이 목적이라면 오히려 재결신청기간도 사업인정 고시 후 1년 이내로 설정하여 토지수용 절차가 신속하게 마무리되는 것이 보다 입법취지에 부합하기 때문이다.

도시개발법의 규정에 의하면 협의취득보다는 재결신청기간이 장기간이므로 수용재결을 하여 수용 당시의 가격을 기준으로 토지보상액을 산정하게 되고, 이는 도시개발사업에 협조적인 협의취득에 응한 자가 오히려 수용재결로 수용당한 자보다 불합리한 결과를 받게 된다. 그러므로 사업인정일부터 1년 이내에 재결신청을 하게 하고, 하지 못한 경우에는 실효되도록 하는 토지보상법 제23조 제1항의 규정이 준용되도록 하는 것이 합리적인 해결책이다.

도시개발사업 등 대규모의 개발사업이 현시점에서 그렇게 필요해 보이지도 않을뿐더러 더 이상 이러한 개발사업은 지속가능성의 측면에서 가급적 지양하여야 할 것이기 때문이다. 국가 등 시행자가 사인의 토지를 수용하여 공익사업이라는 명목하에 대규모의 주택단지 등을 공급하는 것이 과연 공공성이나 공익에 부합하는지는 다시 한번 검토해보아야 할 것이다.[15)]

II. 토지상환채권의 발행

수용 또는 사용방식에 의한 도시개발사업 시행은 사업 초기에 토지보상을 위한 재원조달이 가장 큰 문제로 다가온다. 이를 위하여 시행자는 토지소유자가 원하면 토지등의 매수대금의 일부를 지급하기 위하여 대통령령으로 정하는 바에 따라 사업시행으로 조성된 토지·건축물로 상환하는 채권(토지상환채권)을 발행할 수 있다(법 제23조 제1항).

토지상환채권이란 토지소유자가 원하면 시행자가 토지등의 매수대금의 일부를 지급하기 위하여 사업시행으로 조성된 토지·건축물로 상환하는 채권을 말한다. 이러한 토지상환채권을 시행자 전부가 발행할 수 있는 것은 아니고, 도시개발구역의 토지소유자, 토지소유자가 설립한 조합 등이 「은행법」에 따른 은행 등으로부터 지급보증을 받은 경우에만 이를 발행할 수 있다(법 제23조 제1항 단서). 시행자(지정권자가 시행자인 경우는 제외한다)가 토지상환채권을 발행하려면 대통령령으로 정하는 바에 따라 토지상환채권의 발행계획을 작성하여 미리 지정권자의 승인을 받아야 한다(법 제23조 제2항).

토지상환채권의 발행규모는 그 토지상환채권으로 상환할 토지·건축물이 해당 도시개발사업으로 조성되는 분양토지 또는 분양건축물 면적의 2분의 1을 초과하지 아니하도록 하여야 한다(영 제45조).

토지상환채권의 이율은 발행당시의 은행의 예금금리 및 부동산 수급상황을 고려하여 발행자가 정하며(영 제49조 제1항), 토지상환채권은 기명식(記名式) 증권으로 한다(영 제49조 제2항).

15) 대규모의 개발사업에서 인정되는 지구지정, 인허가의제, 토지수용, 선수금, 토지개발채권 등의 일련의 장치는 택지개발촉진법에서 비롯된 것으로 보인다. 이러한 택지개발촉진법의 무소불위적 수단은 국민의 기본권을 심각하게 제한한 결과로서 현대민주국가에서는 바람직한 법률은 아니다. 이에 대하여 자세한 내용은 손정목, 서울 도시계획 이야기4, 한울아카데미, 2017, 284-289쪽 참조.

Ⅲ. 이주대책

1. 이주대책의 의의

시행자는 「토지보상법」으로 정하는 바에 따라 도시개발사업의 시행에 필요한 토지 등의 제공으로 생활의 근거를 상실하게 되는 자에 관한 이주대책 등을 수립 · 시행하여야 한다(법 제24조).

이주대책은 헌법 제23조 제3항에 규정된 정당한 보상에 포함되는 것이라기보다는 이에 부가하여 이주자들에게 종전의 생활상태를 회복시키기 위한 생활보상의 일환으로서 국가의 정책적인 배려에 의하여 마련된 제도라고 볼 것이다.[16] 사업시행자는 이주대책기준을 정하여 이주대책대상자 중에서 이주대책을 수립 · 실시하여야 할 자를 선정하여 그들에게 공급할 택지 또는 주택의 내용이나 수량을 정할 수 있고, 이를 정하는데 재량을 가지므로 다른 특별한 사정이 없는 한 사업시행자가 설정한 기준은 존중되어야 한다.[17] 따라서 집단환지 방식의 도시개발사업에 이주대책 마련 또는 이주정착금 지급을 의무로 정할 헌법해석상 입법의무가 존재한다고 볼 수 없다.[18]

2. 도시개발사업의 이주대책기준일

도시개발법 제24조에 따라 이주대책 등에 준용되는 토지보상법은 제78조 제1항에서 "사업시행자는 공익사업의 시행으로 인하여 주거용 건축물을 제공함에 따라 생활의 근거를 상실하게 되는 자(이주대책대상자)를 위하여 대통령령으로 정하는 바에 따라 이주대책을 수립 · 실시하거나 이주정착금을 지급하여야 한다"라고 규정하여 이주대책대상자를 위한 대책의 내용을 이주대책의 수립 · 실시 또는 이주정착금의 지급으로 정하면서 그 대상자와 내용은 대통령령에서 정하도록 위임하고 있다. 그 위임에 따라 토지보상법 시행령은 이주대책대상자의 구체적 범위에 관하여 제40조 제5항에서 이주대책대상자에서 제외되는 사람을 각 호에서 규정하는 방식으로 이를 정하고 있는데, 그 제2호 본문은 '해당 건축물에 공익사업을 위한 관계 법령에 따른 고시 등이 있은 날부터 계약체결일 또는 수용재결일까지 계속하여 거주하고 있지 아니한 건축물의 소유자'를 규정하고 있다.

---

16) 대법원 2003. 7. 25. 선고 2001다57778 판결; 헌법재판소 2006. 2. 23. 선고 2004헌마19 결정.
17) 대법원 2009. 3. 12. 선고 2008두12610 판결; 대법원 2015. 8. 27. 선고 2012두36746 판결.
18) 헌법재판소 2023. 9. 26. 선고 2023헌마785 결정.

이에 따라 토지보상법 시행령 제40조 제5항 제2호에서 규정한 '해당 건축물에 공익사업을 위한 관계 법령에 따른 고시 등이 있은 날'은 도시개발사업에 따른 이주대책대상자와 아닌 자를 정하는 기준일이라고 할 것이다.[19)]

그런데 토지수용 절차에 토지보상법을 준용하도록 한 관계 법률에서 사업인정의 고시 외에 주민 등에 대한 공람공고를 예정하고 있는 경우에 이주대책대상자의 기준이 되는 '공익사업을 위한 관계 법령에 의한 고시 등이 있은 날'에는 사업인정의 고시일뿐만 아니라 공람공고일도 포함될 수 있다.[20)]

그러나 법령이 정하는 이주대책대상자의 해당 여부를 판단하는 기준은 각 공익사업의 근거 법령에 따라 개별적으로 특정되어야 한다. 특히, 강행규정인 이주대책 수립 등에 관한 공익사업법령의 적용대상은 일관성 있게 정해져야 하므로 그 기준이 되는 개별 법령의 법정 이주대책기준일은 하나로 해석함이 타당하다.

결론적으로 도시개발법상 사업진행의 절차, 도시개발법상 공익사업 시행에 따른 투기적 거래의 방지 등의 정책적 필요성 등을 종합하면, 도시개발사업에서의 '해당 건축물에 공익사업을 위한 관계 법령에 의한 고시 등이 있은 날'에 해당하는 법정 이주대책기준일은 도시개발법 제9조, 도시개발법 시행령 제15조의 각 규정에 따른 도시개발구역의 지정에 관한 공람공고일이라고 할 것이다.[21)]

Ⅳ. 원형지의 공급 및 개발

1. 의의

수용 또는 사용방식에 의한 사업시행에서는 원형지를 공급하여 개발하는 장점이 있다. 원형지란 도시개발구역에서 기초적인 인프라 시설 외에 부지에 대한 조성계획 없이 미개발상태로 공급하는 토지를 말하는데, 도시개발법 제25조 제1항은 도시개발사업으로 조성되지 아니한 상태의 토지로 정의하고 있다. 이러한 원형지는 도시개발사업의 시행자가 맞춤형 방식의 도시개발을 가능하게 하여 민간시행자의 도시개발사업에의 유인으로 작용한다.

---

19) 대법원 2009. 6. 11. 선고 2009두3323 판결.

20) 대법원 2009. 2. 26. 선고 2007두13340 판결; 대법원 2015. 7. 23. 선고 2012두22911 판결 등.

21) 대법원 2015. 7. 23. 선고 2012두22911 판결; 대법원 2015. 8. 27. 선고 2012두26746 판결; 대법원 2015. 10. 29. 선고 2014다14641 판결; 대법원 2015. 12. 23. 선고 2014다29360 판결 등.

2. 원형지 개발의 절차

시행자는 도시를 자연친화적으로 개발하거나 복합적·입체적으로 개발하기 위하여 필요한 경우에는 대통령령으로 정하는 절차에 따라 미리 지정권자의 승인을 받아 ① 국가 또는 지방자치단체, ② 「공공기관운영법」에 따른 공공기관, ③ 「지방공기업법」에 따른 지방공사, ④ 국가·지방자치단체 또는 대통령령으로 정하는 공공기관이 복합개발 등을 위하여 실시한 공모에서 선정된 자, ⑤ 원형지를 학교나 공장 등의 부지로 직접 사용하는 자에게 원형지를 공급하여 개발하게 할 수 있다. 이 경우 공급될 수 있는 원형지의 면적은 도시개발구역 전체 토지 면적의 3분의 1 이내로 한정한다(법 제25조의2 제1항). 지정권자는 승인을 할 때에는 용적률 등 개발밀도, 토지용도별 면적 및 배치, 교통처리계획 및 기반시설의 설치 등에 관한 이행조건을 붙일 수 있다(법 제25조의2 제5항).

시행자는 원형지를 공급하기 위하여 지정권자에게 승인신청을 할 때에는 원형지의 공급계획을 작성하여 함께 제출하여야 한다. 작성된 공급계획을 변경하는 경우에도 같다(법 제25조의2 제2항). 원형지 공급계획에는 원형지개발자에 관한 사항과 원형지의 공급내용 등이 포함되어야 한다(법 제25조의2 제3항).

시행자는 원형지 개발방향과 승인내용 및 공급계획에 따라 원형지개발자와 공급계약을 체결한 후 원형지개발자로부터 세부계획을 제출받아 이를 실시계획의 내용에 반영하여야 한다(법 제25조의2 제4항).

3. 선수금

시행자는 원형지를 공급받거나 이용하려는 자로부터 대통령령으로 정하는 바에 따라 해당 대금의 전부 또는 일부를 미리 받을 수 있고, 이 경우 시행자(지정권자가 시행자인 경우는 제외한다)는 지정권자의 승인을 받아야 한다(법 제25조).

시행자는 공사완료 공고 전에 미리 토지를 공급하거나 시설물을 이용하게 한 후에는 그 토지를 담보로 제공하여서는 아니 된다(영 제55조 제2항).

지정권자는 시행자가 공급계약의 내용대로 사업을 이행하지 아니하거나 시행자의 파산 등(「채무자회생법」에 따른 법원의 결정·인가를 포함한다)으로 사업을 이행할 능력이 없다고 인정하는 경우에는 해당 도시개발사업의 준공 전에 보증서 등을 선수금의 환불을 위하여 사용할 수 있다(영 55조 제3항).

4. 원형지 매각의 제한

원형지개발자(국가 및 지방자치단체는 제외한다)는 원형지에 대한 공사완료 공고일부터 5년, 원형지 공급 계약일부터 10년 안에는 원형지를 매각할 수 없다(법 제25조의2 제6항, 영 제55조의2 제3항). 다만, 기반시설 용지, 임대주택 용지, 그 밖에 원형지개발자가 직접 조성하거나 운영하기 어려운 시설의 설치를 위한 용지로 원형지를 사용하는 경우로서 미리 지정권자의 승인을 받은 경우에는 예외로 한다(법 제25조의2 제6항, 영 제55조의2 제4항).

5. 원형지 공급승인 취소 및 공급계약 해제

지정권자는 ① 시행자가 원형지의 공급계획대로 토지를 이용하지 아니하는 경우, ② 원형지개발자가 세부계획의 내용대로 사업을 시행하지 아니하는 경우, ③ 시행자 또는 원형지개발자가 지정권자의 승인시 부가되는 이행조건을 이행하지 아니하는 경우에는 원형지 공급승인을 취소하거나 시행자로 하여금 그 이행의 촉구, 원상회복 또는 손해배상의 청구, 원형지 공급계약의 해제 등 필요한 조치를 취할 것을 요구할 수 있다(법 제25조의2 제7항).

또한, 시행자는 ① 원형지개발자가 세부계획에서 정한 착수기한 안에 공사에 착수하지 아니하는 경우, ② 원형지개발자가 공사착수 후 세부계획에서 정한 사업기간을 넘겨 사업시행을 지연하는 경우, ③ 공급받은 토지의 전부나 일부를 시행자의 동의 없이 제3자에게 매각하는 경우, ④ 그 밖에 공급받은 토지를 세부계획에서 정한 목적대로 사용하지 아니하는 등 원형지 공급계약의 내용을 위반한 경우 대통령령으로 정하는 바에 따라 원형지 공급계약을 해제할 수 있다(법 제25조의2 제8항).

Ⅴ. 조성토지 등의 공급계획

원형지 개발 후 시행자는 조성토지등을 공급하려고 할 때에는 조성토지등의 공급계획을 작성하여야 하며, 지정권자가 아닌 시행자는 작성한 조성토지등의 공급계획에 대하여 지정권자의 승인을 받아야 한다. 조성토지등의 공급계획을 변경하려는 경우에도 또한 같다(법 제26조 제1항). 지정권자가 조성토지등의 공급계획을 작성하거나 승인하는 경우 국토교통부장관이 지정권자이면 시·도지사 또는 대도시 시장의 의견을, 시·도지사가 지정권자이면 시장(대도시 시장은 제외한다)·군수 또는 구청장의 의견을 미리 들어야 한다(법 제26조 제2항).

시행자(제11조 제1항 제11호에 해당하는 법인이 시행자인 경우에는 그 출자자를 포함한다)가 직접 건축물을 건축하여 사용하거나 공급하려고 계획한 토지가 있는 경우에는 그 현황을 조성토지등의 공급계획의 내용에 포함하여야 한다. 다만, 민간참여자가 직접 건축물을 건축하여 사용하거나 공급하려고 계획한 토지는 전체 조성토지 중 해당 민간참여자의 출자 지분 범위 내에서만 조성토지등의 공급계획에 포함할 수 있다(법 제26조 제3항).

시행자는 조성토지등의 공급 계획에 따라 조성토지등을 공급하여야 한다. 이 경우 시행자는 「국토계획법」에 따른 기반시설의 원활한 설치를 위하여 필요하면 공급대상자의 자격을 제한하거나 공급조건을 부여할 수 있다(영 제57조 제1항). 조성토지등의 공급은 경쟁입찰의 방법에 따른다(영 제57조 제2항).

제3항 환지방식에 의한 사업시행

Ⅰ. 의의

환지방식은 사업시행 이전의 토지 소유권을 변화시키지 않고 종전 토지의 위치·지적·이용상황·환경 등을 고려하여 사업시행 이후 새롭게 조성된 대지에 기존의 권리를 그대로 이전시키는 개발방식을 말한다. 환지방식은 2000년 7월에 폐지된 토지구획정리사업법에 의한 '토지구획정리사업'이라는 명칭으로 활용되었으며, 현행 도시개발법에서 환지방식으로 개칭되었다.

도시개발법상의 환지방식은 물적 공용부담의 한 종류인 공용환권에 따른 공용환지를 의미한다. 공용환지란 토지의 효과적인 이용증대를 위하여 일정구역 안의 토지의 구획·형질을 변경한 후 권리자의 의사와 무관하게 토지에 대한 권리를 강제로 교환·분합하는 것을 말한다.

환지방식은 대지로서의 효용증진과 공공시설의 정비를 위하여 토지의 교환·분할·합병, 그 밖의 구획변경, 지목 또는 형질의 변경이나 공공시설의 설치·변경이 필요한 경우 또는 도시개발사업을 시행하는 지역의 지가가 인근의 다른 지역에 비하여 현저히 높아 수용 또는 사용방식으로 시행하는 것이 어려운 경우에 활용된다(영 제43조 제1항 제1호).

II. 환지계획

1. 환지계획의 작성

1) 의의 및 법적 성격

환지계획이란 도시개발사업이 완성되었을 때 토지소유자들에게 기존의 토지 대신 새로 조성된 토지의 배분에 관한 사업시행자의 계획을 말한다. 환지계획은 장차 환지처분이라는 집행행위를 내용적으로 구속하면서 사업대상지역 내 토지소유자의 포괄적인 권리의무관계의 변동을 확정하는 행정계획으로 볼 수 있다. 환지계획에 의하지 않거나 환지계획에 없는 사항을 내용으로 하는 환지처분이 무효가 되는 이유도 여기에 있다.[22)]

다만, 여기서 행정계획의 개념적 징표로부터 계획수립의 주체는 당연히 행정주체가 되어야 한다. 도시개발법 제77조도 행정청인 시행자가 행한 처분에 대한 행정심판을 인정하지만, 행정청이 아닌 시행자의 처분에 대해서는 행정청인 지정권자에 대하여 행정심판을 제기하여야 한다고 규정하여 행정청인 시행자와 사인인 시행자를 구분하고 있다. 그러므로 행정청인 시행자가 작성하는 환지계획은 집행행위인 환지처분을 구속하고, 동시에 토지소유자의 법률관계에 직접적인 변동을 일으키므로 환지계획의 처분성이 인정된다고 보아야 한다.[23)] 이러한 시각에서 판례가 환지계획의 처분성을 일률적으로 부정하는 태도는 타당성을 갖기 어렵다고 본다.[24)]

---

22) 대법원 2000. 2. 25. 선고 97누5534 판결(구 토지구획정리사업법(1980. 1. 4. 법률 제3255호로 개정되기 전의 것)에 있어서 환지계획의 내용에 의하지 아니하거나 환지계획에 없는 사항을 그 내용으로 하는 환지처분은 무효이다); 대법원 1993. 5. 27. 선고 92다14878 판결 등.

23) 김종보, 앞의 책, 724쪽은 수립 주체와는 무관하게 환지계획의 처분성을 긍정하는 태도를 취한다.

24) 대법원 1999. 8. 20. 선고 97누6889 판결.

판례 **환지계획등무효확인및취소(대법원 1999. 8. 20. 선고 97누6889 판결)**

환지계획은 위와 같은 환지예정지 지정이나 환지처분의 근거가 될 뿐 그 자체가 직접 토지소유자 등의 법률상의 지위를 변동시키거나 또는 환지예정지 지정이나 환지처분과는 다른 고유한 법률효과를 수반하는 것이 아니어서 이를 항고소송의 대상이 되는 처분에 해당한다고 할 수가 없다.

2) 환지계획의 내용과 작성

시행자는 도시개발사업의 전부 또는 일부를 환지방식으로 시행하려면 ① 환지설계, ② 필지별로 된 환지명세, ③ 필지별과 권리별로 된 청산 대상 토지명세, ④ 체비지(替費地) 또는 보류지(保留地)의 명세, ⑤ 입체환지를 계획하는 경우에는 입체환지용 건축물의 명세와 공급방법 · 규모에 관한 사항, ⑥ 수입 · 지출 계획서, ⑦ 평균부담률 및 비례율과 그 계산서(규칙 제27조 제3항에 따라 평가식으로 환지설계를 하는 경우로 한정한다), ⑧ 건축계획(입체환지를 시행하는 경우로 한정한다), ⑨ 토지평가협의회 심의 결과 등이 포함된 환지계획을 작성하여야 한다(법 제28조 제1항, 규칙 제26조 제3항). 이 경우 시행자는 종전의 토지와 환지의 위치 · 지목 · 면적 · 토질 · 수리(水利) · 이용상황 · 환경, 그 밖의 사항을 종합적으로 고려하여 환지계획을 합리적으로 정하여야 한다(법 제28조 제2항). 여기서 환지설계에는 축척 1천2백분의 1 이상의 환지예정지도, 환지전후대비도, 과부족면적표시도 및 환지전후 평가단가 표시도가 첨부되어야 한다(규칙 제26조 제1항).

시행자는 환지방식이 적용되는 도시개발구역에 있는 조성토지등의 가격을 평가할 때에는 토지평가협의회의 심의를 거쳐 결정하되, 그에 앞서 대통령령으로 정하는 공인평가기관이 평가하게 하여야 한다(법 제28조 제3항).

2. 환지계획의 기준

1) 환지계획 당시의 기준 적용

시행자는 환지계획을 작성할 때에는 환지계획구역(환지방식으로 도시개발사업이 시행되는 도시개발구역의 범위를 말하며, 도시개발구역이 둘 이상의 사업시행지구로 분할되는 경우에는 그 분할된 각각의 사업시행지구를 말한다)별로 작성하여야 하며, 실시계획 인가 사항,

환지계획구역의 시가화 정도, 토지의 실제 이용 현황과 경제적 가치 등을 종합적으로 고려하여야 한다(규칙 제27조 제1항).

시행자는 환지계획을 변경하는 경우에는 환지계획 당시의 방식 및 기준에 따라야 한다. 다만, 환지계획구역이 변동되는 등의 사유로 당초의 방식 또는 기준을 따를 수 없는 경우에는 그러하지 아니하다(규칙 제27조 제13항).

2) 환지의 방식

환지의 방식은 환지 전 토지에 대한 권리를 도시개발사업으로 조성되는 토지에 이전하는 평면환지와 환지 전 토지나 건축물(무허가 건축물은 제외한다)에 대한 권리를 도시개발사업으로 건설되는 구분건축물에 이전하는 입체환지으로 구분한다(규칙 제27조 제2항).

평면환지방식을 적용하는 경우 환지 전 토지 위의 건축물로서 환지처분 당시 이전(移轉) 또는 제거된 건축물이나 입체환지의 대상이 되지 아니하는 환지 전 토지의 건축물은 장애물 등으로 보아 손실보상을 한다(규칙 제27조 제7항).

3) 환지설계의 원칙

환지설계는 평가식(도시개발사업 시행 전후의 토지의 평가가액에 비례하여 환지를 결정하는 방법을 말한다)을 원칙으로 하되, 환지지정으로 인하여 토지의 이동이 경미하거나 기반시설의 단순한 정비 등의 경우에는 면적식(도시개발사업 시행 전의 토지 및 위치를 기준으로 환지를 결정하는 방식을 말한다)을 적용할 수 있다. 이 경우 하나의 환지계획구역에서는 같은 방식을 적용하여야 하며, 입체환지를 시행하는 경우에는 반드시 평가식을 적용하여야 한다(규칙 제27조 제3항).

환지설계 시 적용되는 토지·건축물의 평가액은 최초 환지계획인가 시를 기준으로 하여 정하고 변경할 수 없으며, 환지 후 토지·건축물의 평가액은 실시계획의 변경으로 평가 요인이 변경된 경우에만 환지계획의 변경인가를 받아 변경할 수 있다(영 제27조의2 제1항)

4) 구체적인 환지의 기준

(1) 필지별·건축물별 환지

토지[「집합건물법」 제2조 제6호에 따른 대지사용권(소유권인 경우로 한정한다)에 해당하는 토지지분을 포함한다] 또는 건축물(「집합건물법」 제2조 제1호에 따른 구분소유권에 해당하는 건축물 부분을 포함한다)은 필지별, 건축물 별로 환지한다. 이 경우 하나의 대지에 속하는 동일인 소유의 토지와 건축물은 분리하여 입체환지를 지정할 수 없다(규칙 제27조 제6항).

(2) 공유 형태의 환지지정

시행자는 동일인이 소유한 2 이상의 환지 전 토지 또는 건축물에 대하여 환지 후 하나의 토지 또는 구분건축물에 환지를 지정할 수 있으며(규칙 제27조 제10항), 과소토지 등에 대하여 2 이상의 토지 또는 건축물 소유자의 신청을 받아 환지 후 하나의 토지나 구분건축물에 공유로 환지를 지정할 수 있다. 이 경우 환지를 지정받은 자는 다른 환지를 지정받을 수 없다(규칙 제27조 제8항).

시행자는 「집합건물법」에 해당하는 건축물을 건축할 용도로 계획된 토지에 대하여 2 이상의 토지소유자의 신청을 받아 공유로 환지를 지정할 수 있다(규칙 제27조 제9항).

(3) 분할환지

시행자는 하나의 환지 전 토지에 대하여 2 이상의 환지 후 토지 또는 구분건축물에 환지를 지정(분할환지)할 수 있다. 이 경우 분할환지로 지정되는 각각의 권리면적은 과소토지 규모 이상이어야 한다(규칙 제27조 제11항). 그럼에도 불구하고 「집합건물법」 제2조 제6호에 따른 대지사용권에 해당하는 토지지분은 분할환지할 수 없다(규칙 제27조 제12항).

3. 환지계획의 인가

행정청이 아닌 시행자가 환지계획을 작성한 경우에는 특별자치도지사 · 시장 · 군수 또는 구청장의 인가를 받아야 하고(법 제29조 제1항), 환지계획인가를 신청할 때에는 토지소유자나 임차권자등은 공람기간에 시행자에게 제출한 의견서를 첨부하여야 한다(법 제29조 제5항). 인가받은 내용을 변경하려는 경우에도 특별자치도지사 · 시장 · 군수 또는 구청장의 인가를 받아야 한다(법 제29조 제2항). 다만, 종전 토지의 합필 또는 분필로 환지명세가 변경되는 경우나 환지로 지정된 토지나 건축물을 금전으로 청산하는 경우 등의 경미한 사항을 변경하는 경우에는 그러하지 아니하다(법 제29조 제2항 단서, 영 제60조 제1항).

행정청이 아닌 시행자가 환지계획의 인가를 신청하려고 하거나 행정청인 시행자가 환지계획을 정하려고 하는 경우에는 토지소유자와 해당 토지에 대하여 임차권, 지상권, 그 밖에 사용하거나 수익할 권리(임차권등)를 가진 자(임차권자등)에게 환지계획의 기준 및 내용 등을 알리고 대통령령으로 정하는 바에 따라 관계 서류의 사본을 일반인에게 14일 이상 공람시켜야 한다. 다만, 종전 토지의 합필 또는 분필로 환지명세가 변경되는 경우나 환지로 지정된 토지나 건축물을 금전으로 청산하는 경우 등 경미한 사항을 변경하는 경우에는 그러하지 아니하다(법 제29조 제3항, 영 제61조 제2항).

토지소유자나 임차권자등은 공람기간에 시행자에게 의견서를 제출할 수 있으며, 시행자는 그 의견이 타당하다고 인정하면 환지계획에 이를 반영하여야 하고(법 제29조 제4항) 공람기일이 종료된 날부터 60일 이내에 그 의견을 제출한 자에게 환지계획에의 반영여부에 관한 검토결과를 통보하여야 한다(법 제29조 제6항).

이러한 토지소유자와 이해관계인들에 대한 의견청취 절차는 환지계획의 입안에 도시개발사업에 대한 다수의 이해관계인의 의사를 반영하고 그들 상호 간의 이익을 합리적으로 조정하는 데 그 취지가 있다고 할 것이다. 그러므로 최초의 공람과정에서 이해관계인으로부터 의견이 제시되어 그에 따라 환지계획을 수정하여 인가 신청을 하고자 할 경우에는 그 전에 다시 수정된 내용에 대한 공람절차를 거쳐야 한다고 봄이 제도의 취지에 부합하는 것이라고 할 것이다.[25)]

4. 입체환지

1) 의의

입체환지란 환지방식으로 시행되는 개발사업에서 사업시행 이전의 토지의 위치 · 지적 · 이용상황 · 환경 등을 고려하여 사업시행 이후 종전 토지소유자에게 새로이 조성되는 대지뿐만 아니라 건축물의 일부나 그 건축물이 있는 토지의 공유지분을 부여하는 형태로 환지하는 것을 말한다.

도시개발법 제32조에서 규정하는 입체환지는 시행자가 도시개발사업을 원활히 시행하기 위하여 환지의 목적인 토지에 갈음하여 토지 또는 건축물 소유자의 신청을 받아 건축물의 일부와 건축물이 있는 토지의 공유지분을 부여하는 것을 말한다.[26)] 일반

---

25) 대법원 1999. 8. 20. 선고 97누6889 판결.

26) 대법원 2016. 12. 29. 선고 2013다73551 판결.

적인 환지가 토지만을 대상으로 하는 평면적 환지인데 반하여, 입체환지는 건축물과 토지를 모두 환지의 대상으로 한다는 점에서 평면적 환지와 구분된다. 입체환지는 도시개발사업에서 방생하는 다양한 요구를 수용할 수 있다는 점에서 도시개발사업의 실현가능성을 높이는 유용한 제도로 기능하고 있다.

이러한 입체환지 개념은 2000년 7월 폐지된 토지구획정리사업법에서 처음 도입되었다. 토지구획정리사업법에서 토지구획정리사업의 시행자는 과소토지가 발생하지 않도록 하기 위하여 필요한 경우 토지소유자의 동의를 얻어 환지목적인 토지 대신에 시행자가 처분할 권한을 갖는 건축물의 일부와 그 건축물이 있는 토지의 공유지분을 주도록 환지계획을 정할 수 있도록 하였다. 이후 입체환지의 적용범위는 도시개발법에 의한 도시개발사업으로 확장되었다.

도시개발사업의 시행자는 도시개발사업을 원활히 시행하기 위하여 특히 필요한 경우에는 토지 또는 건축물 소유자의 신청을 받아 건축물의 일부와 그 건축물이 있는 토지의 공유지분을 부여할 수 있다. 다만, 입체환지를 신청하는 자의 종전 소유토지 및 건축물의 권리가액(환지계획상 환지 후 조성토지등에 대하여 종전의 토지 및 건축물 소유자가 얻을 수 있는 권리의 가액을 말한다)이 도시개발사업으로 조성되는 토지에 건축되는 구분건축물의 최소 공급가격의 100분의 70 이하인 경우에는 시행자가 규약·정관 또는 시행규정으로 신청대상에서 제외할 수 있다(법 제32조 제1항, 영 제62조의2 제1항). 그러나 토지 또는 건축물의 권리가액 기준에도 불구하고 환지 전 토지에 주택을 소유하고 있던 토지소유자는 권리가액과 관계없이 입체환지를 신청할 수 있다(영 제62조의2 제2항).

2) 입체환지의 신청절차

입체환지의 경우 시행자는 환지계획 작성 전에 실시계획의 내용, 환지계획 기준, 환지대상 필지 및 건축물의 명세, 입체환지로 공급되는 건축물의 위치·용도·규모 등 상세내역 및 평가가액, 환지신청의 기간·장소·절차 및 방법, 그 밖에 규약·정관 또는 시행규정에서 정하는 사항 등을 토지소유자 및 건축물 소유자에게 통지하고 해당 지역에서 발행되는 일간신문에 공고하여야 한다(법 제32조 제3항, 영 제62조의2 제3항).

입체환지의 신청기간은 토지소유자 및 건축물 소유자에게 통지한 날부터 30일 이상 60일 이하로 하여야 한다. 다만, 시행자는 환지계획의 작성에 지장이 없다고 판단하는 경우에는 20일의 범위에서 그 신청기간을 연장할 수 있다(법 제32조 제4항). 입체환지를 받으려는 토지소유자는 환지신청기간 이내에 대통령령으로 정하는 방법 및 절차에 따라 시행자에게 환지신청을 하여야 한다(법 제32조 제5항).

3) 입체환지에 따른 주택공급의 특례

(1) 입체환지에 따른 주택공급의 절차

시행자는 입체환지로 건설된 주택 등 건축물을 인가된 환지계획에 따라 환지신청자에게 공급하여야 한다. 이 경우 주택을 공급하는 경우에는 「주택법」 제54조에 따른 주택의 공급에 관한 기준을 적용하지 아니한다(법 제32조의3 제1항).

입체환지로 주택을 공급하는 경우 환지계획의 내용은 다음 기준에 따른다. 첫째, 1세대 또는 1명이 하나 이상의 주택 또는 토지를 소유한 경우 1주택을 공급할 것, 둘째, 같은 세대에 속하지 아니하는 2명 이상이 1주택 또는 1토지를 공유한 경우에는 1주택만 공급할 것. 이 경우 주택의 수를 산정하기 위한 구체적인 기준은 대통령령으로 정한다(법 제32조의3 제2항).

이러한 원칙에도 불구하고 시행자는 ① 「수도권정비계획법」 제6조 제1항 제1호에 따른 과밀억제권역에 위치하지 아니하는 도시개발구역의 토지소유자, ② 근로자(공무원인 근로자를 포함한다) 숙소나 기숙사의 용도로 주택을 소유하고 있는 토지소유자, ③ 국가 또는 지방자치단체, 대통령령으로 정하는 공공기관·정부출연기관, 「지방공기업법」에 따른 지방공사에 대하여는 소유한 주택의 수만큼 공급할 수 있다(법 제32조의3 제3항).

또한, 시행자는 입체환지의 대상이 되는 용지에 건설된 건축물 중 환지계획에 따라 공급대상자에게 공급하고 남은 건축물의 공급에 대하여는 규약·정관 또는 시행규정으로 정하는 목적을 위하여 체비지(건축물을 포함한다)로 정하거나 토지소유자 외의 자에게 분양할 수 있다(법 제32조의3 제5항).

(2) 입체환지의 잔여분 분양

시행자는 입체환지에 따른 주택 등을 공급하고 남은 건축물은 일반에게 공급하되, 환지대상에서 제외되어 도시개발사업으로 새로 조성된 토지를 환지받지 못하고 금전으로 청산을 받은 자 또는 도시개발사업으로 철거되는 건축물의 세입자에게 우선적으로 공급할 수 있다(영 제62조의3 제1항).

시행자는 도시개발사업으로 철거되는 건축물의 세입자 등에게 주택 등을 공급하고 남은 건축물 등을 토지소유자 외의 자에게 분양하는 경우에는 국토교통부령으로 정하는 바에 따라 분양공고 등을 실시하여 공급하여야 하고, 이 경우 「건축물분양법」 및 「주택공급에 관한 규칙」에 따른다. 다만, 도시개발법, 「건축물분양법」 및 「주택공급에 관한 규칙」의 적용 대상이 아닌 건축물은 규약·정관 또는 시행규정이 정하는 바에 따라 분양할 수 있다(영 제62조의3 제2항, 규칙 제30조의3).

4) 환지지정의 제한

시행자는 주민 등의 의견청취를 위하여 공람 또는 공청회의 개최에 관한 사항을 공고한 날 또는 투기억제를 위하여 시행예정자(제3조 제3항 제2호 및 제4항에 따른 요청자 또는 제11조 제5항에 따른 제안자를 말한다)의 요청에 따라 지정권자가 따로 정하는 날(기준일)의 다음 날부터 다음 각 호의 어느 하나에 해당하는 경우에는 국토교통부령으로 정하는 바에 따라 해당 토지 또는 건축물에 대하여 금전으로 청산(건축물은 제65조에 따라 보상한다)하거나 환지지정을 제한할 수 있다(제32조의2 제1항).

1. 1필지의 토지가 여러 개의 필지로 분할되는 경우
2. 단독주택 또는 다가구주택이 다세대주택으로 전환되는 경우
3. 하나의 대지범위 안에 속하는 동일인 소유의 토지와 주택 등 건축물을 토지와 주택 등 건축물로 각각 분리하여 소유하는 경우
4. 나대지에 건축물을 새로 건축하거나 기존 건축물을 철거하고 다세대주택이나 그 밖의 「집합건물법」에 따른 구분소유권의 대상이 되는 건물을 건축하여 토지 또는 건축물의 소유자가 증가되는 경우

5. 보류지 · 체비지

1) 의의

보류지는 사업시행자가 사업경비 충당목적 이외에 규약 · 정관 · 시행규정 또는 실시계획으로 정한 일정한 목적에 공용(供用)하기 위하여 환지계획에서 환지로 정하지 않고 보류한 토지를 말하고,[27] 체비지란 해당 도시개발사업에 필요한 재원을 확보하기 위하여 사업시행자가 사업구역 내의 토지소유자로부터 취득하여 처분할 수 있는 토지로서 환지로 정하지 않고 남겨둔 토지를 뜻한다. 도시개발사업을 완성하려면 막대한 사업비용 등 재원이 필요하므로 이를 위하여 사업시행자가 일정 부분의 토지를 남겨 놓게 되는데, 이를 체비지라 한다.

시행자는 도시개발사업에 필요한 경비에 충당하거나 규약 · 정관 · 시행규정 또는 실시계획으로 정하는 목적을 위하여 일정한 토지를 환지로 정하지 아니하고 보류지로 정할 수 있으며, 그 중 일부를 체비지로 정하여 도시개발사업에 필요한 경비에 충당할 수 있다(법 제34조 제1항). 따라서 체비지를 정함에 사업시행자에게 재량권이 넓게 인정된다.[28]

---

27) 대법원 2016. 12. 15. 선고 2016다221566 판결.

특별자치도지사 · 시장 · 군수 또는 구청장은 「주택법」에 따른 공동주택의 건설을 촉진하기 위하여 필요하다고 인정하면 체비지 중 일부를 같은 지역에 집단으로 정하게 할 수 있다(법 제34조 제2항).

2) 체비지의 처분

시행자는 체비지나 보류지를 규약 · 정관 · 시행규정 또는 실시계획으로 정하는 목적 및 방법에 따라 합리적으로 처분하거나 관리하여야 한다(법 제44조 제1항). 행정청인 시행자가 체비지 또는 보류지를 관리하거나 처분하는 경우 또는 체비지 용도로 환지예정지가 지정되어 이를 관리하거나 처분하는 경우에는 국가나 지방자치단체의 재산처분에 관한 법률을 적용하지 아니한다(법 제44조 제2항 본문).

Ⅲ. 환지예정지 지정 및 지정효과

1. 환지예정지의 의의

환지예정지는 환지처분이 행해지기 전에 종전 토지를 대신하여 사용하거나 수익하도록 지정된 토지를 말한다. 도시개발사업은 상당한 시일이 요구되는 사업이므로 환지예정지 지정은 환지처분이 있을 때까지 잠정적으로 환지계획에 의한 환지에 종전 토지의 사용수익권을 인정해 주는 것이다.

2. 환지예정지의 지정처분

1) 법적 성격

시행자는 도시개발사업의 시행을 위하여 필요하면 도시개발구역의 토지에 대하여 환지예정지를 지정할 수 있다. 이 경우 종전의 토지에 대한 임차권자등이 있으면 해당 환지예정지에 대하여 해당 권리의 목적인 토지 또는 그 부분을 아울러 지정하여야 하고(법 제35조 제1항), 시행자가 환지예정지를 지정하려면 관계 토지소유자와 임차권자등에게 환지예정지의 위치 · 면적과 환지예정지 지정의 효력발생 시기를 알려야 한다(법 제35조 제3항).

---

28) 대법원 2002. 3. 12. 선고 2000다55225 판결.

이러한 환지예정지 지정처분은 사업시행자가 사업시행지구 내의 종전 토지소유자로 하여금 환지예정지 지정처분의 효력발생일로부터 환지처분의 공고가 있는 날까지 당해 환지예정지를 사용·수익할 수 있게 하는 한편 종전의 토지에 대하여는 사용·수익을 할 수 없게 하는 임시적·잠정적 성격의 처분[29]이지만 그에 의하여 직접 토지소유자 등의 권리의무가 변동되므로 이를 항고소송의 대상이 되는 처분으로 볼 수 있다는 것이 대법원의 입장이나,[30] 시행자 중에는 행정청이 아닌 시행자가 있으므로 일률적으로 환지예정지 지정처분을 행정처분으로 보기는 힘들고, 행정청인 시행자가 행한 환지예정지 지정처분만이 행정처분이 될 것이다.

2) 이해관계인에 대한 의견청취 절차

행정청이 아닌 시행자 중 도시개발구역의 토지소유자, 토지소유자가 설립한 조합 등이 환지예정지를 지정하려고 하는 경우에는 토지소유자와 해당 토지에 대하여 임차권, 지상권, 그 밖에 사용하거나 수익할 권리(임차권등)를 가진 자(임차권자등)에게 환지계획의 기준 및 내용 등을 알리고 대통령령으로 정하는 바에 따라 관계 서류의 사본을 일반인에게 14일 이상 공람시켜야 한다(법 제35조 제2항, 제29조 제3항, 영 제61조 제2항). 그러므로 환지계획인가 후에 당초의 환지계획에 대한 공람과정에서 토지소유자 등 이해관계인이 제시한 의견에 따라 수정하고자 하는 내용에 대하여 다시 공람절차 등을 밟지 아니한 채 수정된 내용에 따라 한 환지예정지 지정처분은 환지계획에 따르지 아니한 것이거나 환지계획을 적법하게 변경하지 아니한 채 이루어진 것이어서 당연 무효라고 할 것이다.[31]

토지소유자나 임차권자등은 공람기간에 시행자에게 의견서를 제출할 수 있으며, 시행자는 그 의견이 타당하다고 인정하면 환지예정지 지정을 하려는 때에 이를 반영하여야 한다(법 제35조 제2항, 제29조 제4항).

3. 환지예정지 지정의 효과

1) 환지예정지에 대한 종전과 동일한 권리행사

환지예정지가 지정되면 종전의 토지의 소유자와 임차권자등은 환지예정지 지정의

29) 대법원 2018. 3. 29. 선고 2017두70946 판결.
30) 대법원 1999. 8. 20. 선고 97누6889 판결; 대법원 1999. 10. 8. 선고 99두6873 판결.
31) 대법원 1999. 8. 20. 선고 97누6889 판결.

효력발생일부터 환지처분이 공고되는 날까지 환지예정지나 해당 부분에 대하여 종전과 같은 내용의 권리를 행사할 수 있으며,[32] 종전의 토지는 사용하거나 수익할 수 없다(법 제36조 제1항). 시행자는 환지예정지를 지정한 경우에 해당 토지를 사용하거나 수익하는 데에 장애가 될 물건이 그 토지에 있거나 그 밖에 특별한 사유가 있으면 그 토지의 사용 또는 수익을 시작할 날을 따로 정할 수 있다(법 제36조 제2항).

환지예정지 지정의 효력이 발생하거나 시행자가 그 토지의 사용 또는 수익을 시작할 날을 따로 정하여 그 사용·수익을 시작하는 경우에 해당 환지예정지의 종전의 소유자 또는 임차권자등은 환지예정지 지정의 효력발생일부터 또는 토지의 사용·수익의 시작일부터 환지처분의 공고일까지 이를 사용하거나 수익할 수 없으며 종전과 같은 내용의 권리의 행사를 방해할 수 없다(법 제36조 제3항).

시행자는 제34조에 따른 체비지의 용도로 환지예정지가 지정된 경우에는 도시개발사업에 드는 비용을 충당하기 위하여 이를 사용 또는 수익하게 하거나 처분할 수 있다(법 제36조 제4항).

2) 환지예정지 지정 전 토지 사용

국가 또는 지방자치단체, 대통령령으로 정하는 공공기관·정부출연기관, 「지방공기업법」에 따른 지방공사는 순환개발을 위한 순환용주택을 건설하려는 경우 또는 「국방시설사업법」에 따른 국방·군사시설을 설치하려는 경우에는 환지예정지를 지정하기 전이라도 실시계획 인가사항의 범위에서 토지사용을 하게 할 수 있다(법 제36조의2 제1항 제1호 및 제2호).

주민 등의 의견청취를 위한 공고일 이전부터 「주택법」 제4조에 따라 등록한 주택건설사업자가 주택건설을 목적으로 토지를 소유하고 있는 경우와 토지소유자가 건축물을 신축하여 해당 지역을 입체적으로 개발하려는 경우(기존 건축물이나 시설이 이전 또는 철거된 토지로 한정한다), 공원 등 기반시설을 설치하려는 목적으로 토지를 소유하거나 매입한 경우에도 환지예정지를 지정하기 전이라도 실시계획 인가사항의 범위에서 토지사용을 하게 할 수 있으나(법 제36조의2 제1항 제3호 및 제4호, 영 제62조의4 제1항), 다음 각 호의 요건을 모두 충족하여야 한다.

1. 사용하려는 토지의 면적이 구역 면적의 100분의 5 이상(최소 1만㎡ 이상)이고 소유자가 동일할 것. 이 경우 국유지·공유지는 관리청과 상관없이 같은 소유자로

---

32) 대법원 1963. 5. 15. 선고 63누21 판결(토지구획정리 지구내에 있는 어떤 토지가 다른 토지의 환지예정지로 지정되었다 하더라도 종전 토지의 소유자는 종전 토지를 처분할 수 있다) 참조.

본다.

2. 사용하려는 종전 토지가 실시계획인가로 정한 하나 이상의 획지(劃地) 또는 가구(街區)의 경계를 모두 포함할 것
3. 사용하려는 토지의 면적 또는 평가액이 구역 내 동일소유자가 소유하고 있는 전체 토지의 면적 또는 평가액의 100분의 60 이하이거나 대통령령으로 정하는 바에 따라 보증금을 예치할 것
4. 사용하려는 토지에 임차권자 등이 있는 경우 임차권자 등의 동의가 있을 것

환지예정지를 지정하기 전이라도 실시계획 인가사항 범위에서 토지를 사용하는 자는 환지예정지를 지정하기 전까지 새로 조성되는 토지 또는 그 위에 건축되는 건축물을 공급 또는 분양하여서는 아니 되고(법 제36조의2 제3항), 환지계획에 따라야 한다(법 제36조의2 제4항).

3) 토지의 사용·수익의 정지

시행자는 환지를 정하지 아니하기로 결정된 토지소유자나 임차권자등에게 날짜를 정하여 그날부터 해당 토지 또는 해당 부분의 사용 또는 수익을 정지시킬 수 있고(법 제37조 제1항), 그 사용 또는 수익을 정지하게 하려면 30일 이상의 기간을 두고 미리 해당 토지소유자 또는 임차권자등에게 알려야 한다(법 제37조 제1항).

4) 장애물 등의 이전과 제거

시행자는 환지예정지를 지정하거나 종전의 토지에 관한 사용 또는 수익을 정지시키는 경우나 「국토계획법」에 따른 기반시설의 변경·폐지에 관한 공사를 시행하는 경우 필요하면 도시개발구역에 있는 건축물과 그 밖의 공작물이나 물건(건축물등) 및 죽목(竹木), 토석, 울타리 등의 장애물(장애물등)을 이전하거나 제거할 수 있다. 이 경우 행정청이 아닌 시행자는 미리 관할 특별자치도지사·시장·군수 또는 구청장의 허가를 받아야 하고(법 제38조 제1항, 영 제63조 제1항), 특별자치도지사 등이 허가를 하는 경우에는 동절기, 일출 전과 일몰 후, 「재난안전법」에 따른 재난이 발생한 때 등의 시기에 점유자가 퇴거하지 아니한 주거용 건축물을 철거할 수 없도록 그 시기를 제한하거나 임시거주시설을 마련하는 등 점유자의 보호에 필요한 조치를 할 것을 조건으로 허가를 할 수 있다(법 제38조 제2항, 영 제63조 제2항).

시행자가 건축물등과 장애물등을 이전하거나 제거하려고 하는 경우에는 그 소유자나 점유자에게 미리 알려야 한다. 다만, 소유자나 점유자를 알 수 없으면 대통령령으로 정하는 바에 따라 이를 공고하여야 한다(법 제38조 제3항).

주거용으로 사용하고 있는 건축물을 이전하거나 철거하려고 하는 경우에는 이전하거나 철거하려는 날부터 늦어도 2개월 전에 소유자나 점유자에 대한 통지[33]를 하여야 한다. 다만, 건축물의 일부에 대하여 창고, 차고, 그 밖의 이와 유사한 것의 이전 또는 차양, 옥외계단, 그 밖에 이와 유사한 것의 철거를 하는 경우나 「국토계획법」 제56조 제1항을 위반한 건축물의 경우에는 그러하지 아니하다(법 제38조 제4항, 영 제63조 제4항).

시행자가 건축물등과 장애물등을 이전 또는 제거하려고 할 경우, 「토지보상법」에 따른 토지수용위원회의 손실보상금에 대한 재결이 있은 후 ① 보상금을 받을 자가 받기를 거부하거나 받을 수 없을 때, ② 시행자의 과실 없이 보상금을 받을 자를 알 수 없을 때, ③ 시행자가 관할 토지수용위원회에서 재결한 보상 금액에 불복할 때, ④ 압류나 가압류에 의하여 보상금의 지급이 금지되었을 때에는 건축물등과 장애물등을 이전하거나 제거할 때까지 토지 소재지의 공탁소에 보상금을 공탁할 수 있다(법 제38조 제5항).

여기서 시행자가 관할 토지수용위원회에서 재결한 보상 금액에 불복하는 경우, 시행자는 보상금을 받을 자에게 자기가 산정한 보상금을 지급하고 그 금액과 토지수용위원회가 재결한 보상 금액과의 차액을 공탁하여야 한다. 이 경우 보상금을 받을 자는 그 불복 절차가 끝날 때까지 공탁된 보상금을 받을 수 없다(법 제38조 제6항).

5) 토지의 관리

환지예정지의 지정이나 사용 또는 수익의 정지처분으로 이를 사용하거나 수익할 수 있는 자가 없게 된 토지 또는 해당 부분은 환지예정지의 지정일이나 사용 또는 수익의 정지처분이 있은 날부터 환지처분을 공고한 날까지 시행자가 관리한다(법 제39조 제1항).

시행자는 환지예정지 또는 환지의 위치를 나타내려고 하는 경우에는 국토교통부령으로 정하는 표지를 설치할 수 있고(법 제39조 제2항), 누구든지 환지처분이 공고된 날까지는 시행자의 승낙 없이 환지예정지 등을 나타내기 위하여 설치된 표지를 이전하거나 훼손하여서는 아니 된다(법 제39조 제3항).

---

33) 도시개발법 제38조 제4항에는 '제2항에 따른 통지'라고 되어 있으나, 제3항에 통지가 규정되어 있어 제3항에 따른 통지가 올바른 해석이다. 입법의 오류로 보인다.

4. 환지예정지 지정처분에 대한 불복

환지예정지 지정처분은 토지소유자로 하여금 환지계획상 환지로 정하여진 토지를 환지처분이 공고되기 전까지 사용·수익할 수 있게 하므로 임시적·잠정적 성격을 가진다.[34] 따라서 환지예정지 지정처분은 환지처분이 일단 공고되어 효력을 발생하게 되면 그 지정처분은 그 효력이 소멸되는 것이므로 환지처분이 공고된 후에는 환지예정지 지정처분에 대하여 그 취소를 구할 법률상 이익은 없다.[35]

Ⅳ. 환지처분

1. 의의

환지처분은 사업시행자가 환지계획 구역의 전부 또는 일부에 대하여 공사를 완료한 후 환지계획에 따라 환지교부 등을 하는 처분이다.[36] 환지처분도 환지예정지 지정처분처럼 그에 의하여 직접 토지소유자 등의 권리의무가 변동되므로 이를 항고소송의 대상이 되는 처분이라고 볼 수 있다.[37]

2. 환지처분의 절차 및 효과

1) 환지처분의 절차

시행자는 환지방식으로 도시개발사업에 관한 공사를 끝낸 경우에는 지체 없이 이를 관보 또는 공보에 공고하고 공사 관계서류를 14일 이상 일반인에게 공람시켜야 한다(법 제40조 제1항, 영 제64조 제1항).

도시개발구역의 토지소유자나 이해관계인은 14일 이상의 공람기간에 시행자에게 의견서를 제출할 수 있으며, 의견서를 받은 시행자는 공사결과와 실시계획 내용에 맞는지를 확인하여 필요한 조치를 하여야 하고(법 제40조 제2항), 공람기간에 의견서의 제출이 없거나 제출된 의견서에 따라 필요한 조치를 한 경우에는 지정권자에 의한 준공

34) 대법원 2018. 3. 29. 선고 2017두70946 판결.
35) 대법원 1999. 8. 20. 선고 97누6889 판결; 대법원 1999. 10. 8. 선고 99두6873 판결; 대법원 2002. 4. 23. 선고 2000두2495 판결 등.
36) 대법원 2013. 2. 28. 선고 2010두2289 판결.
37) 대법원 1999. 8. 20. 선고 97누6889 판결.

검사를 신청하거나 도시개발사업의 공사를 끝내야 한다(법 제40조 제3항).

시행자는 지정권자에 의한 준공검사를 받은 경우(지정권자가 시행자인 경우에는 공사 완료 공고가 있는 때)에는 60일 이내에 환지처분을 하여야 하고(법 제40조 제4항, 영 제65조), 이 경우 시행자는 환지계획에서 정한 사항을 토지소유자에게 알리고 이를 관보 또는 공보에 공고하여야 한다(법 제40조 제5항, 영 제66조). 그렇지만 토지소유자들에게 환지확정의 통지 절차를 흠결하였더라도 일단 공고되어 확정된 환지처분의 효력이 당연 무효가 된다고 할 수 없다.[38)]

2) 환지처분의 효과

환지계획에서 정해진 환지는 그 환지처분이 공고된 날의 다음 날부터 종전의 토지로 보며, 환지계획에서 환지를 정하지 아니한 종전의 토지에 있던 권리는 그 환지처분이 공고된 날이 끝나는 때에 소멸한다(법 제42조 제1항). 종전 토지 중 환지계획에서 환지를 정한 경우 종전 토지와 환지 사이에 동일성이 유지되므로 종전 토지의 권리제한은 환지에 설정된 것으로 보게 되고, 환지를 정하지 않은 종전 토지의 권리제한은 환지처분으로 소멸하게 된다.[39)]

따라서 종전의 토지소유자는 환지등기가 없어도 그 날부터 종전 토지에 대한 소유권을 상실함과 동시에 새로 부여된 환지의 소유권을 취득하며,[40)] 환지처분의 대물적 처분의 성격에 비추어 볼 때 사업시행자가 종전 토지소유자가 아닌 타인을 환지받는 권리자로 지정하였더라도 종전 토지소유자가 환지의 소유권을 취득하고 이를 행사함에 있어서는 아무런 영향이 없다.[41)]

이러한 원칙에도 불구하고 행정상 처분이나 재판상의 처분으로서 환지를 정하지 않은 종전의 토지에 전속(專屬)하는 것에 관하여는 영향을 미치지 아니한다(법 제42조 제2항). 또한, 도시개발구역의 토지에 대한 지역권도 환지처분이 공고된 날이 끝나는 때에 소멸하지 않고 종전의 토지에 존속한다. 다만, 도시개발사업의 시행으로 행사할 이익이 없어진 지역권은 환지처분이 공고된 날이 끝나는 때에 소멸한다(법 제42조 제3항).

환지계획에 따라 환지처분을 받은 자는 환지처분이 공고된 날의 다음 날에 환지계획으로 정하는 바에 따라 건축물의 일부와 해당 건축물이 있는 토지의 공유지분을 취

---

38) 대법원 1990. 9. 25. 선고 88누2557 판결.
39) 대법원 2020. 5. 28. 선고 2016다233729 판결.
40) 대법원 1998. 2. 13. 선고 97다49459 판결.
41) 대법원 1987. 2. 10. 선고 86다카285 판결.

득한다. 이 경우 종전의 토지에 대한 저당권은 환지처분이 공고된 날의 다음 날부터 해당 건축물의 일부와 해당 건축물이 있는 토지의 공유지분에 존재하는 것으로 본다(법 제42조 제4항).

체비지는 시행자가, 보류지는 환지계획에서 정한 자가 각각 환지처분이 공고된 날의 다음 날에 해당 소유권을 취득한다. 다시 말해, 체비지 또는 보류지는 그에 상응하는 종전 토지에 아무런 권리제한이 없는 상태로 도시개발법 제42조 제5항에서 정한 바에 따라 소유권을 취득한다. 다만, 체비지 용도로 환지예정지가 지정되어 이에 따라 이미 처분된 체비지는 그 체비지를 매입한 자가 토지를 점유하거나 체비지대장에 등재하였다고 하여도 소유권이전등기를 마친 때에 비로소 소유권을 취득한다(법 제42조 제5항).[42]

판례 소유권이전등기말소등(대법원 2020. 5. 28. 선고 2016다233729 판결)

주택재개발사업에서 시행자가 사업에 필요한 경비에 충당하거나 규약·정관·시행규정 또는 사업시행계획으로 정한 목적을 위하여 관리처분계획에서 조합원 외의 자에게 분양하는 새로운 소유지적의 체비지를 창설하고 이를 이전고시 전에 이미 매도한 경우, 해당 체비지는 사업시행자가 이전고시가 있은 날의 다음 날에 소유권을 원시적으로 취득하고 해당 체비지를 매수한 자는 소유권이전등기를 마친 때에 소유권을 취득하게 된다.

3. 환지처분의 변경

환지처분은 사업시행자가 환지계획구역의 전부 또는 그 구역 내의 일부 공구에 대하여 공사를 완료한 후 환지계획에 따라 환지교부 등을 하는 처분으로서 일단 공고되어 효력을 발생하게 된 이후에는 이를 소급하여 시정하는 뜻의 환지변경처분은 이를 할 수 없고,[43] 환지 전체의 절차를 처음부터 다시 밟지 않는 한 그 일부만을 따로 떼어 환지처분을 변경할 수는 없으므로 그러한 절차를 밟지 아니하고 한 환지변경처분은 무효이다.[44] 따라서 그 일부분의 취소도 구할 법률상의 이익이 없다.[45]

---

42) 대법원 2022. 10. 14. 선고 2018도13604 판결.

43) 대법원 1993. 5. 27. 선고 92다14878 판결.

44) 대법원 1998. 2. 13. 선고 97다49459 판결.

45) 대법원 1985. 4. 23. 선고 84누446 판결; 대법원 1990. 9. 25. 선고 88누2557 판결; 대법원 1992. 6. 26. 선고 91누11728 판결 등.

판례 환지처분취소(대법원 2013. 2. 28. 선고 2010두2289 판결)

구 토지구획정리사업법(2000. 1. 28. 법률 제6252호로 폐지) 제61조에 의한 환지처분은 사업시행자가 환지계획구역의 전부에 대하여 구획정리사업에 관한 공사를 완료한 후 환지계획에 따라 환지교부 등을 하는 처분으로서, 일단 공고되어 효력을 발생하게 된 이후에는 환지 전체의 절차를 처음부터 다시 밟지 않는 한 그 일부만을 따로 떼어 환지처분을 변경할 길이 없으므로, 환지확정처분의 일부에 대하여 취소나 무효확인을 구할 법률상 이익은 없다.

4. 환지처분에 대한 불복

환지처분의 내용은 모두 환지계획에 의하여 미리 결정되는 것이며, 환지처분은 환지계획구역에 대한 공사완료 후 환지계획에 정하여져 있는 바를 토지소유자에게 통지하고 그 뜻을 공고함으로써 효력이 발생되는 것이어서 환지계획과는 별도의 내용을 가진 환지처분은 있을 수 없는 것이다.[46] 그러므로 환지계획의 내용에 의하지 아니하거나 환지계획에 없는 사항을 그 내용으로 하는 환지처분은 무효이다.[47]

환지처분이 공고되어 효력을 가지게 되면 환지예정지 지정처분의 효력은 소멸되므로 그 때부터는 환지예정지 지정처분이 무효라는 확인을 구할 법률상 이익이 없어지고, 당초의 환지처분이 환지계획의 내용에 따르지 아니하여 무효이면 시행자는 환지계획변경 등의 절차를 거쳐 다시 환지처분을 할 수 있고, 이러한 새로운 환지처분이 적법하게 이루어지면 당초의 환지처분이 무효라는 확인을 구할 법률상의 이익도 없어진다.[48]

5. 환지처분에 따른 등기

시행자는 환지처분이 공고되면 공고 후 14일 이내에 관할 등기소에 이를 알리고 토지와 건축물에 관한 등기를 촉탁하거나 신청하여야 한다(법 제43조 제1항). 환지처분이 공고된 날부터 환지처분에 따른 토지와 건축물에 관한 등기가 있는 때까지는 다른 등기를 할 수 없다. 다만, 등기신청인이 확정일자가 있는 서류로 환지처분의 공고일 전에 등기원인이 생긴 것임을 증명하면 다른 등기를 할 수 있다(법 제43조 제3항).

---

46) 대법원 1993. 5. 27. 선고 92다14878 판결; 대법원 2007. 1. 11. 선고 2005다70151 판결.

47) 대법원 2000. 2. 25. 선고 97누5534 판결.

48) 대법원 2002. 4. 23. 선고 2000두2495 판결.

6. 도시개발사업 시행에 대한 권리보호 수단

1) 감가보상금

행정청인 시행자는 도시개발사업의 시행으로 사업시행 후의 토지 가액(價額)의 총액이 사업시행 전의 토지 가액의 총액보다 줄어든 경우에는 그 차액에 해당하는 감가보상금을 대통령령으로 정하는 기준에 따라 종전의 토지소유자나 임차권자등에게 지급하여야 한다(법 제45조).

2) 임대료 등의 증감청구

도시개발사업으로 임차권등의 목적인 토지 또는 지역권에 관한 승역지(承役地)의 이용이 증진되거나 방해를 받아 종전의 임대료·지료, 그 밖의 사용료 등이 불합리하게 되면 당사자는 계약 조건에도 불구하고 장래에 관하여 그 증감을 청구할 수 있다. 도시개발사업으로 건축물이 이전된 경우 그 임대료에 관하여도 또한 같다(법 제48조 제1항). 이 경우 당사자는 해당 권리를 포기하거나 계약을 해지하여 그 의무를 지지 아니할 수 있다(법 제48조 제2항).

그렇지만 환지처분이 공고된 날부터 60일이 지나면 임대료·지료, 그 밖의 사용료 등의 증감을 청구할 수 없다(법 제48조 제3항).

3) 임차권 등 권리의 포기

도시개발사업의 시행으로 지역권 또는 임차권등을 설정한 목적을 달성할 수 없게 되면 당사자는 해당 권리를 포기하거나 계약을 해지할 수 있다. 도시개발사업으로 건축물이 이전되어 그 임대의 목적을 달성할 수 없게 된 경우에도 또한 같다(법 제49조 제1항). 권리를 포기하거나 계약을 해지한 자는 그로 인한 손실을 보상하여 줄 것을 시행자에게 청구할 수 있고(법 제49조 제2항), 손실을 보상한 시행자는 해당 토지 또는 건축물의 소유자 또는 그로 인하여 이익을 얻는 자에게 이를 구상(求償)할 수 있다(법 제49조 제3항).

그러나 환지처분이 공고된 날부터 60일이 지나면 제1항에 따른 권리를 포기하거나 계약을 해지할 수 없다(법 제49조 제4항)

V. 적응환지의 원칙과 예외

1. 의의

환지계획은 자세하고 정확하게 작성하여야 한다. 대법원은 환지계획의 처분성을 부정하나. 환지계획은 도시개발사업 구역 내 토지소유자나 이해관계인들의 법률관계에 직접적인 구속력을 가지므로 환지계획이 정확하게 작성되지 않으면 사업의 성패는 물론 이를 둘러싼 분쟁이 빈발하기 때문이다.

그러므로 환지계획은 종전의 토지와 환지의 위치 · 지목 · 면적 · 토질 · 수리 · 이용 상황 · 환경, 그 밖의 사항을 종합적으로 고려하여 합리적으로 정하여야 하는데(법 제28조 제2항), 이것이 바로 적응환지의 원칙이다.

시행자가 사업완료 후 토지소유자에게 아무렇게나 종전 토지를 환지할 수 없는 이유도 바로 적응환지의 원칙 때문이다. 예를 들어, 종전 토지와 환지의 위치로 인하여 기존에 1번지에 위치한 토지를 정반대 방향에 위치하는 200번지 환지로 교환해서는 안 되고, 지목인 '대'인 종전 토지는 '대'인 토지로 환지하여야 하며, 종전 토지의 면적과 환지의 면적이 적절한 기준에 따른 비율로 교환되어야 한다.

따라서 환지의 위치는 시행자가 정하되, 평면환지의 경우는 환지 전 토지의 용도, 보유 기간, 위치, 권리가액, 청산금 규모 등을 고려하여 정하고, 입체환지의 경우는 토지소유자 등의 신청에 따라 정하되, 같은 내용의 신청이 2 이상인 경우에는 환지 전 토지 또는 건축물의 보유 기간, 거주 기간(주택을 공급하는 경우에 한정한다), 권리가액 등을 고려하여 정한다. 이 경우 토지나 건축물의 환지는 같은 환지계획구역에서 이루어져야 한다(규칙 제27조 제4항).

그러나 실제 환지방식의 도시개발사업에서는 적응환지의 원칙이 적용되지 않는 예외가 존재하는데, 첫째, 환지를 지정하지 않는 환지부지정처분, 둘째, 과소토지인 환지 대상 토지, 셋째, 증환지와 감환지, 넷째, 입체환지, 다섯째, 공공시설 용지, 그리고 마지막으로 보류지가 그것이다.

2. 적응환지원칙의 예외

1) 환지부지정처분

토지소유자에게 환지를 주지 않는 환지부지정처분을 하는 경우에는 적응환지의 원칙이 적용되지 않는다. 토지소유자가 환지를 받지 않겠다는 의사표시를 하거나 해당 토지의 일부만을 환지로 받겠다고 신청 또는 동의한 경우에는 환지를 주지 않고, 대신에 현금으로 청산하게 된다(법 제30조 제1항, 규칙 제27조 제5항).

즉, 토지소유자가 신청하거나 동의하면 해당 토지의 전부 또는 일부에 대하여 환지를 정하지 아니할 수 있다. 다만, 해당 토지에 관하여 임차권자등이 있는 경우에는 그 동의를 받아야 한다(법 제30조 제1항).

그러나 이러한 환지부지정처분에도 예외가 있는데, ① 시행자가 환지예정지를 지정하기 전에 사용하는 토지, ② 환지계획인가에 따라 환지를 지정받기로 결정된 토지, ③ 종전과 같은 위치에 종전과 같은 용도로 환지를 계획하는 토지, ④ 토지소유자가 환지 제외를 신청한 토지의 면적 또는 평가액(토지평가협의회에서 정한 종전 토지의 평가액을 말한다)이 모두 합하여 구역 전체의 토지(국유지·공유지는 제외한다) 면적 또는 평가액의 100분의 15 이상이 되는 경우로서 환지를 정하지 아니할 경우 사업시행이 곤란하다고 판단되는 토지, ⑤ 도시개발구역을 지정하는 경우 등에 따라 공람한 날 또는 공고한 날 이후에 토지의 양수계약을 체결한 토지(다만, 양수일부터 3년이 지난 경우는 제외한다)는 규약·정관 또는 시행규정으로 정하는 방법과 절차에 따라 환지를 정하지 아니할 토지에서 제외할 수 있다(법 제30조 제2항). 이러한 토지 등은 시행자가 환지로 정할 수 있다는 의미이다.

또한, 환지계획구역의 모든 토지는 환지를 지정하거나 환지 대상에서 제외되면 금전으로 청산하는 것이 원칙이지만, 시행자에게 무상귀속되는 토지나 시행자가 소유하는 토지(조합이 아닌 시행자가 환지를 지정받을 목적으로 소유한 토지는 제외한다)는 다른 토지의 환지로 정하여야 한다(규칙 제27조 제5항 단서).

2) 과소토지

환지대상이 되는 토지의 면적이 너무 작은 과소토지는 환지계획의 전체적인 효율성을 감소시키기 때문에 적응환지의 원칙이 적용되지 않는다.

따라서 시행자는 토지면적의 규모를 조정할 특별한 필요가 있으면 면적이 작은 토지는 과소토지가 되지 아니하도록 면적을 늘려 환지를 정하거나 환지대상에서 제외할 수 있고, 면적이 넓은 토지는 그 면적을 줄여서 환지를 정할 수 있다(법 제31조 제1항). 과소토지의 기준이 되는 면적은 「건축법 시행령」 제80조에서 정하는 면적에서 시행자가 규약·정관 또는 시행규정으로 정한다. 이 경우 과소토지 여부의 판단은 권리면적(토지소유자가 환지계획에 따라 환지가 이루어질 경우 도시개발사업으로 조성되는 토지에서 받을 수 있는 토지의 면적을 말한다)을 기준으로 한다(법 제31조 제2항, 영 제62조 제1항).

그러나 ① 기존 건축물이 없는 경우, ② 환지로 지정할 토지의 필지수가 도시개발사업으로 조성되는 토지의 필지수보다 많은 경우, ③ 환지계획에 따라 도시개발사업으로 조성되는 토지에 대한 지구단위계획에서 정하는 획지(劃地)의 최소 규모가 「건축법 시행령」 제80조에서 정하는 면적보다 큰 경우, ④ 도시개발법 시행령 제43조 제2항 제2호에 따른 미분할 혼용방식으로 사업을 시행하는 경우, ⑤ 그 밖에 시행자가 환지계획상 「건축법 시행령」 제80조에서 정하는 면적을 기준으로 하여 환지하기 곤란하다고 인정하는 토지의 경우에는 과소토지의 기준이 되는 면적을 국토교통부장관이 정하는 바에 따라 규약·정관 또는 시행규정에서 따로 정할 수 있다(영 제62조 제2항).

3) 증환지와 감환지

환지로 받는 토지의 규모를 조정한 결과 원래 받아야 하는 토지면적보다 더 큰 면적의 토지를 받거나 반대로 더 작은 면적의 토지를 받는 경우에는 적응환지의 원칙이 적용되지 않는다.

원래 받아야 하는 토지면적보다 더 작은 토지를 받는 과소토지의 경우에는 면적을 늘려 환지를 정할 수 있고(법 제31조 제1항), 이렇게 토지면적이 증가된 토지를 증환지라고 한다. 반대로 면적이 넓은 토지는 그 면적을 줄여서 환지를 정할 수 있는데(법 제31조 제1항), 이를 감환지라고 한다.

이러한 증환지와 감환지는 원래 받아야 할 토지면적과의 감소분 또는 증가분, 즉 과부족분이 발생하기 때문에 이에 대한 청산금이 발생한다. 그 과부족분(過不足分)은 종전의 토지(입체환지방식으로 사업을 시행하는 경우에는 환지대상 건축물을 포함한다) 및 환지의 위치·지목·면적·토질·수리·이용상황·환경, 그 밖의 사항을 종합적으로 고려하여 금전으로 청산하여야 한다(법 제41조 제1항). 면적이 줄어든 감환지는 감소분만큼 시행자가 토지소유자에게 청산금을 교부하여야 하므로 토지소유자는 청산금교부청구권을 가지고, 증환지의 경우는 시행자는 토지소유자에 대한 청산금징수청구권을 가진다.

이러한 청산금은 환지처분이 공고된 날의 다음 날에 확정되므로(법 제42조 제6항), 시행자는 환지처분이 공고된 후에 확정된 청산금을 징수하거나 교부하여야 한다. 다만, 토지소유자의 신청 또는 동의, 면적이 작은 토지가 과소토지가 되지 아니하도록 하기 위하여 환지를 정하지 아니하는 토지에 대하여는 환지처분 전이라도 청산금을 교부할 수 있고(법 제46조 제1항), 이 경우 청산금을 교부하는 때에 청산금을 결정할 수 있다(법

제41조 제2항).

청산금은 이자를 붙여 분할징수하거나 분할교부할 수 있는데(법 제46조 제2항), 이 경우에는 청산금액에 규약·정관 또는 시행규정에서 정하는 이자율을 곱하여 산출된 금액을 이자로 징수하거나 교부할 수 있다(영 제68조 제1항). 청산금을 받을 권리나 징수할 권리를 5년간 행사하지 아니하면 시효로 소멸한다(법 제47조).

행정청인 시행자는 청산금을 내야 할 자가 이를 내지 아니하면 국세 또는 지방세 체납처분의 예에 따라 징수할 수 있으며, 행정청이 아닌 시행자는 특별자치도지사·시장·군수 또는 구청장에게 청산금의 징수를 위탁할 수 있다(법 제46조 제3항). 청산금을 받을 자가 주소 불분명 등의 이유로 청산금을 받을 수 없거나 받기를 거부하면 그 청산금을 공탁할 수 있다(법 제46조 제4항).

4) 입체환지

일반적인 환지방법은 평면적 환지이지만 입체환지의 경우에는 원래 토지를 대신하여 건축물의 일부와 그 건축물이 있는 토지의 공유지분으로 돌려받게 된다(법 제32조 제1항). 따라서 입체환지의 경우에는 적응환지의 원칙이 적용되지 않는다.

도시개발사업 실무관행을 보면 건물만 소유하거나 과소토지를 보유한 사람들은 청산금만 받고 타 지역으로 이주하여야 하는 사례가 많았다. 이는 과소토지가 산재해 있는 도심지에서 평면환지로 하기에는 환지의 양이나 절차상의 문제에 기인한 것으로 보인다. 일반적으로 입체환지 방식은 도심지나 역세권 등에서 공공용지의 비율이 높아서 환지대상 토지가 적은 경우에 주로 사용된다. 입체환지 방식에서 건물은 시행자가 직접 건축물을 건축하여 올리기 때문에 개발사업 구역 내의 토지를 더욱 유연하고 효율적으로 활용할 수 있다는 장점이 있고, 이는 곧 적응환지의 기준이 적용되지 않음을 의미한다.

5) 공공시설의 용지

공공시설 용지 또한 적응환지의 원칙이 적용되지 않는다. 「토지보상법」 제4조 각 호의 어느 하나에 해당하는 국방·군사에 관한 사업 등의 공공시설 용지에 대하여는 환지계획을 정할 때 그 위치·면적 등에 관하여 환지계획의 작성에 따른 기준을 적용하지 아니할 수 있다(법 제33조 제1항). 이로써 공공시설 부지로 사용하려는 토지는 환지 전의 위치·면적·지목 등이 일치하지 않아도 된다.

또한, 시행자가 도시개발사업의 시행으로 국가 또는 지방자치단체가 소유한 공공시설과 대체되는 공공시설을 설치하는 경우 종전의 공공시설의 전부 또는 일부의 용도가 폐지되거나 변경되어 사용하지 못하게 될 토지는 환지를 정하지 아니하며, 이를 다른 토지에 대한 환지의 대상으로 하여야 한다(법 제33조 제2항). 이것은 기존 공공시설의 용도가 폐지된 토지는 보류지에서 제외하고 토지소유자들에게 환지대상 토지에 포함시켜야 한다는 것을 뜻한다.

그러므로 공공시설을 설치하기로 계획·지정된 공공시설 예정지는 법률적으로 그에 대응하는 종전 토지가 없는데다, 사업시행자의 공법상의 관리대상이 되는 토지일 뿐이므로 개인이 공공시설 예정지를 점유한다고 하여도 그 점유를 소유의 의사를 가지고 하는 자주점유라고는 할 수 없으므로 시효취득은 성립될 수 없다.[49)]

6) 보류지

평면 환지방식의 도시개발사업에서 보류지의 지정으로 인하여 환지되는 토지는 종전 토지보다 그 면적이 작은 것이 일반적이다. 보류지의 일부는 체비지로 지정되고, 체비지로 지정되지 않은 토지는 일반적으로 공공시설 용지로 사용된다. 이렇게 환지가 예전의 토지면적보다 작아진 비율을 감보율 또는 토지부담률이라 한다(표 9. 참조).

표 9 감보율의 계산식

평균 토지부담률= [(보류지 면적 - 규칙 제27조 제5항 각 호에 해당하는 토지의 면적)/(환지계획구역 면적 - 규칙 제27조 제5항 각 호에 해당하는 토지의 면적)] × 100

도시개발법은 원칙적으로 환지계획구역의 평균 토지부담률은 50%를 초과할 수 없도록 규정하고 있는데, 실제 사업에서는 일반적으로 20~40%의 감보율이 적용된다. 그러나 해당 환지계획구역의 특성을 고려하여 지정권자가 인정하는 경우에는 60%까지로 할 수 있으며, 환지계획구역의 토지소유자 총수의 3분의 2 이상이 동의(시행자가 조합인 경우에는 총회에서 의결권 총수의 3분의 2 이상이 동의한 경우를 말한다)하는 경우에는 60%를 초과하여 정할 수 있다(규칙 제29조 제2항).

---

49) 대법원 1997. 2. 28. 선고 95다43136 판결.

종전 토지소유자들은 개발사업 후 면적이 줄어든 환지를 받지만 그 환지의 가치는 종전 토지보다 훨씬 더 높기 때문에 감보를 적용해서 환지방식의 도시개발사업을 시행하는 것이다.

제4항 순환개발방식 및 결합개발방식

Ⅰ. 개관

기술한 바와 같이 도시개발사업의 시행방식은 수용 또는 사용의 방식, 환지방식, 그리고 양자의 혼용방식으로 크게 세 가지로 나뉜다(법 제21조 제1항). 혼용방식은 사실상 수용 또는 사용방식과 환지방식을 혼합한 것이므로 실제로는 두 가지로 볼 수 있다. 그런데 이 두 가지 방식은 인근 지역의 전월세가격의 폭등과 원주민의 내몰림 현상(gentrification) 등 역기능을 초래하였다. 이러한 부작용을 최소화하기 위하여 도시개발법에 새로운 개발방식이 추가되었는데, 그것이 바로 순환개발방식의 개발사업이다.

그리고 최근에 또 하나의 새로운 개발방식이 도입되었는데, 서로 떨어진 둘 이상의 지역을 결합하여 하나의 도시개발구역에서 개발사업을 진행하는 결합개발방식이 그것이다.

Ⅱ. 순환개발방식

1. 의의

순환개발방식의 개발사업이란 시행자가 도시개발사업에서 주택의 세입자나 소유자가 임시로 거주할 수 있게 순환용주택을 마련하여 도시개발을 구역별로 순차적으로 진행할 수 있도록 하는 도시개발사업의 방식을 말한다. 이러한 순환개발방식은 도시정비법 제59조의 순환정비방식과 유사한 것으로 원주민의 재정착률을 제고하고, 인근 지역의 전세난을 완화하는 기능을 한다.

2. 내용

시행자는 도시개발사업을 원활하게 시행하기 위하여 도시개발구역의 내외에 새로 건설하는 주택 또는 이미 건설되어 있는 주택에 그 도시개발사업의 시행으로 철거되는 주택의 세입자 또는 소유자(세입자등)를 임시로 거주하게 하는 등의 방식으로 그 도시개발구역을 순차적으로 개발할 수 있다. 이 경우 주택의 세입자 또는 소유자는 도시개발구역 지정에 따라 주민 등의 의견을 듣기 위하여 공람한 날 또는 공청회의 개최에 관한 사항을 공고한 날 이전부터 도시개발구역의 주택에 실제로 거주하는 자에 한정한다(법 제21조의2 제1항).

시행자는 순환개발방식으로 도시개발사업을 시행하는 경우에는 「주택법」 제54조에도 불구하고 임시로 거주하는 주택(순환용주택)을 임시거주시설로 사용하거나 임대할 수 있다(법 제21조의2 제2항). 순환용주택에 거주하는 자가 도시개발사업이 완료된 후에도 순환용주택에 계속 거주하기를 희망하는 때에는 대통령령으로 정하는 바에 따라 이를 분양하거나 계속 임대할 수 있다. 이 경우 계속 거주하는 자가 환지 대상자이거나 이주대책 대상자인 경우에는 대통령령으로 정하는 바에 따라 환지대상에서 제외하거나 이주대책을 수립한 것으로 본다(법 제21조의2 제3항).

Ⅲ. 결합개발방식

1. 의의

결합개발방식은 사업성이 높은 지역과 비수익적 공익사업 구역을 서로 묶어서 사업성이 높은 지역의 개발이익으로 공익사업 구역의 목적을 달성하게 하는 데에 그 목적이 있다.

2. 내용

도시개발구역의 지정권자는 도시개발사업의 효율적인 추진과 도시의 경관 보호 등을 위하여 필요하다고 인정하는 경우에는 도시개발구역을 둘 이상의 사업시행지구로 분할하거나 서로 떨어진 둘 이상의 지역을 결합하여 하나의 도시개발구역으로 지정할 수 있다(법 제3조의2 제1항).

대표적으로 도시경관, 문화재, 군사시설 및 항공시설 등을 관리하거나 보호하기 위하여 「국토계획법」, 「문화재보호법」, 「군사기지법」 및 「공항시설법」 등 관계 법령에 따라 토지이용이 제한되는 지역 등이 비수익적 공익사업구역에 해당되어 결합개발을 할 수 있는 지역에 포함될 수 있다(영 제5조의2 제2항 제1호).

제 5 절 | 도시개발사업의 비용부담 등

제1항 비용부담 및 설치비용

Ⅰ. 비용부담의 원칙

도시개발사업에 필요한 비용은 이 법이나 다른 법률에 특별한 규정이 있는 경우 외에는 시행자가 부담한다(법 제54조).

Ⅱ. 도시개발구역의 시설 설치 및 비용부담

도시개발구역에서 도로와 상하수도시설의 설치는 지방자치단체가, 전기시설·가스공급시설 또는 지역 난방시설의 설치는 해당 지역에 전기·가스 또는 난방을 공급하는 자가, 그리고 통신시설의 설치는 해당 지역에 통신서비스를 제공하는 자가 각각 해당 시설을 설치한다(법 제55조 제1항).

시설의 설치비용은 그 설치의무자가 이를 부담한다. 다만, 전기시설·가스공급시설 또는 지역 난방시설 중 도시개발구역 안의 전기시설을 사업시행자가 지중선로로 설치할 것을 요청하는 경우에는 전기를 공급하는 자와 지중에 설치할 것을 요청하는 자가 각각 2분의 1의 비율로 그 설치비용을 부담(전부 환지방식으로 도시개발사업을 시행하는 경우에는 전기시설을 공급하는 자가 3분의 2, 지중에 설치할 것을 요청하는 자가 3분의 1의 비율로 부담한다)한다(법 제55조 제2항).

시설의 설치는 특별한 사유가 없으면 준공검사 신청일(지정권자가 시행자인 경우에는 도시개발사업의 공사를 끝내는 날을 말한다)까지 끝내야 한다(법 제55조 제3항).

대통령령으로 정하는 시설의 종류별 설치 범위 중 지방자치단체의 설치 의무 범위에 속하지 아니하는 도로 또는 상하수도시설로서 시행자가 그 설치비용을 부담하려는 경우에는 시행자의 요청에 따라 지방자치단체가 그 도로 설치 사업이나 상하수도 설치 사업을 대행할 수 있다(법 제55조 제5항).

Ⅲ. 지방자치단체의 비용부담

지정권자가 시행자인 경우 그 시행자는 그가 시행한 도시개발사업으로 이익을 얻는 시·도 또는 시·군·구가 있으면 대통령령으로 정하는 바에 따라 그 도시개발사업에 든 비용의 일부를 그 이익을 얻는 시·도 또는 시·군·구에 부담시킬 수 있다. 이 경우 국토교통부장관은 행정안전부장관과 협의하여야 하고, 시·도지사 또는 대도시 시장은 관할 외의 시·군·구에 비용을 부담시키려면 그 시·군·구를 관할하는 시·도지사와 협의하여야 하며, 시·도지사 간 또는 대도시 시장과 시·도지사 간의 협의가 성립되지 아니하는 경우에는 행정안전부장관의 결정에 따른다(법 제56조 제1항).

시장(대도시 시장은 제외한다)·군수 또는 구청장은 그가 시행한 도시개발사업으로 이익을 얻는 다른 지방자치단체가 있으면 대통령령으로 정하는 바에 따라 그 도시개발사업에 든 비용의 일부를 그 이익을 얻는 다른 지방자치단체와 협의하여 그 지방자치단체에 부담시킬 수 있다. 이 경우 협의가 성립되지 아니하면 관할 시·도지사의 결정에 따르며, 그 시·군·구를 관할하는 시·도지사가 서로 다른 경우에는 제1항 후단을 준용한다(법 제56조 제2항).

Ⅳ. 공공시설 관리자의 비용부담

시행자는 공동구(共同溝)를 설치하는 경우에는 다른 법률에 따라 그 공동구에 수용될 시설을 설치할 의무가 있는 자에게 공동구의 설치에 드는 비용을 부담시킬 수 있다. 이 경우 공동구의 설치 방법·기준 및 절차와 비용의 부담 등에 관한 사항은 「국토계획법」 제44조를 준용한다(법 제57조 제2항)

Ⅴ. 도시개발구역 밖의 기반시설의 설치비용

도시개발구역의 이용에 제공하기 위하여 대통령령으로 정하는 기반시설을 도시개발구역 밖의 지역에 설치하는 경우 지정권자는 비용부담 계획이 포함된 개발계획에 따라 시행자에게 이를 설치하게 하거나 그 설치비용을 부담하게 할 수 있다(법 제58조 제1항). 국가나 지방자치단체는 시행자가 부담하는 비용을 제외한 나머지 설치비용을 지원할 수 있다. 이 경우 지원 규모나 지원 방법 등은 국토교통부장관이 관계 중앙행정기관의 장과 협의하여 정한다(법 제58조 제2항).

지정권자는 비용부담 계획에 포함되지 아니하는 기반시설을 실시계획의 변경 등으로 인하여 도시개발구역 밖에 추가로 설치하여야 하는 경우에는 그 비용을 대통령령으로 정하는 바에 따라 실시계획의 변경 등 기반시설의 추가 설치를 필요하게 한 자에게 부담시킬 수 있고(법 제58조 제3항), 시행자의 부담으로 도시개발구역 밖의 지역에 설치하는 기반시설로 이익을 얻는 지방자치단체 또는 공공시설의 관리자가 있으면 대통령령으로 정하는 바에 따라 그 기반시설의 설치에 드는 비용의 일부를 이익을 얻는 지방자치단체 또는 공공시설의 관리자에게 부담시킬 수 있다. 이 경우 지정권자는 해당 지방자치단체나 공공시설의 관리자 및 시행자와 협의하여야 한다(법 제58조 제4항).

지정권자로부터 기반시설의 설치비용을 부담하도록 통지를 받은 자(납부의무자)가 비용의 부담에 대하여 이견이 있는 경우에는 그 통지를 받은 날부터 20일 이내에 지정권자에게 이를 증명할 수 있는 자료를 첨부하여 조정을 신청할 수 있다. 이 경우 지정권자는 그 신청을 받은 날부터 15일 이내에 이를 심사하여 그 결과를 신청인에게 통지하여야 한다(법 제58조 제5항). 지정권자는 납부의무자가 기반시설의 설치비용을 납부기한까지 내지 아니하면 가산금을 징수한다. 이 경우 가산금에 관하여는 「국세징수법」 제21조를 준용한다(법 제58조 제6항).

Ⅵ. 도시개발특별회계

시·도지사 또는 시장·군수(광역시에 있는 군의 군수는 제외한다)는 도시개발사업을 촉진하고 도시·군계획시설사업의 설치지원 등을 위하여 지방자치단체에 도시개발특별회계(특별회계)를 설치할 수 있다(법 제60조 제1항).

특별회계는 다음 각 호의 재원으로 조성된다(법 제60조 제2항).

1. 일반회계에서 전입된 금액
2. 정부의 보조금

2의2. 제53조의2 제1항 제1호에 따라 개발이익 재투자를 위하여 납입된 금액

3. 제62조에 따른 도시개발채권의 발행으로 조성된 자금
4. 제70조에 따른 수익금 및 집행 잔액
5. 제85조에 따라 부과·징수된 과태료
6. 「수도권정비계획법」 제16조에 따라 시·도에 귀속되는 과밀부담금 중 해당

시·도의 조례로 정하는 비율의 금액
7.「개발이익환수법」 제4조 제1항에 따라 지방자치단체에 귀속되는 개발부담금 중 해당 지방자치단체의 조례로 정하는 비율의 금액
8.「국토계획법」 제65조 제8항에 따른 수익금
9.「지방세법」 제112조(같은 조 제1항 제1호는 제외한다)에 따라 부과·징수되는 재산세의 징수액 중 대통령령으로 정하는 비율의 금액
10. 차입금
11. 해당 특별회계자금의 융자회수금·이자수입금 및 그 밖의 수익금

국가나 지방자치단체등이 도시개발사업을 환지 방식으로 시행하는 경우에는 회계의 구분을 위하여 사업별로 특별회계를 설치하여야 한다(법 제60조 제3항).

Ⅶ. 도시개발채권

1. 도시개발채권의 발행

지방자치단체의 장은 도시개발사업 또는 도시·군계획시설사업에 필요한 자금을 조달하기 위하여 도시개발채권을 발행할 수 있다(법 제62조 제1항).

도시개발채권의 소멸시효는 상환일부터 기산(起算)하여 원금은 5년, 이자는 2년으로 한다(법 제62조 제3항).

2. 도시개발채권의 매입

다음 각 호의 어느 하나에 해당하는 자는 도시개발채권을 매입하여야 한다(법 제63조 제1항, 영 제84조 제1항).

1. 수용 또는 사용방식으로 시행하는 도시개발사업의 경우 제11조 제1항 제1호부터 제4호까지의 규정에 해당하는 자와 공사의 도급계약을 체결하는 자
2. 제1호에 해당하는 시행자 외에 도시개발사업을 시행하는 자
3.「국토계획법」 제56조 제1항에 따른 허가를 받은 자 중 토지의 형질변경허가를 받은 자

제1항을 적용할 때에는 다른 법률에 따라 실시계획인가 또는「국토계획법」제56조의 개발행위허가가 의제되는 협의를 거친 자를 포함한다(법 제63조 제2항).

제2항 손실보상 및 공공시설의 귀속

Ⅰ. 도시개발사업의 시행을 위한 타인 토지의 출입

도시개발사업의 시행자에 해당하는 자는 도시개발구역의 지정, 도시개발사업에 관한 조사·측량 또는 사업의 시행을 위하여 필요하면 타인이 점유하는 토지에 출입하거나 타인의 토지를 재료를 쌓아두는 장소 또는 임시도로로 일시 사용할 수 있으며, 특히 필요하면 장애물등을 변경하거나 제거할 수 있다(법 제64조 제1항).

도시개발사업의 시행을 위하여 타인의 토지에 출입하려는 자는 특별자치도지사·시장·군수 또는 구청장의 허가를 받아야 하며(행정청이 아닌 도시개발사업의 시행자만 해당한다), 출입하려는 날의 3일 전에 그 토지의 소유자·점유자 또는 관리인에게 그 일시와 장소를 알려야 한다(법 제64조 제2항).

타인의 토지를 재료를 쌓아두는 장소 또는 임시도로로 일시 사용하거나 장애물등을 변경하거나 제거하려는 자는 미리 그 토지의 소유자·점유자 또는 관리인의 동의를 받아야 한다(법 제64조 제3항). 이 경우 토지나 장애물등의 소유자·점유자 또는 관리인이 현장에 없거나 주소 또는 거소(居所)를 알 수 없어 그 동의를 받을 수 없으면 관할 특별자치도지사·시장·군수 또는 구청장에게 알려야 한다. 다만, 행정청이 아닌 도시개발사업의 시행자는 관할 특별자치도지사·시장·군수 또는 구청장의 허가를 받아야 한다(법 제64조 제4항).

토지를 일시 사용하거나 장애물등을 변경하거나 제거하려는 자는 토지를 사용하려는 날이나 장애물등을 변경하거나 제거하려는 날의 3일 전까지 해당 토지나 장애물등의 소유자·점유자 또는 관리인에게 토지의 일시 사용이나 장애물등의 변경 또는 제거에 관한 사항을 알려야 한다(법 제64조 제5항).

일출 전이나 일몰 후에는 해당 토지의 점유자의 승낙 없이 택지 또는 담장과 울타리로 둘러싸인 타인의 토지에 출입할 수 없으며(법 제64조 제6항), 토지의 점유자는 정당한 사유 없이 토지에 출입하는 등의 시행자의 행위를 방해하거나 거절하지 못한다(법 제64조 제7항).

Ⅱ. 손실보상

도시개발법 제38조 제1항(「국토계획법」 제56조 제1항을 위반한 건축물에 대하여는 그러하지 아니하다)이나 타인 토지의 출입 등에 따른 행위로 손실을 입은 자가 있으면 시행자가 그 손실을 보상하여야 한다(법 제65조 제1항).

손실보상에 관하여는 그 손실을 보상할 자와 손실을 입은 자가 협의하여야 하고(법 제65조 제2항), 손실을 보상할 자나 손실을 입은 자는 협의가 성립되지 아니하거나 협의를 할 수 없으면 관할 토지수용위원회에 재결을 신청할 수 있다(법 제65조 제3항).

관할 토지수용위원회의 재결에 관하여는 「토지보상법」 제83조(이의의 신청)부터 제87조(법정이율에 따른 가산지급)까지의 규정을 준용한다(법 제65조 제4항).

손실보상 등과 관련하여 도시개발법에 따라 시행자가 행한 처분에 불복하는 자는 「행정심판법」에 따라 행정심판을 제기할 수 있다. 다만, 행정청이 아닌 시행자가 한 처분에 관하여는 다른 법률에 특별한 규정이 있는 경우 외에는 지정권자에게 행정심판을 제기하여야 한다(법 제77조).

Ⅲ. 건축물의 존치

시행자는 도시개발구역에 있는 기존 건축물이나 그 밖의 시설을 이전하거나 철거하지 아니하여도 도시개발사업에 지장이 없다고 인정하여 대통령령으로 정하는 요건을 충족하는 경우에는 이를 존치하게 할 수 있다(법 제65조의2 제1항).

수용 또는 사용의 방식으로 시행하는 도시개발사업(혼용방식 중 수용 또는 사용의 방식이 적용되는 구역을 포함한다)의 시행자는 존치하게 된 시설물의 소유자에게 도로, 공원, 상하수도, 그 밖에 관리청에 무상으로 귀속되는 공공시설의 설치 등에 필요한 비용의 일부를 부담하게 할 수 있다(법 제65조의2 제2항, 영 제84조의2 제2항).

Ⅳ. 공공시설의 귀속 및 관리

1. 공공시설의 무상귀속 제도

국가나 지방자치단체, 대통령령으로 정하는 공공기관·정부출연기관, 「지방공기업법」에 따라 설립된 지방공사가 새로 공공시설을 설치하거나 기존의 공공시설에 대체되는 공공시설을 설치한 경우에는 「국유재산법」과 「공유재산법」 등에도 불구하고 종전의 공공시설은 시행자에게 무상으로 귀속되고, 새로 설치된 공공시설은 그 시설을 관리할 행정청(관리청)에 무상으로 귀속된다(법 제66조 제1항).

제11조 제1항 제5호부터 제11호까지의 규정에 따른 시행자가 새로 설치한 공공시설은 그 관리청에 무상으로 귀속되며, 도시개발사업의 시행으로 용도가 폐지되는 행정청의 공공시설은 「국유재산법」과 「공유재산법」 등에도 불구하고 새로 설치한 공공시설의 설치비용에 상당하는 범위에서 시행자에게 무상으로 귀속시킬 수 있다(법 제66조 제2항).

지정권자는 공공시설의 귀속에 관한 사항이 포함된 실시계획을 작성하거나 인가하려면 미리 그 공공시설의 관리청의 의견을 들어야 한다. 다만, 관리청이 지정되지 아니한 경우에는 관리청이 지정된 후 준공검사(지정권자가 시행자인 경우에는 제51조에 따른 공사완료 공고를 말한다)를 마치기 전에 관리청의 의견을 들어야 한다(법 제66조 제3항). 지정권자가 관리청의 의견을 들어 실시계획을 작성하거나 인가한 경우 시행자는 실시계획에 포함된 공공시설의 점용 및 사용에 관하여 관계 법률에 따른 승인·허가 등을 받은 것으로 보아 도시개발사업을 할 수 있다. 이 경우 해당 공공시설의 점용 또는 사용에 따른 점용료 및 사용료는 면제된 것으로 본다(법 제66조 제4항).

국가나 지방자치단체, 대통령령으로 정하는 공공기관·정부출연기관, 「지방공기업법」에 따라 설립된 지방공사는 도시개발사업이 끝나 준공검사(지정권자가 시행자인 경우에는 제51조에 따른 공사완료 공고를 말한다)를 마친 경우에는 해당 공공시설의 관리청에 공공시설의 종류와 토지의 세부목록을 알려야 한다. 이 경우 공공시설은 그 통지한 날에 해당 공공시설을 관리할 관리청과 시행자에 각각 귀속된 것으로 본다(법 제66조 제5항).

제11조 제1항 제5호부터 제11호까지의 규정에 따른 시행자는 그에게 양도되거나 관리청에 귀속될 공공시설에 대하여 도시개발사업의 준공검사를 마치기 전에 해당 공공시설의 관리청에 그 종류와 토지의 세부목록을 알려야 하고, 준공검사를 한 지정권자는 그 내용을 해당 공공시설의 관리청에 통보하여야 한다. 이 경우 공공시설은 지정권자가 준공검사증명서를 내어준 때에 해당 공공시설을 관리할 관리청과 시행자에게 각각 귀속되거나 양도된 것으로 본다(법 제66조 제6항).

공공시설 무상귀속·양도 제도에 따른 공공시설을 등기할 때 「부동산등기법」에 따른 등기원인을 증명하는 서면은 제51조 제1항에 따른 준공검사 증명서(시행자가 지정권자인 경우에는 같은 조 제2항에 따른 공사완료 공고문)로 갈음한다(법 제66조 제7항).

2. 공공시설의 관리

도시개발사업으로 도시개발구역에 설치된 공공시설은 준공 후 해당 공공시설의 관리청에 귀속될 때까지 도시개발법이나 다른 법률에 특별한 규정이 있는 경우 외에는 특별자치도지사 · 시장 · 군수 또는 구청장이 관리한다(법 제67조).

제 5 장

도시 및 주거환경정비법

5 장 도시 및 주거환경정비법

제1절 | 도시정비법 서설

제1항 도시정비법의 의의

도시개발사업에 따라 신도시가 개발되고 시간이 흐르면 결국 그 도시는 노후화되고 낙후될 수밖에 없다. 그래서 도시는 도시기능의 회복이나 주거의 질을 유지하고 향상시키기 위해서는 정비가 필요하고, 이러한 배경에서 입법된 것이 바로 도시정비법이다.

도시정비법 제1조가 그 목적으로 "이 법은 도시기능의 회복이 필요하거나 주거환경이 불량한 지역을 계획적으로 정비하고 노후·불량건축물을 효율적으로 개량하기 위하여 필요한 사항을 규정함으로써 도시환경을 개선하고 주거생활의 질을 높이는 데 이바지함을 목적으로 한다"라고 규정한 것도 여기에 연유한다.

이러한 도시정비법상의 정비사업과 관련하여 국토계획법은 제2조 제11호에서 도시·군계획사업의 종류로 도시·군계획시설사업과 「도시개발법」에 따른 도시개발사업과 더불어 「도시정비법」에 따른 정비사업을 규정하고 있다. 이러한 입법태도에서 알 수 있듯이 도시개발사업이나 정비사업은 건축계획법제와 건축질서법제를 통합한 개발사업법제의 성격을 강하게 지닌다. 그러므로 도시정비법의 연구방향은 도시의 낙후지역을 정비하는 도시정비사업의 원활한 추진과 시행을 위한 절차와 방법에 중점을 두어야 할 것이다.

제2항 도시정비법의 연혁

Ⅰ. 입법연혁

1934년 6월 조선시가지계획령에서 비롯된 근대적 건축법제는 해방 후에 시가지계획령으로 명칭만 단순히 변경되다가 1962년 도시계획법과 건축법의 제정으로 폐지되었다. 1962년에 제정된 도시계획법은 국토계획법과 도시개발법 · 도시정비법의 혼합적 형태로 입법되었기 때문에 1966년에 도시계획법에서 토지구획정리사업법이 분리된 후 2000년에 도시개발법으로 명칭 변경되면서 제정되었다. 또한, 1976년에 도시계획법에서 도시재개발법이 분리되고, 이후 2003년에 도시정비법으로 명칭 변경되면서 제정되었다.

Ⅱ. 도시정비법 제정의 배경

1960년 이후부터 급속한 산업화 · 도시화로 인한 도시지역에로의 인구집중은 만성적인 주택난을 초래하였고, 이에 따라 1980년에 택지개발촉진법이 제정되어 주택난을 해소하기 시작한 이래 수도권에는 서울 목동 신시가지를 비롯하여 일산, 분당 등 1기 신도시가 건설되었다. 이러한 택지개발 및 주거난 해소의 노력으로 1990년대 초 60% 초반에 머물렀던 주택보급률은 1997년에는 80% 초반까지 상승하였다.

그러나 도시 주변의 대규모 택지개발은 이내 한계에 봉착하게 되고, 이러한 개발방식은 더 이상 지속가능성을 가질 수가 없게 되었다. 기존 도시 또한 급속히 재정비가 필요할 정도로 쇠락해지는 현상이 발생하였다.

이에 정부는 그동안 개별법률에서 규율하던 각종 재개발사업, 재건축사업 및 주거환경개선사업 등을 통합하여 체계적으로 관리하기 위하여 2003년에 도시정비법을 제정하여 여러 종류의 정비사업을 종합적으로 관리하기 시작하였다.

제3항 도시정비법의 구성

도시정비법의 입법목적과 입법취지, 그리고 연혁적 배경에서 알 수 있듯이 도시정비법은 도시계획법에 통합된 하나의 부분적 법률이었다. 이후 도시계획법에서 명칭 변경된 국토계획법은 도시·군계획사업의 한 종류로서 정비사업을 규정하고 있기 때문에 도시정비법은 도시기능의 회복과 주거환경의 개선을 목적으로 하는 정비사업의 원활한 진행을 위한 여러 가지 수단을 마련하여 입법목적을 실현하고자 한다.

이러한 측면에서 도시정비법을 이해하고 연구하는데 가장 중점을 두어야 할 점은 정비사업의 진행 절차를 일차적으로 숙지하고 각 단계별 세부절차와 이에 대한 공법적 규제 등을 이해하는 것이다. 아래 [표 10]은 정비사업의 진행 절차를 일목요연하게 정리한 것이다. 이것이 바로 도시정비법이 구성요소라 할 수 있다.

표 10 정비사업의 진행 절차

정비기본계획 수립 → 재건축사업 안전진단 → 정비계획 수립 및 정비구역 지정 → 조합설립추진위원회 구성승인 → 조합설립인가 → 시공자선정 → 사업시행계획인가 → 분양신청 → 관리처분계획인가 → 이주 및 철거 → 착공 및 분양 → 준공 및 이전고시 → 조합 해산 및 청산

제2절 | 정비구역의 지정

제1항 정비기본계획

Ⅰ. 기본계획의 의의

도시정비를 하기 위해서는 도시지역에서 정비사업의 방향이나 계획기간, 정비예정구역의 범위 등을 포함한 정비에 관한 종합적이고 전반적인 사항을 담은 마스터플랜(masterplan)을 세워야 하는데, 이를 도시정비법에서는 도시·주거환경정비기본계획(기본계획)이라 하고, 이러한 기본계획을 수립할 수 있는 자는 원칙적으로 특별시장·광역시장·특별자치시장·특별자치도지사 또는 시장이 된다.

기본계획의 수립권자인 특별시장·광역시장·특별자치시장·특별자치도지사 또는 시장은 관할 구역에 대하여 기본계획을 10년 단위로 수립하여야 한다. 다만, 도지사가 대도시가 아닌 시로서 기본계획을 수립할 필요가 없다고 인정하는 시에 대하여는 기본계획을 수립하지 아니할 수 있다(법 제4조 제1항). 기본계획의 수립권자는 기본계획에 대하여 5년마다 타당성을 검토하여 그 결과를 기본계획에 반영하여야 한다(법 제4조 제2항).

Ⅱ. 기본계획의 내용

기본계획에는 다음 각 호의 사항이 포함되어야 한다(법 제5조 제1항).

1. 정비사업의 기본방향
2. 정비사업의 계획기간
3. 인구·건축물·토지이용·정비기반시설·지형 및 환경 등의 현황
4. 주거지 관리계획
5. 토지이용계획·정비기반시설계획·공동이용시설설치계획 및 교통계획
6. 녹지·조경·에너지공급·폐기물처리 등에 관한 환경계획
7. 사회복지시설 및 주민문화시설 등의 설치계획
8. 도시의 광역적 재정비를 위한 기본방향
9. 제16조에 따라 정비구역으로 지정할 예정인 구역(정비예정구역)의 개략적 범위

10. 단계별 정비사업 추진계획(정비예정구역별 정비계획의 수립시기가 포함되어야 한다)
11. 건폐율·용적률 등에 관한 건축물의 밀도계획
12. 세입자에 대한 주거안정대책
13. 그 밖에 주거환경 등을 개선하기 위하여 필요한 사항으로서 대통령령으로 정하는 사항

기본계획의 수립권자는 기본계획에 생활권의 설정, 생활권별 기반시설 설치계획 및 주택수급계획과 생활권별 주거지의 정비·보전·관리의 방향을 포함하는 경우에는 정비예정구역의 개략적 범위 및 단계별 정비사업 추진계획을 생략할 수 있다(법 제5조 제2항).

Ⅲ. 기본계획의 수립

1. 주민 의견청취

기본계획의 수립권자는 기본계획을 수립하거나 변경하려는 경우에는 14일 이상 주민에게 공람하여 의견을 들어야 하며, 제시된 의견이 타당하다고 인정되면 이를 기본계획에 반영하여야 한다(법 제6조 제1항). 수립권자는 공람과 함께 지방의회의 의견도 들어야 하는데, 이 경우 지방의회는 기본계획의 수립권자가 기본계획을 통지한 날부터 60일 이내에 의견을 제시하여야 하며, 의견제시 없이 60일이 지난 경우 이의가 없는 것으로 본다(법 제6조 제2항).

그러나 ① 정비기반시설(도시정비법 시행령 제3조 제9호에 해당하는 시설은 제외한다)의 규모를 확대하거나 그 면적을 10% 미만의 범위에서 축소하는 경우, ② 정비사업의 계획기간을 단축하는 경우, ③ 공동이용시설에 대한 설치계획을 변경하는 경우, ④ 사회복지시설 및 주민문화시설 등에 대한 설치계획을 변경하는 경우, ⑤ 구체적으로 면적이 명시된 정비예정구역의 면적을 20% 미만의 범위에서 변경하는 경우, ⑥ 단계별 정비사업 추진계획을 변경하는 경우, ⑦ 건폐율 및 용적률을 각 20% 미만의 범위에서 변경하는 경우, ⑧ 정비사업의 시행을 위하여 필요한 재원조달에 관한 사항을 변경하는 경우, ⑨ 「국토계획법」에 따른 도시·군기본계획의 변경에 따라 기본계획을 변경하는 경우의 경미한 사항을 변경하는 경우에는 주민공람과 지방의회의 의견청취 절차를 거치지 아니할 수 있다(법 제6조 제3항, 영 제6조 제4항).

2. 기본계획의 확정·고시

기본계획의 수립권자(대도시의 시장이 아닌 시장은 제외한다)는 기본계획을 수립하거나 변경하려면 관계 행정기관의 장과 협의한 후 「국토계획법」에 따른 지방도시계획위원회의 심의를 거쳐야 한다(법 제7조 제1항). 다만, ① 정비기반시설(도시정비법 시행령 제3조 제9호에 해당하는 시설은 제외한다)의 규모를 확대하거나 그 면적을 10% 미만의 범위에서 축소하는 경우, ② 정비사업의 계획기간을 단축하는 경우, ③ 공동이용시설에 대한 설치계획을 변경하는 경우, ④ 사회복지시설 및 주민문화시설 등에 대한 설치계획을 변경하는 경우, ⑤ 구체적으로 면적이 명시된 정비예정구역의 면적을 20% 미만의 범위에서 변경하는 경우, ⑥ 단계별 정비사업 추진계획을 변경하는 경우, ⑦ 건폐율 및 용적률을 각 20% 미만의 범위에서 변경하는 경우, ⑧ 정비사업의 시행을 위하여 필요한 재원조달에 관한 사항을 변경하는 경우, ⑨ 「국토계획법」에 따른 도시·군기본계획의 변경에 따라 기본계획을 변경하는 경우의 경미한 사항을 변경하는 경우에는 관계 행정기관의 장과의 협의 및 지방도시계획위원회의 심의를 거치지 아니하며(법 제7조 제1항 단서, 영 제6조 제4항), 대도시 시장이 아닌 시장이 이러한 경미한 사항을 변경하는 경우에는 도지사의 승인을 받지 아니할 수 있다(법 제7조 제2항 단서, 영 제6조 제4항).

대도시의 시장이 아닌 시장은 기본계획을 수립하거나 변경하려면 도지사의 승인을 받아야 하며, 도지사가 이를 승인하려면 관계 행정기관의 장과 협의한 후 지방도시계획위원회의 심의를 거쳐야 한다(법 제7조 제2항).

기본계획의 수립권자는 기본계획을 수립하거나 변경한 때에는 지체 없이 이를 해당 지방자치단체의 공보에 고시하고 일반인이 열람할 수 있도록 하여야 하고(법 제7조 제3항), 국토교통부장관에게 보고하여야 한다(법 제7조 제4항).

제2항 정비계획의 수립

Ⅰ. 정비계획의 의의

종합적이고 전반적인 사항을 담은 기본계획은 그 자체로서 비구속적 행정계획에 해당하므로 이를 구체적으로 실현하기 위한 실행계획이 필요하다. 정비계획은 기본계획 실현을 위한 구체성이 확보되어야 하므로 정비구역의 상황이나 사정 등을 잘 파악하고 있는 기초지방자치단체장인 시장·군수·구청장이 입안하는 것이 원칙이고, 경우에 따라 특별시장·광역시장·특별자치시장·특별자치도지사·광역시의 군수도 정비계획을 입안할 수 있다(법 제8조 제4항 및 제5항, 영 제7조 제1항).

II. 정비계획의 내용

1. 정비계획의 내용

정비계획에는 다음 각 호의 사항이 포함되어야 한다(법 제9조 제1항).

1. 정비사업의 명칭
2. 정비구역 및 그 면적

2의2. 토지등소유자별 분담금 추산액 및 산출근거

3. 도시·군계획시설의 설치에 관한 계획
4. 공동이용시설 설치계획
5. 건축물의 주용도·건폐율·용적률·높이에 관한 계획
6. 환경보전 및 재난방지에 관한 계획
7. 정비구역 주변의 교육환경 보호에 관한 계획
8. 세입자 주거대책
9. 정비사업시행 예정시기
10. 정비사업을 통하여 공공지원민간임대주택을 공급하거나 같은 조 제11호에 따른 주택임대관리업자(주택임대관리업자)에게 임대할 목적으로 주택을 위탁하려는 경우에는 다음 각 목의 사항. 다만, 나목과 다목의 사항은 건설하는 주택 전체 세대수에서 공공지원민간임대주택 또는 임대할 목적으로 주택임대관리업자에게 위탁하려는 주택(임대관리 위탁주택)이 차지하는 비율이 100분의 20 이상, 임대기간이 8년 이상의 범위 등에서 대통령령으로 정하는 요건에 해당하는 경우로 한정한다.
    가. 공공지원민간임대주택 또는 임대관리 위탁주택에 관한 획지별 토지이용계획
    나. 주거·상업·업무 등의 기능을 결합하는 등 복합적인 토지이용을 증진시키기 위하여 필요한 건축물의 용도에 관한 계획
    다. 「국토계획법」 제36조 제1항 제1호 가목에 따른 주거지역을 세분 또는 변경

하는 계획과 용적률에 관한 사항

라. 그 밖에 공공지원민간임대주택 또는 임대관리 위탁주택의 원활한 공급 등을 위하여 대통령령으로 정하는 사항

11. 「국토계획법」 제52조 제1항[1] 각 호의 사항에 관한 계획(필요한 경우로 한정한다)

12. 그 밖에 정비사업의 시행을 위하여 필요한 사항으로서 대통령령으로 정하는 사항

2. 임대주택 및 주택규모별 건설비율

정비계획의 입안권자는 주택수급의 안정과 저소득 주민의 입주기회 확대를 위하여 정비사업으로 건설하는 주택에 대하여 다음 각 호의 구분에 따른 범위에서 국토교통부장관이 정하여 고시하는 임대주택 및 주택규모별 건설비율 등을 정비계획에 반영하여야 한다(법 제10조 제1항).

1. 「주택법」 제2조 제6호에 따른 국민주택규모 주택이 전체 세대수의 100분의 90 이하에서 대통령령으로 정하는 범위
2. 임대주택(공공임대주택 및 「민간임대주택법」에 따른 민간임대주택을 말한다)이 전체 세대수 또는 전체 연면적의 100분의 30 이하에서 대통령령으로 정하는 범위

Ⅲ. 정비계획의 입안과 결정

1. 입안의 제안

토지등소유자 또는 추진위원회는 ① 단계별 정비사업 추진계획상 정비예정구역별 정비계획의 입안시기가 지났음에도 불구하고 정비계획이 입안되지 아니하거나 정비예정구역별 정비계획의 수립시기를 정하고 있지 아니한 경우, ② 토지등소유자가 제26조 제1항 제7호 및 제8호에 따라 토지주택공사등을 사업시행자로 지정 요청하려는 경우, ③ 대도시가 아닌 시 또는 군으로서 시·도조례로 정하는 경우, ④ 정비사업을 통하여 공공지원민간임대주택을 공급하거나 임대할 목적으로 주택을 주택임대관리업자에게 위탁하려는 경우로서 제9조 제1항 제10호 각 목을 포함하는 정비계획의 입안을 요청하려는 경우, ⑤ 제26조 제1항 제1호 및 제27조 제1항 제1호에 따라 정비사업을 시행하

---

1) 용도지역이나 용도지구를 대통령령으로 정하는 범위에서 세분하거나 변경하는 사항 등의 지구단위계획의 내용에 관한 것이다.

려는 경우, ⑥ 토지등소유자(조합이 설립된 경우에는 조합원을 말한다)가 3분의 2 이상의 동의로 정비계획의 변경을 요청하는 경우(다만, 제15조 제3항에 따른 경미한 사항을 변경하는 경우에는 토지등소유자의 동의절차를 거치지 아니한다), ⑦ 토지등소유자가 공공재개발사업 또는 공공재건축사업을 추진하려는 경우에는 정비계획의 입안권자에게 정비계획의 입안을 제안할 수 있다(법 제14조 제1항).

이 경우 토지등소유자는 토지등소유자의 3분의 2 이하 및 토지면적 3분의 2 이하의 범위에서 시·도조례로 정하는 비율 이상의 동의를 받아야 한다(영 제12조 제1항).

2. 정비계획의 입안

정비구역의 지정권자인 특별시장·광역시장·특별자치시장·특별자치도지사·시장 또는 군수는 정비구역지정을 위하여 직접 정비계획을 입안할 수 있다(법 제8조 제4항). 자치구의 구청장 또는 광역시의 군수도 정비계획을 입안할 수 있으나, 이 경우 특별시장·광역시장에게 정비구역지정을 신청하여야 하고, 지방의회의 의견을 첨부하여야 한다(법 제8조 제5항).

정비계획의 입안권자인 특별자치시장, 특별자치도지사, 시장, 군수 또는 구청장, 광역시의 군수는 생활권의 설정, 생활권별 기반시설 설치계획 및 주택수급계획과 생활권별 주거지의 정비·보전·관리의 방향을 포함하여 기본계획을 수립한 지역에서 정비계획을 입안하는 경우에는 그 정비구역을 포함한 해당 생활권에 대하여 생활권의 설정 등의 사항에 대한 세부계획을 입안할 수 있다(법 제9조 제3항).

3. 입안을 위한 주민 의견청취

정비계획의 입안권자는 정비계획을 입안하거나 변경하려면 주민에게 서면으로 통보한 후 주민설명회 및 30일 이상 주민에게 공람하여 의견을 들어야 하며, 제시된 의견이 타당하다고 인정되면 이를 정비계획에 반영하여야 한다(법 제15조 제1항). 또한, 주민공람과 함께 지방의회의 의견을 들어야 한다. 이 경우 지방의회는 정비계획의 입안권자가 정비계획을 통지한 날부터 60일 이내에 의견을 제시하여야 하며, 의견제시 없이 60일이 지난 경우 이의가 없는 것으로 본다(법 제15조 제2항).

그러나 ① 정비구역의 면적을 10% 미만의 범위에서 변경하는 경우(정비구역을 분할,

통합 또는 결합하는 경우를 제외한다), ② 토지등소유자별 분담금 추산액 및 산출근거를 변경하는 경우, ③ 정비기반시설의 위치를 변경하는 경우와 정비기반시설 규모를 10% 미만의 범위에서 변경하는 경우, ④ 공동이용시설 설치계획을 변경하는 경우, ⑤ 재난방지에 관한 계획을 변경하는 경우, ⑥ 정비사업시행 예정시기를 3년의 범위에서 조정하는 경우, ⑦ 「건축법 시행령」 별표 1 각 호의 용도범위에서 건축물의 주용도(해당 건축물의 가장 넓은 바닥면적을 차지하는 용도를 말한다)를 변경하는 경우, ⑧ 건축물의 건폐율 또는 용적률을 축소하거나 10% 미만의 범위에서 확대하는 경우, ⑨ 건축물의 최고높이를 변경하는 경우, ⑩ 도시정비법 제66조 제1항에 따라 용적률을 완화하여 변경하는 경우, ⑪ 「국토계획법」에 따른 도시·군기본계획, 도시·군관리계획 또는 기본계획의 변경에 따라 정비계획을 변경하는 경우, ⑫ 「도시교통정비법」에 따른 교통영향평가 등 관계법령에 의한 심의결과에 따른 변경인 경우, ⑬ 「공공주택특별법」에 따른 공공주택의 세부 유형을 변경하는 경우 등의 경미한 사항을 변경하는 경우에는 주민에 대한 서면통보, 주민설명회, 주민공람 및 지방의회의 의견청취 절차를 거치지 아니할 수 있다(법 제15조 제3항, 영 제13조 제4항).

정비계획의 입안권자는 정비기반시설 및 국유·공유재산의 귀속 및 처분에 관한 사항이 포함된 정비계획을 입안하려면 미리 해당 정비기반시설 및 국유·공유재산의 관리청의 의견을 들어야 한다(법 제15조 제4항).

4. 정비계획의 결정

정비구역의 지정권자인 특별시장·광역시장·특별자치시장·특별자치도지사·시장 또는 군수는 노후·불량건축물이 밀집하는 구역에 대하여 정비계획을 입안하여 결정할 수 있다(법 제8조 제1항). 여기에서 주의할 점은 자치구의 구청장·광역시의 군수는 정비계획의 입안권자에는 해당되나 정비구역의 지정권자에는 포함되지 않는다는 것이다.

Ⅳ. 재건축사업을 위한 안전진단

1. 의의

재건축사업이 공법적 통제 없이 남용되고 개인들이 개발이익을 독점한다는 비판에 대한 해결책으로 재건축사업에 대한 최소한의 통제장치로서 안전진단제도가 도입되었다. 따라서 안전진단은 재건축사업에만 적용되고 주거환경개선사업이나 재개발사업에는 인정되지 않는다.

안전진단이란 재건축사업에서 주택단지의 건축물을 대상으로 주거환경, 구조안전성, 건축마감 및 설비노후도, 비용분석의 각 분야에 대하여 세부 평가항목별 평가를 실시하고, 그 평가결과를 종합하여 유지보수, 조건부 재건축, 재건축 실시여부를 판단하기 위한 평가행위를 말한다.

2. 정비계획 입안전 실시

시장·군수등은 정비예정구역별 정비계획의 수립시기가 도래한 때부터 사업시행계획인가 전까지 재건축진단을 실시하여야 한다(법 제12조 제1항).[2)]

그러나 정비예정구역별 정비계획의 수립시기가 도래하지 않더라도 시장·군수등은 ① 정비계획의 입안을 요청하려는 자가 입안을 요청하기 전에 해당 정비예정구역 또는 사업예정구역에 위치한 건축물 및 그 부속토지의 소유자 10분의 1 이상의 동의를 받아 재건축진단의 실시를 요청하는 경우, ② 정비계획의 입안을 제안하려는 자가 입안을 제안하기 전에 해당 정비예정구역에 위치한 건축물 및 그 부속토지의 소유자 10분의 1 이상의 동의를 받아 재건축진단의 실시를 요청하는 경우, ③ 정비예정구역을 지정하지 아니한 지역에서 재건축사업을 하려는 자가 사업예정구역에 있는 건축물 및 그 부속토지의 소유자 10분의 1 이상의 동의를 받아 재건축진단의 실시를 요청하는 경우, ④ 내진성능이 확보되지 아니한 건축물 중 중대한 기능적 결함 또는 부실설계·시공으로 구조적 결함 등이 있는 건축물로서 대통령령으로 정하는 건축물의 소유자로서 재건축사업을 시행하려는 자가 해당 사업예정구역에 위치한 건축물 및 그 부속토지의 소유자 10분의 1 이상의 동의를 받아 재건축진단의 실시를 요청하는 경우, ⑤ 정비계획을 입안하여 주민에게 공람한 지역 또는 정비구역으로 지정된 지역에서 재건축사업을 시행하려는 자가 해당 구역에 위치한 건축물 및 그 부속토지의 소유자 10분의 1 이상의 동의를 받아 재건축진단의 실시를 요청하는 경우, ⑥ 시장·군수등의 승인을 받은 조합설립추진위원회 또는 사업시행자가 재건축진단의 실시를 요청하는 경우에는 재건축진단을 실시하여야 한다. 이 경우 시장·군수등은 재건축진단에 드는 비용을 해당 재건축진단의 실시를 요청하는 자에게 부담하게 할 수 있다(법 제12조 제2항).

2) 재건축안전진단의 재실시에 관한 도시정비법 제131조는 2024년 12월 3일 개정으로 삭제되었다.

3. 대상

재건축사업의 안전진단은 주택단지(연접한 단지를 포함한다)의 건축물을 대상으로 한다. 다만, 정비계획의 입안권자가 천재지변 등으로 주택이 붕괴되어 신속히 재건축을 추진할 필요가 있다고 인정하거나 주택의 구조안전상 사용금지가 필요하다고 인정하는 주택단지의 건축물 또는 정비계획의 입안권자가 진입도로 등 기반시설 설치를 위하여 불가피하게 정비구역에 포함된 것으로 인정하는 주택단지의 건축물인 경우 등에는 안전진단 대상에서 제외할 수 있다(법 제12조 제3항, 영 제10조 제3항).

4. 절차

1) 안전진단의 요청

정비계획의 입안권자는 법 제12조 제2항 제1호에 따른 안전진단의 요청이 있는 때[3]에는 요청일부터 30일 이내에 국토교통부장관이 정하는 바에 따라 안전진단의 실시 여부를 결정하여 요청인에게 통보하여야 한다. 이 경우 정비계획의 입안권자는 안전진단 실시 여부를 결정하기 전에 단계별 정비사업 추진계획 등의 사유로 재건축사업의 시기를 조정할 필요가 있다고 인정하는 경우에는 안전진단의 실시시기를 조정할 수 있고(영 제10조 제1항), 현지조사 등을 통하여 법 제12조 제2항 제1호에 따른 안전진단의 요청이 있는 공동주택이 노후·불량건축물에 해당하지 아니함이 명백하다고 인정하는 경우에는 안전진단의 실시가 필요하지 아니하다고 결정할 수 있다(영 제10조 제2항).

2) 재건축진단 실시

시장·군수등은 「과기출연기관법」에 따른 한국건설기술연구원, 「국토안전관리원법」에 따른 국토안전관리원 등 재건축진단기관에 의뢰하여 주거환경 적합성, 해당 건축물의 구조안전성, 건축마감, 설비노후도 등에 관한 재건축진단을 실시하여야 한다(법 제12조 제4항, 영 제10조 제4항).

재건축진단을 의뢰받은 재건축진단기관은 국토교통부장관이 정하여 고시하는 기준(건축물의 내진성능 확보를 위한 비용을 포함한다)에 따라 재건축진단을 실시하여야 하며,

---

3) 도시정비법 제12조 제2항에는 제1호 외에도 제2호부터 제6호에 따른 안전진단 실시 요청의 사유가 존재하는데, 동법 시행령 제10조 제1항에는 제1호에 따른 요청만을 규정하고 있어 나머지 사유는 규정되어 있지 않다. 해석상 나머지 사유도 포함하는 것으로 볼 것이다.

국토교통부령으로 정하는 방법 및 절차에 따라 재건축진단 결과보고서를 작성하여 시장·군수등 및 재건축진단의 실시를 요청한 자에게 제출하여야 한다(법 제12조 제5항).

3) 재건축진단 결과의 적정성 검토

시장·군수등(특별자치시장 및 특별자치도지사는 제외한다)은 제12조 제5항에 따라 재건축진단 결과보고서를 제출받은 경우에는 지체 없이 특별시장·광역시장·도지사에게 결정내용과 해당 재건축진단 결과보고서를 제출하여야 한다(법 제13조 제1항).

특별시장·광역시장·특별자치시장·도지사·특별자치도지사(시·도지사)는 필요한 경우 「국토안전관리원법」에 따른 국토안전관리원 또는 「과기출연기관법」에 따른 한국건설기술연구원에 재건축진단 결과의 적정성에 대한 검토를 의뢰할 수 있다(법 제13조 제2항).

국토교통부장관은 시·도지사에게 재건축진단 결과보고서의 제출을 요청할 수 있으며, 필요한 경우 시·도지사에게 재건축진단 결과의 적정성에 대한 검토를 요청할 수 있다(법 제13조 제3항).

특별시장·광역시장·도지사는 검토결과에 따라 필요한 경우 시장·군수등에게 재건축진단에 대한 시정요구 등 대통령령으로 정하는 조치를 요청할 수 있으며, 시장·군수등은 특별한 사유가 없으면 그 요청에 따라야 한다(법 제13조 제4항).

5. 문제점

안전진단은 재건축사업의 가능 여부를 판단하는 데 결정적인 기능을 하고 있다. 재건축사업에 대한 정비계획 입안에서 안전진단의 결과를 검토하여 정비계획을 입안할 수 있기 때문에 안전진단의 결과가 사실상 재건축사업의 실시요건에 해당한다고 할 것이다.

그런데 문제는 도시정비법 제12조 제5항에 따라 국토교통부장관이 정하여 고시하는 행정규칙에 안전진단의 기준이 담겨져 있다는 것이다. 안전진단의 기준인 평가항목 자체가 전문적이고 기술적인 사항으로 법규사항으로 하기에는 무리가 따른다 해도 그러한 평가항목은 국민에 대한 권리의무관계에 직접적인 영향을 미치므로 즉, 재건축사업의 가늠자 역할을 하기 때문에 행정규칙사항으로 하기에는 법률유보원칙에 반할 소지가 있어 보인다. 사정이 이러하다 보니 정권교체 여부에 따라서 재건축사업의 성패가 좌우되는 상황이 연출되는 것이다.

국가공동체와 그 구성원에게 기본적이고 중요한 의미를 갖는 영역, 특히 국민의 기본권실현에 관련된 영역에서는 입법자가 스스로 그 본질적 사항에 대하여 결정하여야 한다는 의회유보원칙이 준수되어야 하는 이유도 여기에 있다.[4] 현실적으로 안전진단기준을 구체적으로 명확하게 법률에 규정하기에는 한계가 있으므로 범위의 방식이나 최소한도의 기준 등을 제시함으로써 현재 안전진단제도가 갖고 있는 문제점을 보완하여야 할 것으로 본다.

제3항 정비구역의 지정과 해제

Ⅰ. 정비구역 지정을 위한 정비계획의 입안 요청

토지등소유자 또는 추진위원회는 다음 각 호의 어느 하나에 해당하는 경우에는 정비계획의 입안권자에게 정비구역의 지정을 위한 정비계획의 입안을 요청할 수 있다(법 제13조의2 제1항).

1. 제4조 제1항 단서에 따라 기본계획을 수립하지 아니한 지역으로서 대통령령으로 정하는 경우
2. 제5조 제1항 제10호에 따른 단계별 정비사업 추진계획상 정비예정구역별 정비계획의 입안시기가 지났음에도 불구하고 정비계획이 입안되지 아니한 경우
3. 제5조 제2항에 따라 기본계획에 같은 조 제1항 제9호 및 제10호에 따른 사항을 생략한 경우
4. 천재지변 등 대통령령으로 정하는 불가피한 사유로 긴급하게 정비사업을 시행할 필요가 있다고 판단되는 경우

정비계획의 입안권자는 정비구역 지정을 위한 정비계획의 입안 요청이 있는 경우에는 요청일부터 4개월 이내에 정비계획의 입안 여부를 결정하여 토지등소유자 및 정비구역의 지정권자에게 알려야 한다. 다만, 정비계획의 입안권자는 정비계획의 입안 여부의 결정 기한을 2개월의 범위에서 한 차례만 연장할 수 있다(법 제13조의2 제2항).

정비구역의 지정권자는 다음 각 호의 어느 하나에 해당하는 경우에는 토지이용, 주택건설 및 기반시설의 설치 등에 관한 기본방향(정비계획의 기본방향)을 작성하여 정비

4) 헌법재판소 1999. 5. 27. 선고 98헌바70 결정.

계획의 입안권자에게 제시하여야 한다(법 제13조의2 제3항).

1. 제2항에 따라 정비계획의 입안권자가 토지등소유자에게 정비계획을 입안하기로 통지한 경우
2. 제5조 제1항 제10호에 따른 단계별 정비사업 추진계획에 따라 정비계획의 입안권자가 요청하는 경우
3. 제12조 제6항에 따라 정비계획의 입안권자가 정비계획을 입안하기로 결정한 경우로서 대통령령으로 정하는 경우
4. 정비계획을 변경하는 경우로서 대통령령으로 정하는 경우

II. 정비구역의 지정

특별시장 · 광역시장 · 특별자치시장 · 특별자치도지사 · 시장 또는 군수(정비구역의 지정권자)는 기본계획에 적합한 범위에서 노후 · 불량건축물이 밀집하는 등 대통령령으로 정하는 요건에 해당하는 구역에 대하여 정비계획을 결정하여 정비구역을 지정 또는 변경지정을 할 수 있다(법 제8조 제1항).

그러나 재개발사업 · 재건축사업의 공공시행자 또는 지정개발자가 정비사업을 시행하려는 경우에는 기본계획을 수립하거나 변경하지 아니하고 정비구역을 지정할 수 있다(법 제8조 제2항).

정비구역의 지정권자는 정비구역의 진입로 설치를 위하여 필요한 경우에는 진입로 지역과 그 인접지역을 포함하여 정비구역을 지정할 수 있고(법 제8조 제3항), 정비사업의 효율적인 추진 또는 도시의 경관보호를 위하여 필요하다고 인정하는 경우에는 하나의 정비구역을 둘 이상의 정비구역으로 분할하는 방법, 서로 연접한 정비구역을 하나의 정비구역으로 통합하는 방법, 서로 연접하지 아니한 둘 이상의 구역(제8조 제1항에 따라 대통령령으로 정하는 요건에 해당하는 구역으로 한정한다) 또는 정비구역을 하나의 정비구역으로 결합하는 방법으로 정비구역을 지정할 수 있다(법 제18조 제1항).

Ⅲ. 정비구역의 지정·고시 및 효력

1. 정비구역의 지정·고시

정비구역의 지정권자는 정비구역을 지정하거나 변경지정하려면 지방도시계획위원회의 심의를 거쳐야 한다. 다만, ① 정비구역의 면적을 10% 미만의 범위에서 변경하는 경우(정비구역을 분할, 통합 또는 결합하는 경우를 제외한다), ② 토지등소유자별 분담금 추산액 및 산출근거를 변경하는 경우, ③ 정비기반시설의 위치를 변경하는 경우와 정비기반시설 규모를 10% 미만의 범위에서 변경하는 경우, ④ 공동이용시설 설치계획을 변경하는 경우, ⑤ 재난방지에 관한 계획을 변경하는 경우, ⑥ 정비사업시행 예정시기를 3년의 범위에서 조정하는 경우, ⑦ 「건축법 시행령」 별표 1 각 호의 용도범위에서 건축물의 주용도(해당 건축물의 가장 넓은 바닥면적을 차지하는 용도를 말한다)를 변경하는 경우, ⑧ 건축물의 건폐율 또는 용적률을 축소하거나 10% 미만의 범위에서 확대하는 경우, ⑨ 건축물의 최고 높이를 변경하는 경우, ⑩ 도시정비법 제66조 제1항에 따라 용적률을 완화하여 변경하는 경우, ⑪ 「국토계획법」에 따른 도시·군기본계획, 도시·군관리계획 또는 기본계획의 변경에 따라 정비계획을 변경하는 경우, ⑫ 「도시교통정비법」에 따른 교통영향평가 등 관계법령에 의한 심의결과에 따른 변경인 경우, ⑬ 「공공주택특별법」에 따른 공공주택의 세부 유형을 변경하는 경우 등의 경미한 사항을 변경하는 경우에는 지방도시계획위원회의 심의를 거치지 아니할 수 있다(법 제16조 제1항, 영 제13조 제4항).

정비구역의 지정권자는 정비구역을 지정·변경지정하거나 정비계획을 결정·변경결정한 때에는 정비계획을 포함한 정비구역 지정의 내용을 해당 지방자치단체의 공보에 고시하여야 하고, 국토교통부장관에게 그 지정의 내용을 보고하여야 하며, 관계 서류를 일반인이 열람할 수 있도록 하여야 한다. 이 경우 지형도면 고시 등에 대하여는 「토지이용규제법」 제8조에 따른다(법 제16조 제2항 및 제3항).

2. 정비구역 지정·고시의 효과

정비구역의 지정·고시가 있는 경우 해당 정비구역 및 정비계획 중 「국토계획법」 제52조 제1항 각 호의 어느 하나에 해당하는 사항은 지구단위계획구역 및 지구단위계획으로 결정·고시된 것으로 본다(법 제17조 제1항). 즉, 정비구역으로 지정되면 그 구역은 지구단위계획구역으로 간주된다는 것이다.

「국토계획법」에 따른 지구단위계획구역에 대하여 정비계획의 내용을 모두 포함한 지구단위계획을 결정·고시하거나 변경 결정·고시하는 경우 해당 지구단위계획구역은 정비구역으로 지정·고시된 것으로 본다(법 제17조 제2항).

3. 정비구역에서의 행위제한

1) 개발행위의 제한

정비구역으로 지정되면 개발행위도 제한된다. 즉, 정비구역에서 건축물의 건축 및 공작물의 설치, 토지의 형질변경, 토석의 채취, 토지분할, 물건을 쌓아 놓는 행위 등을 하려는 자는 시장·군수등의 허가를 받아야 하고, 허가받은 사항을 변경하려는 때에도 허가를 받아야 한다(법 제19조 제1항). 이러한 허가를 받은 경우에는 「국토계획법」 제56조의 개발행위허가를 받은 것으로 본다(법 제19조 제6항).

허가를 받아야 하는 행위로서 정비구역의 지정 및 고시 당시 이미 관계 법령에 따라 행위허가를 받았거나 허가를 받을 필요가 없는 행위에 관하여 그 공사 또는 사업에 착수한 자는 대통령령으로 정하는 바에 따라 시장·군수등에게 신고한 후 이를 계속 시행할 수 있다(법 제19조 제3항).

그러나 재해복구 또는 재난수습에 필요한 응급조치를 위한 행위나 기존 건축물의 붕괴 등 안전사고의 우려가 있는 경우 해당 건축물에 대한 안전조치를 위한 행위 등은 허가를 받지 아니하고 할 수 있다(법 제19조 제2항).

또한, 국토교통부장관, 시·도지사, 시장·군수·구청장은 비경제적인 건축행위 및 투기수요의 유입을 막기 위하여 기본계획을 공람 중인 정비예정구역 또는 정비계획을 수립 중인 지역에 대하여 3년 이내의 기간(1년의 범위에서 한 차례만 연장 가능)을 정하여 대통령령으로 정하는 방법과 절차에 따라 건축물의 건축과 토지의 분할행위를 제한할 수 있다(법 제19조 제7항).

2) 지역주택조합원의 모집금지

정비예정구역 또는 정비구역(정비구역등)에서는 「주택법」 제2조 제11호 가목에 따른 지역주택조합의 조합원을 모집해서는 아니 된다(법 제19조 제8항). 이를 위반하여 「주택법」에 따른 지역주택조합의 조합원을 모집한 자는 1년 이하의 징역 또는 1천만원 이하의 벌금에 처한다(법 제138조 제1항 제1호).

지역주택조합사업은 정비계획이 예정하지 않은 주택을 건설하는 사업이므로 정비구역에서 지역주택조합사업과 정비사업은 양립하기 어렵다. 그렇기 때문에 정비구역에서 지역주택조합의 조합원 모집을 금지하고 이를 위반한 자를 처벌하는 것은 정비사업을 원활하게 진행하고 지역주택조합의 잠재적 가입 신청자가 경제적 손해를 입게 되는 것을 방지하기 위한 적합한 수단이다. 정비사업은 종합적·장기적 계획에 따라 진행되는 공공성이 강한 사업이므로 지역주택조합사업의 진행 상황을 불문하고 그 조합원 모집을 금지하는 것이 불가피하기 때문이다.[5)]

3) 토지등소유자의 설명의무에 따른 거래제한

토지등소유자는 자신이 소유하는 정비구역 내 토지 또는 건축물에 대하여 매매·전세·임대차 또는 지상권 설정 등 부동산 거래를 위한 계약을 체결하는 경우 다음 각 호의 사항을 거래 상대방에게 설명·고지하고, 거래 계약서에 기재 후 서명·날인하여야 한다(법 제122조 제1항).

1. 해당 정비사업의 추진단계
2. 퇴거예정시기(건축물의 경우 철거예정시기를 포함한다)
3. 제19조에 따른 행위제한
4. 제39조에 따른 조합원의 자격
5. 제70조 제5항에 따른 계약기간
6. 제77조에 따른 주택 등 건축물을 분양받을 권리의 산정 기준일
7. 그 밖에 거래 상대방의 권리·의무에 중대한 영향을 미치는 사항으로서 대통령령으로 정하는 사항

이러한 토지등소유자의 설명·고지 사항은 「공인중개사법」 제25조 제1항 제2호의 "법령의 규정에 의한 거래 또는 이용제한사항"으로 본다(법 제122조 제2항).

Ⅳ. 정비구역의 해제

도시정비법 제20조와 제21조에서 규정된 정비구역의 필요적 해제와 직권해제는 뉴타운의 출구전략의 일환으로 도입된 것이다.

---

5) 헌법재판소 2024. 1. 25. 선고 2020헌바370 결정.

1. 정비구역의 필요적 해제

1) 필요적 해제사유

정비구역의 지정권자는 ① 정비예정구역에 대하여 기본계획에서 정한 정비구역지정 예정일부터 3년이 되는 날까지 특별자치시장, 특별자치도지사, 시장 또는 군수가 정비구역을 지정하지 아니하거나 구청장등이 정비구역의 지정을 신청하지 아니하는 경우, ② 조합이 시행하는 재개발사업·재건축사업에서 토지등소유자가 정비구역으로 지정·고시된 날부터 2년이 되는 날까지 추진위원회의 승인을 신청하지 아니하거나(제31조 제2항 제1호에 따라 추진위원회를 구성하는 경우로 한정한다) 토지등소유자가 정비구역으로 지정·고시된 날부터 3년이 되는 날까지 조합설립인가를 신청하지 아니하는 경우(제31조 제7항에 따라 추진위원회를 구성하지 아니하는 경우로 한정한다) 또는 조합이 시행하는 재개발사업·재건축사업에서 추진위원회가 추진위원회 승인일부터 2년이 되는 날까지 조합설립인가를 신청하지 아니하거나 조합이 조합설립인가를 받은 날부터 3년이 되는 날까지 사업시행계획인가를 신청하지 아니하는 경우, ③ 토지등소유자가 시행하는 재개발사업으로서 토지등소유자가 정비구역으로 지정·고시된 날부터 5년이 되는 날까지 사업시행계획인가를 신청하지 아니하는 경우에는 정비구역등을 해제하여야 한다(법 제20조 제1항). 이러한 정비구역의 해제사유가 발생하면 구청장등은 특별시장·광역시장에게 정비구역등의 해제를 요청하여야 한다(법 제20조 제2항).

2) 주민공람 등의 의견청취

정비구역등을 해제하거나 해체요청을 하는 경우에는 특별자치시장, 특별자치도지사, 시장, 군수 또는 구청장등은 30일 이상 주민에게 공람하여 의견을 들어야 하고(법 제20조 제3항), 지방의회의 의견을 들어야 한다. 이 경우 지방의회는 특별자치시장, 특별자치도지사, 시장, 군수 또는 구청장등이 정비구역등의 해제에 관한 계획을 통지한 날부터 60일 이내에 의견을 제시하여야 하며, 의견제시 없이 60일이 지난 경우 이의가 없는 것으로 본다(법 제20조 제4항).

정비구역의 지정권자는 필요적 해제사유에 따라 정비구역등의 해제를 요청받거나 정비구역등을 해제하려면 지방도시계획위원회의 심의를 거쳐야 한다. 다만, 「도시재정비법」 제5조에 따른 재정비촉진지구에서는 도시재정비위원회의 심의를 거쳐 정비구역등을 해제하여야 한다(법 제20조 제5항).

정비구역의 지정권자는 정비구역등을 해제하거나 해제하지 아니한 경우에는 그 사실을 해당 사업시행자가 정비구역에서 정비기반시설 및 공동이용시설을 새로 설치하거나 확대하고 토지등소유자가 스스로 주택을 보전·정비하거나 개량하는 방법하고 국토교통부장관에게 통보하여야 하며, 관계 서류를 일반인이 열람할 수 있도록 하여야 한다(법 제20조 제7항).

2. 정비구역의 임의적 해제

필요적 해제사유에도 불구하고 정비구역의 지정권자는 정비구역등의 토지등소유자나 조합원이 100분의 30 이상의 동의로 각각의 필요적 해제사유에 규정된 해당 기간이 도래하기 전까지 연장을 요청하는 경우 또는 정비사업의 추진상황으로 보아 주거환경의 계획적 정비 등을 위하여 정비구역등의 존치가 필요하다고 인정하는 경우에는 그 해당 기간을 2년의 범위에서 연장하여 정비구역등을 해제하지 아니할 수 있다(법 제20조 제6항).

다시 말해, 정비예정구역에 대하여 기본계획에서 정한 정비구역지정 예정일부터 3년이 되는 날까지 특별자치시장, 특별자치도지사, 시장 또는 군수가 정비구역을 지정하지 아니하거나 구청장등이 정비구역의 지정을 신청하지 아니하는 경우에는 원칙적으로 정비구역을 해제하여야 하나, 3년이 도래하기 전에 토지등소유자의 30% 이상의 동의로 그 기간의 연장을 요청하면 최대 2년까지 연장하여 정비구역이 해제되지 않는다는 것이다.

또한, 정비사업의 추진상황으로 보아 주거환경의 계획적 정비 등을 위하여 정비구역등의 존치가 필요하다고 인정하는 경우에도 필요적 해제사유의 상황에 따라 각각 2년, 3년, 5년의 기간이 도래하기 전에 기간연장을 요청하면 최대 2년까지 연장하여 정비구역이 해제되지 않는다.

3. 정비구역등의 직권해제

정비구역의 지정권자는 ① 정비사업의 시행으로 토지등소유자에게 과도한 부담이 발생할 것으로 예상되는 경우, ② 정비구역등의 추진상황으로 보아 지정목적을 달성할 수 없다고 인정되는 경우, ③ 토지등소유자의 100분의 30 이상이 추진위원회가 구성되지 아니한 정비구역등의 해제를 요청하는 경우 또는 ④ 사업시행자가 정비구역에서 정비기반시설 및 공동이용시설을 새로 설치하거나 확대하고 토지등소유자가 스스로 주택을 보전·정비하거나 개량하는 방법(현지개량방식)으로 시행 중인 주거환경개선사업의 정비구역이 지정·고시된 날부터 10년 이상 지나고, 추진상황으로 보아 지정목적을 달성할 수 없다고 인정되는 경우로서 토지등소유자의 과반수가 정비구역의 해제에 동의하는 경우 지방도시계획위원회의 심의를 거쳐 정비구역등을 해제할 수 있다(법 제21조 제1항).

또한, 사업시행계획인가를 신청하지 아니한 경우로서 추진위원회 구성 또는 조합설립에 동의한 토지등소유자의 2분의 1 이상 3분의 2 이하의 범위에서 시·도조례로 정하는 비율 이상의 동의로 정비구역의 해제를 요청하는 경우나 추진위원회가 구성되거나 조합이 설립된 정비구역에서 토지등소유자 과반수의 동의로 정비구역의 해제를 요청하는 경우에도 정비구역의 지정권자는 지방도시계획위원회의 심의를 거쳐 정비구역등을 해제할 수 있다(법 제21조 제1항).

직권해제의 경우에도 주민공람, 지방의회 의견청취, 지방도시계획위원회의 심의, 지방자치단체의 공보에의 고시 등의 절차를 거친다(법 제21조 제2항).

V. 정비구역 해제의 효과

필요적 해제와 직권해제로 정비구역등이 해제된 경우에는 정비계획으로 변경된 용도지역, 정비기반시설 등은 정비구역 지정 이전의 상태로 환원된 것으로 본다. 다만, 현지개량방식으로 시행 중인 주거환경개선사업의 정비구역이 지정·고시된 날부터 10년 이상 지나고, 추진상황으로 보아 지정목적을 달성할 수 없다고 인정되는 경우로서 토지등소유자의 과반수가 정비구역의 해제에 동의하는 경우, 정비구역의 지정권자는 정비기반시설의 설치 등 해당 정비사업의 추진상황에 따라 환원되는 범위를 제한할 수 있다(법 제22조 제1항).

필요적 해제와 직권해제로 인하여 재개발사업 및 재건축사업을 시행하려는 정비구역등이 해제된 경우 정비구역의 지정권자는 해제된 정비구역등을 현지개량방식으로 시행하는 주거환경개선구역으로 지정할 수 있다. 이 경우 주거환경개선구역으로 지정된 구역은 기본계획에 반영된 것으로 본다(법 제22조 제2항).

정비구역등이 해제·고시된 경우 추진위원회 구성승인 또는 조합설립인가는 취소된 것으로 보고, 시장·군수등은 해당 지방자치단체의 공보에 그 내용을 고시하여야 한다(법 제22조 제3항).

제 3 절 | 정비사업의 시행자

제1항 시행자

Ⅰ. 개관

도시정비법상 정비사업의 주요 시행자는 크게 공공부문, 토지등소유자, 조합의 세 주체로 분류된다.

그런데 정비사업 중 주거환경개선사업은 도시저소득층이 집단거주하는 지역으로서 정비기반시설이 극히 열악하고 노후·불량건축물이 과도하게 밀집한 지역에서 주로 이루어지기 때문에 원칙적으로 시장·군수등 공공부문이 사업시행자가 된다.

이에 반하여, 재개발사업과 재건축사업은 원칙적으로 조합을 시행자로 하고 있다. 이것은 도시정비법의 전신인 구 도시재개발법이 모든 재개발사업의 원칙적 시행자를 '토지등소유자 또는 그들이 설립하는 조합'으로 하고 있던 것에 기원을 두고 있기 때문이다.[6)]

Ⅱ. 정비사업별 시행자

1. 주거환경개선사업의 시행자

현지개량방식으로 시행하는 주거환경개선사업은 시장·군수등이 직접 시행하되, 토지주택공사등을 사업시행자로 지정하여 시행하게 하려는 경우에는 정비계획 입안을 위한 주민공람 공고일 현재 토지등소유자의 과반수의 동의를 받아야 한다(법 제24조 제1항). 여기서의 토지등소유자는 정비구역에 위치한 토지 또는 건축물의 소유자 또는 그 지상권자를 말한다(법 제2조 제9호 가목).

공동주택방식·환지방식·관리처분계획방식으로 시행하는 주거환경개선사업은 시장·군수등이 직접 시행하거나 토지주택공사등이나 국가, 지방자치단체, 토지주택공사등 또는 「공공기관운영법」에 따른 공공기관이 총지분의 100분의 50을 초과하는 출자로 설립한 법인에게 시행하게 할 수 있거나 공동시행자로 지정할 수 있다. 또한, 「건설

6) 헌법재판소 2011. 8. 30. 선고 2009헌바128 결정.

산업기본법」에 따른 건설업자나 「주택법」에 따른 건설업 등록사업자를 공동시행자로 지정될 수 있다(법 제24조 제2항).

시장·군수등이 직접 시행하거나 공동시행하려는 경우에는 주민공람 공고일 현재 해당 정비예정구역의 토지 또는 건축물의 소유자 또는 지상권자의 3분의 2 이상의 동의와 세입자(공람공고일 3개월 전부터 해당 정비예정구역에 3개월 이상 거주하고 있는 자) 세대수의 과반수의 동의를 각각 받아야 한다. 다만, 세입자의 세대수가 토지등소유자의 2분의 1 이하인 경우 등 대통령령으로 정하는 사유가 있는 경우에는 세입자의 동의절차를 거치지 아니할 수 있다(법 제24조 제3항).

시장·군수등은 천재지변, 그 밖의 불가피한 사유로 건축물이 붕괴할 우려가 있어 긴급히 정비사업을 시행할 필요가 있다고 인정하는 경우에는 토지등소유자 및 세입자의 동의 없이 자신이 직접 시행하거나 토지주택공사등을 사업시행자로 지정하여 시행하게 할 수 있다. 이 경우 시장·군수등은 지체 없이 토지등소유자에게 긴급한 정비사업의 시행 사유·방법 및 시기 등을 통보하여야 한다(법 제24조 제4항).

2. 재개발사업의 시행자

1) 조합 시행

재개발사업은 토지등소유자로 구성된 조합이 시행하거나 조합이 조합원의 과반수의 동의를 받아 시장·군수등, 토지주택공사등, 건설업자, 등록사업자 또는 대통령령으로 정하는 요건을 갖춘 자와 공동으로 시행하는 방법으로 진행된다(법 제25조 제1항 제1호).

재개발사업에서의 토지등소유자는 정비구역에 위치한 토지 또는 건축물의 소유자 또는 그 지상권자를 말한다(법 제2조 제9호 가목).[7] 여기서 '토지 또는 건축물 소유자'는 정비구역 안의 토지 및 건축물의 소유자뿐만 아니라 토지만을 소유한 자, 건축물만을 소유한 자 모두를 포함하는 개념으로 해석된다.[8] 재건축사업의 토지등소유자는 정비구역 안에 소재한 건축물 및 그 부속토지의 소유자를 의미한다고 규정함으로써 토지와 건축물을 모두 소유하는 '토지등소유자'를 '토지 또는 건축물의 소유자'와 구별하고 있

7) 대법원 2012. 7. 26. 선고 2011도8267 판결(도시정비법 제47조에 의하여 분양신청을 하지 아니하였거나 분양신청기간 종료 이전에 분양신청을 철회한 토지 등 소유자라도 아직 현금청산이 이루어지지 않아 토지 등의 소유권을 상실하지 아니한 경우에는 도시정비법 제81조와 제86조 제6호가 규정한 토지등소유자에 해당한다고 보아야 하므로 도시정비법 제81조에 의하여 정비사업 시행에 관한 서류와 관련 자료에 대한 열람·등사를 요청할 권한이 있다).

8) 대법원 2013. 7. 11. 선고 2011두27544 판결.

기 때문이다(법 제2조 제9호 나목).[9)]

2) 토지등소유자 시행

토지등소유자가 20인 미만인 경우에는 토지등소유자가 직접 시행하거나 토지등소유자가 토지등소유자의 과반수의 동의를 받아 시장·군수등, 토지주택공사등, 건설업자, 등록사업자 또는 대통령령으로 정하는 요건을 갖춘 자와 공동으로 시행하는 방법이 있다(법 제25조 제1항 제2호).[10)]

토지등소유자 방식의 재개발사업에서의 토지등소유자의 동의자 수 산정과 관련하여 유의하여야 할 점이 있다. 20인 미만의 토지등소유자가 조합설립 없이 재개발사업을 시행하는 경우 정비구역의 지정·고시가 이루어진 이후에도 이른바 지분쪼개기가 발생하는 현상이 있었다. 그리하여 토지등소유자의 수가 증가하게 되고, 이에 따라 정비사업 추진이 예정대로 진행되지 않는 등 여러 문제가 자주 발생하여 이를 방지하고자 2022년 6월에 도시정비법이 개정되었다.

토지등소유자가 시행하는 재개발사업에서 정비계획의 변경을 제안하거나 사업시행계획인가를 신청하는 경우, 정비구역 지정·고시가 있는 날 이후에 여러 명이 1명의 토지등소유자로부터 토지 또는 건축물의 소유권이나 지상권을 양수하여 여러 명이 소유하게 된 때에는 그 여러 명을 대표하는 1명을 토지등소유자로 보도록 함으로써 재개발사업이 원활하게 추진될 수 있게 개정된 것이다(법 제36조의2).

3. 재건축사업의 시행자

재건축사업은 토지등소유자로 구성된 조합이 시행하거나 조합이 조합원의 과반수의 동의를 받아 시장·군수등, 토지주택공사등, 건설업자 또는 등록사업자와 공동으로 시행할 수 있다(법 제25조 제2항).

재건축사업에서의 토지등소유자는 정비구역에 위치한 건축물 및 그 부속토지의 소유자를 말한다(법 제2조 제9호 나목).

---

9) 대법원 2012. 10. 25. 선고 2010두25107 판결; 대법원 2013. 5. 23. 선고 2010두24975 판결.

10) 헌법재판소 2011. 8. 30. 선고 2009헌바128 결정(도시환경정비사업은 도시정비법상의 다른 정비사업과 그 목적과 취지가 상이하고 사업이 비교적 소규모로 진행된다는 특수성이 있으므로 다른 정비사업과 달리 토지등소유자 시행방식을 인정한 것이 평등원칙에 위반된다고 볼 수 없고, 조합시행방식의 경우와 마찬가지 정도의 사업절차 참여가 보장된다는 점에 비추어 토지등소유자 시행방식이 조합시행방식에 비해 불합리하게 토지등소유자를 차별한다고 볼 수 없다) 참조.

Ⅲ. 정비사업의 공공시행자

1. 공공시행의 사유와 절차

재개발사업·재건축사업은 원칙적으로 조합이 단독으로 시행자가 되나, 재개발사업에서 토지등소유자가 20인 미만이면 토지등소유자가 원칙적으로 시행자가 된다. 또한, 조합은 시장·군수등, 토지주택공사등, 건설업자 또는 등록사업자와 재개발사업·재건축사업의 공동시행자가 될 수 있다.

그런데 재개발사업·재건축사업에서 일정한 사유가 발생하면 시장·군수등이 직접 정비사업을 시행하거나 토지주택공사등(토지주택공사등이 건설업자 또는 등록사업자와 공동으로 시행하는 경우를 포함한다)을 사업시행자로 지정하여 정비사업을 시행하게 할 수 있다.

천재지변·그 밖의 불가피한 사유로 긴급하게 정비사업을 시행할 필요가 있다고 인정하는 때, 고시된 정비계획에서 정한 재개발사업시행 예정일부터 2년 이내에 사업시행계획인가를 신청하지 아니하거나 사업시행계획인가를 신청한 내용이 위법 또는 부당하다고 인정하는 때, 순환정비방식으로 정비사업을 시행할 필요가 있다고 인정하는 때, 사업시행계획인가가 취소된 때 등이 일정한 사유에 해당한다(법 제26조 제1항).

시장·군수등은 직접 정비사업을 시행하거나 토지주택공사등을 사업시행자로 지정하는 때에는 정비사업 시행구역 등 토지등소유자에게 알릴 필요가 있는 사항으로서 정비사업의 종류 및 명칭, 사업시행자의 성명 및 주소, 정비구역의 위치 및 면적, 정비사업의 착수 및 준공예정일을 해당 지방자치단체의 공보에 고시하여야 하고(법 제26조 제2항, 영 제20조 제1항), 지정·고시한 때에는 그 고시일 다음 날에 추진위원회의 구성승인 또는 조합설립인가가 취소된 것으로 본다. 이 경우 시장·군수등은 해당 지방자치단체의 공보에 해당 내용을 고시하여야 한다(법 제26조 제3항).

2. 공공시행의 사유에 관한 문제

추진위원회가 시장·군수등의 구성승인을 받은 날부터 3년 이내에 조합설립인가를 신청하지 아니하거나 조합이 조합설립인가를 받은 날부터 3년 이내에 사업시행계획인가를 신청하지 아니한 때에도 시장·군수등이 직접 정비사업을 시행할 수 있는 경우에 해당한다(법 제26조 제1항 제3호).

그런데 이와 관련하여 주의하여야 할 점은 조합이 시행하는 재개발사업·재건축사업에서 조합이 조합설립인가를 받은 날부터 3년이 되는 날까지 사업시행계획인가를 신청하지 아니하는 경우에는 정비구역의 지정권자는 법 제20조 제1항 제2호에 따라 정비구역을 해제하여야 한다는 것이다. 다시 말해, 정비구역의 필요적 해제사유와 재개발사업·재건축사업의 공공시행 사유가 중첩되어 정비구역이 필요적으로 해제되는지 아니면 해제되지 않고 조합이 아닌 시장·군수등이 사업시행자가 되는지가 법문상 명확하지 않다는 것이다. 물론 이러한 경우에도 법 제20조 제6항에 따라 정비구역지정이 해제되지 않을 수는 있지만 해제되지 않으려면 정비사업의 추진상황으로 보아 주거환경의 계획적 정비 등을 위하여 정비구역등의 존치가 필요하다고 인정하는 경우 등 제6항 각 호의 요건을 다시 충족하여야 하는 문제가 발생한다.

이러한 상황은 도시정비법이 순차적으로 개정되면서 여러 상황에 대한 면밀한 검토 없이 개정이 이루어지고, 그리하여 서로 반대되는 상황의 요건이 중복되는 결과가 초래된 것이다. 도시정비법 제20조의 필요적 해제에 관한 규정과 제26조의 공공시행자 규정의 해석상 첫째, 가급적 정비사업은 좌초되지 않고 유지되는 방향으로 도시정비법의 입법취지를 해석하여야 한다는 점, 둘째, 필요적 해제사유가 발생하더라도 도시정비법 제20조 제3항의 구청장등의 해제요청과 주민공람, 지방도시계획위원회의 심의 등의 절차를 거쳐야 한다는 점, 셋째, 도시정비법 제20조 제6항에 따라 기간연장을 통하여 정비구역의 해제가 이루어지지 않을 수도 있다는 점 등에 비추어 볼 때, 조합이 조합설립인가를 받은 날부터 3년 이내에 사업시행계획인가를 신청하지 아니한 때에는 도시정비법 제26조의 재개발사업·재건축사업의 공공시행자 규정이 우선 적용된다고 할 것이다. 다만, 여기서 추진위원회가 시장·군수등의 구성승인을 받은 날부터 3년 이내에 조합설립인가를 신청하지 아니한 경우에는 필요적 해제사유가 '추진위원회 승인일부터 2년이 되는 날'이므로 먼저 도래한 2년이 지나면 해제절차가 먼저 진행된다고 보아야 할 것이다.

제2항 조합

Ⅰ. 조합설립추진위원회

1. 조합설립추진위원회의 구성승인

1) 구성승인처분의 법적 성격

조합을 설립하려는 경우에는 추진위원장을 포함한 5명 이상의 추진위원과 추진위원회 운영규정에 대하여 토지등소유자 과반수의 동의를 받아 조합설립을 위한 추진위원회를 구성하여 국토교통부령으로 정하는 방법과 절차에 따라 시장·군수등의 승인을 받아야 한다. 이 경우 시장·군수등은 승인 이후 구역경계, 토지등소유자의 수 등 국토교통부령으로 정하는 사항을 해당 지방자치단체 공보에 고시하여야 한다(법 제31조 제1항). 그러나 정비사업에 대하여 제118조에 따른 공공지원을 하려는 경우에는 추진위원회를 구성하지 아니할 수 있다(법 제31조 제7항).

판례는 시장·군수등의 추진위원회 구성승인처분은 조합의 설립을 위한 주체인 추진위원회의 구성행위를 보충하여 그 효력을 부여하는 처분으로서 인가에 해당한다고 보고 있다.[11)]

추진위원회의 구성에 동의한 토지등소유자(추진위원회 동의자)는 조합의 설립에 동의한 것으로 본다(법 제31조 제3항). 다만, 조합설립인가를 신청하기 전에 시장·군수등 및 추진위원회에 조합설립에 대한 반대의 의사표시를 한 추진위원회 동의자의 경우에는 그러하지 아니하다(법 제31조 제3항 단서). 토지등소유자의 동의를 받으려는 자는 대통령령으로 정하는 방법 및 절차에 따라야 한다. 이 경우 동의를 받기 전에 동의는 조합설립에 동의한 것으로 본다는 내용을 설명·고지하여야 한다(법 제31조 제6항).

추진위원회는 일정한 구역에서 실시되는 특정한 정비사업을 전제로 사업대상·범위에 속하는 토지등소유자의 동의를 얻어 설립되므로 토지소유자등이 정비구역이 정해지기 전에 임의로 그 구역을 예상하여 추진위원회 설립에 동의하였다가 나중에 확정된 실제 사업구역이 동의 당시 예정한 사업구역과 동일성을 인정할 수 없을 정도로 달라진 때에는 정비구역이 정해지기 전의 동의를 설립승인을 신청하는 추진위원회 구성에 관한 동의로 볼 수 없어 이에 기초한 설립승인처분은 위법하다.[12)]

---

11) 대법원 2013. 1. 31. 선고 2011두11112, 2011두11129 판결; 대법원 2013. 12. 26. 선고 2011두8291 판결; 대법원 2014. 2. 13. 선고 2011두21652 판결; 대법원 2014. 5. 29. 선고 2012두6650 판결 등.

12) 대법원 2011. 7. 28. 선고 2011두2842 판결.

그렇지만 일정한 정비예정구역을 전제로 추진위원회 구성승인처분이 이루어진 후 정비구역이 정비예정구역과 달리 지정되었다는 사정만으로 승인처분이 당연히 실효된다고 볼 수 없으며,[13] 정비구역의 지정·고시 이전에 정비예정구역에 의하여 확정된 토지등소유자의 과반수 동의를 얻어 구성된 추진위원회에 대하여 설립승인처분이 이루어졌더라도 그 처분의 하자가 중대하거나 명백하여 무효라고 할 수 없다.[14]

판례 조합설립인가처분무효확인(대법원 2014. 2. 13. 선고 2011두21652 판결)
추진위원회 구성을 승인하는 처분은 조합의 설립을 위한 주체에 해당하는 비법인사단인 추진위원회를 구성하는 행위를 보충하여 그 효력을 부여하는 처분인 데 비하여

2) 추진위원회 구성의 대상 지역

추진위원회는 다음 각 호의 어느 하나에 해당하는 지역을 대상으로 구성한다(법 제31조 제2항)

1. 제16조에 따라 정비구역으로 지정·고시된 지역
2. 제16조에 따라 정비구역으로 지정·고시되지 아니한 지역으로서 다음 각 목의 어느 하나에 해당하는 지역
   가. 제4조 제1항 단서에 따라 기본계획을 수립하지 아니한 지역 또는 제5조 제2항에 따라 기본계획에 같은 조 제1항 제9호 및 제10호의 사항을 생략한 지역으로서 대통령령으로 정하는 지역
   나. 기본계획에 제5조 제1항 제9호에 따른 정비예정구역이 설정된 지역
   다. 제13조의2에 따른 입안 요청 및 제14조에 따른 입안 제안에 따라 정비계획의 입안을 결정한 지역
   라. 제15조에 따라 정비계획의 입안을 위하여 주민에게 공람한 지역

제31조 제2항 제2호에 따라 추진위원회를 구성하여 승인받은 경우로서 승인 당시의 구역과 지정·고시된 정비구역의 면적 차이가 대통령령으로 정하는 기준 이상인 경

---

13) 대법원 2013. 9. 12. 선고 2011두31284 판결.
14) 대법원 2013. 5. 24. 선고 2011두14937 판결.

우 추진위원회는 추진위원장을 포함한 5명 이상의 추진위원과 추진위원회 운영규정에 대하여 토지등소유자 과반수의 동의를 받아 시장 · 군수등에게 다시 승인을 받아야 한다. 이 경우 추진위원회 구성에 동의한 자는 정비구역 지정 · 고시 이후 1개월 이내에 동의를 철회하지 아니하는 경우 동의한 것으로 본다(법 제31조 제4항).

시장 · 군수등이 추진위원회를 다시 승인한 경우 기존의 추진위원회의 업무와 관련된 권리 · 의무는 승인받은 추진위원회가 포괄승계한 것으로 본다(법 제31조 제5항).

3) 추진위원회 구성변경승인처분의 여부

조합설립인가 · 사업시행계획인가 · 관리처분계획인가의 경우 도시정비법은 변경인가에 관한 규정을 두고 있으나 추진위원회 구성에 관한 변경승인절차에 관하여 규정하고 있지 않다. 그렇지만 2024년 12월 3일 개정된 도시정비법 제31조 제4항에서 변경승인의 경우를 규정한 점, 추진위원회 단계에서 정비사업 시행구역의 변경을 예정하고 있는 점, 당초 추진위원회의 신청서에 기재된 사업시행예정구역의 위치 및 면적 등을 토대로 추진위원회 구성승인을 한 시장 · 군수로서는 정비사업 시행구역이 변경된 경우 요건 등을 심사하여 이를 규제할 수 있다고 보이므로 추진위원회가 구성승인을 받을 당시의 정비예정구역보다 정비구역이 확대되어 지정된 경우 당초의 추진위원회 구성승인이 당연 실효되었다고 볼 수 있는 등의 특별한 사정이 없는 한 추진위원회는 토지등소유자의 동의 등 일정한 요건을 갖추어 시장 · 군수에 추진위원회 구성변경승인을 신청할 수 있고, 추진위원회 구성에 관한 승인권한을 가지는 시장 · 군수는 변경승인의 권한이 있다.[15]

4) 추진위원회 구성승인처분과 조합설립인가처분의 관계

추진위원회 구성승인처분이 있어야 그 다음 단계인 조합설립인가처분으로 넘어가게 되므로 양자간의 관계가 문제된다.

판례는 구성승인처분은 법률요건이나 효과 측면에서 조합설립인가처분과는 다른 독립적인 처분으로 보고 있어 양 처분간에 하자의 승계를 인정하고 있지 않다. 양자는 별개의 처분이므로 선행행위인 구성승인처분에 하자가 있더라도 후행행위인 조합설립인가처분에 승계되지 않아 구성승인처분의 하자를 이유로 조합설립인가처분의 위법을 주장할 수 없다는 것이다. 그리하여 추진위원회 구성승인처분을 다투는 소송계속 중에

15) 대법원 2014. 2. 27. 선고 2011두2248 판결.

조합설립인가처분이 이루어진 경우에는 추진위원회 구성승인처분에 위법이 존재하여 조합설립인가 신청행위가 무효라는 점 등을 들어 직접 조합설립인가처분을 다투어 정비사업의 진행을 저지하여야 하고, 별도로 추진위원회 구성승인처분에 대하여 취소 또는 무효확인을 구할 법률상의 이익은 없다고 보아야 한다.[16)]

판례 조합설립인가처분무효(대법원 2014. 5. 29. 선고 2012두6650 판결)

조합설립인가처분이 반드시 추진위원회 구성승인처분의 적법·유효를 전제로 한다고 볼 것은 아니므로, 구 도시정비법령이 정한 동의요건을 갖추고 창립총회를 거쳐 주택재개발조합이 성립한 이상, 이미 소멸한 추진위원회 구성승인처분의 하자를 이유로 조합설립인가처분이 위법하다고 할 수 없다. (중략) 통합된 조합설립추진위원회의 설립 또는 변경승인을 받지 않은 채 조합설립인가처분이 이루어졌다고 하더라도 하자가 중대하고 명백하여 당연무효라고 보기 어렵다.

그러나 양 처분이 하자승계가 인정되지 않는 별개의 독립적인 처분임에도 불구하고 조합설립추진위원회의 구성승인처분의 하자가 추진위원회 제도의 취지를 형해화할 정도로 중대한 경우에는 선행처분의 당연무효사유는 하자승계와 관계 없이 그대로 후행처분에 승계되므로 선행처분에 기초한 조합설립인가처분의 효력을 다툴 수 있게 된다.[17)] 추진위원회 제도의 취지를 형해화할 정도의 사유는 당연무효사유로 하자승계의 문제가 아닌 당연무효의 효력에서 도출되는 논리적인 결과에 해당된다.

판례 조합설립인가처분취소(대법원 2013. 12. 26. 선고 2011두8291 판결)

조합설립인가 신청행위는 법령이 정한 동의요건을 갖추고 창립총회를 거쳐 조합의 실체가 형성된 이후에 이를 바탕으로 이루어지는 것이므로, 추진위원회 구성이나 그 인가처분의 위법사유를 이유로 그 추진위원회가 하는 조합설립인가 신청행위가 위법·무효로 된다고 볼 것은 아니고, 그 위법사유가 도시정비법상 하나의 정비구역 내에 하나의 추진위원회로 하여금 조합설립의 추진을 위한 업무를 수행하도록 한 추진위원회 제도의 입법

16) 대법원 2013. 1. 31. 선고 2011두11112, 2011두11129 판결.

17) 대법원 2013. 12. 26. 선고 2011두8291 판결; 대법원 2014. 4. 24. 선고 2012두29004 판결; 대법원 2014. 5. 29. 선고 2012두6650 판결 등.

취지를 형해화할 정도에 이르는 경우에 한하여 그 추진위원회의 조합설립인가 신청행위가 위법 · 무효이고, 나아가 이에 기초한 조합설립인가처분의 효력을 다툴 수 있게 된다.

5) 조합설립인가처분의 취소시 추진위원회의 존속 여부

양자간에 하자승계를 부정하는 판례의 태도는 조합설립결의에 하자가 존재하였다는 이유로 조합설립인가처분이 취소된 경우 기존의 추진위원회가 존속하는지 여부와 연관된다. 도시정비법 제34조 제3항에 따라 추진위원회가 수행한 업무와 관련된 권리 · 의무는 조합이 포괄승계하므로 조합설립인가를 받으면 추진위원회는 해산된다고 보아야 하지만 조합설립인가가 취소되면 해산된 추진위원회의 존속 여부에 대해서는 도시정비법이 아무런 규정을 두고 있지 않기 때문이다.

이에 대하여 조합설립인가로 추진위원회는 해산되므로 해산된 추진위원회는 조합설립인가가 취소되더라도 다시 부활하지 않으며, 재개발 · 재건축사업을 진행하기 위해서는 새로운 추진위원회를 구성하여 승인 등의 절차를 다시 거쳐야 한다는 부정설과 해산되었던 추진위원회가 여전히 존속한다고 보아 기존에 수립한 사업추진계획에 따라 조합설립 등의 후속조치를 진행할 수 있다고 보는 긍정설이 대립하였다.

판례는 추진위원회 구성승인처분과 조합설립인가처분간의 하자승계를 부정하는 논리의 연장선상에서 추진위원회가 조합설립이라는 목적달성을 이유로 해산하여도 조합설립인가처분이 취소된다면 조합이 포괄승계 하였던 권리 · 의무는 여전히 추진위원회에 남을 수밖에 없으므로 그 범위 안에서 아직 소멸하지 않고 존속한다고 보아야 한다고 판시하여 긍정설을 채택하고 있다.[18] 그 논거로서 조합설립인가처분이 취소된 경우에는 조합설립인가처분이 소급하여 효력을 상실하고, 그 조합은 청산사무가 종료될 때까지 청산의 목적범위 내에서 권리 · 의무의 주체로서 잔존할 뿐이므로 이러한 경우까지 추진위원회가 그 존립목적을 달성했다고 보기 어렵다는 것이고, 따라서 존립목적을 달성하지 못한 추진위원회는 그대로 존속한다는 것이다.[19]

---

18) 부산고등법원 2010. 7. 23. 선고 2010누1996 판결; 대법원 2010. 12. 23. 선고 2010두18611 판결; 대법원 2012. 11. 29. 선고 2011두518 판결.

19) 대법원 2016. 12. 15. 선고 2013두17473 판결.

판례 추진위원변경신고반려처분취소(대법원 2016. 12. 15. 선고 2013두17473 판결)
주택재개발정비사업을 위한 추진위원회는 조합의 설립을 목적으로 하는 비법인사단으로서 추진위원회가 행한 업무와 관련된 권리와 의무는 구 도시정비법 제16조에 의한 조합설립인가처분을 받아 법인으로 설립된 조합에 모두 포괄승계되므로, 원칙적으로 조합설립인가처분을 받은 조합이 설립등기를 마쳐 법인으로 성립하게 되면 추진위원회는 목적을 달성하여 소멸한다. 그러나 그 후 조합설립인가처분이 법원의 판결에 의하여 취소된 경우에는 추진위원회가 지위를 회복하여 다시 조합설립인가 신청을 하는 등 조합설립추진 업무를 계속 수행할 수 있다.

생각건대, 추진위원회의 권한은 조합설립을 추진하기 위한 업무를 수행하는 데 그치므로 일단 조합설립인가처분을 받아 추진위원회의 업무와 관련된 권리와 의무가 조합에 포괄적으로 승계되면, 원칙적으로 추진위원회는 그 목적을 달성하여 소멸하는 것이 법리적 타당성을 가진다.[20]

그러므로 조합설립인가취소로 추진위원회가 확정적으로 소멸하지 않고 청산의 목적범위 내에서 추진위원회가 존속하여 조합으로 포괄승계된 권리·의무가 소멸하지 않고 다시 추진위원회에 회복될 수 있다는 논거는 구성승인처분과 조합설립인가처분이 상호 독립적인 처분이라기보다는 2개 이상의 행정처분이 일련의 연속적인 과정에서 이루어지면서 하나의 법률효과를 완성하는 경우와 보다 긴밀하게 연결된다고 보인다.

그럼에도 불구하고 대법원의 입장은 실무에서의 기존의 권리상태를 최대한 존중하여 정비사업의 연속성을 유지하려는 현실적 해석이라고 평가할 수 있겠다. 대법원이 조합설립인가가 취소되더라도 추진위원회가 다시 존속하지 않는다면 추진위원회 구성 및 동의서 징구 등 최초부터 모든 절차를 새롭게 진행하여야 하는 사회·경제적 낭비가 따를 수밖에 없다고 판시한 것도 이러한 현실적 고민을 반영한 것으로 볼 것이다.

아울러 도시정비법 제37조 제1항 제2호가 법원의 판결로 조합설립인가의 무효 또는 취소가 확정되어 조합설립인가를 다시 신청하는 때에 동의서의 유효성에 다툼이 없는 토지등소유자의 동의서를 다시 사용할 수 있도록 규정한 것도 추진위원회가 그 지위를 회복할 수 있음을 전제로 하고 있다고 보인다.

---

20) 대법원 2013. 12. 26. 선고 2011두8291 판결.

2. 추진위원회의 기능

추진위원회는 정비사업전문관리업자의 선정 및 변경, 설계자의 선정 및 변경, 조합설립인가를 받기 위한 준비업무, 개략적인 정비사업 시행계획서의 작성 등의 업무를 수행할 수 있다(법 제32조 제1항). 추진위원회가 정비사업전문관리업자를 선정하려는 경우에는 추진위원회 승인을 받은 후 경쟁입찰 또는 2회 이상 경쟁입찰이 유찰된 경우에는 수의계약의 방법으로 선정하여야 한다(법 제32조 제2항).

추진위원회는 조합설립인가를 신청하기 전에 대통령령으로 정하는 방법 및 절차에 따라 조합설립을 위한 창립총회를 개최하여야 한다(법 제32조 제3항).

추진위원회가 수행하는 업무의 내용이 토지등소유자의 비용부담을 수반하거나 권리·의무에 변동을 발생시키는 경우로서 대통령령으로 정하는 사항에 대하여는 그 업무를 수행하기 전에 대통령령으로 정하는 비율 이상의 토지등소유자의 동의를 받아야 한다(법 제32조 제4항).[21] 그러므로 서면동의, 총회결의를 거치지 않은 채 추진위원회가 운영 및 사업시행을 위한 자금을 차입하기 위하여 체결한 소비대차계약은 토지등소유자의 서면 동의요건 및 총회 의결요건을 충족하지 못하여 효력이 없다.[22]

3. 추진위원회의 조직

추진위원회는 추진위원회를 대표하는 추진위원장 1명과 감사를 두어야 한다(법 제33조 제1항).

토지등소유자는 추진위원회의 운영규정에 따라 추진위원회에 추진위원의 교체 및 해임을 요구할 수 있으며, 추진위원장이 사임, 해임, 임기만료, 그 밖에 불가피한 사유 등으로 직무를 수행할 수 없는 때부터 6개월 이상 선임되지 아니한 경우 그 업무의 대행에 관하여는 제41조 제5항 단서의 전문조합관리인의 조합임원 임무대행에 관한 규정을 준용한다(법 제33조 제3항).

---

21) 법 제32조 제4항에서 위임한 2개의 대통령령의 구체적 내용이 없다.

22) 대법원 2019. 12. 27. 선고 2019다259272 판결; 대법원 2020. 11. 12. 선고 2017다216905 판결.

4. 추진위원장 등의 관련 자료의 공개

1) 관련 자료의 공개와 벌칙

추진위원장 또는 사업시행자(조합의 경우 청산인을 포함한 조합임원, 토지등소유자가 단독으로 시행하는 재개발사업의 경우에는 그 대표자를 말한다)는 정비사업의 시행에 관한 ① 추진위원회 운영규정 및 정관등, ② 설계자 · 시공자 · 철거업자 및 정비사업전문관리업자 등 용역업체의 선정계약서, ③ 추진위원회 · 주민총회 · 조합총회 및 조합의 이사회 · 대의원회의 의사록, ④ 사업시행계획서, ⑤ 관리처분계획서, ⑥ 해당 정비사업의 시행에 관한 공문서, ⑦ 회계감사보고서, ⑧ 월별 자금의 입금 · 출금 세부내역, ⑨ 법 제111조의2에 따라 신고한 자금차입에 관한 사항, ⑩ 결산보고서, ⑪ 청산인의 업무 처리 현황, ⑫ 그 밖에 정비사업 시행에 관하여 대통령령으로 정하는 서류 및 관련 자료가 작성되거나 변경된 후 15일 이내에 이를 조합원, 토지등소유자 또는 세입자가 알 수 있도록 인터넷과 그 밖의 방법을 병행하여 공개하여야 하고, 조합원, 토지등소유자가 이러한 정비사업 시행에 관한 서류와 관련 자료에 대하여 열람 · 복사 요청을 한 경우 추진위원장이나 사업시행자는 15일 이내에 그 요청에 따라야 한다(법 제124조 제1항, 제4항).

이를 위반하여 정비사업시행과 관련한 서류 및 자료를 인터넷과 그 밖의 방법을 병행하여 공개하지 아니하거나 조합원 또는 토지등소유자의 열람 · 복사 요청을 따르지 아니하는 추진위원장, 전문조합관리인 또는 조합임원은 1년 이하의 징역 또는 1천만원 이하의 벌금에 처하게 된다(법 제138조 제1항 제7호).[23]

2) 추진위원장 및 조합임원의 범위에 관한 해석

벌칙의 대상인 추진위원장과 관련하여 추진위원회의 부위원장이나 추진위원이었다가 추진위원회 위원장의 유고 등을 이유로 운영규정에 따라 연장자 순으로 추진위원회 위원장 직무대행자가 된 자를 벌칙규정상의 '추진위원회 위원장'에 해당하는 것으로 해석하는 것은 죄형법정주의의 원칙에 어긋나 허용되지 않는다.[24] 또한, 청산인이 '추진위원회 위원장 또는 조합임원'에 해당한다고 해석하는 것도 죄형법정주의에 위배된다.[25]

---

23) 헌법재판소 2011. 4. 28. 선고 2009헌바90 결정(열람 · 등사의 신청방식, 적용범위 등의 의미가 구체화될 수 있으며, 조합원의 열람 · 등사 요청을 받은 조합임원은, 조합원의 요청에 응할 수 없는 특별한 사유가 없는 한, 현장에서 곧바로 조합원이 요청한 서류 및 관련 자료를 열람하게 하거나 등사하여 주어야 한다는 것임을 충분히 알 수 있으므로 이 사건 법률조항은 죄형법정주의의 명확성원칙에 위반되지 않는다).

24) 대법원 2015. 3. 12. 선고 2014도10612 판결.

또한, 총회의 의결을 거쳐 조합임원으로 선임된 후 그 권한을 실제로 행사하는 사람도 도시정비법 제124조 제1항 및 제4항이 정한 '조합임원'으로서 도시정비법 제138조 제1항 제7호 위반죄의 주체가 된다. 그를 조합임원으로 선임한 총회의 의결이 나중에 무효로 확정되더라도 그 이전에 이루어진 위 범죄의 성립이 소급하여 부정되는 것은 아니다.[26]

3) 관련 자료의 의미

도시정비법 제124조 제1항은 공개 대상 서류를 각호에서 구체적으로 열거하면서도 '관련 자료'의 판단 기준에 관하여는 정하고 있지 않을 뿐만 아니라 도시정비법 또는 그 시행령에 별도의 규정이 없음에도 정비사업의 투명성·공공성 확보 내지 조합원의 알권리 보장 등 규제의 목적만을 앞세워 각 호에 명시된 서류의 '관련 자료'의 범위를 지나치게 확장하여 인정하는 것은 죄형법정주의에 어긋난다. 따라서 동조항에 열거된 서류의 진정성립 판단을 위하여 확인할 필요가 있는 자료나 해당 서류가 그 내용을 인용하면서 별첨한 자료 등 해당 서류와 불가분적 또는 직접적으로 관련된 자료는 동조항의 '관련 자료'에 포함될 수 있으나, 공개 필요성이 있다는 이유만으로 그 '관련 자료'에 해당한다고 단정해서는 안 된다.

아울러 토지등소유자 등의 열람·복사 요청에 대하여는 정보공개법이 적용되지 않으므로 열람·복사 대상인 서류나 관련 자료가 정보공개법이 정한 비공개 대상에 해당하는 경우에도 추진위원장 등은 열람·복사 요청에 응하여야 한다.[27]

5. 추진위원회의 운영

국토교통부장관은 추진위원회의 공정한 운영을 위하여 추진위원의 선임방법 및 변경과 권리·의무, 추진위원회의 업무범위와 운영방법, 토지등소유자의 운영경비 납부, 추진위원회 운영자금의 차입 등의 사항을 포함한 추진위원회의 운영규정을 정하여 고시하여야 한다(법 제34조 제1항).

추진위원회는 사용경비를 기재한 회계장부 및 관계 서류를 조합설립인가일부터 30일 이내에 조합에 인계하여야 한다(법 제34조 제4항).

---

25) 대법원 2011. 5. 26. 선고 2010도17145 판결.
26) 대법원 2024. 9. 13. 선고 2023도16588 판결.
27) 대법원 2024. 9. 12. 선고 2021도14485 판결.

추진위원회는 수행한 업무를 총회에 보고하여야 하며, 그 업무와 관련된 권리·의무는 조합이 포괄승계한다(법 제34조 제3항). 따라서 추진위원회가 개최한 주민총회 또는 토지등소유자 총회에서 장차 설립될 조합의 시공자를 선정하는 내용의 결의를 한 경우 그 결의의 효력 및 그 결의와 관련한 권리와 의무도 조합에 포괄승계되므로,[28] 추진위원회를 상대로 추진위원회가 개최한 주민총회에서 한 시공자 선정결의의 무효확인을 구하는 소의 계속 중 조합이 설립되었다면 조합은 특별한 사유가 없는 한 계속 중인 소송에서 추진위원회의 법률상 지위도 승계한다고 보아야 한다.[29]

Ⅱ. 조합의 설립

1. 조합설립인가

1) 조합의 설립

시장·군수등, 토지주택공사등 또는 지정개발자가 아닌 자가 정비사업을 시행하려는 경우에는 토지등소유자로 구성된 조합을 설립하여야 한다. 다만, 토지등소유자가 20인 미만인 경우 토지등소유자가 단독 또는 공동으로 재개발사업을 시행하려는 경우에는 그러하지 아니하다(법 제35조 제1항, 제25조 제1항 제2호).

2) 토지등소유자의 동의와 조합설립인가

(1) 개설

추진위원회는 조합설립에 필요한 동의를 받기 전에 토지등소유자별 분담금 추산액 및 산출근거, 그 밖에 추정 분담금의 산출 등과 관련하여 시·도조례로 정하는 정보를 토지등소유자에게 제공하여야 한다(법 제35조 제10항, 영 제32조).

재개발사업의 추진위원회(정비사업에 대한 공공지원에서 추진위원회를 구성하지 아니하는 경우에는 토지등소유자를 말한다)가 조합을 설립하려면 토지등소유자의 4분의 3 이상 및 토지면적의 2분의 1 이상의 토지소유자의 동의를 받아 정관, 정비사업비와 관련된 자료 등 국토교통부령으로 정하는 서류, 그 밖에 시·도조례로 정하는 서류를 첨부하여 시장·군수등의 인가를 받아야 한다(법 제35조 제2항).

재건축사업의 추진위원회(정비사업에 대한 공공지원에서 추진위원회를 구성하지 아니하

28) 대법원 2012. 4. 12. 선고 2009다26787 판결.
29) 대법원 2012. 4. 12. 선고 2009다22419 판결.

는 경우에는 토지등소유자를 말한다)가 조합을 설립하려는 때에는 주택단지의 공동주택의 각 동(복리시설의 경우에는 주택단지의 복리시설 전체를 하나의 동으로 본다)별 구분소유자의 과반수 동의(공동주택의 각 동별 구분소유자가 5 이하인 경우는 제외한다)와 주택단지의 전체 구분소유자의 4분의 3 이상 및 토지면적의 4분의 3 이상의 토지소유자의 동의를 받아 정관, 정비사업비와 관련된 자료 등 국토교통부령으로 정하는 서류, 그 밖에 시·도 조례로 정하는 서류를 첨부하여 시장·군수등의 인가를 받아야 한다(법 제35조 제3항).

그러나 아파트 단지와 단독주택이 하나의 정비구역으로 지정된 경우와 같이 주택단지가 아닌 지역이 정비구역에 포함된 때에는 주택단지가 아닌 지역의 토지 또는 건축물 소유자의 4분의 3 이상 및 토지면적의 3분의 2 이상의 토지소유자의 동의를 받아야 한다(법 제35조 제4항).

조합은 조합설립인가를 받은 때에는 정관으로 정하는 바에 따라 토지등소유자에게 그 내용을 통지하고, 이해관계인이 열람할 수 있도록 하여야 한다(영 제30조 제3항).

(가) 재건축사업 동의요건의 해석

재건축사업의 정비구역별 동의요건의 해석이 문제된다. 이에 관하여 재건축사업 추진위원회가 조합을 설립함에 있어 정비구역이 주택단지로만 구성된 경우에는 도시정비법 제35조 제3항에 의한 동의만 얻으면 되고, 정비구역에 주택단지가 아닌 지역이 포함되어 있는 경우에는 주택단지에 대하여는 도시정비법 제35조 제3항에 의한 동의를 얻어야 하지만, 주택단지가 아닌 지역에 대하여는 이와 별도로 같은 조 제4항에 의한 동의를 얻어야 하며, 정비구역에 주택단지가 전혀 포함되지 아니한 경우에는 같은 조 제4항에 의한 동의를 얻어야 한다는 것이 판례의 입장이다.[30)]

(나) 토지등소유자의 동의서

토지등소유자의 동의서에는 ① 건설되는 건축물의 설계의 개요, ② 공사비 등 정비사업비용에 드는 비용(정비사업비), ③ 정비사업비의 분담기준, ④ 사업완료 후 소유권의 귀속에 관한 사항, ⑤ 조합 정관이 포함되어야 한다(영 제30조 제2항). 이와 관련하여 법정동의서 서식에 토지등소유자별로 구체적인 분담금 추산액이 기재되지 않았다거나 추진위원회가 그 서식 외에 토지등소유자별로 분담금 추산액 산출에 필요한 구체적인 정보나 자료를 충분히 제공하지 않았다는 사정만으로 개별 토지등소유자의 조합설립 동의를 무효라고 볼 수는 없다.[31)]

---

30) 대법원 2012. 10. 25. 선고 2010두25107 판결; 대법원 2013. 7. 11. 선고 2011두27544 판결; 대법원 2014. 5. 16. 선고 2011두27094 판결; 대법원 2014. 5. 29. 선고 2011다46128, 2013다69057 판결 등.

(2) 조합설립인가의 법적 성격과 평가

기존에 대법원은 재건축조합에 대한 행정청의 조합설립인가를 재건축조합설립행위를 보충하여 그 법률상 효력을 완성시키는 보충행위로서의 인가에 해당한다고 보았다.32)

그러나 2009년 대법원은 판례를 변경하여 조합설립인가처분은 단순히 사인들의 조합설립행위에 대한 보충행위가 아니라 도시정비법상 주택재건축사업을 시행할 수 있는 권한을 갖는 행정주체로서의 지위를 부여하는 일종의 설권적 처분으로 특허에 해당한다고 판시한33) 이후 조합설립인가는 설권적 처분의 특허라는 것이 대법원의 일관된 태도이다.34)

판례 재건축결의부존재확인(대법원 2009. 9. 24. 선고 2008다60568 판결)

행정청이 도시 및 주거환경정비법 등 관련 법령에 근거하여 행하는 조합설립인가처분은 단순히 사인들의 조합설립행위에 대한 보충행위로서의 성질을 갖는 것에 그치는 것이 아니라 법령상 요건을 갖출 경우 도시 및 주거환경정비법상 주택재건축사업을 시행할 수 있는 권한을 갖는 행정주체(공법인)로서의 지위를 부여하는 일종의 설권적 처분의 성격을 갖는다고 보아야 한다.

조합설립인가의 법적 성격을 인가로 보게 되면, 행정청의 인가행위는 기본행위인 조합설립행위를 보충하여 그 법적 효력을 완성시키므로 민간의 자율성에 기반한 사적 자치를 보다 강조하는 입장에 서게 된다. 그리하여 행정청은 최소한의 공익적 통제관점에서 기본행위인 조합설립행위를 심사하여 공익적 견지에 저촉되지 않고 법적 요건을 충족하면 원칙적으로 인가를 발급하여야 하므로 인가는 기속행위적 성격을 강하게 띤다.35)

이에 반하여, 행정청의 조합설립인가를 특허로 보는 법리는 재건축사업을 시행할 수 있는 권한을 부여받는 재건축조합이 행정주체인 공법인의 성격을 가지는 것과 특허의 재량행위로서의 성격으로 인하여 조합설립행위에 대한 공법적 규율을 강화하겠다는

31) 대법원 2020. 9. 7. 선고 2020두38744 판결.

32) 대법원 2000. 9. 5. 선고 99두1854 판결.

33) 대법원 2009. 9. 24. 선고 2008다60568 판결.

34) 대법원 2010. 2. 25. 선고 2007다73598 판결; 대법원 2012. 4. 12. 선고 2010다10986 판결; 대법원 2013. 10. 24. 선고 2012두12853 판결 등.

35) 김종보, 앞의 책, 476쪽.

입법자의 의도와 궤를 같이한다. 이러한 판례의 태도는 조합설립행위를 사인간의 법률행위로 보는 입장이 초래한 여러 폐단과 부작용에 대한 반성적 고려로서 공법적 규제를 강화하고, 정비사업을 둘러싼 복마전 양상을 공법적 통제의 범위 내로 편입하여 규율함으로써 정비사업의 공익적 성격을 한층 더 드러나게 한다는 것을 의미한다.

도시정비법 제20조의 직권해제나 제29조의2의 공사비검증 요청, 제36조의2의 토지등소유자의 동의자 수 산정 특례, 제86조의2의 조합의 해산 등에 관한 조항도 이러한 맥락에서 이해할 수 있다.

(3) 조합설립결의에 대한 불복

조합설립인가를 받으려면 추진위원회가 조합설립을 위한 창립총회를 개최하여 조합설립결의를 하여야 한다(법 제32조 제3항). 그런데 문제는 조합설립인가에 하자가 있는 것이 아니라 조합설립결의에 하자가 있는 경우, 이를 어떻게 다투어야 하는지 여부이다.

조합설립인가의 법적 성격이 인가라면 기본행위에 해당하는 조합설립결의에 하자가 있어 이를 다투는 경우에는 조합설립인가 여부에 관계없이 민사소송으로서 기본행위인 조합설립결의의 무효확인을 구하는 방법으로 하여야 하지만,[36] 조합설립인가가 설권적 처분인 특허에 해당하면 조합설립인가 전후에 따라 그 불복방법이 다르다.

조합설립인가를 받기 전이면 민사소송으로 조합을 상대로 조합설립결의의 무효확인을 구하는 방법으로 하지만, 조합설립인가처분이 있은 이후에는 조합설립결의의 하자를 이유로 조합설립의 무효를 주장하는 것은 조합설립인가처분의 취소 또는 무효확인을 구하는 항고소송의 방법에 의하여야 할 것이고, 이와는 별도로 조합설립결의만을 대상으로 그 효력유무를 다투는 확인의 소를 제기하는 것은 확인의 이익이 없어 허용되지 않는다.[37]

강학상 인가이론에 의하면 기본행위의 하자를 이유로 그 인가행위의 취소를 구하는 취소소송은 허용되지 않고, 민사소송으로 기본행위의 무효를 다투어야 한다는 것이다. 인가이론은 기본행위의 하자를 이유로 한 인가처분에 대한 취소소송을 차단하여 법원으로 하여금 기본행위에 대한 민사소송에만 심리를 집중케 함으로써 소송경제와 업무경감의 장점을 가진다. 이에 반하여, 특허이론은 조합설립결의를 조합설립인가에 이르

36) 대법원 2002. 5. 24. 선고 2000두3641 판결.
37) 대법원 2009. 9. 24. 선고 2008다60568 판결; 대법원 2009. 10. 15. 선고 2009다30427 판결; 대법원 2010. 4. 8. 선고 2009다27636 판결 등.

는 절차의 하나로 보아 조합설립인가에 대한 항고소송을 제기하여야 하고, 별도의 조합설립결의에 대한 무효확인소송은 확인의 이익이 없어 허용되지 않는다는 것이다.

(4) 토지등소유자의 동의방법과 동의의 철회

(가) 동의자 수 산정의 입법취지

도시정비법령에서는 토지면적을 기준으로 한 동의요건과 별도로 토지 또는 건축물의 소유자를 기준으로 한 동의요건을 갖출 것을 요구하면서 조합설립과 관련한 토지등소유자의 전체 의사가 왜곡되지 않도록 토지등소유자의 동의자 수 산정방법에 관하여 구체적으로 규정하고 있다. 그렇기 때문에 오로지 재개발조합설립을 위한 동의정족수를 충족하게 하거나 재개발사업 진행 과정에서 주도적 지위를 차지하기 위한 목적으로 형식적인 증여·매매 등을 원인으로 하여 밀접한 관계에 있는 사람 등의 명의로 과소지분에 관한 소유권이전등기를 마치는 방식을 통하여 인위적으로 토지등소유자 수를 늘리고 그들로 하여금 조합설립에 동의하는 의사표시를 하도록 하는 것은 조합설립을 위한 동의정족수 및 동의자 수 산정방법을 엄격히 규정하고 있는 도시정비법령의 적용을 배제하거나 잠탈하기 위한 탈법행위에 해당한다고 볼 수 있다.[38)]

(나) 동의방법

도시정비법 제36조는 정비사업과 관련하여 중요한 의사결정이 있는 경우, 구체적으로 ① 정비구역등 해제의 연장을 요청하거나 정비구역의 해제에 동의하는 경우(제1호 및 제2호), ② 주거환경개선사업의 시행자를 토지주택공사등으로 지정하는 경우(제3호), ③ 토지등소유자가 재개발사업을 시행하려는 경우(제4호), ④ 재개발사업·재건축사업의 공공시행자 또는 지정개발자를 지정하는 경우(제5호), ⑤ 조합설립을 위한 추진위원회를 구성하거나 조합을 설립하는 경우(제6호), ⑥ 추진위원회의 업무가 토지등소유자의 비용부담을 수반하거나 권리·의무에 변동을 가져오는 경우(제7호), ⑦ 조합을 설립하거나 주민대표회의를 구성하는 경우(제8호 및 제9호), ⑧ 사업시행계획인가를 신청하거나 사업시행자가 사업시행계획서를 작성하려는 경우(제10호 및 제11호)[39)]에는 일정비율 이상의 토지등소유자의 동의를 요구하여 그 의사결정에 정당성을 부여하고 있다.

이때 동의는 서면동의서에 토지등소유자가 성명을 적고 지장(指章)을 날인하는 방법으로 하며, 주민등록증, 여권 등 신원을 확인할 수 있는 신분증명서의 사본을 첨부하

---

38) 대법원 2023. 8. 18. 선고 2022두51901 판결.

39) 헌법재판소 2012. 4. 24. 선고 2010헌바1 결정(사업시행인가 신청에 필요한 동의정족수를 토지등소유자가 자치적으로 정하여 운영하는 규약에 정하도록 한 것은 법률유보원칙에 위반된다).

여야 한다. 동의한 사항의 철회나 시장·군수등과 추진위원회에 조합설립에 대한 반대 의사표시, 시장·군수등과 주민대표회의에 사업시행자 지정에 대한 반대 의사표시 등도 동일한 방법으로 한다(법 제36조 제1항).

그러나 토지등소유자가 해외에 장기체류하거나 법인인 경우 등 불가피한 사유가 있다고 시장·군수등이 인정하는 경우에는 토지등소유자의 인감도장을 찍은 서면동의서에 해당 인감증명서를 첨부하는 방법으로 할 수 있다(법 제36조 제2항).

서면동의서 또는 전자서명동의서(동의서)를 작성하는 경우 제31조(조합설립추진위원회의 구성·승인) 제1항 및 제35조(조합설립인가 등) 제2항부터 제4항까지의 규정에 해당하는 때에는 시장·군수등이 대통령령으로 정하는 방법에 따라 검인(檢印) 또는 확인한 동의서를 사용하여야 하며, 검인 또는 확인을 받지 아니한 동의서는 그 효력이 발생하지 아니한다(법 제36조 제3항).

그런데 정비사업구역 내에 국·공유지를 소유한 국가나 지방자치단체가 토지등소유자로서 조합설립에 관한 동의의 의사표시를 어떻게 표시하여야 하는지에 관하여 대법원은 국가나 지방자치단체는 정비사업조합 설립에 관한 동의를 반드시 서면으로 하여야 할 필요는 없는 것으로 이해하고 있다.[40)]

판례 주택재건축정비사업조합설립인가처분취소
(대법원 2014. 4. 14. 선고 2012두1419 전원합의체 판결)

국가 또는 지방자치단체도 조합설립에 대한 동의를 얻어야 하는 토지 또는 건축물 소유자에 해당함에도, 구 도시정비법이 국가 또는 지방자치단체의 구체적인 동의방법에 관한 규정을 두지 않은 것은 국가 또는 지방자치단체가 구 도시정비법 규정 등에 의하여 정비사업과 관련한 여러 권한과 역할을 부여받고 있는 특수한 공적 지위에 있음을 고려한 것으로 보인다. 따라서 토지 또는 건축물 소유자인 국가 또는 지방자치단체의 정비사업조합 설립을 비롯한 정비사업의 추진에 관한 동의의 의사는 반드시 서면 등에 의하여 명시적으로 표시될 필요는 없다.

정비계획의 수립 및 정비구역의 지정은 조합설립과는 성질을 전혀 달리하는 별개의 절차이기 때문에 정비계획의 수립 및 정비구역의 지정단계에서 국가나 지방자치단체가

40) 대법원 2014. 4. 14. 선고 2012두1419 전원합의체 판결.

정비사업 추진에 대하여 반대의 의사표시를 하지 않았다고 하여 상당한 기간 후의 조합설립에 동의한 것으로 보는 것은 논리의 비약이라는 대법원의 소수의견이 더 논리적이다.

아울러 도시정비법 어디에도 동의방법과 관련하여 국가나 지방자치단체에게 특수한 공적 지위가 있음을 전제로 마련된 규정은 없다. 이러한 의미에서 국가나 지방자치단체도 조합설립에 관하여 서면에 의한 동의의 의사를 표시하여야 할 것이다.

그럼에도 대법원이 이러한 취지의 판결을 내놓은 것은 현실적인 상황을 고려한 것으로 보인다. 법률이 정한 동의자 수 요건을 충족하지 못하여 조합설립이 무산되면, 다시 시간과 비용을 들여 조합설립절차를 진행시켜야 한다는 현실적인 고려 때문에 국가와 지방자치단체를 동의자에 포함시키는 방향으로 해석하는 것이 좀더 실효적이면서 현실정합적이라고 판단하였을 것으로 추측된다. 결국 이 문제는 입법적으로 해결하는 것이 가장 바림직한 방향이라고 본다.

(다) 동의자 수의 산정방법

재건축사업 정비계획 입안을 위한 안전진단, 재개발사업·재건축사업의 사업대행자, 조합설립을 위한 추진위원회의 구성과 조합설립, 정비계획의 입안 제안, 창립총회의 소집과 결의 등에 따른 토지등소유자(토지면적에 관한 동의자 수를 산정하는 경우에는 토지소유자를 말한다)의 동의는 다음 각 호의 기준에 따라 산정한다(영 제33조 제1항).

1. 주거환경개선사업, 재개발사업의 경우에는 다음 각 목의 기준에 의할 것
   가. 1필지의 토지 또는 하나의 건축물을 여럿이서 공유할 때에는 그 여럿을 대표하는 1인을 토지등소유자로 산정할 것. 다만, 재개발구역의 「전통시장법」 제2조에 따른 전통시장 및 상점가로서 1필지의 토지 또는 하나의 건축물을 여럿이서 공유하는 경우에는 해당 토지 또는 건축물의 토지등소유자의 4분의 3 이상의 동의를 받아 이를 대표하는 1인을 토지등소유자로 산정할 수 있다.
   나. 토지에 지상권이 설정되어 있는 경우 토지의 소유자와 해당 토지의 지상권자를 대표하는 1인을 토지등소유자로 산정할 것
   다. 1인이 다수 필지의 토지 또는 다수의 건축물을 소유하고 있는 경우에는 필지나 건축물의 수에 관계없이 토지등소유자를 1인으로 산정할 것. 다만, 재개발사업으로서 법 제25조 제1항 제2호에 따라 토지등소유자가 재개발사업을 시행하는 경우 토지등소유자가 정비구역 지정 후에 정비사업을 목적으로

취득한 토지 또는 건축물에 대해서는 정비구역 지정 당시의 토지 또는 건축물의 소유자를 토지등소유자의 수에 포함하여 산정하되, 이 경우 동의 여부는 이를 취득한 토지등소유자에 따른다.

라. 둘 이상의 토지 또는 건축물을 소유한 공유자가 동일한 경우에는 그 공유자 여럿을 대표하는 1인을 토지등소유자로 산정할 것

2. 재건축사업의 경우에는 다음 각 목의 기준에 따를 것

가. 소유권 또는 구분소유권을 여럿이서 공유하는 경우에는 그 여럿을 대표하는 1인을 토지등소유자로 산정할 것

나. 1인이 둘 이상의 소유권 또는 구분소유권을 소유하고 있는 경우에는 소유권 또는 구분소유권의 수에 관계없이 토지등소유자를 1인으로 산정할 것

다. 둘 이상의 소유권 또는 구분소유권을 소유한 공유자가 동일한 경우에는 그 공유자 여럿을 대표하는 1인을 토지등소유자로 할 것

3. 추진위원회의 구성 또는 조합의 설립에 동의한 자로부터 토지 또는 건축물을 취득한 자는 추진위원회의 구성 또는 조합의 설립에 동의한 것으로 볼 것

4. 토지등기부등본 · 건물등기부등본 · 토지대장 및 건축물관리대장에 소유자로 등재될 당시 주민등록번호의 기록이 없고 기록된 주소가 현재 주소와 다른 경우로서 소재가 확인되지 아니한 자는 토지등소유자의 수 또는 공유자 수에서 제외할 것[41)]

5. 국 · 공유지에 대해서는 그 재산관리청 각각을 토지등소유자로 산정할 것

동의자 수 산정방법과 관련하여 재개발사업에서 토지의 필지별 또는 토지 · 건축물의 소유자, 공유자가 서로 다를 경우에는 원칙적으로 각 부동산별로 1인을 토지등소유자로 산정한다. 그러므로 동일한 공유자가 서로 다른 필지의 토지 또는 토지 · 건축물을 공동소유하고 있을 때에는 부동산의 수에 관계없이 그 공유자들 중 1인만을 토지등소유자로 산정하여야 하고,[42)] 토지의 공유자 중 일부가 지상 건축물을 단독 소유하는 경우 토지와 건축물은 각각 1인이 토지등소유자로 산정되어야 한다.

그러나 특별한 사정이 없는 한 동일인 소유인 토지와 지상 건축물 중 토지에 관하

41) 대법원 2017. 2. 3. 선고 2015두50283 판결(여러 명의 공유에 속하는 토지의 공유자 중 일부가 소재불명자이면 앞서 본 바와 같이 유효한 조합설립 동의를 할 수 없다는 점에서 토지의 단독소유자가 소재불명자인 경우와 다르지 아니하므로, 공유자 중 일부가 소재불명자인 경우도 단독소유자가 소재불명인 경우와 마찬가지로 조합설립 동의 대상이 되는 토지 또는 건축물 소유자의 수에서 제외하여야 한다).

42) 대법원 2010. 1. 14. 선고 2009두15852 판결; 대법원 2013. 11. 28. 선고 2012두15777 판결.

여 지상권이 설정되어 있더라도 토지등소유자 수를 산정할 때에는 지상권자를 토지의 공유자와 동일하게 취급할 수 없으므로 해당 토지와 지상 건축물에 관하여 1인의 토지등소유자가 있는 것으로 산정하는 것이 타당하다.[43]

재개발사업이나 재건축사업에서 1필지의 토지 또는 하나의 건축물, 소유권이나 구분소유권을 여럿이서 공유할 때에는 그 여럿을 대표하는 1인을 토지등소유자로 산정하여야 하므로 그 토지 또는 건축물의 소유자가 조합설립에 동의한 것으로 보기 위해서는 공유자 전원의 동의로 선임된 대표자가 조합설립에 동의하거나 대표자의 선임 없이 공유자 전원이 조합설립에 동의할 것을 요하고, 그중 일부만 조합설립에 관하여 동의한 경우에는 유효한 조합설립 동의가 있다고 볼 수 없다.[44]

(라) 동의의 철회와 반대의사 표시의 시기

토지등소유자의 동의의 철회 또는 반대의사의 표시는 원칙적으로 해당 동의에 따른 인·허가 등을 신청하기 전까지 할 수 있다(영 제33조 제2항 제2호). 그러므로 조합설립인가를 위한 동의 정족수는 조합설립인가 신청 시를 기준으로 판단하여야 하고,[45] 조합설립인가를 받은 이후에는 조합설립에 대한 동의의 철회는 아무런 효력이 없고, 조합설립인가가 판결로 소급적으로 취소되어도 조합설립인가 신청 후에 한 조합설립동의의 철회에는 아무런 영향이 없으므로 그 철회가 유효하다고 할 수 없다.[46]

그러나 주거환경개선사업의 정비구역이 지정·고시된 날부터 10년 이상 지나고, 추진상황으로 보아 지정목적을 달성할 수 없다고 인정되어 토지등소유자의 과반수가 정비구역의 해제에 동의하는 경우, 이러한 정비구역의 해제에 대한 동의는 최초로 동의한 날부터 30일까지만 철회할 수 있다(영 제33조 제2항 제2호 가목).

조합설립에 대한 동의도 최초로 동의한 날부터 30일까지만 철회할 수 있으나, 조합설립인가에 대한 토지등소유자의 동의서에 포함되어야 하는 ① 동의 후에 건설되는 건축물의 설계의 개요, ② 공사비 등 정비사업비용에 드는 비용(정비사업비), ③ 정비사업비의 분담기준, ④ 사업완료 후 소유권의 귀속에 관한 사항, ⑤ 조합 정관이 변경되지 않는 경우에만 그 동의를 철회할 수 있다(영 제33조 제2항, 영 제30조 제2항).

그렇지만 조합설립을 위한 창립총회 후에는 최초로 조합설립에 동의한 날부터 30일이 지나지 않더라도 조합설립에 대한 동의를 철회할 수 없다(영 제33조 제2항).

---

43) 대법원 2015. 3. 20. 선고 2012두23242 판결.
44) 대법원 2017. 2. 3. 선고 2015두50283 판결.
45) 대법원 2014. 4. 24. 선고 2012두21437 판결.
46) 대법원 2012. 11. 29. 선고 2011두518 판결.

이러한 조합설립에 대한 토지등소유자의 동의는 조합설립인가처분이라는 행정처분을 하는 데 필요한 절차적 요건 중 하나에 불과하므로 조합설립 동의에 흠이 있다 하더라도 그 흠이 중대·명백하지 않다면 조합설립인가처분이 당연무효라고 할 수 없다.[47]

(마) 동의의 철회와 반대의사 표시의 방법 및 효력발생

동의를 철회하거나 반대의 의사표시를 하려는 토지등소유자는 철회서에 토지등소유자가 성명을 적고 지장(指章)을 날인한 후 주민등록증 및 여권 등 신원을 확인할 수 있는 신분증명서 사본을 첨부하여 동의의 상대방 및 시장·군수등에게 내용증명의 방법으로 발송하여야 한다. 이 경우 시장·군수등이 철회서를 받은 때에는 지체 없이 동의의 상대방에게 철회서가 접수된 사실을 통지하여야 한다(영 제33조 제3항).

동의의 철회나 반대의 의사표시는 철회서가 동의의 상대방에게 도달한 때 또는 시장·군수등이 동의의 상대방에게 철회서가 접수된 사실을 통지한 때 중 빠른 때에 효력이 발생한다(영 제33조 제4항).

(바) 동의의 하자에 대한 불복

조합설립인가 신청에 대한 행정청의 조합설립인가처분은 설권적 처분의 특허의 성질을 가지므로 재개발조합설립인가 신청에 대하여 행정청의 조합설립인가처분이 있은 이후에는 조합설립동의에 하자가 있음을 이유로 재개발조합 설립의 효력을 부정하려면 항고소송으로 조합설립인가처분의 효력을 다투어야 한다는 것이 대법원의 태도이다. 그러므로 '건설되는 건축물의 설계의 개요'와 '건축물의 철거 및 신축에 소요되는 비용의 개략적인 금액'에 관하여 그 내용 기재가 누락되어 있음에도 이를 유효한 동의로 처리하여 한 조합설립인가처분은 위법하고 그 하자가 중대하고 명백하여 무효라는 것이다.[48]

이에 반하여, 조합설립추진위원회가 조합의 정관 또는 정관 초안을 첨부하지 않은 채 법정동의서에 의하여 조합설립에 관한 동의를 받는 것은 적법하고, 그 동의서에 비용분담 기준이나 소유권 귀속에 관한 사항이 더 구체적이지 않다는 이유로 이를 무효라고 할 수 없으며,[49] 조합설립인가 신청시 제출된 동의서에 포함된 '조합정관'의 사항에 변경이 있더라도 행정청은 조합설립인가 신청시 제출된 토지등소유자의 동의서만으로 조합설립인가 여부를 심사하는 것으로 충분하다.[50]

---

47) 대법원 2010. 10. 28. 선고 2009다29380 판결; 대법원 2010. 12. 23. 선고 2010두16578 판결.
48) 대법원 2010. 1. 28. 선고 2009두4845 판결.
49) 대법원 2013. 12. 26. 선고 2011두8291 판결; 대법원 2014. 5. 29. 선고 2012두18677 판결.
50) 대법원 2014. 1. 16. 선고 2011두12801 판결.

(5) 토지등소유자 동의자 수 산정 및 동의 인정에 관한 특례

(가) **토지등소유자 시행의 재개발사업에서의 동의자 수 산정**

정비구역 지정 · 고시(변경지정 · 고시는 제외한다) 이후 제25조 제1항 제2호에 따라 토지등소유자가 재개발사업을 시행하는 경우 토지등소유자의 동의자 수를 산정하는 기준일은 다음 각 호의 구분에 따른다(법 제36조의2 제1항).

1. 제14조 제1항 제6호에 따라 정비계획의 변경을 제안하는 경우: 정비구역 지정 · 고시가 있는 날
2. 제50조 제6항에 따라 사업시행계획인가를 신청하는 경우: 사업시행계획인가를 신청하기 직전의 정비구역 변경지정 · 고시가 있는 날(정비구역 변경지정이 없거나 정비구역 지정 · 고시 후에 정비사업을 목적으로 취득한 토지 또는 건축물에 대해서는 정비구역 지정 · 고시가 있는 날을 말한다)

토지등소유자의 동의자 수를 산정함에 있어 같은 항 각 호의 구분에 따른 산정기준일 이후 1명의 토지등소유자로부터 토지 또는 건축물의 소유권이나 지상권을 양수하여 여러 명이 소유하게 된 때에는 그 여러 명을 대표하는 1명을 토지등소유자로 본다(법 제36조의2 제2항).

(나) 토지등소유자 동의 인정

토지등소유자가 다음 각 호의 어느 하나에 해당하는 사항에 대하여 동의를 하는 경우, 제2항의 요건을 모두 충족한 경우에 한정하여 다음 각 호의 사항 중 동의하지 아니한 다른 사항에 대하여도 동의를 한 것으로 본다(법 제36조의3 제1항).

1. 제13조의2에 따른 정비계획의 입안 요청을 위한 동의
2. 제14조에 따른 입안의 제안을 위한 동의
3. 제31조 제1항에 따른 추진위원회 구성에 대한 동의

제1항에 따라 동의를 인정받기 위한 요건은 다음 각 호와 같다(법 제36조의3 제2항).

1. 제1항 각 호의 동의를 받을 때 같은 항 각 호의 다른 동의에 관하여 대통령령으로 정하는 사항을 포함하여 동의를 받을 것
2. 제1항 각 호의 동의를 받을 때 같은 항 각 호의 다른 동의로도 인정될 수 있음을 고지받고, 고지받은 날부터 대통령령으로 정하는 기간 내에 동의를 철회하지 아니할 것
3. 그 밖에 대통령령으로 정하는 기준과 방법을 충족할 것

(6) 동의서 재사용의 특례

(가) 입법취지

조합설립을 위한 절차에서 토지등소유자의 동의서는 아주 중요한 역할을 담당한다. 사실상 동의서는 조합설립의 정당성의 기초를 제공하는 기능을 수행한다. 사정이 이러하다 보니 동의서를 둘러싼 여러 가지 잡음과 마찰은 항상 발생하고, 이것이 법적 분쟁으로 연결되는 것은 다반사이다.

그만큼 적법 · 유효한 토지등소유자의 동의서를 확보하는 것이 어렵다는 것이다. 이러한 현실을 반영하여 도시정비법은 조합설립인가나 조합설립변경인가 후에 동의서 위조 등에 관하여 다툼이 있더라도 일정한 경우에는 동의서의 유효성이 확보된 토지등소유자의 동의서를 재사용할 수 있는 길을 열어 주고 있다. 그러나 이러한 경우에도 동의서 재사용의 엄격한 요건을 충족하여야 한다.

(나) 동의서 재사용의 요건

조합설립인가 · 조합설립변경인가를 받은 후에 동의서 위조, 동의 철회, 동의율 미달 또는 동의자 수 산정방법에 관한 하자 등으로 다툼이 있는 경우로서 ① 조합설립인가 · 조합설립변경인가의 무효 또는 취소소송 중에 일부 동의서를 추가 또는 보완하여 조합설립변경인가를 신청하는 때, 또는 ② 법원의 판결로 조합설립인가 · 조합설립변경인가의 무효 또는 취소가 확정되어 조합설립인가 · 조합설립변경인가를 다시 신청하는 때에는 동의서의 유효성에 다툼이 없는 토지등소유자의 동의서를 다시 사용할 수 있다(법 제37조 제1항).

이렇게 조합이나 추진위원회가 동의서를 다시 사용하려면 공통적으로 첫째, 토지등소유자에게 기존 동의서를 다시 사용할 수 있다는 취지와 반대 의사표시의 절차 및 방법을 서면으로 설명 · 고지하여야 하고, 둘째, 그 서면에는 각각 60일과 90일 이상의 반대의사 표시기간을 명백히 적어 부여하여야 한다(법 제37조 제2항, 영 제35조).

그런데 법원의 판결로 조합설립인가 · 조합설립변경인가의 무효 또는 취소가 확정되어 추진위원회가 조합설립인가 · 조합설립변경인가를 다시 신청하는 때에는 좀더 가중된 동의서 재사용의 요건이 추가된다.

공통적 요건 외에 ① 정비구역, 조합정관, 정비사업비, 개인별 추정분담금, 신축되는 건축물의 연면적 등 정비사업의 변경내용을 동의서 재사용의 취지가 담긴 서면에 포함하여야 하고, ② 정비구역 면적의 변경, 정비사업비의 증가(생산자물가상승률분 및 법 제73조에 따른 현금청산 금액은 제외한다), 신축되는 건축물의 연면적 변경의 범위가 모두 100분의 10 미만이어야 하고, ③ 조합설립인가·조합설립변경인가의 무효 또는 취소가 확정된 조합과 새롭게 설립하려는 조합이 추진하려는 정비사업의 목적과 방식이 동일하여야 하고, ④ 조합설립인가·조합설립변경인가의 무효 또는 취소가 확정된 날부터 3년 내에 새로운 조합을 설립하기 위한 창립총회를 개최하여야 한다(법 제37조 제2항, 영 제35조).

3) 조합설립 변경인가와 변경신고

설립된 조합이 인가받은 사항을 변경하고자 하는 때에는 총회에서 조합원의 3분의 2 이상의 찬성으로 의결하고, 정관, 정비사업비와 관련된 자료 등 국토교통부령으로 정하는 서류, 그 밖에 시·도조례로 정하는 서류를 첨부하여 시장·군수등의 인가를 받아야 한다. 다만, 착오·오기 또는 누락임이 명백한 사항, 건설되는 건축물의 설계 개요의 변경, 정비사업비의 변경 등의 경미한 사항을 변경하려는 때에는 총회의 의결 없이 시장·군수등에게 신고하고 변경할 수 있다(법 제35조 제5항, 영 제31조).

도시정비법은 조합설립 변경인가와 변경신고를 경미한 사항 여부에 따라 구분하여 조합설립 변경인가는 조합원 3분의 2 이상의 찬성의 총회의결과 시장·군수등의 인가를 요구하는 반면에 조합설립 변경신고는 이러한 총회의결 없이 시장·군수등에 대한 신고로 경미한 조합설립인가의 내용을 변경할 수 있도록 하고 있다. 그러므로 조합설립인가처분과 동일한 요건과 절차가 요구되지 않는 경미한 사항의 변경에 대하여 행정청이 조합설립의 변경인가라는 형식으로 처분을 하였다고 하더라도 그 성질은 당초의 조합설립인가처분과는 별개로 경미한 사항의 변경에 대한 신고를 수리하는 의미에 불과한 것으로 보아야 하므로,[51] 그 적법 여부 역시 변경인가의 절차 및 요건의 구비 여부가 아니라 신고수리에 필요한 절차 및 요건을 구비하였는지 여부에 따라 판단하여야 한다.[52] 또한, 경미한 사항의 변경에 대한 신고를 수리하는 의미에 불과한 변경인가처분이 있더라도 설권적 처분인 당초의 조합설립인가처분을 다툴 소의 이익이 소멸된다고 볼 수는 없다.[53]

시장·군수등은 신고를 받은 날부터 20일 이내에 신고수리 여부를 신고인에게 통지하여야 하고(법 제35조 제6항), 20일 내에 신고수리 여부 또는 민원처리 관련 법령에 따른 처리기간의 연장을 신고인에게 통지하지 아니하면 그 기간(민원처리 관련 법령에 따라

51) 대법원 2010. 12. 9. 선고 2009두4555 판결.
52) 대법원 2013. 10. 24. 선고 2012두12853 판결.
53) 대법원 2012. 10. 25. 선고 2010두25107 판결.

처리기간이 연장 또는 재연장된 경우에는 해당 처리기간)이 끝난 날의 다음 날에 신고를 수리한 것으로 본다(법 제35조 제7항).

4) 조합설립인가처분과 조합설립변경인가처분의 관계

(1) 문제의 소재

최초의 조합설립인가처분 후 인가사항의 변경이 발생하여 조합설립변경인가처분을 받았으나 최초의 조합설립인가처분에 대한 취소소송이 제기되어 취소판결이 내려져 최초의 설립인가처분이 소급적으로 취소되는 경우에 양자의 관계가 문제된다. 즉, 최초 설립인가처분의 취소에 따라 후행 변경인가처분도 효력을 상실하는지 아니면 최초 설립인가처분의 취소에도 불구하고 변경인가처분이 그대로 존속하여 효력을 갖는지가 논란이 되고 있다.

그리고 여러 번의 변경인가처분을 받는 경우에 당초 설립인가처분이나 선행 변경인가처분에 대하여 취소를 구할 법률상 이익이 있는지 여부도 논란이다.

(2) 대법원의 태도

대법원은 당초 조합설립인가처분이 쟁송에 의하여 취소되거나 무효로 확정된 경우에는 이에 기초하여 이루어진 조합설립변경인가처분도 원칙적으로 그 효력을 상실하거나 무효라고 해석하고 있으며,[54] 당초 조합설립인가처분 이후 여러 차례 조합설립변경인가처분이 있었다가 중간에 행해진 선행 조합설립변경인가처분이 쟁송으로 취소되거나 무효로 확정된 경우에 후행 조합설립변경인가처분도 그 효력을 상실하거나 무효라고 판단하고 있다.[55]

그러나 후행 변경인가처분이 당초 인가처분의 내용을 모두 포함하는 새로운 변경인가처분이 되는 경우에는 이 변경인가처분은 별개의 처분이 되어 당초 설립인가처분은 후행 변경인가처분에 흡수되고, 당초 설립인가처분에 대한 취소를 구할 법률상 이익이 없게 된다.[56]

---

54) 대법원 2014. 5. 29. 선고 2011다46128, 2013다69057 판결; 대법원 2016. 12. 15. 선고 2015두51309 판결; 대법원 2016. 12. 15. 선고 2015두51347 판결 등.

55) 대법원 2014. 5. 29. 선고 2011두25876 판결.

56) 대법원 2012. 11. 15. 선고 2010다95338 판결; 대법원 2013. 10. 24. 선고 2012두12853 판결.

판례 **매도·매도청구(대법원 2014. 5. 29. 선고 2011다46128, 2013다69057 판결)**

조합설립변경인가처분도 조합에 정비사업을 시행할 수 있는 권한을 설정하여 주는 처분인 점에서는 당초 조합설립인가처분과 다르지 아니하므로, 선행 조합설립변경인가처분이 쟁송에 의하여 취소되었거나 무효인 경우라도 후행 조합설립변경인가처분이 선행 조합설립변경인가처분에 의하여 변경된 사항을 포함하여 새로운 조합설립변경인가처분의 요건을 갖추고 있는 경우에는 그에 따른 효과가 인정될 수 있다.

이와 달리, 당초 설립인가처분에 따른 후속행위가 존재하고 있으면 후행 변경인가처분을 받는 경우에도 당초 인가처분에 대한 취소를 구할 법률상 이익이 소멸하지 않는다.[57] 즉, 당초 조합설립인가처분에 대한 무효확인소송이 적법하게 계속되던 도중에 새로운 조합설립인가처분이 이루어졌다고 하더라도 당초 조합설립인가처분이 취소·철회되지 않은 채 조합이 여전히 당초 조합설립인가처분의 유효를 주장하고 있어 당초 조합설립인가처분의 효력이 소멸되었음이 객관적으로 확정되지 않은 경우에는 특별한 사정이 없는 한 조합원으로서 조합설립 시기 및 새로운 조합설립인가처분 전에 이루어진 후속행위의 효력 등에 영향을 미치는 당초 조합설립인가처분에 관한 무효확인을 구할 소의 이익이 당연히 소멸된다고 볼 수는 없다.[58]

판례 **조합설립인가처분무효확인(대법원 2012. 10. 25. 선고 2010두25107 판결)**

주택재건축사업조합이 새로 조합설립인가처분을 받는 것과 동일한 요건과 절차를 거쳐 조합설립변경인가처분을 받는 경우 당초 조합설립인가처분의 유효를 전제로 당해 주택재건축사업조합이 매도청구권 행사, 시공자선정에 관한 총회결의, 사업시행계획의 수립, 관리처분계획의 수립 등과 같은 후속행위를 하였다면 당초 조합설립인가처분이 무효로 확인되거나 취소될 경우 그것이 유효하게 존재하는 것을 전제로 이루어진 위와 같은 후속행위 역시 소급하여 효력을 상실하게 되므로, 특별한 사정이 없으면 위와 같은 형태의 조합설립변경인가가 있다고 하여 당초 조합설립인가처분의 무효확인을 구할 소의 이익이 소멸된다고 볼 수는 없다.

57) 대법원 2012. 10. 25. 선고 2010두25107 판결; 대법원 2014. 5. 16. 선고 2011두27094 판결.
58) 대법원 2012. 12. 13. 선고 2011두21010 판결.

(3) 판례에 대한 평가

당초 설립인가처분이 취소판결로 소급적으로 그 효력을 소멸하면 당초 설립인가처분에 기초하여 이루어진 후행 변경인가처분의 법적 근거도 상실해서 그 효력이 소멸되고, 당초 인가처분에 따른 후속행위가 존재하고 있으면 후행 변경인가처분을 받는 경우에도 당초 인가처분에 터잡은 여러 법률관계 역시 정당화되지는 않으므로 당초 인가처분에 대한 취소나 무효를 구할 소의 이익이 소멸하지 않는다는 점에서 판례의 견해는 타당하다고 보아야 할 것이다.

그러나 선행 설립인가처분이 쟁송으로 취소되거나 무효로 확정된 경우라도 후행 변경인가처분이 선행 설립인가처분에 의하여 변경된 사항을 포함하여 새로운 조합설립변경인가처분의 요건을 갖춘 경우에는 후행 변경인가처분의 효력만 인정하는 대법원의 입장은 이해하기가 곤란하다. 이는 당초 처분이 후행처분에 흡수되어 소멸한다는 논리로 도시정비법의 입법취지와 행정법학의 이론과도 조화되지 않는다.

도시정비법이 조합설립에 행정청의 인가를 받게 하면서 설립인가사항에 변경이 있는 경우에도 변경인가를 받도록 규정하고 있는 것은 양자를 독립적인 처분으로 규율하겠다는 의도로 보아야 할 것이다. 조합설립과정에 하자가 있어 사후에 선행 조합설립인가처분에 대한 취소소송을 제기하지만 조합이 조합설립인가처럼 조합설립변경인가를 받게 되면 선행 설립인가처분은 취소·철회되어 후행 변경인가처분만이 효력을 발생하게 된다는 논리는 조합설립과정에 하자가 있는 조합에 면죄부를 주는 모습이 될 수 있다.

더욱이 행정법학의 도그마틱에서도 선행처분이 후행처분에 흡수되어 소멸된다는 논리는 근거가 희박한 이론으로 보인다.[59] 판례는 정비사업의 조속한 진행이라는 거시적 목표에 집착한 나머지, 현실적인 고려를 상당히 한 것으로 판단되지만 국민의 권리구제 차원에서는 미흡하다고 할 것이다.

5) 주택법상의 주택건설사업주체로서의 조합

조합이 정비사업을 시행하는 경우 「주택법」 제54조를 적용할 때에는 조합을 「주택법」에 따른 사업주체로 보며, 조합설립인가일부터 주택건설사업 등의 등록을 한 것으로 본다(법 제35조 제8항).

59) 김종보, 앞의 책, 507－509쪽.

2. 조합의 구성

1) 법인격

조합은 법인으로 하고(법 제38조 제1항), 조합설립인가를 받은 날부터 30일 이내에 주된 사무소의 소재지에서 설립 목적 및 인가일, 조합명칭, 주된 사무소의 소재지 등을 등기하는 때에 성립한다(법 제38조 제2항, 영 제36조).

조합은 명칭에 "정비사업조합"이라는 문자를 사용하여야 한다(법 제38조 제3항).

2) 정관

정비사업조합의 정관은 해당 조합의 조직·활동·조합원의 권리의무관계 등 단체법적 법률관계를 규율하는 것으로서 공법인인 조합과 조합원에 대하여 구속력을 가지는 자치법규이다. 따라서 조합의 단체 내부를 규율하는 자치법규인 정관에서 정한 사항은 원칙적으로 해당 조합과 조합원을 위한 규정이므로 조합 외부의 제3자를 보호하거나 제3자를 위한 규정이 아니다.[60)]

조합의 정관에는 다음 각 호의 사항이 포함되어야 한다(법 제40조 제1항).

1. 조합의 명칭 및 사무소의 소재지
2. 조합원의 자격
3. 조합원의 제명·탈퇴 및 교체
4. 정비구역의 위치 및 면적
5. 제41조에 따른 조합임원의 수 및 업무의 범위
6. 조합임원의 권리·의무·보수·선임방법·변경 및 해임
7. 대의원의 수, 선임방법, 선임절차 및 대의원회의 의결방법
8. 조합의 비용부담 및 조합의 회계
9. 정비사업의 시행연도 및 시행방법
10. 총회의 소집 절차·시기 및 의결방법
11. 총회의 개최 및 조합원의 총회소집 요구
12. 제73조 제3항에 따른 이자 지급
13. 정비사업비의 부담 시기 및 절차
14. 정비사업이 종결된 때의 청산절차(제86조의2에 따른 조합의 해산 이후 청산인의 보수 등 청산 업무에 필요한 사항을 포함한다)

---

60) 대법원 2019. 10. 31. 선고 2017다282438 판결.

15. 청산금의 징수 · 지급의 방법 및 절차
16. 시공자 · 설계자의 선정 및 계약서에 포함될 내용
17. 정관의 변경절차
18. 그 밖에 정비사업의 추진 및 조합의 운영을 위하여 필요한 사항으로서 대통령령으로 정하는 사항

조합이 정관을 변경하려는 경우에는 총회를 개최하여 조합원 과반수의 찬성으로 시장 · 군수등의 인가를 받아야 한다. 다만, 조합원의 자격, 조합원의 제명 · 탈퇴 및 교체, 정비구역의 위치 및 면적, 조합의 비용부담 및 조합의 회계, 정비사업비의 부담 시기 및 절차, 시공자 · 설계자의 선정 및 계약서에 포함될 내용의 경우에는 조합원 3분의 2 이상의 찬성으로 한다(법 제40조 제3항).

그러나 조합의 명칭 및 사무소의 소재지에 관한 사항, 조합임원의 수 및 업무의 범위에 관한 사항, 총회의 소집 절차 · 시기 및 의결방법에 관한 사항 등 경미한 사항을 변경하려는 때에는 도시정비법 또는 정관으로 정하는 방법에 따라 변경하고 시장 · 군수등에게 신고하여야 한다(법 제40조 제4항, 영 제39조).

3) 조합원

정비사업의 조합원(사업시행자가 신탁업자인 경우에는 위탁자를 말한다)은 원칙적으로 토지등소유자와 재건축사업의 경우에는 재건축사업에 동의한 자로 한다. 그런데 토지 또는 건축물의 소유권과 지상권이 여러 명의 공유에 속하는 때, 여러 명의 토지등소유자가 1세대에 속하는 때, 조합설립인가 후 1명의 토지등소유자로부터 토지 또는 건축물의 소유권이나 지상권을 양수하여 여러 명이 소유하게 된 때에는 그 여러 명을 대표하는 1명을 조합원으로 본다(법 제39조 제1항). 또한, 「지방분권균형발전법」 제25조에 따른 공공기관지방이전 및 혁신도시 활성화를 위한 시책 등에 따라 이전하는 공공기관이 소유한 토지 또는 건축물을 양수한 경우 양수한 자(공유의 경우 대표자 1명을 말한다)를 조합원으로 본다(법 제39조 제1항 단서).

조합원의 자격에 대한 이러한 원칙적 규정에도 불구하고 「주택법」에 따른 투기과열지구로 지정된 지역에서 재건축사업을 시행하는 경우에는 조합설립인가 후, 재개발사업을 시행하는 경우에는 관리처분계획의 인가 후 해당 정비사업의 건축물 또는 토지를 양수(매매 · 증여, 그 밖의 권리의 변동을 수반하는 모든 행위를 포함하되, 상속 · 이혼으로 인한

양도·양수의 경우는 제외한다)한 자는 조합원이 될 수 없다(법 제39조 제2항 본문). 이 경우 사업시행자는 정비사업의 토지, 건축물 또는 그 밖의 권리를 취득한 자에게 제73조를 준용하여 손실보상을 하여야 한다(법 제39조 제3항).

그러나 양도인이 ① 세대원의 근무상 또는 생업상의 사정이나 질병치료(「의료법」에 따른 의료기관의 장이 1년 이상의 치료나 요양이 필요하다고 인정하는 경우로 한정한다)·취학·결혼으로 세대원이 모두 해당 사업구역에 위치하지 아니한 특별시·광역시·특별자치시·특별자치도·시 또는 군으로 이전하는 경우, ② 상속으로 취득한 주택으로 세대원 모두 이전하는 경우, ③ 세대원 모두 해외로 이주하거나 세대원 모두 2년 이상 해외에 체류하려는 경우, ④ 1세대(제1항 제2호에 따라 1세대에 속하는 때를 말한다) 1주택자로서 양도하는 주택에 대한 소유기간 및 거주기간이 대통령령으로 정하는 기간 이상인 경우, ⑤ 지분형주택을 공급받기 위하여 건축물 또는 토지를 토지주택공사등과 공유하려는 경우, ⑥ 공공임대주택, 「공공주택특별법」에 따른 공공분양주택의 공급 및 공공재개발사업 시행자가 상가를 임대하는 사업을 목적으로 건축물 또는 토지를 양수하려는 공공재개발사업 시행자에게 양도하려는 경우 등에는 그 양도인으로부터 그 건축물 또는 토지를 양수한 자는 조합원이 될 수 있다(법 제39조 제2항 단서, 영 제37조 제2항)

4) 임원

(1) 자격 및 선출

조합은 조합장 1명과 이사, 감사를 임원으로 두는데, 조합장은 정비구역에서 거주하고 있는 자로서 선임일 직전 3년 동안 정비구역 내 거주기간이 1년 이상이거나 정비구역에 위치한 건축물 또는 토지(재건축사업의 경우에는 건축물과 그 부속토지)를 5년 이상 소유하고 있어야 한다. 이 경우 조합장은 선임일부터 관리처분계획인가를 받을 때까지는 해당 정비구역에서 거주 또는 영업을 하여야 한다(법 제41조 제1항). 조합장의 자격요건에 대해서 도시정비법은 제41조 제1항 전단에서 조합장의 선임자격요건을 규정하고 있고, 후단에서는 그 자격의 유지요건을 규정하고 있으므로 조합장은 두 가지 요건을 모두 충족하여야 조합장의 지위가 인정된다 할 것이다.

판례 **조합장지위부존재확인(대법원 2022. 2. 24. 선고 2021다291934 판결)**

도시정비법 제41조 제1항은 조합의 임원선임 자격요건과 자격유지요건을 전문과 후문으로 구분하여 정하고 있고, 당사자가 두 요건 중 하나만 주장한 경우에는 변론주의 원칙상 법원은 그 주장에 대해서만 판단하여야 하는데, 乙은 원심에 이르기까지 '丙이 조합장으로 선임된 이후 정비구역 내에서 실제로 거주하지 않아 도시정비법 제41조 제1항 후문에 정해진 자격유지요건을 충족하지 않았다.'는 등의 주장을 하였고, '丙이 조합장으로 선임되기 전에 도시정비법 제41조 제1항 전문에 정해진 선임자격요건을 충족하지 않았다.'고 주장한 적은 없는데도, 乙이 주장하지 않은 사항에 관해서 판단한 원심판결에 변론주의 원칙을 위반한 잘못이 있다.

조합의 이사의 수는 3명 이상으로 하되, 토지등소유자의 수가 100인을 초과하는 경우에는 이사의 수를 5명 이상으로 한다. 감사의 수는 1명 이상 3명 이하로 한다. 그 구체적인 이사와 감사의 수는 정관으로 정한다(법 제41조 제2항, 영 제40조).

조합임원의 임기는 3년 이하의 범위에서 정관으로 정하되, 연임할 수 있다(법 제41조 제4항). 조합임원의 선출방법 등은 정관으로 정한다. 다만, 시장 · 군수등은 조합임원이 사임, 해임, 임기만료, 그 밖에 불가피한 사유 등으로 직무를 수행할 수 없는 때부터 6개월 이상 선임되지 아니한 경우 또는 총회에서 조합원 과반수의 출석과 출석 조합원 과반수의 동의로 전문조합관리인의 선정을 요청하는 경우, 시 · 도조례로 정하는 바에 따라 변호사 · 회계사 · 기술사 등으로서 대통령령으로 정하는 요건을 갖춘 자를 전문조합관리인으로 선정하여 조합임원의 업무를 대행하게 할 수 있다(법 제41조 제5항).

(2) 직무

조합장은 조합을 대표하고, 그 사무를 총괄하며, 총회 또는 대의원회의 의장이 된다(법 제42조 제1항). 조합장이 대의원회의 의장이 되는 경우에는 대의원으로 본다(법 제42조 제2항).

재개발조합이 공법인이라는 사정만으로 재개발조합과 조합장 또는 조합임원 사이의 선임 · 해임 등을 둘러싼 법률관계가 공법상의 법률관계에 해당하지는 않고, 도시정비법의 규정들이 재개발조합과 조합장 및 조합임원과의 관계를 특별히 공법상의 근무관계로 설정하고 있다고 볼 수도 없으므로 재개발조합과 조합장 또는 조합임원 사이의 선임 · 해임 등을 둘러싼 법률관계는 사법상의 법률관계로서 그 조합장 또는 조합임원

의 지위를 다투는 소송은 민사소송에 의하여야 할 것이다.[61]

조합장 또는 이사가 자기를 위하여 조합과 계약이나 소송을 할 때에는 감사가 조합을 대표하고(법 제42조 제3항), 조합임원은 같은 목적의 정비사업을 하는 다른 조합의 임원 또는 직원을 겸할 수 없다(법 제42조 제4항).

(3) 도시정비법 위반과 죄형법정주의

조합설립인가처분이 법원 판결로 취소되거나 처음부터 무효이어서 조합임원의 지위를 상실한 자에 대하여 조합임원임을 전제로 한 형벌규정의 적용 여부가 문제된 사안에서 대법원은 조합이 조합설립인가처분을 받았다 하더라도 그 조합설립인가처분이 무효여서 처음부터 도시정비법상 조합이 성립되었다고 할 수 없는 경우에 그 성립되지 아니한 조합의 조합장, 이사 또는 감사로 선임된 자는 도시정비법 위반죄의 주체인 '조합의 임원' 또는 '조합임원'에 해당하지 아니한다고 해석함이 타당하며, 따라서 그러한 자의 행위에 대하여는 도시정비법 위반죄로 처벌할 수 없다는 입장이다.[62]

대법원의 다수의견은 형사처벌의 전제가 되는 행정처분이 무효인 경우 행정처분의 효력에 따라 불가벌이라고 보아 행정법이론에 충실한데 반하여, 소수의견은 형법의 행위규범성과 재판규범성을 중시하고 있다.

3. 조합의 운영

1) 총회

(1) 법적 지위

조합원으로 구성되는 조합의 총회는 조합의 최고의사결정기관으로서의 성격을 가진다. 따라서 정관변경이나 관리처분계획의 수립·변경은 총회의 결의사항이므로 조합의 총회는 새로운 총회결의로써 종전 총회결의의 내용을 철회하거나 변경할 수 있는 자율성과 형성의 재량을 가진다.[63]

이에 반하여, 추진위원회가 개최한 창립총회에서 이루어진 결의는 조합의 결의가 아닌 주민총회 또는 토지등소유자 총회의 결의에 불과하므로 설립인가를 받은 조합이 조합총회를 열어 추진위원회의 시공자선정결의를 그대로 인준·추인하는 내용의 결의

---

61) 대법원 2009. 8. 24.자 2009마168, 169 결정.

62) 대법원 2014. 5. 22. 선고 2012도7190 전원합의체 판결.

63) 대법원 2018. 3. 13. 선고 2016두35281 판결; 대법원 2020. 6. 25. 선고 2018두34732 판결; 대법원 2022. 7. 14. 선고 2022다206391 판결 등.

를 한 경우에는 특별한 사정이 없는 한 추진위원회의 시공자선정결의에 대한 무효확인을 구하는 것은 과거의 법률관계 내지 권리관계의 확인을 구하는 것에 불과하여 협의의 소익이 없다.[64]

(2) 소집

총회는 조합장이 직권으로 소집하거나 조합원 5분의 1 이상(정관의 기재사항 중 조합임원의 권리·의무·보수·선임방법·변경 및 해임에 관한 사항을 변경하기 위한 총회의 경우는 10분의 1 이상으로 한다) 또는 대의원 3분의 2 이상의 요구로 조합장이 소집하며, 조합원 또는 대의원의 요구로 총회를 소집하는 경우 조합은 소집을 요구하는 자가 본인인지 여부를 대통령령으로 정하는 기준에 따라 정관으로 정하는 방법으로 확인하여야 한다(법 제44조 제2항). 조합임원의 사임, 해임 또는 임기만료 후 6개월 이상 조합임원이 선임되지 아니한 경우에는 시장·군수등이 조합임원 선출을 위한 총회를 소집할 수 있다(법 제44조 제3항).

총회를 소집하려는 자는 총회가 개최되기 7일 전까지 회의 목적·안건·일시 및 장소와 서면의결권 및 전자적 방법을 활용한 의결권의 행사기간 및 장소 등 의결권 행사에 필요한 사항을 정하여 조합원에게 통지하여야 한다(법 제44조 제4항).

(3) 온라인총회

조합은 총회의 의결을 거쳐 제44조에 따른 총회와 병행하여「정보통신망법」제2조 제1항 제1호에 따른 정보통신망을 이용한 총회(온라인총회)를 개최하여 조합원이 참석하게 할 수 있다. 다만,「재난안전법」제3조 제1호에 따른 재난의 발생 등 대통령령으로 정하는 사유가 발생하여 시장·군수등이 조합원의 직접 출석이 어렵다고 인정하는 경우에는 온라인총회를 단독으로 개최할 수 있다(법 제44조의2 제1항).

온라인총회는 다음 각 호의 요건을 모두 갖추어 개최하여야 한다. 이 경우 정족수를 산정할 때에는 직접 출석한 것으로 본다(법 제44조의2 제2항).

1. 온라인총회에 참석한 조합원이 본인인지 여부를 확인할 수 있을 것
2. 온라인총회에 참석한 조합원의 접속 기록 등이 보관되어 실제 참석 여부를 확인·관리할 수 있을 것
3. 그 밖에 원활한 의견의 청취·제시 등을 위하여 대통령령으로 정하는 기준에 부합할 것

---

64) 대법원 2012. 4. 12. 선고 2010다10986 판결.

(4) 의결사항

(가) 의결사항과 의결정족수

다음 각 호의 사항은 총회의 의결을 거쳐야 한다(법 제45조 제1항).

1. 정관의 변경(제40조 제4항에 따른 경미한 사항의 변경은 도시정비법 또는 정관에서 총회의결사항으로 정한 경우로 한정한다)
2. 자금의 차입과 그 방법 · 이자율 및 상환방법
3. 정비사업비의 세부항목별 사용계획이 포함된 예산안 및 예산의 사용내역
4. 예산으로 정한 사항 외에 조합원에게 부담이 되는 계약
5. 시공자 · 설계자 및 감정평가법인등(제74조 제4항에 따라 시장 · 군수등이 선정 · 계약하는 감정평가법인등은 제외한다)의 선정 및 변경. 다만, 감정평가법인등 선정 및 변경은 총회의 의결을 거쳐 시장 · 군수등에게 위탁할 수 있다.
6. 정비사업전문관리업자의 선정 및 변경
7. 조합임원의 선임 및 해임
8. 정비사업비의 조합원별 분담내역
9. 제52조에 따른 사업시행계획서의 작성 및 변경(제50조 제1항 본문에 따른 정비사업의 중지 또는 폐지에 관한 사항을 포함하며, 같은 항 단서에 따른 경미한 변경은 제외한다)
10. 제74조에 따른 관리처분계획의 수립 및 변경(제74조 제1항 각 호 외의 부분 단서에 따른 경미한 변경은 제외한다)

10의2. 제86조의2에 따른 조합의 해산과 조합 해산 시의 회계보고

11. 제89조에 따른 청산금의 징수 · 지급(분할징수 · 분할지급을 포함한다)
12. 제93조에 따른 비용의 금액 및 징수방법
13. 그 밖에 조합원에게 경제적 부담을 주는 사항 등 주요한 사항을 결정하기 위하여 대통령령 또는 정관으로 정하는 사항

그 밖에 조합원에게 경제적 부담을 주는 사항 등 주요한 사항을 결정하기 위하여 총회의 의결을 거쳐야 하는 사항은 ① 조합의 합병 또는 해산에 관한 사항, ② 대의원의 선임 및 해임에 관한 사항, ③ 건설되는 건축물의 설계 개요의 변경, ④ 정비사업비의 변경이다(영 제42조 제1항).

총회의 의결사항 중 도시정비법 또는 정관에 따라 조합원의 동의가 필요한 사항은

총회에 상정하여야 하고(법 제45조 제2항), 총회의 의결은 도시정비법 또는 정관에 다른 규정이 없으면 조합원 과반수의 출석과 출석 조합원의 과반수 찬성으로 한다(법 제45조 제3항).

사업시행계획서의 작성 및 변경과 관리처분계획의 수립 및 변경의 경우에는 조합원 과반수의 찬성으로 의결한다. 다만, 정비사업비가 100분의 10(생산자물가상승률분, 손실보상 금액은 제외한다) 이상 늘어나는 경우에는 조합원 3분의 2 이상의 찬성으로 의결하여야 한다(법 제45조 제4항).

(나) 전자적 방법을 통한 의결권 행사

서면으로 의결권을 행사할 수 있음에도 불구하고 조합원은 다음 각 호의 요건을 모두 충족한 경우에는 전자적 방법(「전자문서법」 제2조 제2호에 따른 정보처리시스템을 사용하거나 그 밖의 정보통신기술을 이용하는 방법을 말한다)으로 의결권을 행사할 수 있다. 이 경우 정족수를 산정할 때에 출석한 것으로 본다(법 제45조 제6항).

1. 조합원이 전자적 방법 외에 제5항에 따른 방법으로도 의결권을 행사할 수 있게 할 것
2. 의결권의 행사 방법에 따른 결과가 각각 구분되어 확인·관리할 수 있을 것
3. 그 밖에 전자적 방법을 통한 의결권의 투명한 행사 등을 위하여 대통령령으로 정하는 기준에 부합할 것

조합은 조합원의 참여를 확대하기 위하여 조합원이 전자적 방법을 우선적으로 이용하도록 노력하여야 한다(법 제45조 제7항).

「재난안전법」 제3조 제1호에 따른 재난의 발생 등 대통령령으로 정하는 사유가 발생하여 시장·군수등이 조합원의 직접 출석이 어렵다고 인정하는 경우에는 전자적 방법만으로 의결권을 행사할 수 있다(법 제45조 제8항).

조합은 서면 또는 전자적 방법으로 의결권을 행사하는 자가 본인인지를 확인하여야 한다(법 제45조 제9항).

(다) 총회의결의 하자에 대한 불복

조합설립인가처분이 재판에 의하여 취소된 경우 그 조합설립인가처분은 소급하여 효력을 상실하고, 당해 조합 역시 조합설립인가처분 당시로 소급하여 행정주체인 공법인으로서의 지위를 상실하므로 당해 조합이 조합설립인가처분 취소 전에 도시정비법상

적법한 행정주체 또는 사업시행자로서 한 결의 등 처분은 달리 특별한 사정이 없는 한 소급하여 효력을 상실한다. 다만 그 효력 상실로 인한 잔존사무의 처리와 같은 업무는 여전히 수행되어야 하므로 종전에 결의 등 처분의 법률효과를 다투는 소송에서의 당사자지위까지 함께 소멸한다고 할 수는 없다.[65)]

조합총회의 결의는 후속 행정처분을 하기 위한 하나의 절차에 불과하므로 총회결의만을 따로 떼내어 이에 대하여 효력유무를 다투는 것은 특별한 사정이 없는 한 확인의 이익이 없어 허용되지 않는다.[66)]

조합설립추진위원회가 조합설립을 위한 창립총회를 개최하여 추진위원회 수행업무 추인 등의 안건에 대한 결의를 한 후, 다시 개최된 창립총회에서 종전 결의를 그대로 인준 또는 추인하거나 재차 같은 안건에 대하여 새로운 결의를 한 경우에는 설령 종전 창립총회에서의 결의가 무효라고 할지라도 다시 개최된 창립총회의 새로운 결의가 그 하자로 인하여 부존재 또는 무효임이 인정되거나 결의가 취소되는 등의 특별한 사정이 없는 한 종전 창립총회에서 한 결의의 무효확인을 구하는 것은 과거의 법률관계 내지 권리관계의 확인을 구하는 것에 불과하여 권리보호의 요건을 갖추지 못하였다고 보아야 한다.[67)]

판례 총회결의무효확인(대법원 2016. 10. 13. 선고 2012두24481 판결)

이 경우에 사업시행계획 및 관리처분계획이라는 행정처분에 이르는 절차적 요건 중 하나로서 해당 총회 결의에 하자가 있다 하더라도, 행정처분인 사업시행계획 및 관리처분계획에 대하여 항고소송의 방법으로 취소 또는 무효확인을 구하여야 하고, 그와 별도로 해당 총회 결의 부분만을 따로 떼어내어 효력 유무를 다투는 확인의 소를 제기하는 것은 특별한 사정이 없는 한 허용되지 아니한다.

(라) 직접 출석·의결의 원칙

총회의 의결은 조합원의 100분의 10 이상이 직접 출석하여야 하고, 도시정빕법 제45조 제5항 각 호의 사유로 대리인을 통하거나 전자적 방법으로 의결권을 행사하는 경우 직접 출석한 것으로 본다. 다만, 시공자의 선정을 의결하는 총회의 경우에는 조합원

65) 대법원 2012. 3. 29. 선고 2008다95885 판결.
66) 대법원 2009. 9. 17. 선고 2007다2428 전원합의체 판결; 대법원 2009. 11. 2.자 2009마596 결정 등.
67) 대법원 2012. 4. 12. 선고 2010다10986 판결; 대법원 2017. 8. 29. 선고 2014다19462 판결.

의 과반수가 직접 출석하여야 하고, 창립총회, 시공자선정 취소를 위한 총회, 사업시행계획서의 작성 및 변경·관리처분계획의 수립 및 변경·정비사업비의 사용 및 변경을 의결하는 총회는 조합원의 100분의 20 이상이 직접 출석하여야 한다(법 제45조 제10항, 영 제42조 제2항).

여기서 도시정비법이 조합원의 '직접 출석'을 요구하는 취지는 종래 조합의 정관에서 총회의 의결방법과 관련하여 일반적으로 서면에 의한 의결권행사를 출석으로 간주하는 규정을 둠에 따라 극소수 조합원의 출석만으로도 총회가 열릴 수 있는 문제점을 보완하고 총회의결에 조합원의 의사가 명확하게 반영되도록 하려는 데에 있다. 이러한 입법취지는 반드시 본인 자신이 직접 출석하여야만 관철될 수 있는 것은 아니고 의결권의 적정한 행사를 저해하지 않는 범위에서 대리인이 출석하여 의결권을 행사하는 경우에도 구현될 수 있으므로 '직접 출석'에는 대리인이 출석하여 의결권을 행사하는 경우도 포함된다고 해석함이 타당하다.[68] 이러한 배경에서 2021년에 도시정비법은 조합원 본인의 직접 출석뿐만 아니라 대리인을 통한 의결권행사도 직접 출석으로 간주하는 방향으로 개정되었다.

판례 조합설립인가무효확인(대법원 2022. 5. 12. 선고 2021두56350 판결)

위 단서 조항이 조합원의 '직접 출석'을 요구하는 취지는 종래 조합의 정관에서 총회의 의결방법과 관련하여 일반적으로 서면에 의한 의결권 행사를 출석으로 간주하는 규정을 둠에 따라 극소수 조합원의 출석만으로도 총회가 열릴 수 있는 문제점을 보완하고 총회의결에 조합원의 의사가 명확하게 반영되도록 하려는 데에 있다. (중략) 이러한 구 도시정비법의 규정 내용과 그 개정 경과, 입법 취지 등을 고려하면, 구 도시정비법 제24조 제5항 단서가 정한 '직접 출석'에는 대리인이 출석하여 의결권을 행사하는 경우도 포함된다고 해석함이 타당하다.

그러므로 조합원이 직접 출석하여 의결할 수 없는 경우, 즉, 서면으로 의결권을 행사하거나 조합원이 권한을 행사할 수 없어 배우자, 직계존비속 또는 형제자매 중에서 성년자를 대리인으로 정하여 위임장을 제출하는 경우, 해외에 거주하는 조합원이 대리인을 지정하는 경우, 법인인 토지등소유자가 대리인을 지정하는 경우에는 대리인을 통

68) 대법원 2022. 5. 12. 선고 2021두56350 판결.

하여 의결권을 행사할 수 있다. 서면으로 의결권을 행사하는 경우에는 정족수를 산정할 때에 출석한 것으로 본다(법 제45조 제5항). 이 경우 조합은 서면의결권을 행사하는 자가 본인인지를 확인하여야 한다(법 제45조 제6항).

그럼에도 불구하고 「재난안전법」 제3조 제1호에 따른 재난발생 또는 「감염병예방법」 제49조 제1항 제2호에 따른 집합제한 또는 금지조치가 발생하여 시장·군수등이 조합원의 직접 출석이 어렵다고 인정하는 경우에는 전자적 방법(「전자문서법」 제2조 제2호에 따른 정보처리시스템을 사용하거나 그 밖의 정보통신기술을 이용하는 방법을 말한다)으로 의결권을 행사할 수 있다. 이 경우 정족수를 산정할 때에는 직접 출석한 것으로 본다(법 제45조 제8항, 영 제42조 제3항).

2) 대의원회

조합원의 수가 100명 이상인 조합은 대의원회를 두어야 하고(법 제46조 제1항), 그 대의원회는 조합원의 10분의 1 이상으로 구성한다. 다만, 조합원의 10분의 1이 100명을 넘는 경우에는 조합원의 10분의 1의 범위에서 100명 이상으로 구성할 수 있다(법 제46조 제2항). 조합장이 아닌 조합임원은 대의원이 될 수 없다(법 제46조 제3항).

대의원회는 총회의 의결사항 중 조합임원의 선임 및 해임·대의원의 선임 및 해임에 관한 사항, 조합의 합병 또는 해산에 관한 사항, 건설되는 건축물의 설계개요의 변경에 관한 사항, 정비사업비의 변경에 관한 사항 등에 관하여는 총회의 권한을 대행할 수 없다(법 제46조 제4항, 영 제43조). 그러나 사업완료로 인한 조합해산이나 정관으로 정하는 바에 따라 임기중 궐위된 자(조합장은 제외한다)를 보궐선임하는 경우에는 대의원회가 총회의 권한을 대행할 수 있다(법 제46조 제4항, 영 제43조).

Ⅲ. 주민대표회의

1. 구성승인

토지등소유자가 시장·군수등 또는 토지주택공사등의 사업시행을 원하는 경우에는 정비구역 지정·고시 후 주민대표기구(주민대표회의)를 구성하여야 한다. 다만, 제26조 제4항에 따라 협약등이 체결된 경우에는 정비구역 지정·고시 이전에 주민대표회의를 구성할 수 있다(법 제47조 제1항). 주민대표회의는 토지등소유자의 과반수의 동의를 받아 구성하며, 국토교통부령으로 정하는 방법 및 절차에 따라 시장·군수등의 승인을 받아야 한다(법 제47조 제3항). 주민대표회의는 위원장을 포함하여 5명 이상 25명 이하로 구성한다(법 제47조 제2항).

주민대표회의의 구성에 동의한 자는 제26조 제1항 제8호 후단에 따른 사업시행자의 지정에 동의한 것으로 본다. 다만, 사업시행자의 지정 요청 전에 시장·군수등 및 주민대표회의에 사업시행자의 지정에 대한 반대의 의사표시를 한 토지등소유자의 경우에는 그러하지 아니하다(법 제47조 제4항).

2. 의견제시

주민대표회의 또는 세입자(상가세입자를 포함한다)는 사업시행자가 다음 각 호의 사항에 관하여 시행규정을 정하는 때에 의견을 제시할 수 있다. 이 경우 사업시행자는 주민대표회의 또는 세입자의 의견을 반영하기 위하여 노력하여야 한다(법 제47조 제5항).

1. 건축물의 철거
2. 주민의 이주(세입자의 퇴거에 관한 사항을 포함한다)
3. 토지 및 건축물의 보상(세입자에 대한 주거이전비 등 보상에 관한 사항을 포함한다)
4. 정비사업비의 부담
5. 세입자에 대한 임대주택의 공급 및 입주자격
6. 그 밖에 정비사업의 시행을 위하여 필요한 사항으로서 대통령령으로 정하는 사항

Ⅳ. 토지등소유자 전체회의

1. 의결사항

사업시행자로 지정된 신탁업자는 다음 각 호의 사항에 관하여 해당 정비사업의 토지등소유자(재건축사업의 경우에는 신탁업자를 사업시행자로 지정하는 것에 동의한 토지등소유자를 말한다) 전원으로 구성되는 회의(토지등소유자 전체회의)의 의결을 거쳐야 한다(법 제48조 제1항).

1. 시행규정의 확정 및 변경
2. 정비사업비의 사용 및 변경
3. 정비사업전문관리업자와의 계약 등 토지등소유자의 부담이 될 계약

4. 시공자의 선정 및 변경
5. 정비사업비의 토지등소유자별 분담내역
6. 자금의 차입과 그 방법 · 이자율 및 상환방법
7. 제52조에 따른 사업시행계획서의 작성 및 변경(제50조 제1항 본문에 따른 정비사업의 중지 또는 폐지에 관한 사항을 포함하며, 같은 항 단서에 따른 경미한 변경은 제외한다)
8. 제74조에 따른 관리처분계획의 수립 및 변경(제74조 제1항 각 호 외의 부분 단서에 따른 경미한 변경은 제외한다)
9. 제89조에 따른 청산금의 징수 · 지급(분할징수 · 분할지급을 포함한다)과 조합 해산시의 회계보고
10. 제93조에 따른 비용의 금액 및 징수방법
11. 그 밖에 토지등소유자에게 부담이 되는 것으로 시행규정으로 정하는 사항

2. 소집 절차

토지등소유자 전체회의는 사업시행자가 직권으로 소집하거나 토지등소유자 5분의 1 이상의 요구로 사업시행자가 소집한다(법 제48조 제2항).

토지등소유자 전체회의의 소집 절차 · 시기 및 의결방법 등에 관하여는 제44조 제5항, 제44조의2 및 제45조 제3항부터 제11항까지를 준용한다. 이 경우 "총회"는 "토지등소유자 전체회의"로, "조합"은 "사업시행자"로, "정관"은 "시행규정"으로, "조합원"은 "토지등소유자"로 본다(법 제48조 제3항).

제 4 절 | 정비사업의 시행

제1항 정비사업

Ⅰ. 정비사업의 의의

1. 정비사업의 개념과 종류

1) 정비사업의 개념

정비사업이란 도시정비법에서 정한 절차에 따라 도시기능을 회복하기 위하여 정비구역에서 정비기반시설을 정비하거나 주택 등 건축물을 개량 또는 건설하는 주거환경개선사업, 재개발사업, 재건축사업을 말한다(법 제2조 제2호).

주거환경개선사업이란 도시저소득 주민이 집단거주하는 지역으로서 정비기반시설이 극히 열악하고 노후·불량건축물이 과도하게 밀집한 지역의 주거환경을 개선하거나 단독주택 및 다세대주택이 밀집한 지역에서 정비기반시설과 공동이용시설 확충을 통하여 주거환경을 보전·정비·개량하기 위한 사업을 말한다(법 제2조 제2호 가목).

재개발사업은 정비기반시설이 열악하고 노후·불량건축물이 밀집한 지역에서 주거환경을 개선하거나 상업지역·공업지역 등에서 도시기능의 회복 및 상권활성화 등을 위하여 도시환경을 개선하기 위한 사업을 의미한다. 이 중에서 시장·군수등 또는 토지주택공사등(조합과 공동으로 시행하는 경우를 포함한다)이 주거환경개선사업의 시행자, 재개발사업의 시행자나 재개발사업의 대행자이고, 건설·공급되는 주택의 전체 세대수 또는 전체 연면적 중 토지등소유자 대상 분양분(지분형주택은 제외한다)을 제외한 나머지 주택의 세대수 또는 연면적의 100분의 20 이상 100분의 50 이하의 범위에서 대통령령으로 정하는 기준에 따라 특별시·광역시·특별자치시·도·특별자치도 또는「지방자치법」제198조에 따른 서울특별시·광역시 및 특별자치시를 제외한 인구 50만 이상 대도시의 조례로 정하는 비율 이상을 지분형주택,「공공주택특별법」에 따른 공공임대주택 또는「민간임대주택법」제2조 제4호에 따른 공공지원민간임대주택으로 건설·공급되는 재개발사업을 공공재개발사업이라 한다(법 제2조 제2호 나목).[69]

---

69) 국토교통부와 서울시는 2021년 1월 서울시 1차 공공재개발 후보지 8곳(동작구 흑석2, 영등포구 양평13, 동대문구 용두1-6, 관악구 봉천13, 동대문구 신설1, 영등포구 양평14, 종로구 신문로2-12, 강북구 강북5)을 발표하였고, 2022년 8월에는 2차 공공재개발 후보지 8곳(마포구 아현동 699번지, 영등포

재건축사업이란 정비기반시설은 양호하나 노후·불량건축물에 해당하는 공동주택이 밀집한 지역에서 주거환경을 개선하기 위한 사업을 뜻한다(법 제2조 제2호). 이 중에서 시장·군수등 또는 토지주택공사등(조합과 공동으로 시행하는 경우를 포함한다)이 재건축사업의 시행자나 재건축사업의 대행자이고, 종전의 용적률, 토지면적, 기반시설 현황 등을 고려하여 공공재건축사업을 추진하는 단지의 종전 세대수의 100분의 160에 해당하는 세대수 이상을 건설·공급하는 재건축사업을 공공재건축사업이라 한다(법 제2조 제2호 다목, 영 제1조의3 제1항).

2) 재건축사업과 재개발사업의 구별

종래 도시정비법상 주택재개발사업은 주거환경개선이 그 목표이었다면, 도시환경정비사업은 상업지역 등에서 도시기능을 회복하기 위한 사업으로 양자는 구분되어 있었다. 그러나 2018년 개정 도시정비법은 양자를 통합하여 재개발사업으로 규정하였다.

그런데 재개발사업과 재건축사업은 도시정비법의 개념정의에서는 그렇게 구분되지 않는다. 법령상 양자의 가장 중요한 구별점은 '정비기반시설의 열악' 여부일 뿐이며, 근본적인 차이가 있는 것은 아니다.

정비사업구역을 지정하고, 사업시행계획과 관리처분계획을 수립하고, 준공인가 후 이전고시를 하거나 청산금부과 등에서는 양자의 차이는 소멸되었다. 그렇지만 재건축사업에서는 토지수용이 원칙적으로 인정되지 않는 대신 매도청구소송이 인정되고, 안전진단 절차를 거쳐야 하지만 재개발사업은 토지수용이 인정된다는 점에서 약간의 차이점이 존재한다.

재건축사업이 노후·불량건축물을 정비하여 주거환경을 개선한다는 공익적 측면이 강하다고는 하지만 사적 개발사업의 성격이 없는 것이 아니기 때문에 재개발사업보다는 공익성 측면에서 강도가 약하다.[70] 결국 양자를 구분하는 기준은 공공성의 강도라고 할 수 있다.[71]

구 도림동 26-21번지, 종로구 연건동 305번지, 중랑구 면목동 527번지, 은평구 응암동 101번지, 양천구 신월5동 77번지, 구로구 구로동 252번지, 금천구 시흥4동 4번지)을 발표하였다.

70) 대법원 2007. 4. 27. 선고 2007도694 판결; 헌법재판소 2014. 1. 28. 선고 2011헌바363 결정.

71) 헌법재판소 1997. 4. 24. 선고 96헌가3 결정; 헌법재판소 2011. 11. 24. 선고 2010헌가95 결정(주택재건축사업은 주택재건축사업에 동의한 자만이 조합원이 되는 반면 도시환경정비사업은 주택재건축사업과 달리 정비구역 내 토지등소유자 전원이 강제로 사업에 참여하게 되는바, 이러한 도시환경정비사업은 민간 주도의 주택재건축사업과는 달리 도시기능 회복을 통한 도시의 건전한 발전과 공공복리의 증진이라는 목적을 위해 다소 강제적인 방법으로 시행하는 공공사업으로서의 성격이 강하다).

2. 노후·불량건축물의 개념

정비사업의 세 가지 종류인 주거환경개선사업, 재개발사업, 재건축사업의 개념에서 공통적으로 추출되는 요소인 노후·불량건축물이란 건축물이 훼손되거나 일부가 멸실되어 붕괴, 그 밖의 안전사고의 우려가 있는 건축물, 내진성능이 확보되지 아니한 건축물 중 중대한 기능적 결함 또는 부실 설계·시공으로 구조적 결함 등이 있는 건축물로서 대통령령으로 정하는 건축물, 주변 토지의 이용상황 등에 비추어 주거환경이 불량한 곳에 위치하며, 건축물을 철거하고 새로운 건축물을 건설하는 경우 건설에 드는 비용과 비교하여 효용의 현저한 증가가 예상되는 건축물로서 대통령령으로 정하는 바에 따라 시·도조례로 정하는 건축물 또는 도시미관을 저해하거나 노후화된 건축물로서 대통령령으로 정하는 바에 따라 시·도조례로 정하는 건축물을 말한다(법 제2조 제3호).

3. 정비기반시설의 개념

정비기반시설이란 도로·상하수도·구거(溝渠: 도랑)·공원·공용주차장·「국토계획법」에 따른 공동구, 녹지·하천·공공공지·광장·소방용수시설·비상대피시설·가스공급시설·지역난방시설, 주거환경개선사업을 위하여 지정·고시된 정비구역에 설치하는 공동이용시설로서 사업시행계획서에 해당 시장·군수등이 관리하는 것으로 포함된 시설을 말한다(법 제2조 제4호, 영 제3조).

II. 정비사업의 시행방식

1. 시행방식의 종류

정비사업의 시행방식은 현지개량방식, 수용방식, 환지방식, 관리처분계획에 의한 공급방식의 네 가지로 구별된다.

현지개량방식은 사업시행자가 정비구역에서 정비기반시설 및 공동이용시설을 새로 설치하거나 확대하고 토지등소유자가 스스로 주택을 보전·정비하거나 개량하는 방법으로 정비구역 내 건축물을 철거하지 않는 장점이 있다(법 제23조 제1항 제1호).

수용방식 또는 공동주택방식은 사업시행자가 정비구역의 전부 또는 일부를 수용하여 주택을 건설한 후 토지등소유자에게 우선 공급하거나 대지를 토지등소유자 또는 토지등소유자 외의 자에게 분양하여 공급하는 방법이다(법 제23조 제1항 제2호).

환지방식은 사업시행자가 도시개발법에 따른 환지방식을 준용하여 환지로 공급하는 방법으로 일반적으로 정비사업 후 토지부담률을 적용한 토지를 주거나 건축물 일부를 함께 주는 입체환지방식으로 시행된다(법 제23조 제1항 제3호).

관리처분계획방식은 사업시행자가 정비구역에서 인가받은 관리처분계획에 따라 주택 및 부대시설·복리시설을 건설하여 공급하는 방법으로 소유권이 이전된다는 점에서 공용환권방식으로 지칭된다(법 제23조 제1항 제4호).

2. 정비사업별 시행방식

주거환경개선사업은 정비사업의 네 가지 방법인 현지개량방식, 공동주택방식, 환지방식, 관리처분계획방식 중의 하나를 선택하여 할 수도 있고, 이를 혼용하는 방법으로 한다(법 제23조 제1항).

재개발사업은 관리처분계획방식이나 환지방식, 즉, 정비구역에서 인가받은 관리처분계획에 따라 건축물을 건설하여 공급하거나 환지방식에 따라 환지로 공급하는 방법으로 한다(법 제23조 제2항).

재건축사업은 정비구역에서 인가받은 관리처분계획에 따라 주택, 부대시설·복리시설 및 「건축법」에 따른 오피스텔을 건설하여 공급하는 방법으로 한다. 다만, 주택단지에 있지 아니하는 건축물의 경우에는 지형여건·주변의 환경으로 보아 사업 시행상 불가피한 경우로서 정비구역으로 보는 사업에 한정한다(법 제23조 제3항). 오피스텔을 건설하여 공급하는 경우에는 「국토계획법」에 따른 준주거지역 및 상업지역에서만 건설할 수 있다. 이 경우 오피스텔의 연면적은 전체 건축물 연면적의 100분의 30 이하이어야 한다(법 제23조 제4항).

3. 시행방식의 전환

1) 재개발사업

시장·군수등은 사업대행자를 지정하거나 토지등소유자의 5분의 4 이상의 요구가 있어 재개발사업의 시행방식의 전환이 필요하다고 인정하는 경우에는 정비사업이 완료되기 전이라도 대통령령으로 정하는 범위에서 정비구역의 전부 또는 일부에 대하여 시행방식의 전환을 승인할 수 있다(법 제123 제1항).

사업시행자는 시행방식을 전환하기 위하여 관리처분계획을 변경하려는 경우 토지면적의 3분의 2 이상의 토지소유자의 동의와 토지등소유자의 5분의 4 이상의 동의를 받아야 하며, 변경절차에 관하여는 관리처분계획 변경에 관한 규정을 준용한다(법 제123 제2항).

사업시행자는 정비구역의 일부에 대하여 시행방식을 전환하려는 경우에 재개발사업이 완료된 부분은 준공인가를 거쳐 해당 지방자치단체의 공보에 공사완료의 고시를 하여야 하며, 전환하려는 부분은 도시정비법에서 정하고 있는 절차에 따라 시행방식을 전환하여야 한다(법 제123 제3항). 공사완료의 고시를 한 때에는 「공간정보관리법」 제86조 제3항에도 불구하고 관리처분계획의 내용에 따라 이전고시에 따른 이전이 된 것으로 본다(법 제123 제4항).

2) 주거환경개선사업

사업시행자는 정비계획이 수립된 주거환경개선사업을 관리처분계획방식으로 변경하려는 경우에는 토지등소유자의 3분의 2 이상의 동의를 받아야 한다(법 제123 제5항).

제2항 공사 등의 계약방법과 시공자선정

Ⅰ. 공사 등의 계약방법

추진위원장 또는 사업시행자(청산인을 포함한다)는 도시정비법 또는 다른 법령에 특별한 규정이 있는 경우를 제외하고는 계약(공사, 용역, 물품구매 및 제조 등을 포함한다)을 체결하려면 일반경쟁에 부쳐야 한다. 다만, 계약규모, 재난의 발생 등 대통령령으로 정하는 경우에는 입찰 참가자를 지명(指名)하여 경쟁에 부치거나 수의계약(隨意契約)으로 할 수 있다(법 제29조 제1항).

일반경쟁의 방법으로 계약을 체결하는 경우로서 「건설산업기본법」에 따른 건설공사는 추정가격이 6억원, 전문공사는 추정가격이 2억원을 초과하는 공사의 계약, 「건설산업기본법」을 제외한 공사관련 법령에 따른 공사로서 추정가격이 2억원을 초과하는 공사의 계약, 추정가격 2억원을 초과하는 물품 제조·구매, 용역, 그 밖의 계약은 「전자조달법」 제2조 제4호의 국가종합전자조달시스템을 이용하여야 한다(법 제29조 제2항, 영 제24조 제2항).

II. 시공자선정

1. 개관

2003년 제정된 도시정비법 제11조 제1항은 "조합 또는 토지등소유자는 사업시행인가를 받은 후 건설산업기본법 제9조의 규정에 의한 건설업자 또는 주택건설촉진법 제6조의3 제1항의 규정에 의하여 건설업자로 보는 등록업자를 시공자로 선정하여야 한다"라고 규정하여 시공자선정 시기를 사업시행인가 이후로 규제하였다. 이러한 시공자선정 시기의 제한은 당시 강남 재건축시장의 과열을 잠재울 만큼 강력한 규제수단이었다.

그러나 이 조항에 따르면 조합 또는 토지등소유자만이 주체로 한정되어 있어 이에 해당하지 않는 행정청이 직접 시행하는 사업이나 토지주택공사가 단독으로 시행하는 재건축·재개발사업 등에는 적용되지 않아 건설업자를 시공자로 선정하는 시기에 제한이 없었다. 또한, 시공자선정 시기만을 제한한 결과 시공자로 선정된 이후의 문제는 여전히 규율대상이 아니었다.

2005년 개정 도시정비법 제11조는 제1항에서 "주택재건축사업조합은 사업시행인가를 받은 후 건설업자 또는 등록사업자를 시공자로 선정하여야 한다"라고 규정하고, 제2항에서 "주택재건축사업조합은 제1항의 규정에 의한 시공자를 건설교통부장관이 정하는 경쟁입찰의 방법으로 선정하여야 한다"라고 하여 재건축사업은 건설업자를 시공자로 보고 사업시행인가 이후로 시공자선정 시기를 제한하였지만 재개발사업과 도시환경정비사업에서는 건설업자가 공동시행자로 규정되고 시공자선정 시기의 제한도 없었다. 그러자 건설업자와 재개발조합은 공동시행자의 선정시기가 불명확한 점을 활용하였고, 실제 재개발사업 현장에서는 추진위원회가 공동시행자를 선정하는 관행이 광범위하게 활용되었다.

2006년 5월 24일 개정 도시정비법 제11조는 제1항에서 "주택재개발사업조합 및 도시환경정비사업조합은 조합설립인가처분을 받은 후, 주택재건축사업조합은 사업시행인가를 받은 후 건설업자 또는 등록사업자를 시공자로 선정하여야 한다"라고 규정하여 이러한 폐단을 막고자 하였다. 즉, 재개발사업도 조합설립인가 이후에 시공자를 선정하도록 하였고, 재건축사업은 여전히 사업시행인가 이후로 시공자 선정시기가 규정되어 있었다.

그후 2009년 개정 도시정비법은 재개발사업과 재건축사업의 시공자선정 시기를 통일하여 조합설립인가 이후로 규정하여 현행법에 이르고 있다.

2. 시공자선정 시기

조합은 조합설립인가 이후에, 20인 미만의 토지등소유자는 사업시행계획인가 이후에, 그리고 재개발·재건축사업의 공공시행자 또는 지정개발자로서의 시장·군수등은 사업시행자 지정·고시 이후에 시공자를 선정하여야 하고, 시공자선정은 조합총회의 의결사항이므로(법 제45조 제1항 제5호), 추진위원회가 개최한 주민총회에서 주택재개발사업의 시공자를 선정한 결의는 무효이다.[72] 그러나 추진위원회 단계에서 이루어진 시공사선정결의가 무효라 하더라도 조합설립 후 조합 총회에서 추진위원회가 한 시공사선정을 추인하는 결의를 할 수 있고, 이러한 결의로 추진위원회가 한 시공사선정은 유효하게 될 수 있다.[73]

판례 시공사선정결의무효확인(대법원 2008. 6. 12. 선고 2008다6298 판결)

시공사의 선정은 조합총회의 고유권한이라고 봄이 상당하고, 구 도시정비법 제11조에서 주택재건축사업조합에 대해서만 사업시행인가를 받은 후 시공사를 선정하여야 한다고 규정하고 있다는 등의 사정만으로 달리 볼 것은 아니므로, 추진위원회 단계에서 개최한 토지등소유자 총회에서 시공사를 선정하기로 한 결의는 무효이다.

재개발·재건축사업에서 조합은 조합설립인가를 받은 후 조합총회에서 경쟁입찰 또는 2회 이상 경쟁입찰이 유찰된 경우에는 수의계약의 방법으로 건설업자 또는 등록사업자를 시공자로 선정하여야 한다. 다만, 조합원이 100인 이하인 정비사업은 조합총회에서 정관으로 정하는 바에 따라 선정할 수 있다(법 제29조 제4항, 영 제24조 제3항).

조합은 원칙적으로 경쟁입찰의 방법으로 시공자를 선정하여야 하고, 2회 이상 경쟁입찰이 유찰된 경우에 수의계약으로 선정할 수 있다. 이러한 경쟁입찰의 방법에 의한 시공자선정에 관한 규정은 강행규정으로 볼 것이다.[74]

---

72) 대법원 2012. 3. 29. 선고 2008다95885 판결.

73) 대법원 2023. 2. 2. 선고 2019다232277 판결.

74) 대법원 2017. 5. 30. 선고 2014다61340 판결.

판례 조합총회결의무효확인(대법원 2017. 5. 30. 선고 2014다61340 판결)

구 도시 및 주거환경정비법(2013. 3. 23. 법률 제11690호로 개정되기 전의 것, 이하 '구 도시정비법'이라 한다) 제11조 제1항 본문의 내용과 입법취지, 이 규정을 위반한 행위를 유효로 한다면 정비사업의 핵심적 절차인 시공자선정에 관한 조합원 간의 분쟁을 유발하고 그 선정 과정의 투명성·공정성이 침해됨으로써 조합원들의 이익을 심각하게 침해할 것으로 보이는 점, 구 도시정비법 제84조의3 제1호에서 위 규정을 위반한 경우에 형사처벌을 하고 있는 점 등을 종합하면, 구 도시정비법 제11조 제1항 본문은 강행규정으로서 이를 위반하여 경쟁입찰의 방법이 아닌 방법으로 이루어진 입찰과 시공자 선정결의는 당연히 무효라고 보아야 한다.

이에 반하여, 20인 미만으로 조합을 설립하지 않는 토지등소유자가 재개발사업을 시행하는 경우에는 사업시행계획인가를 받은 후 사업시행자인 토지등소유자가 자치적으로 정한 규약에 따라 건설업자 또는 등록사업자를 시공자로 선정하여야 한다(법 제29조 제5항).

시장·군수등이 재개발·재건축사업의 공공시행자 또는 지정개발자로서 직접 정비사업을 시행하거나 토지주택공사등 또는 지정개발자를 사업시행자로 지정한 경우 사업시행자는 사업시행자 지정·고시 후 경쟁입찰 또는 수의계약의 방법으로 건설업자 또는 등록사업자를 시공자로 선정하여야 한다(법 제29조 제6항). 이 경우 시공자를 선정하거나 관리처분계획의 방법으로 시행하는 주거환경개선사업의 사업시행자가 시공자를 선정하는 경우 주민대표회의 또는 토지등소유자 전체회의는 대통령령으로 정하는 경쟁입찰 또는 2회 이상 경쟁입찰이 유찰된 경우에는 수의계약의 방법으로 시공자를 추천할 수 있다(법 제29조 제7항). 주민대표회의 또는 토지등소유자 전체회의가 시공자를 추천한 경우 사업시행자는 추천받은 자를 시공자로 선정하여야 한다. 이 경우 시공자와의 계약에 관해서는 「지방계약법」 제9조 또는 「공공기관운영법」 제39조를 적용하지 아니한다(법 제29조 제10항).

사업시행자(사업대행자를 포함한다)는 선정된 시공자와 공사에 관한 계약을 체결할 때에는 기존 건축물의 철거공사(「석면안전관리법」에 따른 석면 조사·해체·제거를 포함한다)에 관한 사항을 포함시켜야 한다(법 제29조 제11항).

3. 시공자선정을 위한 합동설명회

최근 조합과 시공자간에 공사비를 둘러싼 분쟁이 자주 발생하고 있어 이에 대한 대안으로 도시정비법 제29조의2는 공사비 검증을 마련하였고, 이와 더불어 2023년 12월 26일 개정된 도시정비법은 착공 전에 발생하는 조합과 시공자 간의 공사비 분쟁을 완화하는 차원에서 합동설명회를 도입하였다.

조합은 시공자선정을 위한 입찰에 참가하는 건설업자 또는 등록사업자가 토지등소유자에게 시공에 관한 정보를 제공할 수 있도록 합동설명회를 경쟁입찰의 공고에 따른 입찰마감일 다음날부터 시공자선정을 위한 조합총회 개최일까지의 기간 동안 2회 이상 개최하여야 한다(법 제29조 제8항, 규칙 제6조의2 제1항).

조합이 합동설명회를 개최하려는 때에는 합동설명회가 개최되기 7일 전까지 합동설명회의 일시 및 장소 등을 정하여 조합원에게 통지하여야 한다(규칙 제6조의2 제2항).

4. 시공보증

조합이 정비사업의 시행을 위하여 시장·군수등 또는 토지주택공사등이 아닌 자를 시공자로 선정(제25조에 따른 공동사업시행자가 시공하는 경우를 포함한다)한 경우 그 시공자는 공사의 시공보증(시공자가 공사의 계약상 의무를 이행하지 못하거나 의무이행을 하지 아니할 경우 보증기관에서 시공자를 대신하여 계약이행의무를 부담하거나 총 공사금액의 100분의 30 이상 100분의 50 이하의 범위에서 사업시행자가 정하는 금액을 납부할 것을 보증하는 것을 말한다)을 위하여 조합원에게 공급되는 주택에 대한 「건설산업기본법」에 따른 공제조합이 발행한 보증서, 「주택도시기금법」에 따른 주택도시보증공사가 발행한 보증서, 「보험업법」에 따른 보험사업자가 발행한 보증보험증권 등을 조합에 제출하여야 한다(법 제82조 제1항, 영 제73조, 규칙 제14조).

시장·군수등은 「건축법」에 따른 착공신고를 받는 경우에는 시공보증서의 제출 여부를 확인하여야 한다(법 제82조 제2항).

5. 시공자선정 취소명령

해당 정비사업을 관할하는 시·도지사는 건설업자 또는 등록사업자가 다음 각 호의 어느 하나에 해당하는 경우 사업시행자에게 건설업자 또는 등록사업자의 해당 정비사업에 대한 시공자선정을 취소할 것을 명하거나 그 건설업자 또는 등록사업자에게 사업시행자와 시공자 사이의 계약서상 공사비의 100분의 20 이하에 해당하는 금액의 범위에서 과징금을 부과할 수 있다. 이 경우 시공자선정 취소의 명을 받은 사업시행자는 시공자선정을 취소하여야 한다(법 제113조의2 제1항).

1. 건설업자 또는 등록사업자가 제132조 제1항 또는 제2항을 위반한 경우
2. 건설업자 또는 등록사업자가 제132조의2를 위반하여 관리·감독 등 필요한 조치를 하지 아니한 경우로서 용역업체의 임직원(건설업자 또는 등록사업자가 고용한 개인을 포함한다)이 제132조 제1항을 위반한 경우

Ⅲ. 공사비 검증의 요청

1. 입법취지

도시정비법에 따른 정비사업은 그야말로 복마전 양상이다. 각종 비리와 부정, 그리고 편법과 탈법으로 얼룩진 우리 시대와 사회의 자화상일 수 있다. 예를 들어, 도시정비법 관련 소송사건에서 조합설립인가에 대한 취소소송이나 무효확인소송, 관리처분계획인가취소 또는 무효확인소송이 압도적으로 많다는 것은 그만큼 이를 둘러싼 이해관계가 첨예하게 대립한다는 것이고, 이것이 소송으로 비화한다는 것을 방증한다.

정비사업 관련 비리를 근절하기 위하여 도시정비법은 많은 입법적 노력을 강구하였다. 시공자선정 시기를 조합설립인가 이후로 규정한 것도, 지분쪼개기를 방지하는 차원에서 토지등소유자의 동의자 수 산정의 특례를 규정한 것도 이러한 노력의 일환이었다.

정비사업비의 주요 부분인 공사비를 둘러싼 조합과 시공자간의 법적 분쟁 역시 해묵은 논쟁이기도 하지만, 동시에 새로운 국면을 전개하는 분쟁이기도 하다. 이에 발맞추어 토지등소유자나 조합원이 요청하거나 공사비의 증액 비율이 일정 비율 이상인 경우, 공사비 검증을 요청하도록 하는 등 현행 제도의 운영상 나타난 일부 미비점을 개선·보완하는 차원에서 2019년 4월 23일 도시정비법이 일부 개정되었다. 즉, 일정 수 이상의 토지등소유자나 조합원이 요청하거나 공사비의 증액 비율이 일정 비율 이상인 경우, 한국부동산원 등 정비사업 지원기구에 공사비 검증을 요청하도록 하는 규정을 신설한 것이다.

2. 공사비 검증의 요청

재개발사업·재건축사업의 사업시행자(시장·군수등 또는 토지주택공사등이 단독 또는 공동으로 정비사업을 시행하는 경우는 제외한다)는 시공자와 계약체결 후 다음 각 호의 어느 하나에 해당하는 때에는 정비사업 지원기구에 공사비 검증을 요청하여야 한다(법 제29조의2 제1항).

1. 토지등소유자 또는 조합원 5분의 1 이상이 사업시행자에게 검증의뢰를 요청하는 경우
2. 공사비의 증액 비율(당초 계약금액 대비 누적 증액 규모의 비율로서 생산자물가상승률은 제외한다)이 다음 각 목의 어느 하나에 해당하는 경우
   가. 사업시행계획인가 이전에 시공자를 선정한 경우: 100분의 10 이상
   나. 사업시행계획인가 이후에 시공자를 선정한 경우: 100분의 5 이상
3. 제1호 또는 제2호에 따른 공사비 검증이 완료된 이후 공사비의 증액 비율(검증 당시 계약금액 대비 누적 증액 규모의 비율로서 생산자물가상승률은 제외한다)이 100분의 3 이상인 경우

제3항 사업시행계획과 인가

Ⅰ. 사업시행계획의 의의

사업시행계획은 정비사업이 목적하는 건축물 및 정비기반시설 등을 위한 설계도이면서 동시에 그 설계도대로 시공하기 위하여 필요한 각종의 계획을 포괄하는 것으로 사업시행자가 작성한 것을 말한다.

판례는 도시정비법에 따라 재개발정비사업조합이 수립한 사업시행계획은 그것이 인가·고시를 통하여 확정되면 이해관계인에 대한 구속적 행정계획으로서 독립된 행정처분에 해당한다고 보고 있다.[75)]

75) 대법원 2009. 11. 2.자 2009마596 결정.

판례 **주택재개발사업시행인가처분취소등(대법원 2010. 12. 9. 선고 2009두4913 판결)**
도시 및 주거환경정비법에 기초하여 주택재개발정비사업조합이 수립한 사업시행계획은 그것이 인가·고시를 통해 확정되면 이해관계인에 대한 구속적 행정계획으로서 독립된 행정처분에 해당하므로

사업시행계획은 행정청의 인가를 받으면 구속적 행정계획의 성질을 가지므로 이에 대한 하자의 위법 여부도 중대명백설에 의하여 판단하여야 한다. 이에 따라 총회결의에 조합원 자격이 없는 현금청산대상자들을 제외하더라도 사업시행계획 수립을 위한 의결정족수를 넉넉히 충족하여 사업시행계획 수립에 관한 총회결의의 결과에 어떤 실질적인 영향을 미쳤다고 볼 만한 특별한 사정이 없는 이상, 조합원 자격이 없는 현금청산대상자들이 총회결의에 일부 참여하였다는 점만으로 총회결의가 무효라거나 총회결의를 통하여 수립된 사업시행계획에 이를 취소하여야 할 정도의 위법사유가 있다고 볼 수 없다.[76)]

Ⅱ. 사업시행계획인가

1. 사업시행계획인가의 법적 성격

1) 문제의 소재

조합인 사업시행자와 토지등소유자가 직접 정비사업을 시행하려면 사업시행자는 사업시행계획서를 작성하여 시장·군수등의 사업시행계획인가를 받아야 한다. 이러한 사업시행계획인가의 법적 성질과 관련하여 조합설립인가처럼 특허로 볼 것인지 인가로 볼 것인지가 문제된다.

2) 조합에 대한 사업시행계획인가

시장·군수등을 제외한 사업시행자가 단독 또는 공동으로 정비사업을 시행하려는 경우에는 사업시행계획서에 정관등과 그 밖에 국토교통부령으로 정하는 서류를 첨부하여 시장·군수등에게 제출하고 사업시행계획인가를 받아야 한다(법 제50조 제1항). 시

76) 대법원 2021. 2. 10. 선고 2020두48031 판결.

장·군수등은 특별한 사유가 없으면 사업시행계획서의 제출이 있은 날부터 60일 이내에 인가 여부를 결정하여 사업시행자에게 통보하여야 한다(법 제50조 제4항).

이러한 사업시행계획인가는 조합의 사업시행계획을 보충하여 법률상 효과를 완성시키는 강학상 인가에 해당하고,[77] 사업시행계획인가는 감독관청이 재개발사업 시행자에 대하여 재개발사업을 시행할 수 있는 지위나 권리를 부여함에 불과하기 때문에 사업시행자가 재개발구역 안의 토지나 지상물을 사용·수익하는 등의 권리를 직접 취득하는 것이 아니라 종전 토지나 지상물의 소유자가 여전히 그에 대한 사용·수익권을 가진다는 점을 유의하여야 한다.[78] 따라서 기본행위인 사업시행계획에는 하자가 없는데 보충행위인 인가처분에 고유한 하자가 있다면 그 인가처분의 무효확인이나 취소를 구하여야 할 것이지만, 인가처분에는 고유한 하자가 없는데 사업시행계획에 하자가 있다면 사업시행계획의 무효확인이나 취소를 구하여야 할 것이지 사업시행계획의 무효를 주장하면서 곧바로 그에 대한 인가처분의 무효확인이나 취소를 구하여서는 아니 된다.[79]

주택재건축사업시행의 인가는 수익적 행정처분으로서 법령에 행정처분의 요건에 관하여 일의적으로 규정되어 있지 아니한 이상 행정청의 재량행위에 속하므로, 처분청으로서는 법령상의 제한에 근거하지 않더라도 공익상 필요 등에 의하여 필요한 범위 내에서 여러 조건(부담)을 부과할 수 있다.[80]

판례 주택재건축정비사업시행인가처분취소(대법원 2008. 1. 10. 선고 2007두16691 판결)

구「도시 및 주거환경정비법」(2007. 12. 21. 법률 제8785호로 개정되기 전의 것)에 기초하여 <u>도시환경정비사업조합이 수립한 사업시행계획을 인가하는 행정청의 행위는 도시환경정비사업조합의 사업시행계획에 대한 법률상의 효력을 완성시키는 보충행위에 해당한다.</u>

77) 대법원 2008. 1. 10. 선고 2007두16691 판결; 대법원 2010. 12. 9. 선고 2009두4913 판결; 대법원 2021. 2. 10. 선고 2020두48031 판결 등.

78) 대법원 1992. 12. 22. 선고 91다22094 판결.

79) 대법원 2014. 2. 27. 선고 2011두25173 판결; 대법원 2021. 2. 10. 선고 2020두48031 판결.

80) 대법원 2007. 7. 12. 선고 2007두6663 판결.

판례 **사업시행인가처분일부취소(대법원 2007. 7. 12. 선고 2007두6663 판결)**
주택재건축사업시행의 인가는 상대방에게 권리나 이익을 부여하는 효과를 가진 이른바 수익적 행정처분으로서 법령에 행정처분의 요건에 관하여 일의적으로 규정되어 있지 아니한 이상 행정청의 재량행위에 속하므로, 처분청으로서는 법령상의 제한에 근거한 것이 아니라 하더라도 공익상 필요 등에 의하여 필요한 범위 내에서 여러 조건(부담)을 부과할 수 있다.

최초의 조합설립인가처분에 기초한 후속행위가 존재하면 후행 변경인가처분을 받는 경우에도 당초 인가처분에 대한 취소를 구할 법률상 이익이 소멸하지 않는 것처럼[81] 사업시행계획인가의 경우에도 동일한 법리가 적용된다. 사업시행계획인가처분의 유효를 전제로 분양공고 및 분양신청 절차 등 후속행위가 있었다면, 당초 사업시행계획이 무효로 확인되거나 취소될 경우 그것이 유효하게 존재하는 것을 전제로 이루어진 일련의 후속행위 역시 소급하여 효력을 상실하게 되므로 당초 사업시행계획을 실질적으로 변경하는 내용으로 새로운 사업시행계획이 수립되어 시장·군수로부터 인가를 받았다는 사정만으로 일률적으로 당초 사업시행계획의 무효확인을 구할 소의 이익이 소멸된다고 볼 수는 없다는 것이다.[82]

3) 토지등소유자에 대한 사업시행계획인가

토지등소유자가 도시정비법 제25조 제1항 제2호에 따라 재개발사업을 시행하려는 경우에는 사업시행계획인가를 신청하기 전에 사업시행계획서에 대하여 토지등소유자의 4분의 3 이상 및 토지면적의 2분의 1 이상의 토지소유자의 동의를 받아야 하는데(법 제50조 제6항), 토지등소유자의 동의요건을 갖추었는지 여부를 판단하는 기준시는 사업시행계획인가처분시이다.[83] 또한, 사업시행계획인가를 신청하는 토지등소유자 및 신청에 필요한 동의를 얻어야 하는 토지등소유자는 도시정비사업에 따른 이익과 비용이 최종적으로 귀속되는 위탁자로 해석하며, 그러므로 토지등소유자의 자격 및 동의자 수를 산정할 때에는 위탁자를 기준으로 하여야 한다.[84]

---

81) 대법원 2012. 10. 25. 선고 2010두25107 판결.
82) 대법원 2010. 12. 9. 선고 2009두4913 판결; 대법원 2013. 11. 28. 선고 2011두30199 판결; 대법원 2014. 2. 27. 선고 2011두25173 판결 등.
83) 대법원 2005. 3. 11. 선고 2004두138 판결.

다만, 인가받은 사항을 변경하려는 경우에는 규약으로 정하는 바에 따라 토지등소유자의 과반수의 동의를 받아야 하며, 인가받은 사항을 변경하거나 정비사업을 중지 또는 폐지하려는 경우에도 또한 같다. 다만, ① 정비사업비를 10%의 범위에서 변경하거나 관리처분계획의 인가에 따라 변경하는 때(다만, 「주택법」 제2조 제5호에 따른 국민주택을 건설하는 사업인 경우에는 「주택도시기금법」에 따른 주택도시기금의 지원금액이 증가되지 아니하는 경우만 해당한다), ② 건축물이 아닌 부대시설·복리시설의 설치규모를 확대하는 때(위치가 변경되는 경우는 제외한다), ③ 대지면적을 10%의 범위에서 변경하는 때, ④ 세대수와 세대당 주거전용면적을 변경하지 않고 세대당 주거전용면적의 10%의 범위에서 세대 내부구조의 위치 또는 면적을 변경하는 때, ⑤ 내·외장재료를 변경하는 때, ⑥ 사업시행계획인가의 조건으로 부과된 사항의 이행에 따라 변경하는 때, ⑦ 건축물의 설계와 용도별 위치를 변경하지 아니하는 범위에서 건축물의 배치 및 주택단지 안의 도로선형을 변경하는 때, ⑧ 「건축법 시행령」 제12조 제3항 각 호의 어느 하나에 해당하는 사항을 변경하는 때, ⑨ 사업시행자의 명칭 또는 사무소 소재지를 변경하는 때, ⑩ 정비구역 또는 정비계획의 변경에 따라 사업시행계획서를 변경하는 때, ⑪ 조합설립변경인가에 따라 사업시행계획서를 변경하는 때, ⑫ 계산 착오, 오기, 누락이나 이에 준하는 명백한 오류에 해당하는 사항을 정정하는 때, ⑬ 사업시행기간을 단축하거나 연장하는 때[다만, 도시정비법 제73조 제1항 각 호에 해당하는 자가 소유하는 토지 또는 건축물(토지 또는 건축물의 소유자가 국가나 지방자치단체인 경우는 제외한다)의 취득이 완료되기 전에 사업시행기간을 연장하는 때는 제외한다], ⑭ 그 밖에 시·도조례로 정하는 사항을 변경하는 때 등 경미한 사항의 변경인 경우에는 토지등소유자의 동의를 필요로 하지 아니한다(법 제50조 제6항 단서, 영 제46조).

토지등소유자에 대한 사업시행계획인가는 조합에 대한 사업시행계획인가와는 달리 토지등소유자들이 시장·군수로부터 사업시행인가를 받기 전에는 행정주체로서의 지위를 가지지 못하여 그가 작성한 사업시행계획은 인가처분의 요건 중 하나에 불과하기 때문에 항고소송의 대상이 되는 독립된 행정처분에 해당하지 않는다.[85] 그러므로 토지등소유자들이 직접 시행하는 재개발사업에 대한 사업시행계획인가처분은 조합에 대한 설립인가처분과 동일하게 도시정비법상 정비사업을 시행할 수 있는 권한을 가지는 행정주체로서의 지위를 부여하는 일종의 설권적 처분의 성격을 가지므로 강학상 특허에 해당한다.

---

84) 대법원 2015. 6. 11. 선고 2013두15262 판결.

85) 대법원 2013. 6. 13. 선고 2011두19994 판결.

판례 **관리처분계획취소(대법원 2013. 6. 13. 선고 2011두19994 판결)**
토지등소유자들이 직접 시행하는 도시환경정비사업에서 토지등소유자에 대한 사업시행인가처분은 단순히 사업시행계획에 대한 보충행위로서의 성질을 가지는 것이 아니라 구 도시정비법상 정비사업을 시행할 수 있는 권한을 가지는 행정주체로서의 지위를 부여하는 일종의 설권적 처분의 성격을 가진다.

2. 사업시행계획 변경인가와 변경신고

시장·군수등을 제외한 사업시행자가 인가받은 사항을 변경하거나 정비사업을 중지 또는 폐지하려는 경우에도 시장·군수등에게 사업시행계획인가를 받아야 한다(법 제50조 제1항). 다만, ① 정비사업비를 10%의 범위에서 변경하거나 관리처분계획의 인가에 따라 변경하는 때(다만, 「주택법」 제2조 제5호에 따른 국민주택을 건설하는 사업인 경우에는 「주택도시기금법」에 따른 주택도시기금의 지원금액이 증가되지 아니하는 경우만 해당한다), ② 건축물이 아닌 부대시설·복리시설의 설치규모를 확대하는 때(위치가 변경되는 경우는 제외한다), ③ 대지면적을 10%의 범위에서 변경하는 때, ④ 세대수와 세대당 주거전용면적을 변경하지 않고 세대당 주거전용면적의 10%의 범위에서 세대 내부구조의 위치 또는 면적을 변경하는 때, ⑤ 내·외장재료를 변경하는 때, ⑥ 사업시행계획인가의 조건으로 부과된 사항의 이행에 따라 변경하는 때, ⑦ 건축물의 설계와 용도별 위치를 변경하지 아니하는 범위에서 건축물의 배치 및 주택단지 안의 도로선형을 변경하는 때, ⑧ 「건축법 시행령」 제12조 제3항 각 호의 어느 하나에 해당하는 사항을 변경하는 때, ⑨ 사업시행자의 명칭 또는 사무소 소재지를 변경하는 때, ⑩ 정비구역 또는 정비계획의 변경에 따라 사업시행계획서를 변경하는 때, ⑪ 조합설립변경인가에 따라 사업시행계획서를 변경하는 때, ⑫ 계산 착오, 오기, 누락이나 이에 준하는 명백한 오류에 해당하는 사항을 정정하는 때, ⑬ 사업시행기간을 단축하거나 연장하는 때[다만, 도시정비법 제73조 제1항 각 호에 해당하는 자가 소유하는 토지 또는 건축물(토지 또는 건축물의 소유자가 국가나 지방자치단체인 경우는 제외한다]의 취득이 완료되기 전에 사업시행기간을 연장하는 때는 제외한다), ⑭ 그 밖에 시·도조례로 정하는 사항을 변경하는 때 등 경미한 사항을 변경하려는 때에는 시장·군수등에게 신고하여야 한다(법 제50조 제1항, 영 제46조).

시장·군수등은 경미한 사항의 변경에 따른 신고를 받은 날부터 20일 이내에 신고

수리 여부를 신고인에게 통지하여야 한다(법 제50조 제2항). 시장·군수등이 신고를 받은 날부터 20일 내에 신고수리 여부 또는 민원처리 관련 법령에 따른 처리기간의 연장을 신고인에게 통지하지 아니하면 그 기간(민원처리 관련 법령에 따라 처리기간이 연장 또는 재연장된 경우에는 해당 처리기간을 말한다)이 끝난 날의 다음 날에 신고를 수리한 것으로 본다(법 제50조 제3항). 경미한 사항의 변경신고는 법문상 '신고수리 여부'를 통지하도록 되어 있기 때문에 수리를 요하는 신고로 해석된다.

3. 총회의 의결

시장·군수등 또는 토지주택공사등을 제외한 사업시행자는 사업시행계획인가를 신청하기 전에 미리 총회의 의결을 거쳐야 하며, 인가받은 사항을 변경하거나 정비사업을 중지 또는 폐지하려는 경우에도 또한 같다. 다만, ① 정비사업비를 10%의 범위에서 변경하거나 관리처분계획의 인가에 따라 변경하는 때(다만, 「주택법」 제2조 제5호에 따른 국민주택을 건설하는 사업인 경우에는 「주택도시기금법」에 따른 주택도시기금의 지원금액이 증가되지 아니하는 경우만 해당한다), ② 건축물이 아닌 부대시설·복리시설의 설치규모를 확대하는 때(위치가 변경되는 경우는 제외한다), ③ 대지면적을 10%의 범위에서 변경하는 때, ④ 세대수와 세대당 주거전용면적을 변경하지 않고 세대당 주거전용면적의 10%의 범위에서 세대 내부구조의 위치 또는 면적을 변경하는 때, ⑤ 내·외장재료를 변경하는 때, ⑥ 사업시행계획인가의 조건으로 부과된 사항의 이행에 따라 변경하는 때, ⑦ 건축물의 설계와 용도별 위치를 변경하지 아니하는 범위에서 건축물의 배치 및 주택단지 안의 도로선형을 변경하는 때, ⑧ 「건축법 시행령」 제12조 제3항 각 호의 어느 하나에 해당하는 사항을 변경하는 때, ⑨ 사업시행자의 명칭 또는 사무소 소재지를 변경하는 때, ⑩ 정비구역 또는 정비계획의 변경에 따라 사업시행계획서를 변경하는 때, ⑪ 조합설립변경인가에 따라 사업시행계획서를 변경하는 때, ⑫ 계산 착오, 오기, 누락이나 이에 준하는 명백한 오류에 해당하는 사항을 정정하는 때, ⑬ 사업시행기간을 단축하거나 연장하는 때[다만, 도시정비법 제73조 제1항 각 호에 해당하는 자가 소유하는 토지 또는 건축물(토지 또는 건축물의 소유자가 국가나 지방자치단체인 경우는 제외한다)의 취득이 완료되기 전에 사업시행기간을 연장하는 때는 제외한다], ⑭ 그 밖에 시·도조례로 정하는 사항을 변경하는 때 등 경미한 사항의 변경은 총회의 의결을 필요로 하지 아니한다(법 제50조 제5항, 영 제46조).

4. 토지등소유자의 동의

지정개발자가 정비사업을 시행하려는 경우에는 사업시행계획인가를 신청하기 전에 토지등소유자의 과반수의 동의 및 토지면적의 2분의 1 이상의 토지소유자의 동의를 받아야 한다. 다만, ① 정비사업비를 10%의 범위에서 변경하거나 관리처분계획의 인가에 따라 변경하는 때(다만, 「주택법」 제2조 제5호에 따른 국민주택을 건설하는 사업인 경우에는 「주택도시기금법」에 따른 주택도시기금의 지원금액이 증가되지 아니하는 경우만 해당한다), ② 건축물이 아닌 부대시설·복리시설의 설치규모를 확대하는 때(위치가 변경되는 경우는 제외한다), ③ 대지면적을 10%의 범위에서 변경하는 때, ④ 세대수와 세대당 주거전용면적을 변경하지 않고 세대당 주거전용면적의 10%의 범위에서 세대 내부구조의 위치 또는 면적을 변경하는 때, ⑤ 내·외장재료를 변경하는 때, ⑥ 사업시행계획인가의 조건으로 부과된 사항의 이행에 따라 변경하는 때, ⑦ 건축물의 설계와 용도별 위치를 변경하지 아니하는 범위에서 건축물의 배치 및 주택단지 안의 도로선형을 변경하는 때, ⑧ 「건축법 시행령」 제12조 제3항 각 호의 어느 하나에 해당하는 사항을 변경하는 때, ⑨ 사업시행자의 명칭 또는 사무소 소재지를 변경하는 때, ⑩ 정비구역 또는 정비계획의 변경에 따라 사업시행계획서를 변경하는 때, ⑪ 조합설립변경인가에 따라 사업시행계획서를 변경하는 때, ⑫ 계산 착오, 오기, 누락이나 이에 준하는 명백한 오류에 해당하는 사항을 정정하는 때, ⑬ 사업시행기간을 단축하거나 연장하는 때[다만, 도시정비법 제73조 제1항 각 호에 해당하는 자가 소유하는 토지 또는 건축물(토지 또는 건축물의 소유자가 국가나 지방자치단체인 경우는 제외한다]의 취득이 완료되기 전에 사업시행기간을 연장하는 때는 제외한다), ⑭ 그 밖에 시·도조례로 정하는 사항을 변경하는 때 등 경미한 사항의 변경인 경우에는 토지등소유자의 동의를 필요로 하지 아니한다(법 제50조 제7항, 영 제46조).

또한, 재개발사업 및 재건축사업이 천재지변, 「재난안전법」 제27조 또는 「시설물안전법」 제23조에 따른 사용제한·사용금지, 그 밖의 불가피한 사유로 긴급하게 정비사업을 시행할 필요가 있다고 인정되는 때에 직접 사업을 시행하는 시장·군수등은 토지등소유자의 동의를 받을 필요가 없다(법 제50조 제8항).

5. 사업시행계획인가의 고시

시장·군수등은 사업시행계획서를 작성하거나 사업시행계획인가를 하거나 정비사업을 변경·중지 또는 폐지하는 경우에는 국토교통부령으로 정하는 방법 및 절차에 따라 그 내용을 해당 지방자치단체의 공보에 고시하여야 한다. 다만, ① 정비사업비를 10%의 범위에서 변경하거나 관리처분계획의 인가에 따라 변경하는 때(다만, 「주택법」 제2조 제5호에 따른 국민주택을 건설하는 사업인 경우에는 「주택도시기금법」에 따른 주택도시기금의 지원금액이 증가되지 아니하는 경우만 해당한다), ② 건축물이 아닌 부대시설·복리시설의 설치규모를 확대하는 때(위치가 변경되는 경우는 제외한다), ③ 대지면적을 10%의 범위에서 변경하는 때, ④ 세대수와 세대당 주거전용면적을 변경하지 않고 세대당 주거전용면적의 10%의 범위에서 세대 내부구조의 위치 또는 면적을 변경하는 때, ⑤ 내·외장재료를 변경하는 때, ⑥ 사업시행계획인가의 조건으로 부과된 사항의 이행에 따라 변경하는 때, ⑦ 건축물의 설계와 용도별 위치를 변경하지 아니하는 범위에서 건축물의 배치 및 주택단지 안의 도로선형을 변경하는 때, ⑧ 「건축법 시행령」 제12조 제3항 각 호의 어느 하나에 해당하는 사항을 변경하는 때, ⑨ 사업시행자의 명칭 또는 사무소 소재지를 변경하는 때, ⑩ 정비구역 또는 정비계획의 변경에 따라 사업시행계획서를 변경하는 때, ⑪ 조합설립변경인가에 따라 사업시행계획서를 변경하는 때, ⑫ 계산 착오, 오기, 누락이나 이에 준하는 명백한 오류에 해당하는 사항을 정정하는 때, ⑬ 사업시행기간을 단축하거나 연장하는 때[다만, 도시정비법 제73조 제1항 각 호에 해당하는 자가 소유하는 토지 또는 건축물(토지 또는 건축물의 소유자가 국가나 지방자치단체인 경우는 제외한다)의 취득이 완료되기 전에 사업시행기간을 연장하는 때는 제외한다], ⑭ 그 밖에 시·도조례로 정하는 사항을 변경하는 때 등 경미한 사항을 변경하려는 경우에는 그러하지 아니하다(법 제50조 제9항, 영 제46조).

Ⅲ. 사업시행계획의 통합심의와 사업시행계획인가의 심의 특례

1. 사업시행계획의 통합심의

정비구역의 지정권자는 사업시행계획인가와 관련된 다음 각 호 중 둘 이상의 심의가 필요한 경우에는 이를 통합하여 검토 및 심의(통합심의)하여야 한다(법 제50조의2 제1항).

1. 「건축법」에 따른 건축물의 건축 및 특별건축구역의 지정 등에 관한 사항
2. 「경관법」에 따른 경관 심의에 관한 사항
3. 「교육환경법」에 따른 교육환경평가
4. 「국토계획법」에 따른 도시·군관리계획에 관한 사항
5. 「도시교통정비법」에 따른 교통영향평가에 관한 사항

6. 「환경영향평가법」에 따른 환경영향평가 등에 관한 사항
7. 그 밖에 국토교통부장관, 시·도지사 또는 시장·군수등이 필요하다고 인정하여 통합심의에 부치는 사항

사업시행자가 통합심의를 신청하는 경우에는 제1항 각 호와 관련된 서류를 첨부하여야 한다. 이 경우 정비구역의 지정권자는 통합심의를 효율적으로 처리하기 위하여 필요한 경우 제출기한을 정하여 제출하도록 할 수 있다(법 제50조의2 제2항).

정비구역의 지정권자가 통합심의를 하는 경우에는 다음 각 호의 어느 하나에 해당하는 위원회에 속하고 해당 위원회의 위원장의 추천을 받은 위원, 정비구역의 지정권자가 속한 지방자치단체 소속 공무원 및 사업시행계획 인가권자가 속한 지방자치단체 소속 공무원으로 소집된 통합심의위원회를 구성하여 통합심의하여야 한다. 이 경우 통합심의위원회의 구성, 통합심의의 방법 및 절차에 관한 사항은 대통령령으로 정한다(법 제50조의2 제3항).

1. 「건축법」에 따른 건축위원회
2. 「경관법」에 따른 경관위원회
3. 「교육환경법」에 따른 교육환경보호위원회
4. 지방도시계획위원회
5. 「도시교통정비법」에 따른 교통영향평가심의위원회
6. 도시재정비위원회(정비구역이 재정비촉진지구 내에 있는 경우에 한정한다)
7. 「환경영향평가법」에 따른 환경영향평가협의회
8. 제1항 제7호에 대하여 심의권한을 가진 관련 위원회

시장·군수등은 특별한 사유가 없으면 통합심의 결과를 반영하여 사업시행계획을 인가하여야 하고(법 제50조의2 제4항), 통합심의를 거친 경우에는 제1항 각 호의 사항에 대한 검토·심의·조사·협의·조정 또는 재정을 거친 것으로 본다(법 제50조의2 제5항).

2. 사업시행계획인가의 심의 특례

정비구역의 지정권자는 사업시행계획인가·사업시행계획변경인가에 앞서 결정·고시된 정비계획의 변경(정비구역의 변경도 포함하며, 제15조 제3항에 따른 경미한 변경은 제외한다)이 필요한 경우 제16조에도 불구하고 정비계획의 변경을 위한 지방도시계획위원

회 심의를 사업시행계획인가와 관련된 심의와 함께 통합하여 검토 및 심의할 수 있다(법 제50조의3 제1항). 이 경우 사업시행자는 하나의 총회(제27조 제1항에 따라 신탁업자가 사업시행자로 지정된 경우에는 제48조에 따른 토지등소유자 전체회의를 말한다)에서 제45조 제1항 제8호 및 제9호에 관한 사항을 의결하여야 한다(법 제50조의3 제2항).

3. 사업시행계획인가의 특례

사업시행자는 일부 건축물의 존치 또는 리모델링(「주택법」 또는 「건축법」에 따른 리모델링을 말한다)에 관한 내용이 포함된 사업시행계획서를 작성하여 사업시행계획인가를 신청할 수 있다(법 제58조 제1항).

시장·군수등은 존치 또는 리모델링하는 건축물 및 건축물이 있는 토지가 「주택법」 및 「건축법」에 따른 다음 각 호의 건축 관련 기준에 적합하지 아니하더라도 대통령령으로 정하는 기준에 따라 사업시행계획인가를 할 수 있다(법 제58조 제2항).

1. 「주택법」 제2조 제12호에 따른 주택단지의 범위
2. 「주택법」 제35조 제1항 제3호 및 제4호에 따른 부대시설 및 복리시설의 설치기준
3. 「건축법」 제44조에 따른 대지와 도로의 관계
4. 「건축법」 제46조에 따른 건축선의 지정
5. 「건축법」 제61조에 따른 일조 등의 확보를 위한 건축물의 높이 제한

사업시행자가 사업시행계획서를 작성하려는 경우에는 존치 또는 리모델링하는 건축물 소유자의 동의(「집합건물법」 제2조 제2호에 따른 구분소유자가 있는 경우에는 구분소유자의 3분의 2 이상의 동의와 해당 건축물 연면적의 3분의 2 이상의 구분소유자의 동의로 한다)를 받아야 한다. 다만, 정비계획에서 존치 또는 리모델링하는 것으로 계획된 경우에는 그러하지 아니한다(법 제58조 제3항).

Ⅳ. 사업시행계획서와 시행규정

1. 사업시행계획서의 작성

사업시행자는 정비계획에 따라 다음 각 호의 사항을 포함하는 사업시행계획서를 작성하여야 한다(법 제52조 제1항).

1. 토지이용계획(건축물배치계획을 포함한다)
2. 정비기반시설 및 공동이용시설의 설치계획
3. 임시거주시설을 포함한 주민이주대책
4. 세입자의 주거 및 이주대책
5. 사업시행기간 동안 정비구역 내 가로등 설치, 폐쇄회로 텔레비전 설치 등 범죄예방대책
6. 제10조에 따른 임대주택의 건설계획(재건축사업의 경우는 제외한다)
7. 제54조 제4항, 제101조의5 및 제101조의6에 따른 국민주택규모 주택의 건설계획(주거환경개선사업의 경우는 제외한다)
8. 공공지원민간임대주택 또는 임대관리 위탁주택의 건설계획(필요한 경우로 한정한다)
9. 건축물의 높이 및 용적률 등에 관한 건축계획
10. 정비사업의 시행과정에서 발생하는 폐기물의 처리계획
11. 교육시설의 교육환경 보호에 관한 계획(정비구역부터 200m 이내에 교육시설이 설치되어 있는 경우로 한정한다)
12. 정비사업비
13. 그 밖에 사업시행을 위한 사항으로서 대통령령으로 정하는 바에 따라 시·도조례로 정하는 사항

2. 시행규정의 작성

시장·군수등, 토지주택공사등 또는 신탁업자가 단독으로 정비사업을 시행하는 경우 다음 각 호의 사항을 포함하는 시행규정을 작성하여야 한다(법 제53조).

1. 정비사업의 종류 및 명칭
2. 정비사업의 시행연도 및 시행방법
3. 비용부담 및 회계
4. 토지등소유자의 권리·의무
5. 정비기반시설 및 공동이용시설의 부담
6. 공고·공람 및 통지의 방법
7. 토지 및 건축물에 관한 권리의 평가방법
8. 관리처분계획 및 청산(분할징수 또는 납입에 관한 사항을 포함한다). 다만, 수용의 방법으로 시행하는 경우는 제외한다.

9. 시행규정의 변경
10. 사업시행계획서의 변경
11. 토지등소유자 전체회의(신탁업자가 사업시행자인 경우로 한정한다)
12. 그 밖에 시·도조례로 정하는 사항

V. 사업시행계획인가의 절차

1. 재건축진단 결과 등의 검토

시장·군수등은 재건축진단의 결과와 도시계획 및 지역여건 등을 종합적으로 검토하여 사업시행계획인가 여부(제75조에 따른 시기 조정을 포함한다)를 결정하여야 한다(법 제12조 제6항).

2. 기반시설의 기부채납 기준준수

시장·군수등은 사업시행계획을 인가하는 경우 사업시행자가 제출하는 사업시행계획에 해당 정비사업과 직접적으로 관련이 없거나 과도한 정비기반시설의 기부채납을 요구하여서는 아니 된다(법 제51조 제1항).

국토교통부장관은 정비기반시설의 기부채납과 관련하여 정비기반시설의 기부채납 부담의 원칙 및 수준, 정비기반시설의 설치기준 등의 사항이 포함된 운영기준을 작성하여 고시할 수 있다(법 제51조 제2항).

시장·군수등은 운영기준의 범위에서 지역여건 또는 사업의 특성 등을 고려하여 따로 기준을 정할 수 있으며, 이 경우 사전에 국토교통부장관에게 보고하여야 한다(법 제51조 제3항).

3. 인·허가등의 의제에서의 절차

사업시행자가 사업시행계획인가를 받은 때(시장·군수등이 직접 정비사업을 시행하는 경우에는 사업시행계획서를 작성한 때를 말한다)에는 다음 각 호의 인가·허가·결정·승인·신고·등록·협의·동의·심사·지정 또는 해제(인·허가등)가 있은 것으로 보며, 사업시행계획인가의 고시가 있은 때에는 다음 각 호의 관계 법률에 따른 인·허가등의 고시·공고 등이 있은 것으로 본다(법 제57조 제1항).

1. 「주택법」 제15조에 따른 사업계획의 승인
2. 「공공주택특별법」 제35조에 따른 주택건설사업계획의 승인
3. 「건축법」 제11조에 따른 건축허가, 같은 법 제20조에 따른 가설건축물의 건축허가 또는 축조신고 및 같은 법 제29조에 따른 건축협의
4. 「도로법」 제36조에 따른 도로관리청이 아닌 자에 대한 도로공사 시행의 허가 및 같은 법 제61조에 따른 도로의 점용 허가
5. 「사방사업법」 제20조에 따른 사방지의 지정해제
6. 「농지법」 제34조에 따른 농지전용의 허가·협의 및 같은 법 제35조에 따른 농지전용신고
7. 「산지관리법」 제14조·제15조에 따른 산지전용허가 및 산지전용신고, 같은 법 제15조의2에 따른 산지일시사용허가·신고와 「산림자원법」 제36조 제1항·제5항에 따른 입목벌채등의 허가·신고 및 「산림보호법」 제9조 제1항 및 같은 조 제2항 제1호에 따른 산림보호구역에서의 행위의 허가. 다만, 「산림자원법」에 따른 채종림·시험림과 「산림보호법」에 따른 산림유전자원보호구역의 경우는 제외한다.
8. 「하천법」 제30조에 따른 하천공사 시행의 허가 및 하천공사실시계획의 인가, 같은 법 제33조에 따른 하천의 점용허가 및 같은 법 제50조에 따른 하천수의 사용허가
9. 「수도법」 제17조에 따른 일반수도사업의 인가 및 같은 법 제52조 또는 제54조에 따른 전용상수도 또는 전용공업용수도 설치의 인가
10. 「하수도법」 제16조에 따른 공공하수도 사업의 허가 및 같은 법 제34조 제2항에 따른 개인하수처리시설의 설치신고
11. 「공간정보관리법」 제15조 제4항에 따른 지도등의 간행 심사
12. 「유통산업발전법」 제8조에 따른 대규모점포등의 등록
13. 「국유재산법」 제30조에 따른 사용허가(재개발사업으로 한정한다)
14. 「공유재산법」 제20조에 따른 사용·수익허가(재개발사업으로 한정한다)
15. 「공간정보관리법」 제86조 제1항에 따른 사업의 착수·변경의 신고
16. 「국토계획법」 제86조에 따른 도시·군계획시설 사업시행자의 지정 및 같은 법 제88조에 따른 실시계획의 인가

17. 「전기안전관리법」 제8조에 따른 자가용전기설비의 공사계획의 인가 및 신고
18. 「소방시설법」 제6조 제1항에 따른 건축허가등의 동의, 「위험물관리법」 제6조 제1항에 따른 제조소등의 설치의 허가(제조소등은 공장건축물 또는 그 부속시설과 관계있는 것으로 한정한다)
19. 「공원녹지법」 제16조의2에 따른 공원조성계획의 결정

사업시행계획인가는 사업시행계획에 따른 대상 토지에서의 개발과 건축을 승인하여 주고, 의제조항에 따라 토지에 대한 수용권한 부여와 관련한 사업인정의 성격을 가진다. 따라서 어느 특정한 토지를 최초로 사업시행 대상 부지로 삼은 사업시행계획이 당연무효이거나 법원의 확정판결로 취소된다면 그로 인하여 의제된 사업인정도 효력을 상실한다. 이와 달리 특정한 토지를 최초로 사업시행 대상 부지로 삼은 최초의 사업시행계획인가가 효력을 유지하고 있고 그에 따라 의제된 사업인정의 효력 역시 유지되고 있는 경우라면, 특별한 사정이 없는 한 최초의 사업시행계획인가를 통하여 의제된 사업인정은 변경인가에도 불구하고 그 효력이 계속 유지된다.[86]

사업시행자가 공장이 포함된 구역에 대하여 재개발사업의 사업시행계획인가를 받은 때에는 제1항에 따른 인·허가등 외에 다음 각 호의 인·허가등이 있은 것으로 보며, 사업시행계획인가를 고시한 때에는 다음 각 호의 관계 법률에 따른 인·허가 등의 고시·공고 등이 있은 것으로 본다(법 제57조 제2항).

1. 「산업집적법」 제13조에 따른 공장설립등의 승인 및 같은 법 제15조에 따른 공장설립등의 완료신고
2. 「폐기물관리법」 제29조 제2항에 따른 폐기물처리시설의 설치승인 또는 설치신고(변경승인 또는 변경신고를 포함한다)
3. 「대기환경보전법」 제23조, 「물환경보전법」 제33조 및 「소음·진동관리법」 제8조에 따른 배출시설설치의 허가 및 신고
4. 「총포화약법」 제25조 제1항에 따른 화약류저장소 설치의 허가

사업시행자는 정비사업에 대하여 인·허가등의 의제를 받으려는 경우에는 사업시행계획인가를 신청하는 때에 해당 법률에서 정하는 관계 서류를 함께 제출하여야 한다. 다만, 사업시행계획인가를 신청한 때에 시공자가 선정되어 있지 아니하여 관계 서류를

86) 대법원 2018. 7. 26. 선고 2017두33978 판결.

제출할 수 없거나 천재지변이나 그 밖의 불가피한 사유로 긴급히 정비사업을 시행할 필요가 있어 사업시행계획인가를 하는 경우에는 시장·군수등이 정하는 기한까지 제출할 수 있다(법 제57조 제3항).

시장·군수등은 사업시행계획인가를 하거나 사업시행계획서를 작성하려는 경우 의제되는 인·허가등에 해당하는 사항이 있는 때에는 미리 관계 행정기관의 장과 협의하여야 하고, 협의를 요청받은 관계 행정기관의 장은 요청받은 날부터 30일 이내에 또는 사업시행계획인가를 신청한 때에 시공자가 선정되어 있지 아니하여 관계 서류를 제출할 수 없거나 천재지변이나 그 밖의 불가피한 사유로 긴급히 정비사업을 시행할 필요가 있어 사업시행계획인가를 하는 경우에는 서류가 관계 행정기관의 장에게 도달된 날부터 30일 이내에 의견을 제출하여야 한다. 이 경우 관계 행정기관의 장이 30일 이내에 의견을 제출하지 아니하면 협의된 것으로 본다(법 제57조 제4항).

시장·군수등은 사업시행계획서를 작성하려는 경우 또는 사업시행계획인가를 하려는 경우 정비구역부터 200m 이내에 교육시설이 설치되어 있는 때에는 해당 지방자치단체의 교육감 또는 교육장과 협의하여야 하며, 인가받은 사항을 변경하는 경우에도 또한 같다(법 제57조 제5항). 그러나 천재지변이나 그 밖의 불가피한 사유로 긴급히 정비사업을 시행할 필요가 있다고 인정하는 때에는 관계 행정기관의 장 및 교육감 또는 교육장과 협의를 마치기 전에 시장·군수등은 사업시행계획인가를 할 수 있다. 이 경우 협의를 마칠 때까지는 「주택법」, 「건축법」, 「산업집적법」, 「폐기물관리법」 등 개별법에 따른 인·허가등을 받은 것으로 보지 아니한다(법 제57조 제6항).

4. 의견청취

시장·군수등은 사업시행계획인가를 하거나 사업시행계획서를 작성하려는 경우에는 대통령령으로 정하는 방법 및 절차에 따라 관계 서류의 사본을 14일 이상 일반인이 공람할 수 있게 하여야 한다. 다만, ① 정비사업비를 10%의 범위에서 변경하거나 관리처분계획의 인가에 따라 변경하는 때(다만, 「주택법」 제2조 제5호에 따른 국민주택을 건설하는 사업인 경우에는 「주택도시기금법」에 따른 주택도시기금의 지원금액이 증가되지 아니하는 경우만 해당한다), ② 건축물이 아닌 부대시설·복리시설의 설치규모를 확대하는 때(위치가 변경되는 경우는 제외한다), ③ 대지면적을 10%의 범위에서 변경하는 때, ④ 세대수와 세대당 주거전용면적을 변경하지 않고 세대당 주거전용면적의 10%의 범위에서 세대 내부구조의 위치 또는 면적을 변경하는 때, ⑤ 내·외장재료를 변경하는 때, ⑥ 사업시행계획인가의 조건으로 부과된 사항의 이행에 따라 변경하는 때, ⑦ 건축물의 설계와 용도별 위치를 변경하지 아니하는 범위에서 건축물의 배치 및 주택단지 안의 도로선형을 변경하는 때, ⑧ 「건축법 시행령」 제12조 제3항 각 호의 어느 하나에 해당하는 사항을 변경하는 때, ⑨ 사업시행자의 명칭 또는 사무소 소재지를 변경하는 때, ⑩ 정비구역 또는 정비계획의 변경에 따라 사업시행계획서를 변경하는 때, ⑪ 조합설립변경인가에 따라 사업시행계획서를 변경하는 때, ⑫ 계산 착오, 오기, 누락이나 이에 준하는 명백한 오류에 해당하는 사항을 정정하는 때, ⑬ 사업시행기간을 단축하거나 연장하는 때[다만, 도시정비법 제73조 제1항 각 호에 해당하는 자가 소유하는 토지 또는 건축물(토지 또는 건축물의 소유자가 국가나 지방자치단체인 경우는 제외한다)의 취득이 완료되기 전에 사업시행기간을 연장하는 때는 제외한다], ⑭ 그 밖에 시·도조례로 정하는 사항을 변경하는 때 등 경미한 사항을 변경하려는 경우에는 그러하지 아니하다(법 제56조 제1항, 영 제46조).

토지등소유자 또는 조합원, 그 밖에 정비사업과 관련하여 이해관계를 가지는 자는 14일의 공람기간 이내에 시장·군수등에게 서면으로 의견을 제출할 수 있고(법 제56조 제2항), 시장·군수등은 제출된 의견을 심사하여 채택할 필요가 있다고 인정하는 때에는 이를 채택하고, 그러하지 아니한 경우에는 의견을 제출한 자에게 그 사유를 알려주어야 한다(법 제56조 제3항).

제4항 순환정비방식의 정비사업에서의 이주대책

Ⅰ. 의의

순환정비방식이란 도시개발법의 순환개발방식처럼 도시정비사업에서 주택의 소유자나 실제 거주하는 세입자가 임시로 거주할 수 있는 순환용주택을 설치하여 정비사업을 순차적으로 정비하는 정비사업의 방식을 말한다. 이것은 원주민의 재정착률을 제고하고, 인근 지역의 전세난을 완화하는 기능을 한다는 점에서 정비사업의 효용성을 높이는 데 일조하고 있다.

Ⅱ. 내용

사업시행자는 정비구역의 안과 밖에 새로 건설한 주택 또는 이미 건설되어 있는 주택의 경우 그 정비사업의 시행으로 철거되는 주택의 소유자 또는 정비구역에서 실제 거주하는 세입자를 임시로 거주하게 하는 등 그 정비구역을 순차적으로 정비하여 주택의 소유자 또는 세입자의 이주대책을 수립하여야 한다(법 제59조 제1항).

사업시행자는 순환정비방식으로 정비사업을 시행하는 경우에는 임시로 거주하는 주택(순환용주택)을 「주택법」 제54조에도 불구하고 임시거주시설로 사용하거나 임대할 수 있으며, 대통령령으로 정하는 방법과 절차에 따라 토지주택공사등이 보유한 공공임대주택을 순환용주택으로 우선 공급할 것을 요청할 수 있다(법 제59조 제2항).

사업시행자는 순환용주택에 거주하는 자가 정비사업이 완료된 후에도 순환용주택에 계속 거주하기를 희망하는 때에는 대통령령으로 정하는 바에 따라 분양하거나 계속 임대할 수 있다. 이 경우 사업시행자가 소유하는 순환용주택은 인가받은 관리처분계획에 따라 토지등소유자에게 처분된 것으로 본다(법 제59조 제3항).

제5절 | 정비사업 시행을 위한 조치

제1항 개관

사업시행자가 사업시행계획서를 작성하여 시장·군수등의 사업시행계획인가를 받으면 사업시행계획대로 정비사업을 진행하여야 한다. 정비사업을 시행하기 위해서는 여러 가지 구체적·개별적인 후속행위가 필요한데, 사업시행자는 주거환경개선사업 및 재개발사업의 시행으로 철거되는 주택의 소유자 또는 세입자를 위한 임시거주시설 등을 설치하여야 한다.

또한, 수용 후 공급방식의 정비사업에서는 사업시행자가 토지를 수용 또는 사용할 수 있고, 정비기반시설을 설치하여야 하며, 재건축사업의 경우 사업시행자는 매도청구권을 행사할 수도 있다.

이러한 일련의 조치가 사업시행계획인가 후의 절차로 정비사업을 위한 조치이지만 동시에 사업시행계획인가의 법적 효과로도 볼 수 있다. 사업시행계획 그 자체는 사업시행의 단계를 규율하기 위한 목적에서 인가되는 것이지만 이러한 일련의 후속행위의 기초가 되는 동시에 다음 단계의 절차를 개시할 수 있는 법적 기초를 제공한다.

제2항 임시거주시설·임시상가의 설치 및 보상

Ⅰ. 임시거주시설·임시상가의 설치

사업시행자는 주거환경개선사업 및 재개발사업의 시행으로 철거되는 주택의 소유자 또는 정비구역에서 실제 거주하는 세입자에게 해당 정비구역 안과 밖에 위치한 임대주택 등의 시설에 임시로 거주하게 하거나 주택자금의 융자를 알선하는 등 임시거주에 상응하는 조치를 하여야 한다(법 제61조 제1항).

사업시행자는 임시거주시설의 설치 등을 위하여 필요한 때에는 국가·지방자치단체, 그 밖의 공공단체 또는 개인의 시설이나 토지를 일시 사용할 수 있고(법 제61조 제2항), 국가 또는 지방자치단체는 사업시행자로부터 임시거주시설에 필요한 건축물이나 토지의 사용신청을 받은 때에는 임시거주시설의 설치를 위하여 필요한 건축물이나 토지에 대하여 제3자와 이미 매매계약을 체결하였거나 그에게 사용허가를 한 경우 또는 사용신청 이전에 임시거주시설의 설치를 위하여 필요한 건축물이나 토지에 대한 사용계획이 확정된 경우의 사유가 없으면 이를 거절하지 못한다. 이 경우 사용료 또는 대부료는 면제한다(법 제61조 제3항, 영 제53조).

사업시행자는 정비사업의 공사를 완료한 때에는 완료한 날부터 30일 이내에 임시거주시설을 철거하고, 사용한 건축물이나 토지를 원상회복하여야 한다(법 제61조 제4항).

재개발사업의 사업시행자는 사업시행으로 이주하는 상가세입자가 사용할 수 있도록 정비구역 또는 정비구역 인근에 임시상가를 설치할 수 있다(법 제61조 제5항).

II. 임시거주시설·임시상가 설치에 대한 손실보상

사업시행자는 지방자치단체를 제외한 공공단체 또는 개인의 시설이나 토지를 일시 사용함으로써 손실을 입은 자가 있는 경우에는 손실을 보상하여야 하며, 손실을 보상하는 경우에는 손실을 입은 자와 협의하여야 하고(법 제62조 제1항),[87] 사업시행자 또는 손실을 입은 자는 손실보상에 관한 협의가 성립되지 아니하거나 협의할 수 없는 경우에는 「토지보상법」에 따라 설치되는 관할 토지수용위원회에 재결을 신청할 수 있다(법 제62조 제2항).

제3항 토지수용권의 부여

I. 개관

헌법 제23조 제3항은 "공공필요에 의한 재산권의 수용·사용 또는 제한 및 그에 대한 보상은 법률로써 하되, 정당한 보상을 지급하여야 한다"라고 규정하여 공공필요에 의한 공용수용을 명문으로 인정하고 있다. 이러한 재산권보장의 제한과 보상을 구체적으로 입법한 것이 토지보상법이고, 도시정비법상 토지의 수용과 보상에 대하여 토지보상법은 일반법적 성격을 갖는다. 그러므로 도시정비법은 동법에서 정한 사항 외에는

87) 대법원 2016. 12. 15. 선고 2016두49754 판결(이사비 보상대상자는 공익사업시행지구에 편입되는 주거용 건축물의 거주자로서 공익사업의 시행으로 인하여 이주하게 되는 자로 보는 것이 타당하다. 이러한 취지는 도시 및 주거환경정비법에 따른 정비사업의 경우에도 마찬가지이다).

토지보상법을 준용하는 형식을 취하고 있다(법 제65조 제1항).

헌법 제23조 제3항은 정당한 보상을 전제로 하여 재산권의 수용 등에 관한 가능성을 규정하고 있지만, 재산권수용의 주체를 한정하지 않고 있다. 이는 재산의 수용과 관련하여 그 수용의 주체가 국가 등에 한정되어야 하는지, 아니면 사인에게도 허용될 수 있는지 여부에 대하여 헌법이라는 규범적 층위에서는 구체적으로 결정된 내용이 없다는 점을 의미한다. 오히려 헌법조항의 핵심은 당해 수용이 공공필요에 부합하는가, 정당한 보상이 지급되고 있는가 여부 등에 있는 것이지, 그 수용주체가 국가인지 사인인지 여부에 있는 것은 아니다. 수용에 공공필요성이 인정되고 정당한 보상이 지급된다면 조합이 수용권한을 가지는 것이 특별히 문제된다고 볼 수는 없기 때문이다.[88]

그러므로 재개발사업에서 조합이 수용주체가 된다 하더라도 그에게 수용권을 부여하는 것은 사업시행계획인가를 행하는 시장·군수인바, 이는 궁극적으로 수용에 요구되는 공공필요성 등에 대한 최종적인 판단권한이 국가 등과 같은 공적 기관에게 유보되어 있다는 것이고, 이는 곧 조합의 토지수용이 헌법적 정당성을 획득하였음을 의미한다.[89]

II. 정비사업에서의 토지수용

1. 재건축사업의 예외적 토지수용

사업시행자는 정비구역에서 정비사업(재건축사업의 경우에는 제26조 제1항 제1호 및 제27조 제1항 제1호에 해당하는 사업으로 한정한다)을 시행하기 위하여 「토지보상법」 제3조에 따른 토지·물건 또는 그 밖의 권리를 취득하거나 사용할 수 있다(법 제63조).

그런데 여기서 주의할 점은 재개발사업에 대해서는 사업시행자에게 토지수용권이 부여되나, 재건축사업에서는 원칙적으로 매도청구권만 인정되고 토지수용권은 인정되지 않는다는 것이다.

88) 헌법재판소 2019. 11. 28. 선고 2017헌바241 결정.
89) 헌법재판소 2009. 9. 24. 선고 2007헌바114 결정; 헌법재판소 2011. 11. 24. 선고 2010헌가95 결정.

판례 도시 및 주거환경정비법 제38조 위헌제청
(헌법재판소 2011. 11. 24. 선고 2010헌가95 결정)

주택재건축사업과 달리 도시환경정비사업의 경우 그 시행자에게 수용권을 부여한 것은 그 사업 성격의 차이를 반영한 합리적 차별이라 할 것이고, 도시환경정비사업의 경우 피수용자는 개발이익이 배제된 보상금을 지급받는데 반해 주택재건축사업의 경우 매도청구의 상대방은 시가 상당의 매매대금을 지급받음으로써 개발이익이 포함된 가격으로 보상을 받는다 하더라도 이는 수용과 매도청구가 그 행사로 인한 법률관계의 성질을 달리함에 기인하는 것으로 그 차별에는 합리적인 이유가 인정되므로 평등원칙에 반한다고 할 수 없다.

재개발사업은 정비기반시설이 열악하고 노후·불량건축물이 밀집한 지역에서 주거환경을 개선하기 위하여 시행되므로 원칙적으로 조합이 사업시행자가 되고, 환지방식이나 관리처분계획방식으로 사업이 진행된다.[90] 그러나 재건축사업은 정비기반시설은 양호하나 노후·불량건축물에 해당하는 공동주택이 밀집한 지역에서 주거환경을 개선하기 위한 사업이기 때문에 노후화된 '건축물' 자체에 관심을 가진다는 점에서 양자는 차이를 보인다. 이러한 특징으로 인하여 재건축사업은 토지를 교환하는 환지방식으로 시행하지 못하고 관리처분계획방식으로만 사업시행이 가능하다.

이러한 차이점으로 인하여 도시정비법은 재건축사업에 대하여는 사업시행자에게 토지수용권을 부여하지 않는 대신 재건축사업에 동의하지 않는 자에 대하여 매도청구를 할 수 있도록 하고 다만 예외적으로 공공사업으로서의 성격이 강한 경우, 즉 천재지변, 「재난안전법」 제27조 또는 「시설물안전법」 제23조에 따른 사용제한·사용금지, 그 밖의 불가피한 사유로 긴급하게 정비사업을 시행할 필요가 있다고 인정하는 때에만 토지주택공사등의 공공시행자 또는 지정개발자에게 수용권을 부여한 것이다(법 제63조).

이는 통상적인 재건축사업 추진절차로서는 주거의 안정이라는 목적을 달성할 수 없는, 시간적 긴급성과 신속성이 요구되는 경우에 한하여 수용권을 부여한 것으로서 재건축사업이 기본적으로 민간주도의 정비사업이므로 재건축에 동의하지 않는다는 이유로 수용하도

90) 헌법재판소 2019. 11. 28. 선고 2017헌바241 결정(주택재개발사업은 정비기반시설이 열악하고 노후·불량건축물이 밀집한 지역에서 주거환경을 개선하기 위하여 시행하는 사업인바, 주민의 건강과 안전보호, 지속가능한 주거생활의 질적 향상과 도시환경의 개선을 위하여 추진되는 주택재개발사업을 위한 수용은 그 공공필요성이 인정된다).

록 하는 것은 불합리하다는 점을 감안하여 수용권을 제한적으로 인정한 것이다.91)

주택재건축사업에서 사업시행자의 매도청구권 행사의 상대방인 현금청산대상자에게는 개발이익이 포함된 시가에 따른 보상이 이루어지므로 수용절차를 통하여 개발이익이 제외된 보상을 받는 주택재개발사업의 경우에 비해 불합리한 차별이 있다고 볼 수 없고, 주택재개발사업과는 달리 현금청산대상자에 대한 이주대책 등을 마련되지 않더라도 이는 사업성격의 차이를 반영한 합리적인 차별이므로 평등원칙에 반하지 않는다는 것이 헌법재판소의 입장이다.92)

2. 세입자에 대한 손실보상

공익사업으로 인하여 이주하게 된 주거용 건축물 세입자의 주거이전비 보상청구권은 공법상의 권리이고, 이러한 보상청구권은 그 요건을 충족하는 경우에 당연히 발생하는 것이므로 주거이전비 보상청구소송은 행정소송법 제3조 제2호에 규정된 당사자소송에 의하여야 한다. 다만, 도시정비법 제65조 제1항에 따라 준용되는 토지보상법의 각 조문을 종합하여 보면, 세입자의 주거이전비 보상에 관하여 재결이 이루어진 다음 세입자가 보상금의 증감 부분을 다투는 경우에는 토지보상법 제85조 제2항에 따른 보상금증감청구소송으로, 보상금의 증감 이외의 부분을 다투는 경우에는 동조 제1항에 규정된 행정소송에 따라 권리구제를 받을 수 있다.93)

Ⅲ. 사업인정·고시와 재결신청

정비구역에서 정비사업의 시행을 위한 토지 등에 대한 수용에 대해서는 수용의 일반법인 「토지보상법」을 준용한다. 따라서 사업시행계획인가 고시가 있은 때 또는 시장·군수등이 직접 정비사업을 시행하는 경우에는 사업시행계획서의 고시가 있은 때에는 「토지보상법」 제20조 제1항 및 제22조 제1항에 따른 사업인정 및 그 고시가 있은 것으로 본다(법 제65조 제2항).94)

91) 헌법재판소 2011. 11. 24. 선고 2010헌가95 결정; 헌법재판소 2014. 1. 28. 선고 2011헌바363 결정.

92) 헌법재판소 2012. 11. 29. 선고 2011헌바224 결정.

93) 대법원 2008. 5. 29. 선고 2007다8129 판결; 대법원 2019. 4. 23. 선고 2018두55326 판결.

94) 대법원 1994. 11. 11. 선고 93누19375 판결(사업인정은 수용권을 설정해 주는 행정처분으로서 이에 따라 수용할 목적물의 범위가 확정되고, 수용권자가 목적물에 대한 현재 및 장래의 권리자에게 대항

그렇지만 수용 또는 사용에 대한 재결신청은「토지보상법」제23조 및 제28조 제1항에도 불구하고 사업시행계획인가 및 사업시행계획변경인가를 할 때 정한 사업시행기간 이내에 하여야 한다(법 제65조 제3항).

대지 또는 건축물을 현물보상하는 경우에는「토지보상법」제42조에도 불구하고 준공인가 이후에도 할 수 있다(법 제65조 제4항).

제4항 재건축사업에서의 매도청구

Ⅰ. 의의

1. 개념

매도청구권이란 재건축사업에 반대하는 자들의 소유권을 확보하기 위한 것으로 재건축사업의 시행자가 재건축사업을 시행함에 조합설립 또는 사업시행자 지정에 동의하지 아니한 토지등소유자와 건축물 또는 토지만 소유한 자에게 건축물 또는 토지의 소유권과 그 밖의 권리를 매도할 것을 청구할 수 있는 권리를 말한다.

도시정비법상의 매도청구권은 집합건물법 제48조의 구분소유권의 매도청구 조항이 원형으로 재개발사업에서의 토지수용권에 대응하는 재건축사업의 토지 소유권 확보의 공법적 수단이다. 이러한 매도청구권은 재건축사업의 원활한 진행을 위하여 도시정비법이 재건축 불참자의 의사에 반하여 그 재산권을 박탈할 수 있도록 특별히 규정한 것으로서 그 실질이 헌법 제23조 제3항의 공용수용과 같다고 볼 수 있다.[95]

집합건물법에 따른 매도청구권 역시 재건축 비동의자에 대한 과도한 기본권제한이라는 비판에도 불구하고 합헌적인 제도로 인정받았으나,[96] 헌법의 수권에 따라 재산권을 박탈하는 근거조항을 민사법인 집합건물법에 의존한다는 것은 법체계에 부합하지 않는다는 비판이 있었고, 이를 보완한 것이 도시정비법의 매도청구권이다.

할 수 있는 공법상 권한이 생긴다).

95) 대법원 2008. 7. 10. 선고 2008다12453 판결; 대법원 2009. 3. 26. 선고 2008다21549, 21556, 21563 판결; 헌법재판소 1999. 9. 16. 선고 97헌바73, 98헌바62, 98헌바60 결정 등 참조.

96) 대법원 1999. 12. 10. 선고 98다36344 판결(집합건물법 제48조 제4항 소정의 매도청구권은 재건축을 가능하게 하기 위한 최소한의 필요조건이라 할 것이므로, 재건축제도를 인정하는 이상 같은 조항 자체를 가지고 재건축 불참자의 기본권을 과도하게 침해하는 위헌적인 규정이라고 할 수 없으며).

2. 입법배경

도시정비법 제정 당시의 입법안에 의하면 주택재건축사업에서 사업에 반대하는 주택 또는 상가소유자의 재산을 매도청구를 통하여 확보하는 것은 사업시행에 많은 기간이 소요되어 조합원 피해가 막대하므로 주택재건축사업에는 토지수용권을 부여하고, 정비구역 지정 없이 추진하는 소규모사업은 매도청구를 통한 사업추진 방안이 입안되어 있었다.

그런데 규제개혁위원회의 도시정비법제정법률안에 대한 신설·강화규제 심사결과, 토지수용은 공공복리를 위한 사업의 경우에도 꼭 필요한 경우에 국한하는 것이 원칙이므로 기본적으로 민간시행 사업인 주택재건축사업에 동의하지 않는다는 이유로 토지수용권이 부여되는 것은 불합리한 조치로 보이고, 주택재건축사업의 경우 토지분할청구가 가능하므로 이를 통하거나 매수 등의 방법으로 추진함이 바람직하다는 판단에 따라 현재처럼 주택재건축사업의 경우에는 예외적인 경우를 제외하고는 토지 등의 수용권을 부여하지 않게 되었다.[97)]

이에 대하여 헌법재판소도 주택재건축사업은 주택재개발사업에 비하여 국가개입이 약한 방법으로 진행되고, 사업에 동의한 자로 구성된 조합의 결성을 통하여 진행된다는 점에서 주택재개발사업과 비교하여 그 공공성·강제성의 정도에 차이가 있으므로 주택재건축사업의 시행자에게 토지 등 수용권을 부여하지 않는 대신 주택재건축사업에 동의하지 않는 자에 대하여 매도청구를 할 수 있도록 한 것이 재산권보장이나 평등원칙에 반한다고 볼 수 없다고 하였다.[98)]

재건축사업 시행자에게 매도청구권을 부여한 것은 노후·불량주택을 재건축하여 도시환경을 개선하고 주거생활의 질을 높인다는 공공복리를 실현하기 위한 것으로 매도청구권 행사의 요건이나 절차·기간 등을 제한함으로써 상대방의 이익을 충분히 보장하고 있으므로 매도청구권 제도의 의의와 기능은 물론 헌법적 정당성까지 충분히 담보된다고 볼 것이다.

---

97) 헌법재판소 2014. 1. 28. 선고 2011헌바363 결정.

98) 헌법재판소 2010. 12. 28. 선고 2008헌마571 결정; 헌법재판소 2012. 12. 27. 선고 2012헌바27 결정; 헌법재판소 2020. 11. 26. 선고 2018헌바407 결정 등.

3. 성격

매도청구권은 명칭은 청구권으로 되어 있으나, 재건축사업의 매도청구권이 재개발사업의 토지수용권에 대응하며 이와 유사한 기능을 가지므로 형성권으로 해석된다. 따라서 상대방의 동의나 승낙을 기다리지 않고 청구권행사의 의사표시가 상대방에게 도달한 때에 곧바로 시가에 의한 매매계약이 성립하고, 조합설립인가 무렵 곧바로 소유권을 상실하거나 토지 등을 인도하여야 하는 것이 아니므로 소유권은 이전등기가 경료된 때에 이전된다.[99)]

재개발사업 등에서 수용보상금의 산정이 개발이익을 배제한 수용 당시의 공시지가에 의하는 것과는 달리 재건축사업의 매도청구권 행사의 기준인 '시가'는 재건축으로 인하여 발생할 것으로 예상되는 개발이익이 포함된 가격을 말한다.[100)]

판례 **소유권이전등기등(대법원 2014. 12. 11. 선고 2014다41698 판결)**

도시 및 주거환경정비법에 의한 주택재건축사업의 시행자가 같은 법 제39조 제2호에 따라 토지만 소유한 사람에게 매도청구권을 행사하면 매도청구권 행사의 의사표시가 도달함과 동시에 토지에 관하여 시가에 의한 매매계약이 성립하는데, 이때의 시가는 매도청구권이 행사된 당시의 객관적 거래가격으로서, 주택재건축사업이 시행되는 것을 전제로 하여 평가한 가격, 즉 재건축으로 인하여 발생할 것으로 예상되는 개발이익이 포함된 가격을 말한다.

II. 매도청구권의 행사

1. 사업시행자의 최고

재건축사업의 사업시행자는 사업시행계획인가의 고시가 있은 날부터 30일 이내에 조합설립에 동의하지 아니한 자와 시장·군수등, 토지주택공사등 또는 신탁업자의 사업시행자 지정에 동의하지 아니한 자에게 조합설립 또는 사업시행자의 지정에 관한 동의여부를 회답할 것을 서면으로 촉구하여야 한다(법 제64조 제1항).

---

99) 대법원 2009. 3. 26. 선고 2008다21549, 21556, 21563 판결; 대법원 2014. 5. 29. 선고 2011다46128, 2013다69057 판결; 대법원 2014. 12. 11. 선고 2014다41698 판결 등.

100) 대법원 2014. 7. 24. 선고 2012다62561, 62578 판결; 헌법재판소 2022. 5. 26. 선고 2020헌바544 결정.

이와 관련하여 구 도시정비법 제39조는 사업시행자는 주택재건축사업을 시행하면서 건축물 또는 토지만 소유한 자의 토지 및 건축물에 대하여는「집합건물법」제48조의 규정을 준용하여 매도청구를 할 수 있다고 규정하고 있었으나, 현행법에는 준용규정이 삭제되었다. 따라서 재건축조합이 '주택단지가 아닌 지역' 안에 있는 토지 또는 건축물만을 소유한 자에 대하여 매도청구를 함에 있어서 그 매도청구 전에 집합건물법 제48조 제1항[101]에서 정한 최고절차를 거치지 않아도 된다고 해석된다.[102] 집합건물법의 매도청구권은 헌법상의 공공필요에 의한 토지수용에 갈음하는 제도라기보다는 건물의 구분소유자들간의 재산권의 내용을 합리적으로 조정하고 제한하는 취지가 보다 강하므로 집합건물법에 대한 준용규정이 삭제된 지금, 도시정비법상의 최고절차로도 충분하기 때문이다.

최고는 반드시 서면으로 하여야 하고, 횟수의 제한은 없으나 수차례 최고시에는 매도청구권의 행사개시 시점은 최초의 최고를 수령한 날부터 기산한다. 최고서에는 재건축 의결사항이 구체적으로 적시되어야 최고로서의 효력을 발생한다.

2. 최고에 대한 회답

조합설립 동의여부 등의 회답을 촉구 받은 토지등소유자는 촉구를 받은 날부터 2개월 이내에 회답하여야 한다(법 제64조 제2항). 2개월 내에 회답하지 아니한 경우 그 토지등소유자는 조합설립 또는 사업시행자의 지정에 동의하지 아니하겠다는 뜻을 회답한 것으로 본다(법 제64조 제3항). 회답기간 2개월은 재고기간 또는 숙려기간으로 해석상 연장은 가능하나, 단축은 허용되지 않는다고 보아야 할 것이다.

3. 사업시행자의 매도청구

회답기간 2개월이 지나면 사업시행자는 그 기간이 만료된 때부터 2개월 이내에 조합설립 또는 사업시행자 지정에 동의하지 아니하겠다는 뜻을 회답한 토지등소유자와 건축물 또는 토지만 소유한 자에게 건축물 또는 토지의 소유권과 그 밖의 권리를 매도

---

101) 제48조(구분소유권 등의 매도청구 등) ① 재건축의 결의가 있으면 집회를 소집한 자는 지체 없이 그 결의에 찬성하지 아니한 구분소유자(그의 승계인을 포함한다)에 대하여 그 결의 내용에 따른 재건축에 참가할 것인지 여부를 회답할 것을 서면으로 촉구하여야 한다.

102) 대법원 2010. 5. 27. 선고 2009다95516 판결 참조.

할 것을 청구할 수 있다(법 제64조 제4항). 매도청구권은 조합설립에 동의하지 아니한 자에 대해서만 행사할 수 있는 것으로 조합설립인가 전에 조합설립에 동의한 토지등소유자는 그 소유 부동산을 양도하였다는 등 특별한 사정이 없는 한 분양신청기간 만료일까지 분양신청을 하지 아니하여 현금청산대상자가 되지 않는 이상 조합원 지위를 유지하므로 이를 행사하더라도 본래의 효력이 발생할 수 없다고 할 것이다.[103)]

사업시행자의 최고와는 달리 매도청구권의 행사방법은 아무런 제한이 없어 구두·서면이 가능하나, 입증의 편의상 서면으로 하여야 할 것이다.

매도청구권의 행사기간은 매도청구 상대방의 정당한 법적 이익을 보호하고 조속한 법률관계 확정을 위하여 그 행사기간을 법에서 제한한 것으로 제척기간으로 해석되며, 그 기간 내에 사업시행자가 행사하지 않으면 매도청구권은 소멸된다고 보아야 한다.

4. 투기과열지구에서의 매도청구

투기과열지구 안에서 시행하는 재건축사업에서 조합설립인가 후 정비사업의 건축물 또는 토지를 양수한 자는 재건축조합원이 될 수 없으므로 사업시행자는 법 제73조 제1항을 준용하여 손실보상에 관한 협의를 하여야 하고, 협의가 성립되지 않으면 그 기간 만료일 다음 날부터 60일 이내에 매도청구소송을 제기하여야 한다(법 제73조 제1항 및 제2항).

따라서 투기과열지구로 지정된 지역에서 재건축 조합설립인가 후 해당 정비사업의 건축물·토지를 양수한 자는 조합원이 될 수 없으므로 사업시행자가 양수인으로부터 해당 건축물·토지를 취득하기 위하여 협의를 진행하였으나 협의가 성립되지 아니한 경우 도시정비법 제73조 제2항을 준용하여 건축물·토지에 관한 매도청구권을 행사하는 것은 재건축사업의 시행을 위한 것으로서 허용된다.

그러나 재건축사업시행자가 양수인이 조합원 자격을 취득할 수 없음을 간과하고 해당 양수인에게 대지 또는 건축물을 분양하는 것을 내용으로 하는 관리처분계획의 변경 및 이전고시가 이루어지고, 양수인이 그에 따른 권리를 취득하기에 이른 경우라면 그러한 관리처분계획·이전고시의 효력을 다투는 것은 별론으로 하고, 양수인이 취득한 대지 등에 대하여 도시정비법 제73조 제2항에 따라 매도청구를 하는 것은 재건축사업의 시행과 무관하여 허용되지 않는다.[104)]

---

103) 대법원 2012. 11. 15. 선고 2010다95338 판결.

104) 대법원 2023. 11. 2. 선고 2022다290327, 290334 판결.

Ⅲ. 소유자의 확인이 곤란한 건축물 등에 대한 처분

① 조합이 사업시행자가 되는 경우에는 조합설립인가일, ② 토지등소유자가 시행하는 재개발사업의 경우에는 사업시행계획인가일, ③ 시장·군수등이 직접 또는 토지주택공사등이 사업시행자로 지정되어 정비사업을 시행하는 경우에는 지방자치단체 공보에의 고시일, ④ 지정개발자를 사업시행자로 지정하는 경우에는 지방자치단체 공보에의 고시일 현재 건축물 또는 토지의 소유자의 소재확인이 현저히 곤란한 때에는 전국적으로 배포되는 둘 이상의 일간신문에 2회 이상 공고하고, 공고한 날부터 30일 이상이 지난 때에는 그 소유자의 해당 건축물 또는 토지의 감정평가액에 해당하는 금액을 법원에 공탁하고 정비사업을 시행할 수 있다(법 제71조 제1항).

이 조항은 소재가 확인되지 않는다는 이유만으로 토지등소유자의 수에서 제외되는 토지 또는 건축물 소유자는 자신의 의사가 전혀 반영되지 않은 채 소유물이 처분되는 결과에 이를 수 있다는 점을 고려할 때 적용에 신중을 기하여야 한다. 조합설립인가처분 이전에 이미 사망한 토지 또는 건축물 소유자를 소재가 확인되지 않는다는 이유로 토지등소유자의 수에서 제외하기 위해서는 토지 또는 건축물 소유자의 상속인의 존재 및 소재를 확인하기 위한 가능하고도 충분한 노력을 다하였음에도 그러한 사실을 확인할 수 없음이 분명한 경우이어야 한다.105)

재건축사업을 시행하는 경우 조합설립인가일 현재 조합원 전체의 공동소유인 토지 또는 건축물은 조합 소유의 토지 또는 건축물로 보고(법 제71조 제2항), 조합 소유로 보는 토지 또는 건축물의 처분에 관한 사항은 관리처분계획에 명시하여야 한다(법 제71조 제3항).

제5항 정비기반시설의 설치 및 귀속

Ⅰ. 정비기반시설의 설치

사업시행자는 관할 지방자치단체의 장과의 협의를 거쳐 정비구역에 정비기반시설을 설치하여야 하고, 주거환경개선사업의 경우에는 공동이용시설을 포함한다(법 제96조). 공동이용시설이란 주민이 공동으로 사용하는 놀이터·마을회관·공동작업장, 공동

105) 대법원 2014. 5. 29. 선고 2012두11041 판결.

으로 사용하는 구판장·세탁장·화장실 및 수도, 탁아소·어린이집·경로당 등 노유자시설, 이와 유사한 용도의 시설로서 시·도조례로 정하는 시설을 말한다(법 제2조 제5호, 영 제4조).

여기에서 주의하여야 할 점은 무상귀속과 관련된 정비기반시설에 해당하는 도로는 「국토계획법」에 따라 도시·군관리계획으로 결정되어 설치된 도로, 「도로법」에 따라 도로관리청이 관리하는 도로, 「도시개발법」 등 다른 법률에 따라 설치된 국가 또는 지방자치단체 소유의 도로, 그 밖에 「공유재산법」에 따른 공유재산 중 일반인의 교통을 위하여 제공되고 있는 부지에 해당하는 것을 말한다는 것이다(법 제97조 제3항).

II. 정비기반시설 및 토지 등의 귀속

1. 행정청인 사업시행자

시장·군수등 또는 토지주택공사등이 정비사업의 시행으로 새로 정비기반시설을 설치하거나 기존의 정비기반시설을 대체하는 정비기반시설을 설치한 경우에는 「국유재산법」 및 「공유재산법」에도 불구하고 종래의 정비기반시설은 사업시행자에게 무상으로 귀속되고, 새로 설치된 정비기반시설은 그 시설을 관리할 국가 또는 지방자치단체에 무상으로 귀속된다(법 제97조 제1항).

시장·군수등은 정비기반시설의 귀속 및 양도에 관한 사항이 포함된 정비사업을 시행하거나 그 시행을 인가하려는 경우에는 미리 그 관리청의 의견을 들어야 한다. 인가받은 사항을 변경하려는 경우에도 또한 같다(법 제97조 제4항).

2. 민간 사업시행자

시장·군수등 또는 토지주택공사등이 아닌 사업시행자가 정비사업의 시행으로 새로 설치한 정비기반시설은 그 시설을 관리할 국가 또는 지방자치단체에 무상으로 귀속되고, 정비사업의 시행으로 용도가 폐지되는 국가 또는 지방자치단체 소유의 정비기반시설은 사업시행자가 새로 설치한 정비기반시설의 설치비용에 상당하는 범위에서 그에게 무상으로 양도된다(법 제97조 제2항). 그러므로 신규 기반시설의 설치비용이 용도폐지되는 종전 기반시설의 가액을 초과하는 경우에는 종전 기반시설은 전부가 사업시행자에게 무상양도되어야 하므로 사업시행 인가관청이 사업시행인가처분 등을 통하여 그 중

일부를 무상양도 대상에서 제외하는 것은 특별한 사정이 없는 한 위법하다.[106)]

이 규정은 '정비사업의 시행으로 새로이 설치한 정비기반시설'을 국가 또는 지방자치단체에 무상귀속되게 함으로써 정비사업 과정에서 필수적으로 요구되는 정비기반시설을 원활하게 확보하고 그 시설을 효율적으로 유지 · 관리한다는 공법상 목적을 달성하며, 아울러 무상귀속으로 인한 사업시행자의 재산상 손실을 합리적인 범위 안에서 보전해 주는 데 입법취지가 있다.[107)] 그렇기 때문에 도시정비법 제97조 제2항은 정비기반시설의 설치와 관련된 비용의 적정한 분담과 그 시설의 원활한 확보 및 효율적인 유지 · 관리의 관점에서 정비기반시설과 그 부지의 소유 · 관리 · 유지 관계를 정한 규정으로서의 성격을 가진다.[108)]

이러한 입법취지와 무상귀속 규정의 성격에 비추어 보면, 이는 민간 사업시행자에 의하여 새로 설치될 정비기반시설의 설치비용에 상당하는 범위 안에서 용도폐지될 정비기반시설의 무상양도를 강제하는 강행규정이므로,[109)] 위 규정을 위반하여 사업시행자와 국가 또는 지방자치단체 간에 체결된 매매계약 등은 무효이다.[110)]

또한, 정비기반시설의 소유권 귀속에 관한 국가 또는 지방자치단체와 민간 정비사업시행자 사이의 법률관계는 공법상의 법률관계로 보아야 한다. 따라서 정비기반시설의 소유권 귀속에 관한 소송은 공법상의 법률관계에 관한 소송으로서 행정소송법 제3조 제2호에서 규정하는 당사자소송에 해당한다.[111)]

3. 관리청에 대한 통지 및 등기

사업시행자는 관리청에 귀속될 정비기반시설과 사업시행자에게 귀속 또는 양도될 재산의 종류와 세목을 정비사업의 준공 전에 관리청에 통지하여야 하며, 해당 정비기반시설은 그 정비사업이 준공인가되어 관리청에 준공인가통지를 한 때에 국가 또는 지방자치단체에 귀속되거나 사업시행자에게 귀속 또는 양도된 것으로 본다(법 제97조 제5항).[112)]

106) 대법원 2014. 2. 21. 선고 2011두20871 판결.

107) 대법원 2007. 7. 12. 선고 2007두6663 판결; 대법원 2018. 7. 26. 선고 2015다221569 판결.

108) 헌법재판소 2013. 10. 24. 선고 2011헌바355 결정.

109) 대법원 2007. 7. 12. 선고 2007두6663 판결.

110) 대법원 2009. 6. 11. 선고 2008다20751 판결; 대법원 2014. 1. 29. 선고 2013다200483 판결.

111) 대법원 2018. 7. 26. 선고 2015다221569 판결.

112) 대법원 2020. 1. 16. 선고 2019두53075 판결(사업시행자가 용도폐지되는 정비기반시설을 구성하는 부동산을 취득하는 것은 무상의 승계취득에 해당하는데, 이에 대한 취득세 납세의무 성립일인 취득시기는 같은 법 제65조 제4항에서 정한 '정비사업이 준공인가되어 관리청에 준공인가통지를 한 때'

귀속 또는 양도된 정비기반시설에 대한 등기의 경우 정비사업의 시행인가서와 준공인가서(시장·군수등이 직접 정비사업을 시행하는 경우에는 사업시행계획인가의 고시와 공사완료의 고시를 말한다)는 「부동산등기법」에 따른 등기원인을 증명하는 서류를 갈음한다(법 제97조 제6항).

Ⅲ. 정비기반시설 무상귀속에 관한 쟁점

1. 정당보상원칙의 적용

정비기반시설의 무상귀속이 헌법상 재산권제한의 제도 내에서 어떠한 법적 성격을 가지는지를 판단함에서는 개개의 토지에 대한 제한의 효과를 개별적으로 분석할 것이 아니라 전체 토지에 대한 제한의 효과를 종합적이고 유기적으로 파악하여 그 제한의 성격을 이해하여야 한다.[113]

정비기반시설의 무상귀속에 관한 도시정비법 제97조는 정비기반시설의 설치와 관련된 비용의 적정한 분담과 그 시설의 효율적인 유지·관리를 위하여 정비기반시설과 그 부지의 소유권을 국가 또는 지방자치단체에 귀속시키는 입법수단을 선택하고 있다. 이 조항은 사업시행자에게 부과된 원인자 또는 수익자부담금의 성격을 띠고 있어 결국 사업시행자나 입주민들이 납부하여야 할 부담금에 대신하여 사업시행자가 이를 직접 설치하여 국가 등에게 무상귀속시킨 것에 지나지 않는다.[114]

이러한 논거에서 국가 등에 대한 정비기반시설의 소유권귀속은 헌법 제23조 제3항의 수용에 해당하지 않고, 이 조항이 그에 대한 보상의 의미를 가지는 것도 아니므로 헌법상 정당한 보상의 원칙이 적용될 여지가 없다.[115]

2. 기능대체성의 문제

국유재산법 제55조 제1항에 의하면 국가사무에 사용하던 재산을 그 사무를 이관받은 지방자치단체가 계속하여 그 사무에 사용하는 일반재산 등의 행정재산을 용도폐지

라고 봄이 타당하다).

113) 헌법재판소 2003. 8. 21. 선고 2000헌가11 결정 등.

114) 헌법재판소 2012. 7. 26. 선고 2011헌마169 결정.

115) 헌법재판소 2013. 10. 24. 선고 2011헌바355 결정.

하는 경우 그 용도에 사용될 대체시설을 제공한 자에게 일반재산을 양여할 수 있다. 용도폐지된 행정재산과 대체시설간에는 기능대체성을 요구하여 이를 충족한 자에게 일반재산의 양여를 허용하고 있는 것이다.

이러한 국유재산법의 기능대체성 요건이 도시정비법에 따른 정비기반시설의 귀속에서도 적용될 수 있는가의 문제가 등장한다. 도시정비법 제97조 제1항은 행정청이 사업시행자인 경우의 정비기반시설의 귀속에서 '기존의 정비기반시설을 대체하는 정비기반시설을 설치한 경우'라는 표현을 사용하여 이른바 신·구 정비기반시설간의 기능대체성을 그 요건으로 규정하고 있는데 반하여, 민간 사업시행자인 경우 제2항에서는 기능대체성 요건을 규정하고 있지 않기 때문이다.

민간 사업시행자의 경우에도 행정청과 마찬가지로 신·구 정비기반시설간의 기능대체성 요건이 필요한지에 대하여 논란이 있으나, 지배적인 견해는 법문언에 따라 신·구 정비기반시설간의 기능대체성은 필요하지 않은 것으로 보고 있다.[116]

대법원도 도시정비법 제97조 제2항 후단 규정은 '용도가 폐지되는 정비기반시설은 새로이 설치한 정비기반시설의 설치비용에 상당하는 범위 내에서' 무상양도하도록 규정하고 있어 반드시 같은 종류의 정비기반시설의 설치비용 범위 내에서 무상양도하라고 한정하고 있지 아니하고, 달리 이 조항의 정비기반시설을 '같은 종류'의 정비기반시설이라고 한정하여 해석할 근거가 없으므로 '용도폐지되는 정비기반시설'로서 무상양도되는 범위는 같은 용도로 대체되어 새로 설치되는 정비기반시설의 설치비용으로 한정할 수는 없다면서 부정적인 견해를 피력하였다.[117]

3. 유상매수부관에 대한 취소소송 제소기간의 기산점

정비기반시설의 무상양도 대상인 국가 또는 지방자치단체 소유의 종전 정비기반시설의 대상과 범위는 인가관청이 사업시행계획서 등을 심사하여 사업시행인가처분을 하면서 무상양도 대상인 종전 기반시설을 결정하고 그에 해당하지 않는 종전 기반시설은 유상매수하도록 하는 부관(부담)을 부가하는 것이 일반적이다.

그런데 유상매수부관을 사업시행계획인가 처분시에 부가하지 않고 사업시행인가처분 이후 따로 결정할 것을 유보한 경우에는 나중에 사후부담의 부관을 부가하거나 변경처분을 함으로써 달리 정할 수 있는데, 사업시행자가 사업시행인가처분 및 후속 사

116) 김종보, 앞의 책, 546쪽.

117) 대법원 2007. 7. 12. 선고 2007두6663 판결.

후부담 부가처분 또는 변경처분에서 특정 정비기반시설을 무상양도 대상에서 제외한 부분의 취소를 구하는 소송을 제기하는 경우에 제소기간의 기산점을 언제로 할 것인가가 문제된다.

취소소송은 처분등이 있음을 안 날부터 90일 이내에 제기하여야 한다(행정소송법 제20조 제1항). 취소소송의 제소기간의 기산점인 '처분 등이 있음을 안 날'이란 통지, 공고 기타의 방법에 의하여 당해 처분 등이 있었다는 사실을 현실적으로 안 날을 의미하므로,[118] 제소기간은 무상양도 대상에 관한 행정청의 확정적인 제외 의사가 담긴 처분이 있은 때를 기준으로 하며, 이는 당해 처분서의 이유 기재 등 문언을 통하여 행정청의 의사가 처분의 상대방에게 명확하게 표명되었는지, 그 결과 처분의 상대방이 처분서에 따라 불복의 대상과 범위를 특정할 수 있는지 등 제반 사정을 종합적으로 고려하여 판단하여야 한다.[119]

제6항 국유·공유재산의 처분과 임대

Ⅰ. 국·공유재산의 처분

시장·군수등은 인가하려는 사업시행계획 또는 직접 작성하는 사업시행계획서에 국유·공유재산의 처분에 관한 내용이 포함되어 있는 때에는 미리 관리청과 협의하여야 하고, 관리청은 20일 이내에 의견을 제시하여야 한다. 이 경우 관리청이 불분명한 재산 중 도로·구거(도랑) 등은 국토교통부장관을, 하천은 환경부장관을, 그 외의 재산은 기획재정부장관을 관리청으로 본다(법 제98조 제1항 및 제2항).

사업시행계획인가 과정을 통하여 인가권자와 관리청은 정비구역에 포함되는 국·공유재산의 현황을 확인하고 그 처분에 관한 사항을 결정하게 되고, 사업시행계획인가 후 사업시행자가 사업진행을 위하여 국·공유재산을 점유·사용할 것이라는 점을 충분히 예상할 수 있다. 이러한 사정으로 인하여 사업시행계획상 정비구역에 포함된 일반재산이 사업시행자에게 양도되는 것으로 예정되어 있다면 그 일반재산의 사용관계에 관하여 달리 정해진 내용이 있다는 등의 특별한 사정이 없는 한 사업시행자는 사업시행계획인가가 이루어진 때부터 그 일반재산의 소유권을 취득하기에 상당한 기간 동안

118) 대법원 2017. 3. 9. 선고 2016두60577 판결.
119) 대법원 2014. 2. 21. 선고 2011두20871 판결.

자신의 사용·수익을 정당화할 법적 지위에 있다고 보아야 하므로 국유재산법상 국유재산의 점유나 사용·수익을 정당화할 법적 지위에 있는 자에 대하여는 변상금의 징수 규정이 적용되지 않고, 이같은 법적 지위에 있는 자에 대하여 이루어진 변상금 부과처분은 당연무효이다.[120)]

정비구역의 국유·공유재산은 정비사업 외의 목적으로 매각되거나 양도될 수 없고(법 제98조 제3항), 「국유재산법」 제9조 또는 「공유재산법」 제10조에 따른 국유재산종합계획 또는 공유재산관리계획과 「국유재산법」 제43조 및 「공유재산법」 제29조에 따른 계약의 방법에도 불구하고 사업시행자 또는 점유자 및 사용자에게 다른 사람에 우선하여 수의계약으로 매각 또는 임대될 수 있다(법 제98조 제4항).

수의계약에 따라 다른 사람에 우선하여 매각 또는 임대될 수 있는 국유·공유재산은 「국유재산법」, 「공유재산법」 및 그 밖에 국·공유지의 관리와 처분에 관한 관계 법령에도 불구하고 사업시행계획인가의 고시가 있은 날부터 종전의 용도가 폐지된 것으로 본다(법 제98조 제5항).

정비사업을 목적으로 우선하여 매각하는 국·공유지는 사업시행계획인가의 고시가 있은 날을 기준으로 평가하며, 주거환경개선사업의 경우 매각가격은 평가금액의 100분의 80으로 한다. 다만, 사업시행계획인가의 고시가 있은 날부터 3년 이내에 매매계약을 체결하지 아니한 국·공유지는 「국유재산법」 또는 「공유재산법」에서 정한다(법 제98조 제6항).

II. 국·공유재산의 임대

지방자치단체 또는 토지주택공사등은 주거환경개선구역 및 재개발구역(재개발사업을 시행하는 정비구역을 말한다)에서 임대주택을 건설하는 경우에는 「국유재산법」 제46조 제1항 또는 「공유재산법」 제31조에도 불구하고 국·공유지 관리청과 협의하여 정한 기간 동안 국·공유지를 임대할 수 있다(법 제99조 제1항).

시장·군수등은 「국유재산법」 제18조 제1항 또는 「공유재산법」 제13조에도 불구하고 임대하는 국·공유지 위에 공동주택, 그 밖의 영구시설물을 축조하게 할 수 있다. 이 경우 해당 시설물의 임대기간이 종료되는 때에는 임대한 국·공유지 관리청에 기부 또는 원상으로 회복하여 반환하거나 국·공유지 관리청으로부터 매입하여야 한다(법 제99조 제2항).

---

120) 대법원 2024. 10. 8. 선고 2023다210991 판결.

Ⅲ. 국·공유지의 무상양여

다음 각 호의 어느 하나에 해당하는 구역에서 국가 또는 지방자치단체가 소유하는 토지는 사업시행계획인가의 고시가 있은 날부터 종전의 용도가 폐지된 것으로 보며, 「국유재산법」, 「공유재산법」 및 그 밖에 국·공유지의 관리 및 처분에 관하여 규정한 관계 법령에도 불구하고 해당 사업시행자에게 무상으로 양여된다. 다만, 「국유재산법」 제6조 제2항에 따른 행정재산 또는 「공유재산법」 제5조 제2항에 따른 행정재산과 국가 또는 지방자치단체가 양도계약을 체결하여 정비구역지정 고시일 현재 대금의 일부를 수령한 토지에 대하여는 그러하지 아니하다(법 제101조 제1항).

1. 주거환경개선구역
2. 국가 또는 지방자치단체가 도시영세민을 이주시켜 형성된 낙후지역으로서 대통령령으로 정하는 재개발구역(이 항 각 호 외의 부분 본문에도 불구하고 무상양여 대상에서 국유지는 제외하고, 공유지는 시장·군수등 또는 토지주택공사등이 단독으로 사업시행자가 되는 경우로 한정한다)

무상양여된 토지의 사용수익 또는 처분으로 발생한 수입은 주거환경개선사업 또는 재개발사업 외의 용도로 사용할 수 없다(법 제101조 제3항).

시장·군수등은 무상양여의 대상이 되는 국·공유지를 소유 또는 관리하고 있는 국가 또는 지방자치단체와 협의를 하여야 한다(법 제101조 제4항).

사업시행자에게 양여된 토지의 관리처분에 필요한 사항은 국토교통부장관의 승인을 받아 해당 시·도조례 또는 토지주택공사등의 시행규정으로 정한다(법 제101조 제5항).

제 6 절 | 공용환권으로서의 관리처분계획

제1항 공용환권

Ⅰ. 의의

공용환권이란 토지의 효용을 증진하기 위하여 일정한 지구 내의 토지의 구획·형질을 변경하여 권리자의 의사와 무관하게 종전의 토지 또는 건축물에 관한 소유권 등의 권리를 강제적으로 변환시키는 것을 말한다.

도시정비법상 관리처분계획인가 및 이에 따른 이전고시 등의 절차를 거쳐 신(新) 주택이나 대지를 조합원에게 분양한 경우에는 구(舊) 주택이나 대지에 관한 권리가 권리자의 의사에 관계없이 신 주택이나 대지에 관한 권리로 강제적으로 교환·변경되어 공용환권된 것으로 볼 수 있다. 이러한 절차를 거치지 아니한 채 조합원에게 신 주택이나 대지가 분양된 경우에는 당해 조합원은 조합규약 또는 분양계약에 의하여 구 주택이나 대지와는 다른 신 주택이나 대지에 관한 소유권을 취득한 것에 불과하여 이를 가리켜 공용환권된 것으로 볼 수 없으므로[121] 구 주택인 멸실 전 각 구분건물에 관하여 설정된 근저당권은 신 주택인 신규 각 구분건물에도 그대로 효력을 미친다고 볼 수 없다.[122]

공용환지가 원칙상 토지에 대한 권리를 바꾸어 주는 것인데 반하여, 공용환권은 토지나 건축물에 대한 권리로 바꾸어 주는 일종의 입체환지방식이라는 점에서 양자는 구별된다.

Ⅱ. 유형

물적 공용부담이 한 종류인 공용환권은 도시개발법에 따른 도시개발사업, 도시정비법에 따른 정비사업 등에서 도입되고 있다.

도시정비법상 사업시행계획인가, 분양신청, 관리처분계획인가, 이전고시 등이 공용환권의 구체적인 유형에 해당된다.

---

121) 대법원 2009. 6. 23. 선고 2008다1132 판결; 대법원 2011. 4. 14. 선고 2010다96072 판결; 대법원 2020. 9. 3. 선고 2019다272343 판결 등.

122) 대법원 2021. 1. 14. 선고 2017다291319 판결.

제2항 분양신청

Ⅰ. 분양통지 및 분양공고

1. 토지등소유자에 대한 분양통지

사업시행자는 사업시행계획인가의 고시가 있은 날부터 또는 사업시행계획인가 이후 시공자를 선정한 경우에는 시공자와 계약을 체결한 날부터 120일 이내에 ① 분양대상자별 종전의 토지 또는 건축물의 명세 및 사업시행계획인가의 고시가 있은 날을 기준으로 한 가격(사업시행계획인가 전에 철거된 건축물은 시장·군수등에게 허가를 받은 날을 기준으로 한 가격), ② 분양대상자별 분담금의 추산액, ③ 분양신청 기간 및 장소, ④ 사업시행인가의 내용, ⑤ 정비사업의 종류·명칭 및 정비구역의 위치·면적, ⑥ 분양대상 대지 또는 건축물의 내역, ⑦ 분양신청 자격 및 방법, ⑧ 분양을 신청하지 아니한 자에 대한 조치, ⑨ 분양신청서, ⑩ 그 밖에 시·도조례로 정하는 사항을 토지등소유자에게 통지하여야 한다(법 제72조 제1항 전단, 영 제59조 제1항 및 제2항).

2. 분양공고

사업시행자는 사업시행계획인가의 고시가 있은 날부터 또는 사업시행계획인가 이후 시공자를 선정한 경우에는 시공자와 계약을 체결한 날부터 120일 이내에 ① 사업시행인가의 내용, ② 정비사업의 종류·명칭 및 정비구역의 위치·면적, ③ 분양신청 기간 및 장소, ④ 분양대상 대지 또는 건축물의 내역, ⑤ 분양신청 자격 및 방법, ⑥ 토지등소유자외의 권리자의 권리신고방법, ⑦ 분양을 신청하지 아니한 자에 대한 조치, ⑧ 그 밖에 시·도조례로 정하는 사항을 해당 지역에서 발간되는 일간신문에 공고하여야 한다. 다만, 토지등소유자 1인이 시행하는 재개발사업의 경우에는 분양통지나 분양공고를 하지 않아도 된다(법 제72조 제1항 단서).

한편, 공공재개발사업 시행자는 공공분양주택의 공급 및 상가임대를 목적으로 건축물 또는 토지를 양수하려는 경우 무분별한 분양신청을 방지하기 위하여 분양공고 시 양수대상이 되는 건축물 또는 토지의 조건을 함께 공고하여야 한다(법 제72조 제7항).

Ⅱ. 분양신청

1. 분양신청 절차

대지 또는 건축물에 대한 분양을 받으려는 토지등소유자는 분양신청기간에 대통령령으로 정하는 방법 및 절차에 따라 사업시행자에게 대지 또는 건축물에 대한 분양신청을 하여야 한다(법 제72조 제3항). 분양신청기간은 통지한 날부터 30일 이상 60일 이내로 하여야 한다. 다만, 사업시행자는 관리처분계획의 수립에 지장이 없다고 판단하는 경우에는 분양신청기간을 20일의 범위에서 한 차례만 연장할 수 있다(법 제72조 제2항).

사업시행자는 분양신청기간 종료 후 사업시행계획인가의 변경(경미한 사항의 변경은 제외한다)으로 세대수 또는 주택규모가 달라지는 경우 분양공고 등의 절차를 다시 거칠 수 있고(법 제72조 제4항), 정관등으로 정하고 있거나 총회의 의결을 거친 경우 분양신청을 하지 아니한 자와 분양신청기간 종료 이전에 분양신청을 철회한 자에 해당하는 토지등소유자에게 분양신청을 다시 하게 할 수 있다(법 제72조 제5항).

2. 투기과열지구에서의 분양신청

투기과열지구의 정비사업에서 관리처분계획에 따라 조합원분양 및 일반분양 대상자 및 그 세대에 속한 자는 분양대상자 선정일(조합원 분양분의 분양대상자는 최초 관리처분계획 인가일을 말한다)부터 5년 이내에는 투기과열지구에서 분양신청을 할 수 없다. 다만, 상속, 결혼, 이혼으로 조합원 자격을 취득한 경우에는 분양신청을 할 수 있다(법 제72조 제6항). 투기과열지구에서 관리처분계획인가 후 정비사업의 건축물 또는 토지를 양수한 자는 조합원이 될 수 없기 때문이다(법 제39조 제2항 본문).

Ⅲ. 분양 미신청자 등에 대한 조치

1. 현금청산 규정의 연혁

2013년 12월 24일 개정 전 도시정비법 제47조 제1호에 따르면 분양신청을 하지 아니한 자에 대한 현금청산기간은 분양신청기간 종료일 다음날부터 150일이었으나, 2013년 12월 24일 개정 도시정비법은 분양신청을 하지 아니한 자 등을 비롯한 모든 현금청산대상자에 대한 현금청산기간을 관리처분계획 인가일 다음날부터 90일로 일원화하였다.

그리하여 2017년 2월 8일 도시정비법이 전부개정되기 전에는 분양신청을 하지 않으면 현금청산의 대상이 되었는데, 현금청산이라는 용어의 불명확성으로 인하여 현장에서 많은 혼선이 있었다. 2017년 2월 8일 전부개정된 도시정비법은 제73조 제1항에서 '현금청산'이라는 용어를 삭제하고 대신 '손실보상에 관한 협의'라는 용어를 사용하면서 모든 현금청산대상자에 대한 손실보상 협의기간을 일괄하여 관리처분계획 인가·고시일 다음날부터 90일로 정하고, 제2항에서는 그 협의가 성립되지 아니할 경우 사업시행자가 협의기간 만료일 다음날부터 60일 이내에 수용재결을 신청하거나 매도청구소송을 하는 것으로 규정하였다.

2017년 개정 전의 도시정비법 제47조는 사업시행자인 재건축조합이 분양신청을 하지 아니한 토지등소유자 등에 대하여 부담하는 현금청산의무를 규정하는 것에 불과하였으므로 재건축조합이 동 조항을 근거로 하여 곧바로 현금청산대상자를 상대로 정비구역 내 부동산에 관한 소유권이전등기를 청구할 수는 없었다.[123]

판례 도시 및 주거환경정비법 제47조 위헌소원
(헌법재판소 2012. 11. 29. 선고 2011헌바224 결정)

현금청산대상자는 현물분양권을 박탈당하게 되어 그가 소유하던 토지 등에 대하여 현금청산을 받는 대신 소유권을 잃게 될 처지에 놓이게 된다는 점에서 결과적으로는 재산권의 수용과 유사하나, 현금청산은 일반적인 수용에서의 강제성을 띤 일방적 절차와는 달리 조합원 간의 이해조정을 위한 불가피한 내부청산절차라는 점에서 목적물의 가액산정 기준시기 등에 있어서 공익사업법상의 일반적인 수용과 그 법적 성격이 다르다.

2. 손실보상에 관한 협의와 청산금지급

1) 청산금지급의무와 소유권이전의무의 동시이행관계

사업시행자는 관리처분계획이 인가·고시된 다음 날부터 90일 이내에 분양신청을 하지 아니한 자, 분양신청기간 종료 이전에 분양신청을 철회한 자, 투기과열지구에서 분양신청을 할 수 없는 자, 인가된 관리처분계획에 따라 분양대상에서 제외된 자와 토

123) 대법원 2010. 12. 23. 선고 2010다73215 판결.

지, 건축물 또는 그 밖의 권리의 손실보상에 관한 협의를 하여야 한다. 다만, 사업시행자는 분양신청기간 종료일의 다음 날부터 협의를 시작할 수 있다(법 제73조 제1항).

여기에서 말하는 분양신청기간 종료 이전에 분양신청을 철회한 자라고 함은 분양신청기간 내에 분양신청을 하였으나 그 기간이 종료되기 전에 이를 철회함으로써 분양신청을 하지 아니한 자와 마찬가지로 관리처분계획의 수립과정에서 현금청산대상자가 된 자를 가리킬 뿐 분양신청을 한 토지등소유자가 분양신청기간이 종료된 후에 임의로 분양신청을 철회하는 경우는 분양신청을 철회한 자에 해당되지 않는다.[124] 이와 반대로 조합원이 재건축조합에서 제명되거나 탈퇴하는 등 후발적인 사정으로 그 지위를 상실하는 경우[125]와 분양신청을 한 토지등소유자가 분양신청기간이 종료된 이후 분양계약체결기간 내에 분양계약을 체결하지 않거나 사업시행자에게 분양신청을 철회하는 등으로 분양계약의 체결의사가 없음을 명백히 표시하고 사업시행자가 이에 동의한 경우[126]에도 당해 토지등소유자는 현금청산대상자에 해당하게 된다

사업시행자가 분양신청을 하지 않거나 철회하는 등의 조합원에 대하여 정관이나 규약 등이 정한 방법에 따라 현금청산을 하여야 하는 경우에 토지등소유자는 권리제한등기가 없는 상태의 토지 소유권을 사업시행자에게 이전할 의무를 부담하고, 이것은 사업시행자의 청산금지급의무와 동시이행관계에 있게 된다.[127]

그러나 조합원이 그 소유토지 등에 관하여 이미 재건축조합 앞으로 신탁을 원인으로 한 소유권이전등기를 마친 경우에는 청산금을 지급받기 위하여 별도로 소유권을 이전할 의무는 부담하지 아니하며,[128] 현금청산에서 토지등소유자가 토지 등에 관한 소유권이전등기 및 인도를 마쳤으나 근저당권설정등기를 말소하지 아니한 경우, 재건축조합은 말소되지 아니한 근저당권의 채권최고액 또는 채권최고액의 범위 내에서 확정된 피담보채무액에 해당하는 청산금에 대하여만 동시이행의 항변권에 기초하여 지급을 거절할 수 있다.[129]

---

124) 대법원 2011. 12. 22. 선고 2011두17936 판결; 대법원 2012. 5. 9. 선고 2010다71141 판결; 대법원 2018. 12. 27. 선고 2018다260015 판결; 대법원 2018. 12. 27. 선고 2018다261216 판결 등.

125) 대법원 2013. 11. 28. 선고 2012다110477, 110484 판결.

126) 대법원 2014. 8. 26. 선고 2013두4293 판결.

127) 대법원 2008. 10. 9. 선고 2008다37780 판결; 대법원 2015. 11. 19. 선고 2012다114776 전원합의체 판결; 대법원 2018. 9. 28. 선고 2016다246800 판결; 대법원 2020. 7. 23. 선고 2019두46411 판결; 대법원 2021. 10. 28. 선고 2020다278354 판결 등.

128) 대법원 2010. 9. 9. 선고 2010다19204 판결; 대법원 2013. 7. 25. 선고 2011다19744, 19751 판결; 대법원 2013. 7. 25. 선고 2011다19768, 19775 판결 등.

129) 대법원 2015. 11. 19. 선고 2012다114776 전원합의체 판결.

판례 소유권이전등기절차이행·매매대금(대법원 2021. 10. 28. 선고 2020다278354 판결)
주택재건축사업의 사업시행자가 분양신청을 하지 아니한 토지등소유자에게 청산금지급 의무를 부담하는 경우에, 공평의 원칙상 토지등소유자는 권리제한등기가 없는 상태로 토지 등의 소유권을 사업시행자에게 이전할 의무 및 토지 등을 사업시행자에게 인도할 의무를 부담하고, 이러한 토지등소유자의 소유권이전의무 및 인도의무와 사업시행자의 청산금지급의무는 동시이행관계에 있는 것이 원칙이다.

그러나 도시정비법은 현금청산대상자와 사업시행자간에 손실보상 협의가 성립되지 아니한 경우, 즉 청산금액에 관한 협의가 성립되지 아니하였을 경우에 관한 규정은 따로 두지 않은 대신 바로 수용재결을 신청할 수 있다고 하여 협의가 성립되지 아니할 때에는 토지보상법에 의한 수용절차로 이행할 것을 예정하고 있다.[130]

도시정비법상 주택재개발사업에서 현금청산대상자로서 손실보상에 관한 협의가 성립되어 사업시행자에게 주거용 건축물의 소유권을 이전하거나 손실보상 협의가 성립되지 아니하여 토지보상법에 의하여 주거용 건축물이 수용된 이에 대하여는 토지보상법을 준용하여 이주정착금, 주거이전비 및 이사비를 지급하여야 한다.[131]

2) 청산금지급의 이행지체책임

조합이 도시정비법 제73조에서 정한 현금청산금 지급 이행기간(현금청산사유 발생 다음날부터 90일) 내에 현금청산금을 지급하지 못한 것에 대하여 지체책임을 부담하는지는 토지등소유자의 종전자산 출자시점과 조합이 실제 현금청산금을 지급한 시점을 비교하여 판단하여야 한다.

토지등소유자가 조합원의 지위를 유지하는 동안에 종전자산을 출자하지 않은 채 계속 점유하다가 조합관계에서 탈퇴하여 현금청산대상자가 되었고 보상협의 또는 수용재결에서 정한 현금청산금을 지급받은 이후에야 비로소 조합에 종전자산의 점유를 인도하게 된 경우에는 조합이 해당 토지등소유자에게 현금청산금을 실제 지급한 시점이 현금청산사유가 발생한 날부터 90일의 이행기간이 경과한 시점이더라도 조합은 90일의 이행기간을 초과한 지연일수에 대하여 현금청산금 지급이 지연된 데에 따른 지체책임

130) 대법원 2008. 3. 13. 선고 2006두2954 판결.
131) 대법원 2013. 1. 16. 선고 2011두19185 판결; 대법원 2013. 1. 16. 선고 2012두34 판결.

을 부담하지는 않는다.[132)]

그러나 토지등소유자가 조합원의 지위를 유지하는 동안에 종전자산을 출자한 후에 조합관계에서 탈퇴하여 현금청산대상자가 되었음에도 조합이 90일의 이행기간 내에 현금청산금을 지급하지 아니하면 이행기간이 경과한 다음날부터는 정관에 특별한 정함이 있는 경우에는 정관에서 정한 비율, 정관에 특별한 정함이 없는 경우에는 민법에서 정한 연 5%의 비율로 계산한 지연이자를 지급할 의무가 있다.[133)] 이렇게 종전자산을 출자한 후에 현금청산사유가 발생하여 현금청산대상자가 된 경우에 토지등소유자는 조합으로부터 적법한 보상을 받을 때까지 종전자산을 기존대로 사용·수익할 수 있다는 것일 뿐, 조합을 상대로 적법하게 인도한 종전자산의 반환을 다시 구할 수 있다는 의미가 아니다. 이 경우 조합은 단지 현금청산대상자에게 협의 또는 수용절차를 거쳐 현금청산금을 지급할 의무만 부담한다. 조합어 기존에 출자받은 종전자산을 정비사업을 위하여 계속 점유하더라도 이를 권원 없는 점유라거나 불법점유라고 할 수 없기 때문이다.[134)]

3. 현금청산대상자의 지위

분양신청을 하지 않거나 철회하여 현금청산대상자가 된 조합원이 조합원의 자격을 상실하는지에 대하여 대법원은 현금청산대상자가 된 조합원은 조합원으로서 지위를 상실한다면서,[135)] 조합원의 지위를 상실하는 시점은 현금청산관계가 성립되어 조합의 청산금지급의무가 발생하는 시기이자 현금청산에 따른 토지 등 권리의 가액을 평가하는 기준시점과 동일한 분양신청기간 종료일 다음날로 해석하고 있다.[136)] 이에 따라 현금청산대상자가 된 조합원은 분양신청기간 종료일 다음날부터 조합원의 지위를 상실하는 이상, 그 이후 조합에 대한 조합원으로서의 의무, 즉 사업비·청산금 등의 비용납부의무 등도 면하는 것으로 보아야 한다는 것이다.[137)]

그렇지만 분양신청기간을 전후하여 재건축조합과 조합원 사이에 분쟁이 있어서 조합원이 분양신청을 할 수 없었던 경우에는 현금청산대상자가 되는 시점은 '분양신청기

---

132) 대법원 2020. 9. 3. 선고 2018두48922 판결; 대법원 2020. 12. 30. 선고 2018두62027 판결.

133) 대법원 2020. 7. 23. 선고 2019두46411 판결.

134) 대법원 2020. 7. 29. 선고 2016다51170 판결.

135) 대법원 2011. 7. 28. 선고 2008다91364 판결.

136) 대법원 2011. 12. 22. 선고 2011두17936 판결; 대법원 2013. 7. 11. 선고 2013다13023 판결.

137) 대법원 2010. 8. 19. 선고 2009다81203 판결; 대법원 2012. 5. 10. 선고 2010다47469, 47476, 47483 판결.

간의 종료일 다음날'이 아니라 그 후 추가로 분양신청을 할 수 있게 된 조합원이 최종적으로 분양신청을 하지 않는 등의 사유로 인하여 분양대상자의 지위를 상실하는 때에 현금청산대상자가 된다.138)

분양신청을 하지 않아 분양신청기간 종료일 다음 날에 현금청산대상자가 되고 조합원 지위를 상실한 이후 그 분양신청절차의 근거가 된 사업시행계획이 실효된다고 하더라도 이미 상실된 조합원 지위가 자동적으로 회복되지 않는다. 따라서 조합이 새로운 사업시행계획을 수립하면서 현금청산대상자들에게 새로운 분양신청 및 조합 재가입의 기회를 부여하는 것은 단체자치적 결정으로서 허용되지만, 조합에 재가입할지 여부는 현금청산대상자들이 개별적으로 결정할 몫이지 조합이 일방적으로 현금청산대상자들이 조합원의 지위를 회복하는 것으로 결정하는 것은 현금청산사유가 발생하면 90일 이내에 현금청산을 하도록 규정한 도시정비법 제73조 제1항의 입법취지에도 반하고, 현금청산대상자들의 의사와 이익에도 배치되므로 허용되지 않는다.139)

조합설립동의와 분양신청이 긴밀하게 연관되어 있지만 양자를 동일한 개념으로 보기에는 무리가 따른다. 도시정비법 제39조 제1항에서 재건축사업은 재건축사업에 동의한 자만 조합원의 자격이 있고, 이외의 정비사업은 토지등소유자로 한다고 규정하고 있으므로 분양신청을 하지 않아 현금청산대상자가 되었다고 해서 바로 조합원의 지위를 상실하는 것으로 보는 것은 문언의 해석범위를 일탈한 것으로 보인다.140)

도시정비법이 이에 대하여 침묵하고 있어 해석론에 맡겨져 있기 때문에 대법원이 정비사업의 현실적 특성을 반영하여 분양 미신청자 등이 조합원의 지위를 상실한다고 해석하는 것은 분양 미신청자를 조합과 정비사업에서 배제하게 되어 사업시행자인 조합에 기우는 듯한 인상을 준다.

4. 현금청산 목적물의 가액평가의 기준시점

정관이나 규약 등에서 현금청산에 관한 기본적인 사항만을 정하였을 뿐, 청산금 지급의무의 발생시기와 청산금산정의 기준시점에 관하여 정하지 아니한 경우에는 원칙적으로 청산금 지급의무는 조합원이 확정적으로 분양신청을 하지 아니하거나 철회함으로써 조합원 지위를 상실하게 되는 때에 발생한다고 보아야 하고, 청산금도 그 시기를 기

---

138) 대법원 2013. 9. 26. 선고 2011다16127 판결.

139) 대법원 2021. 2. 10. 선고 2020두48031 판결.

140) 김종보, 앞의 책, 641쪽.

준으로 산정하여야 한다.[141]

이러한 점에서 분양신청을 하지 아니하거나 분양신청기간의 종료 이전에 분양신청을 철회한 토지등소유자에 대하여 청산금 지급의무가 발생하는 시기는 도시정비법 제72조의 규정에 따라 사업시행자가 정한 '분양신청기간의 종료일 다음날'이라고 보아야 하며,[142] 분양신청기간의 종료 후에 분양계약을 체결하지 아니한 자에 대하여 청산금 지급의무가 발생하는 시기는 '관리처분계획에서 정한 분양계약체결기간의 종료일 다음날'이다.[143]

따라서 사업시행자가 현금청산대상자에게 현금으로 청산하는 경우에 현금청산의 목적물인 토지·건축물 또는 그 밖의 권리의 가액을 평가하는 기준시점은 청산금 지급의무가 발생하는 시기인 '분양신청기간의 종료일 다음날'로 봄이 상당하고, 한편 청산금의 지급을 구하는 소송에 있어서 법원은 반드시 시가감정에 의하여 청산금액을 평가하여야 하는 것은 아니고 적절한 방법으로 청산금액을 평가할 수 있다.[144]

5. 수용재결의 신청

사업시행자는 손실보상 협의가 성립되지 아니하면 그 기간의 만료일 다음 날부터 60일 이내에 수용재결을 신청하거나 매도청구소송을 제기하여야 하고(법 제73조 제2항), 60일의 기간을 넘겨서 수용재결을 신청하거나 매도청구소송을 제기한 경우에는 해당 토지등소유자에게 지연일수(遲延日數)에 따른 이자를 지급하여야 한다. 이 경우 이자는 100분의 15 이하의 범위에서 대통령령으로 정하는 이율을 적용하여 산정한다(법 제73조 제3항). 이러한 재결신청 지연에 따른 지연가산금은 사업시행자로 하여금 법정기간 이내에 재결신청을 하도록 간접강제함과 동시에 재결신청이 지연된 데에 따른 토지소유자 및 관계자의 손해를 보전하는 성격을 갖는 금원[145]으로 이해되므로 사업시행자에 대한 재산권침해로 볼 수 없어 그 헌법적 정당성이 인정된다.[146]

141) 대법원 2013. 7. 25. 선고 2011다19768, 19775 판결.
142) 대법원 2008. 10. 9. 선고 2008다37780 판결; 대법원 2010. 12. 23. 선고 2010다73215 판결 등.
143) 대법원 2008. 10. 9. 선고 2008다37780 판결.
144) 대법원 2012. 5. 10. 선고 2010다47469, 47476, 47483 판결.
145) 대법원 2012. 12. 27. 선고 2010두9457 판결; 대법원 2017. 4. 7. 선고 2016두63361 판결.
146) 헌법재판소 2020. 9. 24. 선고 2018헌바239 결정.

판례 **도시 및 주거환경정비법 제40조 제1항 등 위헌소원**
(헌법재판소 2020. 9. 24. 선고 2018헌바239 결정)

심판대상조항은 사업시행자의 자의적인 재결신청 지연을 방지하여 현금청산대상자에게 정당한 손실보상을 보장해주기 위한 것으로 입법목적이 정당하다. 사업시행자가 재결신청 청구를 받은 날부터 60일을 넘겨서 재결신청을 한 경우에 차후 재결된 보상금을 기준으로 지연된 기간만큼 현금청산대상자에게 지연가산금을 지급하도록 하면 재결신청 지연으로 인하여 현금청산대상자가 입은 손해를 보전할 수 있으므로, 심판대상조항은 입법목적을 위한 적합한 수단이라 할 수 있다.

사업시행자가 현금청산 지급을 지체하고 동시에 60일을 넘겨 수용재결을 신청하여 이에 따른 지연이자 청구권이 동시에 발생한 경우, 토지등소유자가 현금청산금 지급지체에 대한 지연이자 청구권과 재결신청 지연가산금 청구권을 동시에 행사할 수 있는지에 관하여 원칙적으로 양자는 독립적인 별개의 청구권으로 볼 것이다.

이에 대하여 대법원도 현금청산금 지급지체에 따른 지연이자 청구권과 토지보상법 제30조에서 정한 재결신청 지연가산금 청구권은 근거 규정과 요건·효과를 달리하는 것으로서 각 요건이 충족되면 성립하는 별개의 청구권으로 이해한다. 다만 재결신청 지연가산금에는 이미 '사업시행자에 대한 제재와 토지소유자에 대한 손해전보'[147]라는 요소가 포함되어 있어 같은 기간에 대하여 양자의 청구권을 동시에 행사한다면 이중배상의 문제가 발생하므로 같은 기간에 대하여 양자의 청구권이 동시에 성립하더라도 토지등소유자는 어느 하나만을 선택적으로 행사할 수 있을 뿐이고, 양자의 청구권을 동시에 행사할 수는 없다는 입장이다.[148]

이와 달리 분양신청을 한 토지등소유자가 분양계약의 체결의사가 없음을 명백히 표시하고 사업시행자가 이에 동의함으로써 추가로 현금청산대상자가 된 경우, 그러한 현금청산대상자에 대한 사업시행자의 청산금지급의무는 '분양계약 체결기간의 종료일 다음날' 발생하므로 분양계약 체결기간에도 이르기 전에 사업시행자의 재결신청과 그에 따른 수용재결이 이루어진 경우에는 사업시행자의 재결신청 지연을 이유로 한 토지보상법 제30조 제3항이 정한 가산금은 발생할 여지가 없다.[149]

147) 대법원 2017. 4. 7. 선고 2016두63361 판결.
148) 대법원 2020. 7. 23. 선고 2019두46411 판결; 대법원 2020. 7. 29. 선고 2016다51170 판결.
149) 대법원 2013. 1. 24. 선고 2011두22778 판결; 대법원 2014. 8. 26. 선고 2013두4293 판결.

6. 부과금의 청산

정비사업비는 도시정비법 또는 다른 법령에 특별한 규정이 있는 경우를 제외하고는 사업시행자가 부담하지만(법 제92조 제1항), 동시에 사업시행자는 토지등소유자로부터 정비사업비와 정비사업의 시행과정에서 발생한 수입의 차액을 부과금으로 부과·징수할 수 있고(법 제93조 제1항), 토지등소유자가 부과금의 납부를 게을리한 때에는 연체료를 부과·징수할 수 있다(법 제93조 제2항).

이에 따라 재개발사업에서 사업시행자인 조합은 토지등소유자인 조합원에게 도시정비법 제93조 제1항에 따라 부과금으로 부과·징수할 수 있으나, 조합원이 도시정비법 제73조나 조합 정관에 정한 요건을 충족하여 현금청산대상자가 된 경우에는 조합원 지위를 상실하여 더 이상 조합원의 지위에 있지 아니하므로 조합은 현금청산대상자에게 부과금을 부과·징수할 수 없고, 현금청산대상자가 조합원의 지위를 상실하기 전까지 발생한 조합의 정비사업비 중 일정 부분을 분담하여야 한다는 취지를 조합 정관이나 조합원총회의 결의 또는 조합과 조합원간의 약정 등으로 미리 정한 경우 등에 한하여 조합은 도시정비법에 규정된 청산절차 등에서 이를 청산하거나 별도로 반환을 구할 수 있다.[150)]

이와 달리 단순히 '조합이 현금청산대상자가 받을 현금청산금에서 사업비용 중 일정 부분 등을 공제하고 청산할 수 있다'[151)]라거나 '현금청산대상자는 조합원의 지위를 상실할 때까지 발생한 사업비용 중 일정 부분 등을 부담하여야 한다'[152)]는 등의 추상적인 내용을 정한 것만으로는 현금청산대상자에게 사업비용을 부담하게 할 수는 없다. 따라서 조합이 정관에 근거하여 현금청산금에서 사업비용 등을 공제하거나 별개의 절차로 현금청산대상자에 대하여 사업비용 등을 청구하기 위해서는 원칙적으로 현금청산대상자가 부담하게 될 비용 항목과 분담 기준 등이 정관에 특정되거나 적어도 이를 구체적으로 특정할 수 있는 방법과 기준이 정해져 있어야 한다.[153)]

150) 대법원 2014. 12. 24. 선고 2013두19486 판결; 대법원 2016. 8. 30. 선고 2015다207785 판결; 대법원 2016. 12. 27. 선고 2014다203212 판결; 대법원 2016. 12. 29. 선고 2013다217412 판결 등.

151) 대법원 2021. 4. 29. 선고 2017두48437 판결.

152) 대법원 2021. 6. 30. 선고 2020다291340 판결.

153) 대법원 2021. 4. 29. 선고 2017두48512 판결; 대법원 2021. 4. 29. 선고 2018두51508 판결.

제3항 관리처분계획의 성립과 효력발생

Ⅰ. 관리처분계획의 의의

1. 개념

관리처분계획이란 정비사업 시행자가 분양신청기간이 종료된 때 수립하는 대지 및 건축시설에 관한 관리 및 처분에 관한 계획으로 구체적으로 정비사업 시행구역 안에 있는 종전의 토지 또는 건축물의 소유권과 소유권 이외의 권리를 일정한 기준 아래 정비사업으로 새롭게 조성된 토지와 축조된 건축시설에 관한 권리로 변환시켜 배분하는 일련의 계획을 의미한다.[154)]

그러므로 이전고시가 있기 전에는 대지 또는 건축시설을 분양받기로 되어 있는 자는 관리처분계획에 따라 그가 분양받기로 특정되어 있는 부분의 대지 또는 건축시설을 분양받을 권리가 있을 뿐이고 관리처분계획에 따라 바로 소유권을 취득하는 것은 아니다.[155)]

2. 법적 성격

도시정비법의 전신인 도시재개발법상의 관리처분계획에 대해서 판례는 조합이 행한 처분으로 항고소송의 대상이 되는 행정처분으로 보았다. 분양신청 후에 정해진 관리처분계획의 내용에 관하여 다툼이 있는 경우에는 그 관리처분계획은 토지 등의 소유자에게 구체적이고 결정적인 영향을 미치는 것으로서 조합이 행한 처분에 해당하므로 항고소송의 방법으로 그 무효확인이나 취소를 구할 수 있다는 것이었다.[156)]

이러한 판례의 논리는 현행 도시정비법상의 관리처분계획에서도 그대로 이어지고 있다. 재건축조합은 관할 행정청의 감독 아래 도시정비법상의 주택재건축사업을 시행하는 공법인으로서 그 목적 범위 내에서 법령이 정하는 바에 따라 일정한 행정작용을 행하는 행정주체의 지위를 갖는다. 따라서 재건축조합이 도시정비법에 따라 수립하는 관리처분계획은 정비사업의 시행 결과 조성되는 대지 또는 건축물의 권리귀속에 관한 사항과 조합원의 비용분담에 관한 사항 등을 정함으로써 조합원의 재산상 권리·의무 등에 구체적이고 직접적인 영향을 미치게 되므로 이는 구속적 행정계획으로서 재건축

154) 서울고등법원 2004. 5. 14. 선고 2003누6100 판결.
155) 대법원 1992. 12. 22. 선고 92다25809 판결.
156) 대법원 2002. 12. 10. 선고 2001두6333 판결.

조합이 행하는 독립된 행정처분에 해당한다는 것이 판례의 일관된 입장이다.[157]

관리처분계획이 독립된 행정처분이지만 사업시행계획의 하자가 관리처분계획에는 승계되지 않는다. 따라서 정기총회에서 사업시행계획 수립에 조합원 3분의 2 이상의 동의를 얻지 못한 하자가 있더라도 그 하자가 객관적으로 명백하다고 보기 어려워 취소사유에 불과하고, 사업시행계획에 관한 취소사유인 하자는 관리처분계획에 승계되지 아니하여 그 하자를 들어 관리처분계획의 적법 여부를 다툴 수 없다.[158]

판례 손해배상(기)(대법원 2022. 7. 14. 선고 2022다206391 판결)

재건축조합이 행정주체의 지위에서 도시정비법 제74조에 따라 수립하는 관리처분계획은 정비사업의 시행 결과 조성되는 대지 또는 건축물의 권리귀속에 관한 사항과 조합원의 비용 분담에 관한 사항 등을 정함으로써 조합원의 재산상 권리·의무 등에 구체적이고 직접적인 영향을 미치게 되므로, 이는 구속적 행정계획으로서 재건축조합이 행하는 독립된 행정처분에 해당한다.

행정계획은 '만약... 그러면' 형식(Wenn－Dann Schema)의 요건－효과－규정인 조건규범(Konditionalprogramm)에 근거한 행정재량과 달리 목표－수단 구조(Zweck－Mittel Schema)라는 특성을 지닌 목적규범적 성격을 가진다. 행정계획의 근거규범은 복잡한 사실관계 속에서 다양한 이해관계의 조화를 도모할 수 있는 행정계획의 본질상 특정한 목표와 개별수단 또는 작용권한을 열거하는 목적규범에 의존한다. 이러한 측면에서 일반 재량행위의 경우에 비하여 더욱 광범위한 판단여지(Beurteilungsspielraum) 내지는 형성의 자유(Gestaltungsfreiheit)를 가지게 되며,[159] 이를 계획재량(Planungsermessen)이라 지칭한다.[160] 다만, 행정주체가 가지는 계획재량 내지 계획형성의 자유는 무제한적인 것이 아니라 그 행정계획에 관련되는 자들의 이익을 공익과 사익 사이에서는 물론이고 공익 상호 간과 사익 상호 간에도 정당하게 비교·교량하여야 한다는 제한이 있다.[161]

157) 대법원 1996. 2. 15. 선고 94다31235 전원합의체 판결; 대법원 2007. 9. 6. 선고 2005두11951 판결; 대법원 2009. 9. 17. 선고 2007다2428 전원합의체 판결; 대법원 2022. 7. 14. 선고 2022다206391 판결 등.

158) 대법원 2012. 8. 23. 선고 2010두13463 판결.

159) 헌법재판소 2007. 10 .4. 선고 2006헌바91 결정.

160) 이에 대하여는 정영철, 환경계획재량의 통제규범으로서의 형량명령, 공법학연구 제14권 제4호, 2013, 280－283쪽 참조.

161) 대법원 1996. 11. 29. 선고 96누8567 판결; 대법원 2012. 1. 12. 선고 2010두5806 판결; 대법원

판례 **군관리계획입안제안신청반려처분취소(대법원 2020. 9. 3. 선고 2020두34346 판결)**

행정계획은 특정한 행정목표를 달성하기 위하여 전문적·기술적 판단을 기초로 관련되는 행정수단을 종합·조정함으로써 장래의 일정한 시점에 일정한 질서를 실현하기 위한 활동기준으로 설정된 것으로서, 국토계획법 등 관계 법령에서 추상적인 행정목표와 절차가 규정되어 있을 뿐 행정계획의 내용에 관하여는 별다른 규정을 두고 있지 않으므로 행정주체는 구체적인 행정계획의 입안·결정에 관하여 광범위한 형성의 재량을 가진다. 다만 그러한 형성의 재량은 무제한적인 것이 아니라, 관련되는 제반 공익과 사익을 비교·형량하여야 한다는 제한이 있다.

관리처분계획 역시 구속적 행정계획으로서의 성질을 가지므로 그 구체적인 내용의 수립에 관하여는 계획재량행위에 해당하여 상당한 재량이 인정된다. 적법하게 인가된 관리처분계획이 종전의 토지 또는 건축물의 면적·이용상황·환경 그 밖의 사항을 종합적으로 고려하여 대지 또는 건축물이 균형 있게 분양신청자에게 배분되고 합리적으로 이용되도록 하는 것인 이상, 그로 인하여 토지등소유자들 사이에 다소 불균형이 초래된다고 하더라도 그것이 특정 토지등소유자의 재산권을 본질적으로 침해하는 것이 아닌 한, 이에 따른 손익관계는 종전자산과 종후자산의 적정한 평가 등을 통하여 청산금을 가감함으로써 조정될 것이므로, 그러한 사정만으로 그 관리처분계획을 위법하다고 볼 수는 없는 것도 이러한 논리에 기인한다.[162)]

판례 **관리처분계획취소등(대법원 2014. 3. 27. 선고 2011두24057 판결)**

도시환경정비사업에서의 관리처분계획은 사업을 시행함에 있어 반드시 수립하여야 하는 법률이 정한 행정계획으로서 토지등소유자의 지위나 권리·의무의 인정 자체에 관하여는 재량의 여지가 없다고 하겠지만, 그 구체적인 내용의 수립에 관하여는 이른바 계획재량행위에 해당하여 상당한 재량이 인정된다고 할 것이다.

2016. 2. 18. 선고 2015두53640 판결 등.

162) 대법원 2010. 10. 28. 선고 2009두4029 판결; 대법원 2014. 3. 27. 선고 2011두24057 판결 등.

3. 관리처분계획재량의 한계

행정계획에서 행정주체가 가지는 계획형성의 자유가 광범위한 재량이지만 무제한적 재량은 아니다. 이런 측면에서 재건축조합이 행정주체로서 관리처분계획에서 갖는 계획재량권 또한 공법적 한계를 가진다.

그러므로 재건축조합이 개별 조합원 사이의 사법상 약정에 직접적으로 구속된다고 보기는 어렵다. 그 개별 약정의 내용과 취지 등을 감안하여 유효·적법한 관리처분계획 수립의 범위 내에서 그 약정의 취지를 가능한 한 성실하게 반영하기 위한 조치를 취하여야 할 의무가 인정될 수 있음은 별론으로 하더라도, 이를 초과하여 개별 조합원과의 약정을 절대적으로 반영한 관리처분계획을 수립하여야만 하는 구체적인 민사상 의무까지 인정될 수는 없고, 약정의 당사자인 개별 조합원 역시 재건축조합에 대하여 약정 내용대로의 관리처분계획 수립을 강제할 수 있는 민사상 권리를 가진다고 볼 수 없다.[163]

재건축조합이 행정주체인 공법인이며, 관리처분계획 또한 구속적 행정계획이므로 공사법의 이원론에 입각한 우리 법제에서 공법적 근거로부터 사법상의 권리를 인정할 수 없는 것은 당연한 논리이지만, 오히려 그보다는 행정계획인 관리처분계획의 계획보장청구권의 관점에서 계획재량의 한계를 도출하는 것이 논리에 부합한다고 할 것이다.

II. 관리처분계획의 수립기준과 내용

1. 관리처분계획의 수립기준

1) 일반적 기준

관리처분계획의 내용은 다음 각 호의 기준에 따른다(법 제76조 제1항).

1. 종전의 토지 또는 건축물의 면적·이용상황·환경, 그 밖의 사항을 종합적으로 고려하여 대지 또는 건축물이 균형 있게 분양신청자에게 배분되고 합리적으로 이용되도록 한다.
2. 지나치게 좁거나 넓은 토지 또는 건축물은 넓히거나 좁혀 대지 또는 건축물이 적정 규모가 되도록 한다.
3. 너무 좁은 토지 또는 건축물이나 정비구역 지정 후 분할된 토지를 취득한 자에

163) 대법원 2022. 7. 14. 선고 2022다206391 판결.

게는 현금으로 청산할 수 있다.

4. 재해 또는 위생상의 위해를 방지하기 위하여 토지의 규모를 조정할 특별한 필요가 있는 때에는 너무 좁은 토지를 넓혀 토지를 갈음하여 보상을 하거나 건축물의 일부와 그 건축물이 있는 대지의 공유지분을 교부할 수 있다.

2) 분양설계 기준

분양설계에 관한 계획은 분양신청기간이 만료하는 날을 기준으로 하여 수립한다(법 제76조 제1항 제5호).

3) 주택공급 기준

(1) 1주택 분양의 원칙

1세대 또는 1명이 하나 이상의 주택 또는 토지를 소유한 경우 1주택을 공급하고, 같은 세대에 속하지 아니하는 2명 이상이 1주택 또는 1토지를 공유한 경우에는 1주택만 공급한다(법 제76조 제1항 제6호). 따라서 주택재개발사업 조합설립인가 후 1인의 토지등소유자로부터 정비구역 안에 소재한 토지 또는 건축물의 소유권을 양수하여 수인이 소유하게 된 경우에는 원칙적으로 전원이 1인의 조합원으로서 1인의 분양대상자 지위를 가진다고 보아야 한다.[164)]

(2) 다주택공급의 기준

도시정비법 제76조 제1항 제7호에서는 1주택 분양의 원칙의 예외를 규정하고 있는데, 첫째, 2명 이상이 1토지를 공유한 경우로서 시·도조례로 주택공급을 따로 정하고 있는 경우에는 시·도조례로 정하는 바에 따라 주택을 공급할 수 있다(가목).

둘째, ① 과밀억제권역에 위치하지 아니한 재건축사업의 토지등소유자(투기과열지구 또는「주택법」에 따라 지정된 조정대상지역에서 최초 사업시행계획인가를 신청하는 재건축사업의 토지등소유자는 제외한다), ② 근로자(공무원인 근로자를 포함한다) 숙소, 기숙사 용도로 주택을 소유하고 있는 토지등소유자, ③ 국가, 지방자치단체 및 토지주택공사등, ④「지방분권균형발전법」 제25조에 따른 공공기관지방이전 및 혁신도시 활성화를 위한 시책 등에 따라 이전하는 공공기관이 소유한 주택을 양수한 자에게는 소유한 주택 수만큼 공급할 수 있다(나목).

셋째, 과밀억제권역 외의 조정대상지역 또는 투기과열지구에서 조정대상지역 또는

164) 대법원 2023. 2. 23. 선고 2020두36724 판결.

투기과열지구로 지정되기 전에 1명의 토지등소유자로부터 토지 또는 건축물의 소유권을 양수하여 여러 명이 소유하게 된 경우에는 양도인과 양수인에게 각각 1주택을 공급할 수 있다(다목).

넷째, 분양대상자별 종전의 토지 또는 건축물 명세 및 사업시행계획인가 고시가 있은 날을 기준으로 한 가격의 범위 또는 종전 주택의 주거전용면적의 범위에서 2주택을 공급할 수 있고, 이 중 1주택은 주거전용면적을 60㎡ 이하로 한다. 다만, 60㎡ 이하로 공급받은 1주택은 이전고시일 다음 날부터 3년이 지나기 전에는 주택을 전매(매매·증여나 그 밖에 권리의 변동을 수반하는 모든 행위를 포함하되, 상속은 제외한다)하거나 전매를 알선할 수 없다(라목).

다섯째, 과밀억제권역에 위치한 재건축사업의 경우에는 토지등소유자가 소유한 주택수의 범위에서 3주택까지 공급할 수 있다. 다만, 투기과열지구 또는 조정대상지역에서 최초 사업시행계획인가를 신청하는 재건축사업의 경우에는 그러하지 아니하다(마목).

2. 관리처분계획의 내용

1) 구체적 사항

조합이 수립하거나 시장·군수등이 직접 수립하는 관리처분계획에는 ① 분양설계, ② 분양대상자의 주소 및 성명, ③ 분양대상자별 분양예정인 대지 또는 건축물의 추산액(임대관리 위탁주택에 관한 내용을 포함한다), ④ 보류지로 지정된 일반분양분·공공지원민간임대주택(사업시행자가 선정한 임대사업자의 성명 및 주소와 법인은 그 명칭 및 소재지와 대표자의 성명 및 주소를 포함한다)·임대주택·그 밖에 부대시설·복리시설 등의 명세와 추산액 및 처분방법, ⑤ 분양대상자별 종전의 토지 또는 건축물 명세 및 사업시행계획인가 고시가 있은 날을 기준으로 한 가격(사업시행계획인가 전에 철거된 건축물은 시장·군수등에게 허가를 받은 날을 기준으로 한 가격), ⑥ 정비사업비의 추산액(재건축사업의 경우에는 「재건축이익환수법」에 따른 재건축부담금에 관한 사항을 포함한다) 및 그에 따른 조합원 분담규모 및 분담시기, ⑦ 분양대상자의 종전 토지 또는 건축물에 관한 소유권 외의 권리명세, ⑧ 세입자별 손실보상을 위한 권리명세 및 그 평가액이 포함된다(법 제74조 제1항 및 제7항).

관리처분계획의 내용에는 그 밖에 정비사업과 관련한 권리 등에 관하여 대통령령으로 정하는 사항도 포함되는데, 여기에는 ① 현금으로 청산하여야 하는 토지등소유자별 기존의 토지·건축물 또는 그 밖의 권리의 명세와 이에 대한 청산방법, ② 분양신청 후 잔여분 중 지정된 보류지 등의 명세와 추산가액 및 처분방법, ③ 도시정비법 시행령 제63조 제1항 제4호에 따른 비용의 부담비율에 따른 대지 및 건축물의 분양계획과 그 비용부담의 한도·방법 및 시기(이 경우 비용부담으로 분양받을 수 있는 한도는 정관등에서 따로 정하는 경우를 제외하고는 기존의 토지 또는 건축물의 가격의 비율에 따라 부담할 수 있는 비용의 50%를 기준으로 정한다), ④ 정비사업 시행으로 인하여 새롭게 설치되는 정비기반시설의 명세와 용도 폐지되는 정비기반시설의 명세, ⑤ 기존 건축물의 철거 예정시기, ⑥ 그 밖에 시·도조례로 정하는 사항이 포함된다(영 제62조).

2) 재산·권리의 평가

(1) 평가의 방법

관리처분계획에는 종전자산인 분양대상자별 종전의 토지 또는 건축물 명세, 종후자산인 분양대상자별 분양예정인 대지 또는 건축물, 세입자별 손실보상을 위한 권리명세가 포함되어야 하고, 자산이나 권리의 가액이 함께 제시되어야 한다.

그래서 도시정비법은 자산·권리의 가액의 평가방법을 구체적으로 규정하고 있는데, 주거환경개선사업 또는 재개발사업에는 시장·군수등이 선정·계약한 2인 이상의 「감정평가법」에 따른 감정평가법인등이, 재건축사업의 경우에는 시장·군수등이 선정·계약한 1인 이상의 감정평가법인등과 조합총회의 의결로 선정·계약한 1인 이상의 감정평가법인등이 평가한 금액을 산술평균하여 산정한다. 다만, 관리처분계획을 변경·중지 또는 폐지하려는 경우 분양예정 대상인 대지 또는 건축물의 추산액과 종전의 토지 또는 건축물의 가격은 사업시행자 및 토지등소유자 전원이 합의하여 산정할 수 있다(법 제74조 제4항).

(2) 평가의 기준시점

평가방법과 더불어 중요한 것은 평가의 기준시점인데, 평가의 기준시기에 따라 자산가액이 달라지기 때문이다. 특히, 재개발·재건축사업은 정비구역 내의 토지등소유자가 종전자산을 출자하고 공사비 등을 투입하여 공동주택 등을 건설한 후 조합원에게 배분하고 남는 공동주택 등을 일반에게 분양하여 발생한 개발이익을 조합원들 사이의 출자비율에 따라 나누어 가지는 사업이다. 그래서 종전자산의 가액을 어느 시점에 정하느냐가 중요한 문제로 등장한다. 종전자산의 비율에 따라 개발이익의 분배율도 달라지는 이유이다. 예를 들어, 종전자산 가액의 평가시점을 조합설립추진위원회의 구성승인일로 할 것인지 아니면 조합설립인가일 또는 사업시행계획인가일로 할 것인지에 따라 종전자산의 가액이 달라지고, 따라서 조합원간의 이해득실이 차이가 나게 되는 것이다.

이에 대하여 도시정비법은 종전자산인 분양대상자별 종전의 토지 또는 건축물의 평가액은 사업시행계획인가 고시가 있은 날을 기준으로 한 가격으로 한다고 규정하고 있다(법 제74조 제1항 제5호).

여기서 '사업시행계획인가 고시가 있은 날'의 의미가 문제되는데, 그 이유는 그 의미가 최초의 사업시행계획인가 고시일인지 아니면 여러 차례의 변경인가가 이루어지고 최후의 사업시행계획인가가 발급된 날을 기준으로 할 것인지가 불분명하다는 것이다. 이에 관하여 판례는 '사업시행인가 고시일'이란 문언 그대로 '최초 사업시행계획 인가 고시일'을 의미한다고 하면서 최초 사업시행계획의 주요 부분을 실질적으로 변경하는 사업시행계획 변경인가가 있었더라도 특별한 사정이 없는 한 최초 사업시행계획 인가 고시일을 기준으로 평가한 종전자산가격을 기초로 수립된 관리처분계획이 종전자산의 면적·이용상황·환경 등을 종합적으로 고려하여 대지 또는 건축물이 균형있게 분양신청자에게 배분되도록 정한 도시정비법 규정에 위반된다고 볼 수 없다고 판시하였다.[165)]

3) 분양받을 권리의 산정 기준일

정비사업을 통하여 분양받을 건축물이 다음 각 호의 어느 하나에 해당하는 경우에는 정비계획을 포함한 정비구역 지정·고시가 있은 날 또는 시·도지사가 투기를 억제하기 위하여 기본계획 수립을 위한 주민공람의 공고일 후 정비구역 지정·고시 전에 따로 정하는 날(기준일)의 다음 날을 기준으로 건축물을 분양받을 권리를 산정한다(법 제77조 제1항).

1. 1필지의 토지가 여러 개의 필지로 분할되는 경우
2. 「집합건물법」에 따른 집합건물이 아닌 건축물이 같은 법에 따른 집합건물로 전환되는 경우
3. 하나의 대지 범위에 속하는 동일인 소유의 토지와 주택 등 건축물을 토지와 주택 등 건축물로 각각 분리하여 소유하는 경우
4. 나대지에 건축물을 새로 건축하거나 기존 건축물을 철거하고 다세대주택, 그 밖의 공동주택을 건축하여 토지등소유자의 수가 증가하는 경우
5. 「집합건물법」 제2조 제3호에 따른 전유부분의 분할로 토지등소유자의 수가 증가

165) 대법원 2015. 11. 26. 선고 2014두15528 판결.

하는 경우

시·도지사는 기준일을 따로 정하는 경우에는 기준일·지정사유·건축물을 분양받을 권리의 산정 기준 등을 해당 지방자치단체의 공보에 고시하여야 한다(법 제77조 제2항).

Ⅲ. 관리처분계획의 수립과 인가

1. 조합총회의 의결

1) 조합원에 대한 통지

시행자가 조합인 경우 관리처분계획의 수립과 변경은 조합총회의 의결사항이다(법 제45조 제1항 제10호). 조합은 관리처분계획의 수립 및 변경의 사항을 의결하기 위한 총회의 개최일부터 1개월 전에 ① 분양대상자별 분양예정인 대지 또는 건축물의 추산액(임대관리 위탁주택에 관한 내용을 포함한다), ② 일반분양분·공공지원민간임대주택·임대주택·그 밖에 부대시설·복리시설 등의 보류지 등의 명세와 추산액 및 처분방법, ③ 분양대상자별 종전의 토지 또는 건축물 명세 및 사업시행계획인가 고시가 있은 날을 기준으로 한 가격(사업시행계획인가 전에 철거된 건축물은 시장·군수등에게 허가를 받은 날을 기준으로 한 가격), ④ 정비사업비의 추산액(재건축사업의 경우에는 「재건축이익환수법」에 따른 재건축부담금에 관한 사항을 포함한다) 및 그에 따른 조합원 분담규모 및 분담시기의 사항을 각 조합원에게 문서로 통지하여야 한다(법 제74조 제5항).

2) 조합총회의결에 대한 불복

조합총회의 의결은 처분이 아니므로 항고소송의 대상이 되지 않는다. 재건축조합은 행정주체인 공법인이므로 조합이 수립하는 관리처분계획은 행정처분으로서 효력이 발생하게 되므로 총회결의의 하자를 이유로 하여 항고소송으로 관리처분계획의 취소 또는 무효확인을 구하여야 하고, 그와 별도로 행정처분에 이르는 절차적 요건 중 하나에 불과한 총회결의 부분만을 따로 떼어내어 효력유무를 다투는 확인의 소를 제기하는 것은 특별한 사정이 없는 한 허용되지 않는다. 그러므로 관리처분계획안에 대한 조합총회결의는 공법상의 합동행위이고, 조합원은 조합을 상대로 공법상 당사자소송으로 조합총회의결을 다투어야 한다.[166]

---

166) 대법원 2009. 9. 17. 선고 2007다2428 전원합의체 판결; 대법원 2009. 10. 15. 선고 2008다93001 판

판례 총회결의무효확인(대법원 2009. 9. 17. 선고 2007다2428 전원합의체 판결)

도시 및 주거환경정비법상 행정주체인 주택재건축정비사업조합을 상대로 관리처분계획안에 대한 조합 총회결의의 효력 등을 다투는 소송은 행정처분에 이르는 절차적 요건의 존부나 효력 유무에 관한 소송으로서 그 소송결과에 따라 행정처분의 위법 여부에 직접 영향을 미치는 공법상 법률관계에 관한 것이므로, 이는 행정소송법상의 당사자소송에 해당한다.

3) 선행처분과 관리처분계획의 관계

종전의 조합설립인가처분이 당연무효이거나 취소되는 경우에는 종전의 조합설립인가처분이 유효함을 전제로 수립·인가된 관리처분계획은 소급하여 효력을 잃는다. 따라서 조합은 도시정비법상 분양신청 통지·공고 등의 절차를 다시 밟거나 분양신청을 하지 않았지만 조합원 지위를 상실하지 않은 자 등 분양신청 대상자들의 분양신청에 관한 의사를 개별적으로 확인하여 그 분양신청 현황을 기초로 관리처분계획을 수립하여야 하고, 조합이 이러한 절차를 밟지 않고 종전 분양신청 현황에 따라 관리처분계획을 수립하였다면 관리처분계획은 위법하다. 다만, 종전의 분양신청 현황을 기초로 했더라도 새로운 관리처분계획 수립 당시 토지 등 소유자의 분양신청 현황을 기초로 관리처분계획을 수립했다고 평가할 수 있는 예외적인 경우에는 종전의 분양신청 현황을 기초로 새로운 관리처분계획을 수립하는 것도 허용된다.167)

2. 시장·군수등의 관리처분계획인가

1) 관리처분계획인가의 법적 성격

사업시행자는 분양신청기간이 종료된 때에는 분양신청의 현황을 기초로 관리처분계획을 수립하여 시장·군수등의 인가를 받아야 하며, 관리처분계획을 변경·중지 또는 폐지하려는 경우에도 또한 같다(법 제74조 제1항).

시장·군수등의 인가는 조합의 관리처분계획에 대한 법률상의 효력을 완성시키는 보충행위로서 강학상 인가에 해당한다.168) 그러므로 인가처분에 하자가 없다면 기본행

결; 대법원 2010. 2. 25. 선고 2007다73598 판결; 대법원 2012. 3. 29. 선고 2010두7765 판결 등.

167) 대법원 2016. 12. 15. 선고 2015두51309 판결; 대법원 2016. 12. 15. 선고 2015두51347 판결.

위에 하자가 있더라도 따로 그 기본행위의 하자를 다투는 것은 별론으로 하고 기본행위의 무효를 내세워 바로 그에 대한 행정청의 인가처분의 취소 또는 무효확인을 소구할 법률상의 이익이 있다고 할 수 없다.[169)]

시장·군수등이 직접 관리처분계획을 수립하거나 관리처분계획을 인가하는 때에는 그 내용을 해당 지방자치단체의 공보에 고시하여야 한다(법 제78조 제4항 및 제6항).

2) 관리처분계획의 수립과 변경인가

도시정비법은 관리처분계획의 수립과 변경은 인가사항으로, 경미한 사항의 변경은 신고사항으로 규정하고 있다. 이와 관련하여 정비사업전문관리업자의 관리처분계획의 수립업무에서 '수립'의 범위와 변경인가받은 관리처분계획이 있는 경우 변경인가 받기 전의 관리처분계획의 효력이 문제된다.

사업시행자는 정비사업전문관리업자로 하여금 관리처분계획의 수립에 관한 업무를 대행하게 할 수 있으나(법 제102조 제1항 제6호), 관리처분계획의 변경업무는 위탁할 수 없으므로 정비사업전문관리업자가 수행하는 관리처분계획의 수립에는 최초의 수립뿐만 아니라 경미한 사항이 아닌 관리처분계획의 주요 부분을 실질적으로 변경하는 것도 포함된다는 것이다.[170)] 그러므로 관리처분계획의 주요 부분을 실질적으로 변경하는 내용으로 변경수립된 관리처분계획에 대하여 시장·군수의 인가를 받은 경우에는 당초 관리처분계획은 달리 특별한 사정이 없는 한 효력을 상실한다는 것이 판례의 입장이다.[171)] 이때 당초 관리처분계획이 효력을 상실한다는 것은 당초 관리처분계획이 유효하게 존속하다가 변경시점을 기준으로 장래를 향하여 실효된다는 의미이지 소급적으로 무효가 된다는 의미가 아니다. 그리고 이러한 법리는 변경된 관리처분계획이 당초 관리처분계획의 주요 부분을 실질적으로 변경하는 정도에 이르지 않는 경우에도 동일하게 적용되므로, 이 경우 당초 관리처분계획 중 변경되는 부분은 장래를 향하여 실효된다.[172)]

---

168) 대법원 2001. 12. 11. 선고 2001두7541 판결; 대법원 2018. 3. 13. 선고 2016두35281 판결 등.

169) 대법원 2001. 12. 11. 선고 2001두7541 판결.

170) 대법원 2019. 9. 25. 선고 2016도1306 판결.

171) 대법원 2011. 2. 10. 선고 2010두19799 판결; 대법원 2012. 3. 22. 선고 2011두6400 전원합의체 판결; 대법원 2012. 3. 29. 선고 2010두7765 판결; 대법원 2013. 12. 26. 선고 2012두6674 판결; 2018. 2. 13. 선고 2017두64224 판결 등.

172) 대법원 2016. 6. 23. 선고 2014다16500 판결.

3. 관리처분계획의 변경신고

관리처분계획의 변경도 원칙적으로 시장 · 군수등의 인가사항이나, ① 계산착오 · 오기 · 누락 등에 따른 조서의 단순정정인 경우(불이익을 받는 자가 없는 경우에만 해당한다), ② 정관 및 사업시행계획인가의 변경에 따라 관리처분계획을 변경하는 경우, ③ 매도청구에 대한 판결에 따라 관리처분계획을 변경하는 경우, ④ 도시정비법 제129조에 따른 권리 · 의무의 변동이 있는 경우로서 분양설계의 변경을 수반하지 아니하는 경우, ⑤ 주택분양에 관한 권리를 포기하는 토지등소유자에 대한 임대주택의 공급에 따라 관리처분계획을 변경하는 경우, ⑥「민간임대주택법」 제2조 제7호에 따른 임대사업자의 주소(법인인 경우에는 법인의 소재지와 대표자의 성명 및 주소)를 변경하는 경우의 경미한 사항을 변경하려는 경우에는 시장 · 군수등에게 신고하여야 하고(법 제74조 제1항 단서, 영 제61조), 경미한 사항의 변경신고를 받은 날부터 20일 이내에 신고수리 여부를 신고인에게 통지하여야 한다(법 제74조 제2항).

4. 관리처분계획의 인가절차

1) 토지등소유자에 대한 공람

시장 · 군수등이 직접 관리처분계획을 수립하거나 사업시행자가 관리처분계획인가를 신청하기 전에 관계 서류의 사본을 30일 이상 토지등소유자에게 공람하게 하고 의견을 들어야 한다. 다만, ① 계산착오 · 오기 · 누락 등에 따른 조서의 단순정정인 경우(불이익을 받는 자가 없는 경우에만 해당한다), ② 정관 및 사업시행계획인가의 변경에 따라 관리처분계획을 변경하는 경우, ③ 매도청구에 대한 판결에 따라 관리처분계획을 변경하는 경우, ④ 도시정비법 제129조에 따른 권리 · 의무의 변동이 있는 경우로서 분양설계의 변경을 수반하지 아니하는 경우, ⑤ 주택분양에 관한 권리를 포기하는 토지등소유자에 대한 임대주택의 공급에 따라 관리처분계획을 변경하는 경우, ⑥「민간임대주택법」 제2조 제7호에 따른 임대사업자의 주소(법인인 경우에는 법인의 소재지와 대표자의 성명 및 주소)를 변경하는 경우의 경미한 사항을 변경하려는 경우에는 토지등소유자의 공람 및 의견청취 절차를 거치지 아니할 수 있다(법 제78조 제1항 및 제6항, 영 제61조).

사업시행자는 공람을 실시하려거나 시장 · 군수등의 고시가 있은 때에는 대통령령으로 정하는 방법과 절차에 따라 토지등소유자에게는 공람계획을 통지하고, 분양신청을 한 자에게는 관리처분계획인가의 내용 등을 통지하여야 한다(법 제78조 제5항). 시장 · 군수등이 직접 관리처분계획을 수립하는 경우에도 동일한 절차를 거친다(법 제78조 제6항).

2) 관리처분계획의 타당성검증 요청

시장·군수등은 사업시행자의 관리처분계획인가의 신청이 있은 날부터 30일 이내에 인가 여부를 결정하여 사업시행자에게 통보하여야 한다. 다만, 시장·군수등은 관리처분계획의 타당성검증을 요청하는 경우에는 관리처분계획인가의 신청을 받은 날부터 60일 이내에 인가 여부를 결정하여 사업시행자에게 통지하여야 한다(법 제78조 제2항).

시장·군수등은 ① 정비사업비 추산액이 사업시행계획서에 따른 정비사업비 기준으로 10% 이상 늘어나는 경우, ② 정비사업비 추산액에 따른 조합원 분담규모가 분양대상자별 분담금의 추산액 총액 기준으로 20% 이상 늘어나는 경우, ③ 조합원 5분의 1 이상이 관리처분계획인가 신청이 있은 날부터 15일 이내에 시장·군수등에게 타당성검증을 요청한 경우, ④ 그 밖에 시장·군수등이 필요하다고 인정하는 경우에는 토지주택공사등 또는 한국부동산원에 관리처분계획의 타당성검증을 요청하여야 한다. 이 경우 시장·군수등은 타당성검증 비용을 사업시행자에게 부담하게 할 수 있다(법 제78조 제3항, 영 제64조).

제4항 관리처분계획에 따른 후속행위

Ⅰ. 관리처분의 방법

정비사업의 시행으로 조성된 대지 및 건축물은 관리처분계획에 따라 처분 또는 관리하여야 한다(법 제79조 제1항). 도시정비법은 정비사업의 종류에 따라 관리처분의 방법을 다르게 규정하고 있다.

1. 주거환경개선사업과 재개발사업

관리처분계획에 따라 시행하는 주거환경개선사업과 재개발사업의 경우 관리처분은 원칙적으로 ① 시·도조례로 분양주택의 규모를 제한하는 경우에는 그 규모 이하로 주택을 공급할 것, ② 1개의 건축물의 대지는 1필지의 토지가 되도록 정할 것(다만, 주택단지의 경우에는 그러하지 아니하다), ③ 정비구역의 토지등소유자(지상권자 제외한다)에게 분양할 것(다만, 공동주택을 분양하는 경우 시·도조례로 정하는 금액·규모·취득 시기 또는 유형에 대한 기준에 부합하지 아니하는 토지등소유자는 시·도조례로 정하는 바에 따라 분양대상에서 제외할 수 있다), ④ 분양대상자가 공동으로 취득하게 되는 건축물의 공용부분은 각 권리자의 공유로 하되, 해당 공용부분에 대한 각 권리자의 지분비율은 그가 취득하게 되는 부분의 위치 및 바닥면적 등의 사항을 고려하여 정할 것, ⑤ 1필지의 대지 위에 2인 이상에게 분양될 건축물이 설치된 경우에는 건축물의 분양면적의 비율에 따라 그 대지소유권이 주어지도록 할 것(주택과 그 밖의 용도의 건축물이 함께 설치된 경우에는 건축물의 용도 및 규모 등을 고려하여 대지지분이 합리적으로 배분될 수 있도록 하되, 토지의 소유관계는 공유로 한다), ⑥ 주택 및 부대시설·복리시설의 공급순위는 기존의 토지 또는 건축물의 가격을 고려하여 정할 것(이 경우 그 구체적인 기준은 시·도조례로 정할 수 있다) 등의 방법에 따른다(영 제63조 제1항).

2. 재건축사업

재건축사업의 경우 관리처분은 원칙적으로 ① 분양대상자가 공동으로 취득하게 되는 건축물의 공용부분은 각 권리자의 공유로 하되, 해당 공용부분에 대한 각 권리자의 지분비율은 그가 취득하게 되는 부분의 위치 및 바닥면적 등의 사항을 고려하여 정할 것, ② 1필지의 대지 위에 2인 이상에게 분양될 건축물이 설치된 경우에는 건축물의 분양면적의 비율에 따라 그 대지소유권이 주어지도록 할 것(주택과 그 밖의 용도의 건축물이 함께 설치된 경우에는 건축물의 용도 및 규모 등을 고려하여 대지지분이 합리적으로 배분될 수 있도록 하되, 토지의 소유관계는 공유로 한다), ③ 부대시설·복리시설(부속토지를 포함한다)의 소유자에게는 부대시설·복리시설을 공급할 것 등의 방법에 따른다. 다만, 조합이 조합원 전원의 동의를 받아 그 기준을 따로 정하는 경우에는 그에 따른다(영 제63조 제2항).

II. 조합원분양과 일반분양

1. 조합원분양

정비사업의 시행으로 조성된 대지 및 건축물은 관리처분계획에 따라 처분 또는 관리하여야 한다(법 제79조 제1항). 따라서 사업시행자는 정비사업의 시행으로 건설된 건축물을 인가받은 관리처분계획에 따라 토지등소유자에게 공급하여야 한다(법 제79조 제2항).

사업시행자는 정비구역에 주택을 건설하는 경우에는 입주자모집 조건·방법·절차, 입주금(계약금·중도금 및 잔금)의 납부방법·시기·절차, 주택공급 방법·절차 등에 관하여 「주택법」 제54조에도 불구하고 대통령령으로 정하는 범위에서 시장·군수등의 승인을 받아 따로 정할 수 있다(법 제79조 제3항).

2. 일반분양

통상적으로 정비사업 시행자가 사업비용을 조달하기 위해서 조합원 수를 초과해서 아파트를 건설하여 이를 일반에 매각하는데, 이를 조합원분양과 구별하여 일반분양이라 한다.

사업시행자는 분양신청을 받은 후 잔여분이 있는 경우에는 정관등 또는 사업시행계획으로 정하는 목적을 위하여 그 잔여분을 보류지(건축물을 포함한다)로 정하거나 조합원 또는 토지등소유자 이외의 자에게 분양할 수 있다(법 제79조 제4항).

더 나아가 사업시행자는 조합원 또는 토지등소유자와 이들 이외의 자, 임대주택의 임차인 등에게 주택을 공급하고 남은 주택을 이들 공급대상자 외의 자에게 공급할 수 있다(법 제79조 제7항). 이 경우 주택의 공급 방법·절차 등은 「주택법」 제54조를 준용한다. 다만, 사업시행자가 매도청구소송을 통하여 법원의 승소판결을 받은 후 입주예정자에게 피해가 없도록 손실보상금을 공탁하고 분양예정인 건축물을 담보한 경우에는 법원의 승소판결이 확정되기 전이라도 「주택법」 제54조에도 불구하고 입주자를 모집할 수 있으나, 준공인가 신청 전까지 해당 주택건설 대지의 소유권을 확보하여야 한다(법 제79조 제8항).

3. 조합원분양과 일반분양의 구별

양자는 관리처분계획의 후속행위로서의 공통점을 가지나 그 성격이나 적용법조 등에서 차이를 보인다.

근본적인 차이는 수분양자에 대한 소유권취득의 법률상 원인이 다르다는 데 있다. 조합원분양이 행정처분인 관리처분계획에 근거하여 이루어지는 데 반하여, 일반분양은 사업시행자와 일반분양자간의 매매계약에 의하여 성립된 채권을 원인으로 이루어진다. 그래서 조합원분양은 관리처분계획에 따라 공급되도록 주택법의 원칙에 대하여 도시정비법이 예외를 인정하고 있으나, 일반분양의 경우에는 공고 · 신청절차 · 공급조건 · 방법 및 절차 등은 「주택법」 제54조를 준용한다(영 제67조).

이 외에도 조합원이 분양신청을 하지 않거나 분양계약을 체결하지 않아 보류지 또는 일반분양분이 되는 대지 · 건축물에 관하여는 도시개발법상 보류지 또는 체비지에 관한 법리가 적용될 수 있다.[173] 그리하여 도시정비법은 조합원에게 분양된 대지 또는 건축물은 도시개발법에 따른 환지로 보고, 보류지와 일반에게 분양하는 대지 또는 건축물은 「도시개발법」에 따른 보류지 또는 체비지로 본다고 규정하고 있다(법 제87조 제1항 및 제2항). 조합원분양분은 환지이기 때문에 환지를 받은 자, 즉 조합원이 원시취득하여 곧바로 보존등기를 하지만 일반분양분은 보류지 또는 체비지로 간주되므로 사업시행자인 조합이 원시취득한 후 일반분양자에게 이전된다는 차이가 있다.

Ⅲ. 지상권 등의 계약해지

1. 입법취지

도시정비법은 정비구역 내의 임차권자 등의 권리를 보호하고 종국적으로 정비사업의 원활한 추진을 보장하기 위하여 임차권자 등의 계약해지권과 계약상 금전반환청구권을 인정하고 있다.

이렇게 도시정비법 제70조가 정비사업 구역 내의 임차권자 등에게 계약해지권과 사업시행자를 상대로 한 보증금반환청구권까지 인정하는 취지는 정비사업의 시행으로 인하여 그 의사에 반하여 임대차목적물의 사용 · 수익이 정지되는 임차권자 등의 정당한 권리를 두텁게 보호하는 한편, 계약상 임대차기간 등 권리존속기간의 예외로서 이러한 권리를 조기에 소멸시켜 원활한 정비사업의 추진을 도모하고자 함에 있다.[174]

2. 계약해지권과 금전반환청구권의 행사

정비사업의 시행으로 지상권 · 전세권 또는 임차권의 설정목적을 달성할 수 없는 때

173) 대법원 2018. 9. 28. 선고 2016다246800 판결.
174) 대법원 2014. 7. 24. 선고 2012다62561, 62578 판결.

에는 그 권리자는 계약을 해지할 수 있고(법 제70조 제1항), 계약을 해지할 수 있는 자가 가지는 전세금·보증금, 그 밖의 계약상의 금전의 반환청구권은 사업시행자에게 행사할 수 있다(법 제70조 제2항). 이에 따라 임차권자가 사업시행자에게 대하여 보증금반환청구권을 행사하려면 임차권자는 토지등소유자에 대하여 보증금반환채권을 가지고 있어야 할 것이다.[175]

'정비사업의 시행으로 인하여 임차권의 설정목적을 달성할 수 없다'는 것은 정비사업의 시행으로 인하여 임차인이 임대차목적물을 사용·수익할 수 없게 되거나 임대차목적물을 사용·수익하는 상황 내지 이를 이용하는 형태에 중대한 변화가 생기는 등 임차권자가 이를 이유로 계약해지권을 행사하는 것이 정당하다고 인정되는 경우를 의미한다.[176]

도시정비법 제81조 제1항에 의하여 종전의 토지 또는 건축물의 소유자·지상권자·전세권자·임차권자 등 권리자는 관리처분계획인가의 고시가 있은 때에는 이전고시가 있는 날까지 종전의 토지 또는 건축물을 사용·수익할 수 없게 되는데, 이 또한 '정비사업의 시행으로 인하여 임차권의 설정목적을 달성할 수 없는 때'에 해당한다고 할 것이다.

관리처분계획인가의 고시가 있게 되면 사업시행자는 이 조항을 근거로 정비구역 내에 있는 토지 또는 건축물의 임차권자 등을 상대로 그들이 점유하고 있는 부동산의 인도를 구할 수 있고, 따라서 임차권자는 임대차기간이 남아 있더라도 자신이 점유하고 있는 임대차목적물을 사업시행자에게 인도하여야 할 의무를 부담하게 되고 이로 인하여 정비사업이 진행되는 동안 임대차목적물을 사용·수익할 수 없게 된다.[177] 따라서 임차인은 원칙적으로 관리처분계획인가의 고시가 있다면 임차권의 설정목적을 달성할 수 없게 되었음을 이유로 임대차계약을 해지하고, 사업시행자를 상대로 보증금반환청구권을 행사할 수 있다.[178] 다만 관리처분계획인가의 고시 이전이라도 정비사업 계획에 따라 사업시행자에 의한 이주절차가 개시되어 실제로 이주가 이루어지는 등으로 사회통념상 임차인에게 임대차관계를 유지하도록 하는 것이 부당하다고 볼 수 있는 특별한 사정이 있는 경우에는 임차인은 임대차계약을 해지하고, 사업시행자를 상대로 보증금반환청구권을 행사할 수 있다.[179]

---

175) 대법원 2014. 7. 24. 선고 2012다62561, 62578 판결.
176) 대법원 2020. 8. 20. 선고 2017다260636 판결.
177) 대법원 1992. 12. 22. 선고 91다22094 판결; 대법원 2010. 5. 27. 선고 2009다53635 판결 등.
178) 대법원 2014. 7. 24. 선고 2012다62561, 62578 판결.

3. 사업시행자의 구상권행사

전세금 등 금전의 반환청구권의 행사로 해당 금전을 지급한 사업시행자는 해당 토지등소유자에게 구상할 수 있고(법 제70조 제3항), 토지등소유자에 대한 구상이 되지 아니하는 때에는 해당 토지등소유자에게 귀속될 대지 또는 건축물을 압류할 수 있다. 이 경우 압류한 권리는 저당권과 동일한 효력을 가진다(법 제70조 제4항).

Ⅳ. 임대주택의 인수 및 건설

국토교통부장관, 시·도지사, 시장, 군수, 구청장 또는 토지주택공사등은 조합이 요청하는 경우 재개발사업의 시행으로 건설된 임대주택을 인수하여야 한다(법 제79조 제5항).

사업시행자는 정비사업의 시행으로 임대주택을 건설하는 경우에는 임차인의 자격·선정방법·임대보증금·임대료 등 임대조건에 관한 기준 및 무주택 세대주에게 우선 매각하도록 하는 기준 등에 관하여 「민간임대주택법」 제42조 및 제44조, 「공공주택특별법」 제48조, 제49조 및 제50조의3에도 불구하고 대통령령으로 정하는 범위에서 시장·군수등의 승인을 받아 따로 정할 수 있다. 다만, 재개발임대주택으로서 최초의 임차인 선정이 아닌 경우에는 대통령령으로 정하는 범위에서 인수자가 따로 정한다(법 제79조 제6항).

Ⅴ. 건축물 사용·수익의 중지 및 철거

1. 건축물 사용·수익의 중지

1) 원칙

종전의 토지 또는 건축물의 소유자·지상권자·전세권자·임차권자 등 권리자는 관리처분계획인가의 고시가 있은 때에는 이전고시가 있는 날까지 종전의 토지 또는 건축물을 사용하거나 수익할 수 없다(법 제81조 제1항).

이 조항에 따르면 관리처분계획의 인가·고시가 있으면 별도의 행정처분 없이 정비구역 내 건축물의 소유자는 자신의 건축물에 대한 사용·수익이 정지되는데, 이것이 건

179) 대법원 2020. 8. 20. 선고 2017다260636 판결.

축물 소유자의 재산권을 침해하는지에 대하여 헌법재판소는 이 조항이 사용·수익의 정지를 실효적으로 확보하기 위하여 사업시행자가 소유자 등을 상대로 토지나 건축물의 인도를 구하는 근거조항으로 기능하고 있으므로 소유자에 대한 재산권을 침해하지 않는다고 보았다.[180]

판례 도시 및 주거환경정비법(헌법재판소 2015. 11. 26. 선고 2013헌바415 결정)

주택재개발사업의 특징과 시행과정에 비추어 볼 때, 이 사건 법률조항의 규율목적은 기존 권리자들의 법적 지위를 박탈하거나 제한하는 데 있는 것이 아니라 정비사업을 신속하고 원활하게 진행함으로써 권리자들의 재입주·재정착 등 종전 권리를 다시 확보하거나 행사할 수 있도록 보장하기 위하여 권리자들의 법적 지위를 정비사업 시행기간 동안 새로이 형성하려는 것으로 볼 수 있고, 그 규율형식 또한 개별·구체적으로 특정 재산권을 박탈하거나 제한하려는 데 본질이 있는 것이 아니라 일반·추상적으로 정비구역 내의 토지 및 건축물에 대한 사용·수익 관계를 정하고 있는 것이다. 따라서 이 사건 법률조항은 그 규율목적과 규율형식을 고려할 때, 입법자가 장래를 향하여 추상적이고 일반적인 형식으로 재산권의 내용을 형성하고 확정하는 규정이자 재산권의 사회적 제약을 구체화하는 규정이라 할 것이다.

이 조항과 관련하여 사업시행인가를 받은 시행자라 하더라도 관리처분계획의 인가·고시가 있기 전에는 사업시행인가만으로 재개발사업 시행구역 안의 토지나 지상물을 사용·수익하는 등의 권리를 직접 취득한다고 할 수 없으므로 사업시행자가 토지등 소유자로부터 토지나 지상물의 사용승낙을 받지 않는 한 재개발사업의 시행을 위하여 그 토지나 지상물을 점용하는 경우라 하더라도 이를 적법한 점유·사용이라 할 수 없다.[181] 그럼에도 사업구역 내의 토지등소유자가 관리처분계획의 인가·고시 전에 사업시행자로 하여금 사업시행을 할 수 있도록 토지 등의 사용을 승낙한 경우에 이것은 사용대차의 계약관계로 볼 것이다.[182]

2) 예외

다만, 사업시행자의 동의를 받은 경우나 「토지보상법」에 따른 손실보상이 완료되지

180) 헌법재판소 2014. 7. 24. 선고 2012헌마662 결정.
181) 대법원 1992. 12. 22. 선고 91다22094 판결.
182) 대법원 2009. 3. 26. 선고 2009다228, 235 판결; 대법원 2009. 7. 9. 선고 2007다83649 판결.

아니한 경우[183]에는 권리자는 종전의 토지 또는 건축물을 사용하거나 수익할 수 있다(법 제81조 제1항 단서).

도시정비법 제81조 제1항 단서에 따라 사업시행자의 동의를 받거나 토지보상법에 따른 손실보상이 완료되지 않은 경우에는 종전의 토지 또는 건축물의 소유자 등은 건축물을 사용하거나 수익할 수 있는데, 이 조항은 사업시행자의 토지수용과 이에 따른 손실보상을 전제로 하는 것이므로 토지수용권이 인정되지 않는 재건축사업에는 적용되지 않는다는 점을 유의하여야 한다.[184]

판례 부당이득(대법원 2021. 7. 29. 선고 2019다300477 판결)

이 조항은 토지보상법 제43조에 대한 특별 규정으로서, 사업시행자가 현금청산대상자나 임차인 등에 대해서 종전의 토지나 건축물의 인도를 구하려면 관리처분계획의 인가·고시만으로는 부족하고 구 도시정비법 제49조 제6항 단서에서 정한 대로 토지보상법에 따른 손실보상이 완료되어야 한다. (중략) 토지보상법 제78조 등에서 정한 주거이전비, 이주정착금, 이사비(이하 '주거이전비 등'이라 한다)는 구 도시정비법 제49조 제6항 단서에서 정한 '토지보상법에 따른 손실보상'에 해당한다고 보아야 한다. 구 도시정비법 제49조 제6항 단서에서 정한 토지보상법에 따른 손실보상이 완료되려면 협의나 수용재결에서 정해진 토지나 건축물 등에 대한 보상금의 지급 또는 공탁뿐만 아니라 주거이전비 등에 대한 지급절차까지 이루어져야 한다. 만일 협의나 재결절차 등에 따라 주거이전비 등의 지급절차가 이루어지지 않았다면 관리처분계획의 인가·고시가 있더라도 분양신청을 하지 않거나 철회하여 현금청산대상자가 된 자는 종전의 토지나 건축물을 사용·수익할 수 있다. 위와 같이 주거이전비 등을 지급할 의무가 있는 주택재개발정비사업의 시행자가 종전 토지나 건축물을 사용·수익하고 있는 현금청산대상자를 상대로 부당이득반환을 청구하는 것은 허용되지 않는다.

사업시행자가 현금청산대상자나 세입자에 대해서 종전의 토지나 건축물의 인도를 구하려면 관리처분계획의 인가·고시만으로는 부족하고 도시정비법 제81조 제1항 제2

183) 헌법재판소 2014. 7. 24. 선고 2012헌마662 결정(당시 도시정비법의 개정은 정비사업의 시행과정에서 세입자보상이 사회적 문제로 등장한 것을 계기로 정비사업에 있어 세입자보호의 법적 근거를 마련하는 것이 주된 취지였으며, 제81조 제1항 단서의 개정 역시 세입자가 주거 또는 영업공간을 인도하기 이전에 손실보상을 받을 수 있도록 법적으로 보장함으로써 세입자의 재산권에 대한 손실을 보전하고 안정적인 주거 이전을 확보하기 위한 것으로 평가될 수 있다).

184) 대법원 2014. 7. 24. 선고 2012다62561, 62578 판결.

호에서 정한 토지보상법에 따른 손실보상이 완료되어야 한다. 여기서 '손실보상이 완료된 때'의 의미는 사업시행자가 수용재결에서 정한 보상금을 지급 또는 공탁한 경우를 말한다고 해석되고,[185] 토지보상법에서 정한 주거이전비, 이주정착금, 이사비도 도시정비법 제81조 제1항 단서에서 정한 '토지보상법에 따른 손실보상'에 해당한다.[186] 그러므로 주택재개발사업의 사업시행자가 공사에 착수하기 위하여 현금청산대상자나 세입자로부터 정비구역 내 토지 또는 건축물을 인도받기 위해서는 협의나 재결절차 등에 의하여 결정되는 주거이전비 등도 지급할 것이 요구된다. 이러한 사업시행자의 주거이전비 등의 지급의무와 현금청산대상자의 부동산인도의무는 동시이행관계에 있게 된다.[187] 그리하여 주거이전비 등의 지급절차가 이루어지지 않았다면 주거이전비 등의 지급의무가 있는 사업시행자가 종전 토지나 건축물을 사용·수익하고 있는 현금청산대상자를 상대로 불법점유로 인한 손해배상을 청구하는 것은 허용되지 않는다.[188]

판례 부동산인도청구의소(대법원 2021. 6. 30. 선고 2019다207813 판결)

만일 사업시행자와 현금청산대상자나 세입자 사이에 주거이전비 등에 관한 협의가 성립된다면 사업시행자의 주거이전비 등 지급의무와 현금청산대상자나 세입자의 부동산인도의무는 동시이행의 관계에 있게 되고, 재결절차 등에 의할 때에는 주거이전비 등의 지급절차가 부동산 인도에 선행되어야 한다.

주거이전비[189] 등은 토지보상법 제78조와 관계 법령에서 정하는 요건을 충족하면 당연히 발생하고 그에 관한 보상청구소송은 행정소송법 제3조 제2호에서 정하는 당사자소송으로 하여야 한다.[190]

---

185) 헌법재판소 2020. 11. 26. 선고 2017헌바350 결정.

186) 대법원 2021. 7. 29. 선고 2019다300477 판결; 헌법재판소 2014. 7. 24. 선고 2012헌마662 결정(주거이전비 보상이 이 사건 법률조항 단서에서 사용·수익 정지 이전에 완료될 것을 요구하는 "도시정비법 제40조 및 공익사업법에 따른 손실보상"에 해당함이 명백하고).

187) 대법원 2021. 6. 30. 선고 2019다207813 판결.

188) 대법원 2023. 8. 18. 선고 2021다249810 판결.

189) 대법원 2017. 10. 31. 선고 2017두40068 판결(주거용 건축물의 세입자에게 지급하는 주거이전비는 공익사업 시행지구 안에 거주하는 세입자들의 조기 이주를 장려하고 사업추진을 원활하게 하려는 정책적인 목적과 주거이전으로 특별한 어려움을 겪게 될 세입자들에게 사회보장적인 차원에서 지급하는 금원이다).

190) 대법원 2022. 6. 30. 선고 2021다310088, 310095 판결.

판례 **건물명도·기타(금전)(대법원 2022. 6. 30. 선고 2021다310088, 310095 판결)**
사업시행자는 협의나 재결절차를 거칠 필요 없이 현금청산대상자나 세입자에게 주거이전비 등을 직접 지급하거나 현금청산대상자나 세입자가 지급을 받지 않거나 받을 수 없을 때에는 민법 제487조에 따라 변제공탁을 할 수도 있다. 주택재개발사업의 사업시행자가 관리처분계획의 인가·고시 후 현금청산대상자나 세입자에 대하여 토지나 건축물에 관한 인도청구의 소를 제기하고 현금청산대상자나 세입자가 그 소송에서 주거이전비 등에 대한 손실보상을 받지 못하였다는 이유로 인도를 거절하는 항변을 하는 경우, 이를 심리하는 법원은 사업시행자가 협의나 재결절차를 거치지 않더라도 주거이전비 등을 지급하였거나 공탁하였다는 사정을 인정할 수 있으면 주거이전비 등의 지급절차가 선행되었다고 보아 사업시행자의 인도청구를 인정할 수 있다.

2. 건축물의 철거

사업시행자는 원칙적으로 관리처분계획인가를 받은 후 기존의 건축물을 철거하여야 하나(법 제81조 제2항), 「재난안전법」·「주택법」·「건축법」 등 관계 법령에서 정하는 기존 건축물의 붕괴 등 안전사고의 우려가 있는 경우이거나 폐공가(廢空家)의 밀집으로 범죄발생의 우려가 있는 경우에는 관리처분계획인가 전이라도 기존 건축물 소유자의 동의 및 시장·군수등의 허가를 받아 해당 건축물을 철거할 수 있다. 이 경우 건축물의 철거는 토지등소유자로서의 권리·의무에 영향을 주지 아니한다(법 제81조 제3항).

3. 건축물 철거의 제한

시장·군수등은 사업시행자가 기존의 건축물을 철거하거나 철거를 위하여 점유자를 퇴거시키려는 경우, ① 일출 전과 일몰 후, ② 호우, 대설, 태풍 등으로 해당 지역에 중대한 재해발생이 예상되어 기상청장이 「기상법」 제13조의2에 따라 특보를 발표한 때, ③ 「재난안전법」 제3조에 따른 재난이 발생한 때, ④ 이에 준하는 시기로 시장·군수등이 인정하는 시기에는 건축물을 철거하거나 점유자를 퇴거시키는 것을 제한할 수 있다(법 제81조 제4항).

Ⅵ. 지분형주택 등의 공급

사업시행자가 토지주택공사등인 경우에는 분양대상자와 사업시행자가 공동소유방식의 지분형주택을 공급할 수 있다(법 제80조 제1항). 이 경우 지분형주택의 규모는 주거전용면적 60㎡ 이하인 주택으로 한정하고, 공동소유 기간은 이전고시에 따라 소유권을 취득한 날부터 10년의 범위에서 사업시행자가 정하는 기간으로 한다(영 제70조 제1항).

국토교통부장관, 시·도지사, 시장, 군수, 구청장 또는 토지주택공사등은 정비구역에 세입자와 면적이 90㎡ 미만의 토지만을 소유한 자 또는 바닥면적이 40㎡ 미만의 사실상 주거를 위하여 사용하는 건축물만을 소유한 자의 요청이 있는 경우에는 재개발사업 시행으로 인수한 임대주택의 일부를 「주택법」에 따른 토지임대부 분양주택으로 전환하여 공급하여야 한다(법 제80조 제2항, 영 제71조 제1항).

제 7 절 | 공사완료에 따른 조치

제1항 정비사업의 준공인가

Ⅰ. 준공인가

시장·군수등이 아닌 사업시행자가 정비사업 공사를 완료한 때에는 대통령령으로 정하는 방법 및 절차에 따라 시장·군수등의 준공인가를 받아야 한다(법 제83조 제1항).

준공인가 신청을 받은 시장·군수등은 지체 없이 준공검사를 실시하여야 하고, 이 경우 필요한 때에는 관계 행정기관 등에게 준공검사의 실시를 의뢰할 수 있다(법 제83조 제2항). 준공검사를 실시한 결과 정비사업이 인가받은 사업시행계획대로 완료되었다고 인정되는 때에는 준공인가를 하고 공사의 완료를 해당 지방자치단체의 공보에 고시하여야 한다(법 제83조 제3항).

그러나 시장·군수등이 직접 시행하는 정비사업에 관한 공사가 완료된 때에는 인가 없이 그 완료를 해당 지방자치단체의 공보에 고시하여야 한다(법 제83조 제4항).

시장·군수등은 준공인가를 하기 전이라도 완공된 건축물에 전기·수도·난방 및 상·하수도 시설 등이 갖추어져 있어 해당 건축물을 사용하는 데 지장이 없거나 그것이 관리처분계획에 적합한 경우 또는 입주자가 공사에 따른 차량통행·소음·분진 등의 위해로부터 안전한 경우에는 입주예정자가 완공된 건축물을 사용할 수 있도록 사업시행자에게 허가할 수 있다. 다만, 시장·군수등이 사업시행자인 경우에는 허가를 받지 아니하고 입주예정자가 완공된 건축물을 사용하게 할 수 있다(법 제83조 제5항, 영 제75조 제1항).

Ⅱ. 준공인가에 따른 정비구역의 해제

정비구역의 지정은 준공인가의 고시가 있은 날 또는 관리처분계획을 수립하는 경우에는 이전고시가 있은 때의 다음 날에 해제된 것으로 본다. 이 경우 지방자치단체는 해당 지역을 「국토계획법」에 따른 지구단위계획으로 관리하여야 한다(법 제84조 제1항).

그러나 정비구역이 해제되더라도 조합의 존속에는 영향을 주지 않는다(법 제84조 제2항).

Ⅲ. 공사완료에 따른 인·허가등의 의제

시장·군수등은 준공인가를 하거나 공사완료를 고시하는 경우 그 내용에 제57조에 따라 의제되는 인·허가등에 따른 준공검사·준공인가·사용검사·사용승인 등(준공검사·인가등)에 해당하는 사항이 있은 때에는 미리 관계 행정기관의 장과 협의하여야 하고(법 제85조 제3항), 관계 행정기관의 장과 협의한 사항은 해당 준공검사·인가등을 받은 것으로 본다(법 제85조 제1항).

시장·군수등이 아닌 사업시행자는 준공검사·인가등의 의제를 받으려는 경우에는 준공인가를 신청하는 때에 해당 법률에서 정하는 관계 서류를 함께 제출하여야 한다(법 제85조 제2항).

제2항 이전고시

Ⅰ. 의의

1. 개념

이전고시란 준공인가 및 공사완료의 고시로 정비사업의 시행이 완료된 이후 관리처분계획에서 정한 사항에 따라 종전의 토지 또는 건축물에 대하여 정비사업으로 조성된 대지 또는 건축물의 소유권을 분양받을 자에게 귀속시키는 공법상 처분을 말한다.[191)]

2. 법적 성격

도시정비법상의 이전고시는 구 도시재개발법상의 분양처분에 해당한다. 판례는 분양처분이 종전의 토지 또는 건축물에 관한 권리를 강제적으로 변환시키는 공용환권에 해당하지만 분양처분 그 자체로는 권리의 귀속에 관하여 아무런 득상·변동을 생기게 하는 것이 아니고, 종전의 토지 또는 건축물에 대신하여 대지 또는 건축시설이 정하여진 경우에는 분양처분의 고시가 있은 다음날에 종전의 토지 또는 건축물에 관하여 존재하던 권리관계는 분양받는 대지 또는 건축 시설에 그 동일성을 유지하면서 이행되는 대물적 처분으로 이해하고 있었다.[192)] 즉, 판례는 분양처분 자체의 처분성을 부정하고,

191) 대법원 2016. 12. 29. 선고 2013다73551 판결.

분양처분 고시일 이후에 분양처분이 비로소 처분성을 보유한다는 것으로 해석하였다.

그러나 이러한 태도는 처분성과 처분의 효력발생을 구별하지 못하는 법리의 모순으로 보인다. 분양처분은 그 자체로 처분성을 보유하고, 다만 그 효력발생은 고시를 통하여 이루어진다는 점을 간과한 듯한 인상을 주고 있다.

이전고시는 소유권을 부여하는 행정처분이라는 점에서 구 도시재개발법상의 분양처분과 동일하다. 이전고시는 관리처분계획이 포괄적으로 확정한 권리의무관계를 변동시키는 집행행위로서 환권처분의 성질을 가지므로 행정소송법상의 처분으로 항고소송의 대상이 된다.[193)]

판례 근저당권설정등기말소청구의소(대법원 2016. 12. 29. 선고 2013다73551 판결)

도시 및 주거환경정비법에 따른 이전고시는 준공인가의 고시로 사업시행이 완료된 이후에 관리처분계획에서 정한 바에 따라 종전의 토지 또는 건축물에 대하여 정비사업으로 조성된 대지 또는 건축물의 위치 및 범위 등을 정하여 소유권을 분양받을 자에게 이전하고 가격의 차액에 상당하는 금액을 청산하거나 대지 또는 건축물을 정하지 않고 금전적으로 청산하는 공법상 처분이다.

이전고시는 공용환권의 일종이라는 점에서 도시개발법상의 입체환지와 유사하므로 도시정비법상 토지등소유자가 분양받은 대지 또는 건축물에 관하여는 도시정비법에서 특별히 규정하는 내용을 제외하고는 원칙적으로 도시개발법상 환지에 관한 법리, 그중에서도 특히 입체환지에 관한 규정이 준용될 수 있다.[194)]

이러한 논리는 도시재개발법에 따른 분양처분 역시 도시개발법상의 환지처분과 유사하다고 보아 환지처분에 대한 법리를 채용한 데에 기인한다. 따라서 도시재개발법에 의한 도시재개발사업에서의 분양처분은 일단 공고되어 효력을 발생하게 된 이후에는 그 전체의 절차를 처음부터 다시 밟지 않는 한 그 일부만을 따로 떼어 분양처분을 변경할 길이 없으며 다만 그 위법을 이유로 하여 민사상의 절차에 따라 권리관계의 존부를 확정하거나 손해배상을 구하는 길이 있을 뿐이므로 그 분양처분의 일부에 대하여 취소 또는 무효확인을 구할 법률상의 이익이 없으며,[195)] 분양처분이 효력을 발생한 이

192) 대법원 1995. 6. 30. 선고 95다10570 판결.
193) 동일한 취지로 김남철, 앞의 책, 1354쪽.
194) 대법원 2016. 12. 29. 선고 2013다73551 판결.

후에는 조합원은 관리처분계획의 변경 또는 분양거부처분의 취소를 구할 수 없고 재개발조합으로서도 분양처분의 내용을 일부 변경하는 취지로 관리처분계획을 변경할 수 없다는 것이었다.196)

이전고시 또한 도시재개발법상의 분양처분과 도시개발법상의 환지처분과 동일한 법리가 적용된다. 이전고시의 효력 발생으로 대다수 조합원 등에 대하여 권리귀속 관계가 획일적·일률적으로 처리되는 이상 그 후 일부 내용만을 분리하여 변경할 수 없고, 그렇다고 하여 전체 이전고시를 모두 무효화시켜 처음부터 다시 관리처분계획을 수립하여 이전고시 절차를 거치도록 하는 것도 정비사업의 공익적·단체법적 성격에 배치되어 허용될 수 없다.197)

II. 이전고시와 관리처분계획의 관계

1. 이전고시와 협의의 소익

이전고시는 조합총회의 결의와 행정청의 인가 및 고시의 절차를 통하여 유효하게 성립한 관리처분계획의 집행행위의 성격을 가진다. 그러므로 이전고시는 관리처분계획의 내용대로 실현하는 행위에 불과하므로 관리처분계획이 확정한 바와 다르게 이전고시를 하는 경우에는 그 효력이 인정될 수 없다고 보아야 한다. 이는 환지계획에서 인정하지 않은 사항이나 환지계획에 없는 사항을 그 내용으로 하는 환지처분이 무효라는 것과 동일한 맥락이다.198)

그런데 여기서 이전고시와 관리처분계획의 관계가 문제되는데, 구체적으로 이전고시가 관리처분계획의 집행행위의 성격을 가지므로 이전고시와 관리처분계획이 일련의 연속적인 행정절차에 해당하는지 또는 별개의 상호독립적 처분인지 문제된다. 이는 현실적으로 이전고시 자체에 대한 취소소송을 허용하고 있지 않은 대법원의 입장과 맞물려 이전고시가 효력을 발생한 후 관리처분계획의 취소나 무효확인의 법률상 이익이 존재하는지 여부로 연결된다.

이에 대하여 대법원은 이전고시를 둘러싼 다수의 이해관계를 조기에 획일적으로 확

195) 대법원 1991. 10. 8. 선고 90누10032 판결.
196) 대법원 1999. 10. 8. 선고 97누12105 판결.
197) 대법원 2014. 9. 25. 선고 2011두20680 판결.
198) 대법원 2000. 2. 25. 선고 97누5534 판결.

정할 필요가 있다는 현실적 이유와 정비사업의 공익성을 이유로 이전고시가 효력을 발생하게 된 이후에는 조합원 등이 관리처분계획의 취소 또는 무효확인을 구할 법률상 이익이 없다고 판단하고 있다.[199] 동일한 논리로 이전고시의 효력발생 후에는 원칙적으로 조합설립인가처분의 취소 또는 무효확인을 구할 법률상 이익이 없으며,[200] 조합원 등이 해당 정비사업을 위하여 이루어진 수용재결이나 이의재결의 취소 또는 무효확인을 구할 법률상 이익이 없다.[201]

이러한 대법원의 논리는 법률관계의 안정이라는 법적 안정성에 보다 중점을 두는 것으로 보이지만, 한편으로는 위법·무효인 관리처분계획에 의한 청산금부과 등의 여러 집행행위의 위법성을 용인하고, 심지어는 사업시행자인 조합의 편법과 탈법을 조장하는 결과를 초래한다고 할 것이다.

판례 관리처분계획무효확인(대법원 2012. 3. 22. 선고 2011두6400 전원합의체 판결)

이전고시의 효력발생으로 이미 대다수 조합원 등에 대하여 획일적·일률적으로 처리된 권리귀속 관계를 모두 무효화하고 다시 처음부터 관리처분계획을 수립하여 이전고시 절차를 거치도록 하는 것은 정비사업의 공익적·단체법적 성격에 배치되므로 이전고시가 효력을 발생하게 된 이후에는 조합원 등이 관리처분계획의 취소 또는 무효확인을 구할 법률상 이익이 없다고 봄이 타당하다.

판례 주택재개발사업조합설립인가처분취소등 (대법원 2014. 9. 25. 선고 2011두20680 판결)

조합설립인가처분의 취소나 무효확인 판결이 확정되기 전에 이전고시의 효력이 발생하였다면 더 이상 정비사업 결과를 원상으로 되돌리는 것은 허용될 수 없으므로 이전고시의 효력이 발생한 후에는 원칙적으로 조합설립인가처분의 취소 또는 무효확인을 구할 법률상 이익이 없다고 해석함이 타당하다.

---

199) 대법원 2012. 3. 22. 선고 2011두6400 전원합의체 판결.

200) 대법원 2014. 9. 25. 선고 2011두20680 판결.

201) 대법원 2017. 3. 16. 선고 2013두11536 판결; 대법원 2017. 3. 30. 선고 2013두840 판결; 대법원 2019. 4. 23. 선고 2018두55326 판결 등.

2. 관리처분계획의 구성부분에 대한 해석

관리처분계획은 정비사업에서 발생하는 권리의무관계를 배분하여 확정하는 구속적 행정계획읫 성격을 가진다. 그 계획에는 종후자산의 소유권이전 등에 관한 부분과 정비사업비의 추산액으로 대표되는 조합원의 금전적 부담의 부분으로 크게 구분할 수 있다. 권리귀속의 문제는 사업완료나 입주완료 후에는 소급하여 회복하기 어려운 점이 있지만 금전적 부담은 사업이나 입주완료 후에도 여전히 다툴 수 있는 가능성이 있다.

대법원의 다수의견이 이전고시는 정비사업의 완료 단계에서 권리귀속과 금전부담의 문제를 확정시키는 처분으로 이해하는 실무의 관행을 존중하여 이전고시의 효력발생 후에는 관리처분계획에 대한 취소나 무효확인를 구할 협의의 소익이 없다고 판단한 것은 부분적으로는 이해할 수 있다.

그러나 소수의견이 지적하는 바와 같이, 이전고시가 효력을 발생하더라도 이전고시가 정하고 있는 대지 또는 건축물의 소유권이전에 관한 사항 외에 관리처분계획에서 정하고 있는 다른 사항들과 이전고시에서 정하고 있는 사항에 관하여서도 여전히 관리처분계획의 취소 또는 무효확인을 구할 법률상 이익이 있다고 보는 것이 이전고시의 기본적인 성격 및 효력에 부합한다고 보아야 할 것이다.[202)]

권리귀속과 금전부담의 두 부분으로 이루어진 관리처분계획의 집행적 처분인 이전고시의 효력발생으로 권리귀속과 금전적 부담이 모두 확정된다고 보는 것은 지나친 확장해석으로 보이며, 행정처분의 적법성확보·행정소송의 권익구제의 목적달성 및 소송경제의 측면에서 대법원의 견해는 부적절한 해석으로 판단된다. 소수의견처럼 이전고시를 관리처분계획의 권리귀속만을 확정하는 집행행위로 한정적으로 이해하는 것이 바람직하다.

이전고시 효력발생 후 관리처분계획에 대한 취소나 무효확인를 구할 수 없다는 대법원의 태도는 실무에서 사업시행자가 이전고시 절차를 서둘러 마무리하여 정비사업에 대한 권익구제와 사법통제의 가능성을 봉쇄하는 결과를 초래할 것이라는 점에서 더욱 우려스럽다.[203)]

---

202) 대법원 2012. 3. 22. 선고 2011두6400 전원합의체 판결의 소수의견.
203) 김종보, 앞의 책, 677－679쪽.

Ⅲ. 이전고시의 효과

1. 소유권의 이전과 권리의 확정

1) 이전고시의 기능

이전고시는 정비사업으로 조성된 대지 또는 건축물의 소유권을 수분양자에게 귀속시키는 공법상 처분이므로 이전고시로 관리처분계획에 따른 소유권이 변동된다. 다만, 도시개발법의 환지처분이 구소유권을 소멸시키는 효력을 가지나 이전고시는 종전자산에 대한 소유권을 소멸시키는 효력을 갖지 못하고, 대신 소유권이전행위가 이전고시를 통하여 이루어진다는 점에서 양자는 차이를 보인다.

2) 소유권의 이전

사업시행자는 준공인가 및 공사완료에 따른 고시가 있은 때에는 지체 없이 대지확정측량을 하고 토지의 분할절차를 거쳐 관리처분계획에서 정한 사항을 분양받을 자에게 통지하고 대지 또는 건축물의 소유권을 이전하여야 한다. 다만, 정비사업의 효율적인 추진을 위하여 필요한 경우에는 해당 정비사업에 관한 공사가 전부 완료되기 전이라도 완공된 부분은 준공인가를 받아 대지 또는 건축물별로 분양받을 자에게 소유권을 이전할 수 있다(법 제86조 제1항).

사업시행자는 대지 및 건축물의 소유권을 이전하려는 때에는 그 내용을 해당 지방자치단체의 공보에 고시한 후 시장·군수등에게 보고하여야 한다. 이 경우 대지 또는 건축물을 분양받을 자는 고시가 있은 날의 다음 날에 그 대지 또는 건축물의 소유권을 취득한다(법 제86조 제2항). 따라서 사업시행자는 이전고시가 있은 때에는 지체 없이 대지 및 건축물에 관한 등기를 지방법원지원 또는 등기소에 촉탁 또는 신청하여야 하고(법 제88조 제1항),[204] 정비사업에 관하여 이전고시가 있은 날부터 대지 및 건축물에 관한 등기가 있을 때까지는 저당권 등의 다른 등기를 하지 못한다(법 제88조 제3항).

---

204) 대법원 2011. 4. 14. 선고 2010다96072 판결(재건축조합이 구 주택건설촉진법 제44조의3 제5항에 의하여 준용되는 구 도시재개발법 제33조 내지 제45조에 정한 관리처분계획 인가 및 이에 따른 분양처분의 고시 등의 절차를 거치거나 도시정비법상의 관리처분계획 인가 및 이에 따른 이전고시 등의 절차를 거친 경우에는 구 도시재개발법 제40조 및 구 도시재개발 등기처리규칙 제5조나 도시정비법 제56조 및 도시 및 주거환경정비 등기처리규칙 제5조에 의해 관리처분계획 및 그 인가를 증명하는 서면과 분양처분의 고시 또는 이전고시를 증명하는 서면을 첨부하여 대지 및 건축시설에 관한 등기를 할 수 있으나, 구 도시재개발법 제33조 내지 제45조에서 정한 절차를 거치지 않은 경우에는 그와 같은 등기를 할 수 없다) 참조.

3) 대지 및 건축물에 대한 권리확정

(1) 이전고시에 의한 권리변동

대지 또는 건축물을 분양받을 자에게 이전고시에 따라 소유권을 이전한 경우 종전의 토지 또는 건축물에 설정된 지상권·전세권·저당권·임차권·가등기담보권·가압류 등 등기된 권리 및 「주택임대차보호법」 제3조 제1항의 요건을 갖춘 임차권은 소유권을 이전받은 대지 또는 건축물에 설정된 것으로 본다(법 제87조 제1항).

그러나 주택재건축사업에서 조합원이 분양신청을 하지 않거나 분양계약을 체결하지 않음으로써 청산금 지급대상이 되는 대지·건축물의 경우에는 특별한 사정이 없는 한 그에 관하여 설정되어 있던 기존의 권리제한은 이전고시로 소멸하게 된다는 점은 유의하여야 한다. 이처럼 이전고시로 저당권이나 가압류와 같은 권리제한이 소멸하게 되는 이상, 이전고시 이후 사업시행자로서는 권리제한등기 말소의무를 이유로 한 동시이행항변권을 행사할 수 없게 된다.[205]

(2) 이전고시와 환지처분의 유사성

이전고시에 따라 취득하는 대지 또는 건축물 중 토지등소유자에게 분양하는 대지 또는 건축물은 「도시개발법」 제40조에 따라 행하여진 환지로 보며(법 제87조 제2항), 보류지와 일반에게 분양하는 대지 또는 건축물은 「도시개발법」에 따른 보류지 또는 체비지로 본다(법 제87조 제3항).

도시정비법이 도시개발법상의 환지방식에 의한 도시개발사업에 관한 규정을 일부 준용함으로써 이전고시에 따라 분양대상자에게 분양되는 대지 또는 건축물은 환지처분에 의한 환지로 보게 된다.

종전의 토지 중 환지계획에서 환지를 정한 것은 종전 토지와 환지 사이에 동일성이 유지되므로 종전 토지의 권리제한은 환지에 설정된 것으로 보게 되고, 환지를 정하지 않은 종전 토지의 권리제한은 환지처분으로 소멸하게 된다. 이에 따라 보류지 또는 체비지는 그에 상응하는 종전의 토지에 아무런 권리제한이 없는 상태로 도시개발법 제42조 제5항이 정한 자가 소유권을 취득한다. 도시개발법 제40조 제4항 및 제5항에 의하면, 시행자는 지정권자에 의한 준공검사를 받은 경우 환지계획에서 정한 사항을 토지 소유자에게 알리고 이를 공고하는 방식으로 환지처분을 하고, 이러한 환지처분으로 환지계획에서 정한 내용에 따른 권리변동이 발생한다.

도시정비법 제86조에 의하면, 사업시행자는 준공인가와 공사의 완료에 관한 고시가

---

205) 대법원 2018. 9. 28. 선고 2016다246800 판결.

있는 때 관리처분계획에 정한 사항을 분양받을 자에게 통지하고 그 내용을 당해 지방자치단체의 공보에 고시하는데, 이러한 이전고시로 관리처분계획에 따른 권리변동이 발생한다

이같은 환지처분과 이전고시의 방식 및 효과 등의 측면에서 이전고시의 효력 등에 관하여는 도시정비법의 관련 규정에 의하여 준용되는 도시개발법에 따른 환지처분의 효력과 궤를 같이하여 새겨야 함이 원칙이다.206) 그러므로 개인 소유이던 어떤 토지가 도시정비사업에 의하여 관리처분계획 및 이에 따른 이전고시(분양처분)에 의하여 그 소유권이 상실되었다고 하기 위하여는 당해 토지가 정비사업구역 내의 토지로서 관리처분계획에 따른 환지의 대상에 포함되는 것임이 전제되어야 한다.207)

4) 소유권과 조합원 지위의 분리

이전고시가 있기 전까지 조합원이 재건축사업 시행 중에 종전 토지나 멸실 이전의 건축물에 관한 소유권을 양도할 경우 그에 따라 조합원으로서의 지위 내지 권리·의무도 당연히 이전·승계되고, 사업시행 과정에서 종전 건물이 멸실되는 경우와 같은 예외적인 경우를 제외하면 소유권과 조합원의 지위를 분리하여 양도하는 것은 상정할 수 없다.

그러나 이전고시가 이루어진 이후에는 이전고시가 이루어지기 전과는 달리 반드시 조합원의 지위와 분양받은 대지 또는 건축물의 소유권을 결부지어 조합사무를 처리할 필연성이 없다. 조합원 자격의 자동득실변경에 관한 도시정비법이나 조합 정관의 규정은 이전고시 이전의 상황에 적용되는 것이고, 이전고시 이후의 경우에도 당연히 적용된다고 볼 수는 없다. 오히려 이전고시 이후에는 민법의 사단법인 사원의 지위 및 그 득실변경에 관한 일반법리로 돌아가 대지 또는 건축물을 분양받은 조합원이 그 대지 또는 건축물을 제3자에게 양도 등 처분하는 경우에도 도시정비법과 정관에 특별한 정함이 없는 이상 조합원의 지위 역시 당연히 제3자에게 자동승계되지는 않는다.208)

---

206) 대법원 2018. 9. 28. 선고 2016다246800 판결.

207) 대법원 2007. 1. 11. 선고 2005다70151 판결; 대법원 2016. 1. 28. 선고 2015두3409 판결.

208) 대법원 2024. 4. 25. 선고 2022두52874 판결.

2. 청산금의 집행

1) 청산금부과처분

청산금은 정비사업이 완료된 후 그 과부족분을 징수하거나 지급하는 금액을 말하는 것으로 청산금부과처분은 확정된 관리처분계획의 일부 내용에 대한 집행의 성격을 가진다.[209] 그리하여 대지 또는 건축물을 분양받은 자가 종전에 소유하고 있던 토지 또는 건축물의 가격과 분양받은 대지 또는 건축물의 가격 사이에 차이가 있는 경우 사업시행자는 이전고시가 있은 후에 그 차액에 상당하는 금액(청산금)을 분양받은 자로부터 징수하거나 분양받은 자에게 지급하여야 하고(법 제89조 제1항), 정관등에서 분할징수 및 분할지급을 정하고 있거나 총회의 의결을 거쳐 따로 정한 경우에는 관리처분계획인가 후부터 이전고시가 있은 날까지 일정 기간별로 분할징수하거나 분할지급할 수 있다(법 제89조 제2항).

청산금을 지급받을 자가 받을 수 없거나 받기를 거부한 때에는 사업시행자는 그 청산금을 공탁할 수 있다(법 제90조 제2항). 청산금을 지급·분할지급 받을 권리 또는 이를 징수할 권리는 이전고시일의 다음 날부터 5년간 행사하지 아니하면 소멸한다(법 제90조 제3항).

2) 목적물의 가액평가

사업시행자는 청산금을 징수·부과하는 경우 종전에 소유하고 있던 토지 또는 건축물의 가격과 분양받은 대지 또는 건축물의 가격을 평가하는 경우 그 토지 또는 건축물의 규모·위치·용도·이용 상황·정비사업비 등을 참작하여 평가하여야 한다(법 제89조 제3항).

3. 조합의 해산

1) 입법배경

종래에는 조합의 해산 및 청산에 관한 규정이 미비하여 정비사업 완료 이후에도 조합이 해산하지 않은 채 활동비 등의 명목으로 각종 비용이 발생되는 폐단이 있어 왔다. 그리하여 2022년 6월 도시정비법이 개정되어 정비사업 종료 후에는 조합 임원이 의도

209) 대법원 2014. 9. 25. 선고 2011두20680 판결.

적으로 조합해산을 지연시키는 것을 방지하기 위하여 이전고시 후 1년 이내에 조합해산을 위한 총회소집을 하도록 하였다.

2) 조합해산 절차

조합장은 이전고시가 있은 날부터 1년 이내에 조합해산을 위한 총회를 소집하여야 한다(법 제86의2조 제1항). 조합장이 이전고시 후 1년 내에 총회를 소집하지 아니한 경우 조합원 5분의 1 이상의 요구로 소집된 총회에서 조합원 과반수의 출석과 출석조합원 과반수의 동의를 받아 해산을 의결할 수 있다. 이 경우 요구자 대표로 선출된 자가 조합해산을 위한 총회의 소집 및 진행을 할 때에는 조합장의 권한을 대행한다(법 제86의2조 제2항).

시장·군수등은 조합이 정당한 사유 없이 조합해산을 위한 총회에서 조합해산을 의결하지 아니하는 경우에는 조합설립인가를 취소할 수 있다(법 제86의2조 제3항). 조합설립인가취소의 효과와 관련하여 조합해산을 의결하지 않은 경우의 조합설립인가취소는 조합설립인가 당시의 위법·부당한 하자가 아닌 이전고시 후의 사유로 인한 것이므로 조합설립인가의 효력을 장래에 향해 소멸시키는 소급효가 없는 철회로 보아야 할 것이다.[210)]

해산하는 조합에 청산인이 될 자가 없는 경우에는 「민법」 제83조에도 불구하고 시장·군수등은 법원에 청산인의 선임을 청구할 수 있다(법 제86의2조 제4항). 조합이 해산을 의결하거나 조합설립인가가 취소된 경우 청산인은 지체 없이 청산의 목적범위에서 성실하게 청산인의 직무를 수행하여야 한다(법 제86의2조 제5항).

4. 저당권의 물상대위

민법상의 물상대위란 질권·저당권 등 담보물권의 목적물이 매각, 임대, 멸실, 파손 등에 의하여 금전이나 기타의 물건으로 목적물 소유자에게 귀속하게 되는 경우에 담보권자가 우선변제를 받을 수 있는 권리이다. 민법 제342조는 질권의 물상대위를 규정하고 있고, 이를 저당권에 준용하여 저당권에서도 물상대위가 인정된다. 예를 들어 저당권이 설정된 가옥이 불에 탔을 경우 담보권자인 저당권자는 저당권설정자인 가옥의 소

210) 대법원 2016. 6. 10. 선고 2015도576 판결(추진위원회 승인 또는 조합 설립인가의 '취소'는 추진위원회 승인이나 조합 설립인가 당시에 위법 또는 부당한 하자가 있음을 이유로 한 것이 아니라 처분 이후 발생한 후발적 사정을 이유로 하는 것이므로, 추진위원회 승인 또는 조합 설립인가의 효력을 소급적으로 상실시키는 행정행위의 '취소'가 아니라 적법요건을 구비하여 완전히 효력을 발하고 있는 추진위원회 승인 또는 조합 설립인가의 효력을 장래에 향해 소멸시키는 행정행위의 '철회'이다) 참조.

유자에게 지급되는 화재보험금을 소유자에 우선하여 수령할 수 있는 것이다.

물상대위가 인정되는 것은 담보물권이 목적물의 실체를 목적으로 하는 권리가 아니라 주로 그 교환가치를 취득하는 것을 목적으로 하는 권리이기 때문이다. 저당물의 경매로 저당권을 실행하는 경우나 화재보험금을 수령하여 저당권을 실행하는 것은 사실상 동일하다. 비록 그 목적물이 멸실 또는 훼손되더라도 그 교환가치를 대표하는 것이 그대로 존재하는 때에는 담보물권은 다시 이 가치의 대표물 위에 존속하는 것으로 하는 것이 담보물권의 본질에 적합한 이유이다.

정비구역에 있는 토지 또는 건축물에 저당권을 설정한 권리자는 사업시행자가 저당권이 설정된 토지 또는 건축물의 소유자에게 청산금을 지급하기 전에 압류절차를 거쳐 저당권을 행사할 수 있다(법 제91조). 이와 유사하게 토지수용법 제47조도 "담보물권의 목적물이 수용되거나 사용된 경우 그 담보물권은 그 목적물의 수용 또는 사용으로 인하여 채무자가 받을 보상금에 대하여 행사할 수 있다. 다만, 그 보상금이 채무자에게 지급되기 전에 압류하여야 한다"라고 규정하여 담보물권의 물상대위를 인정하고 있다.

제 6 장

주택법

제 6 장 주택법

제 1 절 | 주택법 서설

제1항 주택법의 의의

헌법은 제16조 전단에서 "모든 국민은 주거의 자유를 침해받지 아니한다"라고 하여 기본권으로서의 주거의 자유 내지 주거권을 규정하고 있지만 이것은 어디까지나 사회적 기본권의 의미보다는 국가로부터의 소극적 침해금지를 의미하는 자유권으로서의 성격이 더 강하다고 할 것이다. 따라서 이에 대한 반성적 고려로서 오늘날에는 자유권으로서의 주거의 자유와 구별되는 개념으로 사회권적 의미가 강한 주거에 대한 권리(das Recht auf Wohnung)라는 용어를 더 선호한다.

독일기본법 역시 우리 헌법과 마찬가지로 제13조 제1항에서 "주거는 침해받지 아니한다"라고 하여 주거의 자유를 규정하고 있으나 여기에는 주택을 소유할 권리는 포함되지 않는다고 하여 동조는 사회권적 기본권을 포함하지 않는다는 해석론[1)]도 이러한 추세를 반영한다고 할 것이다.

우리 헌법 역시 제34조에서 인간다운 생활을 할 권리를 규정하고 있고, 제35조 제3항에서는 환경권의 내용이기는 하지만 "국가는 주택개발정책등을 통하여 모든 국민이 쾌적한 주거생활을 할 수 있도록 노력하여야 한다"라고 하여 주거에 대한 권리를 주거의 자유와 구분하여 인정할 수 있는 여지를 남기고 있다고 할 것이다.

이러한 헌법상의 기본권조항과 궤를 맞추어 주택법은 제1조에서 "이 법은 쾌적하고 살기 좋은 주거환경 조성에 필요한 주택의 건설·공급 및 주택시장의 관리 등에 관한

---

1) Gilbert Gornig, in: v. Mangoldt/Klein/Starck GG, Bd. Ⅰ., C.H.Beck, 7. Aufl., 2018, Art. 13, Rn. 11.

사항을 정함으로써 국민의 주거안정과 주거수준의 향상에 이바지함을 목적으로 한다"라고 하여 주거안정과 주거수준의 향상에 초점을 두어 사회권적 기본권으로서의 주거에 대한 권리를 보다 강조하고 있다.[2)]

주거기본법 역시 제1조에서 "이 법은 주거복지 등 주거정책의 수립·추진 등에 관한 사항을 정하고 주거권을 보장함으로써 국민의 주거안정과 주거수준의 향상에 이바지하는 것을 목적으로 한다"라고 하고 있고, 제2조에서 "국민은 관계 법령 및 조례로 정하는 바에 따라 물리적·사회적 위험으로부터 벗어나 쾌적하고 안정적인 주거환경에서 인간다운 주거생활을 할 권리를 갖는다"라고 하여 사회적 기본권으로서의 주거에 대한 권리를 강조하여 주택법의 입법목적에 부응하고 있다.

그러나 주거기본법이 아직까지 '주거에 대한 권리'보다는 '주거권'을 사용함으로써 주거의 자유에 치우친 시각을 드러낸 것은 우리나라의 주거정책의 초점이 쾌적한 생활환경의 영위보다는 충분한 주택의 보급에 치우친 그간의 사정에 기인한 것으로 보인다. 이는 주택법의 입법연혁과도 깊은 연관을 가진다.

제2항 주택법의 연혁

주택의 공급은 인간다운 생활을 할 권리의 필수적인 물질적 기초로서 작용한다고 할 것이다. 그렇지만 우리나라를 비롯한 전세계 거의 모든 나라에서 주택자원의 배분이나 부동산투기 등의 문제는 여전히 해결될 기미를 보이지 않고 있기도 하다.

1960년대부터 이촌향도 현상으로 도시로의 인구유입이 시작되었고, 이로 인하여 주택문제는 사회문제로 그 성격이 바뀌게 된다. 1960년대 초 경제개발 5개년 계획을 시발점으로 급속한 산업화와 경제발전은 오히려 도시에서의 주택난을 가중시켰다. 이러한 현상은 1970년대로 이어졌고, 1970년대 말에는 이른바 '중동특수'로 인한 달러화의 국내 유입으로 주택가격의 급등현상이 나타나기도 하였다.

그리하여 한국토지주택공사의 전신인 대한주택공사 등의 공공부문에서 대규모의 아파트를 건설하여 저소득층을 대상으로 건설하여 공급함으로써 급증하는 주택수요에 대응하였다. 그럼에도 불구하고 주택공급능력은 주택수요를 따라가지 못해 주택부족현

2) 헌법재판소 1998. 2. 27. 선고 97헌바20 결정(주거생활의 안정은 국민이 인간다운 생활을 하기 위한 필요불가결한 요소이고, 국가는 경제적인 약자인 임차인을 보호하고 사회복지의 증진에 노력할 의무를 진다).

상이 만성화되었고, 주택건설 및 공급에 민간 건설사가 참여할 수 있도록 함과 동시에 공공부문의 주택건설·공급능력을 증대시킬 수 있도록 법적 뒷받침을 하게 되었다. 그 결과 1972년 12월 30일에 주택건설촉진법이 제정되었고, 이후 2003년에 주택법으로 명칭이 변경되어 현재에 이르고 있다.

제3항 주택법의 구성

도시정비법이 기존 도시지역 중 도시기능의 회복 등이 필요한 지역 또는 노후·불량건축물이 밀집한 지역을 개선하기 위하여 시행하는 정비사업의 공공성을 강조한 특별법적 성격을 가지는 데 반하여, 주택법은 쾌적한 주거생활에 필요한 주택의 건설·공급·관리와 이를 위한 자금의 조달·운용 등에 관한 사항을 정함으로써 국민의 주거안정과 주거수준의 향상에 이바지함을 목적으로 하는 것으로서 주택정책에 관한 기본법적 성격을 가진다고 할 것이다.[3)]

또한, 도시개발법에 따른 도시개발사업은 공익사업으로서 엄격한 요건 하에 민간사업자의 참여가 예외적으로 허용되기는 하지만 원칙적으로 국가나 지방자치단체 등 공공기관이 사업시행자가 되고, 사업시행에 따른 이익 역시 시행자가 아니라 지역공동체에 귀속되지만, 주택법에 의한 주택건설 및 공급은 기본적으로 주택건설사업자가 시장원리에 따라 자신의 자본으로 사법상의 매매계약에 의하여 택지를 매입하고 주택을 건설하여 이를 공급하는 사적 자치의 영역에 속하는 것으로서 사업시행으로 발생한 이익 역시 원칙적으로 사업자에게 귀속된다.[4)]

주택법의 이러한 성격으로 인하여 가장 기본적인 내용인 주택의 건설 외에도 주택건설사업주체, 주택조합과 조합원, 주택건설사업계획, 주택의 감리와 사용검사, 주택의 공급, 리모델링 등에 관한 사항이 광범위하게 규율되고 있다.

이 중에서도 주택법은 형식상으로 일정한 호수 또는 세대 이상의 주택을 건설하는 경우에 주택건설사업계획승인을 받도록 하고 있어 공동주택, 특히 아파트의 건설과 공급에 대한 특별법적 성격을 가진다고 할 수 있다. 이에 대응하여 주택의 공급적 측면이 중요하게 부각되므로 주택법은 주택정책의 일환으로 주택의 적정한 공급을 위하여 분양가상한제, 투기과열지구의 지정·해제, 조정대상지역의 지정·해제, 주택의 전매행위

3) 헌법재판소 2015. 3. 26. 선고 2014헌바156 결정.
4) 헌법재판소 2010. 12. 28. 선고 2008헌바57 결정.

제한, 공급질서 교란행위의 금지 등에 관한 사항을 규정함으로써 주택법의 주요한 구성부분을 형성한다.

주택법이 주거용 건축물에 해당하는 주택의 건설과 공급에 관하여 규율하고 있으므로 건축법의 특별법적 성격을 지니지만, 공동주택을 건설하여 공급하는 것이므로 도시계획적 요소가 가미된 개발사업법적 성격도 아울러 가진다. 그리하여 건축법의 건축허가에 대응하는 주택법의 주택건설사업계획승인에서 도시계획적 판단이 중요한 기능을 하므로 재량행위로 해석된다.

결론적으로 주택법은 주택의 건설과 공급이라는 양대 축을 중심으로 고찰하되, 건축법과 도시정비법과의 연관성을 함께 파악하는 연구방향이 필요하다고 할 것이다.

제2절 | 주택건설사업주체

제1항 주택

Ⅰ. 주택의 의의

주택이란 세대(世帶)의 구성원이 장기간 독립된 주거생활을 할 수 있는 구조로 된 건축물의 전부 또는 일부 및 그 부속토지를 말하며, 단독주택과 공동주택으로 구분한다(법 제2조 제1호).

Ⅱ. 주택의 종류

1. 거주형태에 따른 구분

1) 단독주택

단독주택이란 1세대가 하나의 건축물 안에서 독립된 주거생활을 할 수 있는 구조로 된 주택을 말하며(법 제2조 제2호), 그 종류와 범위에는 「건축법 시행령」 별표 1 제1호 가목에 따른 단독주택·「건축법 시행령」 별표 1 제1호 나목에 따른 다중주택·「건축법 시행령」 별표 1 제1호 다목에 따른 다가구주택이 포함된다(영 제2조).

2) 공동주택

공동주택이란 건축물의 벽·복도·계단이나 그 밖의 설비 등의 전부 또는 일부를 공동으로 사용하는 각 세대가 하나의 건축물 안에서 각각 독립된 주거생활을 할 수 있는 구조로 된 주택을 말하며(법 제2조 제3호), 그 종류와 범위에는 「건축법 시행령」 별표 1 제2호 가목에 따른 아파트·「건축법 시행령」 별표 1 제2호 나목에 따른 연립주택·「건축법 시행령」 별표 1 제2호 다목에 따른 다세대주택이 포함된다(영 제3조 제1항).

공동주택과 관련하여 주의하여야 할 점은 건축법상 공동주택의 일종인 기숙사는 주택법상의 공동주택에는 포함되지 않고, 준주택에 포함된다는 것이다.

3) 준주택

단독·공동주택은 아니지만 주거시설로 이용가능한 시설들을 주택법은 준주택으로 분류하고 있다. 준주택이란 주택 외의 건축물과 그 부속토지로서 주거시설로 이용가능한 시설 등을 말하며(법 제2조 제4호), 그 범위와 종류에는 「건축법 시행령」 별표 1 제2호 라목에 따른 기숙사·「건축법 시행령」 별표 1 제4호 거목 및 제15호 다목에 따른 다중생활시설·「건축법 시행령」 별표 1 제11호 나목에 따른 노인복지시설 중 「노인복지법」 제32조 제1항 제3호의 노인복지주택·「건축법 시행령」 별표 1 제14호 나목 2)에 따른 오피스텔이 포함된다(영 제4조).

2. 건설주체 및 규모에 따른 구분

국민주택이란 국가·지방자치단체, 「한국토지주택공사법」에 따른 한국토지주택공사 또는 「지방공기업법」 제49조에 따라 주택사업을 목적으로 설립된 지방공사가 건설하는 주택 또는 국가·지방자치단체의 재정 또는 「주택도시기금법」에 따른 주택도시기금으로부터 자금을 지원받아 건설되거나 개량되는 주택으로서 국민주택규모 이하인 주택을 말하며(법 제2조 제5호), 이러한 국민주택을 제외한 주택을 민영주택이라 한다(법 제2조 제7호).

여기서 국민주택규모란 주거의 용도로만 쓰이는 면적(주거전용면적)이 1호(戶) 또는 1세대당 85㎡ 이하인 주택(「수도권정비계획법」 제2조 제1호에 따른 수도권을 제외한 도시지역이 아닌 읍 또는 면 지역은 1호 또는 1세대당 주거전용면적이 100㎡ 이하인 주택을 말한다)을 말한다(법 제2조 제6호).

3. 임대주택 등

1) 임대주택

임대주택이란 임대를 목적으로 하는 주택으로서 「공공주택특별법」 제2조 제1호 가목에 따른 공공임대주택과 「민간임대주택법」 제2조 제1호에 따른 민간임대주택으로 구분한다(법 제2조 제8호).

2) 토지임대부 분양주택

토지임대부 분양주택이란 토지의 소유권은 사업계획의 승인을 받아 토지임대부 분양주택 건설사업을 시행하는 자가 가지고, 건축물 및 복리시설(福利施設) 등에 대한 소유권[건축물의 전유부분(專有部分)에 대한 구분소유권은 이를 분양받은 자가 가지고, 건축물의 공용부분·부속건물 및 복리시설은 분양받은 자들이 공유한다]은 주택을 분양받은 자가 가지는 주택을 말한다(법 제2조 제9호).

4. 도시형 생활주택과 세대구분형 공동주택

1) 도시형 생활주택

(1) 도입배경

1980년대 이후로 1~2인 소규모가구가 증가하기 시작하였고, 2000년대 이후에는 폭발적인 증가세를 보였다. 그럼에도 주택시장에서 소형주택은 수익성 측면에서 중대형 아파트에 비하여 상대적으로 양호하지 않은데다 공급확대에 대한 유인책 또한 없어 그 비중은 그다지 크게 늘어나지 않았다.

그러나 2000년대 후반에는 소규모가구의 주거수요에 대응하기 위하여 소형주택의 공급확대가 절실하게 되었고, 이에 따라 2009년에 소형주택의 공급을 증가시키려는 목적으로 도시형 생활주택이 도입되었다.

(2) 개념

도시형 생활주택이란 300세대 미만의 국민주택규모에 해당하는 주택으로서 「국토계획법」에 따른 도시지역에 건설하는 소형주택·단지형 연립주택·단지형 다세대주택을 말한다(법 제2조 제20호, 영 제10조).

(3) 종류

소형주택은 ① 세대별 주거전용면적은 60㎡ 이하일 것, ② 세대별로 독립된 주거가 가능하도록 욕실 및 부엌을 설치할 것, ③ 주거전용면적이 30㎡ 미만인 경우에는 욕실 및 보일러실을 제외한 부분을 하나의 공간으로 구성할 것, ④ 지하층에는 세대를 설치하지 아니할 것 등의 요건을 모두 갖추어야 한다(영 제10조 제1항 제1호).

단지형 연립주택은 소형 주택이 아닌 연립주택을 말하며, 단지형 다세대주택은 원룸형 주택이 아닌 다세대주택을 말한다. 양자 모두 건축위원회의 심의를 받은 경우에는 주택으로 쓰는 층수를 5개층까지 건축할 수 있다(영 제10조 제1항 제2호 및 제3호).

(4) 건설기준

사업주체(「건축법」 제2조 제12호에 따른 건축주를 포함한다)가 도시형 생활주택을 건설하려는 경우에는 「국토계획법」에 따른 도시지역에 대통령령[5)]으로 정하는 유형과 규모 등에 적합하게 건설하여야 한다(법 제36조 제1항).

따라서 하나의 건축물에는 도시형 생활주택과 그 밖의 주택을 복합하여 건축할 수 없다(법 제36조 제2항 본문). 그러나 소형 주택과 주거전용면적이 85㎡를 초과하는 주택 1세대를 함께 건축하는 경우 또는 「국토계획법 시행령」에 따른 준주거지역 또는 상업지역에서 소형 주택과 도시형 생활주택 외의 주택을 함께 건축하는 경우는 예외로 한다(영 제10조 제2항).

또한, 하나의 건축물에는 단지형 연립주택 또는 단지형 다세대주택과 소형 주택을 함께 건축할 수 없다(영 제10조 제3항).

2) 세대구분형 공동주택

(1) 도입배경

도시형 생활주택과 마찬가지로 1~2인 소규모가구의 주거수요에 부응하기 위하여 도입되었으나, 그 배경에는 조금 다른 측면이 있다.

2008년 금융위기 이후 부동산시장은 냉각되었고, 주택의 신규공급과 주택거래는 동반 하락하여 대규모의 미분양사태가 발생하였다. 가구구조의 변화와 맞물려 소형주택의 인기는 높아지면서 중대형 아파트의 인기는 시들해졌다. 이에 2011년 정부는 세대구분형 아파트에 대하여 주차장 등의 설치기준을 완화하는 등의 유인책을 제시하였으나 도입 초기에는 그다지 큰 반응을 얻지 못하였다.

이후 2012년에는 중대형 아파트와 국민주택규모 아파트도 세대구분형 공동주택으로 건축할 수 있게 함으로써 세대구분형 공동주택이 본격적으로 도입되었다.

(2) 개념

세대구분형 공동주택이란 공동주택의 주택 내부 공간의 일부를 세대별로 구분하여 생활이 가능한 구조로 하되, 그 구분된 공간의 일부를 구분소유 할 수 없는 주택으로서

---

5) 도시형 생활주택에 관한 구체적 사항이 주택법 시행령이 제10조에 규정되어 있지만, 이 조항은 주택법 제2조 제20호에 따른 위임입법이다. 주택법 제36조에 대한 시행령 조항은 없는 셈이다. 시행령 제10조에서 위임의 근거로 주택법 제36조도 함께 규정하면 이 문제는 해결될 것으로 보인다.

대통령령으로 정하는 건설기준, 설치기준, 면적기준 등에 적합한 주택을 말한다(법 제2조 제19호).

(3) 건설기준

세대구분형 공동주택의 건설 · 설치 · 면적의 구체적인 기준은 시행령 제9조에서 규정하고 있다. 주택법상의 사업계획승인을 받아 건설하는 공동주택의 경우 ① 세대별로 구분된 각각의 공간마다 별도의 욕실, 부엌과 현관을 설치하여야 하고, ② 하나의 세대가 통합하여 사용할 수 있도록 세대 간에 연결문 또는 경량구조의 경계벽 등을 설치하여야 하고, ③ 세대구분형 공동주택의 세대수가 해당 주택단지 안의 공동주택 전체 세대수의 3분의 1을 넘지 않아야 하며, ④ 세대별로 구분된 각각의 공간의 주거전용면적 합계가 해당 주택단지 전체 주거전용면적 합계의 3분의 1을 넘지 않는 등 국토교통부장관이 정하여 고시하는 주거전용면적의 비율에 관한 기준을 충족하여야 한다.

세대구분형 공동주택의 세대수는 그 구분된 공간의 세대수에 관계없이 하나의 세대로 산정하므로 추가되는 세대는 추가적인 부대시설이나 복리시설, 주차장을 설치하여야 하는 의무가 없다는 것이 장점이다(영 제9조 제2항).

그렇지만 이러한 세대구분형 공동주택이 증가하게 되면 아파트 등 주택단지의 기반시설 부담이 과중되는 부작용이 초래되므로 주택법은 이에 대하여 규제를 가하고 있는데, 사업계획승인 대상 공동주택은 세대구분형 공동주택의 세대수가 해당 주택단지 안의 공동주택 전체 세대수의 3분의 1을 넘지 않아야 하며, 공동주택관리법상의 공동주택은 세대구분형 공동주택의 세대수가 해당 주택단지 안의 공동주택 전체 세대수의 10분의 1과 해당 동의 전체 세대수의 3분의 1을 각각 넘지 않도록 하고 있는 것이다(영 제9조 제1항).

Ⅲ. 주택단지와 부대 · 복리시설

1. 주택단지

주택단지란 주택법에 따른 주택건설사업계획 또는 대지조성사업계획의 승인을 받아 주택과 그 부대시설 및 복리시설을 건설하거나 대지를 조성하는 데 사용되는 일단(一團)의 토지를 말한다(법 제2조 제12호 본문).

다만, 철도 · 고속도로 · 자동차전용도로, 폭 20m 이상인 일반도로, 폭 8m 이상인 도시계획예정도로, 이에 준하는 것으로서 보행자 및 자동차의 통행이 가능한 도로로서 다음 각 호의 어느 하나에 해당하는 도로로 분리된 토지는 각각 별개의 주택단지로 본다(법 제2조 제12호 단서, 영 제5조 제1항, 규칙 제3조 제1항).

1. 「국토계획법」에 따른 도시·군계획시설인 도로로서 「도시·군계획시설의 결정·구조 및 설치기준에 관한 규칙」 제9조 제3호에 따른 주간선도로, 보조간선도로, 집산도로(集散道路) 및 폭 8m 이상인 국지도로
2. 「도로법」 제10조에 따른 일반국도·특별시도·광역시도 또는 지방도
3. 그 밖에 관계 법령에 따라 설치된 도로로서 제1호 및 제2호에 준하는 도로

그러나 사업계획승인권자가 ① 인근 주민의 통행권 확보 및 교통편의 제고 등을 위하여 기존의 도로를 국토교통부령으로 정하는 기준에 적합하게 유지·변경할 것과 ② 보행자 통행의 편리성 및 안전성을 확보하기 위한 시설을 국토교통부령으로 정하는 바에 따라 설치할 것의 요건을 모두 충족한다고 인정하여 사업계획을 승인한 도로는 주택단지의 구분기준이 되는 도로에서 제외한다(영 제5조 제2항).

2. 부대시설

부대시설이란 주택에 딸린 ① 주차장, 관리사무소, 담장 및 주택단지 안의 도로, ② 「건축법」에 따른 건축설비 등을 말한다(법 제2조 제13호).

그리고 주차장, 건축설비에 준하는 것으로서 다음 각 호의 시설 또는 설비도 부대시설에 해당된다(영 제6조).

1. 보안등, 대문, 경비실 및 자전거보관소
2. 조경시설, 옹벽 및 축대
3. 안내표지판 및 공중화장실
4. 저수시설, 지하양수시설 및 대피시설
5. 쓰레기 수거 및 처리시설, 오수처리시설, 정화조
6. 소방시설, 냉난방공급시설(지역난방공급시설은 제외한다) 및 방범설비
7. 「친환경자동차법」 제2조 제3호에 따른 전기자동차에 전기를 충전하여 공급하는 시설
8. 「전기통신사업법」 등 다른 법령에 따라 거주자의 편익을 위하여 주택단지에 의

무적으로 설치하여야 하는 시설로서 사업주체 또는 입주자의 설치 및 관리 의무가 없는 시설

9. 그 밖에 제1호부터 제8호까지의 시설 또는 설비와 비슷한 것으로서 사업계획승인권자가 주택의 사용 및 관리를 위하여 필요하다고 인정하는 시설 또는 설비

3. 복리시설

복리시설이란 주택단지의 입주자 등의 생활복리를 위한 어린이놀이터, 근린생활시설, 유치원, 주민운동시설 및 경로당 또는 다음 각 호의 공동시설을 말한다(법 제2조 제14호, 영 제7조).

1. 「건축법 시행령」 별표 1 제3호에 따른 제1종 근린생활시설
2. 「건축법 시행령」 별표 1 제4호에 따른 제2종 근린생활시설(총포판매소, 장의사, 다중생활시설, 단란주점 및 안마시술소는 제외한다)
3. 「건축법 시행령」 별표 1 제6호에 따른 종교시설
4. 「건축법 시행령」 별표 1 제7호에 따른 판매시설 중 소매시장 및 상점
5. 「건축법 시행령」 별표 1 제10호에 따른 교육연구시설
6. 「건축법 시행령」 별표 1 제11호에 따른 노유자시설
7. 「건축법 시행령」 별표 1 제12호에 따른 수련시설
8. 「건축법 시행령」 별표 1 제14호에 따른 업무시설 중 금융업소
9. 「산업집적법」 제2조 제13호에 따른 지식산업센터
10. 「사회복지사업법」 제2조 제5호에 따른 사회복지관
11. 공동작업장
12. 주민공동시설
13. 도시·군계획시설인 시장
14. 그 밖에 제1호부터 제13호까지의 시설과 비슷한 시설로서 국토교통부령으로 정하는 공동시설 또는 사업계획승인권자가 거주자의 생활복리 또는 편익을 위하여 필요하다고 인정하는 시설

제2항 주택건설사업자

Ⅰ. 사업주체

1. 사업주체의 개념

사업주체란 주택건설사업계획 또는 대지조성사업계획의 승인을 받아 그 사업을 시행하는 국가·지방자치단체, 한국토지주택공사 또는 지방공사, 주택법에 따라 등록한 주택건설사업자 또는 대지조성사업자, 그 밖에 주택법에 따라 주택건설사업 또는 대지조성사업을 시행하는 자를 말한다(법 제2조 제10호).

2. 사업주체의 종류

1) 등록사업자

연간 단독주택의 경우에는 20호, 공동주택의 경우에는 20세대[도시형 생활주택(소형 주택과 주거전용면적이 85㎡를 초과하는 주택 1세대를 함께 건축하는 경우를 포함한다)은 30세대] 이상의 주택건설사업을 시행하려는 자 또는 연간 1만㎡ 이상의 대지조성사업을 시행하려는 자는 국토교통부장관에게 등록하여야 한다(법 제4조 제1항 본문, 영 제14조 제1항 및 제2항). 그러므로 단순한 건설업자에 불과한 '주택건설공사를 도급받아 시공하고자 하는 자'는 건설산업기본법 제9조 제1항의 '건설업을 영위하고자 하는 자'일 뿐, 주택법 제4조 제1항의 '주택건설사업을 시행하려는 자'에는 해당하지 않아 주택법 제4조 제1항에 의한 등록의무는 없다.[6)]

주택건설사업이나 대지조성사업을 시행하려면 국토교통부장관에게 등록을 하여야 하고, 이러한 등록을 하지 않거나 거짓·그 밖의 부정한 방법으로 등록을 하고 주택건설사업 등을 한 자는 2년 이하의 징역 또는 2천만원 이하의 벌금에 처해진다(법 제102조 제1호).

여기서 시행령에서 정한 두 가지 요건에 대한 해석이 문제된다. 판례는 시행령에서 정한 두 가지 기준 중 어느 한 가지 기준 이상으로 주택건설사업을 시행하고자 하는 자가 주택법에 따른 등록 없이 사업을 영위한 경우에는 형사처벌을 한다는 뜻으로 해석함이 상당하고, 단독주택과 공동주택에 대한 20호와 20세대의 각 기준에는 미달하지

---

6) 대법원 2008. 4. 24. 선고 2007도10491 판결.

만 단독주택과 공동주택을 '합하여' 20호(또는 세대) 이상의 주택건설사업을 시행하고자 하는 자의 경우에까지 처벌규정을 적용하는 것은 형벌법규를 지나치게 확장해석하여 죄형법정주의의 원칙에 어긋나 허용될 수 없다는 입장이다.[7)]

2) 미등록사업자

국가 · 지방자치단체, 한국토지주택공사, 지방공사, 「공익법인법」 제4조에 따라 주택건설사업을 목적으로 설립된 공익법인, 주택법에 따라 설립된 주택조합(제5조 제2항에 따라 등록사업자와 공동으로 주택건설사업을 하는 주택조합만 해당한다), 근로자를 고용하는 자(제5조 제3항에 따라 등록사업자와 공동으로 주택건설사업을 시행하는 고용자만 해당한다) 등의 사업주체는 국토교통부장관에 대한 등록을 하지 않아도 된다(법 제4조 제1항 단서).

3) 공동사업주체

(1) 공동사업주체의 유형

(가) 토지소유자와 등록사업자

토지소유자가 주택을 건설하는 경우에는 대통령령으로 정하는 바에 따라 등록사업자와 공동으로 사업을 시행할 수 있다. 이 경우 토지소유자와 등록사업자를 공동사업주체로 본다(법 제5조 제1항).

(나) 주택조합과 등록사업자

주택법에 따라 설립된 주택조합(세대수를 증가하지 아니하는 리모델링주택조합은 제외한다)이 그 구성원의 주택을 건설하는 경우에는 대통령령으로 정하는 바에 따라 등록사업자(지방자치단체 · 한국토지주택공사 및 지방공사를 포함한다)와 공동으로 사업을 시행할 수 있다. 이 경우 주택조합과 등록사업자를 공동사업주체로 본다(법 제5조 제2항).

주택조합과 등록사업자가 공동으로 사업을 시행하면서 시공할 경우 등록사업자는 시공자로서의 책임뿐만 아니라 자신의 귀책사유로 사업 추진이 불가능하게 되거나 지연됨으로 인하여 조합원에게 입힌 손해를 배상할 책임이 있다(법 제11조 제4항).

그러므로 주택건설사업을 공동으로 시행하는 주택조합과 등록사업자는 단순한 도급인과 수급인의 관계에 그치는 것이 아니라 공동으로 주택건설사업을 시행하기 위하여 민법상 조합에 유사한 단체를 결성한다고 보아야 하므로 지역주택조합이 주택을 건

---

7) 대법원 2007. 10. 12. 선고 2007도6519 판결.

축할 대지를 마련하기 위하여 토지를 매입하면서 매매대금에 대한 대물변제조로 토지 매도인과 신축될 주택에 관한 분양계약을 체결한 경우, 공동사업주체인 시공사에게도 분양계약상의 책임이 있다.[8)]

그러나 지역주택조합이 설립인가를 받기 전 단계에서 시공사와 공사도급가계약 등을 체결하면서 조합원의 모집·홍보·관리, 조합의 설립인가, 사업부지 매입 및 조합원 납부금 관리업무 등은 지역주택조합의 권한과 책임으로 하고, 시공사는 조합설립인가 후 시공업무를 권한과 책임으로 하되 지역주택조합의 전문성 및 재정적 능력 부족을 보완하기 위하여 시공사가 지원·협조하기로 한 경우에는 지역주택조합과 시공사는 주택법상 공동사업주체에 해당하지 않을 뿐 아니라 민법상 조합관계에 의한 공동책임도 지지 아니한다.[9)]

(다) 고용자와 등록사업자

고용자가 그 근로자의 주택을 건설하는 경우에는 대통령령으로 정하는 바에 따라 등록사업자와 공동으로 사업을 시행하여야 한다. 이 경우 고용자와 등록사업자를 공동사업주체로 본다(법 제5조 제3항).

(2) 공동사업주체의 사업계획승인

(가) 토지소유자와 등록사업자

공동으로 주택을 건설하려는 토지소유자와 등록사업자는 해당 등록사업자가 자본금이 5억원(개인인 경우에는 자산평가액 10억원) 이상이며, 최근 5년간의 주택건설 실적이 100호 또는 100세대 이상일 것 등의 등록사업자의 주택건설공사 시공기준을 충족하며, 토지소유자와 등록사업자 간에 대지 및 주택(부대시설 및 복리시설을 포함한다)의 사용·처분, 사업비의 부담, 공사기간 등에 대하여 법 및 이 영이 정하는 범위에서 협약이 체결되어 있을 것 등의 요건을 모두 갖추어 사업계획승인을 신청하여야 한다(영 제16조 제1항).

(나) 주택조합과 등록사업자

공동으로 주택을 건설하려는 주택조합(세대수를 늘리지 아니하는 리모델링주택조합은 제외한다)과 등록사업자, 지방자치단체, 한국토지주택공사 또는 지방공사(「지방공기업법」 제49조에 따라 주택건설사업을 목적으로 설립된 지방공사를 말한다)는 해당 등록사업자가 자

8) 대법원 2007. 12. 13. 선고 2005다52214 판결.
9) 대법원 2012. 4. 26. 선고 2010다8709 판결.

본금이 5억원(개인인 경우에는 자산평가액 10억원) 이상이며, 최근 5년간의 주택건설 실적이 100호 또는 100세대 이상일 것 등의 등록사업자의 주택건설공사 시공기준을 충족하고, 「건설산업기본법」 제9조에 따른 건설업(건축공사업 또는 토목건축공사업만 해당한다)의 등록을 하는 등의 요건을 모두 갖추어 사업계획승인을 신청하여야 한다(영 제16조 제2항).

(다) 고용자와 등록사업자

고용자가 등록사업자와 공동으로 주택을 건설하려는 경우에는 해당 등록사업자가 자본금이 5억원(개인인 경우에는 자산평가액 10억원) 이상이며, 최근 5년간의 주택건설 실적이 100호 또는 100세대 이상일 것 등의 등록사업자의 주택건설공사 시공기준을 충족하며, 토지소유자와 등록사업자 간에 대지 및 주택(부대시설 및 복리시설을 포함한다)의 사용·처분, 사업비의 부담, 공사기간 등에 대하여 법 및 이 영이 정하는 범위에서 협약이 체결되어 있을 것, 고용자가 해당 주택건설대지의 소유권을 확보하고 있을 것 등의 요건을 모두 갖추어 사업계획승인을 신청하여야 한다(영 제16조 제3항).

II. 등록사업자의 시공

1. 주택건설공사의 시공

등록사업자가 사업계획승인(「건축법」에 따른 공동주택건축허가를 포함한다)을 받아 분양 또는 임대를 목적으로 주택을 건설하는 경우로서 그 기술능력, 주택건설 실적 및 주택규모 등이 대통령령으로 정하는 기준에 해당하는 경우에는 그 등록사업자를 「건설산업기본법」 제9조에 따른 건설사업자로 보며 주택건설공사를 시공할 수 있다(법 제7조 제1항).

2. 주택건설공사 시공기준

등록사업자가 건설할 수 있는 주택은 주택으로 쓰는 층수가 5개층 이하인 주택으로 한다. 다만, 각층 거실의 바닥면적 300㎡ 이내마다 1개소 이상의 직통계단을 설치한 경우에는 주택으로 쓰는 층수가 6개층인 주택을 건설할 수 있다(영 제17조 제2항).

주택으로 쓰는 층수가 6개층 이상인 아파트를 건설한 실적이 있는 자 또는 최근 3

년간 300세대 이상의 공동주택을 건설한 실적이 있는 등록사업자는 주택으로 쓰는 층수가 6개층 이상인 주택을 건설할 수 있다(영 제17조 제3항).

주택건설공사를 시공하는 등록사업자는 건설공사비(총공사비에서 대지구입비를 제외한 금액을 말한다)가 자본금과 자본준비금 · 이익준비금을 합한 금액의 10배(개인인 경우에는 자산평가액의 5배)를 초과하는 건설공사는 시공할 수 없다(영 제17조 제4항).

3. 등록사업자의 결격사유

다음 각 호의 어느 하나에 해당하는 자는 주택건설사업 등의 등록을 할 수 없다(법 제6조).

1. 미성년자 · 피성년후견인 또는 피한정후견인
2. 파산선고를 받은 자로서 복권되지 아니한 자
3. 「부정수표 단속법」 또는 주택법을 위반하여 금고 이상의 실형을 선고받고 그 집행이 끝나거나(집행이 끝난 것으로 보는 경우를 포함한다) 집행이 면제된 날부터 2년이 지나지 아니한 자
4. 「부정수표 단속법」 또는 주택법을 위반하여 금고 이상의 형의 집행유예를 선고받고 그 유예기간 중에 있는 자
5. 제8조에 따라 등록이 말소(제6조 제1호 및 제2호에 해당하여 말소된 경우는 제외한다)된 후 2년이 지나지 아니한 자
6. 임원 중에 제1호부터 제5호까지의 규정 중 어느 하나에 해당하는 자가 있는 법인

4. 주택건설사업의 등록말소

국토교통부장관은 등록사업자가 다음 각 호의 어느 하나에 해당하면 그 등록을 말소하거나 1년 이내의 기간을 정하여 영업의 정지를 명할 수 있다. 다만, 제1호 또는 제5호에 해당하는 경우에는 그 등록을 말소하여야 한다(법 제8조 제1항).

1. 거짓이나 그 밖의 부정한 방법으로 등록한 경우
2. 제4조 제2항에 따른 등록기준에 미달하게 된 경우. 다만, 「채무자회생법」에 따라 법원이 회생절차개시의 결정을 하고 그 절차가 진행 중이거나 일시적으로 등록기준에 미달하는 등 대통령령으로 정하는 경우는 예외로 한다.

3. 고의 또는 과실로 공사를 잘못 시공하여 공중(公衆)에게 위해(危害)를 끼치거나 입주자에게 재산상 손해를 입힌 경우
4. 제6조 제1호부터 제4호까지 또는 제6호 중 어느 하나에 해당하게 된 경우. 다만, 법인의 임원 중 제6조 제6호에 해당하는 사람이 있는 경우 6개월 이내에 그 임원을 다른 사람으로 임명한 경우에는 그러하지 아니하다.
5. 제90조 제1항을 위반하여 등록증의 대여 등을 한 경우
5의2. 제90조 제2항을 위반하여 등록증을 빌리거나 허락 없이 등록사업자의 성명 또는 상호로 이 법에서 정한 사업이나 업무를 수행 또는 시공한 경우
5의3. 제90조 제4항을 위반하여 이 법에서 정한 사업이나 업무를 수행 또는 시공하기 위하여 같은 조 제2항의 행위를 교사하거나 방조한 경우
6. 다음 각 목의 어느 하나에 해당하는 경우
   가. 「건설기술진흥법」 제48조 제4항에 따른 시공상세도면의 작성 의무를 위반하거나 건설사업관리를 수행하는 건설기술인 또는 공사감독자의 검토·확인을 받지 아니하고 시공한 경우
   나. 「건설기술진흥법」 제54조 제1항 또는 제80조에 따른 시정명령을 이행하지 아니한 경우
   다. 「건설기술진흥법」 제55조에 따른 품질시험 및 검사를 하지 아니한 경우
   라. 「건설기술 진흥법」 제62조에 따른 안전점검을 하지 아니한 경우
7. 「택지개발촉진법」 제19조의2 제1항을 위반하여 택지를 전매(轉賣)한 경우
8. 「표시광고법」 제17조 제1호에 따른 처벌을 받은 경우
9. 「약관법」 제34조 제2항에 따른 처분을 받은 경우
10. 그 밖에 이 법 또는 이 법에 따른 명령이나 처분을 위반한 경우

등록말소 또는 영업정지 처분을 받은 등록사업자는 그 처분 전에 사업계획승인을 받은 사업은 계속 수행할 수 있다. 다만, 등록말소 처분을 받은 등록사업자가 그 사업을 계속 수행할 수 없는 중대하고 명백한 사유가 있을 경우에는 그러하지 아니하다(법 제9조).

제3항 주택조합

Ⅰ. 주택조합의 의의

1. 개념

주택조합이란 많은 수의 구성원이 주택법에 따른 사업계획의 승인을 받아 주택을 마련하거나 리모델링하기 위하여 결성하는 조합을 말한다(법 제2조 제11호).

2. 종류

지역주택조합은 특별시·광역시·특별자치시·도·특별자치도의 지역에 거주하는 주민이 주택을 마련하기 위하여 설립한 조합을 말한다.

직장주택조합은 같은 직장의 근로자가 주택을 마련하기 위하여 설립한 조합을 말하고, 리모델링주택조합은 공동주택의 소유자가 그 주택을 리모델링하기 위하여 설립한 조합을 의미한다.

Ⅱ. 주택조합의 설립

1. 주택조합설립의 인가 및 신고

1) 지역주택조합·리모델링주택조합 설립인가

(1) 설립인가의 법적 성격

주택법상의 지역주택조합과 리모델링주택조합 설립에 대하여 관할 행정청의 인가가 필요하다는 점에서 도시정비법상의 재개발사업과 재건축사업에서의 조합설립인가와 유사한 구조를 가진다.

그러나 주택조합이 시행하는 사업은 조합원들이 자율적으로 결정하고 법령에 의한 강제나 특례 등이 거의 없어 공공성이 있다고 할 수 없으므로 주택재건축사업과 주택조합이 시행하는 사업은 공공성의 유무에 있어서 근본적인 차이가 있다고 할 것이다.[10]

이런 점에서 주택법상의 지역주택조합·리모델링주택조합 설립인가는 주택조합에

---

10) 대법원 2007. 4. 27. 선고 2007도694 판결.

주택건설사업을 할 수 있는 권리를 설정해 주는 설권행위라기보다는 기본행위인 조합설립행위의 효력을 보충하여 완성시키는 강학상 인가에 해당한다.[11] 이러한 인가의 유무에 따라 기본행위의 효력이 문제되는 것은 주택법과 관련한 공법상의 관계에서이지 주택조합과 조합원 사이의 내부적인 관계에까지 영향을 미치는 것은 아니므로,[12] 주택조합설립인가를 받아야 함에도 설립인가를 받지 아니한 채 주택조합을 설립한 결과, 그 조합이 주택법의 적용을 받지 못하게 되더라도 그 조합의 단체로서의 실체가 변하는 것은 아니므로 그 규약이나 정관에 따라 조합원의 자격을 취득한 조합원으로서는 인가 여부와는 관계없이 조합에 대하여 조합원의 권리를 행사할 수 있고, 마찬가지로 주택조합의 설립행위에 대하여는 인가를 받았으나 조합원의 변동에 대하여는 인가를 받지 못한 경우에도 변동된 새 조합원은 인가 여부와 관계없이 조합에 대하여 조합원으로서 권리를 행사할 수 있다.[13]

이러한 강학상 인가는 공익적 관점에서 행정청이 타인의 법률행위에 관여하는 것이므로 소정의 법적 요건을 갖추면 원칙적으로 인가를 하여야 하는 기속행위적 성격이 강하나, 최종적으로는 관련 법령의 규정 및 입법취지 등을 종합적으로 고려하여 개별적으로 결정하여야 할 것이다. 판례가 주택조합설립인가에 대하여 주택조합의 사업내용이 주택건설촉진법 등 관계 법령의 규정에 위배되거나 사회질서를 해칠 우려가 있음이 명백한 때에는 인가를 거부할 수 있다고 보는 것도 이러한 맥락에서 이해할 수 있다.[14]

주택법 시행령 제20조 제9항도 “시장 · 군수 · 구청장은 해당 주택건설대지에 대한 주택법 또는 관계 법령에 따른 건축기준 및 건축제한 등을 고려하여 해당 주택건설대지에 주택건설이 가능한지 여부 등을 종합적으로 검토하여 주택조합의 설립인가 여부를 결정하여야 한다”라고 규정하여 주택조합설립인가의 재량행위적 성질을 인정하고 있다.

(2) 행정청의 인가

많은 수의 구성원이 주택을 마련하거나 리모델링하기 위하여 주택조합을 설립하려는 경우(직장주택조합의 경우는 제외한다)에는 관할 특별자치시장, 특별자치도지사, 시장 · 군수 · 구청장의 인가를 받아야 한다. 인가받은 내용을 변경하거나 주택조합을 해산하려는 경우에도 또한 같다(법 제11조 제1항).

---

11) 대법원 2002. 3. 11.자 2002그12 결정; 대법원 2010. 1. 28. 선고 2008다90347 판결.

12) 대법원 2005. 4. 29. 선고 2004다7002 판결.

13) 대법원 2002. 3. 11.자 2002그12 결정.

14) 대법원 1995. 12. 12. 선고 94누12302 판결.

2) 직장주택조합 설립신고

국민주택을 공급받기 위하여 직장주택조합을 설립하려는 자는 관할 시장·군수·구청장에게 신고하여야 한다. 신고한 내용을 변경하거나 직장주택조합을 해산하려는 경우에도 또한 같다(법 제11조 제5항).

2. 주택조합설립인가의 요건

1) 창립총회 회의록 등 제출서류

주택조합의 설립·변경 또는 해산의 인가를 받으려는 자는 신청서에 일정한 서류를 첨부하여 주택건설대지(리모델링주택조합의 경우에는 해당 주택의 소재지를 말한다)를 관할하는 시장·군수·구청장에게 제출하여야 한다(영 제20조 제1항).

지역주택조합 또는 리모델링주택조합의 설립인가 신청에는 창립총회 회의록, 조합장선출동의서, 조합원 전원이 자필로 연명(連名)한 조합규약, 조합원 명부, 사업계획서가 공통적으로 필요하고, 지역주택조합은 해당 주택건설대지의 80% 이상에 해당하는 토지의 사용권원을 확보하였음을 증명하는 서류, 해당 주택건설대지의 15% 이상에 해당하는 토지의 소유권을 확보하였음을 증명하는 서류 등이 추가적으로 필요하다(영 제20조 제1항 제1호).[15)]

이 중에서 사업계획서에는 조합주택건설예정세대수, 조합주택건설예정지의 지번·지목·등기명의자, 「국토계획법」에 따른 도시·군관리계획상의 용도, 대지 및 주변 현황을 적어야 한다(규칙 제7조 제2항).

2) 조합규약의 제출

(1) 조합규약의 내용

주택조합의 설립인가 신청 시에 조합원 전원이 자필로 연명한 조합규약을 제출하여야 되고, 이러한 조합규약에는 다음 각 호의 사항이 포함되어야 한다(영 제20조 제2항).

1. 조합의 명칭 및 사무소의 소재지

15) 주택법 시행령 제20조 제1항 제1호에는 직장주택조합의 경우에도 설립인가 신청 시 제출하여야 하는 서류가 규정되어 있으나, 이는 입법적 오류로 보인다. 직장주택조합은 주택법 제11조 제5항에 따라 설립인가가 아닌 설립신고를 하여야 하므로 제출서류에 관한 규정은 직장주택조합에는 적용되지 않는다고 보아야 할 것이다. 더욱이 주택법 시행령 제24조에는 직장주택조합의 설립신고에 제출하여야 하는 서류를 별도로 규정하고 있다.

2. 조합원의 자격에 관한 사항
3. 주택건설대지의 위치 및 면적
4. 조합원의 제명 · 탈퇴 및 교체에 관한 사항
5. 조합임원의 수, 업무범위(권리 · 의무를 포함한다), 보수, 선임방법, 변경 및 해임에 관한 사항
6. 조합원의 비용부담 시기 · 절차 및 조합의 회계

6의2. 조합원의 제명 · 탈퇴에 따른 환급금의 산정방식, 지급시기 및 절차에 관한 사항

7. 사업의 시행시기 및 시행방법
8. 총회의 소집절차 · 소집시기 및 조합원의 총회소집요구에 관한 사항
9. 총회의 의결을 필요로 하는 사항과 그 의결정족수 및 의결절차
10. 사업이 종결되었을 때의 청산절차, 청산금의 징수 · 지급방법 및 지급절차
11. 조합비의 사용 명세와 총회 의결사항의 공개 및 조합원에 대한 통지방법
12. 조합규약의 변경 절차
13. 그 밖에 조합의 사업추진 및 조합 운영을 위하여 필요한 사항

조합원 전원이 자필 연명한 조합규약에 포함되어야 하는 사항은 필수적 기재사항으로 이러한 사항이 누락된 조합규약의 제출은 주택조합설립인가의 필수적 요건을 충족하지 못한 것이 된다는 점을 유의하여야 한다. 판례도 이 점을 명시적으로 언급하고 있는데, 조합규약에 '조합원의 자격에 관한 사항' 등을 명시하도록 하여 이를 지역주택조합설립인가의 조건이자 필수적인 요건으로 강제하고 있는 것은 지역주택조합의 목적과 기능 등에 내재된 공공성과 조합 및 조합원들을 보호하기 위한 주택법령의 입법취지에도 부합한다는 것이다.[16)]

판례 **조합비반환등(대법원 2022. 10. 14. 선고 2022다228575 판결)**

지역주택조합을 설립하기 위해서는 조합규약의 필수적 기재사항으로 '조합원의 자격에 관한 사항' 등을 명시하도록 하여 이를 지역주택조합 설립인가의 조건이자 필수적인 요건으로 강제하고 있는바, 이는 지역주택조합의 조합원자격 제한을 통하여 무주택 세대주

16) 대법원 2022. 8. 25. 선고 2021다231734 판결.

와 그 세대원들의 주거안정을 보호할 필요성을 비롯한 지역주택조합의 특성·목적·역할·기능에 내재된 공공성, 주택건설사업을 장기간 동안 시행하는 과정에서 조합원들의 권리·의무에 직접적인 영향을 미치는 사항에 대하여 소수 임원의 전횡을 사전에 방지하고 이를 통해 지역주택조합과 그 조합원들을 보호하기 위한 관련 법령의 입법취지와 목적 등에 비추어 뒷받침된다.

(2) 총회의 필수적 의결사항

조합규약의 내용 중 총회의 의결을 필요로 하는 사항과 그 의결정족수 및 의결절차가 있음에도 불구하고 다음 각 호의 사항은 반드시 총회의 의결을 거쳐야 한다(영 제20조 제3항, 규칙 제7조 제6항).

1. 조합규약(영 제20조 제2항 각 호의 사항만 해당한다)의 변경
2. 자금의 차입과 그 방법·이자율 및 상환방법
3. 예산으로 정한 사항 외에 조합원에게 부담이 될 계약의 체결

3의2. 법 제11조의2 제1항에 따른 업무대행자의 선정·변경 및 업무대행계약의 체결

4. 시공자의 선정·변경 및 공사계약의 체결
5. 조합임원의 선임 및 해임
6. 사업비의 조합원별 분담 명세 확정(리모델링주택조합의 경우 법 제68조 제4항에 따른 안전진단 결과에 따라 구조설계의 변경이 필요한 경우 발생할 수 있는 추가 비용의 분담안을 포함한다) 및 변경
7. 사업비의 세부항목별 사용계획이 포함된 예산안
8. 조합해산의 결의 및 해산시의 회계 보고

총회의 필수적 의결사항의 하나로 주택법 시행령 제20조 제3항 제3호는 '예산으로 정한 사항 외에 조합원에게 부담이 될 계약의 체결'을 규정하고 있다. 동일한 내용을 도시정비법 제40조 제1항 제4호에서도 '예산으로 정한 사항 외에 조합원에게 부담이 되는 계약'을 규정하여 총회의 필수적 의결사항으로 적시하고 있다.

그런데 도시정비법은 총회의 의결을 거치지 아니하고 예산으로 정한 사항 외에 조합원에게 부담이 되는 계약을 임의로 추진한 조합임원을 2년 이하의 징역 또는 2천만원 이하의 벌금에 처한다고 규정하여 벌칙조항을 마련하고 있는데 반하여(법 제137조 제6호), 주택법은 동일 사안에 대하여 침묵하고 있다.

이 지점에서 주택법상 '예산으로 정한 사항 외에 조합원에게 부담이 될 계약'의 체결에 해당함에도 관련 법령과 이에 근거한 조합규약에 정한 총회의결 없이 이루어진 법률행위의 상대방이 그 절차적 요건의 흠결을 과실 없이 알지 못하였다는 등의 특별한 사정을 밝히지 못한 경우에 그 절차적 요건의 충족을 전제로 하는 계약의 효력을 주장할 수 있는지 여부, 즉 예산으로 정한 사항 외에 조합원에게 부담이 될 계약의 효력이 문제된다.

이에 대하여 대법원은 예산으로 정한 사항 외에 조합원에게 부담이 될 계약임에도 불구하고 법률행위의 상대방은 총회의결의 절차적 요건의 흠결을 과실 없이 알지 못하였다는 등의 특별한 사정을 입증하지 못하는 한 절차적 요건의 충족을 전제로 하는 계약의 효력을 주장할 수 없다는 견해를 제시하고 있다.[17)]

판례 약정금(대법원 2023. 6. 1. 선고 2022다275915 판결)

여기서 말하는 '예산으로 정한 사항 이외에 조합원에게 부담이 될 계약'이란 조합의 예산으로 정해진 항목과 범위를 벗어나서 돈을 지출하거나 채무를 짐으로써 조합원에게 그 비용에 대한 부담이 되는 계약을 의미한다. 위와 같은 규정의 취지는 단순히 비법인사단의 자율적·내부적인 대표권 제한의 문제가 아니라 법률행위의 상대방인 제3자와의 계약해석에 있어서도 그 제3자의 귀책을 물을 수 없는 예외적인 경우가 아닌 한 원칙적으로 그 조항의 효력이 미치도록 하려는 것으로 볼 수 있다. 따라서 '예산으로 정한 사항 외에 조합원에게 부담이 될 계약의 체결'에 해당함에도 주택법 등 관련 법령과 이에 근거한 조합규약에 정한 총회의결 없이 이루어진 법률행위의 상대방은 그 절차적 요건의 흠결을 과실 없이 알지 못하였다는 등의 특별한 사정을 밝히지 못하는 한 절차적 요건의 충족을 전제로 하는 계약의 효력을 주장할 수 없다.

동일한 사항을 도시정비법과 주택법이 규정하였음에도 도시정비법은 이에 대한 위반행위에 대하여 벌칙조항을 두고 있으나 주택법은 아무런 규정을 두지 않아 그러한 예산으로 정한 사항 외에 조합원에게 부담이 될 계약의 효력 여부가 문제되었다.

판례의 요지는 계약 상대방이 자신의 과실 없이 총회의결 없이 이루어진 계약이라는 사실을 알지 못하였다는 점을 입증하면 계약의 효력을 주장할 수 있지만 통상적으

17) 대법원 2022. 8. 25. 선고 2021다231734 판결; 대법원 2022. 8. 31. 선고 2019다228612 판결; 대법원 2022. 12. 15. 선고 2022다275212 판결 등.

로 상대방인 제3자는 사전에 총회의결의 존부를 확인하는 조치를 취하는 것이 기대된다고 보기 때문에 계약의 효력을 주장할 수 없다는 것이다.

총회의 필수적 의결사항인 '예산으로 정한 사항 외에 조합원에게 부담이 되는 계약'의 효력과 관련하여 벌칙조항을 두고 있는 도시정비법의 해석론에서는 이를 효력규정으로 이해하는 견해가 정립되었으나, 주택법의 해석론에서는 하급심마다 해석이 상이한 것을 대법원이 도시정비법의 해석론과 같이 동일하게 해석한 것이다. 다만, 한 가지 아쉬운 점은 상대방의 절차적 요건의 인식 유무에 따라 계약의 효력을 의존할 것이 아니라 주택법의 입법취지, 당해 조항의 입법 의도 등을 종합적으로 고려할 때 직접적인 효력규정으로 해석하는 것이 보다 적절한 입론으로 판단된다는 것이다.

(3) 총회의 의결정족수

총회의 의결을 하는 경우에는 조합원의 100분의 10 이상이 직접 출석하여야 한다. 다만, 창립총회 또는 필수적 총회의 의결사항의 경우에는 조합원의 100분의 20 이상이 직접 출석하여야 한다(영 제20조 제4항).

3) 토지의 사용권원·소유권 확보

주택을 마련하기 위하여 주택조합설립인가를 받으려는 자는 해당 주택건설대지의 80% 이상에 해당하는 토지의 사용권원과 15% 이상에 해당하는 토지의 소유권을 확보하여야 한다. 인가받은 내용을 변경하거나 주택조합을 해산하려는 경우에는 그러하지 아니하다(법 제11조 제2항).

4) 구분소유자의 동의

리모델링주택조합을 설립하려는 경우, ① 주택단지 전체를 리모델링하고자 하는 경우에는 주택단지 전체의 「집합건물법」에 따른 구분소유자와 의결권의 각 3분의 2 이상의 결의 및 각 동의 구분소유자와 의결권의 각 과반수의 결의와 ② 동을 리모델링하고자 하는 경우에는 그 동의 구분소유자 및 의결권의 각 3분의 2 이상의 결의를 증명하는 서류를 첨부하여 관할 시장·군수·구청장의 인가를 받아야 한다(법 제11조 제3항).

5) 조합원 수의 충족

주택조합(리모델링주택조합은 제외한다)은 주택조합 설립인가를 받는 날부터 사용검사를 받는 날까지 계속하여 주택건설 예정 세대수(설립인가 당시의 사업계획서상 주택건설예정 세대수를 말하되, 법 제20조에 따라 임대주택으로 건설 · 공급하는 세대수는 제외한다)의 50% 이상의 조합원으로 구성되어야 하고(사업계획승인 등의 과정에서 세대수가 변경된 경우에는 변경된 세대수를 기준으로 한다), 조합원은 20명 이상이어야 한다(영 제20조 제7항).

한편, 리모델링주택조합 설립에 동의한 자로부터 건축물을 취득한 자는 리모델링주택조합 설립에 동의한 것으로 본다(영 제20조 제8항).

3. 주택조합설립인가 여부의 결정

1) 설립인가시 고려사항

시장 · 군수 · 구청장은 해당 주택건설대지에 대한 다음 각 호의 사항을 종합적으로 검토하여 주택조합의 설립인가 여부를 결정하여야 한다. 이 경우 그 주택건설대지가 이미 인가를 받은 다른 주택조합의 주택건설대지와 중복되지 아니하도록 하여야 한다(영 제20조 제9항).

1. 주택법 또는 관계 법령에 따른 건축기준 및 건축제한 등을 고려하여 해당 주택건설대지에 주택건설이 가능한지 여부
2. 「국토계획법」에 따라 수립되었거나 해당 주택건설사업기간에 수립될 예정인 도시 · 군계획에 부합하는지 여부
3. 이미 수립되어 있는 토지이용계획
4. 주택건설대지 중 토지 사용에 관한 권원을 확보하지 못한 토지가 있는 경우 해당 토지의 위치가 사업계획서상의 사업시행에 지장을 줄 우려가 있는지 여부

2) 설립인가의 공고

시장 · 군수 · 구청장은 주택조합의 설립인가를 한 경우 조합의 명칭 및 사무소의 소재지, 조합설립 인가일, 주택건설대지의 위치, 조합원 수, 토지의 사용권원 또는 소유권을 확보한 면적과 비율을 해당 지방자치단체의 인터넷 홈페이지에 공고하여야 한다. 이 경우 공고한 내용이 변경인가에 따라 변경된 경우에도 또한 같다(영 제20조 제10항).

그리고 시장 · 군수 · 구청장은 주택조합의 설립 또는 변경을 인가하였을 때에는 주택조합설립인가대장에 적고, 인가필증을 신청인에게 발급하여야 한다(규칙 제7조 제7항).

4. 주택의 우선공급

주택조합(리모델링주택조합은 제외한다)은 그 구성원을 위하여 건설하는 주택을 그 조합원에게 우선 공급할 수 있으며, 제5항에 따른 직장주택조합에 대하여는 사업주체가 국민주택을 그 직장주택조합원에게 우선 공급할 수 있다(법 제11조 제6항).

Ⅲ. 주택조합업무의 대행

1. 업무대행자

주택조합(리모델링주택조합은 제외한다) 및 주택조합의 발기인은 조합원 모집 등 주택조합의 업무를 공동사업주체인 등록사업자 또는 다음 각 호의 어느 하나에 해당하는 자로서 대통령령으로 정하는 자본금을 보유한 자 외의 자에게 대행하게 할 수 없다(법 제11조의2 제1항).

1. 등록사업자
2. 「공인중개사법」 제9조에 따른 중개업자
3. 「도시정비법」 제102조에 따른 정비사업전문관리업자
4. 「부동산개발업법」 제4조에 따른 등록사업자
5. 「자본시장법」에 따른 신탁업자
6. 그 밖에 다른 법률에 따라 등록한 자로서 대통령령으로 정하는 자

2. 업무대행자에 의한 대행가능 업무

업무대행자에게 대행시킬 수 있는 주택조합의 업무는 다음 각 호와 같다(법 제11조의2 제2항, 규칙 제7조의2 제1항).

1. 조합원 모집, 토지 확보, 조합설립인가 신청 등 조합설립을 위한 업무의 대행
2. 사업성 검토 및 사업계획서 작성업무의 대행
3. 설계자 및 시공자 선정에 관한 업무의 지원
4. 사업계획승인신청 등 사업계획승인을 위한 업무의 대행
5. 계약금 등 자금의 보관 및 그와 관련된 업무의 대행
6. 총회 일시·장소 및 안건의 통지 등 총회 운영업무 지원

7. 조합 임원 선거 관리업무 지원

이러한 대행가능 업무 중 계약금 등 자금의 보관 업무는 주택조합 및 주택조합의 발기인은 「자본시장법」에 따른 신탁업자에게 대행하도록 하여야 한다(법 제11조의2 제3항).

3. 업무대행자의 의무

업무대행자는 국토교통부령으로 정하는 바에 따라 사업연도별로 분기마다 해당 업무의 실적보고서를 작성하여 주택조합 또는 주택조합의 발기인에게 제출하여야 한다(법 제11조의2 제4항). 또한, 업무대행자는 신의에 따라 성실하게 업무를 수행하여야 하고, 자신의 귀책사유로 주택조합(발기인을 포함한다) 또는 조합원(주택조합 가입 신청자를 포함한다)에게 손해를 입힌 경우에는 그 손해를 배상할 책임이 있다(법 제11조의2 제5항).

국토교통부장관은 주택조합의 원활한 사업추진 및 조합원의 권리 보호를 위하여 공정거래위원회 위원장과 협의를 거쳐 표준업무대행계약서를 작성·보급할 수 있다(법 제11조의2 제6항).

Ⅳ. 주택조합의 조합원

1. 조합원의 자격

1) 조합원자격에 관한 주택법령의 성격

일반적으로 주택조합과 조합원 사이의 법률관계는 근거 법령이나 조합규약의 규정, 조합총회의 결의 또는 조합과 조합원 사이의 약정에 따라 규율된다. 주택법은 양자 간의 법률관계에 대하여 대강의 규율만을 하고 있으며, 자세한 권리의무관계는 사적자치의 원리에 기반을 둔 당사자 간의 조합가입계약으로 규율하게 하는 태도를 취하고 있다고 해석된다. 그러므로 조합원자격에 관한 주택법령의 규정은 단속규정에 해당한다고 할 것이다.[18]

18) 대법원 2022. 7. 14. 선고 2021다281999, 282008 판결.

판례 **조합원부담금청구 · 조합원지위부존재확인등**
(대법원 2022. 7. 14. 선고 2021다281999, 282008 판결)

지역주택조합의 조합원자격에 관한 구 주택법(2015. 7. 24. 법률 제13435호로 개정되기 전의 것) 제32조 제5항 및 구 주택법 시행령(2014. 12. 23. 대통령령 제25880호로 개정되기 전의 것) 제38조 제1항은 단순한 단속규정에 불과할 뿐 효력규정이라고 할 수 없어 당사자 사이에 이를 위반한 약정을 하였다고 하더라도 그 약정이 당연히 무효라고 할 수는 없다. 다만 당사자가 통정하여 위와 같은 단속규정을 위반하는 법률행위를 한 경우에 비로소 선량한 풍속 기타 사회질서에 위반한 사항을 내용으로 하는 법률행위에 해당하게 된다.

2) 지역주택조합 조합원

지역주택조합 조합원의 자격을 갖추려면 첫째, 조합설립인가 신청일(해당 주택건설대지가 투기과열지구 안에 있는 경우에는 조합설립인가 신청일 1년 전의 날을 말한다)부터 해당 조합주택의 입주 가능일까지 주택을 소유하는 자가 ① 국토교통부령으로 정하는 기준에 따라 세대주를 포함한 세대원(세대주와 동일한 세대별 주민등록표에 등재되어 있지 아니한 세대주의 배우자 및 그 배우자와 동일한 세대를 이루고 있는 사람을 포함한다) 전원이 주택을 소유하고 있지 아니한 세대의 세대주일 것, ② 국토교통부령으로 정하는 기준에 따라 세대주를 포함한 세대원 중 1명에 한정하여 주거전용면적 85㎡ 이하의 주택 1채를 소유한 세대의 세대주일 것의 요건 중에서 어느 하나에 해당하여야 하고, 둘째, 조합설립인가 신청일 현재 특별시 · 광역시 · 특별자치시 · 도 · 특별자치도 중의 한 지역에 6개월 이상 계속하여 거주하여 온 사람이어야 하고, 셋째, 본인 또는 본인과 같은 세대별 주민등록표에 등재되어 있지 않은 배우자가 같은 또는 다른 지역주택조합의 조합원이거나 직장주택조합의 조합원이 아니어야 한다(영 제21조 제1항 제1호). 이상의 세 가지 요건을 모두 갖춘 자만이 지역주택조합의 조합원이 될 수 있다.

그러므로 주택조합의 조합원은 주택조합인가시부터 입주시까지 무주택세대주라는 요건을 갖추어야 하는데 주택조합이 이러한 요건을 갖추지 못한 조합원을 제명한 조치는 적법하다고 할 것이다.[19)]

19) 대법원 1993. 11. 23. 선고 93다1183 판결.

3) 직장주택조합 조합원

직장주택조합 조합원의 자격을 갖추려면 첫째, 조합설립인가 신청일(해당 주택건설대지가 투기과열지구 안에 있는 경우에는 조합설립인가 신청일 1년 전의 날을 말한다)부터 해당 조합주택의 입주 가능일까지 주택을 소유하는 자가 ① 국토교통부령으로 정하는 기준에 따라 세대주를 포함한 세대원(세대주와 동일한 세대별 주민등록표에 등재되어 있지 아니한 세대주의 배우자 및 그 배우자와 동일한 세대를 이루고 있는 사람을 포함한다) 전원이 주택을 소유하고 있지 아니한 세대의 세대주일 것,[20] ② 국토교통부령으로 정하는 기준에 따라 세대주를 포함한 세대원 중 1명에 한정하여 주거전용면적 85㎡ 이하의 주택 1채를 소유한 세대의 세대주일 것의 요건 중에서 어느 하나에 해당하여야 하고, 둘째, 조합설립인가 신청일 현재 동일한 특별시·광역시·특별자치시·특별자치도·시 또는 군(광역시의 관할구역에 있는 군은 제외한다) 안에 소재하는 동일한 국가기관·지방자치단체·법인에 근무하는 사람이어야 하고, 셋째, 본인 또는 본인과 같은 세대별 주민등록표에 등재되어 있지 않은 배우자가 같은 또는 다른 직장주택조합의 조합원이거나 지역주택조합의 조합원이 아니어야 한다(영 제21조 제1항 제2호).

4) 리모델링주택조합 조합원

리모델링주택조합 조합원의 자격을 갖추려면 첫째, 사업계획승인을 받아 건설한 공동주택의 소유자이어야 하고, 둘째, 복리시설을 함께 리모델링하는 경우에는 해당 복리시설의 소유자이며, 셋째, 「건축법」에 따른 건축허가를 받아 분양을 목적으로 건설한 공동주택의 소유자(해당 건축물에 공동주택 외의 시설이 있는 경우에는 해당 시설의 소유자를 포함한다)이어야 한다. 이 경우 해당 공동주택, 복리시설 또는 다목에 따른 공동주택 외의 시설의 소유권이 여러 명의 공유(共有)에 속할 때에는 그 여러 명을 대표하는 1명을 조합원으로 본다(영 제21조 제1항 제3호).

5) 조합원자격의 인정

조합원의 사망으로 그 지위를 상속받는 자는 조합원자격의 요건에도 불구하고 조합원이 될 수 있다(영 제21조 제1항 단서).

또한, 주택조합의 조합원이 근무·질병치료·유학·결혼 등 부득이한 사유로 세대주

---

20) 대법원 1993. 7. 27. 선고 92다49027 판결(직장조합의 조합원이 되려면 적어도 조합원이 될 당시, 그리고 처음부터 직장조합의 조합원으로 된 자인 경우에는 그 조합설립인가시에 무주택자라야 할 것이고, 또 입주시까지 무주택자임이 요구된다); 대법원 1994. 2. 25. 선고 93도2755 판결.

자격을 일시적으로 상실한 경우로서 시장·군수·구청장이 인정하는 경우에도 조합원 자격이 있는 것으로 본다(영 제21조 제2항).

2. 조합원모집 신고 및 공개모집

1) 조합원모집 신고

지역주택조합 또는 직장주택조합의 설립인가를 받기 위하여 조합원을 모집하려는 자는 해당 주택건설대지의 50% 이상에 해당하는 토지의 사용권원을 확보하여 관할 시장·군수·구청장에게 신고하고, 공개모집의 방법으로 조합원을 모집하여야 한다. 조합 설립인가를 받기 전에 신고한 내용을 변경하는 경우에도 또한 같다(법 제11조의3 제1항).

그러나 공개모집 이후 조합원의 사망·자격상실·탈퇴 등으로 인한 결원을 충원하거나 미달된 조합원을 재모집하는 경우에는 신고하지 아니하고 선착순의 방법으로 조합원을 모집할 수 있다(법 제11조의3 제2항).

2) 조합원모집 신고의 수리

시장·군수·구청장은 조합원모집 신고서가 접수된 날부터 15일 이내에 신고의 수리 여부를 결정·통지하여야 한다(규칙 제7조의3 제4항). 조합원모집 신고를 받은 시장·군수·구청장은 신고내용이 주택법에 적합한 경우에는 신고를 수리하고 그 사실을 신고인에게 통보하여야 하고(법 제11조의3 제4항), 신고대장에 관련 내용을 적고, 신고인에게 신고필증을 발급하여야 한다(규칙 제7조의3 제5항).

그러나 시장·군수·구청장은 다음 각 호의 어느 하나에 해당하는 경우에는 조합원 모집 신고를 수리할 수 없다(법 제11조의3 제5항).

1. 이미 신고된 사업대지와 전부 또는 일부가 중복되는 경우
2. 이미 수립되었거나 수립 예정인 도시·군계획, 이미 수립된 토지이용계획 또는 주택법이나 관계 법령에 따른 건축기준 및 건축제한 등에 따라 해당 주택건설대지에 조합주택을 건설할 수 없는 경우
3. 조합업무를 대행할 수 있는 자가 아닌 자와 업무대행계약을 체결한 경우 등 신고내용이 법령에 위반되는 경우
4. 신고한 내용이 사실과 다른 경우

3) 주택조합 발기인의 자격기준

(1) 지역주택조합 발기인

지역주택조합 발기인은 첫째, 조합원모집 신고를 하는 날부터 해당 조합설립인가일까지 주택을 소유(주택의 유형, 입주자 선정방법 등을 고려하여 국토교통부령으로 정하는 지위에 있는 경우를 포함한다)하는지에 대하여 ① 국토교통부령으로 정하는 기준에 따라 세대주를 포함한 세대원(세대주와 동일한 세대별 주민등록표에 등재되어 있지 아니한 세대주의 배우자 및 그 배우자와 동일한 세대를 이루고 있는 사람을 포함한다) 전원이 주택을 소유하고 있지 아니한 세대의 세대주일 것, ② 국토교통부령으로 정하는 기준에 따라 세대주를 포함한 세대원 중 1명에 한정하여 주거전용면적 85㎡ 이하의 주택 1채를 소유한 세대의 세대주일 것의 요건 중에서 어느 하나에 해당하여야 하고, 둘째, 조합원모집 신고를 하는 날의 1년 전부터 해당 조합설립인가일까지 계속하여 특별시 · 광역시 · 특별자치시 · 도 · 특별자치도 중의 한 지역에 거주하여야 한다(영 제24조의3 제1항 제1호).

(2) 직장주택조합 발기인

직장주택조합 발기인은 첫째, 조합원모집 신고를 하는 날부터 해당 조합설립인가일까지 주택을 소유(주택의 유형, 입주자 선정방법 등을 고려하여 국토교통부령으로 정하는 지위에 있는 경우를 포함한다)하는지에 대하여 ① 국토교통부령으로 정하는 기준에 따라 세대주를 포함한 세대원(세대주와 동일한 세대별 주민등록표에 등재되어 있지 아니한 세대주의 배우자 및 그 배우자와 동일한 세대를 이루고 있는 사람을 포함한다) 전원이 주택을 소유하고 있지 아니한 세대의 세대주일 것, ② 국토교통부령으로 정하는 기준에 따라 세대주를 포함한 세대원 중 1명에 한정하여 주거전용면적 85㎡ 이하의 주택 1채를 소유한 세대의 세대주일 것의 요건 중에서 어느 하나에 해당하여야 하고, 둘째, 조합원모집 신고를 하는 날 현재 동일한 특별시 · 광역시 · 특별자치시 · 특별자치도 · 시 또는 군(광역시의 관할구역에 있는 군은 제외한다) 안에 소재하는 동일한 국가기관 · 지방자치단체 · 법인에 근무하는 사람이어야 한다(영 제24조의3 제1항 제2호).

4) 조합원모집 신고의 효과

주택조합의 발기인은 조합원모집 신고를 하는 날 주택조합에 가입한 것으로 본다. 이 경우 주택조합의 발기인은 그 주택조합의 가입 신청자와 동일한 권리와 의무가 있다(법 제11조의3 제7항).

5) 주택조합가입 계약서의 작성

조합원을 모집하는 자(조합원모집 업무를 대행하는 자를 포함한다; 모집주체)와 주택조합 가입 신청자는 다음 각 호의 사항이 포함된 주택조합 가입에 관한 계약서를 작성하여야 한다(법 제11조의3 제8항, 영 제24조의3 제2항).

1. 주택조합의 사업개요
2. 조합원의 자격기준
3. 분담금 등 각종 비용의 납부예정금액, 납부시기 및 납부방법
4. 주택건설대지의 사용권원 및 소유권을 확보한 면적 및 비율
5. 조합원 탈퇴 및 환급의 방법, 시기 및 절차
6. 그 밖에 주택조합의 설립 및 운영에 관한 중요 사항으로서 다음 각 목의 사항
   가. 주택조합 발기인과 임원의 성명, 주소, 연락처 및 보수에 관한 사항
   나. 업무대행자가 선정된 경우 업무대행자의 성명, 주소, 연락처(법인의 경우에는 법인명, 대표자의 성명, 법인의 주소 및 법인등록번호를 말한다) 및 대행 수수료에 관한 사항
   다. 사업비 명세 및 자금조달계획에 관한 사항
   라. 사업비가 증액될 경우 조합원이 추가 분담금을 납부할 수 있다는 사항
   마. 청약철회 및 가입비등의 예치·반환 등에 관한 사항

6) 주택조합가입계약의 관련 문제

(1) 조합원자격 상실과 부담금납부

주택조합과 조합원 사이의 법률관계는 근거 법령, 조합규약, 조합과 조합원 사이의 약정에 따라 규율되는데, 조합원은 사업의 진행과정에서 그 진행단계에 따라 지속적으로 발생하는 사업비에 충당할 분담금을 납부할 의무를 진다. 조합원에게 조합의 비용 중 일정 부분을 부담하도록 하기 위해서는 그와 같은 취지를 조합 규약이나 조합총회의 결의, 조합과 조합원 사이의 약정 등으로 미리 정하여야 한다. 조합원의 지위 상실로 인한 분담금 환급절차에서 조합의 비용 중 일정 부분을 공제하는 경우도 마찬가지이다.[21] 또한, 적법하게 조합원 지위를 상실한 경우에도 납부한 분담금 반환 범위, 방법 등이 정해져 있다면 이에 따라야 하고,[22] 주택조합 설립 이전 단계의 모집주체와

---

21) 대법원 2024. 11. 14. 선고 2024다254523 판결.
22) 대법원 2023. 4. 13. 선고 2022다244836 판결.

조합원들 사이에서도 동일하다.[23)]

주택조합가입계약으로 주택조합은 사업부지의 확보, 조합설립과 사업계획승인 등의 의무를 지고, 조합원은 조합원은 사업의 진행과정에서 그 진행단계에 따라 지속적으로 발생하는 사업비에 충당할 부담금을 납부할 의무를 지는 법률관계가 성립한다. 이러한 법률관계를 규율하는 관계 법령과 조합규약, 조합가입계약 등에 비추어 보았을 때 조합원이 그 지위를 상실하면 그 효력은 장래에 향해서만 미친다고 보아야 한다. 따라서 조합가입계약 체결 당시에는 조합원자격 요건을 충족하였으나 주택조합설립인가 신청일 이후 조합원의 지위를 상실한 자는 그 지위를 상실한 이후부터는 그 후 이행기가 도래하는 부담금을 납부할 의무를 면하지만, 그 전에 발생하여 이행기가 도래한 부담금은 이를 납부할 의무가 있다. 나아가 조합가입계약을 체결하였으나 그 당시는 물론 주택조합설립인가 신청일까지도 조합원자격 요건을 충족하지 못한 자에 대하여도 마찬가지로 볼 수 있으므로 그와 같은 자는 주택조합설립인가 신청일 이후 이행기가 도래하는 부담금을 납부할 의무를 면하지만, 그 전에 발생하여 이행기가 도래한 부담금은 이를 납부할 의무가 있다고 할 것이다.[24)]

(2) 사정변경원칙의 적용 문제

주택법상 지역주택조합사업은 진행과정에서 조합원모집, 재정의 확보, 토지매입 작업 등 사업의 성패를 좌우하는 여러 변수들에 따라 최초 사업계획이 변경되는 등의 사정이 발생할 수 있다.[25)] 따라서 최초 체결한 조합가입계약과 다르게 사업계획이 진행되어 권리의무에 변동을 일으키는 경우 조합가입계약을 해제할 수 있는가에 대하여 판례는 사정변경원칙을 적용하지 않으면서 특별한 사정이 없는 한 조합가입계약의 해제를 부정하고 있다.[26)]

---

23) 대법원 2023. 5. 18. 선고 2022다265987 판결.

24) 대법원 2022. 7. 14. 선고 2021다281999, 282008 판결; 대법원 2022. 7. 14. 선고 2021다284356, 284370 판결.

25) 대법원 2014. 6. 12. 선고 2013다75892 판결.

26) 대법원 2019. 11. 14. 선고 2018다212467 판결; 대법원 2021. 10. 28. 선고 2021다257743 판결; 대법원 2022. 5. 12. 선고 2021다286116 판결; 대법원 2023. 6. 1. 선고 2022다275915 판결 등.

판례 **총회결의무효확인등(대법원 2022. 5. 12. 선고 2021다286116 판결)**

지역주택조합의 조합원이 된 사람이 사업추진 과정에서 조합규약이나 사업계획 등에 따라 당초 체결한 조합가입계약의 내용과 다르게 조합원으로서의 권리·의무가 변경될 수 있음을 전제로 조합가입계약을 체결한 경우에는 그러한 권리·의무의 변경이 당사자가 예측가능한 범위를 초과하였다는 등의 특별한 사정이 없는 한 이를 조합가입계약의 불이행으로 보아 조합가입계약을 해제할 수는 없다.

(3) 환불보장 약정의 문제

지역주택조합 추진위원회로부터 '약정한 날까지 사업계획이 승인되지 않는 경우 납부한 전액의 환불을 보장한다'는 취지가 포함된 안심보장증서를 받고 분양목적물에 관한 조합가입계약을 체결하여 계약금을 납입하였다가 조합가입계약의 무효 등을 주장하며 납입금 반환을 구하는 경우 환불보장 약정에 관한 해석이 문제된다.

안심보장증서상 환불보장 약정은 조합가입계약에 따른 납입금에 관한 특약 사항을 정하기 위한 목적으로 조합가입계약에 수반하여 경제적·사실적으로 일체로서 체결된 것이어서 전체적으로 하나의 계약인 것과 같은 관계에 있으므로 환불보장 약정이 총회의 결의 없이 이루어진 총유물의 처분행위에 해당하여 무효라면 법률행위의 일부무효의 법리에 따라 이와 일체로서 체결된 조합가입계약도 무효가 되는 것이 원칙이다. 그러나 환불보장 약정이 없더라도 조합가입계약을 체결하였을 것임이 인정되는 경우에는 조합가입계약이 여전히 효력을 가지게 된다.[27]

3. 모집주체의 설명의무

모집주체는 주택조합가입 계약서에 포함된 사항을 주택조합 가입 신청자가 이해할 수 있도록 설명하여야 한다(법 제11조의4 제1항). 또한, 설명한 내용을 주택조합 가입 신청자가 이해하였음을 국토교통부령으로 정하는 바에 따라 서면으로 확인을 받아 주택조합 가입 신청자에게 교부하여야 하며, 그 사본을 5년간 보관하여야 한다(법 제11조의4 제2항).

27) 대법원 2022. 3. 17. 선고 2020다288375 판결.

4. 조합가입 철회와 가입비 등의 반환

1) 가입비 등의 예치

모집주체는 주택조합의 가입을 신청한 자가 주택조합 가입을 신청하는 때에 납부하여야 하는 일체의 금전(가입비등)을 「은행법」에 따른 은행 또는 「우체국예금보험법」에 따른 체신관서 등의 예치기관에 예치하도록 하여야 한다(법 제11조의6 제1항, 영 제24조의5 제1항).

2) 조합가입의 철회

주택조합의 가입을 신청한 자는 가입비등을 예치한 날부터 30일 이내에 주택조합 가입에 관한 청약을 철회할 수 있다(법 제11조의6 제2항).

청약철회를 서면으로 하는 경우에는 청약철회의 의사를 표시한 서면을 발송한 날에 그 효력이 발생한다.(법 제11조의6 제3항).

3) 가입비 등의 반환

모집주체는 주택조합의 가입을 신청한 자가 청약철회를 한 경우 청약철회 의사가 도달한 날부터 7일 이내에 예치기관의 장에게 가입비등의 반환을 요청하여야 한다(법 제11조의6 제4항). 예치기관의 장은 가입비등의 반환 요청을 받은 경우 요청일부터 10일 이내에 그 가입비등을 예치한 자에게 반환하여야 한다(법 제11조의6 제5항).

모집주체는 주택조합의 가입을 신청한 자에게 청약철회를 이유로 위약금 또는 손해배상을 청구할 수 없다(법 제11조의6 제6항).

5. 실적보고 및 관련 자료의 공개

1) 실적보고

주택조합의 발기인 또는 임원은 다음 각 호의 사항이 포함된 해당 주택조합의 실적보고서를 국토교통부령으로 정하는 바에 따라 사업연도별로 분기마다 작성하여야 한다(법 제12조 제1항, 규칙 제11조 제1항).

1. 조합원(주택조합 가입 신청자를 포함한다) 모집 현황
2. 해당 주택건설대지의 사용권원 및 소유권 확보 현황

3. 그 밖에 조합원이 주택조합의 사업 추진현황을 파악하기 위하여 필요한 사항으로서 다음 각 목의 사항
   가. 주택조합사업에 필요한 관련 법령에 따른 신고, 승인 및 인·허가 등의 추진현황
   나. 설계자, 시공자 및 업무대행자 등과의 계약체결 현황
   다. 수익 및 비용에 관한 사항
   라. 주택건설공사의 진행 현황
   마. 자금의 차입에 관한 사항

주택조합의 발기인 또는 임원은 주택조합의 실적보고서를 해당 분기의 말일부터 30일 이내에 작성하여야 한다(규칙 제11조 제2항).

2) 관련 자료의 공개

주택조합의 발기인 또는 임원은 주택조합사업의 시행에 관한 다음 각 호의 서류 및 관련 자료가 작성되거나 변경된 후 15일 이내에 이를 조합원이 알 수 있도록 인터넷과 그 밖의 방법을 병행하여 공개하여야 한다(법 제12조 제2항, 영 제25조).

1. 조합규약
2. 공동사업주체의 선정 및 주택조합이 공동사업주체인 등록사업자와 체결한 협약서
3. 설계자 등 용역업체 선정 계약서
4. 조합총회 및 이사회, 대의원회 등의 의사록
5. 사업시행계획서
6. 해당 주택조합사업의 시행에 관한 공문서
7. 회계감사보고서
8. 분기별 사업실적보고서
9. 업무대행자가 제출한 실적보고서
10. 그 밖에 주택조합사업 시행에 관하여 다음 각 목의 서류 및 관련 자료
   가. 연간 자금운용 계획서
   나. 월별 자금 입출금 명세서
   다. 월별 공사진행 상황에 관한 서류
   라. 주택조합이 사업주체가 되어 법 제54조 제1항에 따라 공급하는 주택의 분양

신청에 관한 서류 및 관련 자료
마. 전체 조합원별 분담금 납부내역
바. 조합원별 추가 분담금 산출내역

주택조합의 임원 또는 발기인은 사업시행계획서를 인터넷으로 공개할 때에는 조합원의 50% 이상의 동의를 얻어 그 개략적인 내용만 공개할 수 있다(규칙 제11조 제3항).

3) 입법취지와 서류의 작성 및 공개의 의미

실적보고 및 관련 자료의 공개를 규정한 주택법 제12조의 입법 취지는 조합 구성원들은 주택조합사업 추진상황에 대한 정확한 정보 확보가 어려워 사업추진을 주도하는 임원 등을 감독·통제하는 것이 곤란하고, 불투명한 사업추진은 조합 구성원들의 재산상 피해로 이어지므로 이를 개선하기 위한 방안으로 주택조합사업 시행에 관한 서류와 관련 자료를 공개하도록 함으로써 주택조합사업의 투명성을 확보하고 조합 구성원들의 알권리를 충족시키기 위한 것이다.

주택법 제12조 제2항에 따른 공개가 이행되려면 조합원이 알 수 있는 형태로 해당 서류 등이 작성되어 존재하여야 하는데, 작성되지 아니한 서류 등에 대하여 공개의무가 있다고 해석한다면 이는 명문의 근거 없이 주택조합의 발기인이나 임원에게 해당 서류 등에 대한 작성의무까지도 부담시키는 결과가 된다. 동조항이 '작성'과 '공개'를 구별하고 있음에도 존재하지 않는 서류 등에 대한 공개의무를 인정하는 것은 '공개'의 의미를 피고인에게 불리한 방향으로 지나치게 확장해석하거나 유추해석하는 것에 해당하여 허용될 수 없다.

또한, 주택법 제12조 제1항은 공개 대상이 되는 서류를 각호에서 구체적으로 열거하면서도 '관련 자료'의 판단 기준에 관하여는 별도로 규정하고 있지 않을 뿐만 아니라 공개가 필요한 서류 및 관련 자료는 대통령령에 위임하여 이를 추가할 수 있는 근거 규정을 두고 있다. 그러므로 구 주택법 혹은 그 위임에 따른 시행령에 명문의 근거 규정 없이 주택조합사업 시행의 투명성 확보나 조합 구성원들의 알권리 보장 등 규제의 목적만을 앞세워 주택법 제12조 제1항 각호에 명시된 서류의 '관련 자료'의 범위를 지나치게 확장하여 인정하는 것은 죄형법정주의에 어긋난다.[28)]

---

28) 대법원 2024. 9. 12. 선고 2021도14712 판결.

6. 조합원의 탈퇴

조합원은 조합규약으로 정하는 바에 따라 조합에 탈퇴의사를 알리고 탈퇴할 수 있다(법 제11조 제8항). 그렇지만 조합규약 등에 조합원의 탈퇴를 허용하지 아니하는 규정이 있는 등의 특별한 사정이 있는 경우에는 리모델링주택조합이 아직 설립인가를 받지 아니하였거나 리모델링에 동의한 자가 아직 조합원으로 포함되어 변경인가를 받기 전이라고 하더라도 조합원은 임의로 조합을 탈퇴할 수 없다.[29)]

탈퇴한 조합원(제명된 조합원을 포함한다)은 조합규약으로 정하는 바에 따라 부담한 비용의 환급을 청구할 수 있다(법 제11조 제9항).

그러나 조합원이 가입비등을 예치한 날부터 30일 이내에는 이러한 조합원의 탈퇴와 비용환급에 관한 규정은 적용되지 않는다(법 제11조의6 제7항).

7. 조합임원의 결격사유

다음 각 호의 어느 하나에 해당하는 사람은 주택조합의 발기인 또는 임원이 될 수 없다(법 제13조 제1항).

1. 미성년자 · 피성년후견인 또는 피한정후견인
2. 파산선고를 받은 사람으로서 복권되지 아니한 사람
3. 금고 이상의 실형을 선고받고 그 집행이 종료(종료된 것으로 보는 경우를 포함한다) 되거나 집행이 면제된 날부터 2년이 지나지 아니한 사람
4. 금고 이상의 형의 집행유예를 선고받고 그 유예기간 중에 있는 사람
5. 금고 이상의 형의 선고유예를 받고 그 선고유예기간 중에 있는 사람
6. 법원의 판결 또는 다른 법률에 따라 자격이 상실 또는 정지된 사람
7. 해당 주택조합의 공동사업주체인 등록사업자 또는 업무대행사의 임직원

주택조합의 발기인이나 임원이 다음 각 호의 어느 하나에 해당하는 경우 해당 발기인은 그 지위를 상실하고 해당 임원은 당연히 퇴직한다(법 제13조 제2항).

1. 주택조합의 발기인이 제11조의3 제6항에 따른 자격기준을 갖추지 아니하게 되거나 주택조합의 임원이 제11조 제7항에 따른 조합원 자격을 갖추지 아니하게 되는 경우

---

29) 대법원 2011. 2. 10. 선고 2010두20768, 20775 판결.

2. 주택조합의 발기인 또는 임원이 제1항 각 호의 결격사유에 해당하게 되는 경우

지위가 상실된 발기인 또는 퇴직된 임원이 지위 상실이나 퇴직 전에 관여한 행위는 그 효력을 상실하지 아니한다(법 제13조 제3항). 주택조합의 임원은 다른 주택조합의 임원, 직원 또는 발기인을 겸할 수 없다(법 제13조 제4항).

V. 주택조합에 대한 회계감사

주택조합은 대통령령으로 정하는 바에 따라 회계감사를 받아야 하며, 그 감사결과를 관할 시장 · 군수 · 구청장에게 보고하여야 한다(법 제14조의3 제1항).

주택조합의 임원 또는 발기인은 계약금등(해당 주택조합사업에 관한 모든 수입에 따른 금전을 말한다)의 징수 · 보관 · 예치 · 집행 등 모든 거래 행위에 관하여 장부를 월별로 작성하여 그 증빙서류와 함께 주택조합 해산인가를 받는 날까지 보관하여야 한다(법 제14조의3 제2항).

VI. 주택조합사업의 시공보증

주택조합이 공동사업주체인 시공자를 선정한 경우 그 시공자는 공사의 시공보증(시공자가 공사의 계약상 의무를 이행하지 못하거나 의무이행을 하지 아니할 경우 보증기관에서 시공자를 대신하여 계약이행의무를 부담하거나 총 공사금액의 50% 이하에서 총 공사금액의 30% 이상의 범위에서 주택조합이 정하는 금액을 납부할 것을 보증하는 것을 말한다)을 위하여 「건설산업기본법」에 따른 공제조합이 발행한 보증서 또는 「주택도시기금법」에 따른 주택도시보증공사가 발행한 보증서 등을 조합에 제출하여야 한다(법 제14조의4 제1항, 영 제26조의2, 규칙 제11조의3).

사업계획승인권자는 착공신고를 받는 경우에는 시공보증서 제출 여부를 확인하여야 한다(법 제14조의4 제2항).

Ⅶ. 주택조합설립인가의 취소

1. 주택조합에 대한 감독

국토교통부장관 또는 시장·군수·구청장은 주택공급에 관한 질서를 유지하기 위하여 특히 필요하다고 인정되는 경우에는 국가가 관리하고 있는 행정전산망 등을 이용하여 주택조합 구성원의 자격 등에 관하여 필요한 사항을 확인할 수 있다(법 제14조 제1항).

그리고 시장·군수·구청장은 모집주체가 주택법을 위반한 경우 시정요구 등 필요한 조치를 명할 수 있다(법 제14조 제4항).

2. 주택조합설립인가의 취소

시장·군수·구청장은 주택조합 또는 주택조합의 구성원이 다음 각 호의 어느 하나에 해당하는 경우에는 주택조합의 설립인가를 취소할 수 있다(법 제14조 제2항).

1. 거짓이나 그 밖의 부정한 방법으로 설립인가를 받은 경우
2. 제94조에 따른 명령이나 처분을 위반한 경우

시장·군수·구청장은 주택조합의 해산인가를 하거나 주택조합의 설립인가를 취소하였을 때에는 주택조합설립인가대장에 그 내용을 적고, 인가필증을 회수하여야 한다(규칙 제7조 제8항).

Ⅷ. 주택조합의 해산

1. 주택조합해산 및 주택조합사업 종결 여부의 결정

주택조합은 주택조합의 설립인가를 받은 날부터 3년이 되는 날까지 사업계획승인을 받지 못하는 경우 해당 설립인가를 받은 날부터 3년이 되는 날부터 3개월 이내에 총회의 의결을 거쳐 해산 여부를 결정하여야 한다(법 제14조의2 제1항, 영 제25조의2 제1항 제1호).

주택조합의 발기인은 조합원모집 신고가 수리된 날부터 2년이 되는 날까지 주택조합 설립인가를 받지 못하는 경우 해당 조합원모집 신고가 수리된 날부터 2년이 되는

날부터 3개월 이내에 주택조합 가입 신청자 전원으로 구성되는 총회 의결을 거쳐 주택조합 사업의 종결 여부를 결정하도록 하여야 한다(법 제14조의2 제2항, 영 제25조의2 제1항 제2호).

2. 총회의 개최 및 의결

총회를 소집하려는 주택조합의 임원 또는 발기인은 총회가 개최되기 7일 전까지 회의 목적, 안건, 일시 및 장소를 정하여 조합원 또는 주택조합 가입 신청자에게 통지하여야 한다(법 제14조의2 제3항).

3. 청산인의 선임

해산을 결의하거나 사업의 종결을 결의하는 경우 청산인을 선임하여야 하는데(법 제14조의2 제4항), 주택조합의 임원 또는 발기인이 청산인이 된다. 다만, 조합규약 또는 총회의 결의로 달리 정한 경우에는 그에 따른다(영 제25조의2 제4항).

4. 총회 결과의 보고

주택조합의 발기인은 주택조합사업의 종결 여부에 관한 총회의 결과(사업의 종결을 결의한 경우에는 청산계획을 포함한다)를 총회 개최일부터 10일 이내에 서면으로 관할 시장 · 군수 · 구청장에게 통지하여야 한다(법 제14조의2 제5항, 규칙 제11조의2).

제 3 절 | 주택의 건설

제1항 주택건설사업계획의 승인

Ⅰ. 사업계획승인의 법적 성격

주택법 제15조에 따라 단독주택 30호, 공동주택 30세대 이상의 주택건설사업을 시행하려는 자 또는 1만㎡ 이상의 대지조성사업을 시행하려는 자는 관할 행정청의 사업계획승인을 받아야 주택건설사업 또는 대지조성사업을 실시할 수 있다.

이러한 주택건설사업계획의 승인은 상대방에게 권리나 이익을 부여하는 효과를 수반하는 수익적 행정처분으로서 특허적 성격을 지니고 있다고 할 것이다. 그러므로 법령에 행정처분의 요건에 관하여 일의적으로 규정되어 있지 아니한 이상 행정청의 재량행위에 속하며, 이러한 승인을 받으려는 주택건설사업계획이 관계 법령이 정하는 제한에 배치되는 경우는 물론이고 그러한 제한사유가 없는 경우에도 공익상 필요가 있으면 처분권자는 그 승인신청에 대하여 불허가 결정을 할 수 있다.[30)]

판례 주택건설사업계획승인신청서반려처분취소
(대법원 2007. 5. 10. 선고 2005두13315 판결)

구 주택건설촉진법(2003. 5. 29. 법률 제6916호 주택법으로 전문 개정되기 전의 것) 제33조에 의한 주택건설사업계획의 승인은 상대방에게 권리나 이익을 부여하는 효과를 수반하는 이른바 수익적 행정처분으로서 법령에 행정처분의 요건에 관하여 일의적으로 규정되어 있지 아니한 이상 행정청의 재량행위에 속하므로, 이러한 승인을 받으려는 주택건설사업계획이 관계 법령이 정하는 제한에 배치되는 경우는 물론이고 그러한 제한사유가 없는 경우에도 공익상 필요가 있으면 처분권자는 그 승인신청에 대하여 불허가 결정을 할 수 있으며, (중략) 국토 및 자연의 유지와 환경의 보전 등 중대한 공익상 필요가 있다고 인정될 때에는 허가를 거부할 수 있고, 그 경우 법규에 명문의 근거가 없더라도 거부처분을 할 수 있다.

---

30) 대법원 2005. 4. 15. 선고 2004두10883 판결.

Ⅱ. 사업계획승인의 절차

1. 주택조합의 사업계획승인신청

주택조합은 설립인가를 받은 날부터 2년 이내에 사업계획승인(사업계획승인 대상이 아닌 리모델링인 경우에는 리모델링의 허가를 말한다)을 신청하여야 한다(영 제23조 제1항). 사업계획은 쾌적하고 문화적인 주거생활을 하는 데에 적합하도록 수립되어야 하며, 그 사업계획에는 부대시설 및 복리시설의 설치에 관한 계획 등이 포함되어야 한다(법 제15조 제5항).

주택조합은 등록사업자가 소유하는 공공택지를 주택건설대지로 사용해서는 아니 된다. 다만, 경매 또는 공매를 통하여 취득한 공공택지는 예외로 한다(영 제23조 제2항).

2. 사업계획승인권자의 사업계획승인

단독주택은 30호(국민주택건설사업 또는 대지조성사업, 「택지개발촉진법」에 따른 택지개발사업 등의 공공사업에 따라 조성된 용지를 개별 필지로 구분하지 아니하고 일단(一團)의 토지로 공급받아 해당 토지에 건설하는 단독주택이나 「건축법 시행령」에 따른 한옥의 경우에는 50호), 공동주택은 30세대(리모델링의 경우에는 증가하는 세대수를 기준으로 한다. 세대별 주거전용면적이 30㎡ 이상이고, 해당 주택단지 진입도로의 폭이 6m 이상인 단지형 연립주택 또는 단지형 다세대주택 등의 공동주택의 경우에는 50세대) 이상의 주택건설사업을 시행하려는 자 또는 1만㎡ 이상의 대지조성사업을 시행하려는 자는 사업계획승인권자(국가 및 한국토지주택공사가 시행하는 경우와 330만㎡ 이상의 규모로 「택지개발촉진법」에 따른 택지개발사업 또는 「도시개발법」에 따른 도시개발사업을 추진하는 지역 중 국토교통부장관이 지정·고시하는 지역에서 주택건설사업을 시행하는 경우에는 국토교통부장관을 말한다)에게 사업계획승인을 받아야 한다(법 제15조 제1항, 영 제27조 제1항부터 제3항).

여기서 주택건설사업 또는 대지조성사업으로서 해당 대지면적이 10만㎡ 이상인 경우에는 특별시장·광역시장·특별자치시장·도지사 또는 특별자치도지사(시·도지사) 또는 인구 50만 이상의 대도시의 시장이 사업계획승인권자가 되며, 10만㎡ 미만인 경우에는 기초지방자치단체장인 시장·군수와 특별시장·광역시장·특별자치시장·특별자치도지사가 사업계획승인권자가 된다.

그러나 주상복합 건축물로서 「국토계획법 시행령」에 따른 준주거지역 또는 상업지역(유통상업지역은 제외한다)에서 300세대 미만의 주택과 주택 외의 시설을 동일 건축물로 건축하고, 해당 건축물의 연면적에서 주택의 연면적이 차지하는 비율이 90% 미만인 경우 등에는 사업계획승인을 받지 않아도 된다(법 제15조 제1항 단서, 영 제27조 제4항).

사업계획승인권자는 사업계획승인의 신청을 받았을 때에는 정당한 사유가 없으면 신청받은 날부터 60일 이내에 사업주체에게 승인 여부를 통보하여야 한다(영 제30조 제1항).

그리고 사업계획승인권자는 「주택도시기금법」에 따른 주택도시기금을 지원받은 사업주체에게 사업계획의 변경승인을 하였을 때에는 그 내용을 해당 사업에 대한 융자를 취급한 기금수탁자에게 통지하여야 한다(영 제30조 제3항).

3. 관련 서류의 제출

사업계획승인을 받으려는 자는 사업계획승인신청서에 주택과 그 부대시설 및 복리시설의 배치도, 대지조성공사 설계도서 등 대통령령으로 정하는 서류를 첨부하여 사업계획승인권자에게 제출하여야 한다(법 제15조 제2항).

주택건설사업을 시행하려는 자는 전체 세대수가 600세대 이상인 주택단지를 공구별로 분할하여 주택을 건설·공급할 수 있다. 이 경우 사업계획승인신청서와 관련 서류와 함께 공구별 공사계획서·입주자모집계획서·사용검사계획서를 첨부하여 사업계획승인권자에게 제출하고 사업계획승인을 받아야 한다(법 제15조 제3항, 영 제28조 제1항).

4. 사업계획의 변경승인

승인받은 사업계획을 변경하려면 사업계획승인권자로부터 변경승인을 받아야 하고(법 제15조 제4항), 사업계획승인권자가 사업계획변경승인을 하였을 때에는 승인서를 신청인에게 발급하여야 한다(규칙 제13조 제2항).

다만, ① 총사업비의 20%의 범위에서의 사업비 증감[다만, 국민주택을 건설하는 경우로서 지원받는 주택도시기금(「주택도시기금법」에 따른 주택도시기금을 말한다)이 증가되는 경우는 제외하며, 사업주체가 국가, 지방자치단체, 한국토지주택공사 또는 지방공사인 경우로 한정한다], ② 대지면적의 20%의 범위에서의 면적 증감(다만, 지구경계의 변경을 수반하거나 토지 또는 토지에 정착된 물건 및 그 토지나 물건에 관한 소유권 외의 권리를 수용할 필요를 발생시키는 경우는 제외하며, 사업주체가 국가, 지방자치단체, 한국토지주택공사 또는 지방공사인 경우로 한정한다), ③ 세대수 또는 세대당 주택공급면적을 변경하지 아니하는 범위에서의 내부구조의 위치나 면적 변경(법 제15조에 따른 사업계획승인을 받은 면적의 10% 범위에서의 변경으로 한정한다), ④ 내장 및 외장 재료의 변경(재료의 품질이 법 제15조에 따른 사업계획승인을 받을 당시의 재료와 같거나 그 이상인 경우로 한정한다), ⑤ 사업계획승인의 조건으로 부과된 사항을 이행함에 따라 발생되는 변경(다만, 공공시설 설치계획의 변경이 필요한 경우는 제외한다), ⑥ 건축물의 설계와 용도별 위치를 변경하지 아니하는 범위에서의 건축물의 배치조정 및 주택단지 안 도로의 선형변경(사업주체가 국가, 지방자치단체, 한국토지주택공사 또는 지방공사인 경우로 한정한다), ⑦「건축법 시행령」제12조 제3항 각 호의 어느 하나에 해당하는 사항의 변경 등의 경미한 사항을 변경하는 경우에는 그러하지 아니하다(법 제15조 제4항, 규칙 제13조 제5항).

5. 사업계획승인의 고시

사업계획승인권자는 사업계획을 승인하였을 때에는 이에 관한 사항을 고시하여야 한다. 이 경우 국토교통부장관은 관할 시장·군수·구청장에게, 특별시장, 광역시장 또는 도지사는 관할 시장, 군수 또는 구청장에게 각각 사업계획승인서 및 관계 서류의 사본을 지체 없이 송부하여야 한다(법 제15조 제6항).

Ⅲ. 사업계획의 이행 및 취소

1. 사업계획의 이행

1) 공사착수의 기간

사업주체는 승인받은 사업계획대로 사업을 시행하여야 하고, ① 사업계획승인을 받은 경우에는 승인받은 날부터 5년 이내, ② 공구별로 분할 건설·공급하는 주택에 대한 사업계획승인을 받은 경우, 최초로 공사를 진행하는 공구는 승인받은 날부터 5년 이내, 그 외의 공구는 해당 주택단지에 대한 최초 착공신고일부터 2년 이내에 공사를 시작하여야 한다(법 제16조 제1항).

다만, 사업계획승인권자는 ①「매장유산법」제11조에 따라 국가유산청장의 매장유산 발굴허가를 받은 경우, ② 해당 사업시행지에 대한 소유권 분쟁(소송절차가 진행 중인 경우만 해당한다)으로 인하여 공사착수가 지연되는 경우, ③ 사업계획승인의 조건으로 부과된 사항을 이행함에 따라 공사착수가 지연되는 경우, ④ 천재지변 또는 사업주체에게 책임이 없는 불가항력적인 사유로 인하여 공사착수가 지연되는 경우, ⑤ 공공택지의 개발·조성을 위한 계획에 포함된 기반시설의 설치 지연으로 공사착수가 지연되는 경우, ⑥ 해당 지역의 미분양주택 증가 등으로 사업성이 악화될 우려가 있거나 주택건설경기가 침체되는 등 공사에 착수하지 못할 부득이한 사유가 있다고 사업계획승인권자가 인정하는 경우에는 사업주체의 신청을 받아 그 사유가 없어진 날부터 1년의 범위에서 승인받은 날부터 5년 이내의 공사의 착수기간을 연장할 수 있다(법 제16조 제1항 단서, 영 제31조).

2) 공사착수 신고

사업주체가 공사를 시작하려는 경우에는 국토교통부령으로 정하는 바에 따라 사업계획승인권자에게 신고하여야 한다(법 제16조 제2항).

사업계획승인권자는 공사착수 신고를 받은 날부터 20일 이내에 신고수리 여부를 신고인에게 통지하여야 한다(법 제16조 제3항).

2. 사업계획승인의 취소

사업계획승인권자는 사업주체가 공사착수 기간 내에 사업계획대로 공사를 착수하여야 함에도 공사를 시작하지 아니하거나 경매·공매 등으로 인하여 대지소유권을 상실한 경우, 또는 부도·파산 등으로 공사의 완료가 불가능한 경우 그 사업계획의 승인을 취소할 수 있다. 다만, 사업주체가 경매 등으로 인하여 대지소유권을 상실하거나 부도 등으로 공사의 완료가 불가능한 경우 「주택도시기금법」 제26조에 따라 주택분양보증이 된 사업은 제외한다(법 제16조 제4항).

이러한 사업계획승인의 취소는 문언상 재량행위로 해석되므로 수익적 행정행위의 취소권제한의 법리가 적용된다고 할 것이다. 행정청이 주택건설사업계획승인을 취소할 때에는 취소하여야 할 공익상의 필요와 그 취소로 인하여 당사자가 입게 될 기득권과 신뢰보호, 법률생활의 안정과 침해 등을 비교교량한 후 공익상의 필요가 당사자가 입을 불이익을 정당화할 만큼 강한 경우에 한하여 취소할 수 있다고 보아야 한다.[31]

사업계획승인권자는 사업주체가 경매·공매 등으로 인하여 대지소유권을 상실하거나 부도·파산 등으로 공사의 완료가 불가능한 경우로 사업계획승인을 취소하고자 하는 경우에는 사업주체에게 ① 공사일정, 준공예정일 등 사업계획의 이행에 관한 계획, ② 사업비 확보 현황 및 방법 등이 포함된 사업비 조달 계획, ③ 해당 사업과 관련된 소송 등 분쟁사항의 처리 계획이 포함된 사업 정상화 계획을 제출받아 계획의 타당성을 심사한 후 취소 여부를 결정하여야 한다(법 제16조 제5항, 영 제32조).

그렇지만 해당 사업의 시공자 등이 해당 주택건설대지의 소유권 등을 확보하고 사업주체 변경을 위하여 사업계획의 변경승인을 요청하는 경우에 사업계획승인권자는 이를 승인할 수 있다(법 제16조 제6항).

Ⅳ. 기반시설의 기부채납

사업계획승인권자는 사업계획을 승인할 때 사업주체가 제출하는 사업계획에 해당 주택건설사업 또는 대지조성사업과 직접적으로 관련이 없거나 과도한 기반시설의 기부채납(寄附採納)을 요구하여서는 아니 된다(법 제17조 제1항). 이것은 행정법의 일반원칙 중의 하나인 부당결부금지원칙을 구체화한 것으로 행정기본법 제13조도 "행정청은 행정작용을 할 때 상대방에게 해당 행정작용과 실질적인 관련이 없는 의무를 부과해서는 아니 된다"라고 규정하여 이를 재확인하고 있다.

국토교통부장관은 기부채납 등과 관련하여 주택건설사업의 기반시설 기부채납 부담의 원칙 및 수준에 관한 사항과 주택건설사업의 기반시설의 설치기준 등에 관한 사항이 포함된 운영기준을 작성하여 고시할 수 있다(법 제17조 제2항).

사업계획승인권자는 운영기준의 범위에서 지역여건 및 사업의 특성 등을 고려하여 자체 실정에 맞는 별도의 기준을 마련하여 운영할 수 있으며, 이 경우 미리 국토교통부장관에게 보고하여야 한다(법 제17조 제3항).

---

31) 대법원 1998. 5. 8. 선고 97누7875 판결; 대법원 2002. 10. 25. 선고 2002두4341 판결; 대법원 2005. 7. 14. 선고 2004두10180 판결.

제2항 사업계획의 통합심의와 인허가의제

Ⅰ. 사업계획의 통합심의

1. 통합심의의 대상

사업계획승인권자는 필요하다고 인정하는 경우에 도시계획·건축·교통 등 사업계획승인과 관련된 다음 각 호의 사항을 통합하여 검토 및 심의(통합심의)할 수 있다(법 제18조 제1항).

1. 「건축법」에 따른 건축심의
2. 「국토계획법」에 따른 도시·군관리계획 및 개발행위 관련 사항
3. 「광역교통법」에 따른 광역교통 개선대책
4. 「도시교통정비법」에 따른 교통영향평가
5. 「경관법」에 따른 경관심의
6. 그 밖에 사업계획승인권자가 필요하다고 인정하여 통합심의에 부치는 사항

2. 통합심의의 절차와 효과

사업계획승인권자는 사업계획승인을 받으려는 자가 통합심의를 신청하는 경우 통합심의를 하여야 한다. 다만, 사업계획의 특성 및 규모 등으로 인하여 제1항 각 호 중 어느 하나에 대하여 통합심의가 적절하지 아니하다고 인정하는 경우에는 그 사항을 제외하고 통합심의를 할 수 있다(법 제18조 제2항). 사업계획승인을 받으려는 자가 통합심의를 신청하는 경우 제1항 각 호와 관련된 서류를 첨부하여야 한다. 이 경우 사업계획승인권자는 통합심의를 효율적으로 처리하기 위하여 필요한 경우 제출기한을 정하여 제출하도록 할 수 있다(법 제18조 제3항).

사업계획승인권자가 시장·군수·구청장인 경우로서 시·도지사가 제1항 각 호의 어느 하나에 해당하는 권한을 가진 경우에는 사업계획승인권자가 시·도지사에게 통합심의를 요청할 수 있다(법 제18조 제4항).

통합심의를 하는 지방자치단체의 장은 다음 각 호의 어느 하나에 해당하는 위원회에 속하고 해당 위원회의 위원장의 추천을 받은 위원들과 사업계획승인권자가 속한 지방자치단체 및 통합심의를 하는 지방자치단체 소속 공무원으로 소집된 공동위원회를

구성하여 통합심의를 하여야 한다. 이 경우 공동위원회의 구성, 통합심의의 방법 및 절차에 관한 사항은 대통령령으로 정한다(법 제18조 제5항).

1. 「건축법」에 따른 중앙건축위원회 및 지방건축위원회
2. 「국토계획법」에 따라 해당 주택단지가 속한 시·도에 설치된 지방도시계획위원회
3. 「광역교통법」에 따라 광역교통 개선대책에 대하여 심의권한을 가진 국가교통위원회
4. 「도시교통정비법」에 따른 교통영향평가심의위원회
5. 「경관법」에 따른 경관위원회
6. 제1항 제6호에 대하여 심의권한을 가진 관련 위원회

사업계획승인권자는 통합심의를 한 경우 특별한 사유가 없으면 심의 결과를 반영하여 사업계획을 승인하여야 하고(법 제18조 제6항), 통합심의를 거친 경우에는 「건축법」에 따른 건축심의 등 통합심의 대상에 대한 검토·심의·조사·협의·조정 또는 재정을 거친 것으로 본다(법 제18조 제7항).

II. 사업계획승인의 인·허가 등의 의제

1. 인허가의제의 대상

인허가의제란 하나의 인허가(주된 인허가)를 받으면 법률로 정하는 바에 따라 그와 관련된 여러 인허가(관련 인허가)를 받은 것으로 보는 것을 말한다(행정기본법 제24조 제1항). 구체적으로 설명하면, 주택법상의 사업계획승인을 받으면 다른 법률에 따른 각종 인허가를 받은 것으로 보는 것을 의미한다.

따라서 사업계획승인권자가 사업계획을 승인 또는 변경 승인할 때 다음 각 호의 허가·인가·결정·승인 또는 신고 등(인·허가등)에 관하여 관계 행정기관의 장과 협의한 사항에 대하여는 해당 인·허가등을 받은 것으로 보며, 사업계획의 승인고시가 있은 때에는 다음 각 호의 관계 법률에 따른 고시가 있은 것으로 본다(법 제19조 제1항).

1. 「건축법」 제11조에 따른 건축허가, 같은 법 제14조에 따른 건축신고, 같은 법 제16조에 따른 허가·신고사항의 변경 및 같은 법 제20조에 따른 가설건축물의 건축허가 또는 신고

2. 「공간정보관리법」 제15조 제4항에 따른 지도등의 간행 심사
3. 「공유수면법」 제8조에 따른 공유수면의 점용·사용허가, 같은 법 제10조에 따른 협의 또는 승인, 같은 법 제17조에 따른 점용·사용 실시계획의 승인 또는 신고, 같은 법 제28조에 따른 공유수면의 매립면허, 같은 법 제35조에 따른 국가 등이 시행하는 매립의 협의 또는 승인 및 같은 법 제38조에 따른 공유수면 매립실시계획의 승인
4. 「광업법」 제42조에 따른 채굴계획의 인가
5. 「국토계획법」 제30조에 따른 도시·군관리계획(같은 법 제2조 제4호 다목의 계획 및 같은 호 마목의 계획 중 같은 법 제51조 제1항에 따른 지구단위계획구역 및 지구단위계획만 해당한다)의 결정,[32] 같은 법 제56조에 따른 개발행위의 허가, 같은 법 제86조에 따른 도시·군계획시설사업시행자의 지정, 같은 법 제88조에 따른 실시계획의 인가 및 같은 법 제130조 제2항에 따른 타인의 토지에의 출입허가
6. 「농어촌정비법」 제23조에 따른 농업생산기반시설의 사용허가
7. 「농지법」 제34조에 따른 농지전용(農地轉用)의 허가 또는 협의
8. 「도로법」 제36조에 따른 도로공사 시행의 허가, 같은 법 제61조에 따른 도로점용의 허가
9. 「도시개발법」 제3조에 따른 도시개발구역의 지정, 같은 법 제11조에 따른 시행자의 지정, 같은 법 제17조에 따른 실시계획의 인가 및 같은 법 제64조 제2항에 따른 타인의 토지에의 출입허가
10. 「사도법」 제4조에 따른 사도(私道)의 개설허가
11. 「사방사업법」 제14조에 따른 토지의 형질변경 등의 허가, 같은 법 제20조에 따른 사방지(砂防地) 지정의 해제
12. 「산림보호법」 제9조 제1항 및 같은 조 제2항 제1호·제2호에 따른 산림보호구역에서의 행위의 허가·신고. 다만, 「산림자원법」에 따른 채종림 및 시험림과 「산림보호법」에 따른 산림유전자원보호구역의 경우는 제외한다.
13. 「산림자원법」 제36조 제1항·제4항에 따른 입목벌채등의 허가·신고. 다만, 같은 법에 따른 채종림 및 시험림과 「산림보호법」에 따른 산림유전자원보호구역

---

32) 대법원 2018. 11. 29. 선고 2018두49109 판결(주택건설사업계획 승인권자가 사업계획을 승인할 때에 주택법 제19조 제1항 제5호에 의하여 의제 처리할 수 있는 도시·군관리계획이란 '국토계획법 제2조 제4호 (다)목의 계획'(기반시설의 설치·정비 또는 개량에 관한 계획)과 '국토계획법 제2조 제4호 (마)목의 계획 중 같은 법 제51조 제1항에 따른 지구단위계획구역 및 지구단위계획'을 의미한다고 보아야 한다).

의 경우는 제외한다.

14. 「산지관리법」 제14조 · 제15조에 따른 산지전용허가 및 산지전용신고, 같은 법 제15조의2에 따른 산지일시사용허가 · 신고
15. 「소하천정비법」 제10조에 따른 소하천공사 시행의 허가, 같은 법 제14조에 따른 소하천 점용 등의 허가 또는 신고
16. 「수도법」 제17조 또는 제49조에 따른 수도사업의 인가, 같은 법 제52조에 따른 전용상수도 설치의 인가
17. 「연안관리법」 제25조에 따른 연안정비사업실시계획의 승인
18. 「유통산업발전법」 제8조에 따른 대규모점포의 등록
19. 「장사법」 제27조 제1항에 따른 무연분묘의 개장허가
20. 「지하수법」 제7조 또는 제8조에 따른 지하수 개발 · 이용의 허가 또는 신고
21. 「초지법」 제23조에 따른 초지전용의 허가
22. 「택지개발촉진법」 제6조에 따른 행위의 허가
23. 「하수도법」 제16조에 따른 공공하수도에 관한 공사 시행의 허가, 같은 법 제34조 제2항에 따른 개인하수처리시설의 설치신고
24. 「하천법」 제30조에 따른 하천공사 시행의 허가 및 하천공사실시계획의 인가, 같은 법 제33조에 따른 하천의 점용허가 및 같은 법 제50조에 따른 하천수의 사용허가
25. 「부동산거래신고법」 제11조에 따른 토지거래계약에 관한 허가

2. 인허가의제의 절차

인허가의제를 받으려면 주된 인허가를 신청할 때 관련 인허가에 필요한 서류를 함께 제출하여야 하고(행정기본법 제24조 제2항), 주된 인허가 행정청은 주된 인허가를 하기 전에 관련 인허가에 관하여 미리 관련 인허가 행정청과 협의하여야 한다(행정기본법 제24조 제3항).

주택법 역시 이러한 행정기본법의 인허가의제 절차규정을 마련하고 있는데, 인 · 허가등의 의제를 받으려는 자는 사업계획승인을 신청할 때에 해당 법률에서 정하는 관계 서류를 함께 제출하여야 한다(법 제19조 제2항).

사업계획승인권자는 사업계획을 승인하려는 경우 그 사업계획에 인허가의제 대상에 해당하는 사항이 포함되어 있는 경우에는 해당 법률에서 정하는 관계 서류를 미리

관계 행정기관의 장에게 제출한 후 협의하여야 한다. 이 경우 협의 요청을 받은 관계 행정기관의 장은 사업계획승인권자의 협의 요청을 받은 날부터 20일 이내에 의견을 제출하여야 하며, 그 기간 내에 의견을 제출하지 아니한 경우에는 협의가 완료된 것으로 본다(법 제19조 제3항).

사업계획승인권자의 협의 요청을 받은 관계 행정기관의 장은 해당 법률에서 규정한 인·허가등의 기준을 위반하여 협의에 응하여서는 아니 된다(법 제19조 제4항).

3. 인허가의제의 효과

1) 관련 인허가의 의제

행정기본법 제24조 제3항·제4항에 따라 협의가 된 사항에 대해서는 주된 인허가를 받았을 때 관련 인허가를 받은 것으로 본다(행정기본법 제25조 제1항).

인허가의제의 효과는 주된 인허가의 해당 법률에 규정된 관련 인허가에 한정된다(행정기본법 제25조 제2항).

2) 인허가의제 조항에 따른 절차간소화

주택법이 제19조에서 인허가의제 규정을 둔 입법취지는 주택건설사업을 시행하는데 필요한 각종 인허가 사항과 관련하여 주택건설사업계획 승인권자로 그 창구를 단일화하고 절차를 간소화함으로써 각종 인허가에 드는 비용과 시간을 절감하여 주택의 건설·공급을 활성화하려는 데에 있으므로 인허가의제 대상 법률에서 정하고 있는 절차를 다시 거칠 필요가 없다.[33]

그러므로 주택건설사업계획 승인권자가 주택법에 따라 도시·군관리계획 결정권자와 협의를 거쳐 관계 주택건설사업계획을 승인하면 주택법에 따라 도시·군관리계획결정이 이루어진 것으로 의제되고, 이러한 협의절차와 별도로 국토계획법에서 정한 도시·군관리계획 입안을 위한 주민 의견청취 절차를 거칠 필요는 없다.[34]

3) 선행결정과 후행 인허가의제의 관계

인허가의제는 순전히 절차적인 집중에만 관심을 가지므로 실체법적 효과를 가져오

---

33) 대법원 2018. 11. 29. 선고 2016두38792 판결.

34) 대법원 1992. 11. 10. 선고 92누1162 판결; 대법원 2018. 11. 29. 선고 2016두38792 판결.

지는 않는다. 주택법상 사업계획승인으로 국토계획법에 따른 도시·군관리계획결정이 의제되지만 이러한 도시·군관리계획결정이 이미 존재하지 않는 경우에는 주택건설사업계획승인이 위법하게 되느냐는 별개의 문제이다.

이는 곧 주택법 제19조 제1항에 의하여 관계 행정기관과 협의를 거쳐 주택건설사업계획 승인처분이 있게 되면 협의의 대상이 된 지구단위계획결정 등 도시·군관리계획결정이 있었던 것으로 의제되므로 선행 도시·군관리계획결정이 존재하고 있더라도 그 선행결정은 그 범위 내에서 변경된 것으로 볼 수 있다. 따라서 사업부지에 관한 선행 도시·군관리계획결정이 존재하지 않거나 또는 그 결정에 관하여 하자가 있더라도 특별한 사정이 없는 한 그것만으로는 곧바로 주택건설사업계획 승인처분의 위법사유를 구성한다고 볼 수는 없다는 것이다.[35)]

4) 인허가의제의 범위 및 대상 처분에 대한 불복방법

인허가의제에서 주된 인허가기관은 의제되는 관련 인허가의 요건에 어느 정도까지 구속되는가에 대하여 학설상의 대립이 있는데, 판례는 인허가의제 조항의 입법취지인 절차간소화에 주목하여 주된 인허가기관은 의제되는 관련 인허가기관이 준수하여야 하는 절차를 준수하지 않아도 된다는 입장을 취함으로써 인허가의제를 인허가에 관한 절차가 집중·통합되는 것으로 이해하는 것으로 판단된다.[36)]

독일의 계획확정절차에서 인정되는 집중효(Konzentrationswirkung)가 계획확정결정으로 관련되는 모든 인허가가 의제되는데 반하여, 우리의 인허가의제는 근거법에서 규정한 사항만이 의제되는 효과를 지니는 절차의 간소화와 규제완화 측면에서 비롯된 제도라는 점에서 본다면, 판례의 입장은 그 타당성을 확보하였다고 할 것이다.

그러므로 인허가의제의 효과는 주된 인허가가 있으면 다른 법률에 따른 인허가만이 있는 것으로 보는데 그치므로 다른 법률에 의하여 인허가를 받았음을 전제로 하는 그 다른 법률의 모든 규정들까지 적용되는 것은 아니다.[37)] 주택법은 주택건설사업계획 승인권자가 관계 행정청의 장과 미리 협의한 사항에 한하여 승인처분을 할 때에 인허가 등이 의제될 뿐이고, 각 호에 열거된 모든 인허가 등에 관하여 일괄하여 사전협의를 거칠 것을 주택건설사업계획승인처분의 요건으로 규정하고 있지 않다. 따라서 인허가의제 대상이 되는 처분의 공시방법에 하자가 있더라도 그로써 해당 인허가의제의 효과가

35) 대법원 2017. 9. 12. 선고 2017두45131 판결.
36) 김남철, 앞의 책, 352쪽.
37) 대법원 2004. 7. 22. 선고 2004다19715 판결; 대법원 2016. 11. 24. 선고 2014두47686 판결.

발생하지 않을 여지가 있게 될 뿐이고, 그러한 사정이 주택건설사업계획승인처분 자체의 위법사유가 될 수는 없다.[38)]

사업계획승인으로 의제된 인허가 중 일부를 취소 또는 철회하면 취소 또는 철회된 인허가를 제외한 나머지 인허가만 의제된 상태가 된다. 이 경우 당초 사업계획승인을 하면서 사업 관련 인허가 사항 중 일부에 대하여만 인허가가 의제되었다가 의제되지 않은 사항에 대한 인허가가 불가한 경우 사업계획승인을 취소할 수 있는 것처럼 취소 또는 철회된 인허가 사항에 대한 재인허가가 불가한 경우 사업계획승인 자체를 취소할 수 있다.[39)]

또한, 주택건설사업계획승인처분에 따라 의제되는 인허가의 위법성을 다투기 위해서는 주된 인허가인 주택건설사업계획승인처분을 다툴 것이 아니라 관련 인허가의 취소를 다투어야 할 것이다.[40)]

판례 **임대주택건설사업계획승인처분취소(대법원 2018. 11. 29. 선고 2016두38792 판례)**

의제된 인허가는 통상적인 인허가와 동일한 효력을 가지므로, 적어도 '부분 인허가 의제'가 허용되는 경우에는 그 효력을 제거하기 위한 법적 수단으로 의제된 인허가의 취소나 철회가 허용될 수 있고, 이러한 직권 취소·철회가 가능한 이상 그 의제된 인허가에 대한 쟁송취소 역시 허용된다. 따라서 주택건설사업계획 승인처분에 따라 의제된 인허가가 위법함을 다투고자 하는 이해관계인은, 주택건설사업계획 승인처분의 취소를 구할 것이 아니라 의제된 인허가의 취소를 구하여야 하며, 의제된 인허가는 주택건설사업계획 승인처분과 별도로 항고소송의 대상이 되는 처분에 해당한다.

38) 대법원 2017. 9. 12. 선고 2017두45131 판결; 대법원 2018. 11. 29. 선고 2016두38792 판결.
39) 대법원 2018. 7. 12. 선고 2017두48734 판결.
40) 대법원 2018. 11. 29. 선고 2016두38792 판결.

제3항 사업주체의 조치

Ⅰ. 임대주택의 건설

1. 용적률의 완화·적용

사업주체(리모델링을 시행하는 자는 제외한다)가 주택법 제15조 제1항에 따른 호수 이상의 주택과 주택 외의 시설을 동일 건축물로 건축하는 계획과 임대주택의 건설·공급에 관한 사항을 포함한 사업계획승인신청서(「건축법」 제11조 제3항의 허가 신청서를 포함한다)를 제출하는 경우 사업계획승인권자(건축허가권자를 포함한다)는 「국토계획법」 제78조의 용도지역별 용적률 범위에서 특별시·광역시·특별자치시·특별자치도·시 또는 군의 조례로 정하는 기준에 따라 용적률을 완화하여 적용할 수 있다(법 제20조 제1항). 이 경우 사업주체는 사업계획승인을 신청하기 전에 미리 용적률의 완화로 건설되는 임대주택의 규모 등에 관하여 인수자와 협의하여 사업계획승인신청서에 반영하여야 한다(법 제20조 제4항).

2. 인수자에 대한 임대주택의 공급

용적률을 완화하여 적용하는 경우 사업주체는 완화된 용적률의 60% 이하의 범위에서, 30% 이상 60% 이하의 범위에서 시·도의 조례로 정하는 비율 이상에 해당하는 면적을 임대주택으로 공급하여야 한다. 이 경우 사업주체는 임대주택을 국토교통부장관, 시·도지사, 한국토지주택공사 또는 지방공사(인수자)에 공급하여야 하며 시·도지사가 우선 인수할 수 있다. 다만, 시·도지사가 임대주택을 인수하지 아니하는 경우 다음 각 호의 구분에 따라 국토교통부장관에게 인수자 지정을 요청하여야 한다(법 제20조 제2항, 영 제37조).

1. 특별시장, 광역시장 또는 도지사가 인수하지 아니하는 경우: 관할 시장, 군수 또는 구청장이 사업계획승인(「건축법」 제11조의 건축허가를 포함한다)신청 사실을 특별시장, 광역시장 또는 도지사에게 통보한 후 국토교통부장관에게 인수자 지정 요청
2. 특별자치시장 또는 특별자치도지사가 인수하지 아니하는 경우: 특별자치시장 또는 특별자치도지사가 직접 국토교통부장관에게 인수자 지정 요청

3. 임대주택의 공급가격 및 선정

공급되는 임대주택의 공급가격은 「공공주택특별법」 제50조의3 제1항에 따른 공공건설임대주택의 분양전환가격 산정기준에서 정하는 건축비로 하고, 그 부속토지는 인수자에게 기부채납한 것으로 본다(법 제20조 제3항).

사업주체는 공급되는 주택의 전부(주택조합이 설립된 경우에는 조합원에게 공급하고 남은 주택을 말한다)를 대상으로 공개추첨의 방법에 의하여 인수자에게 공급하는 임대주택을 선정하여야 하며, 그 선정 결과를 지체 없이 인수자에게 통보하여야 한다(법 제20조 제5항).

4. 등기의 촉탁 및 신청

사업주체는 임대주택의 준공인가(「건축법」 제22조의 사용승인을 포함한다)를 받은 후 지체 없이 인수자에게 등기를 촉탁 또는 신청하여야 한다. 이 경우 사업주체가 거부 또는 지체하는 경우에는 인수자가 등기를 촉탁 또는 신청할 수 있다(법 제20조 제6항).

II. 대지의 소유권확보에 따른 매도청구

1. 매도청구권 제도의 입법취지

주택법 제22조에 따른 매도청구권이 인정되려면 우선 국토계획법 제49조의 규정에 의한 지구단위계획결정이 필요한 30호 이상 주택건설사업에 대한 승인을 얻어야 하고, 당해 주택건설사업에 필요한 부지의 80% 이상을 사용할 수 있는 권원을 확보하여야 하며, 3개월 이상 매수협의를 하였음에도 불구하고 협의매수가 이루어지지 않아야 비로소 매도청구권을 행사할 수 있고, 10년 이상 소유한 토지는 매도청구의 대상에서 제외하고 있다.

매도청구권은 전문성과 자본력을 갖춘 등록사업자가 국토계획법 제49조의 규정에 의한 지구단위계획에 따라 30호 이상 대규모의 주택단지를 건설하여 일반에게 공급하기 위하여 필요한 토지의 80% 이상을 확보하였지만 나머지 토지를 임의로 취득할 수 없는 경우에 그 사업부지를 확보할 수 있게 하여 주택의 건설·공급을 촉진하기 위하여 인정한 것이다.

주택법은 사업주체의 주택건설대지의 소유권확보를 원칙으로 하여 주택건설사업의 안정적이고 원활한 진행을 의도하고 있다. 그럼에도 대지 전체의 소유권을 확보하지 못하더라도 주택법 제22조에 따른 매도청구권 제도를 통하여 그 대지 전체의 소유권을 확보할 수 있게 되는 경우에는 사업계획승인을 받을 수 있게 함으로써 주택건설사업을 촉진하고 있는데, 이것이 주택법 제21조의 입법취지라고 할 것이다.[41]

2. 주택건설대지의 소유권확보

주택건설사업계획의 승인을 받으려는 자는 해당 주택건설대지의 소유권을 확보하여야 한다. 다만, 다음 각 호의 어느 하나에 해당하는 경우에는 그러하지 아니하다(법 제21조 제1항).

1. 「국토계획법」 제49조에 따른 지구단위계획의 결정(제19조 제1항 제5호에 따라 의제되는 경우를 포함한다)이 필요한 주택건설사업의 해당 대지면적의 80% 이상을 사용할 수 있는 권원(權原)[제5조 제2항에 따라 등록사업자와 공동으로 사업을 시행하는 주택조합(리모델링주택조합은 제외한다)의 경우에는 95% 이상의 소유권을 말한다]을 확보하고(국공유지가 포함된 경우에는 해당 토지의 관리청이 해당 토지를 사업주체에게 매각하거나 양여할 것을 확인한 서류를 사업계획승인권자에게 제출하는 경우에는 확보한 것으로 본다), 확보하지 못한 대지가 제22조 및 제23조에 따른 매도청구 대상이 되는 대지에 해당하는 경우
2. 사업주체가 주택건설대지의 소유권을 확보하지 못하였으나 그 대지를 사용할 수 있는 권원을 확보한 경우
3. 국가·지방자치단체·한국토지주택공사 또는 지방공사가 주택건설사업을 하는 경우
4. 제66조 제2항에 따라 리모델링 결의를 한 리모델링주택조합이 제22조 제2항에 따라 매도청구를 하는 경우

---

41) 대법원 2018. 11. 29. 선고 2016두38792 판결.

3. 주택건설대지로서의 국공유지와 체비지의 활용

1) 국공유지의 우선 매각

국가 또는 지방자치단체는 그가 소유하는 토지를 매각하거나 임대하는 경우에는 다음 각 호의 어느 하나의 목적으로 그 토지의 매수 또는 임차를 원하는 자가 있으면 그에게 우선적으로 그 토지를 매각하거나 임대할 수 있다(법 제30조 제1항, 영 제41조).

1. 국민주택규모의 주택을 50% 이상으로 건설하는 주택의 건설
2. 주택조합이 건설하는 주택(조합주택)의 건설
3. 제1호 또는 제2호의 주택을 건설하기 위한 대지의 조성

국가 또는 지방자치단체는 국가 또는 지방자치단체로부터 토지를 매수하거나 임차한 자가 그 매수일 또는 임차일부터 2년 이내에 국민주택규모의 주택 또는 조합주택을 건설하지 아니하거나 그 주택을 건설하기 위한 대지조성사업을 시행하지 아니한 경우에는 환매(還買)하거나 임대계약을 취소할 수 있다(법 제30조 제2항).

2) 체비지의 매각

사업주체가 국민주택용지로 사용하기 위하여 환지방식에 의한 도시개발사업시행자에게 체비지(替費地)의 매각을 요구한 경우 그 도시개발사업시행자는 체비지의 총면적의 50%의 범위에서 이를 우선적으로 사업주체에게 매각할 수 있다(법 제31조 제1항). 이 경우 경쟁입찰로 하여야 하며, 매각을 요구하는 사업주체가 하나일 때에는 수의계약으로 매각할 수 있다(영 제42).

사업주체가 「도시개발법」에 따른 환지계획의 수립 전에 체비지의 매각을 요구하면 도시개발사업시행자는 사업주체에게 매각할 체비지를 그 환지계획에서 하나의 단지로 정하여야 한다(법 제31조 제2항).

체비지의 양도가격은 「감정평가법」 제2조 제4호에 따른 감정평가법인등 2인 이상의 감정평가가격을 산술평균한 가격을 기준으로 산정한다(규칙 제16조 제1항).

4. 매도청구

1) 매도청구의 대상

(1) 지구단위계획에 따른 주택건설사업대지

국토계획법에 따른 지구단위계획결정이 필요한 주택건설사업의 해당 대지면적의 80% 이상에 대한 사용권원을 확보하여 사업계획승인을 받은 사업주체가 주택건설대지면적의 95% 이상의 사용권원을 확보한 경우에는 해당 주택건설대지 중 사용할 수 있는 권원을 확보하지 못한 대지(건축물을 포함한다)의 모든 소유자에게 그 대지를 시가(市價)로 매도할 것을 청구할 수 있고, 주택건설대지면적의 95% 미만의 사용권원을 확보한 경우에는 사용권원을 확보하지 못한 대지의 소유자 중 지구단위계획구역 결정고시일 10년 이전에 해당 대지의 소유권을 취득하여 계속 보유하고 있는 자(대지의 소유기간을 산정할 때 대지소유자가 직계존속·직계비속 및 배우자로부터 상속받아 소유권을 취득한 경우에는 피상속인의 소유기간을 합산한다)를 제외한 소유자에게 매도청구를 할 수 있다. 이 경우 매도청구 대상이 되는 대지의 소유자와 매도청구를 하기 전에 3개월 이상 협의를 하여야 한다(법 제22조 제1항).

3개월 이상의 적법한 협의가 인정되기 위해서는 적어도 사업주체의 협의의사가 매도청구대상이 되는 대지소유자에게 도달하기 전에 사업계획승인의 효력이 발생하여 그 효력이 매도청구대상이 되는 대지소유자에게 미쳐야 한다. 그 이유는 사업계획승인을 받은 사업주체가 매도청구대상이 되는 대지소유자를 상대로 협의를 할 수 있는 것은 사업주체가 매도청구대상이 되는 대지소유자에게 사업계획승인의 효력을 주장할 수 있는 지위에 있음을 당연한 전제로 하기 때문이다.[42]

(2) 소유자를 확인하기 곤란한 주택건설사업대지

국토계획법에 따른 지구단위계획결정이 필요한 주택건설사업의 해당 대지면적의 80% 이상에 대한 사용권원을 확보하여 사업계획승인을 받은 사업주체는 해당 주택건설대지 중 사용할 수 있는 권원을 확보하지 못한 대지의 소유자가 있는 곳을 확인하기가 현저히 곤란한 경우에는 전국적으로 배포되는 둘 이상의 일간신문에 두 차례 이상 공고하고, 공고한 날부터 30일 이상이 지났을 때에는 매도청구대상의 대지로 본다(법 제23조 제1항).

매도청구대상 대지의 감정평가액은 사업계획승인권자가 추천하는 「감정평가법」에

---

42) 대법원 2013. 3. 28. 선고 2012다57231 판결.

따른 감정평가법인등 2인 이상이 평가한 금액을 산술평균하여 산정한다(법 제23조 제3항). 사업주체는 매도청구대상 대지의 감정평가액에 해당하는 금액을 법원에 공탁(供託)하고 주택건설사업을 시행할 수 있다(법 제23조 제1항).

2) 매도청구권 제도의 합헌성

매도청구를 규정한 주택법 제22조는 2007년 1월 11일 개정되기 전에는 사업부지의 90% 이상 사용권원을 확보하여야 하고 3년 이상 소유한 토지는 매도청구의 대상에서 제외되었는데, 2007년 1월 11일 개정 주택법에서는 사업부지 사용권원 확보율을 80%로 낮추고 10년 이상 소유하여야 매도청구의 대상에서 제외되는 것으로 개정됨으로써 매도청구권 행사의 요건이 완화되었다.

매도청구권 행사요건의 완화는 오히려 토지소유자의 재산권의 본질적 내용을 침해하여 토지수용과 유사한 효과를 지니는 위헌적인 규정이라는 비판에 대하여 헌법재판소는 이 조항이 민간사업자에게 주택건설사업에 필요한 토지를 매수할 수 있게 한 것은 지구단위계획에 따라 승인받은 주택건설사업을 가능하게 하는 공공복리를 달성하기 위한 것으로서 입법목적의 정당성이 인정되고, 공용수용의 효과를 부여하기 위하여 필요한 공공필요성의 요건도 갖추었으며, 이는 매도청구권의 요건을 엄격하게 제한함으로써 통상의 공용수용보다 완화된 소유권 박탈제도라고 볼 수 있고, 그 매도청구권 행사와 관련해서 상대방의 이익도 충분히 보장하고 매도청구권의 행사로 인한 기본권 침해를 최소화하고 있으므로, 기본권 침해의 최소성원칙에 위반된다고 보기 어렵고, 매도청구권을 행사할 경우에는 시가에 따른 대금을 지급하도록 하여 정당한 보상을 보장하고 있으므로 기본권의 본질적인 내용까지 침해했다거나 과잉금지원칙에 반하지 않는다고 판시하여 합헌성을 긍정하였다.[43]

지구단위계획에 따라 30호 이상의 단독주택 또는 30세대 이상의 공동주택을 건설하는 사업은 민간사업주체가 시행하는 경우에도 공공성이 강하다는 점에서 국민 주거의 안정과 주거 수준을 향상시키고자 하는 공익이 제한받는 사익을 능가한다는 것이다.[44]

3) 시가의 의미

매도청구에서의 시가는 매도청구권이 행사된 당시의 객관적 거래가격으로서 주택건설사업이 시행되는 것을 전제로 하여 평가한 가격, 즉 주택건설로 인하여 발생할 것

43) 헌법재판소 2009. 11. 26. 선고 2008헌바133 결정.

44) 헌법재판소 2023. 8. 31. 선고 2019헌바221 결정.

으로 예상되는 개발이익이 포함된 가격을 말한다.[45] 그러므로 토지의 지목이 구거이고 현황이 도로일지라도 지역주택조합이 추진하는 주택건설사업이 시행되면 공동주택 부지의 일부가 되는 이상 시가는 주택건설사업이 시행될 것을 전제로 할 경우의 인근 대지 시가와 동일하게 평가하여야 하고, 지목이 구거라는 이유만으로 행정조건을 열세로 반영하는 것은 실질적으로는 개발이익을 반영하지 않고 현재의 지목과 현황을 기준으로 시가를 산정한 것으로 볼 수 있어 시가산정을 그르친 것이라 할 것이다.[46]

4) 리모델링주택조합의 매도청구

리모델링의 허가를 신청하기 위한 동의율을 확보한 경우 리모델링 결의를 한 리모델링주택조합은 그 리모델링 결의에 찬성하지 아니하는 자의 주택 및 토지에 대하여 매도청구를 할 수 있다(법 제22조 제2항).

지구단위계획결정 구역과 리모델링주택조합의 매도청구에 관하여는 「집합건물법」 제48조를 준용한다. 이 경우 구분소유권 및 대지사용권은 주택건설사업 또는 리모델링사업의 매도청구의 대상이 되는 건축물 또는 토지의 소유권과 그 밖의 권리로 본다(법 제22조 제3항).

5) 매도청구 대상토지에 대한 공사착수

사업주체가 신고한 후 공사를 시작하려는 경우 사업계획승인을 받은 해당 주택건설대지에 매도청구대상이 되는 대지가 포함되어 있으면 해당 매도청구대상 대지에 대하여는 그 대지의 소유자가 매도에 대하여 합의를 하거나 매도청구에 관한 법원의 승소판결(확정되지 아니한 판결을 포함한다)을 받은 경우에만 공사를 시작할 수 있다(법 제21조 제2항).

Ⅲ. 토지수용과 토지매수 업무의 위탁

1. 토지에의 출입

국가 · 지방자치단체 · 한국토지주택공사 및 지방공사인 사업주체가 사업계획의 수립을 위한 조사 또는 측량을 하려는 경우와 국민주택사업을 시행하기 위하여 필요한 경우에는 ① 타인의 토지에 출입하는 행위, ② 특별한 용도로 이용되지 아니하고 있는

45) 대법원 1996. 1. 23. 선고 95다38172 판결; 헌법재판소 1999. 9. 16. 선고 97헌바73 결정.
46) 대법원 2019. 11. 28. 선고 2019다235566 판결.

타인의 토지를 재료적치장 또는 임시도로로 일시 사용하는 행위, ③ 특히 필요한 경우 죽목(竹木)·토석이나 그 밖의 장애물을 변경하거나 제거하는 행위를 할 수 있다(법 제24조 제1항).

2. 토지수용

국가·지방자치단체·한국토지주택공사 및 지방공사인 사업주체[47]는 국민주택을 건설하거나 국민주택을 건설하기 위한 대지를 조성하는 경우에는 토지나 토지에 정착한 물건 및 그 토지나 물건에 관한 소유권 외의 권리(토지등)를 수용하거나 사용할 수 있다(법 제24조 제2항). 이 경우 주택법에 규정된 것 외에는 「토지보상법」을 준용한다(법 제27조 제1항).

「토지보상법」을 준용하는 경우에는 "「토지보상법」 제20조 제1항에 따른 사업인정"을 "제15조에 따른 사업계획승인"으로 본다. 다만, 재결신청은 「토지보상법」 제23조 제1항 및 제28조 제1항에도 불구하고 사업계획승인을 받은 주택건설사업 기간 이내에 할 수 있다(법 제27조 제2항).

토지보상법 제28조 제1항에 의하면 사업시행자는 사업인정고시가 된 날부터 1년 이내에 관할 토지수용위원회에 재결을 신청할 수 있으나, 토지보상법을 준용하는 주택법은 이러한 토지보상법 규정과는 달리 재결신청은 주택건설사업 기간 이내에 할 수 있도록 함으로써 사업시행자에게 유리한 재결신청 기간을 설정하고 있다.

주택법의 이러한 규율태도는 국토계획법 제96조 제2항에서 규정한 '재결신청은 실시계획에서 정한 도시·군계획시설사업의 시행기간에 하여야 한다'는 문언과 사실상 동일하다. 그러므로 국토계획법에 의한 재결신청 기간 완화에 대한 비판은 여기에 그대로 적용된다.

통상적으로 주택건설사업기간이 1년의 단기보다는 장기인 점에서 재결신청 기간을 주택건설사업 기간 이내로 설정한 것은 사업시행자에게 일방적으로 유리하다고 볼 것이다. 특히, 주택법의 주택건설사업은 국토계획법의 도시·군계획시설사업이나 도시정비법의 정비사업보다는 현저히 공공성이 부족하다는 점[48]에서 수용재결신청 기간을

47) 대법원 2001. 5. 29. 선고 2000도6044 판결(주택건설촉진법 제34조 제1항의 사업주체는 같은 법 제3조 제5호에 규정된 사업주체 중 등록업자 즉, 같은 법 제6조의 규정에 의하여 등록한 주택건설사업자를 제외한 국가·지방자치단체·대한주택공사·한국토지공사만을 가리키는 것이 그 규정상 분명하므로) 참조.

48) 대법원 2007. 4. 27. 선고 2007도694 판결(주택법에 의한 주택조합도 그 설립을 위해서는 인가가 필요하다는 점 등에서는 주택재건축조합과 비슷한 측면이 있으나, 주택조합이 시행하는 사업은 조합원들이

완화하는 것은 국토계획법 또는 도시정비법의 재결신청 기간 완화조항보다 더 문제가 있다고 보인다.

3. 토지출입에 대한 손실보상

토지에의 출입 등의 행위로 인하여 손실을 입은 자가 있는 경우에는 그 행위를 한 사업주체가 그 손실을 보상하여야 하고(법 제25조 제1항), 이러한 손실보상에 관하여는 그 손실을 보상할 자와 손실을 입은 자가 협의하여야 한다(법 제25조 제2항).

손실을 보상할 자 또는 손실을 입은 자는 손실보상에 관한 협의가 성립되지 아니하거나 협의를 할 수 없는 경우에는「토지보상법」에 따른 관할 토지수용위원회에 재결(裁決)을 신청할 수 있다(법 제25조 제3항).

관할 토지수용위원회의 손실보상재결에 관하여는「토지보상법」제83조부터 제87조까지의 규정을 준용한다(법 제25조 제4항). 따라서 지방토지수용위원회의 손실보상재결에 이의가 있는 자는 해당 지방토지수용위원회를 거쳐 중앙토지수용위원회에 이의를 신청할 수 있으며(토지보상법 제83조 제2항), 중앙토지수용위원회의 손실보상재결에 이의가 있는 자는 중앙토지수용위원회에 이의를 신청할 수 있다(토지보상법 제83조 제2항).

중앙토지수용위원회는 손실보상재결에 대한 이의신청을 받은 경우 손실보상재결이 위법하거나 부당하다고 인정할 때에는 그 재결의 전부 또는 일부를 취소하거나 보상액을 변경할 수 있다(토지보상법 제84조 제1항).

사업시행자, 토지소유자 또는 관계인은 손실보상재결에 불복할 때에는 재결서를 받은 날부터 90일 이내에, 이의신청을 거쳤을 때에는 이의신청에 대한 재결서를 받은 날부터 60일 이내에 각각 행정소송을 제기할 수 있다(토지보상법 제85조 제1항).

4. 토지매수 업무의 위탁

국가 또는 한국토지주택공사인 사업주체는 주택건설사업 또는 대지조성사업을 위한 토지매수 업무와 손실보상 업무를 대통령령으로 정하는 바에 따라 관할 지방자치단체의 장에게 위탁할 수 있으며(법 제26조 제1항), 이 경우 매수할 토지 및 위탁조건을 명시하여야 한다(영 제38조 제1항).

자율적으로 결정하고 법령에 의한 강제나 특례 등이 거의 없어 공공성이 있다고 할 수 없으므로 주택재건축사업과 주택조합이 시행하는 사업은 공공성의 유무에 있어서 근본적인 차이가 있다) 참조.

Ⅳ. 간선시설의 설치 및 비용상환

1. 간선시설의 개념

간선시설이란 도로·상하수도·전기시설·가스시설·통신시설 및 지역난방시설 등 주택단지(둘 이상의 주택단지를 동시에 개발하는 경우에는 각각의 주택단지를 말한다) 안의 기간시설을 그 주택단지 밖에 있는 같은 종류의 기간시설에 연결시키는 시설을 말한다. 다만, 가스시설·통신시설 및 지역난방시설의 경우에는 주택단지 안의 기간시설을 포함한다(법 제2조 제17호).

2. 간선시설의 설치

사업주체가 단독주택인 경우는 100호, 공동주택인 경우는 100세대(리모델링의 경우에는 늘어나는 세대수를 기준으로 한다) 이상의 주택건설사업을 시행하는 경우 또는 1만6천500㎡ 이상의 대지조성사업을 시행하는 경우 다음 각 호에 해당하는 자는 각각 해당 간선시설을 설치하여야 한다. 다만, 도로 및 상하수도시설로서 사업주체가 주택건설사업계획 또는 대지조성사업계획에 포함하여 설치하려는 경우에는 그러하지 아니하다(법 제28조 제1항, 영 제39조 제1항 및 제2항).

1. 지방자치단체: 도로 및 상하수도시설
2. 해당 지역에 전기·통신·가스 또는 난방을 공급하는 자: 전기시설·통신시설·가스시설 또는 지역난방시설
3. 국가: 우체통

간선시설은 특별한 사유가 없으면 사용검사일까지 설치를 완료하여야 한다(법 제28조 제2항).

3. 간선시설 설치의무자에 대한 통지

사업계획승인권자는 단독주택인 경우는 100호, 공동주택인 경우는 100세대(리모델링의 경우에는 늘어나는 세대수를 기준으로 한다) 이상의 주택건설 또는 1만6천500㎡ 이상의 대지조성에 관한 사업계획을 승인하였을 때에는 그 사실을 지체 없이 간선시설 설치의무자에게 통지하여야 한다(영 제39조 제3항).

간선시설 설치의무자는 사업계획에서 정한 사용검사 예정일까지 해당 간선시설을 설치하지 못할 특별한 사유가 있을 때에는 통지를 받은 날부터 1개월 이내에 그 사유와 설치 가능 시기를 명시하여 해당 사업주체에게 통보하여야 한다(영 제39조 제4항).

4. 간선시설의 설치비용

간선시설의 설치비용은 설치의무자가 부담한다. 이 경우 간선시설인 도로 및 상하수도시설의 설치비용은 그 비용의 50%의 범위에서 국가가 보조할 수 있다(법 제28조 제3항). 그럼에도 불구하고 전기간선시설을 지중선로(地中線路)로 설치하는 경우에는 전기를 공급하는 자와 지중에 설치할 것을 요청하는 자가 각각 50%의 비율로 그 설치비용을 부담한다. 다만, 사업지구 밖의 기간시설로부터 그 사업지구 안의 가장 가까운 주택단지(사업지구 안에 1개의 주택단지가 있는 경우에는 그 주택단지를 말한다)의 경계선까지 전기간선시설을 설치하는 경우에는 전기를 공급하는 자가 부담한다(법 제28조 제4항).

5. 비간선시설의 설치요청

지방자치단체는 사업주체가 자신의 부담으로 간선시설에 해당하지 아니하는 도로 또는 상하수도시설(해당 주택건설사업 또는 대지조성사업과 직접적으로 관련이 있는 경우로 한정한다)의 설치를 요청할 경우에는 이에 따를 수 있다(법 제28조 제5항).

6. 간설시설 설치비상환계약에 따른 상환요구

간선시설 설치의무자가 사용검사일까지 간선시설의 설치를 완료하지 못할 특별한 사유가 있는 경우에는 사업주체가 그 간선시설을 자기부담으로 설치하고 간선시설 설치의무자에게 그 비용의 상환을 요구할 수 있다(법 제28조 제7항). 이 경우 간선시설 설치의무자는 사업주체와 간선시설의 설치비 상환계약을 체결하여야 한다(영 제40조 제1항). 상환계약에서 정하는 설치비의 상환기한은 해당 사업의 사용검사일부터 3년 이내로 하여야 한다(영 제40조 제2항).

V. 공공시설의 귀속

1. 공공시설의 귀속에 관한 국토계획법의 준용

사업계획승인을 받은 사업지구의 토지에 새로 공공시설을 설치하거나 기존의 공공시설에 대체되는 공공시설을 설치하는 경우 그 공공시설의 귀속에 관하여는 「국토계획법」 제65조 및 제99조를 준용한다. 이 경우 "개발행위허가를 받은 자"는 "사업주체"로, "개발행위허가"는 "사업계획승인"으로, "행정청인 시행자"는 "한국토지주택공사 및 지방공사"로 본다(법 제29조 제1항).

그러므로 사업주체가 행정청인 경우 사업주체가 새로 공공시설을 설치하거나 기존의 공공시설에 대체되는 공공시설을 설치한 경우에는 「국유재산법」과 「공유재산법」에도 불구하고 새로 설치된 공공시설은 그 시설을 관리할 관리청에 무상으로 귀속되고, 종래의 공공시설은 사업주체에게 무상으로 귀속된다(법 제29조 제1항, 국토계획법 제65조 제1항).

사업주체가 행정청이 아닌 경우 사업주체가 새로 설치한 공공시설은 그 시설을 관리할 관리청에 무상으로 귀속되고, 용도가 폐지되는 공공시설은 「국유재산법」과 「공유재산법」에도 불구하고 새로 설치한 공공시설의 설치비용에 상당하는 범위에서 사업주체에게 무상으로 양도할 수 있다(법 제29조 제1항, 국토계획법 제65조 제2항).

그리고 행정청인 시행자로 보는 한국토지주택공사 및 지방공사는 해당 공사에 귀속되는 공공시설을 해당 국민주택사업을 시행하는 목적 외로는 사용하거나 처분할 수 없다(법 제29조 제2항).

2. 공공시설 귀속 규정의 합헌성

1) 문제의 제기

주택법 제29조 제1항이 공공시설의 귀속에 관한 국토계획법 제65조를 준용한 결과, 행정청이 아닌 사업주체가 새로 설치한 공공시설은 그 시설을 관리할 관리청에 무상으로 귀속되게 되는데, 이러한 무상귀속 조항이 헌법 제23조의 재산권을 침해하는지가 여부가 논란의 여지가 있다.

2) 헌법재판소의 판단

주택법 제29조의 국토계획법에 대한 준용규정의 입법취지는 행정청이 아닌 사업주체가 새로이 설치한 공공시설을 관리할 국가 또는 지방자치단체 등의 관리청에 무상으로 귀속시킴으로써 관리청이 신설된 공공시설의 소유권을 확보한 후 이를 공공의 이용에 적합하도록 효율적으로 유지·관리하도록 하여 "공공시설의 원활한 확보와 효율적인 유지·관리"라는 과제를 실현하려는 것이다.[49)]

이 규정은 공공시설의 설치와 관련된 비용의 적정한 분담과 그 시설의 효율적인 유지·관리를 위하여 공공시설과 그 부지의 소유권을 국가 또는 지방자치단체에 귀속시키는 입법수단을 선택하고 있는데, 이러한 공공시설의 귀속이 헌법상 재산권 제한 제도 내에서 어떠한 법적 성격을 가지는지를 판단하려면 전체 토지에 대한 제한의 효과를 종합적이고 유기적으로 파악하여 그 제한의 성격을 이해하여야 한다.[50)]

그렇기 때문에 이 규정은 사업주체가 주택건설사업의 시행으로 새로 설치한 공공시설과 그 부지의 소유권을 '개별적이고 구체적으로' 박탈하려는 데 그 본질이 있는 것이 아니라 사업지구 안의 공공시설의 소유관계를 일반적·추상적으로 규율함으로써 사업주체의 지위를 장래를 향하여 획일적으로 확정하고자 하는 것이므로 재산권의 내용과 한계를 정한 것으로 이해함이 타당하다.[51)] 이러한 견지에서 주택법의 공공시설의 무상귀속 조항은 목적의 정당성, 침해의 최소성, 법익의 균형성을 갖추어 과잉금지원칙에 위배되어 재산권을 침해한다고 볼 수 없다.[52)]

3) 헌법재판소 결정에 대한 평가

헌법재판소의 주택법 제29조에 대한 판단은 헌법 제23조 제3항이 아닌 제1항과 제2항의 문제로 이해하면서 별다른 논증 없이 그 합헌성을 인정한 것은 아닌지 의문이 든다. 오히려 이 문제에 대한 2003년의 헌법재판소 결정에서의 소수의견이 더 논리적이고 정치한 입론으로 보인다.

첫째, 이 사건의 문제는 헌법 제23조 제1항이나 제2항의 문제가 아니라 공공필요에 의한 재산권의 수용·사용·제한에는 정당한 보상이 필요하다는 제3항의 문제로서 공공시설의 관리청으로의 귀속은 헌법 제23조 제3항의 수용에 해당하고, 그 귀속을 무상

49) 헌법재판소 2012. 7. 26. 선고 2011헌마169 결정 참조.
50) 헌법재판소 2003. 8. 21. 선고 2000헌가11 결정.
51) 헌법재판소 2012. 7. 26. 선고 2011헌마169 결정; 헌법재판소 2013. 10. 24. 선고 2011헌바355 결정.
52) 헌법재판소 2015. 2. 26. 선고 2014헌바177 결정.

이라고 법률이 규정한 것은 수용에 대한 보상을 배제한 것이므로 이는 보상 없는 수용을 금지하는 헌법 제23조 제3항을 정면으로 위반한 것이라는 점이다.[53)]

둘째, 이 조항은 사업주체에 의한 공공시설의 설치 경위를 묻지 않고 있어, 어떠한 경위로든 사업시행자가 사업지구 내에 공공시설을 설치하기만 하면 그 공공시설 및 그 부지의 소유권을 아무런 보상 없이 바로 관리청에 귀속시킨다는 점에서 사업주체의 권리구제 가능성의 봉쇄, 기부채납 부관이나 약정 가능성의 봉쇄, 선의(善意)의 제3자의 권리에 대한 과도한 침해 등의 부작용을 유발한다는 것이다.[54)]

국토계획법 제65조를 준용한 주택법 제29조에 의하면 행정청이 아닌 사업주체가 새로 설치한 공공시설은 관리청에 무상으로 귀속되고, 용도가 폐지되는 공공시설은 새로 설치한 공공시설의 설치비용에 상당하는 범위에서 사업주체에게 무상으로 양도할 수 있다는 것이다. 즉, 공공시설은 아무런 제약 없이 관리청에 무상귀속되지만 사업주체에 대해서는 '무상으로 양도할 수 있다'고 규정되어 행정청의 재량행위로 해석된다는 것이다.[55)]

공공시설의 무상귀속 조항은 변형된 형태의 공용수용에 해당하고, 일반적으로 새로 설치한 공공시설의 설치비용이 종래의 공공시설의 가액보다 상회하는 것이 현실이기 때문에 '정당한 보상'이 이루어지지 않은 채, 행정청이 아닌 사업주체의 재산권을 침해할 가능성이 농후하다는 점이다.

더욱이 주택법의 주택건설사업은 도시정비법의 주택재건축사업이나 주택재개발사업, 국토계획법의 도시·군계획시설사업의 공공필요성 측면에서 현저하게 부족한 것이 사실이다. 이러한 점에도 불구하고 주택법이 공공시설의 귀속에 관한 국토계획법 제65조를 준용하는 것은 도시정비법 제97조의 정비기반시설의 무상귀속보다 사적 재산권에 대한 침해의 정도가 심각하다는 데에 문제의 핵심이 있다고 할 것이다.

결론적으로 헌법재판소의 2015년 결정은 '공공시설의 효율적 확보'의 미명 아래 행정편의적인 국가중심의 사고를 앞세운 채, 1970년대에 입법된 연혁적 배경이 21세기에도 여전히 통용될 것이라는 박제화(剝製化)된 믿음의 연장선상에 있는 것은 아닌지 곰곰이 생각해보아야 할 것이다. 비교입법적으로 유례를 찾을 수 없다는 점에서 더더욱 그렇다.

---

53) 헌법재판소 2003. 8. 21. 선고 2000헌가11 결정에서의 재판관 권성, 주선회의 단순위헌의견.

54) 헌법재판소 2003. 8. 21. 선고 2000헌가11 결정에서의 재판관 하경철, 김효종, 김경일의 위헌의견.

55) 대법원 1998. 11. 24. 선고 97다47651 판결; 대법원 2010. 12. 9. 선고 2010다40499 판결; 대법원 2014. 1. 29. 선고 2013다200483 판결 등.

제4항 주택의 설계와 시공

Ⅰ. 주택의 설계 및 시공

사업계획승인을 받아 건설되는 주택(부대시설과 복리시설을 포함한다)을 설계하는 자는 ① 설계도서는 설계도 · 시방서(示方書) · 구조계산서 · 수량산출서 · 품질관리계획서 등으로 구분하여 작성할 것, ② 설계도 및 시방서에는 건축물의 규모와 설비 · 재료 · 공사방법 등을 적을 것, ③ 설계도 · 시방서 · 구조계산서는 상호 보완관계를 유지할 수 있도록 작성할 것, ④ 품질관리계획서에는 설계도 및 시방서에 따른 품질 확보를 위하여 필요한 사항을 정할 것 등의 설계도서 작성기준에 맞게 설계하여야 한다(법 제33조 제1항, 영 제43조).

주택을 시공하는 자(시공자)와 사업주체는 설계도서에 맞게 시공하여야 한다(법 제33조 제2항).

Ⅱ. 주택건설공사의 시공 제한

1. 시공자격의 제한

사업계획승인을 받은 주택의 건설공사는 「건설산업기본법」 제9조에 따라 건설업(건축공사업 또는 토목건축공사업만 해당한다)의 등록을 한 자 또는 제7조에 따라 건설사업자로 간주하는 등록사업자가 아니면 이를 시공할 수 없다(법 제34조 제1항, 영 제44조 제1항).

공동주택의 방수 · 위생 및 냉난방 설비공사는 「건설산업기본법」 제9조에 따른 건설사업자로서 「건설산업기본법」 제9조에 따라 방수설비공사로서 도장 · 습식 · 방수 · 석공사업의 등록을 한 자(특정열사용기자재를 설치 · 시공하는 경우에는 「에너지이용 합리화법」에 따른 시공업자를 말한다) 등이 아니면 이를 시공할 수 없다(법 제34조 제2항, 영 제44조 제2항).

2. 분리발주의 원칙

국가 또는 지방자치단체인 사업주체는 사업계획승인을 받은 주택건설공사의 설계와 시공을 분리하여 발주하여야 한다. 다만, 주택건설공사 중 대지구입비를 제외한 총공사비가 500억원 이상인 공사로서 기술관리상 설계와 시공을 분리하여 발주할 수 없는 공사의 경우에는 「국가계약법 시행령」 제79조 제1항 제5호에 따른 일괄입찰으로 시행할 수 있다(법 제34조 제3항, 영 제44조 제3항 및 제4항).

Ⅲ. 주택건설기준

1. 주택건설기준규정

사업주체가 건설·공급하는 주택의 건설 등에 관한 다음 각 호의 기준(주택건설기준등)은 대통령령인 「주택건설기준 등에 관한 규정」으로 정한다(법 제35조 제1항, 영 제45조).

1. 주택 및 시설의 배치, 주택과의 복합건축 등에 관한 주택건설기준[56]
2. 세대 간의 경계벽, 바닥충격음 차단구조, 구조내력(構造耐力) 등 주택의 구조·설비기준
3. 부대시설의 설치기준
4. 복리시설의 설치기준
5. 대지조성기준
6. 주택의 규모 및 규모별 건설비율

지방자치단체는 그 지역의 특성, 주택의 규모 등을 고려하여 주택건설기준등의 범위에서 조례로 구체적인 기준을 정할 수 있고(법 제35조 제2항), 사업주체는 주택건설기준등 및 조례에서 정한 기준에 따라 주택건설사업 또는 대지조성사업을 시행하여야 한다(법 제35조 제3항).

이에 따라 「주택건설기준 등에 관한 규정」으로 주택법 제35조에 따른 ① 주택 및 시설의 배치, 주택과의 복합건축 등에 관한 주택건설기준, ② 주택의 구조·설비기준, ③ 부대시설의 설치기준, ④ 복리시설의 설치기준, ⑤ 대지조성기준과 ⑥ 도시형 생활주택의 건설기준, ⑦ 에너지절약형 친환경주택 등의 건설기준, ⑧ 장수명 주택의 건설기준 및 인증제도, ⑨ 공동주택성능등급의 표시, ⑩ 환기시설 설치기준, ⑪ 바닥충격음 성능등급 인정, ⑫ 주택법 제42조에 따른 소음방지대책 수립에 필요한 실외소음도와 실외소음도를 측정하는 기준, 실외소음도 측정기관의 지정 요건 및 측정에 소요되는

56) 대법원 2008. 8. 21. 선고 2008다9358 판결(차량이 통행하는 도로에서 유입되는 소음 때문에 인근 주택의 거주자에게 사회통념상 일반적으로 수인할 정도를 넘어서는 침해가 있는지 여부는, 주택법 등에서 제시하는 주택건설기준보다는 환경정책기본법 등에서 설정하고 있는 환경기준을 우선적으로 고려하여 판단하여야 한다).

수수료 등 실외소음도 측정에 필요한 사항을 정한다(영 제45조).

2. 주택의 규모별 건설 비율

국토교통부장관은 적정한 주택수급을 위하여 필요하다고 인정하는 경우에는 사업주체가 건설하는 주택의 75%(주택조합이나 고용자가 건설하는 주택은 100%) 이하의 범위에서 일정 비율 이상을 국민주택규모로 건설하게 할 수 있다(영 제46조 제1항). 이러한 국민주택규모 주택의 건설 비율은 주택단지별 사업계획에 적용한다(영 제46조 제2항).

3. 에너지절약형 친환경주택 등의 건설기준

사업주체가 사업계획승인을 받아 주택을 건설하려는 경우에는 에너지 고효율 설비기술 및 자재 적용 등 대통령령으로 정하는 바에 따라 에너지절약형 친환경주택으로 건설하여야 한다. 이 경우 사업주체는 제15조에 따른 서류에 에너지절약형 친환경주택 건설기준 적용 현황 등 대통령령으로 정하는 서류를 첨부하여야 한다(법 제37조 제1항).

사업주체가 대통령령으로 정하는 호수 이상의 주택을 건설하려는 경우에는 친환경 건축자재 사용 등 대통령령으로 정하는 바에 따라 건강친화형 주택으로 건설하여야 한다(법 제37조 제2항).

4. 장수명 주택의 건설기준 및 인증제도

국토교통부장관은 장수명 주택의 건설기준을 정하여 고시할 수 있고(법 제38조 제1항), 장수명 주택의 공급 활성화를 유도하기 위하여 장수명 주택의 건설기준에 따라 장수명 주택 인증제도를 시행할 수 있다(법 제38조 제2항). 국토교통부장관은 인증제도를 시행하기 위하여 인증기관을 지정하고 관련 업무를 위탁할 수 있다(법 제38조 제5항). 장수명 주택 인증제도에 따라 국토교통부령으로 정하는 기준 이상의 등급을 인정받은 경우 「국토계획법」에도 불구하고 대통령령으로 정하는 범위에서 건폐율·용적률·높이 제한을 완화할 수 있다(법 제38조 제7항).

사업주체가 대통령령으로 정하는 호수 이상의 주택을 공급하고자 하는 때에는 장수명 주택 인증제도에 따라 대통령령으로 정하는 기준 이상의 등급을 인정받아야 한다(법 제38조 제3항).

국가, 지방자치단체 및 공공기관의 장은 장수명 주택을 공급하는 사업주체 및 장수명 주택 취득자에게 법률 등에서 정하는 바에 따라 행정상·세제상의 지원을 할 수 있다(법 제38조 제4항).

Ⅳ. 성능등급

1. 공동주택성능등급의 표시

사업주체가 대통령령으로 정하는 호수 이상의 공동주택을 공급할 때에는 주택의 성능 및 품질을 입주자가 알 수 있도록 「녹색건축법」에 따라 다음 각 호의 공동주택성능에 대한 등급을 발급받아 국토교통부령으로 정하는 방법으로 입주자 모집공고에 표시하여야 한다(법 제39조).

1. 경량충격음·중량충격음·화장실소음·경계소음 등 소음 관련 등급
2. 리모델링 등에 대비한 가변성 및 수리 용이성 등 구조 관련 등급
3. 조경·일조확보율·실내공기질·에너지절약 등 환경 관련 등급
4. 커뮤니티시설, 사회적 약자 배려, 홈네트워크, 방범안전 등 생활환경 관련 등급
5. 화재·소방·피난안전 등 화재·소방 관련 등급

2. 바닥충격음 성능등급 인정

국토교통부장관은 주택건설기준 중 공동주택 바닥충격음 차단구조의 성능등급을 대통령령으로 정하는 기준에 따라 인정하는 기관(바닥충격음 성능등급 인정기관)을 지정할 수 있다(법 제41조 제1항).

바닥충격음 성능등급 인정기관은 성능등급을 인정받은 제품(인정제품)이 다음 각 호의 어느 하나에 해당하면 그 인정을 취소할 수 있다. 다만, 제1호에 해당하는 경우에는 그 인정을 취소하여야 한다(법 제41조 제2항).

1. 거짓이나 그 밖의 부정한 방법으로 인정받은 경우
2. 인정받은 내용과 다르게 판매·시공한 경우
3. 인정제품이 국토교통부령으로 정한 품질관리기준을 준수하지 아니한 경우
4. 인정의 유효기간을 연장하기 위한 시험결과를 제출하지 아니한 경우

국토교통부장관은 바닥충격음 성능등급 인정기관이 다음 각 호의 어느 하나에 해당하는 경우 그 지정을 취소할 수 있다. 다만, 제1호에 해당하는 경우에는 그 지정을 취소하여야 한다(법 제41조 제5항).

1. 거짓이나 그 밖의 부정한 방법으로 바닥충격음 성능등급 인정기관으로 지정을 받은 경우
2. 제1항에 따른 바닥충격음 차단구조의 성능등급의 인정기준을 위반하여 업무를 수행한 경우
3. 제4항에 따른 바닥충격음 성능등급 인정기관의 지정 요건에 맞지 아니한 경우
4. 정당한 사유 없이 2년 이상 계속하여 인정업무를 수행하지 아니한 경우

국토교통부장관은 바닥충격음 성능등급 인정기관에 대하여 성능등급의 인정현황 등 업무에 관한 자료를 제출하게 하거나 소속 공무원에게 관련 서류 등을 검사하게 할 수 있고(법 제41조 제6항), 검사를 하는 공무원은 그 권한을 나타내는 증표를 지니고 이를 관계인에게 내보여야 한다(법 제41조 제7항).

사업주체가 대통령령으로 정하는 두께 이상으로 바닥구조를 시공하는 경우 사업계획승인권자는 「국토계획법」 제50조 및 제52조 제1항 제4호에 따라 지구단위계획으로 정한 건축물 높이의 최고한도의 100분의 115를 초과하지 아니하는 범위에서 조례로 정하는 기준에 따라 건축물 높이의 최고한도를 완화하여 적용할 수 있다(법 제41조 제8항).

3. 바닥충격음 성능검사

국토교통부장관은 바닥충격음 차단구조의 성능을 검사하기 위하여 성능검사의 기준(성능검사기준)을 마련하여야 하고(법 제41조의2 제1항), 성능검사를 전문적으로 수행하기 위하여 성능을 검사하는 기관(바닥충격음 성능검사기관)을 대통령령으로 정하는 지정 요건 및 절차에 따라 지정할 수 있다(법 제41조의2 제2항).

사업주체는 사업계획승인을 받아 시행하는 주택건설사업의 경우 사용검사를 받기 전에 바닥충격음 성능검사기관으로부터 성능검사기준에 따라 바닥충격음 차단구조의 성능을 검사(성능검사)받아 그 결과를 사용검사권자에게 제출하여야 한다(법 제41조의2 제5항). 사용검사권자는 성능검사 결과가 성능검사기준에 미달하는 경우 대통령령으로 정하는 바에 따라 사업주체에게 보완 시공, 손해배상 등의 조치를 권고할 수 있다(법

제41조의2 제6항). 조치를 권고받은 사업주체는 대통령령으로 정하는 기간 내에 권고사항에 대한 조치결과를 사용검사권자에게 제출하여야 한다(법 제41조의2 제7항).

사업주체는 사용검사권자에게 제출한 성능검사 결과 및 사용검사권자에게 제출한 조치결과를 대통령령으로 정하는 방법에 따라 입주예정자에게 알려야 한다(법 제41조의2 제8항).

국토교통부장관은 층간소음 저감 정책을 수립하기 위하여 필요하다고 판단하는 경우 사용검사권자에게 제출된 성능검사 결과 및 제출된 조치결과를 국토교통부장관에게 제출하도록 요청할 수 있다. 이 경우 자료 제출을 요청받은 사용검사권자는 정당한 사유가 없으면 이에 따라야 한다(법 제41조의2 제9항).

바닥충격음 성능검사기관은 성능검사 결과를 토대로 대통령령으로 정하는 기준과 절차에 따라 매년 우수 시공자를 선정하여 공개할 수 있다(법 제41조의2 제10항).

제5항 주택의 감리와 사용검사

Ⅰ. 주택의 감리자 지정

1. 주택건설공사의 감리자 지정 및 배치

주택건설공사에 대한 감리는 주택법 또는 주택법 시행령에서 정하는 사항 외에는 「건축사법」 또는 「건설기술진흥법」에서 정하는 바에 따른다(영 제47조 제6항).

1) 감리자의 지정

사업계획승인권자가 주택건설사업계획을 승인하였을 때와 시장·군수·구청장이 리모델링의 허가를 하였을 때에는 「건축사법」 또는 「건설기술진흥법」에 따른 감리자격이 있는 자를 다음 각 호의 구분에 따라 해당 주택건설공사의 감리자로 지정하여야 한다. 다만, 사업주체가 국가·지방자치단체·한국토지주택공사·지방공사 또는 대통령령으로 정하는 위탁관리 부동산투자회사인 경우와 「건축법」 제25조에 따라 공사감리를 하는 도시형 생활주택의 경우에는 그러하지 아니하다(법 제43조 제1항, 영 제47조 제1항). 이 경우 인접한 둘 이상의 주택단지에 대해서는 감리자를 공동으로 지정할 수 있다(영 제47조 제1항 단서).

1. 300세대 미만의 주택건설공사: 다음 각 목의 어느 하나에 해당하는 자[해당 주택건설공사를 시공하는 자의 계열회사(「공정거래법」 제2조 제3호에 따른 계열회사를 말한다)는 제외한다]
   가. 「건축사법」 제23조 제1항에 따라 건축사사무소개설신고를 한 자
   나. 「건설기술진흥법」 제26조 제1항에 따라 등록한 건설엔지니어링사업자
2. 300세대 이상의 주택건설공사: 「건설기술진흥법」 제26조 제1항에 따라 등록한 건설엔지니어링사업자

① 제85조에 따른 주택사업자단체, ② 「건설기술진흥법」 제69조에 따른 건설엔지니어링사업자단체, ③ 「건축사법」 제31조에 따른 대한건축사협회는 감리자를 지정하기 위하여 공동으로 주택건설공사 감리비 지급기준을 정하여 국토교통부장관의 승인을 받아야 한다. 승인받은 사항을 변경하려는 경우에도 또한 같다(법 제43조 제2항).

2) 감리자의 배치

지정된 주택건설공사의 감리자는 다음 각 호의 기준에 따라 감리원을 배치하여 감리를 하여야 한다(영 제47조 제4항).

1. 국토교통부령으로 정하는 감리자격이 있는 자를 공사현장에 상주시켜 감리할 것
2. 국토교통부장관이 정하여 고시하는 바에 따라 공사에 대한 감리업무를 총괄하는 총괄감리원 1명과 공사분야별 감리원을 각각 배치할 것
3. 총괄감리원은 주택건설공사 전기간(全期間)에 걸쳐 배치하고, 공사분야별 감리원은 해당 공사의 기간 동안 배치할 것
4. 감리원을 해당 주택건설공사 외의 건설공사에 중복하여 배치하지 아니할 것

2. 감리자의 교체

사업계획승인권자는 감리업무 수행 중 발견한 위반 사항을 묵인한 경우, 감리자 지정에 관한 서류를 거짓이나 그 밖의 부정한 방법으로 작성·제출한 경우, 감리자 스스로 감리업무 수행의 포기의사를 밝힌 경우 등에는 감리자를 교체하고, 그 감리자에 대하여는 1년의 범위에서 감리업무의 지정을 제한할 수 있다(법 제43조 제3항, 영 제48조 제1항). 사업계획승인권자가 감리자를 교체하려는 경우에는 해당 감리자 및 시공자·사

업주체의 의견을 들어야 한다(영 제48조 제2항).

그러나 사업계획승인권자는 감리자 스스로 감리업무 수행의 포기의사를 밝혔음에도 불구하고 감리자가 사업주체의 부도·파산 등으로 인한 공사 중단, 1년 이상의 착공지연이나 그 밖에 천재지변 등 부득이한 사유로 감리업무 수행을 포기한 경우에는 그 감리자에 대하여 감리업무 지정제한을 하여서는 아니 된다(영 제48조 제3항).

3. 감리계약을 통한 규율

1) 감리계약의 체결

사업주체(제66조 제1항 또는 제2항에 따른 리모델링의 허가만 받은 자도 포함한다)와 감리자 간의 책임 내용 및 범위는 주택법에서 규정한 것 외에는 당사자 간의 계약으로 정한다(법 제43조 제4항).

국토교통부장관은 사업주체와 감리자 간의 감리계약을 체결할 때 사업주체와 감리자 간에 공정하게 계약이 체결되도록 하기 위하여 감리용역표준계약서를 정하여 보급할 수 있다(법 제43조 제5항).

2) 감리계약의 법적 성격

(1) 도급계약설

주택건설사업주체와 감리자 간의 감리계약의 법적 성질에 대하여 도급계약설은 감리자가 단순한 민법상의 선량한 관리자의 주의의무를 충족하여 감리업무를 수행하는 것으로는 족하지 않고, 감리자는 건축물을 설계도서대로 하자 없이 건축하는데 책임을 부담한다고 해석하는 것이 건축물의 안전성 또는 사회안전의 확보 차원에서도 타당하다는 견해이다.

그러나 감리업무의 방법이나 정도 등이 감리계약에 구체적으로 상세하게 정해져 있는 경우는 드물고, 무엇보다도 도급계약의 본질인 '일의 완성'이라는 의미가 감리계약에는 부족하다는 단점이 있어 채택하기가 어렵다고 본다.

(2) 위임계약설

감리대상이 된 공사의 진행정도와 수행할 감리업무의 내용이 반드시 비례하여 일치할 수 없는 것은 그 업무의 속성상 당연하므로 감리계약은 일의 완성보다는 사업주체와 감리자 간의 신뢰관계에 기반한 계약관계에 더 방점이 있다. 따라서 주택 등 건설공사감리계약의 성격은 그 감리대상이 된 공사의 완성 여부, 진척정도와는 독립된 별도의 용역을 제공하는 것을 본질적 내용으로 하는 위임계약의 성격을 갖고 있다고 볼 수 있다.[57]

그런데 건축공사 감리계약이 그 법적 성질이 기본적으로 민법상의 위임계약이지만 신뢰관계를 기초로 하는 것이라기보다는 공동주택건설사업의 원활하고도 확실한 시공을 고려한 사업계획승인권자의 감리자지정에 기초하고 있는 것이어서 사업주체가 파산하였다고 하여 당연히 감리계약이 종료하는 것으로 볼 수 없다.[58] 이는 감리계약의 특수성에 비추어 위임계약에 관한 민법 규정을 그대로 적용할 수는 없는 것이라 할 것이므로 감리계약은 민법상의 위임계약에 준하는 성질을 갖고 있다고 할 것이다.

그럼에도 감리계약의 대부분은 민법의 위임계약에 관한 규정이 적용된다고 할 것이므로 감리계약이 도중에 종료된 경우 그 사무에 대한 보수를 정함에 있어서는 민법의 위임계약의 법리에 따라 기간으로 보수가 정해진 경우에는 감리업무가 실제 수행되어 온 시점에 이르기까지 그 이행기가 도래한 부분에 해당하는 약정보수금을 청구할 수 있고, 후불의 일시불 보수약정을 하였거나 또는 기간보수를 정한 경우에도 아직 이행기가 도래하지 아니한 부분에 관하여는 감리인에게 귀책사유 없이 감리가 종료한 경우에 한하여 이미 처리한 사무의 비율에 따른 보수를 청구할 수 있다.[59]

3) 공사감리비의 예치 및 지급

사업주체는 사업주체와 감리자 간의 감리계약에 따른 공사감리비를 국토교통부령으로 정하는 바에 따라 사업계획승인권자에게 예치하여야 한다(법 제44조 제6항).

사업계획승인권자는 예치받은 공사감리비를 감리자에게 국토교통부령으로 정하는 절차 등에 따라 지급하여야 한다. 다만, 감리자가 감리업무를 소홀히 하여 사업계획승인권자로부터 제48조 제2항에 따라 시정명령을 받은 경우 사업계획승인권자는 감리자가 시정명령을 이행완료할 때까지 감리비 지급을 유예할 수 있다(법 제44조 제7항).

57) 대법원 2000. 8. 22. 선고 2000다19342 판결; 대법원 2001. 5. 29. 선고 2000다40001 판결.

58) 대법원 2003. 1. 10. 선고 2002다11236 판결.

59) 대법원 2001. 5. 29. 선고 2000다40001 판결.

Ⅱ. 감리자의 업무 및 업무협조

1. 감리자의 업무

감리자는 자기에게 소속된 자를 대통령령으로 정하는 바에 따라 감리원으로 배치하고, 다음 각 호의 업무를 수행하여야 한다(법 제44조 제1항, 영 제49조 제1항, 규칙 제18조 제3항).

1. 시공자가 설계도서에 맞게 시공하는지 여부의 확인
2. 시공자가 사용하는 건축자재가 관계 법령에 따른 기준에 맞는 건축자재인지 여부의 확인
3. 주택건설공사에 대하여 「건설기술진흥법」 제55조에 따른 품질시험을 하였는지 여부의 확인
4. 시공자가 사용하는 마감자재 및 제품이 제54조 제3항에 따라 사업주체가 시장·군수·구청장에게 제출한 마감자재 목록표 및 영상물 등과 동일한지 여부의 확인

4의2. 주택건설공사의 하수급인(「건설산업기본법」 제2조 제14호에 따른 하수급인을 말한다)이 「건설산업기본법」 제16조에 따른 시공자격을 갖추었는지 여부의 확인

5. 그 밖에 주택건설공사의 시공감리에 관한 사항으로서 다음 각 목의 업무
   가. 설계도서가 해당 지형 등에 적합한지에 대한 확인
   나. 설계변경에 관한 적정성 확인
   다. 시공계획·예정공정표 및 시공도면 등의 검토·확인
   라. 지하 구조물 공사·옥탑층 골조 및 승강로 공사·세대 내부 바닥의 미장 공사·승강기 설치 공사·지하 관로 매설 공사가 예정공정표대로 완료되었는지 여부의 확인
   마. 예정공정표보다 공사가 지연된 경우 대책의 검토 및 이행 여부의 확인
   바. 방수·방음·단열시공의 적정성 확보, 재해의 예방, 시공상의 안전관리 및 그 밖에 건축공사의 질적 향상을 위하여 국토교통부장관이 정하여 고시하는 사항에 대한 검토·확인

감리자는 주택건설공사의 하수급인이 「건설산업기본법」 제16조에 따른 시공자격을 갖추었는지 여부를 확인하는 업무를 수행하려는 경우에는 수급인(「건설산업기본법」에 따른 수급인을 말한다)으로부터 하수급인(같은 법에 따른 하수급인을 말한다)의 시공자격(같은 법 제16조에 따른 시공자격을 말한다)에 관한 자료를 제출받아야 한다(영 제48조의2).

2. 업무수행 상황의 보고

감리자는 감리업무의 수행상황을 국토교통부령으로 정하는 바에 따라 사업계획승인권자(리모델링의 허가만 받은 경우는 허가권자를 말한다) 및 사업주체에게 보고하여야 한다(법 제44조 제2항).

3. 위반사항의 보고 및 이의신청

감리자는 감리업무를 수행하면서 위반사항을 발견하였을 때에는 지체 없이 시공자 및 사업주체에게 위반사항을 시정할 것을 통지하고, 7일 이내에 사업계획승인권자에게 그 내용을 보고하여야 한다(법 제44조 제3항).

시공자 및 사업주체는 시정통지를 받은 경우에는 즉시 해당 공사를 중지하고 위반사항을 시정한 후 감리자의 확인을 받아야 한다. 이 경우 감리자의 시정통지에 이의가 있을 때에는 즉시 그 공사를 중지하고 사업계획승인권자에게 서면으로 이의신청을 할 수 있다(법 제44조 제4항). 사업계획승인권자가 이의신청을 받은 경우에는 이의신청을 받은 날부터 10일 이내에 처리 결과를 회신하여야 한다. 이 경우 감리자에게도 그 결과를 통보하여야 한다(영 제50조).

4. 감리자의 업무 협조

감리자는 「전력기술관리법」 제14조의2, 「정보통신공사업법」 제8조, 「소방시설공사업법」 제17조에 따라 감리업무를 수행하는 자(다른 법률에 따른 감리자)와 서로 협력하여 감리업무를 수행하여야 한다(법 제45조 제1항).

다른 법률에 따른 감리자는 공정별 감리계획서·공정보고서·공사분야별로 필요한 부분에 대한 상세시공도면을 감리자에게 제출하여야 하며, 감리자는 제출된 자료를 근거로 다른 법률에 따른 감리자와 협의하여 전체 주택건설공사에 대한 감리계획서를 작성하여 감리업무를 착수하기 전에 사업계획승인권자에게 보고하여야 한다(법 제45조 제2항, 영 제51조).

감리자는 주택건설공사의 품질·안전 관리 및 원활한 공사 진행을 위하여 다른 법률에 따른 감리자에게 공정 보고 및 시정을 요구할 수 있으며, 다른 법률에 따른 감리자는 요청에 따라야 한다(법 제45조 제3항).

Ⅲ. 감리자에 대한 감독

1. 부실감리자에 대한 조치

사업계획승인권자는 지정·배치된 감리자 또는 감리원(다른 법률에 따른 감리자 또는 그에게 소속된 감리원을 포함한다)이 그 업무를 수행할 때 고의 또는 중대한 과실로 감리를 부실하게 하거나 관계 법령을 위반하여 감리를 함으로써 해당 사업주체 또는 입주자 등에게 피해를 입히는 등 주택건설공사가 부실하게 된 경우에는 그 감리자의 등록 또는 감리원의 면허나 그 밖의 자격인정 등을 한 행정기관의 장에게 등록말소·면허취소·자격정지·영업정지나 그 밖에 필요한 조치를 하도록 요청할 수 있다(법 제47조).

2. 감리자에 대한 실태점검

사업계획승인권자는 주택건설공사의 부실방지, 품질 및 안전 확보를 위하여 해당 주택건설공사의 감리자를 대상으로 다음 각 호의 사항에 대하여 실태점검을 실시할 수 있다(법 제48조 제1항, 영 제53조).

1. 감리원의 적정자격 보유 여부 및 상주이행 상태 등 감리원 구성 및 운영에 관한 사항
2. 시공 상태 확인 등 시공관리에 관한 사항
3. 각종 시험 및 자재품질 확인 등 품질관리에 관한 사항
4. 안전관리 등 현장관리에 관한 사항
5. 그 밖에 사업계획승인권자가 실태점검이 필요하다고 인정하는 사항

사업계획승인권자는 실태점검 결과 감리업무의 소홀이 확인된 경우에는 시정명령을 하거나 감리자 교체를 하여야 한다(법 제48조 제2항). 사업계획승인권자는 실태점검에 따른 감리자에 대한 시정명령 또는 교체지시 사실을 시정명령 또는 교체지시를 한 날부터 7일 이내에 국토교통부장관에게 보고하여야 하며, 국토교통부장관은 해당 내용을 종합관리하여 감리자 지정에 관한 기준에 반영할 수 있다(법 제48조 제3항, 규칙 제20조).

Ⅳ. 사전방문

1. 입주예정자의 사전점검

사업주체는 사용검사를 받기 전에 입주예정자가 해당 주택을 방문하여 공사 상태를 미리 점검(사전방문)할 수 있게 하여야 한다(법 제48조의2 제1항).

2. 하자에 대한 조치 요청

입주예정자는 사전방문 결과 하자[공사상 잘못으로 인하여 균열·침하(沈下)·파손·들뜸·누수 등이 발생하여 안전상·기능상 또는 미관상의 지장을 초래할 정도의 결함을 말한다]가 있다고 판단하는 경우 사업주체에게 보수공사 등 적절한 조치를 해줄 것을 요청할 수 있다(법 제48조의2 제2항).

하자에 대한 조치요청을 받은 사업주체는 중대한 하자인 경우에는 사용검사를 받기 전까지, 그 밖의 하자인 경우에는 전유부분은 입주예정자에게 인도하기 전까지 그리고 공용부분은 사용검사를 받기 전까지 보수공사 등의 조치를 완료하기 위한 계획(조치계획)을 국토교통부령으로 정하는 바에 따라 수립하고, 해당 계획에 따라 보수공사 등의 조치를 완료하여야 한다. 다만, 사용검사를 받기 전까지 중대한 하자에 대한 보수공사 등의 조치를 완료하기 어렵다고 사용검사권자로부터 인정받은 사유가 있는 경우에는 입주예정자와 협의(공용부분의 경우에는 입주예정자 3분의 2 이상의 동의를 받아야 한다)하여 정하는 날로 하되, 사용검사를 받은 날부터 90일 이내에 조치를 완료하도록 노력하여야 하고, 그 밖의 하자인 경우에는 입주예정자에게 인도하기 전까지 전유부분, 사용검사를 받기 전까지 공용부분 하자에 대한 보수공사 등의 조치를 완료하기 어렵다고 사용검사권자로부터 인정받은 사유가 있거나 입주예정자와 협의(공용부분의 경우에는 입주예정자 3분의 2 이상의 동의를 받아야 한다)한 경우에는 입주예정자와 협의하여 정하는 날로 하되, 전유부분은 입주예정자에게 인도한 날부터, 공용부분은 사용검사를 받은 날부터 각각 180일 이내에 조치를 완료하도록 노력하여야 한다(영 제53조의2 제2항).

조치계획을 수립한 사업주체는 사전방문 기간의 종료일부터 7일 이내에 사용검사권자에게 해당 조치계획을 제출하고, 입주예정자에게 그 조치계획을 문서(전자문서를 포함한다)로 알려야 한다(영 제53조의2 제3항).

3. 하자의 범위

하자의 범위는 「공동주택관리법 시행령」 제37조 각 호의 구분에 따른다(영 제53조의2 제1항).

1. 내력구조부별 하자: 다음 각 목의 어느 하나에 해당하는 경우
   가. 공동주택 구조체의 일부 또는 전부가 붕괴된 경우
   나. 공동주택의 구조안전상 위험을 초래하거나 그 위험을 초래할 우려가 있는 정도의 균열·침하(沈下) 등의 결함이 발생한 경우
2. 시설공사별 하자: 공사상의 잘못으로 인한 균열·처짐·비틀림·들뜸·침하·파손·붕괴·누수·누출·탈락, 작동 또는 기능불량, 부착·접지 또는 전선 연결 불량, 고사(枯死) 및 입상(서 있는 상태) 불량 등이 발생하여 건축물 또는 시설물의 안전상·기능상 또는 미관상의 지장을 초래할 정도의 결함이 발생한 경우

4. 사업주체의 조치

하자(사용검사권자가 하자가 아니라고 확인한 사항은 제외한다)에 대한 조치요청을 받은 사업주체는 보수공사 등 적절한 조치를 하여야 한다. 이 경우 입주예정자가 조치를 요청한 하자 중 내력구조부 하자 또는 시설공사별 하자로서 사용검사권자가 중대한 하자라고 인정하는 하자는 특별한 사유가 없으면 사용검사를 받기 전까지 조치를 완료하여야 한다(법 제48조의2 제3항, 영 제53조의2 제4항). 여기서 특별한 사유란 ① 공사여건상 자재, 장비 또는 인력 등의 수급이 곤란한 경우, ② 공정 및 공사의 특성상 사용검사를 받기 전까지 보수공사 등을 하기 곤란한 경우, 또는 ③ 그 밖에 천재지변이나 부득이한 사유가 있는 경우에 해당하여 사용검사를 받기 전까지 중대한 하자에 대한 보수공사 등의 조치를 완료하기 어렵다고 사용검사권자로부터 인정받은 사유를 말한다(영 제53조의2 제5항).

5. 하자 여부의 확인

1) 하자 여부의 확인요청

입주예정자가 요청한 사항이 하자가 아니라고 판단하는 사업주체는 사용검사권자인 시장·군수·구청장에게 하자 여부를 확인해 줄 것을 요청할 수 있다(법 제48조의2 제4항).

사업주체는 하자 여부 확인을 요청하려면 사용검사권자에게 조치계획을 제출할 때 입주예정자가 보수공사 등의 조치를 요청한 내용, 입주예정자가 보수공사 등의 조치를 요청한 부분에 대한 설계도서 및 현장사진, 하자가 아니라고 판단하는 이유, 감리자의 의견 등의 자료를 첨부하여야 한다(영 제53조의3 제1항).

이 경우 사용검사권자는 하자 여부를 판단하기 위하여 필요한 경우에는 공동주택 품질점검단의 자문을 받아 하자 여부를 확인할 수 있고(영 제53조의3 제2항), 하자 여부의 확인 요청을 받은 날부터 7일 이내에 하자 여부를 확인하여 해당 사업주체에게 통보하여야 한다(영 제53조의3 제3항).

2) 하자 여부의 확인결과 고지

사업주체는 입주예정자에게 전유부분을 인도하는 날에 ① 조치를 완료한 사항, ② 조치를 완료하지 못한 경우에는 그 사유와 조치계획, ③ 사용검사권자에게 확인을 요청하여 하자가 아니라고 확인받은 사항을 서면(「전자문서법」 제2조 제1호의 전자문서를 포함한다)으로 알려야 한다(영 제53조의3 제4항).

또한, 사업주체는 조치계획에 따라 조치를 모두 완료한 때에는 사용검사권자에게 그 결과를 제출하여야 한다(영 제53조의3 제5항).

6. 사전방문의 절차

사업주체는 사전방문을 주택공급계약에 따라 정한 입주지정기간 시작일 45일 전까지 2일 이상 실시하여야 하고(규칙 제20조의2 제1항), 사전방문을 실시하려는 경우에는 사전방문기간 및 방법 등 사전방문에 필요한 사항을 포함한 사전방문계획을 수립하여 사용검사권자에게 제출하고, 입주예정자에게 그 내용을 서면(전자문서를 포함한다)으로 알려야 한다. 이 경우 사전방문계획의 제출 및 통보는 사전방문기간 시작일 1개월 전까지 하여야 한다(규칙 제20조의2 제2항).

사업주체는 전유부분 및 공용부분(계단, 복도, 승강기 및 현관만 해당한다)이 설계도서에 맞게 시공되었음을 감리자로부터 확인받은 후에 사전방문을 실시하여야 한다.(규칙 제20조의2 제3항).

사업주체는 사용검사권자에게 사전방문계획을 제출한 후에 공사 여건상 자재, 장비 또는 인력 등의 수급이 곤란한 경우 또는 그 밖에 천재지변이나 부득이한 사유가 있는 경우가 발생한 경우에는 사전방문기간 시작일을 15일의 범위에서 연기할 수 있다(규칙 제20조의2 제4항). 사전방문기간 시작일을 연기하려는 경우에는 사업주체는 사전방문기간 시작일 10일 전까지 다음 각 호의 자료를 사용검사권자에게 제출하고 확인을 받아야 한다. 이 경우 확인을 받은 사업주체는 즉시 그 내용을 입주예정자에게 서면(전자문서를 포함한다)으로 알려야 한다(규칙 제20조의2 제5항).

1. 연기된 사전방문기간 시작일이 포함된 사전방문계획
2. 연기 사유를 객관적으로 증명할 수 있는 자료

Ⅴ. 사용검사

1. 사용검사권자의 사용검사의 법적 성격

사업주체는 제15조에 따른 사업계획승인을 받아 시행하는 주택건설사업 또는 대지조성사업을 완료한 경우에는 주택 또는 대지에 대하여 국토교통부령으로 정하는 바에 따라 시장 · 군수 · 구청장(국가 또는 한국토지주택공사가 사업주체인 경우와 330만㎡ 이상의 규모로 「택지개발촉진법」에 따른 택지개발사업 또는 「도시개발법」에 따른 도시개발사업을 추진하는 지역 중 국토교통부장관이 지정 · 고시하는 지역에서 주택건설사업을 시행하는 경우 등에 해당하여 국토교통부장관으로부터 사업계획의 승인을 받은 경우에는 국토교통부장관을 말한다)의 사용검사를 받아야 한다. 다만, 공구별 분할 사업계획을 승인받은 경우에는 완공된 주택에 대하여 공구별로 사용검사(분할 사용검사)를 받을 수 있고, ① 사업계획승인의 조건으로 부과된 사항의 미이행, ② 하나의 주택단지의 입주자를 분할 모집하여 전체 단지의 사용검사를 마치기 전에 입주가 필요한 경우, 또는 ③ 그 밖에 사업계획승인권자가 동별로 사용검사를 받을 필요가 있다고 인정하는 경우에는 공사가 완료된 주택에 대하여 동별로 사용검사(동별 사용검사)를 받을 수 있다(법 제49조 제1항, 영 제54조 제1항 및 제2항).

이러한 건물의 사용검사처분은 건축허가를 받아 건축된 건물이 건축허가 사항대로 건축행정 목적에 적합한지 여부를 확인하고 사용검사필증을 교부하여 줌으로써 허가받은 사람으로 하여금 건축한 건물을 사용 · 수익할 수 있게 하는 법률효과를 발생시키는 것이다. 이러한 사용검사처분은 건축물을 사용 · 수익할 수 있게 하는 데 그치므로 건축물에 대하여 사용검사처분이 이루어졌다고 하더라도 그 사정만으로는 건축물에 있는 하자나 건축법 등 관계 법령에 위배되는 사실이 정당화되지는 아니하며, 또한 건축물에 대한 사용검사처분의 무효확인을 받거나 처분이 취소된다고 하더라도 사용검사 전의 상태로 돌아가 건축물을 사용할 수 없게 되는 것에 그칠 뿐 곧바로 건축물의 하자 상태 등이 제거되거나 보완되는 것도 아니다.[60)]

그러므로 주택법의 사용검사처분은 건축법의 사용승인처분과 마찬가지로 건축행정 목적에 대한 적합 여부를 확인하여 건축물을 사용 · 수익하게 한다는 점에서 준법률행위적 행정행위의 일종인 확인행위의 성질을 가진다고 보아야 할 것이다.

2. 사용검사의 확인사항

사용검사권자는 사용검사를 할 때 주택 또는 대지가 사업계획의 내용에 적합한지 여부 및 사용검사를 받기 전까지 조치하여야 하는 하자를 조치 완료하였는지 여부를 확인하여야 하고(영 제54조 제3항), 사용검사는 신청일부터 15일 이내에 하여야 한다(영 제54조 제4항).

3. 사용검사의 인허가의제

사업주체가 사용검사를 받았을 때에는 의제되는 인 · 허가등에 따른 해당 사업의 사용승인 · 준공검사 또는 준공인가 등을 받은 것으로 본다. 이 경우 사용검사권자는 미리 관계 행정기관의 장과 협의하여야 한다(법 제49조 제2항). 협의 요청을 받은 관계 행정기관의 장은 정당한 사유가 없으면 그 요청을 받은 날부터 10일 이내에 의견을 제시하여야 한다(영 제54조 제5항).

4. 시공보증자 · 입주예정자 등에 대한 사용검사

1) 입주예정자의 사용검사처분취소의 법률상 이익

사용검사는 사업주체가 사용검사권자로부터 받아야 하는 것이 원칙이다. 그러나 일정한 경우에는 사업주체가 아닌 해당 주택의 시공보증자, 주택의 시공자 또는 입주예정자가 사용검사를 받을 수 있다.

이와 관련하여 입주예정자 등이 사업주체를 대신하여 사용검사권자로부터 사용검

60) 대법원 2015. 1. 29. 선고 2013두24976 판결.

사를 받을 수 있지만 사용검사처분의 무효확인이나 취소를 구할 법률상 이익이 있는지에 대하여 대법원은 입주자나 입주예정자들은 사용검사처분의 무효확인을 받거나 처분을 취소하지 않고도 민사소송 등을 통하여 분양계약에 따른 법률관계 및 하자 등을 주장·증명함으로써 사업주체 등으로부터 하자의 제거·보완 등에 관한 권리구제를 받을 수 있으므로 사용검사처분의 무효확인 또는 취소 여부에 의하여 법률적인 지위가 달라진다고 할 수 없으며, 일부 입주자나 입주예정자가 사업주체와의 개별적 분쟁 등을 이유로 사용검사처분의 무효확인 또는 취소를 구하게 되면, 처분을 신뢰한 다수의 이익에 반하게 되는 상황이 발생할 수 있다는 점에서 주택법상 입주자나 입주예정자는 사용검사처분의 무효확인 또는 취소를 구할 법률상 이익이 없다고 보고 있다.[61]

2) 사업주체의 파산

사업주체가 파산 등으로 사용검사를 받을 수 없는 경우에는 해당 주택의 시공을 보증한 자 또는 입주예정자가 사용검사를 받을 수 있다(법 제49조 제3항 제1호).

즉, 사업주체가 파산 등으로 주택건설사업을 계속할 수 없는 경우에는 해당 주택의 시공보증자가 잔여공사를 시공하고 사용검사를 받아야 한다. 다만, 시공보증자가 없거나 파산 등으로 시공을 할 수 없는 경우에는 입주예정자의 대표회의가 시공자를 정하여 잔여공사를 시공하고 사용검사를 받아야 한다(영 제55조 제1항). 이렇게 사용검사를 받은 경우에는 사용검사를 받은 자의 구분에 따라 시공보증자 또는 세대별 입주자의 명의로 건축물관리대장 등재 및 소유권보존등기를 할 수 있다(영 제55조 제2항).

3) 사업주체의 사용검사절차의 불이행

사업주체가 정당한 이유 없이 사용검사를 위한 절차를 이행하지 아니하는 경우에는 해당 주택의 시공보증자, 해당 주택의 시공자 또는 입주예정자가 사용검사를 받을 수 있다. 이 경우 사용검사권자는 사업주체가 사용검사를 받지 아니하는 정당한 이유를 밝히지 못하면 사용검사를 거부하거나 지연할 수 없다(법 제49조 제3항 제2호).

시공보증자, 해당 주택의 시공자 또는 입주예정자가 사용검사를 신청하는 경우 사용검사권자는 사업주체에게 사용검사를 받지 아니하는 정당한 이유를 제출할 것을 요청하여야 한다. 이 경우 사업주체는 요청받은 날부터 7일 이내에 의견을 통지하여야 한다(영 제55조 제4항).

---

61) 대법원 2015. 1. 29. 선고 2013두24976 판결.

5. 임시 사용승인[62]

사업주체 또는 입주예정자는 사용검사를 받은 후가 아니면 주택 또는 대지를 사용하게 하거나 이를 사용할 수 없다. 다만, 주택건설사업의 경우 건축물의 동별로 공사가 완료된 경우로서 또는 대지조성사업의 경우 구획별로 공사가 완료된 경우로서 사용검사권자의 임시 사용승인을 받은 경우에는 그러하지 아니하다(법 제49조 제4항, 영 제56조 제1항).

임시 사용승인을 받으려는 자는 국토교통부령으로 정하는 바에 따라 사용검사권자에게 임시 사용승인을 신청하여야 하고(영 제56조 제2항), 사용검사권자는 임시 사용승인 신청을 받은 때에는 임시 사용승인대상인 주택 또는 대지가 사업계획의 내용에 적합하고 사용에 지장이 없는 경우에만 임시사용을 승인할 수 있다. 이 경우 임시 사용승인의 대상이 공동주택인 경우에는 세대별로 임시 사용승인을 할 수 있다(영 제56조 제3항).

제6항 공업화주택

Ⅰ. 의의

공업화주택이란 주택의 주요 구조부의 전부 또는 일부 등을 국토교통부령으로 정하는 성능기준에 따라 맞춤식 등 공업화공법으로 건설하는 주택을 말한다.

1990년대 주택 부족 문제해결을 위하여 정부가 주택 200만호 건설계획을 추진하면서 공장 제작 방식의 공업화주택 품질에 대한 불만을 해소하고, 공업화주택 활성화 및 주택공급 확대를 위하여 도입되었다.

공업화주택은 탄소 및 건설폐기물의 배출을 현저하게 감축할 수 있으며, 공사기간을 단축시켜 단기간 공급이 필요하거나 역세권이나 교통이 복잡해 현장 공사가 어려운 지역 등에 효과적이다. 반면에 공업화주택은 집이 아닌 '컨테이너 주택'이라는 인식이 지배적인 것이 현실이라 이에 대한 인식 개선이 단점으로 지적된다.

공업화주택의 주요 공법으로는 PC(Precast Concrete) 공법, 모듈러(Modular) 공법, 인

62) 주택법은 건축법과 달리 사용검사라는 용어를 사용하고 있는데, 여기서는 임시 사용승인이라는 용어를 사용하여 건축법과 동일한 태도를 보이고 있다. 적어도 입법기술적인 관점에서 건축법과 동일한 용어를 사용하든지 아니면 주택법의 고유한 용어로 임시 사용검사를 채택하여 사용하는 것이 보다 적절해 보인다.

필(Infill) 공법 등이 있다. PC 공법이란 공장에서 콘크리트로 벽체, 기둥 등 각종 부재를 제작하고 현장 조립을 통하여 주택을 건설하는 공법을 말하고, 모듈러 공법은 공장에서 단위유닛 형태의 모듈을 제작한 후 현장에서 조립하여 건축물을 완성하는 공법이며, 인필 공법은 주택용 내부벽체와 싱크대, 화장실 등을 공장에서 조립한 후 현장에서 완공된 골조에 삽입하여 완성하는 공법을 의미한다.

II. 공업화주택의 인정

국토교통부장관은 다음 각 호의 어느 하나에 해당하는 부분을 국토교통부령으로 정하는 성능기준 및 생산기준에 따라 맞춤식 등 공업화공법으로 건설하는 주택을 공업화주택(공업화주택)으로 인정할 수 있다(법 제51조 제1항).

1. 주요 구조부의 전부 또는 일부
2. 세대별 주거 공간의 전부 또는 일부[거실(「건축법」 제2조 제6호에 따른다) · 화장실 · 욕조 등 일부로서의 기능이 가능한 단위 공간을 말한다]

국토교통부장관, 시 · 도지사 또는 시장 · 군수는 다음 각 호의 구분에 따라 주택을 건설하려는 자에 대하여 「건설산업기본법」 제9조 제1항에도 불구하고 대통령령으로 정하는 바에 따라 해당 주택을 건설하게 할 수 있다(법 제51조 제1항).

1. 국토교통부장관: 「건설기술진흥법」 제14조에 따라 국토교통부장관이 고시한 새로운 건설기술을 적용하여 건설하는 공업화주택
2. 시 · 도지사 또는 시장 · 군수: 공업화주택

공업화주택의 인정 등에 관한 사항은 「주택건설기준 등에 관한 규정」으로 정한다(영 제57조).

III. 공업화주택의 인정취소

국토교통부장관은 공업화주택을 인정받은 자가 다음 각 호의 어느 하나에 해당하는 경우에는 공업화주택의 인정을 취소할 수 있다. 다만, 제1호에 해당하는 경우에는 그 인정을 취소하여야 한다(법 제52조).

1. 거짓이나 그 밖의 부정한 방법으로 인정을 받은 경우
2. 인정을 받은 기준보다 낮은 성능으로 공업화주택을 건설한 경우

Ⅳ. 공업화주택의 건설 촉진

국토교통부장관, 시 · 도지사 또는 시장 · 군수는 사업주체가 건설할 주택을 공업화주택으로 건설하도록 사업주체에게 권고할 수 있다(법 제53조 제1항).

공업화주택의 건설 및 품질 향상과 관련하여 국토교통부령으로 정하는 기술능력을 갖추고 있는 자가 공업화주택을 건설하는 경우에는 제33조(주택의 설계 및 시공) · 제43조(주택의 감리자 지정 등) · 제44조(감리자의 업무 등) 및 「건축사법」 제4조를 적용하지 아니한다(법 제53조 제2항).

제4절 | 주택의 공급

제1항 주택의 공급업무

Ⅰ. 견본주택의 건축

사업주체가 주택의 판매촉진을 위하여 견본주택을 건설하려는 경우 견본주택의 내부에 사용하는 마감자재 및 가구는 사업계획승인의 내용과 같은 것으로 시공·설치하여야 한다(법 제60조 제1항).

사업주체는 견본주택의 내부에 사용하는 마감자재를 사업계획승인 또는 마감자재 목록표와 다른 마감자재로 설치하는 경우로서 분양가격에 포함되지 아니하는 품목을 견본주택에 전시하는 경우나 마감자재 생산업체의 부도 등으로 인한 제품의 품귀 등 부득이한 경우에는 일반인이 그 해당 사항을 알 수 있도록 국토교통부령[63]으로 정하는 바에 따라 그 공급가격을 표시하여야 한다(법 제60조 제2항).

견본주택에는 마감자재 목록표와 사업계획승인을 받은 서류 중 평면도와 시방서(示方書)를 갖춰 두어야 하며, 견본주택의 배치·구조 및 유지관리 등은 국토교통부령으로 정하는 기준에 맞아야 한다(법 제60조 제3항).

Ⅱ. 주택의 건설·공급

1. 사업주체의 주택공급

사업주체(「건축법」 제11조에 따른 건축허가를 받아 주택 외의 시설과 주택을 동일 건축물로 하여 제15조 제1항에 따른 호수 이상으로 건설·공급하는 건축주와 사용검사를 받은 주택을 사업주체로부터 일괄하여 양수받은 자를 포함한다)는 다음 각 호에서 정하는 바에 따라 주택을 건설·공급하여야 한다. 이 경우 국가유공자, 보훈보상대상자, 장애인, 철거주택의 소유자, 그 밖에 국토교통부령[64]으로 정하는 대상자에게는 국토교통부령으로 정하는 바에

63) 주택법 제60조에 따른 견본주택의 건축기준에 관한 자세한 사항은 국토교통부령인 주택공급에 관한 규칙에서 규정하고 있다(규칙 제23조 제1항 제3호).

64) 주택법 제54조에 따른 주택의 공급에 관한 자세한 사항은 국토교통부령인 주택공급에 관한 규칙에서 규정하고 있다(규칙 제23조 제1항 제1호).

따라 입주자 모집조건 등을 달리 정하여 별도로 공급할 수 있다(법 제54조 제1항).

1. 사업주체(공공주택사업자는 제외한다)가 입주자를 모집하려는 경우: 국토교통부령으로 정하는 바에 따라 시장 · 군수 · 구청장의 승인(복리시설의 경우에는 신고를 말한다)을 받을 것. 이 경우 시장 · 군수 · 구청장은 입주자모집 승인을 할 때에는 분양가심사위원회의 심사결과에 따라 승인여부를 결정하여야 한다(법 제59조 제2항).
2. 사업주체가 건설하는 주택을 공급하려는 경우
   가. 국토교통부령으로 정하는 입주자모집의 시기(사업주체 또는 시공자가 영업정지를 받거나 「건설기술진흥법」 제53조에 따른 벌점이 국토교통부령으로 정하는 기준에 해당하는 경우 등에 달리 정한 입주자모집의 시기를 포함한다) · 조건 · 방법 · 절차, 입주금(입주예정자가 사업주체에게 납입하는 주택가격을 말한다)의 납부 방법 · 시기 · 절차, 주택공급계약의 방법 · 절차 등에 적합할 것
   나. 국토교통부령으로 정하는 바에 따라 벽지 · 바닥재 · 주방용구 · 조명기구 등을 제외한 부분의 가격을 따로 제시하고, 이를 입주자가 선택할 수 있도록 할 것

주택을 공급받으려는 자는 국토교통부령으로 정하는 입주자자격, 재당첨 제한 및 공급 순위 등에 맞게 주택을 공급받아야 한다. 이 경우 투기과열지구 및 조정대상지역에서 건설 · 공급되는 주택을 공급받으려는 자의 입주자자격, 재당첨 제한 및 공급순위 등은 주택의 수급상황 및 투기우려 등을 고려하여 국토교통부령으로 지역별로 달리 정할 수 있다(법 제54조 제2항).

2. 마감자재 목록표 등의 제출과 보관

사업주체가 입주자를 모집하기 위하여 시장 · 군수 · 구청장의 승인을 받으려는 경우(사업주체가 국가 · 지방자치단체 · 한국토지주택공사 및 지방공사인 경우에는 견본주택을 건설하는 경우를 말한다)에는 건설하는 견본주택에 사용되는 마감자재의 규격 · 성능 및 재질을 적은 목록표(마감자재 목록표)와 견본주택의 각 실의 내부를 촬영한 영상물 등을 제작하여 승인권자에게 제출하여야 한다(법 제54조 제3항).

시장 · 군수 · 구청장은 사업주체로부터 받은 마감자재 목록표와 영상물 등을 사용검사가 있은 날부터 2년 이상 보관하여야 하며, 입주자가 열람을 요구하는 경우에는 이를 공개하여야 한다(법 제54조 제5항).

3. 입주예정자에 대한 정보제공

사업주체는 주택공급계약을 체결할 때 입주예정자에게 견본주택에 사용된 마감자재 목록표와 공동주택 발코니의 세대 간 경계벽에 피난구를 설치하거나 경계벽을 경량구조로 건설한 경우 그에 관한 정보를 제공하여야 한다. 다만, 입주자 모집공고에 이를 표시(인터넷에 게재하는 경우를 포함한다)한 경우에는 그러하지 아니하다(법 제54조 제4항).

4. 마감자재 목록표와 다른 마감자재의 시공

사업주체가 마감자재 생산업체의 부도 등으로 인한 제품의 품귀 등 부득이한 사유로 인하여 사업계획승인 또는 마감자재 목록표의 마감자재와 다르게 마감자재를 시공·설치하려는 경우에는 당초의 마감자재와 같은 질 이상으로 설치하여야 하고(법 제54조 제5항), 마감자재 목록표의 자재와 다른 마감자재를 시공·설치하려는 경우에는 그 사실을 입주예정자에게 알려야 한다(법 제54조 제6항).

5. 공급주택에 대한 표시·광고의 사본 제출

사업주체는 공급하려는 주택에 대하여 「국토계획법」에 따른 기반시설의 설치·정비 또는 개량에 관한 사항이 포함된 표시 및 광고(「표시광고법」 제2조에 따른 표시 또는 광고를 말한다)를 한 경우 해당 표시 또는 광고의 사본을 주택공급계약 체결기간의 시작일부터 30일 이내에 시장·군수·구청장에게 제출하여야 한다. 이 경우 시장·군수·구청장은 제출받은 표시 또는 광고의 사본을 사용검사가 있은 날부터 2년 이상 보관하여야 하며, 입주자가 열람을 요구하는 경우 이를 공개하여야 한다(법 제54조 제8항, 영 제58조).

Ⅲ. 주택 공급업무의 대행

사업주체는 주택을 효율적으로 공급하기 위하여 필요하다고 인정하는 경우 주택의 공급업무의 일부를 제3자로 하여금 대행하게 할 수 있다(법 제54조의2 제1항).

그러나 사업주체가 입주자자격, 공급순위 등을 증명하는 서류의 확인 등 국토교통부령으로 정하는 업무를 대행하게 하는 경우 국토교통부령으로 정하는 바에 따라 다음 각 호의 분양대행자에게 대행하게 하여야 한다.(법 제54조의2 제2항, 영 제58조의2).

1. 등록사업자
2. 「건설산업기본법」 제9조에 따른 건설업자로서 「건설산업기본법 시행령」 별표 1에 따른 건축공사업 또는 토목건축공사업의 등록을 한 자
3. 「도시정비법」 제102조에 따른 정비사업전문관리업자
4. 「부동산개발업법」 제4조에 따른 등록사업자
5. 다른 법률에 따라 등록하거나 인가 또는 허가를 받은 자로서 국토교통부령으로 정하는 자

Ⅳ. 자료제공의 요청

1. 주민등록 전산정보 등의 요청

국토교통부장관은 주택을 공급받으려는 자의 입주자자격, 주택의 소유 여부, 재당첨 제한 여부, 공급순위 등을 확인하거나 주택을 공급받으려는 자로부터 요청받은 정보를 제공하기 위하여 필요하다고 인정하는 경우에는 주민등록 전산정보(주민등록번호 · 외국인 등록번호 등 고유식별번호를 포함한다), 가족관계 등록사항, 국세, 지방세, 금융, 토지, 건물(건물등기부 · 건축물대장을 포함한다), 자동차, 건강보험, 국민연금, 고용보험 및 산업재해 보상보험 등의 자료 또는 정보의 제공을 관계 기관의 장에게 요청할 수 있다. 이 경우 관계 기관의 장은 특별한 사유가 없으면 이에 따라야 한다(법 제55조 제1항).

2. 금융·신용·보험정보의 제공요청

국토교통부장관은 「금융실명법」 제4조 제1항과 「신용정보법」 제32조 제2항에도 불구하고 주택을 공급받으려는 자의 입주자자격, 공급순위 등을 확인하기 위하여 본인, 배우자, 본인 또는 배우자와 세대를 같이하는 세대원이 제출한 동의서면을 전자적 형태로 바꾼 문서에 의하여 금융기관 등(「금융실명법」 제2조 제1호에 따른 금융회사등 및 「신용정보법」 제25조에 따른 신용정보집중기관을 말한다)의 장에게 다음 각 호의 자료 또는 정보의 제공을 요청할 수 있다(법 제55조 제2항).

1. 「금융실명법」 제2조 제2호 · 제3호에 따른 금융자산 및 금융거래의 내용에 대한 자료 또는 정보 중 예금의 평균잔액과 그 밖에 국토교통부장관이 정하는 자료 또는 정보(금융정보)

2. 「신용정보법」 제2조 제1호에 따른 신용정보 중 채무액과 그 밖에 국토교통부장관이 정하는 자료 또는 정보(신용정보)
3. 「보험업법」 제4조 제1항 각 호에 따른 보험에 가입하여 납부한 보험료와 그 밖에 국토교통부장관이 정하는 자료 또는 정보(보험정보)

국토교통부장관이 제2항에 따라 금융정보·신용정보 또는 보험정보(금융정보등)의 제공을 요청하는 경우 해당 금융정보등 명의인의 정보제공에 대한 동의서면을 함께 제출하여야 한다. 이 경우 동의서면은 전자적 형태로 바꾸어 제출할 수 있으며, 금융정보등을 제공한 금융기관 등의 장은 「금융실명법」 제4조의2 제1항과 「신용정보법」 제35조에도 불구하고 금융정보등의 제공사실을 명의인에게 통보하지 아니할 수 있다(법 제55조 제3항).

국토교통부장관 및 사업주체(국가, 지방자치단체, 한국토지주택공사 및 지방공사로 한정한다)는 주민등록 전산정보 등 관련 자료를 확인하기 위하여 「사회복지사업법」 제6조의2 제2항에 따른 정보시스템을 연계하여 사용할 수 있다(법 제55조 제4항).

3. 업무상 취득정보의 누설금지

국토교통부 소속 공무원 또는 소속 공무원이었던 사람과 사업주체의 소속 임직원은 정보제공 등의 업무수행에 따라 얻은 정보와 자료를 주택법에서 정한 목적 외의 다른 용도로 사용하거나 다른 사람 또는 기관에 제공하거나 누설하여서는 아니 된다(법 제55조 제5항).

제2항 입주자저축

Ⅰ. 입주자저축계좌의 개설

1) 입주자저축으로서의 주택청약종합저축

국토교통부장관은 주택을 공급받으려는 자에게 미리 입주금의 전부 또는 일부를 저축(입주자저축)하게 할 수 있는데(법 제56조 제1항), 이러한 입주자저축[65]은 국민주택과

65) 주택법 제56조에 따른 입주자저축에 관한 자세한 사항은 국토교통부령인 주택공급에 관한 규칙에서

민영주택을 공급받기 위하여 가입하는 주택청약종합저축을 말한다(법 제56조 제2항).

입주자저축은 1인 1계좌 개설의 원칙에 따라 한 사람이 한 계좌만 가입할 수 있으며(법 제56조 제4항), 입주자저축계좌를 취급하는 기관(입주자저축취급기관)은 「은행법」에 따른 은행 중 국토교통부장관이 지정한다(법 제56조 제3항).

이에 따라 국토교통부장관은 입주자자격, 공급순위 등의 확인과 입주자저축의 관리 등 주택공급과 관련하여 국토교통부령으로 정하는 업무를 효율적으로 수행하기 위하여 주택청약업무수행기관을 지정·고시할 수 있다(법 제56조의2).

2) 주택청약종합저축의 해지

금융기관은 주택청약저축이 해지되기 전에는 가입자에게 원금과 이자를 지급할 의무를 부담하지 않고, 이는 청약저축 가입자가 사망한 경우에도 마찬가지라고 보아야 한다. 따라서 여러 명의 상속인이 있는 경우에 그 상속인들이 청약저축 예금계약을 해지하려면 금융기관과 사이에 다른 내용의 특약이 있다는 등의 특별한 사정이 없는 한 민법 제547조 제1항에 따라 상속인들 전원이 해지의 의사표시를 하여야 한다.[66]

Ⅱ. 입주자저축정보

1. 입주자저축정보의 제공요청

국토교통부장관은 다음 각 호의 업무를 수행하기 위하여 필요한 경우 「금융실명법」 제4조 제1항에도 불구하고 입주자저축취급기관의 장에게 입주자저축에 관한 자료 및 정보(입주자저축정보)를 제공하도록 요청할 수 있다(법 제56조 제5항).

1. 주택을 공급받으려는 자의 입주자자격, 재당첨 제한 여부 및 공급순위 등 확인 및 정보제공 업무
2. 입주자저축 가입을 희망하는 자의 기존 입주자저축 가입여부 확인업무
3. 「조세특례제한법」 제89조의2에 따라 세금우대저축 취급기관과 세금우대저축자료 집중기관 상호 간 입주자저축과 관련된 세금우대저축자료를 제공하도록 중계하는 업무
4. 제1호부터 제3호까지의 규정에 따라 이미 보유하고 있는 정보의 정확성, 최신성

규정하고 있다(규칙 제23조 제1항 제3호).

66) 대법원 2022. 7. 14. 선고 2021다294674 판결.

을 유지하기 위한 정보요청 업무

국토교통부장관으로부터 입주자저축정보의 제공요청을 받은 입주자저축취급기관의 장은 「금융실명법」 제4조에도 불구하고 입주자저축정보를 제공하여야 한다(법 제56조 제6항).

입주자저축정보를 제공한 입주자저축취급기관의 장은 「금융실명법」 제4조의2 제1항에도 불구하고 입주자저축정보의 제공사실을 명의인에게 통보하지 아니할 수 있다. 다만, 입주자저축정보를 제공하는 입주자저축취급기관의 장은 입주자저축정보의 명의인이 요구할 때에는 입주자저축정보의 제공사실을 통보하여야 한다(법 제56조 제7항).

입주자저축정보의 제공요청 및 제공은 「정보통신망법」 제2조 제1항 제1호의 정보통신망을 이용하여야 한다. 다만, 정보통신망의 손상 등 불가피한 사유가 있는 경우에는 그러하지 아니하다(법 제56조 제8항).

2. 업무상 취득정보의 누설금지

입주자저축에 따른 업무에 종사하거나 종사하였던 자는 업무를 수행하면서 취득한 입주자저축정보를 다른 법률에 특별한 규정이 없으면 ① 주택을 공급받으려는 자의 입주자자격, 재당첨 제한 여부 및 공급순위 등 확인 및 정보제공 업무와 ② 입주자저축 가입을 희망하는 자의 기존 입주자저축 가입여부 확인업무 등을 수행하기 위한 목적 외의 다른 용도로 사용하거나 다른 사람 또는 기관에 제공하거나 누설해서는 아니 된다(법 제56조 제10항).

3. 입주자저축정보 사용 등의 근거제시

국토교통부장관(입주자저축정보의 제공요청 업무를 위탁받은 주택청약업무수행기관을 포함한다)은 입주자저축정보를 다른 법률에 따라 ① 주택을 공급받으려는 자의 입주자자격, 재당첨 제한 여부 및 공급순위 등 확인 및 정보제공 업무와 ② 입주자저축 가입을 희망하는 자의 기존 입주자저축 가입여부 확인업무 등을 수행하기 위한 목적 외의 용도로 사용하거나 다른 사람 또는 기관에 제공하는 경우에는 「개인정보보호법」 제18조 제4항에 따라 그 사용 또는 제공의 법적 근거, 목적 및 범위 등을 관보 또는 인터넷 홈페이지 등에 게재하여야 한다(법 제56조 제11항).

Ⅲ. 입주자자격의 정보제공

국토교통부장관은 주택을 공급받으려는 자가 요청하는 경우 주택공급 신청 전에 입주자자격, 주택의 소유 여부, 재당첨 제한 여부, 공급순위 등에 관한 정보를 제공할 수 있다(법 제56조의3 제1항).

이러한 정보를 제공하기 위하여 필요한 경우 국토교통부장관은 정보제공을 요청하는 자 및 배우자, 정보 제공을 요청하는 자 또는 배우자와 세대를 같이하는 세대원에게 개인정보의 수집·제공 동의를 받아야 한다(법 제56조의3 제2항).

제3항 주택의 분양가격 제한과 분양가상한제

Ⅰ. 주택의 분양가격 제한

1. 분양가상한제의 의의

1) 분양가상한제의 도입

2000년대 초반부터 우리나라의 부동산시장은 급속하게 과열되어 부동산투기의 광풍이 사회적 병리현상으로 자리잡게 되었다. 이에 노무현 정부는 2007년에 분양가상한제를 도입하기에 이른다.

분양가상한제는 택지비와 건축비에 시공자의 적정이윤을 합한 분양가격을 산정하여 그 가격 이하로 분양가격을 책정하도록 한 제도이다. 이러한 분양가상한제의 이면에는 민간 건설업체가 부동산가격 상승의 주범이라는 생각이 자리잡고 있다고 볼 수 있다.

2) 분양가상한액의 구성

정부가 계산하는 분양가상한액은 [표 11]과 같다.

표 11 분양가상한액의 계산

분양가상한액 = 택지비+택지와 관련된 비용을 가산한 금액+기본형건축비+기본형건축비에 가산되는 비용

여기서 기본형건축비는 매년 3월 1일과 9월 1일에 국토교통부장관이 고시하도록 되어 있다. 기본형건축비는 지상층건축비와 지하층건축비로 구성되는데, 지상층건축비는 아파트의 높이에 따라, 주거전용면적에 따라 변동되는 특성이 있다.

3) 분양가상한제에 대한 논란

분양가상한제는 여전히 지금도 논란이다. 반대론자들은 분양가상한제에 따른 건설업체의 수익성악화가 업체 부도의 핵심원인이며, 주택의 질적 하락을 초래하며, 결국 주택공급량을 감소시킨다는 점에서 폐지를 주장한다. 이에 반하여, 찬성론자들은 건설업체의 부도는 방만한 경영 때문이지 분양가상한제가 원인이 아니며, 분양가를 자율에 맡기면 돈이 되는 주택에만 투자를 하게 되고, 분양가상한제로 인하여 주택공급물량이 줄어들더라도 공공이 이를 보충할 수 있다는 논거로 맞선다.

2. 분양가상한제의 적용지역

사업주체가 일반인에게 공급하는 공동주택 중 다음 각 호의 어느 하나에 해당하는 지역에서 공급하는 주택의 경우에는 이 조에서 정하는 기준에 따라 산정되는 분양가격 이하로 공급하여야 하고, 이에 따라 공급되는 주택을 분양가상한제 적용주택이라 한다(법 제57조 제1항).

1. 공공택지
2. 공공택지 외의 택지에서 주택가격 상승 우려가 있어 제58조에 따라 국토교통부장관이 「주거기본법」 제8조에 따른 주거정책심의위원회의 심의를 거쳐 지정하는 지역
   가. 삭제 <2023. 12. 26.>
   나. 삭제 <2023. 12. 26.>
   다. 삭제 <2023. 12. 26.>

3. 분양가상한제의 적용제외

다음 각 호의 어느 하나에 해당하는 경우에는 분양가상한제를 적용하지 아니한다(법 제57조 제2항, 영 제58조의4).

1. 도시형 생활주택
2. 「경제자유구역법」 제4조에 따라 지정·고시된 경제자유구역에서 건설·공급하는 공동주택으로서 같은 법 제25조에 따른 경제자유구역위원회에서 외자유치 촉진과 관련이 있다고 인정하여 이 조에 따른 분양가격 제한을 적용하지 아니하기로 심의·의결한 경우
3. 「관광진흥법」 제70조 제1항 또는 제2항에 따라 지정된 관광특구에서 건설·공급하는 공동주택으로서 해당 건축물의 층수가 50층 이상이거나 높이가 150m 이상인 경우
4. 한국토지주택공사 또는 지방공사가 다음 각 목의 정비사업의 시행자(「도시정비법」 제2조 제8호 및 「소규모주택정비법」 제2조 제5호에 따른 사업시행자를 말한다)로 참여하는 등 대통령령으로 정하는 공공성 요건을 충족하는 경우로서 해당 사업에서 건설·공급하는 주택
   가. 「도시정비법」 제2조 제2호에 따른 정비사업으로서 면적, 세대수 등이 대통령령으로 정하는 요건에 해당되는 사업
   나. 「소규모주택정비법」 제2조 제3호에 따른 소규모주택정비사업

4의2. 「도시정비법」 제2조 제2호 가목에 따른 주거환경개선사업 및 같은 호 나목 후단에 따른 공공재개발사업에서 건설·공급하는 주택

5. 「도시재생법」에 따른 주거재생혁신지구에서 시행하는 혁신지구재생사업에서 건설·공급하는 주택
6. 「공공주택특별법」 제2조 제3호 마목에 따른 도심 공공주택 복합사업에서 건설·공급하는 주택

4. 분양가격의 구성항목

분양가격은 택지비와 건축비로 구성(토지임대부 분양주택의 경우에는 건축비만 해당한다)되며, 구체적인 명세, 산정방식, 감정평가기관 선정방법 등은 국토교통부령[67]으로 정한다. 이 경우 택지비는 다음 각 호에 따라 산정한 금액으로 한다(법 제57조 제3항, 영 제59조 제1항 및 제4항).

---

67) 주택법 제57조에 따른 분양가격 산정방식 등에 관한 자세한 사항은 국토교통부령인 공동주택 분양가격의 산정 등에 관한 규칙에서 규정하고 있다(규칙 제23조 제2항).

1. 공공택지에서 주택을 공급하는 경우에는 해당 택지의 공급가격에 국토교통부령으로 정하는 택지와 관련된 비용을 가산한 금액
2. 공공택지 외의 택지에서 분양가상한제 적용주택을 공급하는 경우에는 「감정평가법」에 따라 감정평가한 가액에 국토교통부령으로 정하는 택지와 관련된 비용을 가산한 금액. 다만, 택지 매입가격이 다음 각 목의 어느 하나에 해당하는 경우에는 해당 매입가격(「감정평가법」에 따라 감정평가한 가액의 120%에 상당하는 금액 또는 「부동산공시법」 제10조에 따른 개별공시지가의 150%에 상당하는 금액로 한정한다)에 국토교통부령으로 정하는 택지와 관련된 비용을 가산한 금액을 택지비로 볼 수 있다. 이 경우 택지비는 주택단지 전체에 동일하게 적용하여야 한다.
   가. 「민사집행법」, 「국세징수법」 또는 「지방세징수법」에 따른 경매 · 공매 낙찰가격
   나. 국가 · 지방자치단체 등 공공기관으로부터 매입한 가격
   다. 그 밖에 실제 매매가격을 확인할 수 있는 경우로서 「부동산등기법」에 따른 부동산등기부 또는 「지방세법 시행령」 제18조 제3항 제2호에 따른 법인장부에 해당 택지의 거래가액이 기록되어 있는 경우

분양가격 구성항목 중 건축비는 국토교통부장관이 정하여 고시하는 건축비(기본형건축비)에 국토교통부령으로 정하는 금액을 더한 금액으로 한다. 이 경우 기본형건축비는 시장 · 군수 · 구청장이 해당 지역의 특성을 고려하여 국토교통부령으로 정하는 범위에서 따로 정하여 고시할 수 있다(법 제57조 제4항).

5. 분양가격의 공시

1) 공공택지

사업주체는 분양가상한제 적용주택으로서 공공택지에서 공급하는 주택에 대하여 입주자모집 승인을 받았을 때에는 입주자 모집공고에 ① 택지비, ② 공사비, ③ 간접비, ④ 그 밖에 기본형건축비에 가산되는 비용에 대하여 분양가격을 공시하여야 한다(법 제57조 제5항, 공동주택분양가규칙 제15조 제2항).

2) 공공택지 외의 택지

시장·군수·구청장이 공공택지 외의 택지에서 공급되는 분양가상한제 적용주택 중 분양가상승 우려가 큰 지역으로서 수도권 안의 투기과열지구 등에서 공급되는 주택의 입주자모집 승인을 하는 경우에는 다음 각 호의 구분에 따라 분양가격을 공시하여야 한다. 이 경우 제2호부터 제6호까지의 금액은 기본형건축비[특별자치시·특별자치도·시·군·구(구는 자치구의 구를 말한다)별 기본형건축비가 따로 있는 경우에는 시·군·구별 기본형건축비]의 항목별 가액으로 한다(법 제57조 제6항, 영 제59조 제5항, 공동주택분양가규칙 제16조 제2항).

1. 택지비
2. 직접공사비
3. 간접공사비
4. 설계비
5. 감리비
6. 부대비
7. 그 밖에 기본형건축비에 가산되는 비용

3) 산출근거의 공시

분양가격의 공시를 할 때 국토교통부령으로 정하는 택지비 및 건축비에 가산되는 비용의 공시에는 분양가심사위원회 심사를 받은 내용과 산출근거를 포함하여야 한다(법 제57조 제3항).

II. 분양가상한제 적용주택에서의 입주자의 거주의무

1. 거주의무기간의 적용주택

다음 각 호의 어느 하나에 해당하는 주택의 입주자(상속받은 자는 제외한다; 거주의무자)는 해당 주택의 최초 입주가능일부터 5년 이내의 범위에서 해당 주택의 분양가격과 국토교통부장관이 고시한 방법으로 결정된 인근지역 주택매매가격의 비율에 따라 대통령령으로 정하는 기간(거주의무기간) 동안 계속하여 해당 주택에 거주하여야 한다. 다만, ① 해당 주택에 입주하기 위하여 준비기간이 필요한 경우(이 경우 해당 주택에 거주한 것으로 보는 기간은 최초 입주가능일부터 90일까지로 한다), ② 거주의무자가 거주의무기간 중 근무·생업·취학 또는 질병치료를 위하여 해외에 체류하는 경우, ③ 거주의무자가 주택의 특별공급을 받은 군인으로서 인사발령에 따라 거주의무기간 중 해당 주택건설지역이 아닌 지역에 거주하는 경우 등 부득이한 사유가 있는 경우 그 기간은 해당 주택에 거주한 것으로 본다(법 제57조의2 제1항, 영 제60조의2 제2항).

1. 사업주체가 「수도권정비계획법」 제2조 제1호에 따른 수도권에서 건설·공급하는 분양가상한제 적용주택
2. 삭제 <2024. 3. 19.>
3. 삭제 <2024. 3. 19.>
4. 토지임대부 분양주택

2. 거주의무자의 부기등기

사업주체는 분양가상한제 적용주택을 공급하는 경우에는 거주의무자가 거주의무기간을 거주하여야 해당 주택을 양도할 수 있음을 소유권에 관한 등기에 부기등기하여야 한다. 이 경우 부기등기는 주택의 소유권보존등기와 동시에 하여야 하며, 부기등기에는 "이 주택은 「주택법」 제57조의2 제1항에 따른 거주의무기간을 거주한 후 같은 조 제6항에 따라 부기등기를 말소하여야 양도할 수 있으며, 이를 위반하는 경우 한국토지주택공사(사업주체가 「공공주택특별법」 제4조에 따른 공공주택사업자인 경우에는 공공주택사업자)가 해당 주택을 매입함"이라는 내용을 표기하여야 한다(법 제57조의2 제5항, 영 제60조의2 제7항).

거주의무자등은 거주의무기간을 거주한 후 지방자치단체의 장으로부터 그 거주사실을 확인받은 경우 부기등기 사항을 말소할 수 있다(법 제57조의2 제6항).

3. 거주의무기간 내의 거주이전

1) 거주의무자의 주택매입의 신청

거주의무자는 거주의무를 이행하지 아니한 경우 해당 주택을 양도(매매·증여나 그 밖에 권리 변동을 수반하는 모든 행위를 포함하되, 상속의 경우는 제외한다)할 수 없다. 다만, 거주의무자가 해외체류 등 부득이한 사유 없이 거주의무기간 이내에 거주를 이전하려

는 경우 거주의무자는 대통령령으로 정하는 바에 따라 한국토지주택공사(사업주체가 「공공주택특별법」 제4조에 따른 공공주택사업자인 경우에는 공공주택사업자를 말한다)에 해당 주택의 매입을 신청하여야 한다(법 제57조의2 제2항).

2) 한국토지주택공사의 주택매입과 취득

한국토지주택공사는 거주의무자가 해외체류 등 부득이한 사유 없이 또는 제8항에 따라 매입신청을 받거나 거주의무자 및 제7항에 따라 주택을 공급받은 사람(거주의무자 등)이 주택의 매입신청을 받거나 거주의무자가 거주의무기간을 위반하였다는 사실을 알게 된 경우 위반사실에 대한 의견청취를 하는 등 대통령령으로 정하는 절차를 거쳐 대통령령으로 정하는 특별한 사유가 없으면 해당 주택을 매입하여야 한다(법 제57조의2 제3항).

한국토지주택공사가 제3항에 따라 주택을 매입하는 경우 거주의무자에게 그가 납부한 입주금과 그 입주금에 「은행법」에 따른 은행의 1년 만기 정기예금의 평균이자율을 적용한 이자를 합산한 금액(매입비용)을 지급한 때에는 그 지급한 날에 한국토지주택공사가 해당 주택을 취득한 것으로 본다(법 제57조의2 제4항).

거주의무기간 위반에 따라 취득한 주택을 재공급받은 사람이 해외체류 등 부득이한 사유 없이 거주의무기간 이내에 거주를 이전하려는 경우에는 대통령령으로 정하는 바에 따라 한국토지주택공사에 해당 주택의 매입을 신청하여야 한다(법 제57조의2 제8항).

3) 전매행위의 금지

한국토지주택공사는 거주의무기간 위반에 따라 취득한 주택을 국토교통부령으로 정하는 바에 따라 재공급하여야 하며, 주택을 재공급받은 사람은 거주의무기간 중 잔여기간을 계속하여 거주하지 아니하고 그 주택을 양도할 수 없다. 다만, 제1항 각 호 외의 부분 단서의 사유에 해당하는 경우 그 기간은 해당 주택에 거주한 것으로 본다(법 제57조의2 제7항).

한국토지주택공사가 거주의무기간 위반에 따라 주택을 취득하거나 그 매입한 주택을 공급하는 경우에는 주택의 전매행위 제한기간에 관한 규정을 적용하지 아니한다(법 제57조의2 제9항).

Ⅲ. 분양가상한제 적용주택 등의 거주실태 조사

1. 거주의무자등에 대한 서류 등의 제출요구

국토교통부장관 또는 지방자치단체의 장은 거주의무자등의 실제 거주 여부를 확인하기 위하여 거주의무자등에게 필요한 서류 등의 제출을 요구할 수 있으며, 소속 공무원으로 하여금 해당 주택에 출입하여 조사하게 하거나 관계인에게 필요한 질문을 하게 할 수 있다. 이 경우 서류 등의 제출을 요구받거나 해당 주택의 출입·조사 또는 필요한 질문을 받은 거주의무자등은 모든 세대원의 해외출장 등 특별한 사유가 없으면 이에 따라야 한다(법 제57조의3 제1항).

2. 정보제공의 요청

국토교통부장관 또는 지방자치단체의 장은 거주실태 조사를 위하여 필요한 경우 주민등록 전산정보(주민등록번호·외국인등록번호 등 고유식별번호를 포함한다), 가족관계 등록사항 등 실제 거주 여부를 확인하기 위하여 필요한 자료 또는 정보의 제공을 관계 기관의 장에게 요청할 수 있다. 이 경우 자료의 제공을 요청받은 관계 기관의 장은 특별한 사유가 없으면 이에 따라야 한다(법 제57조의3 제2항).

거주실태 조사를 위하여 출입·조사·질문을 하는 사람은 국토교통부령으로 정하는 증표를 지니고 이를 관계인에게 내보여야 하며, 조사자의 이름·출입시간 및 출입목적 등이 표시된 문서를 관계인에게 교부하여야 한다(법 제57조의3 제3항).

3. 업무상 취득정보의 누설금지

국토교통부 또는 지방자치단체의 소속 공무원 또는 소속 공무원이었던 사람은 거주실태 조사를 통하여 얻은 정보와 자료를 주택법에서 정한 목적 외의 다른 용도로 사용하거나 다른 사람 또는 기관에 제공하거나 누설하여서는 아니 된다(법 제57조의3 제4항).

Ⅳ. 분양가상한제 적용지역의 지정 및 해제

1. 분양가상한제 적용지역의 지정

국토교통부장관은 주택가격상승률이 물가상승률보다 현저히 높은 지역으로서 그 지역의 주택가격·주택거래 등과 지역 주택시장 여건 등을 고려하였을 때 주택가격이 급등하거나 급등할 우려가 있는 투기과열지구 중 다음 각 호에 해당하는 지역은 주거정책심의위원회 심의를 거쳐 분양가상한제 적용 지역으로 지정할 수 있다(법 제58조 제1항, 영 제61조 제1항).

1. 분양가상한제 적용지역으로 지정하는 날이 속하는 달의 바로 전달(분양가상한제 적용직전월)부터 소급하여 12개월간의 아파트 분양가격상승률이 물가상승률(해당 지역이 포함된 시·도 소비자물가상승률을 말한다)의 2배를 초과한 지역. 이 경우 해당 지역의 아파트 분양가격상승률을 산정할 수 없는 경우에는 해당 지역이 포함된 특별시·광역시·특별자치시·특별자치도 또는 시·군의 아파트 분양가격상승률을 적용한다.
2. 분양가상한제적용직전월부터 소급하여 3개월간의 주택매매거래량이 전년 동기 대비 20% 이상 증가한 지역
3. 분양가상한제적용직전월부터 소급하여 주택공급이 있었던 2개월 동안 해당 지역에서 공급되는 주택의 월평균 청약경쟁률이 모두 5대 1을 초과하였거나 해당 지역에서 공급되는 국민주택규모 주택의 월평균 청약경쟁률이 모두 10대 1을 초과한 지역

국토교통부장관이 분양가상한제 적용지역 지정기준을 충족하는 지역 중에서 분양가상한제 적용지역을 지정하는 경우 해당 지역에서 공급되는 주택의 분양가격 제한 등에 관한 규정은 시장·군수·구청장의 분양가상한제 적용지역 지정에 대한 공고일 이후 최초로 입주자모집승인을 신청하는 분부터 적용한다(영 제61조 제2항).

2. 분양가상한제 적용지역의 지정절차

국토교통부장관이 분양가상한제 적용지역을 지정하는 경우에는 미리 시·도지사의 의견을 들어야 하고(법 제58조 제2항), 분양가상한제 적용지역을 지정하였을 때에는 지체 없이 이를 공고하고, 그 지정 지역을 관할하는 시장·군수·구청장에게 공고 내용을

통보하여야 한다. 이 경우 시장·군수·구청장은 사업주체로 하여금 입주자 모집공고 시 해당 지역에서 공급하는 주택이 분양가상한제 적용주택이라는 사실을 공고하게 하여야 한다(법 제58조 제3항).

3. 분양가상한제 적용지역의 지정해제와 해제요청

1) 지정해제

국토교통부장관은 분양가상한제 적용지역으로 계속 지정할 필요가 없다고 인정하는 경우에는 주거정책심의위원회 심의를 거쳐 분양가상한제 적용지역의 지정을 해제하여야 한다(법 제58조 제4항).

분양가상한제 적용지역의 지정을 해제하는 경우에도 적용지역 지정절차의 규정을 준용한다. 따라서 국토교통부장관이 분양가상한제 적용지역을 지정해제하는 경우에는 미리 시·도지사의 의견을 들어야 하고, 분양가상한제 적용지역을 지정해제하였을 때에는 지체 없이 이를 공고하고, 그 지정 지역을 관할하는 시장·군수·구청장에게 공고내용을 통보하여야 한다(법 제58조 제5항).

2) 해제요청

분양가상한제 적용지역으로 지정된 지역의 시·도지사, 시장, 군수 또는 구청장은 분양가상한제 적용지역의 지정 후 해당 지역의 주택가격이 안정되는 등 분양가상한제 적용지역으로 계속 지정할 필요가 없다고 인정하는 경우에는 국토교통부장관에게 그 지정의 해제를 요청할 수 있다(법 제58조 제6항).

국토교통부장관은 분양가상한제 적용지역 지정의 해제를 요청받은 경우에는 주거정책심의위원회의 심의를 거쳐 요청받은 날부터 40일 이내에 해제 여부를 결정하고, 그 결과를 시·도지사, 시장, 군수 또는 구청장에게 통보하여야 한다(영 제61조 제3항).

V. 분양가심사위원회의 설치 및 운영

1. 분양가심사위원회의 설치·운영

시장·군수·구청장은 주택의 분양가격 제한 등에 관한 사항을 심의하기 위하여 사업계획승인신청(「도시정비법」 제50조에 따른 사업시행계획인가 및 「건축법」 제11조에 따른 건축허가를 포함한다)이 있는 날부터 20일 이내에 분양가심사위원회를 설치·운영하여야 한다(법 제59조 제1항, 영 제62조 제1항).

그렇지만 사업주체가 국가, 지방자치단체, 한국토지주택공사 또는 지방공사인 경우에는 해당 기관의 장이 위원회를 설치·운영하여야 한다(영 제62조 제2항).

2. 분양가심사위원회의 구성

분양가심사위원회는 주택 관련 분야 교수, 주택건설 또는 주택관리 분야 전문직 종사자, 관계 공무원 또는 변호사·회계사·감정평가사 등 관련 전문가 10명 이내로 구성한다(법 제59조 제1항).

제4항 저당권설정 등의 제한과 사용검사 후의 매도청구

Ⅰ. 저당권설정 등의 제한

1. 담보물권 등의 설정

1) 담보물권 등의 설정금지

사업주체는 주택건설사업에 의하여 건설된 주택 및 대지에 대하여는 입주자 모집공고 승인신청일(주택조합의 경우에는 사업계획승인신청일을 말한다) 이후부터 입주예정자가 그 주택 및 대지의 소유권이전등기를 신청할 수 있는 날 이후 60일까지의 기간 동안 입주예정자의 동의 없이 다음 각 호의 어느 하나에 해당하는 행위를 하여서는 아니 된다(법 제61조 제1항). 여기에서 "소유권이전등기를 신청할 수 있는 날"이란 사업주체가 입주예정자에게 통보한 입주가능일을 말한다(법 제61조 제2항).

1. 해당 주택 및 대지에 저당권 또는 가등기담보권 등 담보물권을 설정하는 행위
2. 해당 주택 및 대지에 전세권·지상권(地上權) 또는 등기되는 부동산임차권을 설정하는 행위
3. 해당 주택 및 대지를 매매 또는 증여 등의 방법으로 처분하는 행위

2) 담보물권 등의 설정

사업주체는 주택건설사업으로 조성된 주택 및 대지에 입주예정자의 동의 없이 담보물권 등의 설정행위를 해서는 안 되나, 일정한 경우에는 예외가 인정된다. 즉, 주택의 건설을 촉진하기 위하여 ① 해당 주택의 입주자에게 주택구입자금의 일부를 융자해 줄 목적으로 주택도시기금이나 「은행법」에 따른 은행 등의 금융기관으로부터 주택건설자금의 융자를 받는 경우, ② 해당 주택의 입주자에게 주택구입자금의 일부를 융자해 줄 목적으로 「은행법」에 따른 은행 등의 금융기관으로부터 주택구입자금의 융자를 받는 경우 또는 ③ 사업주체가 파산(「채무자회생법」 등에 따른 법원의 결정 · 인가를 포함한다), 합병, 분할, 등록말소 또는 영업정지 등의 사유로 사업을 시행할 수 없게 되어 사업주체가 변경되는 경우에는 저당권 등의 담보물권 · 전세권 · 지상권 등을 설정할 수 있다(법 제61조 제1항 단서, 영 제71조).

2. 소유권등기에 대한 부기등기

저당권설정 등의 제한을 할 때 사업주체는 해당 주택 또는 대지가 입주예정자의 동의 없이는 양도하거나 제한물권을 설정하거나 압류 · 가압류 · 가처분 등의 목적물이 될 수 없는 재산임을 소유권등기에 부기등기(附記登記)하여야 한다. 다만, 사업주체가 국가 · 지방자치단체 및 한국토지주택공사 등 공공기관이거나 해당 대지가 사업주체의 소유가 아닌 경우, 조합원이 주택조합에 대지를 신탁한 경우, 해당 주택의 입주자로 선정된 지위를 취득한 자가 없는 경우 등에는 그러하지 아니하다(법 제61조 제3항, 영 제72조 제2항).

이러한 부기등기는 주택건설대지에 대하여는 입주자 모집공고 승인신청(주택건설대지 중 주택조합이 사업계획승인신청일까지 소유권을 확보하지 못한 부분이 있는 경우에는 그 부분에 대한 소유권이전등기를 말한다)과 동시에 하여야 하고, 건설된 주택에 대하여는 소유권보존등기와 동시에 하여야 한다(법 제61조 제4항).

3. 부기등기일 이후 양수 등의 효력

부기등기일 이후에 해당 대지 또는 주택을 양수하거나 제한물권을 설정받은 경우 또는 압류 · 가압류 · 가처분 등의 목적물로 한 경우에는 그 효력을 무효로 한다. 다만,

해당 주택의 입주자에게 주택구입자금의 일부를 융자해 줄 목적으로 주택도시기금이나 「은행법」에 따른 은행 등의 금융기관으로부터 주택건설자금의 융자를 받아 해당 대지에 저당권, 가등기담보권, 전세권, 지상권 및 등기되는 부동산임차권을 설정하는 경우 등에는 그러하지 아니하다(법 제61조 제5항, 영 제72조 제4항).

4. 사업주체의 주택건설대지의 신탁

사업주체의 재무상황이 최근 2년간 연속된 경상손실로 인하여 자기자본이 잠식된 경우 또는 자산에 대한 부채의 비율이 500%를 초과하는 경우 등으로 「주택도시기금법」에 따른 주택도시보증공사가 분양보증을 하면서 주택건설대지를 주택도시보증공사에 신탁하게 할 경우에는 사업주체는 그 주택건설대지를 신탁할 수 있다(법 제61조 제6항, 영 제72조 제5항).

사업주체가 주택건설대지를 신탁하는 경우 신탁등기일 이후부터 입주예정자가 해당 주택건설대지의 소유권이전등기를 신청할 수 있는 날 이후 60일까지의 기간 동안 해당 신탁의 종료를 원인으로 하는 사업주체의 소유권이전등기청구권에 대한 압류·가압류·가처분 등은 효력이 없음을 신탁계약조항에 포함하여야 한다(법 제61조 제7항).

신탁등기일 이후부터 입주예정자가 해당 주택건설대지의 소유권이전등기를 신청할 수 있는 날 이후 60일까지의 기간 동안 해당 신탁의 종료를 원인으로 하는 사업주체의 소유권이전등기청구권을 압류·가압류·가처분 등의 목적물로 한 경우에는 그 효력을 무효로 한다(법 제61조 제8항).

II. 사용검사 후 매도청구

1. 매도청구

주택(복리시설을 포함한다)의 소유자들은 주택단지 전체 대지에 속하는 일부의 토지에 대한 소유권이전등기 말소소송 등에 따라 사용검사(동별 사용검사를 포함한다)를 받은 이후에 해당 토지의 소유권을 회복한 자(실소유자)에게 해당 토지를 시가로 매도할 것을 청구할 수 있다(법 제62조 제1항). 매도청구를 하려는 경우에는 해당 토지의 면적이 주택단지 전체 대지면적의 5% 미만이어야 한다(법 제62조 제4항).

매도청구의 의사표시는 실소유자가 해당 토지 소유권을 회복한 날부터 2년 이내에 해당 실소유자에게 송달되어야 하고(법 제62조 제5항), 주택의 소유자들은 매도청구로 인하여 발생한 비용의 전부를 사업주체에게 구상(求償)할 수 있다(법 제62조 제6항).

2. 매도청구소송

주택의 소유자들은 대표자를 선정하여 매도청구에 관한 소송을 제기할 수 있다. 이 경우 대표자는 주택의 소유자 전체의 4분의 3 이상의 동의를 받아 선정한다(법 제62조 제2항).

매도청구에 관한 소송에 대한 판결은 주택의 소유자 전체에 대하여 효력이 있다(법 제62조 제1항)..

제5항 투기과열지구와 조정대상지역

Ⅰ. 투기과열지구의 지정과 해제

1. 투기과열지구의 지정

국토교통부장관 또는 시·도지사는 주택가격의 안정을 위하여 필요한 경우에는 주거정책심의위원회(시·도지사의 경우에는 「주거기본법」 제9조에 따른 시·도 주거정책심의위원회를 말한다)의 심의를 거쳐 일정한 지역을 투기과열지구로 지정하거나 이를 해제할 수 있다. 이 경우 투기과열지구는 그 지정목적을 달성할 수 있는 최소한의 범위에서 시·군·구 또는 읍·면·동의 지역단위로 지정하되, 택지개발지구 등 해당 지역 여건을 고려하여 지정단위를 조정할 수 있다(법 제63조 제1항).

2. 투기과열지구의 지정기준

투기과열지구는 해당 지역의 주택가격상승률이 물가상승률보다 현저히 높은 지역으로서 그 지역의 청약경쟁률·주택가격·주택보급률 및 주택공급계획 등과 지역 주택시장 여건 등을 고려하였을 때 주택에 대한 투기가 성행하고 있거나 성행할 우려가 있는 지역 중 다음 각 호에 해당하는 곳이어야 한다(법 제63조 제2항, 영 제72조의2 제1항, 규칙 제25조).

1. 투기과열지구로 지정하는 날이 속하는 달의 바로 전달(투기과열지구지정직전월)부터 소급하여 주택공급이 있었던 2개월 동안 해당 지역에서 공급되는 주택의 월별 평균 청약경쟁률이 모두 5대 1을 초과했거나 국민주택규모 주택의 월별 평균 청약경쟁률이 모두 10대 1을 초과한 곳
2. 다음 각 목에 해당하는 곳으로서 주택공급이 위축될 우려가 있는 곳
   가. 투기과열지구지정직전월의 주택분양실적이 전달보다 30% 이상 감소한 곳
   나. 법 제15조에 따른 사업계획승인 건수나 「건축법」 제11조에 따른 건축허가 건수(투기과열지구지정직전월부터 소급하여 6개월간의 건수를 말한다)가 직전 연도보다 급격하게 감소한 곳
3. 신도시 개발이나 주택 전매행위의 성행 등으로 투기 및 주거불안의 우려가 있는 곳으로서 다음 각 목에 해당하는 곳
   가. 해당 지역이 속하는 시·도의 주택보급률이 전국 평균 이하인 곳
   나. 해당 지역이 속하는 시·도의 자가주택비율이 전국 평균 이하인 곳
   다. 해당 지역의 분양주택(투기과열지구로 지정하는 날이 속하는 연도의 직전 연도에 분양된 주택을 말한다)의 수가 법 제56조 제1항에 따른 입주자저축에 가입한 사람으로서 「주택공급에 관한 규칙」 제27조 제1항 제1호 및 제28조 제1항 제1호에 따른 주택청약 제1순위자의 수보다 현저히 적은 곳

3. 투기과열지구의 지정·해제 절차

1) 지정의 공고 및 통보

국토교통부장관 또는 시·도지사는 투기과열지구를 지정하였을 때에는 지체 없이 이를 공고하고, 국토교통부장관은 그 투기과열지구를 관할하는 시장·군수·구청장에게, 특별시장, 광역시장 또는 도지사는 그 투기과열지구를 관할하는 시장, 군수 또는 구청장에게 각각 공고 내용을 통보하여야 한다. 이 경우 시장·군수·구청장은 사업주체로 하여금 입주자 모집공고 시 해당 주택건설 지역이 투기과열지구에 포함된 사실을 공고하게 하여야 한다. 투기과열지구 지정을 해제하는 경우에도 또한 같다(법 제63조 제3항).

2) 시·도지사와의 의견청취와 국토교통부장관과의 협의

국토교통부장관이 투기과열지구를 지정하거나 해제할 경우에는 미리 시·도지사의 의견을 듣고 그 의견에 대한 검토의견을 회신하여야 하며, 시·도지사가 투기과열지구를 지정하거나 해제할 경우에는 국토교통부장관과 협의하여야 한다(법 제63조 제5항).

3) 지정의 유지여부 재검토

국토교통부장관은 반기마다 주거정책심의위원회의 회의를 소집하여 투기과열지구로 지정된 지역별로 해당 지역의 주택가격 안정 여건의 변화 등을 고려하여 투기과열지구 지정의 유지여부를 재검토하여야 한다. 이 경우 재검토 결과 투기과열지구 지정의 해제가 필요하다고 인정되는 경우에는 지체 없이 투기과열지구 지정을 해제하고 이를 공고하여야 한다(법 제63조 제6항).

4) 해제요청

투기과열지구로 지정된 지역의 시·도지사, 시장, 군수 또는 구청장은 투기과열지구 지정 후 해당 지역의 주택가격이 안정되는 등 지정 사유가 없어졌다고 인정되는 경우에는 국토교통부장관 또는 시·도지사에게 투기과열지구 지정의 해제를 요청할 수 있다(법 제63조 제7항).

5) 해제여부의 결정

투기과열지구 지정의 해제를 요청받은 국토교통부장관 또는 시·도지사는 요청받은 날부터 40일 이내에 주거정책심의위원회의 심의를 거쳐 투기과열지구 지정의 해제여부를 결정하여 그 투기과열지구를 관할하는 지방자치단체의 장에게 심의결과를 통보하여야 한다(법 제63조 제8항).

국토교통부장관 또는 시·도지사는 투기과열지구에서 지정사유가 없어졌다고 인정하는 경우에는 지체 없이 투기과열지구 지정을 해제하여야 한다(법 제63조 제4항).

6) 지정해제의 공고

국토교통부장관 또는 시·도지사는 주거정책심의위원회의 심의결과 투기과열지구에서 그 지정사유가 없어졌다고 인정될 때에는 지체 없이 투기과열지구 지정을 해제하고 이를 공고하여야 한다(법 제63조 제9항).

II. 조정대상지역의 지정과 해제

1. 조정대상지역의 지정

국토교통부장관은 ① 주택가격, 청약경쟁률, 분양권 전매량 및 주택보급률 등을 고려하였을 때 주택분양 등이 과열되어 있거나 과열될 우려가 있는 지역 또는 ② 주택가격, 주택거래량, 미분양주택의 수 및 주택보급률 등을 고려하여 주택의 분양·매매 등 거래가 위축되어 있거나 위축될 우려가 있는 지역으로서 대통령령으로 정하는 기준을 충족하는 지역을 주거정책심의위원회의 심의를 거쳐 조정대상지역으로 지정할 수 있다. 이 경우 주택가격, 청약경쟁률, 분양권 전매량 및 주택보급률 등을 고려하였을 때 주택 분양 등이 과열되어 있거나 과열될 우려가 있는 지역에 해당하는 조정대상지역은 그 지정목적을 달성할 수 있는 최소한의 범위에서 시·군·구 또는 읍·면·동의 지역 단위로 지정하되, 택지개발지구 등 해당 지역여건을 고려하여 지정단위를 조정할 수 있다(법 제63조의2 제1항).

2. 조정대상지역의 지정기준

주택가격, 청약경쟁률, 분양권 전매량 및 주택보급률 등을 고려하였을 때 주택분양 등이 과열되어 있거나 과열될 우려가 있는 지역 등으로 조정대상지역으로 지정되는 지역은 다음 각 호의 구분에 따른 지역을 말한다(영 제72조의3 제1항).

1. 주택가격, 청약경쟁률, 분양권 전매량 및 주택보급률 등을 고려하였을 때 주택분양 등이 과열되어 있거나 과열될 우려가 있는 지역의 경우: 조정대상지역으로 지정하는 날이 속하는 달의 바로 전달(조정대상지역지정직전월)부터 소급하여 3개월간의 해당 지역 주택가격상승률이 그 지역이 속하는 시·도 소비자물가상승률의 1.3배를 초과한 지역으로서 다음 각 목에 해당하는 지역
   가. 조정대상지역지정직전월부터 소급하여 주택공급이 있었던 2개월 동안 해당 지역에서 공급되는 주택의 월별 평균 청약경쟁률이 모두 5대 1을 초과했거나 국민주택규모 주택의 월별 평균 청약경쟁률이 모두 10대 1을 초과한 지역
   나. 조정대상지역지정직전월부터 소급하여 3개월간의 분양권(주택의 입주자로 선정된 지위를 말한다) 전매거래량이 직전 연도의 같은 기간보다 30% 이상 증가한 지역

다. 해당 지역이 속하는 시·도의 주택보급률 또는 자가주택비율이 전국 평균 이하인 지역

2. 주택가격, 주택거래량, 미분양주택의 수 및 주택보급률 등을 고려하여 주택의 분양·매매 등 거래가 위축되어 있거나 위축될 우려가 있는 지역의 경우: 조정대상지역지정직전월부터 소급하여 6개월간의 평균 주택가격상승률이 마이너스 1% 이하인 지역으로서 다음 각 목에 해당하는 지역

가. 조정대상지역지정직전월부터 소급하여 3개월 연속 주택매매거래량이 직전 연도의 같은 기간보다 20% 이상 감소한 지역

나. 조정대상지역지정직전월부터 소급하여 3개월간의 평균 미분양주택(사업계획승인을 받아 입주자를 모집했으나 입주자가 선정되지 않은 주택을 말한다)의 수가 직전 연도의 같은 기간보다 2배 이상인 지역

다. 해당 지역이 속하는 시·도의 주택보급률 또는 자가주택비율이 전국 평균을 초과하는 지역

3. 관계 기관과의 협의사항

국토교통부장관은 조정대상지역을 지정하는 경우 다음 각 호의 사항을 미리 관계 기관과 협의할 수 있다(법 제63조의2 제2항).

1. 「주택도시기금법」에 따른 주택도시보증공사의 보증업무 및 주택도시기금의 지원 등에 관한 사항
2. 주택분양 및 거래 등과 관련된 금융·세제 조치 등에 관한 사항
3. 그 밖에 주택시장의 안정 또는 실수요자의 주택거래 활성화를 위하여 대통령령으로 정하는 사항[68]

4. 조정대상지역의 지정·해제 절차

1) 시·도지사와의 의견청취

국토교통부장관은 조정대상지역을 지정하는 경우에는 미리 시·도지사의 의견을 들어야 한다(법 제63조의2 제3항).

---

68) 주택법에서 위임한 시행령이 아직 마련되지 않은 상태이다.

2) 지정의 공고 및 통보

국토교통부장관은 조정대상지역을 지정하였을 때에는 지체 없이 이를 공고하고, 그 조정대상지역을 관할하는 시장 · 군수 · 구청장에게 공고 내용을 통보하여야 한다. 이 경우 시장 · 군수 · 구청장은 사업주체로 하여금 입주자 모집공고 시 해당 주택건설 지역이 조정대상지역에 포함된 사실을 공고하게 하여야 한다(법 제63조의2 제4항).

3) 해제요청

조정대상지역으로 지정된 지역의 시 · 도지사 또는 시장 · 군수 · 구청장은 조정대상지역 지정 후 해당 지역의 주택가격이 안정되는 등 조정대상지역으로 유지할 필요가 없다고 판단되는 경우에는 국토교통부장관에게 그 지정의 해제를 요청할 수 있다(법 제63조의2 제8항).

국토교통부장관은 조정대상지역 지정의 해제를 요청받은 경우에는 「주거기본법」 제8조에 따른 주거정책심의위원회의 심의를 거쳐 요청받은 날부터 40일 이내에 해제 여부를 결정하고, 그 결과를 해당 지역을 관할하는 시 · 도지사 또는 시장 · 군수 · 구청장에게 통보하여야 한다(규칙 제25조의4 제1항).

4) 시 · 도지사와의 의견청취와 해제

국토교통부장관은 조정대상지역을 해제하는 경우에는 미리 시 · 도지사의 의견을 들어야 하고, 조정대상지역을 해제하였을 때에는 지체 없이 이를 공고하고, 그 조정대상지역을 관할하는 시장 · 군수 · 구청장에게 공고 내용을 통보하여야 한다(법 제63조의2 제6항).

국토교통부장관은 조정대상지역으로 유지할 필요가 없다고 판단되는 경우에는 주거정책심의위원회의 심의를 거쳐 조정대상지역의 지정을 해제하여야 한다(법 제63조의2 제5항).

5) 지정의 유지여부 재검토

국토교통부장관은 반기마다 주거정책심의위원회의 회의를 소집하여 조정대상지역으로 지정된 지역별로 해당 지역의 주택가격 안정여건의 변화 등을 고려하여 조정대상지역 지정의 유지여부를 재검토하여야 한다. 이 경우 재검토 결과 조정대상지역 지정의 해제가 필요하다고 인정되는 경우에는 지체 없이 조정대상지역 지정을 해제하고 이를 공고하여야 한다(법 제63조의2 제7항).

제6항 전매행위 제한 등 공급질서 교란금지

Ⅰ. 주택의 전매행위 제한

1. 전매행위의 제한대상 주택

사업주체가 건설·공급하는 주택[해당 주택의 입주자로 선정된 지위(입주자를 선정되어 그 주택에 입주할 수 있는 권리·자격·지위 등을 말한다)를 포함한다]으로서 다음 각 호의 어느 하나에 해당하는 경우에는 10년 이내의 범위에서 대통령령으로 정하는 기간이 지나기 전에는 그 주택을 전매(매매·증여나 그 밖에 권리의 변동을 수반하는 모든 행위를 포함하되, 상속의 경우는 제외한다)하거나 이의 전매를 알선할 수 없다. 이 경우 전매제한기간은 주택의 수급상황 및 투기우려 등을 고려하여 대통령령으로 지역별로 달리 정할 수 있다(법 제64조 제1항, 영 제73조 제2항 및 제3항).

1. 투기과열지구에서 건설·공급되는 주택
2. 조정대상지역에서 건설·공급되는 주택. 다만, 주택가격, 주택거래량, 미분양주택의 수 및 주택보급률 등을 고려하여 주택의 분양·매매 등 거래가 위축되어 있거나 위축될 우려가 있는 지역에 해당하는 조정대상지역 중 주택의 수급상황 등을 고려하여 공공택지 외의 택지에서 건설·공급되는 주택은 제외한다.
3. 분양가상한제 적용주택. 다만, 수도권 외의 지역 중 주택의 수급상황 및 투기우려 등을 고려하여 광역시가 아닌 지역으로서 투기과열지구가 지정되지 아니하거나 투기과열지구에서 지정 해제된 지역 중 공공택지 외의 택지에서 건설·공급되는 분양가상한제 적용주택은 제외한다.
4. 공공택지 외의 택지에서 건설·공급되는 주택. 다만, 분양가상한제가 적용되지 아니하는 도시형 생활주택 등의 주택 및 수도권 외의 지역 중 주택의 수급상황 및 투기우려 등을 고려하여 광역시가 아닌 지역으로서 공공택지 외의 택지에서 건설·공급되는 주택은 제외한다.
5. 「도시정비법」 제2조 제2호 나목 후단에 따른 공공재개발사업(공공택지 외의 택지로서 도심 공공주택 복합지구 또는 주거재생혁신지구 등의 지역에 한정한다)에서 건설·공급하는 주택
6. 토지임대부 분양주택

2. 전매행위의 허용

전매행위가 제한되는 투기과열지구에서 건설·공급되는 주택(토지임대부 분양주택은 제외한다) 등을 공급받은 자의 생업상의 사정 등으로 전매가 불가피하다고 인정되는 경우로서 다음 각 호의 어느 하나에 해당하여 한국토지주택공사(사업주체가 「공공주택특별법」 제4조의 공공주택사업자인 경우에는 공공주택사업자를 말한다)의 동의를 받은 경우에는 주택 등의 전매행위가 허용된다. 다만, 분양가상한제 적용주택을 공급받은 자가 전매하는 경우에는 한국토지주택공사가 그 주택을 우선 매입할 수 있다(법 제64조 제2항, 영 제73조 제4항).

1. 세대원(전매행위가 제한되는 투기과열지구에서 건설·공급되는 주택 등을 공급받은 사람이 포함된 세대의 구성원을 말한다)이 근무 또는 생업상의 사정이나 질병치료·취학·결혼으로 인하여 세대원 전원이 다른 광역시, 특별자치시, 특별자치도, 시 또는 군으로 이전하는 경우. 다만, 수도권 안에서 이전하는 경우는 제외한다.
2. 상속에 따라 취득한 주택으로 세대원 전원이 이전하는 경우
3. 세대원 전원이 해외로 이주하거나 2년 이상의 기간 동안 해외에 체류하려는 경우
4. 이혼으로 인하여 입주자로 선정된 지위 또는 주택을 배우자에게 이전하는 경우
5. 「토지보상법」 제78조 제1항에 따라 공익사업의 시행으로 주거용 건축물을 제공한 자가 사업시행자로부터 이주대책용 주택을 공급받은 경우(사업시행자의 알선으로 공급받은 경우를 포함한다)로서 시장·군수·구청장이 확인하는 경우
6. 분양가상한제 적용주택, 공공택지 외의 택지에서 건설·공급되는 주택, 「도시정비법」에 따른 공공재개발사업에서 건설·공급하는 주택의 어느 하나에 해당하는 주택의 소유자가 국가·지방자치단체 및 「은행법」에 따른 은행 등의 금융기관에 대한 채무를 이행하지 못하여 경매 또는 공매가 시행되는 경우
7. 입주자로 선정된 지위 또는 주택의 일부를 배우자에게 증여하는 경우
8. 실직·파산 또는 신용불량으로 경제적 어려움이 발생한 경우

한국토지주택공사가 우선 매입한 분양가상한제 적용주택 및 토지임대부 분양주택을 공공매입한 주택을 재공급하는 경우에는 전매행위의 제한규정을 적용하지 아니한다(법 제64조 제8항).

3. 전매제한 규정을 위반한 주택의 매입

전매제한 규정을 위반하여 주택(토지임대부 분양주택의 경우는 제외한다)의 입주자로 선정된 지위의 전매가 이루어진 경우, 사업주체가 매입비용을 그 매수인에게 지급한 경우에는 그 지급한 날에 사업주체가 해당 입주자로 선정된 지위를 취득한 것으로 보며, 한국토지주택공사가 분양가상한제 적용주택을 우선 매입하는 경우에도 매입비용을 준용하되, 해당 주택의 분양가격과 인근지역 주택매매가격의 비율 및 해당 주택의 보유기간 등을 고려하여 대통령령으로 정하는 바에 따라 매입금액을 달리 정할 수 있다(법 제64조 제3항).

한국토지주택공사는 우선 매입한 분양가상한제 적용주택 및 토지임대부 분양주택을 공공매입한 주택을 국토교통부령으로 정하는 바에 따라 재공급하여야 하며, 해당 주택을 공급받은 자는 전매제한기간 중 잔여기간 동안 그 주택을 전매할 수 없다. 이 경우 토지임대부 분양주택을 공공매입한 주택은 토지임대부 분양주택으로 재공급하여야 한다(법 제64조 제6항).

4. 부기등기

분양가상한제 적용주택과 공공택지 외의 택지에서 건설·공급되는 주택 및 토지임대부 분양주택을 공급하는 경우(한국주택토지공사가 주택을 재공급하는 경우도 포함한다)에는 그 주택의 소유권을 제3자에게 이전할 수 없음을 소유권에 관한 등기에 부기등기하여야 한다(법 제64조 제4항).

이러한 부기등기는 주택의 소유권보존등기와 동시에 하여야 하며, 부기등기에는 "이 주택은 최초로 소유권이전등기가 된 후에는 「주택법」 제64조 제1항에서 정한 기간이 지나기 전에 한국토지주택공사(한국토지주택공사가 우선 매입한 주택을 공급받는 자를 포함한다) 외의 자에게 소유권을 이전하는 어떠한 행위도 할 수 없음"을 명시하여야 한다(법 제64조 제5항).

주택에 대한 부기등기를 한 경우에는 해당 주택의 소유자는 전매행위 제한기간이 지났을 때에 그 부기등기의 말소를 신청할 수 있다(규칙 제27조).

5. 입주자자격의 제한

국토교통부장관은 전매행위의 제한규정 및 전매제한기간 중 잔여기간 주택 전매금지를 위반한 자에 대하여 10년의 범위에서 국토교통부령으로 정하는 바에 따라 주택의 입주자자격을 제한할 수 있다(법 제64조 제7항).

II. 공급질서 교란금지

주택 공급질서 교란행위 금지 및 위반에 대한 처벌규정은 구 주택건설촉진법의 1977년 개정 시 신설되어 이후 공급질서 교란행위자에 대한 공급계약 취소 규정이 신설되고, 공급계약 취소가 기속행위로 규정되기에 이르렀다.

1. 주택을 공급받을 수 있는 지위 등의 양도·양수의 금지

누구든지 주택법에 따라 건설·공급되는 주택을 공급받거나 공급받게 하기 위하여 다음 각 호의 어느 하나에 해당하는 증서 또는 지위를 양도·양수(매매·증여나 그 밖에 권리 변동을 수반하는 모든 행위를 포함하되, 상속·저당의 경우는 제외한다) 또는 이를 알선하거나 양도·양수 또는 이를 알선할 목적으로 하는 광고(각종 간행물·인쇄물·전화·인터넷, 그 밖의 매체를 통한 행위를 포함한다)를 하여서는 아니 되며, 누구든지 거짓이나 그 밖의 부정한 방법으로 주택법에 따라 건설·공급되는 증서나 지위 또는 주택을 공급받거나 공급받게 하여서는 아니 된다(법 제65조 제1항, 영 제74조 제1항).

1. 제11조에 따라 주택을 공급받을 수 있는 지위
2. 제56조에 따른 입주자저축 증서
3. 제80조에 따른 주택상환사채
4. 그 밖에 주택을 공급받을 수 있는 증서 또는 지위로서 ① 시장·군수·구청장이 발행한 무허가건물 확인서, 건물철거예정 증명서 또는 건물철거 확인서, ② 공공사업의 시행으로 인한 이주대책에 따라 주택을 공급받을 수 있는 지위 또는 이주대책대상자 확인서

'거짓 그 밖의 부정한 방법으로 주택을 공급받거나 받게 하는 행위'라 함은 주택 법에 의하여 공급되는 주택을 공급받을 자격이 없는 자가(또는 그러한 자격이 없는 자에게)

그 자격이 있는 것으로 가장하는 등 정당성이 결여된 부정한 방법으로 주택을 공급받는(또는 공급받게 하는) 행위로서 사회통념상 거짓, 부정으로 인정되는 모든 행위를 말하며 적극적 행위(작위)뿐만 아니라 소극적 행위(부작위)도 포함한다.[69]

여기서 유의하여야 할 것은 '제11조에 따라 주택을 공급받을 수 있는 지위'는 원칙적으로 주택조합 설립인가를 받거나 설립신고를 마치고 적법하게 설립된 주택조합의 구성원인 조합원으로서 그 주택조합이 공급하는 주택을 공급받을 수 있는 지위를 의미하고, 이는 주택법 등에서 정한 조합원의 자격요건을 갖추고 조합원 가입절차 및 분양절차를 제대로 거쳐야 비로소 인정된다는 점이다.[70]

입주자저축 증서 등의 양도·양수 행위도 주택 공급질서 교란행위의 하나로서 금지되는데, 그 취지는 주택의 최초 공급단계부터 정해진 요건을 갖춘 주택청약종합저축 가입자에게만 인정되는 '주택을 공급받을 수 있는 지위'를 임의로 제3자에게 이전하여 주택법령이 마련한 주택 공급질서를 교란시키는 것을 방지함으로써 투명하고 공정한 주택공급 절차를 확립하고, 이를 통해 실수요자 위주의 건전한 주택공급체계의 토대를 형성하려는 것이다.[71]

2. 주택공급계약의 취소

1) 양도·양수의 금지규정을 위반한 증서 등의 양도에 대한 조치

국토교통부장관 또는 사업주체는 주택을 공급받을 수 있는 지위 등의 양도·양수의 금지규정을 위반하여 증서 또는 지위를 양도하거나 양수한 자, 또는 거짓이나 그 밖의 부정한 방법으로 증서나 지위 또는 주택을 공급받은 자에 대하여는 그 주택공급을 신청할 수 있는 지위를 무효로 하거나 이미 체결된 주택의 공급계약을 취소하여야 한다(법 제65조 제2항).

사업주체는 이미 체결된 주택의 공급계약을 취소하려는 경우 국토교통부장관 및 주택 또는 주택의 입주자로 선정된 지위를 보유하고 있는 자에게 계약취소 일정, 입주금 등 주택가격에 해당하는 금액과 해당 금액의 지급방법 등을 각각 문서로 미리 통보하여야 한다(법 제65조 제7항, 영 제74조의2 제6항).

---

69) 대법원 1994. 1. 14. 선고 93도2579 판결; 대법원 2005. 10. 7. 선고 2005도2652 판결.
70) 대법원 2013. 9. 27. 선고 2011도15744 판결.
71) 대법원 2023. 4. 13. 선고 2021다250285 판결.

2) 양도·양수의 금지규정을 위반한 주택공급계약의 효력

주택을 공급받을 수 있는 지위 등의 양도·양수의 금지규정을 위반한 경우 주택법은 주택공급을 신청할 수 있는 지위의 효력에 대해서 무효로 한다고 하면서도 체결된 주택공급계약의 효력에 대해서는 침묵을 지키고 있다. 특히, 2021년 개정전의 주택법 제65조 제2항은 '국토교통부장관은 주택의 공급계약을 취소할 수 있다'고 하여 기속행위가 아닌 재량행위의 형식으로 규정하고 있었다.

이에 대하여 대법원은 "구 주택법은 같은 법 제39조 제1항을 위반한 행위를 효력규정 위반으로 보아 당연무효로 보는 입장을 취하지 아니하고, 대신 사업주체의 사후적인 조치 여하에 따라 주택공급을 신청할 수 있는 지위를 무효로 하거나 이미 체결된 주택의 공급계약을 취소하는 등으로 위반행위의 효력 유무를 좌우할 수 있도록 하는 입장을 취하고 있다고 해석된다. 따라서 구 주택법 제39조 제1항의 금지규정은 단순한 단속규정에 불과할 뿐 효력규정이라고 할 수는 없어 당사자가 이에 위반한 약정을 하였다고 하더라도 약정이 당연히 무효가 되는 것은 아니다"라고 하여 일관되게 현행 주택법 제65조 제1항의 주택을 공급받을 수 있는 지위 등의 양도·양수의 금지규정을 단속규정으로 해석한 바 있다.[72)]

판례 구 주택법 제39조 제2항 위헌제청(헌법재판소 2022. 3. 31. 선고 2019헌가26 결정)

심판대상조항의 입법취지는 주택이 최초로 공급되는 단계부터 투기적 행위 등 공급질서를 교란시키는 행위를 차단함으로써 투명하고 공정한 주택공급 절차를 확립하고, 이를 통해 실수요자 위주의 건전한 주택공급체계의 토대를 형성하는 것이다. (중략) 심판대상조항은 '주택공급계약을 취소할 수 있다'고 규정하여 사업주체가 선의의 제3자 보호의 필요성 등을 고려하여 주택공급계약의 효력을 유지할 수 있는 가능성을 열어두고 있다. 따라서 심판대상조항은 입법형성권의 한계를 벗어났다고 보이지 않으므로 재산권을 침해하지 않는다.

72) 대법원 1998. 7. 10. 선고 98다17954 판결; 대법원 2007. 12. 13. 선고 2007다55248, 55255 판결; 대법원 2011. 5. 26. 선고 2010다102991 판결; 대법원 2011. 12. 8. 선고 2011다5547 판결.

3) 판례에 대한 평가

대법원의 이러한 일관된 해석론은 주택법의 법적 성격과도 맞닿아 있다고 하겠다. 행정목적달성을 위하여 필요한 규제적 성격의 규정은 공법적 성격을 가지지만 당사자간의 거래행위 등에 관한 규정은 사법상의 사적자치의 원리가 적용되는 영역이므로 명시적인 법문언이 존재하지 않으면 효력규정으로 보지 않고, 사법상의 행위효력에는 아무런 영향이 없는 단순한 단속규정으로 해석하고 있는 것이다.

이러한 대법원의 해석론이 과연 타당한가에 대해서는 의문이 있다. 현행 주택법은 국토교통부장관이나 사업주체의 사후조치를 재량행위에서 기속행위로 변경하여 공급질서 교란행위에 대하여 강력한 대응을 주문하고 있다. 주택법 제65조는 사법적 성격보다는 공법적 성격을 강하게 가지는 규정이라는 점도 고려되어야 한다. 굳이 입법자가 사인간의 주택거래에 대하여 시장이나 사적자치의 영역에 맡기지 않고 공법적 규제수단을 채택한 것은 주택시장의 수급상황, 투기우려 등이 더 중요한 공익적 요소로 등장하고 있기 때문일 것이다.

사업주체의 취소권 행사를 재량행위로 규정하였던 2021년 개정 전의 주택법에서 선의의 제3자 보호문제가 대두되자 2021년 3월 9일 취소권 행사를 기속행위로 하고, 선의의 제3자 보호규정을 신설하는 내용으로 주택법이 개정된 점을 고려하면 취소된 법률행위의 효력을 처음부터 무효인 것으로 보는 것이 원칙이라 할 것이다(민법 제141조).

또한, 주택법 제101조 제3호는 제65조 제1항을 위반한 자에게 3년 이하의 징역 또는 3천만원 이하의 벌금에 처한다고 규정하면서도 동시에 그 위반행위로 얻은 이익의 3배에 해당하는 금액이 3천만원을 초과하는 자는 3년 이하의 징역 또는 그 이익의 3배에 해당하는 금액 이하의 벌금에 처한다고 하여 가중의 가능성까지 열어두고 있다는 점에서 중한 행정형벌의 가능성에도 불구하고 제65조 제1항의 성격을 단속규정으로 해석하는 것은 공사법의 단선적 이원론에 입각한 안일한 입론으로 비쳐진다.

입법론적으로는 주택법 제65조 제1항의 주택을 공급받을 수 있는 지위 등의 양도·양수의 금지규정을 위반한 주택공급계약의 효력을 명시적으로 규정하는 것이 가장 효과적이고 적절한 방법일 것이다.

4) 선의의 매수인 보호

국토교통부장관 또는 사업주체는 주택을 공급받을 수 있는 지위 등의 양도·양수의 금지규정을 위반한 공급질서 교란행위가 있었다는 사실을 알지 못하고 주택 또는 주택의 입주자로 선정된 지위를 취득한 매수인이 해당 공급질서 교란행위와 관련이 없음을 매수인이 주택을 공급받을 수 있는 지위 등의 양도·양수의 금지규정을 위반한 공급질서 교란행위와 관련이 없음을 소명한 문서를 제출하여 시장·군수·구청장으로부터 확인받은 경우에는 이미 체결된 주택의 공급계약을 취소하여서는 아니 된다(법 제65조 제6항, 영 제74조의2 제1항 및 제5항).

3. 양도·양수의 금지규정을 위반한 주택의 취득

사업주체가 주택을 공급받을 수 있는 지위 등의 양도·양수의 금지규정을 위반한 자에게 다음 각 호의 금액을 합산한 금액에서 감가상각비(「법인세법 시행령」 제26조 제2항 제1호에 따른 정액법에 준하는 방법으로 계산한 금액을 말한다)를 공제한 금액을 지급하였을 때에는 그 지급한 날에 해당 주택을 취득한 것으로 본다(법 제65조 제3항, 영 제74조 제2항).

1. 입주금
2. 융자금의 상환 원금
3. 제1호 및 제2호의 금액을 합산한 금액에 생산자물가상승률을 곱한 금액

4. 입주한 자에 대한 퇴거명령

사업주체가 매수인에게 주택가격을 지급하거나, ① 매수인을 알 수 없어 주택가격의 수령통지를 할 수 없는 경우, ② 매수인에게 주택가격의 수령을 3회 이상 통지하였으나 매수인이 수령을 거부한 경우(이 경우 각 통지일 간에는 1개월 이상의 간격이 있어야 한다), ③ 매수인이 주소지에 3개월 이상 살지 아니하여 주택가격의 수령이 불가능한 경우, ④ 주택의 압류 또는 가압류로 인하여 매수인에게 주택가격을 지급할 수 없는 경우로서 주택가격을 그 주택이 있는 지역을 관할하는 법원에 공탁한 경우에는 그 주택에 입주한 자에게 기간을 정하여 퇴거를 명할 수 있다(법 제65조 제4항, 영 제74조 제3항).

5. 입주자자격의 제한

국토교통부장관은 주택을 공급받을 수 있는 지위 등의 양도·양수의 금지규정을 위반한 자에 대하여 10년의 범위에서 「주택공급에 관한 규칙」으로 정하는 바에 따라 주택의 입주자자격을 제한할 수 있다(법 제65조 제5항, 규칙 제23조 제1항).

제5절 | 리모델링 주택의 공급

제1항 리모델링의 허가

Ⅰ. 리모델링의 개념

리모델링이란 건축물의 노후화 억제 또는 기능 향상 등을 위한 다음 각 목의 어느 하나에 해당하는 행위를 말한다(법 제2조 제25호, 영 제13조).

가. 대수선(大修繕)

나. 사용검사일(주택단지 안의 공동주택 전부에 대하여 임시사용승인을 받은 경우에는 그 임시사용승인일을 말한다) 또는 「건축법」 제22조에 따른 사용승인일부터 15년(15년 이상 20년 미만의 연수 중 시·도의 조례로 정하는 경우에는 그 연수로 한다)이 지난 공동주택을 각 세대의 주거전용면적(「건축법」 제38조에 따른 건축물대장 중 집합건축물대장의 전유부분의 면적을 말한다)의 30% 이내(세대의 주거전용면적이 85㎡ 미만인 경우에는 40% 이내)에서 증축하는 행위. 이 경우 공동주택의 기능 향상 등을 위하여 공용부분에 대하여도 별도로 증축할 수 있다.

다. 나목에 따른 각 세대의 증축 가능 면적을 합산한 면적의 범위에서 기존 세대수의 15% 이내에서 세대수를 증가하는 증축 행위(세대수 증가형 리모델링). 다만, 수직으로 증축하는 행위(수직증축형 리모델링)는 다음 요건을 모두 충족하는 경우로 한정한다.

1) 최대 3개층 이하로서 다음의 구분에 따른 범위에서 증축할 것

가) 수직증축형 리모델링의 대상이 되는 기존 건축물의 층수가 15층 이상인 경우: 3개층

나) 수직증축형 리모델링의 대상이 되는 기존 건축물의 층수가 14층 이하인 경우: 2개층

2) 수직증축형 리모델링의 대상이 되는 기존 건축물의 신축 당시 구조도를 보유하고 있는 것

Ⅱ. 리모델링의 허가

1. 입주자·사용자 또는 관리주체

1) 개념

지역·직장주택조합과는 달리 리모델링주택조합의 조합원은 공동주택 및 복리시설의 소유자인 기존 입주자이기 때문에 사실상 입주자가 리모델링사업의 주체가 된다고 할 수 있다(영 제21조 제1항 제3호).

그런데 주택법은 입주자의 개념을 조문에 따라 다르게 정의하고 있기 때문에 이에 대한 주의를 요한다. 주택법 제8조(주택건설사업의 등록말소)·제54조(주택의 공급)·제57조의2(분양가상한제 적용주택 등의 입주자의 거주의무)·제64조(주택의 전매행위 제한) 등의 경우에는 입주자는 주택을 공급받는 자를 의미하지만, 리모델링과 관련해서는 주택의 소유자 또는 그 소유자를 대리하는 배우자 및 직계존비속을 말한다(법 제2조 제27호). 따라서 입주자가 입주자대표회의의 구성원이 될 수 있으나(공동주택관리법 제14조), 입주자대표회의는 입주자의 범위에 포함되지 않는다.[73)]

아울러 리모델링사업의 주체로 등장하는 사용자는 「공동주택관리법」에 따른 사용자로 공동주택을 임차하여 사용하는 사람(임대주택의 임차인은 제외한다) 등을 말하고(법 제2조 제28호, 공동주택관리법 제2조 제6호), 관리주체란 「공동주택관리법」에 따른 관리주체로 자치관리기구의 대표자인 공동주택의 관리사무소장·관리업무를 인계하기 전의 사업주체·주택관리업자·임대사업자·「민간임대주택법」에 따른 주택임대관리업자를 말한다(법 제2조 제29호, 공동주택관리법 제2조 제10호).

2) 부정행위의 금지

공동주택의 리모델링과 관련하여 리모델링의 주체로서의 지위를 가지는 입주자·사용자·관리주체뿐만 아니라 입주자대표회의 또는 그 구성원·리모델링주택조합 또는 그 구성원은 부정하게 재물 또는 재산상의 이익을 취득하거나 제공하여서는 아니 된다(법 제77조).

73) 대법원 2007. 7. 13. 선고 2007도3918 판결.

2. 시장·군수·구청장의 허가

공동주택(부대시설과 복리시설을 포함한다)의 입주자·사용자 또는 관리주체가 공동주택을 리모델링하려고 하는 경우에는 허가와 관련된 면적, 세대수 또는 입주자 등의 동의비율에 관하여 대통령령으로 정하는 기준 및 절차 등에 따라 시장·군수·구청장의 허가를 받아야 한다(법 제66조 제1항).

이 외에도 입주자대표회의가 관할 행정청의 허가를 받아 리모델링사업을 진행할 수 있다. 대통령령으로 정하는 기준 및 절차 등에 따라 리모델링 결의를 한 리모델링주택조합이나 소유자 전원의 동의를 받은 입주자대표회의(「공동주택관리법」에 따른 입주자대표회의를 말한다)가 시장·군수·구청장의 허가를 받아 리모델링을 할 수 있다(법 제66조 제2항). 이때, 리모델링에 동의한 소유자는 리모델링주택조합 또는 입주자대표회의가 시장·군수·구청장에게 허가 신청서를 제출하기 전까지 서면으로 동의를 철회할 수 있다(영 제75조 제3항).

그리고 리모델링 기본계획 수립 대상지역에서 세대수 증가형 리모델링을 허가하려는 시장·군수·구청장은 해당 리모델링 기본계획에 부합하는 범위에서 허가하여야 한다(법 제66조 제9항).

3. 시공자선정

리모델링을 하는 경우 주택조합설립인가를 받은 리모델링주택조합의 총회 또는 소유자 전원의 동의를 받은 입주자대표회의에서 「건설산업기본법」 제9조에 따른 건설사업자 또는 제7조 제1항에 따라 건설사업자로 보는 등록사업자를 시공자로 선정하여야 한다(법 제66조 제3항).

시공자를 선정하는 경우에는 국토교통부장관이 정하는 경쟁입찰의 방법으로 하여야 한다. 다만, 시공자선정을 위하여 같은 항 본문에 따라 국토교통부장관이 정하는 경쟁입찰의 방법으로 2회 이상 경쟁입찰을 하였으나 입찰자의 수가 해당 경쟁입찰의 방법에서 정하는 최저 입찰자 수에 미달하여 경쟁입찰의 방법으로 시공자를 선정할 수 없게 된 경우에는 그러하지 아니하다(법 제66조 제4항, 영 제76조 제1항).

4. 리모델링 허가의 인허가의제

리모델링에 관하여 시장·군수·구청장이 관계 행정기관의 장과 협의하여 허가받은 사항에 관하여는 제19조를 준용한다(법 제66조 제5항). 따라서 리모델링의 허가를 받으면 「건축법」 제11조에 따른 건축허가와 제14조에 따른 건축신고 등 주택법 제19조에 규정된 개별법에 따른 각종 인허가 등이 의제되는 효과가 발생한다.

5. 시·군·구도시계획위원회의 심의

시장·군수·구청장이 세대수 증가형 리모델링(50세대 이상으로 세대수가 증가하는 경우로 한정한다)을 허가하려는 경우에는 기반시설에의 영향이나 도시·군관리계획과의 부합 여부 등에 대하여 「국토계획법」 제113조 제2항에 따라 설치된 시·군·구도시계획위원회의 심의를 거쳐야 한다(법 제66조 제6항, 영 제76조 제2항).

6. 시장·군수·구청장의 사용검사

공동주택의 입주자·사용자·관리주체·입주자대표회의 또는 리모델링주택조합이 리모델링에 관하여 시장·군수·구청장의 허가를 받은 후 그 공사를 완료하였을 때에는 시장·군수·구청장의 사용검사를 받아야 하며, 사용검사에 관하여는 제49조를 준용한다(법 제66조 제7항).

7. 시장·군수·구청장의 행위허가의 취소

시장·군수·구청장은 공동주택의 입주자·사용자·관리주체·입주자대표회의 또는 리모델링주택조합이 거짓이나 그 밖의 부정한 방법으로 리모델링의 허가를 받은 경우에는 행위허가를 취소할 수 있다(법 제66조 제8항).

8. 리모델링 지원센터의 설치·운영

시장·군수·구청장은 리모델링의 원활한 추진을 지원하기 위하여 리모델링 지원센터를 설치하여 운영할 수 있고(법 제75조 제1항), 이러한 리모델링 지원센터는 리모델링

주택조합 설립을 위한 업무지원, 설계자 및 시공자 선정 등에 대한 지원, 권리변동계획 수립에 관한 지원 등의 업무를 수행할 수 있다(법 제75조 제2항).

Ⅲ. 권리변동계획의 수립

세대수 증가형 리모델링을 하는 경우에는 기존 주택의 권리변동, 비용분담 등 다음 각 호의 사항에 대한 권리변동계획을 수립하여 사업계획승인 또는 행위허가를 받아야 한다(법 제67조, 영 제77조 제1항).

1. 리모델링 전후의 대지 및 건축물의 권리변동 명세
2. 조합원의 비용분담
3. 사업비
4. 조합원 외의 자에 대한 분양계획
5. 그 밖에 리모델링과 관련된 권리 등에 대하여 해당 시·도 또는 시·군의 조례로 정하는 사항

리모델링 전후의 대지 및 건축물의 권리변동 명세를 작성하거나 조합원의 비용분담 금액을 산정하는 경우에는 「감정평가법」 제2조 제4호에 따른 감정평가법인등이 리모델링 전후의 재산 또는 권리에 대하여 평가한 금액을 기준으로 할 수 있다(영 제77조 제2항).

제2항 증축형 리모델링

Ⅰ. 증축형 리모델링의 안전진단

1. 안전진단의 요청과 의뢰

증축형 리모델링을 하려는 자는 시장·군수·구청장에게 안전진단을 요청하여야 하며, 안전진단을 요청받은 시장·군수·구청장은 해당 건축물의 증축가능 여부의 확인 등을 위하여 안전진단을 실시하여야 한다(법 제68조 제1항).

시장·군수·구청장은 안전진단을 실시하는 경우에는 「시설물안전법」 제28조에 따라 등록한 안전진단전문기관·「국토안전관리원법」에 따른 국토안전관리원 등에 안전진

단을 의뢰하여야 하며, 안전진단을 의뢰받은 기관은 리모델링을 하려는 자가 추천한 건축구조기술사(구조설계를 담당할 자를 말한다)와 함께 안전진단을 실시하여야 한다(법 제68조 제2항, 영 제78조 제1항).

2. 증축형 리모델링의 금지

시장·군수·구청장이 증축형 리모델링에 따른 안전진단으로 건축물구조의 안전에 위험이 있다고 평가하여 「도시정비법」에 따른 재건축사업 및 「소규모주택정비법」에 따른 소규모재건축사업의 시행이 필요하다고 결정한 건축물은 증축형 리모델링을 하여서는 아니 된다.(법 제68조 제3항)

3. 수직증축형 리모델링의 안전진단

시장·군수·구청장은 수직증축형 리모델링을 허가한 후에 해당 건축물의 구조안전성 등에 대한 상세 확인을 위하여 안전진단을 실시하여야 한다. 이 경우 안전진단을 의뢰받은 기관은 리모델링을 하려는 자가 추천한 건축구조기술사와 함께 안전진단을 실시하여야 하며, 리모델링을 하려는 자는 안전진단 후 구조설계의 변경 등이 필요한 경우에는 건축구조기술사로 하여금 이를 보완하도록 하여야 한다(법 제68조 제4항).

안전진단을 의뢰받은 기관은 국토교통부장관이 정하여 고시하는 기준에 따라 안전진단을 실시하고, 리모델링 대상 건축물의 증축가능 여부 및 「도시정비법」에 따른 재건축사업의 시행 여부에 관한 의견과 건축물의 구조안전성에 관한 상세확인 결과 및 구조설계의 변경 필요성(수직증축형 리모델링에 따른 안전진단으로 한정한다)이 포함된 안전진단 결과보고서를 작성하여 안전진단을 요청한 자와 시장·군수·구청장에게 제출하여야 한다(법 제68조 제5항, 규칙 제29조).

시장·군수·구청장은 안전진단을 실시하는 비용의 전부 또는 일부를 리모델링을 하려는 자에게 부담하게 할 수 있다.(법 제68조 제6항)

4. 수직증축형 리모델링의 구조기준

수직증축형 리모델링의 설계자는 국토교통부장관이 정하여 고시하는 구조기준에 맞게 구조설계도서를 작성하여야 한다(법 제70조).

II. 전문기관의 안전성검토

1. 안전성검토의 의뢰

시장·군수·구청장은 수직증축형 리모델링을 하려는 자가 「건축법」에 따른 건축위원회의 심의를 요청하는 경우 구조계획상 증축범위의 적정성 등에 대하여 국토안전관리원 또는 한국건설기술연구원에 안전성검토를 의뢰하여야 한다(법 제69조 제1항, 영 제79조 제1항).

시장·군수·구청장은 수직증축형 리모델링을 하려는 자의 허가 신청이 있거나 수직증축형 리모델링에 따른 안전진단 결과 국토교통부장관이 정하여 고시하는 설계도서의 변경이 있는 경우 제출된 설계도서상 구조안전의 적정성 여부 등에 대하여 안전성검토를 수행한 전문기관에 안전성검토를 의뢰하여야 한다(법 제69조 제2항).

2. 안전성검토 결과의 제출

안전성검토 의뢰를 받은 전문기관은 국토교통부장관이 정하여 고시하는 검토기준에 따라 검토한 결과를 안전성검토를 의뢰받은 날부터 30일(안전성검토 의뢰를 받은 전문기관이 부득이하게 검토기간의 연장이 필요하다고 인정하여 20일의 범위에서 그 기간을 연장(한 차례로 한정한다)한 경우에는 그 연장된 기간을 포함한 기간을 말한다) 이내에 시장·군수·구청장에게 제출하여야 하며, 시장·군수·구청장은 특별한 사유가 없는 경우 주택법 및 관계 법률에 따른 위원회의 심의 또는 허가 시 제출받은 안전성 검토결과를 반영하여야 한다(법 제69조 제3항, 영 제79조 제2항).

시장·군수·구청장은 전문기관의 안전성 검토비용의 전부 또는 일부를 리모델링을 하려는 자에게 부담하게 할 수 있다(법 제69조 제4항).

3. 안전성검토 결과에 대한 중앙건축위원회의 심의

국토교통부장관은 시장·군수·구청장에게 제3항에 따라 제출받은 자료의 제출을 요청할 수 있으며, 필요한 경우 시장·군수·구청장으로 하여금 안전성 검토결과의 적정성에 대하여 「건축법」에 따른 중앙건축위원회의 심의를 받도록 요청할 수 있다(법 제69조 제5항).

시장·군수·구청장은 특별한 사유가 없으면 중앙건축위원회의 심의결과를 반영하여야 한다(법 제69조 제6항).

제3항 리모델링 기본계획

Ⅰ. 리모델링 기본계획의 개념 및 대상지역

1. 개념

리모델링 기본계획이란 세대수 증가형 리모델링으로 인한 도시과밀, 이주수요 집중 등을 체계적으로 관리하기 위하여 수립하는 계획을 말한다(법 제2조 제26호).

2. 대상지역 및 내용

1) 특별시·광역시 및 대도시

특별시장·광역시장 및 대도시의 시장은 관할구역에 대하여 다음 각 호의 사항을 포함한 리모델링 기본계획을 10년 단위로 수립하여야 한다(법 제71조 제1항, 영 제80조 제2항).

1. 계획의 목표 및 기본방향
2. 도시기본계획 등 관련 계획 검토
3. 리모델링 대상 공동주택 현황 및 세대수 증가형 리모델링 수요 예측
4. 세대수 증가에 따른 기반시설의 영향 검토
5. 일시집중 방지 등을 위한 단계별 리모델링 시행방안
6. 그 밖에 도시과밀 방지 등을 위한 계획적 관리와 리모델링의 원활한 추진을 지원하기 위한 사항으로서 특별시·광역시 또는 대도시의 조례로 정하는 사항

다만, 세대수 증가형 리모델링에 따른 도시과밀이나 이주수요의 일시집중 우려가 적은 경우로서 특별시장·광역시장이 「국토계획법」에 따른 시·도도시계획위원회의 심의를 거쳐 리모델링 기본계획을 수립할 필요가 없다고 인정하는 경우 특별시·광역시에서는 리모델링 기본계획을 수립하지 아니할 수 있고, 대도시 시장의 요청으로 도지

사가 시·도도시계획위원회의 심의를 거쳐 리모델링 기본계획을 수립할 필요가 없다고 인정하는 경우 대도시에도 또한 같다(법 제71조 제1항 단서, 영 제80조 제1항).

2) 대도시가 아닌 시

대도시가 아닌 시의 시장은 세대수 증가형 리모델링에 따른 도시과밀이나 일시집중 등이 우려되어 도지사가 리모델링 기본계획의 수립이 필요하다고 인정한 경우 리모델링 기본계획을 수립하여야 한다(법 제71조 제2항).

II. 리모델링 기본계획의 수립절차

1. 주민공람 등의 의견청취

특별시장·광역시장 및 대도시의 시장(대도시가 아닌 시의 시장을 포함한다)은 리모델링 기본계획을 수립하거나 변경하려면 14일 이상 주민에게 공람하고, 지방의회의 의견을 들어야 한다. 이 경우 지방의회는 의견제시를 요청받은 날부터 30일 이내에 의견을 제시하여야 하며, 30일 이내에 의견을 제시하지 아니하는 경우에는 이의가 없는 것으로 본다. 다만, ① 세대수 증가형 리모델링 수요예측 결과에 따른 세대수 증가형 리모델링 수요(세대수 증가형 리모델링을 하려는 주택의 총 세대수를 말한다)가 감소하거나 10% 범위에서 증가하는 경우, ② 세대수 증가형 리모델링 수요의 변동으로 기반시설의 영향 검토나 단계별 리모델링 시행방안이 변경되는 경우, ③「국토계획법」에 따른 도시·군기본계획 등 관련 계획의 변경에 따라 리모델링 기본계획이 변경되는 경우의 경미한 변경인 경우에는 주민공람 및 지방의회 의견청취 절차를 거치지 아니할 수 있다(법 제72조 제1항, 영 제80조 제3항).

2. 도시계획위원회의 심의

특별시장·광역시장 및 대도시의 시장은 리모델링 기본계획을 수립하거나 변경하려면 관계 행정기관의 장과 협의한 후「국토계획법」에 따라 설치된 시·도도시계획위원회 또는 시·군·구도시계획위원회의 심의를 거쳐야 한다(법 제72조 제2항).

협의를 요청받은 관계 행정기관의 장은 특별한 사유가 없으면 그 요청을 받은 날부터 30일 이내에 의견을 제시하여야 한다(법 제72조 제3항).

3. 도지사의 승인

대도시의 시장은 리모델링 기본계획을 수립하거나 변경하려면 도지사의 승인을 받아야 하며, 도지사는 리모델링 기본계획을 승인하려면 시·도도시계획위원회의 심의를 거쳐야 한다(법 제72조 제4항).

Ⅲ. 리모델링 기본계획의 고시

특별시장·광역시장 및 대도시의 시장은 리모델링 기본계획을 수립하거나 변경한 때에는 이를 지체 없이 해당 지방자치단체의 공보에 고시하여야 한다(법 제73조 제1항).

특별시장·광역시장 및 대도시의 시장은 5년마다 리모델링 기본계획의 타당성을 검토하여 그 결과를 리모델링 기본계획에 반영하여야 한다(법 제73조 제2항).

제4항 공동주택 리모델링의 시기조정과 특례

Ⅰ. 세대수 증가형 리모델링의 시기조정

1. 국토교통부장관의 기본계획 변경요청

국토교통부장관은 세대수 증가형 리모델링의 시행으로 주변지역에 현저한 주택부족이나 주택시장의 불안정 등이 발생될 우려가 있는 때에는 주거정책심의위원회의 심의를 거쳐 특별시장, 광역시장, 대도시의 시장에게 리모델링 기본계획을 변경하도록 요청하거나, 시장·군수·구청장에게 세대수 증가형 리모델링의 사업계획 승인 또는 허가의 시기를 조정하도록 요청할 수 있으며, 요청을 받은 특별시장, 광역시장, 대도시의 시장 또는 시장·군수·구청장은 특별한 사유가 없으면 그 요청에 따라야 한다(법 제74조 제1항).

2. 시·도지사의 기본계획 변경요청

시·도지사는 세대수 증가형 리모델링의 시행으로 주변지역에 현저한 주택부족이나 주택시장의 불안정 등이 발생될 우려가 있는 때에는 「주거기본법」 제9조에 따른 시·

도 주거정책심의위원회의 심의를 거쳐 대도시의 시장에게 리모델링 기본계획을 변경하도록 요청하거나, 시장·군수·구청장에게 세대수 증가형 리모델링의 사업계획 승인 또는 허가의 시기를 조정하도록 요청할 수 있으며, 요청을 받은 대도시의 시장 또는 시장·군수·구청장은 특별한 사유가 없으면 그 요청에 따라야 한다(법 제74조 제2항).

Ⅱ. 공동주택 리모델링의 특례

1. 대지사용권 및 공용부분 면적의 특례

공동주택의 소유자가 리모델링에 의하여 전유부분(「집합건물법」 제2조 제3호에 따른 전유부분을 말한다)의 면적이 늘거나 줄어드는 경우에는 「집합건물법」 제12조 및 제20조 제1항에도 불구하고 대지사용권은 변하지 아니하는 것으로 본다. 다만, 세대수 증가를 수반하는 리모델링의 경우에는 권리변동계획에 따른다(법 제76조 제1항).

공동주택의 소유자가 리모델링에 의하여 일부 공용부분(「집합건물법」 제2조 제4호에 따른 공용부분을 말한다)의 면적을 전유부분의 면적으로 변경한 경우에는 「집합건물법」 제12조에도 불구하고 그 소유자의 나머지 공용부분의 면적은 변하지 아니하는 것으로 본다(법 제76조 제2항).

그러나 대지사용권 및 공용부분의 면적에 관하여는 소유자가 「집합건물법」 제28조에 따른 규약으로 달리 정한 경우에는 그 규약에 따른다(법 제76조 제3항).

2. 임대차계약의 특례

임대차계약 당시 다음 각 호의 어느 하나에 해당하여 그 사실을 임차인에게 고지한 경우로서 리모델링 허가를 받은 경우에는 해당 리모델링 건축물에 관한 임대차계약에 대하여 「주택임대차법」 제4조 제1항 및 「상가임대차법」 제9조 제1항을 적용하지 아니한다(법 제76조 제4항).

1. 임대차계약 당시 해당 건축물의 소유자들(입주자대표회의를 포함한다)이 리모델링주택조합 설립인가를 받은 경우
2. 임대차계약 당시 해당 건축물의 입주자대표회의가 직접 리모델링을 실시하기 위하여 관할 시장·군수·구청장에게 안전진단을 요청한 경우

3. 도시정비법의 준용

리모델링주택조합의 법인격에 관하여는 「도시정비법」 제38조를 준용한다(법 제76조 제5항). 이에 따라 리모델링주택조합은 법인으로 하며, 주택조합설립인가를 받은 날부터 30일 이내에 주된 사무소의 소재지에서 설립등기를 하는 때에 성립한다. 그리고 조합은 명칭에 "리모델링주택조합"이라는 문자를 사용하여야 한다.

그런데 여기서 문제는 준용규정에도 불구하고 리모델링주택조합의 법적 성격을 정비사업조합과 같이 행정주체인 공법인으로 볼 수 있는지 여부인데, 도시정비법의 주택재건축과 주택법의 리모델링을 동일선상에 놓고 볼 수는 없으며, 양법의 입법취지나 목적 등이 다르기 때문에 사법적 성격이 좀더 강한 주택법의 입법취지에서 볼 때 리모델링주택조합은 사법인으로 보아야 할 것이다.

참고문헌

김남철, 행정법강론, 박영사, 제9판, 2023.
김성수 · 이국현, 행정법, 홍문사, 2024.
김용섭 · 신봉기 · 김광수 · 이희정, 판례교재 행정법, 법문사, 제4판, 2018.
김종보, 건설법의 이해, 피데스, 제6판, 2018.
마강래 · 강정구, 부동산공법의 이해, 홍문사, 개정판, 2017.
박균성 · 도승하, 토지보상 행정법, 박영사, 제3판, 2022.
______, 행정법강의, 박영사, 제20판, 2023.
박정훈, 행정법의 체계와 방법론, 박영사, 중판, 2007.
______, 행정소송의 구조와 기능, 박영사, 중판, 2008.
법제처, 행정기본법 조문별해설, 2021.
석종현 · 김원보 · 신봉기, 신토지공법론, 삼영사, 제10판, 2010.
손정목, 서울 도시계획 이야기 1, 한울엠플러스, 2018.
______, 서울 도시계획 이야기 2, 한울엠플러스, 2016.
______, 서울 도시계획 이야기 3, 한울엠플러스, 2018.
______, 서울 도시계획 이야기 4, 한울엠플러스, 2017.
______, 서울 도시계획 이야기 5, 한울엠플러스, 2015.
______, 한국 도시 60년의 이야기 1, 한울엠플러스, 2019.
______, 한국 도시 60년의 이야기 2, 한울엠플러스, 2018.
윤제윤, 건설분쟁관계법, 박영사, 제7판, 2018.
이상훈 · 석호영, 부동산공법론, 박영사, 제3판, 2022.
전광석, 한국헌법론, 집현재, 제6판, 2014.
전진원, 국토계획법, 박영사, 2021.
조재성, 21세기 도시를 위한 현대 도시계획론, 한울엠플러스, 2020.
존 레비, 서충원 · 변창흠 역, 현대 도시계획의 이해, 개정판, 한울, 2013.
한국도시설계학회, 지구단위계획의 이해, 기문당, 2020.
한국행정판례연구회, 행정판례평선, 박영사, 개정판, 2016.
허　영, 한국헌법론, 박영사, 전정19판, 2023.
_______, 헌법이론과 헌법, 박영사, 신9판, 2021.
홍정선, 행정법원론(상), 박영사, 제30판, 2022.
______, 행정법원론(하), 박영사, 제30판, 2022.

사항색인

ㄴ

ㄷ

ㅇ

ㅈ

ㅊ

판례색인

대법원

고등법원

헌법재판소

약력

연세대학교 법과대학 및 대학원 졸업
독일 Friedrich Schiller Universität Jena 법학박사(Dr. iur)

독일 Friedrich Schiller Universität Jena 법과대학 방문교수
독일 Freie Universität Berlin 법과대학 방문교수
독일 Ludwig－Maximilians－Universität München 법과대학 방문교수
한국재정법학회 총무이사, 행정법과 법치주의 학회 총무이사
행정고시 2차 시험 및 출제위원, 국가자격시험(감정평가사, 공인중개사, 주택관리사보, 행정사, 물류관리사, 손해평가사, 산업안전지도사, 경영지도사 등) 출제위원, 검토위원, 정답심사위원
서울특별시 7급, 9급 공무원시험 및 국회 8급 공무원시험 출제위원
충청북도 9급 공무원시험 출제위원

광운대학교 법학부 교수
광운대학교 건설법무대학원 교수
한국건설정책법학회 회장
한국공법학회 상임이사
서울북부지방검찰청 형사상고심의위원회 위원

제2판

건설 · 부동산공법론

초판발행 2023년 2월 28일
제2판발행 2025년 2월 28일

지은이 정영철
펴낸이 안종만 · 안상준

편 집 한두희
기획/마케팅 최동인
표지디자인 BEN STORY
제 작 고철민 · 김원표

펴낸곳 (주) 박영사
서울특별시 금천구 가산디지털2로 53, 210호(가산동, 한라시그마밸리)
등록 1959. 3. 11. 제300-1959-1호(倫)
전 화 02)733-6771
f a x 02)736-4818
e-mail pys@pybook.co.kr
homepage www.pybook.co.kr
ISBN 979-11-303-4919-0 93360

정 가 47,000원